6 정 판

# 부정경쟁방지 및 영업비밀보호법

황의창 · 황광연

세창출판사

이 도서의 국립중앙도서관 출판시도서목록(CIP)은 e-CIP 홈페이지(http://www.nl.go.kr/ecip)에서 이용하실 수 있습니다. (CIP제어번호: CIP2011004494)

# 6정판 머리말

오늘날 산업의 핵이라 할 수 있는 산업정보를 놓고 기업, 국가 할 것 없이 사활을 건 정보전이 지구촌 도처에서 치열하게 전개되고 있다. 그 양상도 고도화·지능화·조직화 및 다양화되고 있다.

따라서 이에 효율적으로 대처하기 위하여 부정경쟁방지 및 영업비밀보호에 관한 연구·교육·정보관리 시스템 구축과 운영 등에 관한 사업의 필요성과 또 「우리나라와 유럽연합(EU) 및 그 회원국 간의 자유무역협정(FTA)」의 합의사항의 반영 등이 시급한 현안으로 대두되고 있을 뿐만 아니라 그 동안 중앙정부의 업무로 특허청장이 관장하고 있었던 부정경쟁행위 등의 조사, 사정권고 및 과태료의 부과·징수 등에 관한 업무 또한 빠르게 전국화되면서 업무범위가 광역화되고 업무량도 방대해져 전역관리체제로의 필요성이 제기되어 특허청장의 단독사무에서 특허청장, 시·도지사 및 시장·군수·구청장의 공동사무로의 조정에 따라 이를 입법적으로 뒷받침하기 위한 법령의 개정, 그 동안 본서의 미진했던 부분의 보완 등을 위하여 이번 6정판을 내게 되었다.

아무쪼록 이 작은 책자가 부정경쟁방지와 영업비밀보호 등 산업정보관리의 시침서가 되고 이 분야 전문인력 양성을 위한 교재로 활용되는 등 산업정보의 지킴이로 건전한 거래질서의 확립에 한몫을 할 수 있으면 하는 마음 간절하다.

앞으로 더욱 정진하여 보다 나은 내용으로 보완, 발전시켜 나갈 것을 약속하며 이 책의 출판을 맡아 주신 세창출판사 사장님과 편집부 여러분의 노고에 감사드린다.

2011년 11월

저자 황의창·황광연

# 머 리 말

최근 產業經濟의 소프트화, 技術開發投資의 增大 및 有體資源의 有限性 등으로 知的財産의 중요성이 증대하고 있다. 이와 같은 경향은 대외적으로는 우루과이 라운드 트립스(UR／TRIPs: Uruguay Round／Trade Related Intellectual Property Rights, 무역관련 지적재산 측면) 協定 妥結과 이에 따른 世界貿易機構(World Trade Organization: WTO)의 출범, 대내적으로는 研究開發 經營戰略의 擴散, 高附加價値 技術商品의 競爭的 確保努力 등 冷戰 이후의 경제판도가 누가 먼저 일류의 상품기술을 장악하고 누가 가장 효율적인 販賣戰略을 짜서 활용하느냐에 따라서 經濟戰爭의 勝者가 결정되면서부터이다. 이러한 가운데 일부 기업의 과열경쟁으로 나타나고 있는 부작용으로 문란해진 去來秩序를 확립하기 위하여 不正競爭防止法의 올바른 인식과 철저한 운용이 무엇보다도 중요하다.

이와 같은 不正競爭防止法은 國內에 널리 알려진 타인의 商標·商號 등을 부정하게 사용하는 등의 不正競爭行爲와 타인의 營業秘密을 侵害하는 行爲를 방지하여 건전한 去來秩序를 유지함을 목적으로 한 法으로서 이 法은 知的財産權으로 보호하고 있는 特許法·實用新案法·意匠法·商標法 및 著作權法 등의 個別權利法과 함께 知的財産의 중요한 保護法이면서 한편으로는 健全한 去來秩序維持라고 하는 公益的 차원에서의 法秩序保護法이기도 한 매우 중요한 法이다.

그러나 1980년대 초반까지는 산업계·학계는 물론 법조계에서까지 이런 法도 있었는가 할 정도로 그 동안 빛바랜 法으로 존치되어 오다가 최근 국제경쟁력이 있다고 판단해 온 物質特許·營業秘密·컴퓨터 프로그램·半導體 集積回路 設計配置 등 新知的財産權 分野에 관심을 가지면서부터 이 法의 위상이 크게 달라져, 미국 등 선진국에서 이 法을 경쟁력 강화의 무기로까지 사용하려는 의도를 노골화하고 있다.

그 예로 1988년부터 시행한 美通商法 스페셜 301條에 의한 知的財産權 保

護 國家別 評價報告나 1993년 12월 15일의 UR／TRIPs의 知的財産權 保護에 관한 協定 妥結과 1995년 1월 1일부로 출범한 WTO체제의 가동으로 세계무역질서는 GATT체제의 國境貿易에서 WTO체제의 國境 없는 貿易으로 재편되어 無限競爭時代를 맞게 됨으로써 知的財産에 관한 인식을 새롭게 하였다.

우리나라는 이와 같은 세계화에 사전적으로 대비하기 위하여 지난 1992년 12월 15일부로 不正競爭防止法을 개정하여 營業秘密保護規定을 신설하는 등 크게 보강하여 현재 강력하게 운용하고 있다. 따라서 지금까지의 知的財産을 바라보는 시각과 인식에 커다란 변화를 요구하게 된다. 이제 기업은 물론 기업에서 知的財産을 이용하고 관리하는 업무에 종사하고 있는 자뿐만 아니라 법조계·학계에서도 보다 큰 관심을 가지고 이 法이 지향하고 있는 건전한 거래질서의 확립과 이를 통한 국제경쟁력의 향상이라고 하는 기본취지를 깊이 인식하고 知的財産權에 관한 法的 管理能力과 紛爭解決能力 등 이 法의 運用技法의 터득이 매우 중요하다고 본다.

이러한 法理의 일단이나마 실현하고자 하는 충정으로 이 작은 책자에 다음과 같은 특징을 담아 외람되게 내놓는다.

첫째, 독자의 이해를 돕기 위하여 중요한 대목마다 사례를 들어 설명하였다.

둘째, 대학 등 교육기관이 강의용 교재로 활용할 수 있도록 다양한 학설과 판례를 소개하여 이론적 무장은 물론 연구의 계속성을 추구하였다.

셋째, 知的財産權에 관한 국경 없는 무한경쟁시대를 맞아 우리나라 기업이 미국, 일본 등 외국기업과 관련을 맺거나 해외에서 활발하게 활동을 하면 할수록 營業秘密 등 知的財産權에 관한 무지는 새로운 기업분쟁을 일으키고 나아가서는 커다란 손해를 입을 위험성이 한층 높아지기 때문에 不正競爭行爲 등의 방지에 관한 대처능력을 제고하기 위하여 우리나라와 교역이 많은 주요국의 제도를 소개하고 관련법을 부록으로 첨부하였다.

끝으로 營業秘密의 효율적 관리를 위하여 營業秘密管理模型을 제시하고 각종 규정(안), 서식 등을 첨부하여 기업 내 이 분야 담당자의 실무지침서로도 활용할 수 있도록 하였다. 아무쪼록 이 작은 책자가 不正競爭行爲를 방지하기 위한 기업의 지침서가 되고, 이 분야 전문인재를 양성하기 위한 교육용 교재로 활용되는 등 산업의 국제경쟁력 제고에 한 몫이 되었으면 하는 마음 간절하다.

앞으로 더욱 精進하여 보다 나은 내용으로 보완・발전시켜 나갈 것을 약속하며 이 책의 출판을 맡아 주신 세창출판사 사장님과 편집부 여러분의 노고에 감사드린다.

1996년 1월

저자 黃 義 昌

# 참 고 문 헌

郭潤直, 債權各論(民法講義 IV), 1990, 박영사.
손경한, 신특허법론, 2005, 법영사.
宋永植・李相珵・黃宗煥, 知的所有權法, 1988, 육법사.
이시윤, 민사소송법, 1997, 박영사.
林泓根, 商法總則.
鄭浩烈, 法學博士 學位論文, 不正競爭防止法에 관한 研究 — 行政體系와 類型을 中心으로 — 1991. 8. 서울대학교 대학원 법학과.
崔聖坤 論壇, 不正競爭防止法에 있어서의 周知性 (1)(2)(3) (完成) 1991. 11~1992. 2. 韓國發明特許協會.
특허청 산업재산보호과, 부정경쟁방지법 판례집, 2001, 영인정보시스템.
황광연 외 1, 상표법, 2005, 단국대학교 출판부.
황광연 외 2, 미국특허법, 2004, 세창출판사.
黃義昌, 營業秘密 가이드북 — 不正競爭防止法 中心.
黃義昌, 營業秘密 — 改正 不正競爭防止法의 逐條解說과 企業의 對應戰略.
황의창, 지적재산권법, 2001, 법지사.
황의창 외 1, 특허법 정해(상)・(하), 2009, 박영사.
吉藤幸朔, 特許法概說, 1988, 有斐閣.
豊琦光衛, 工業所有權法, 1980, 有斐閣.
橫田俊之 外, 營業秘密(逐條解說 改正 不正競爭防止法), 1991, 有斐閣.
光石士郎, 新訂 特許法解說, 1976, ぎょうせい.
小野昌延, 註解 不正競爭防止法, 1990, 青林書院.
豊琦光衛 外, 不正競爭防止法, 1982, 第一法規出版社.
田倉整 外, 實務擔當 不正競爭防止法, 1989, 商事法務研究會.
網野誠, 商標(新版), 1981, 有斐閣.
播磨良承, 商標法 理論과 實務, 1983, 六法出版社.
Brosnahan, Carol S., *Attorneys Guide to Trade Secrets*, Berkeley, 1971 (Supplement, 1976).
Browne, Allan, *Trade Secrets and Unfair Competition*, Berkeley, 1977.
Choate, Robert A.; Francis, William H.; and Collins, Robert C., *Cases and Materials on Patent Law including Trade Secrets-Copyrights-Trade Marks* (3rd edition), St. Paul: West Publishing Co., 1987.
Unkovic, Dennis, *The Trade Secrets Handbook*, New Jersey: Prentice-Hall, Inc., 1985.

# 차 례

## 제 1 편 | 부정경쟁행위

## 제 2 편 | 영업비밀

## 제3장 영업비밀침해행위의 유형

## 제4장 영업비밀침해행위에 대한 구제

## 제 3 편 | 부정경쟁방지 및 영업비밀보호 사업



## 부 록

# 부정경쟁방지 및 영업비밀보호법

# 제1편 不正競爭行爲

# 제1장 概　　觀

## 제1절 序　　論

오늘날과 같은 치열한 영업경쟁사회에서 공정한 룰(rule)이 깨어진다면 진정한 산업경제의 성장·발전을 기대하기란 어려울 것이다. 하나의 商標가 유명해지기 위해서는 그 상표의 창조 또는 선택에서부터 오랜 기간 막대한 투자와 많은 노력을 들여 관리해야 가능하다. 그럼에도 불구하고 이와는 아무런 관계도 없는 자가 거래사회에서 두터운 신뢰를 받아 周知著名하게 된 상표를 무단사용하거나 도용하여 그 상표의 성가에 편승하려 한다면 이는 상표 소유자의 영업상의 이익이나 신용의 실추뿐만 아니라 소비자의 경제적·정신적 손실은 물론 거래질서까지도 문란하게 될 것이다. 이렇게 될 경우 기업은 자기가 필요한 상표를 스스로 창조하는 등의 노력보다는 타인이 오랜 동안 축적해 온 명성과 신용에 무임승차하려는 데 관심을 갖게 될 것이고, 소비자는 소비자대로 상표와 상품에 대한 불신감을 갖게 되어 결국 공정한 경업질서의 유지가 어려워 산업경제발전은 물론 건전한 거래질서의 확립에도 부정적인 영향을 미치게 될 것이다.

예를 들면 '존'이라는 국내에 널리 알려진 상표를 가지고 있는 甲이 고성능 컴퓨터를 개발하여 '존'상표를 붙여서 시판하고 있는 경우 甲과는 아무런 관계도 없는 乙이 甲의 허락 없이 자기가 만든 컴퓨터에 '존'이라는 상표를 붙여 판다면 ① 甲은 乙이 '존'상표를 붙여 판 컴퓨터만큼을 팔지 못하게 될 것이다. 결과적으로 그만큼 이익이 감소되어 손해를 입게 됨은 물론,

② 乙이 판매한 컴퓨터의 품질이 조악하여 고장이 잦을 경우에는 갑이 그 동안 축적해 온 영업상의 신용에 손상을 입게 되며, ③ 소비자 입장에서는 '존'상표만 믿고 을의 컴퓨터를 구입함으로써 금전적·정신적 피해를 입게 된다. ④ 국가입장에서는 소비자가 국산 컴퓨터를 믿지 않으려는 불신풍조의 만연으로 컴퓨터산업의 위축은 물론 소비자의 이러한 인식이 전 산업으로 확산될 경우 산업계가 입게 되는 타격 또한 커 국민경제에도 악영향을 미치게 될 것이다. 「不正競爭防止 및 營業秘密保護에 關한 法律」(이하 '부정경쟁방지법'이라 한다)은 바로 이러한 폐단을 막기 위하여 공정한 경쟁원리에 반하는 부정경쟁행위를 방지하려는 것이다.

따라서 어떠한 방법을 불문하고 경쟁자가 영업소, 산품, 산지 또는 공업상, 상업상의 영업활동과 혼동을 일으키게 하거나 신용을 훼손하는 모든 행위를 일찍이 「산업재산권 보호를 위한 파리협약」(이하 '파리협약'이라 한다)에서는 공정한 관습에 반하는 경쟁행위로 규정(동 조약 제10조의2)하여 이의 방지를 선언하고 회원국은 이와 같은 정신을 시현하기 위한 부정경쟁방지법의 제정을 의무화하였던 것이다.[1] 그러나 이러한 부정경쟁행위로부터 건전한 거래질서를 유지하기 위한 효시는 아마 중세 유럽에서 도시경제의 독점적 특권을 부여받은 상공업자의 동업단체인 영업길드조직의 붕괴로 특정계층에 의한 시장지배력의 상실, 시장폐쇄, 길드구성원의 시장분할 등 경쟁제한 제도가 무너지면서 치열한 경쟁과 더불어 나타나기 시작한 부정경쟁행위 등

1) 파리협약 제10조의2(부당경쟁)

(1) 각 동맹국은 동맹국의 국민에게 부정경쟁으로부터 효과적인 보호를 보장하고

(2) 공업상 또는 상업상의 공정한 관습에 반하는 모든 경쟁행위는 부정경쟁행위를 구성한다.

(3) 특히 다음과 같은 행위는 금지되어야 한다.

① 여하한 방법에 의함을 불문하고 先使用者의 영업소, 상품 또는 공업상 혹은 상업상의 활동과 혼동을 일으키게 하는 모든 행위

② 거래과정에서 先使用者의 영업소, 상품 또는 공업상 혹은 상업상의 활동에 관하여 신용을 실추하게 하는 허위의 주장

③ 거래과정에서 상품의 성질, 제조방법, 특징, 용도 또는 수량에 대하여 공중을 오도할 표시 또는 주장

을 규제하기 위해 마련한 법적·제도적 장치에서 찾아볼 수 있을 것이다.

그 예로 독일이 프로이센 영역 내에서의 영업의 자유를 인정하기 위하여 최초로 발령한 1810년의 프로이센 營業稅勅令(Preubische Gewerbesteueredikt)이나, 독일제국 전영역에 걸쳐 先使用者는 물론 거래자, 수요자, 일반공중에 이르기까지 모든 사람의 이익을 위하여 자유롭고 공정하게 경쟁할 수 있도록 영업의 자유를 허용한 1869년의 帝國領域令(Reichsgewerbeordnung von 1869),[2] 근대시민사회로의 이행이 가장 앞섰던 영국, 프랑스의 불법행위법의 법리에 의해 확립된 판례법 등을 들 수 있을 것이다.

이와 같은 배경을 토대로 법제화된 부정경쟁방지법은 궁극적으로는 사업주체가 영업활동을 함에 있어서 경쟁상의 우위를 확보하기 위해 타인이 막대한 투자와 많은 노력, 오랜 시간을 들여 개발 또는 선택하거나 신용 또는 가치를 축적한 상표 등의 표지나 영업비밀 등의 지적재산을 무단사용하거나 도용 또는 상품의 질, 양 등을 허위로 표시하는 등의 公序良俗에 반하는 행위를 방지함으로써 건전한 거래질서의 유지를 통한 경쟁의 공정성을 확보하여 경쟁자는 물론 거래자, 수요자 및 일반공중의 경제적 권익을 보호하려는 데 그 목적을 두고 있다. 또한 국내에서 널리 알려진 상표와 같은 공개된 정보와 영업비밀과 같은 비공개된 정보를 모두 보호하려는 것으로 다음과 같은 법률상의 특징을 지니고 있다.

첫째, 부정경쟁방지법은 타인의 정보의 침해방지를 통한 건전한 거래질서의 유지를 그 이상으로 하고 있다. 「독점규제 및 공정거래에 관한 법률」은 자기의 정보의 공정한 활용을 통한 자유로운 경쟁원리를 그 이상으로 하고 있다. 따라서 전자는 정당한 경쟁을 유도하는 측면이 있고, 후자는 자기의 영업권의 공정한 행사를 통한 공정한 경쟁을 조장하는 것이 본령이다. 즉, 경쟁제한적인 시장지배적 지위에 있는 독점 및 과점업체의 시장지배적 지위의 남용, 경제력의 집중, 부당한 공동행위 및 불공정거래행위로부터 공정한

---

2) Volker Emmerich, Das Recht des Unlauteren Wettbewerbs, 3.Aufl., Verlag C. H. Beck, 1990, S.2; 鄭浩烈, 不正競爭防止法에 관한 연구 —行政體系와 類型을 중심으로— (1991년 8월 서울大學校 大學院 法學博士學位論文, p.6).

룰(rule)에 의한 경쟁의 강점을 유도하고 있는 것이다.

둘째, 不正競爭防止法은 부정경쟁행위에 대한 금지청구 등을 할 수 있는 행위유형에 대해 法定列擧主義를 채택하고 있다. 즉, 禁止請求 등을 할 수 있는 7가지의 부정경쟁행위 유형과 2가지의 국기, 국장 등의 상표사용금지행위 유형 및 6가지의 영업비밀침해행위 유형만을 열거하고 있고, 그 밖의 부정경쟁행위나 영업비밀침해행위 등에 대해서는 민법의 불법행위법이나 형법 등에 맡기고 있다. 그러나 독일, 스위스, 오스트리아의 부정경쟁방지법은 부정경쟁행위에 관한 포괄적 일반조항을 두고 영업상 거래에서 경쟁의 목적으로 선량한 풍속에 반하는 행위를 하는 자에 대해서는 금지 및 손해배상 등을 청구할 수 있도록 규정하고 있다. 이에 비해 우리 나라 부정경쟁방지법에 의한 구제범위는 한정되어 있어 비교적 주요 외국의 입법례에 비해 매우 좁다.

셋째, 부정경쟁방지법은 부정경쟁행위 등에 대해 禁止請求權 등의 사전적 구제수단을 인정하고 있다. 부정경쟁행위에 대한 구제수단으로는 손해배상청구권, 신용회복청구권, 형사처벌 등의 사후적 구제수단 그 밖에 금지 또는 예방청구권 등의 사전적 구제수단을 인정하여 부정경쟁방지와 영업비밀보호의 실효성을 확보하고 있다. 그러나 민법상의 불법행위에는 사후적 구제수단인 손해배상청구권 등만을 인정하고 있다.

넷째, 부정경쟁방지법은 營業私法的 성격이 강한 법률이다. 민사적 구제의 가장 유효한 수단인 금지 또는 예방청구권 등을 영업상의 이익이 침해되거나 침해될 우려가 있다고 인정하는 자에게만 한정함으로써 사업자단체에 금지청구권 등을 인정하고 있는 독일이나 소비자에게까지 금지청구권 등을 인정하고 있는 미국, 스위스 등의 법제에 비해 소비자의 보호가 미흡하다. 오늘날과 같이 부정경쟁행위가 지능화·규모화·고도화되어 가고 있고, 소비자보호의 필요성이 점차 높아가고 있는 현실을 감안해 볼 때 독일의 부정경쟁방지법에서와 같이 일반조항으로 개정하고 또 부정경쟁행위에 대한 금지청구권 등의 소권도 영업상의 이익을 침해받는 자나 침해받을 우려가 있다고 인정하는 자에 국한할 것이 아니라 미국·독일·스위스와 같이 사업자 단체 등이나 소비자 단체 등에도 확대하는 방안을 적극 검토해 보아야 할 것이다.

다섯째, 부정경쟁방지법은 공법적 요소가 가미된 사법적 형태의 법률이다. 이 법은 민사적 구제수단 이외에 형사적 구제수단과 행정적 구제수단을 함께 인정함으로써 私權의 보호와 함께 공공의 질서 유지를 위해 비교적 공법적 요소를 강하게 가미한 사법적 형태의 법률이다. 즉, 부정경쟁방지법은 민법상의 물권법과 같은 성격의 법으로서 지적재산권으로 보호하고 있는 특허법·실용신안법·디자인보호법·상표법 및 저작권법 등 개별권리법과 함께 지적재산의 중요한 보호법이며 한편으로는 건전한 거래질서유지라고 하는 공익적 차원에서의 법질서 보호법이면서 윤리법적 성격이 강한 법이기도 하다.

## 제2절 沿　革

현행 우리 나라 부정경쟁방지법의 기원은 일본이 1934년 5월에 개최되는 '파리협약' 런던회의에서 부정경쟁방지법 제정의무를 부과하는 1925년 헤이그 개정조약을 비준하기 위한 조약상의 의무를 이행하기 위하여 1934년 3월에 제정·공포한 부정경쟁방지법(법률 제14호)에 의해 1934년 12월 28일 발령한 조선 부정경쟁방지령(制令 제24호)이라고 할 수 있다. 同令은 1945년 8월 15일까지 시행되어 오다가 해방과 함께 사실상 사문화된 상태에서 1961년 12월 29일까지 존치되어 왔다. 그 후 1961년 12월 30일 입법근대화를 위한 법령정비사업의 일환으로 이를 폐지하고 대체 법률로 제정한 것이 우리 나라 최초의 부정경쟁방지법(1961. 12. 30. 법률 제911호)이며, 그 동안 열두 차례의 개정을 거쳐 오늘에 이르렀다. 제1차 개정(1986. 12. 31. 법률 제3897호 전문개정)에서는 이 법 시행 25년 동안 꾸준히 고도성장을 해 온 우리 나라의 산업경제의 규모에 알맞는 법률을 가져야 할 뿐만 아니라 교역량의 증대에 따른 미국 등 선진각국의 지적재산에 대한 보호압력의 강화에 효율적으로 대응하여야 하는 등 국내외적인 여건변화에 따라 전문을 개정하였다.

그 주요 내용을 보면 첫째, 부정경쟁행위에 대한 정의, 특허청장의 시정권고, 의견청취, 벌금의 상향조정, 부정경쟁심의위원회의 설치 및 부정경쟁방지업무의 시·도 위임 등의 조항을 신설하는 동시에 타인의 영업비방행위를 민법상의 불법행위 및 형법상의 신용훼손죄로 갈음할 수 있다는 이유로 삭제하는 등의 개정을 하였다.

제2차 개정(1991. 12. 31. 법률 제4478호)에서는 新知的財産으로 새롭게 부상하고 있는 영업비밀에 대한 보호규정을 신설하였다.

제3차 개정(1998. 12. 31. 법률 제5621호)에서는 통하여 법의 명칭을 「不正競爭防止 및 營業秘密에 관한 法律」로 개칭하고, 아울러 그간의 논쟁점이었던 부정경쟁행위 또는 영업비밀침해행위시의 손해액 추정규정을 신설하는 한편, 날로 조직화·지능화되어 가고 있는 영업비밀침해행위(특히 국외유출)의 강력한 방지를 위하여 형량을 상향조정하였다.

제4차 개정(1999. 2. 5. 법률 제5814호)은 「표시·광고의 공정화에 관한 법률」의 제정에 따라 이 법 제15조 제2항 중 "독점규제 및 공정거래에 관한 법률"을 독점규제 및 공정거래에 관한 법률, 표시·광고의 공정화에 관한 법률"로 개정하였다.

제5차 개정(2001. 2. 3. 법률 제6421호)에서는 주지상표의 식별력이나 명성의 손상행위방지, 상표법조약 가입에 따른 체약국의 국기·국장 등의 보호, 상표권자의 동의 없는 대리인 등의 상표사용행위 방지 및 손해액 산정방식의 일부 추가 등의 개정을 하였다.

제6차 개정(2004. 1. 20. 법률 제7095호)에서는 인터넷 기술의 비약적인 발전과 전자상거래가 활발해지면서 인터넷 주소인 도메인 이름이 상품 및 영업의 출처표시기능을 하게 됨에 따라 상표 등 기존의 표지와 분쟁이 발생하고, 미등록된 타인의 상품의 형태를 모방하는 행위가 빈발하고 있으나 이의 해결을 위한 충분한 법적 근거가 없어 이에 대한 실체법적 근거를 마련하며, 종전 개인적인 차원에서 이루어지던 영업비밀침해가 최근 기업 등 조직적인 차원에서 이루어지고 있는 점 등을 감안하여 이를 규제하고 외국과 같이 처벌을 대폭 상향 조정하고자, i) 타인의 상표 등을 부정한 목적으로 도메인 이름으로 등록·사용하는 행위 및 미등록된 타인상품의 형태를 모방한 상품을 제작·판매하는 행위도 새로이 부정경쟁행위로 규정하고(제2조 제1호 아목 및 자목), ii) 종전 해당 기업의 전·현직 임직원에 대해서만 영업비밀침해범으로 규정하던 것을, 누구든지 기업의 영업비밀을 국내·외에 유출한 경우 이를 처벌토록 하고, 그 보호대상도 종전 해당 기업의 기술상의 영업비밀로 한정하던 것을 그 기업의 기술 및 경영상의 영업비밀로 확대하되 이를 목적범화하여 정당한 사유 없이 부정한 이익을 얻거나 기업에 손해를 가할 목적으로 유출한 자로 그 대상범위를 한정하였으며(제18조 제1항 및 제2항), iii) 종전 국외유출의 경우 7년 이하의 징역 또는 1억원 이하의 벌금으로 하던 것을 7년 이하의 징역 또는 그 재산상 이득액의 2배 이상 10배 이하의 벌금에 처하도록 하고, 국내유출의 경우 5년 이하의 징역 또는 5천만원 이하의 벌금에 처하던 것을 5년 이하의 징역 또는 그 재산상 이득액의 2배 이상 10배 이하의 벌금에 처하도록 하여 부당이득액의 환수가 가능토록 하는 한편, 예비·음모 및 미수자도 처벌토록 하고, 친고죄 규정을 폐지하였다(제18조, 제18조의2, 제18조의3). 또 iv) 종전 부정경쟁행위에만 양벌규정을 두어 법인 등 단체를 처벌할 수 있었던 것을, 앞으로는 영업비밀침해에 대해서도 양벌규정의 대상으로 추가하여 기업 등 조직차원의 영업비밀침해에 대해서도 처벌이 가능하도록 하는(제19조) 등의 내용을 주요골자로 하는 개정을 하였다.

제7차 개정(2004. 12. 31. 법률 제7289호)에서는 의장법이 디자인보호법으로 법명칭이 바뀜에 따라 관련조항의 인용법명칭 의장법을 디자인보호법으로 개정하였다.

제8차 개정(전문개정 2007. 12. 21. 법률 제8767호)에서는 최근 기업의 중요하고 유용한 경제적 가치를 가지는 영업비밀이 외국으로 유출되는 사례가 급속히 증가하고 있음에 따라 영업비밀을 외국으로 유출하는 자에 대한 징역형의 법정형을 최고 7년 이하에서 최고 10년 이하의 징역으로 상향조정함으로써 영업비밀의 유출방지에 대한 실효성을 확보하기 위하여 처벌을 강화하는 한편 법문장을 원칙적으로 한글로 적고 어려운 용어를 바꾸며 길고 복잡한 문장은 체계 등을 정비하여 간결하게 하는 등 국민이 법문장을 이해하기 쉽게 정비하려는 등의 취지에 따라 개정을 하였다.

제9차 개정(일부개정 2008. 12. 26. 법률 제9225호)에서는 현행 양벌규정은 문언상 영업주가 종업원 등에 대한 관리·감독상 주의의무를 다하였는지 여부에 관계없이 영업주를 처벌하도록 하고 있어 책임주의원칙에 위배될 소지가 있으므로, 영업주가 종업원 등에 대한 관리·감독상 주의의무를 다한 경우에는 처벌을 면하게 함으로써 양벌규정에도 책임주의원칙이 관철되도록 하기 위하여 제19조(양벌규정)를 법인의 대표자나 법인 또는 개인의 대리인, 사용인, 그 밖의 종업원이 그 법인 또는 개인의 업무에 관하여 위 같은 법 제18조 제1항부터 제3항까지의 어느 하나에 해당하는 위반행위를 하면 그 행위자를 벌하는 외에 그 법인 또는 개인에게도 해당 조문의 벌금형을 과하되 다만, 법인 또는 개인이 그 위반행위를 방지하기 위하여 해당 업무에 관하여 상당한 주의와 감독을 게을리하지 아니한 경우에는 예외적으로 그러하지 아니한 것으로 개정하였다.

제10차 개정(2009. 3. 25. 법률 제9537호)에서는 ⅰ) 부정경쟁행위 및 영업비밀침해행위 등 산업정보에 관한 부정행위의 전국 광역화에 따른 대응의 효율화를 기하기 위하여 특허청장의 권한 일부를 특별시장·광역시장·도지사 또는 특별자치도지사(이하 "시·도지사"라 한다)에게 위임할 수 있도록 하였다(법 제17조 제1항). ⅱ) 위 부정행위의 고도화·지능화·조직화·다양화 및 대량화에 따른 대처의 효율화를 기하기 위하여 특허청장은 부정경쟁행위의 방지 및 영업비밀보호를 위한 연구·교육 및 홍보, 부정경쟁방지를 위한 정보관리시스템 구축 및 운영, 그 밖에 대통령령으로 정하는 사업을 할 수 있을 뿐만 아니라(법 제2조의2) 이러한 업무를 산업재산권 보호 또는 부정경쟁방지업무와 관련된 법인이나 단체(이하 "전문단체"라 한다)에 위탁할 수 있으며, 위탁할 경우 이에 소요되는 비용을 예산의 범위에서 지원할 수 있도록 개정하였다(법 제17조 제2항, 제5항).

제11차 개정(2009. 12. 30. 법률 제9895호)에서는 ⅰ) 영업비밀보호의 실효성을 제고하기 위하여 부정행위자에 대한 처벌의 범위를 '누설'에서 '취득·사용'까지로 확대하였다(법 제18조 제1항). ⅱ) 과태료처분에 대한 이의제기, 특허청장의 이의제기 사실에 대한 관할법원의 통보, 과태료의 국세체납처분의 예에 의한 징수에 관한 규정을 삭제하였다(법 제20조 제3항에서 제5항까지 삭제).

제12차 개정(일부개정 2011. 6. 30. 법률 제10810호)에서는 「우리나라와 유럽연합(EU) 및 그 회원국 간의 자유무역협정」의 합의사항을 반영하기 위하여 자유무역협정에 따라 보호하는 지리적 표시의 사용 등을 금지하고, 지리적 표시의 침해에 대한 금지예방, 손해배상 등 구제절차를 마련하여 지리적 표시자의 권리를 보호하는 한편, 부정경쟁행위에 대한 조사 등에 관한 업무를 특허청장, 시·도지사 및 시장·군수·구청장의 공동사무로 조정하기 위하여 개정하였다.

이와 같은 변천과정을 거쳐 오늘에 이른 이 법의 입법취지는 「파리협약」에서 찾아볼 수 있으나 그 내용과 형태면에 있어서는 일본의 부정경쟁방지법의 틀을 크게 벗어나지 못하고 있다.

## 제 3 절 法　　益

부정경쟁방지법의 궁극적인 목적은 營業社會에 기업윤리라고 하는 행동규범의 원천을 제공하여 경쟁의 공정성을 확보함으로써 상품표지 등의 先使用者는 물론 거래자 및 수요자의 권익보호와 일반공중의 포괄적 이익보호를 위한 법질서유지에 있다. 따라서 부정경쟁방지법은 발명·고안·디자인·상표 및 저작물 등을 지적재산권으로 보호하고 있는 특허법·실용신안법·디자인보호법·상표법 및 저작권법 등과 같은 개별권리보호법과 함께 지적재산의 중요한 보호법이면서 한편으로는 건전한 거래질서 유지라고 하는 공익적 차원에서의 법질서보호법이기도 한 매우 중요한 법이다.

이와 같은 법익의 확보를 위한 수단으로서 私法的 구제수단을 통해 상품표지 등의 先使用者의 사적 권익을 보호하려는 면과 공법적 구제수단을 통해 先使用者는 물론 거래자 및 수요자를 포함한 일반공중의 공익을 보호하기 위한 법질서유지의 확보라는 양면성을 지니고 있다. 그러나 그 보호법익이 본질적으로 先使用者의 절대적 권리의 보호에 있느냐, 재산적 이익의 보호에 있느냐, 아니면 先使用者의 사적 이익은 물론 거래자 및 수요자를 포함한 일반공중의 포괄적인 이익을 보호하기 위한 공공의 이익보호에 있느냐에 따라 권리보호설, 이익보호설, 공익보호설로 견해가 나누어지고 있다.

## Ⅰ. 權利保護說

부정경쟁방지법은 부정경쟁행위로부터 先使用者의 절대적·배타적 권리를 보호하기 위하여 부정경쟁행위에 대한 금지 또는 예방청구권, 손해배상청구권, 신용회복청구권 등을 인정하고 있다. 바꾸어 말하면 금지청구권 등을 행사하기 위해서는 그 대상이 반드시 절대적 권리에 대한 침해이어야 한다는 것이다.

이와 같은 권리보호설은 다시 권리자의 인격권을 보호하려는 것이냐 영업권을 보호하려는 것이냐에 따라 인격적 권리보호설과 영업적 권리보호설로 나누어진다. 전자인 인격적 권리보호설은 법률관계에서의 권리·의무의 주체와 분리할 수 없는 신체, 자유, 명예 등의 위에 성립된 인격적·비금전적인 권리만을 보호하려는 것이 아니라 영업과 관련하여 널리 알려진 성명·예명·필명·아호·초상·서명·인장 및 신용 등과 같은 명예나 명성 등에 독자적인 가치를 인정하여 인격권으로 보호하려는 것으로서 이는 결국 영업활동 그 자체에 대한 존중권으로 나타난다.

이에 반해 또 다른 설은 타인의 성명, 초상, 신용 등은 영업과는 아무런 관련 없이 순수한 인격적 권리로 보호하여야 한다는 것이다. 즉, 부정경쟁방지법 제2조 제1호 가목 및 나목에서 규정하고 있는 타인의 성명은 인격권의 일종인 성명권으로 지배적 성격을 가지므로 권리자의 성명사용을 방해하는 자 또는 부당하게 성명을 사용하는 자에 대하여 방해제거 또는 손해배상의 청구권이 발생한다. 또한 상표법 제7조 제1항 제6호에서도 타인의 저명한 성명 등을 무단히 상표로 사용할 수 없도록 규정하고 있어 영업활동 그 자체에 대한 존중권이 아닌 인격 그 자체에 대한 존중권을 인정하여 보호하여야 한다는 것이다.

그러나 영업활동 그 자체를 독점·배타적인 인격권으로 보호하려는 설은 영업의 자유로운 경쟁이 보장되어 있는 자본주의사회에서의 시장경제체제하에서는 적절하지 못한 뿐만 아니라, 부정경쟁행위가 반드시 영업주체인 권리자의 인격권을 침해하려는 의도에서만 이루어지는 것이 아니고 순수한 동기에 의해서도 이루어질 수 있으며, 또 원산지의 허위표시나 상품의 허위 또는 과대광고 등에 의한 오인야기행위 등의 부정경쟁행위도 인격권의 침해와는 상당한 거리가 있다고 할 수 있다. 또한 성명·신용 등 인격 그 자체를 인격권으로 보호하려는 설은 이 법 제2조 제1호 가목 및 나목에서 '타인의 성명'을 보호대상으로 규정하고 있고, 같은 산업재산권 보호법으로서의 상표법 제7조 제1항 제6호의 규정에서도 저명한 타인의 성명·서명·초상·예명 등을 무단히 상표로 사용할 수 없도록 규정하고 있는 것은 권리자의 영업·비영업을 불문하고 그의 위업에 의해 저명해진 성명을 사용하는 것을 내용으로 하는 私權을 보호하려는 취지로 해석된다.

하지만 부정경쟁행위가 반드시 권리자의 인격을 침해하려는 목적으로만 이루어지는 것이 아니고 또 원산지의 허위표시나 상품의 생산·제조 또는 가공지와 상품의 품질·내용·제조방법·용도·수량 등의 오인을 유발시킬 수 있는 선전 또는 표시를 하는 등의 부정경쟁행위가 인격권의 침해와는 거리가 있다.

이상과 같은 권리자의 영업활동 그 자체에 대한 존중권으로서의 인격적 권리보호설과 人格 그 자체에 대한 존중권으로서의 인격적 권리보호설에 대해 이를 모두 인정하지 않으려는 인격적 권리보호설에 대한 否定說이 있다. 이 부정설에 의하면 우리나라의 부정경쟁방지법 제4조·제5조·제6조 및 제10조·제11조·제12조에서 각각 부정경쟁행위·영업비밀침해행위의 금지청구권, 손해배상청구권, 신용회복청구권 등은 영업상의 이익이 침해되거나 침해될 우려가 있다고 인정하는 자에 대해서만 법원에 그 구제를 청구할 수 있도록 규정하고 있기 때문에 후술하는 영업적 권리는 보호되나 인격적 권리는 인정하고 있지 않다고 보는 설로서 이 설이 정설이다.

후자인 영업권보호설은 기업이 보유하고 있는 주지의 성명·상호·상표·상품의 포장·용기·표장 기타 상품 또는 영업을 표시하는 표지 등을 어떠한 방식으로 영업에 사용하거나 사용을 승인할 수 있는 독점·배타적인 권한을 갖는 점에 있으며, 이는 주지표지 등에 고유한 성격의 특권으로 구성되는 것이다. 즉, 기업은 스스로의 필요에 따라 자기의 주지표지를 만들 수 있는 제작권과 그 주지표지를 상품이나 영업 등에 붙일 수 있는 표시권 및 이러한 표지를 사용한 상품을 판매·반포 또는 수입·수출할 수 있는 거래권 등 주지표지에 대한 사용권뿐만 아니라 기업 위에 거래의 객체로서 전용사용권 또는 통상사용권, 담보, 임대차 등의 설정을 인정하려는 것이다. 그러나 이 설은 特別財産性은 인정되나 궁극적으로는 영업이란 동산, 부동산, 채권, 채무 등으로 성립되는데 이러한 것은 영업목적을 위하여 결합될 뿐만 아니라 영업과 함께 또는 영업의 계속 중에 성립된 상호·상표·표장, 기타 상품이나 영업임을 표시하는 표지도 포함되기 때문에 구성부분인 개별의 권리·의무의 단순한 집합 이상의 가치를 가진다. 때문에 일체적인 영업의 양도, 임대차 등이 행해지고 있으나 이것은 일체로서의 채권계약의 대상으로 할 수 있음에 지나지 않으며, 그 위에 1개의 물권이 인정되는 것은 아니다(단, 재단저당은 제외).

이와 같이 영업적 권리보호설이 一物一權主義에 반해 가면서까지 영업활동을 하기 위해 기업 위에 또 다른 권리설정을 인정하려는 것이나 기업 그 자체에 대하여 독점·배타적인 영업권이 성립되는 것으로는 보지 않으려는 것이 오늘날의 다수설이다.

그러나 권리보호설이 인격적 권리의 보호이냐 영업적 권리의 보호이냐가 중요한 것이 아니라 불법행위의 구성요건으로서 권리침해가 전제되어야 하느냐가 더 중요하다. 불법행위의 성립에 권리침해를 요건으로 하였던 구민법과는 달리 현행 민법 제750조는 위법성을 요건으로 하고 있어 반드시 권리가 아니더라도 불법행위는 성립될 수 있다 할 것이다.[3] 따라서 부정경쟁방지법이 부정경쟁행위를 민법상의 불법행위의 특칙으로 규정하고 있기 때문에 부정경쟁행위의 구성요건으로서 권리침해가 반드시 요구되는 것은 아니고 위법성, 즉 이익침해만 있어도 충분하다고 보는 것이 오늘날의 통설이다.

## Ⅱ. 利益保護說

부정경쟁방지법의 보호법익을 先使用者의 권리의 보호로 파악하려는 것이 아니라 기업의 영업활동에 의해 얻어진 이익보호에서 구하려는 것이며, 권리의 보호는 부정경쟁방지의 간접적 법익이 된다는 입장이다. 그 근거로는 이 법 제4조 내지 제6조의 금지청구권 등의 규정에서 부정경쟁행위로 인하여 자신의 '영업상의 이익'이 침해되거나 침해될 우려가 있는 자 또는 타인의 '영업상의 이익'을 침해하여 손해를 입힌 자라고 규정하고 있는바 이 때의 '영업상의 이익'이란 先使用者의 절대적 권리가 아니라 기업의 영업활동에 의해서 확보한 구체적이고 개별적인 영업적 이익을 의미한다. 또한 이 법 제4조 내지 제6조의 규정에서 先使用者에게 영업상의 이익이 침해되거나 침해될 우려가 있을 때에 금지청구권 등을 인정하고 있는 그 자체가 先使用者의 영업적 이익을 보호하려는 입법의 취지가 잘 반영되어 있다. 또한 동법 제3조의 규정에 의한 국기, 국장 등의 상표사용금지나 동법 제2조 제3호의

3) 郭潤直, 債權各論(민법강의Ⅳ, 박영사, 1990년), pp.648~649에는 우리 민법은 일본 민법과 달리 권리침해가 아니라 위법성을 불법행위의 객관적 성립요건으로 하고 있다. 즉, 개인의 권리를 침해하지 않더라도 법률상 보호할 가치가 있는 이익을 위법하게 침해하면 불법행위의 책임이 발생하는 것으로 보고 있다.

규정에 의한 영업비밀침해행위에 대한 구제 또한 각각 파리협약 당사국이나 국제기구의 이익 및 영업비밀보유자의 이익을 보호하려는 것이다.

그러면 先使用者의 영업적 이익과 부정경쟁행위에 대한 금지청구권 등과는 어떤 관계가 있는가가 문제이다. 여기에서 금지청구권이란 부정경쟁행위로 인하여 영업상의 이익이 침해되거나 침해될 우려가 있는 자의 구제권, 즉 영업상 이익의 보호수단으로서의 권리를 의미하는 것이다. 따라서 금지청구권 등은 반드시 先使用者의 독점·배타적인 권리의 침해에만 한정되어 행사되는 것은 아니다. 즉, 청구권의 행사가 반드시 권리구제에서만 성립되는 것이 아니고 이익구제수단으로서도 행사될 수 있다.

## Ⅲ. 公益保護說

부정경쟁방지법은 불공정한 경쟁행위를 규제함으로써 건전한 거래질서를 유지하는 데 그 목적을 두고 있다. 따라서 先使用者의 이익보호만을 목적으로 하려는 것이 아니라 이를 넘어 先使用者는 물론 거래자 및 수요자를 포함한 일반공중의 포괄적 이익 내지 公法秩序 등의 보호를 통한 건전한 去來秩序의 유지에서 구하려는 입장이다. 이와 같은 입장의 배경은 동법 제7조 내지 제9조에서 관계공무원에 의한 부정경쟁행위의 조사와 부정경쟁행위에 대한 시정권고 등의 규정을 두어 부정경쟁행위 등을 효율적으로 규제하고 있다. 또한 제18조에서는 부정경쟁행위를 한 자에게는 징역 또는 벌금에 처할 수 있도록 형사처벌규정을 두어 부정경쟁방지의 실효를 거둘 수 있도록 공법적 요소를 대폭 가미하고 있다.

이러한 경향은 최근 들어 전체 법규정의 목적이나 보호법익면에서 커다란 변화가 있었는바 그것이 바로 독일 부정경쟁방지법에서의 부정경쟁행위에 대한 금지청구권 인정범위의 확대이다. 종래 피해자, 사업자, 사업자단체에게만 인정하고 있던 금지청구권 등을 소비자단체에까지 확대하여 인정한 것이 그 예이다. 즉, 이제까지의 부정경쟁방지법은 순수하게 불법행위법과 같이 先使用者 보호로만 파악하여 왔으나 오늘날에 와서는 거래자나 수요자뿐만 아니라 일반공중의 이익에 대한 보호에까지 점차 그 의미를 더해 가고 있는 추세이다(우리나라 부정경쟁방지법 제외).

이상에서 살펴본 바와 같이 이 법의 보호법익은 전적으로 先使用者의 절대적 권리나 영업적 이익의 보호만을 위한 것이 아니고 先使用者는 물론 거래자 및 수요자를 포함한 일반공중의 포괄적 이익보호에 더 큰 비중을 두고 있다고 할 것인바 공익보호설이 상당히 설득력을 갖는다고 본다. 그 이유는 첫째, 부정경쟁방지법의 목적조항에서 부정경쟁행위를 방지하여 건전한 거래질서를 유지함을 목적으로 하고 있을 뿐만 아니라 특히 이 법에서는 先使用者의 개별적 권리나 이익의 침해와는 전혀 관련이 없는 여러 형태의 부정경쟁행위 등이 규정되어 있다는 점이다.

그 대표적인 예가 소비자를 대상으로 한 원산지 등의 허위광고, 상품의 품질・내용・제조방법・용도・수량 등의 오인, 혼동을 일으키게 하는 선전광고 등의 경우이다. 이와 같은 행위는 소비자들을 직접 겨냥한 것이고 설령 先使用者에게 영향을 미쳤다 하더라도 그것은 부차적인 것에 불과하며 또한 법적 파악도 거의 불가능하기 때문이다.

둘째, 우리나라의 부정경쟁방지법은 부정경쟁행위 7가지, 국기 등의 상표사용금지위반행위 2가지, 영업비밀침해행위 6가지의 개별구성요건을 정하고 그에 대한 법적 구제를 정하고 있기 때문에 이 법에 의한 부정경쟁행위 등이 성립하기 위하여 先使用者의 권리나 이익에 대한 침해가 있을 필요는 없다. 따라서 권리보호설이나 이익보호설의 주장은 처음부터 성립될 수 없다고 하겠다.

그러나 이 법에서 정하고 있는 7가지의 부정경쟁행위와 6가지의 영업비밀침해행위에 대한 법적 구제수단인 금지청구권, 손해배상청구권 및 신용회복청구권 등은 先使用者가 자신의 영업상의 이익이 침해되거나 침해될 우려가 있을 때 또는 침해되었을 때에 행사할 수 있도록 규정하고 있다는 점과 부정경쟁방지법에서 규정하고 있는 7가지 유형의 부정경쟁행위와 6가지 유형의 영업비밀침해행위가 민법상의 불법행위의 특칙으로 제정되었을 뿐만 아니라 이 13가지 유형 이외의 부정경쟁행위에 대해서는 先使用者의 권리나 이익에 대한 위법한 침해가 그 전제가 되고 있는 민법의 불법행위에 의한 법적 구제를 할 수밖에 없다는 점을 고려해 볼 때 여전히 권리보호설이나 이익보호설이 모두 타당하다. 하지만 이 법의 목적이 부정경쟁행위를 방지하여 건전한 거래질서를 유지하는 데 있고, 부정경쟁행위의 개별구성요건에 따른 법적 구제가 先使用者의 권익보호에 치중하고 있다 하더라도 거래자, 수요자 및 일반공중의 포괄적 이익, 즉 公益 또한 보호대상에서 배제할 수 없기 때문에 결국 이 법의 법익은 先使用者의 사적 이익의 보호는 물론 거래자 및 수요자를 포함한 일반공중의 포괄적 이익보호, 즉 공공의 이익보호에도 두어야 할 것으로 본다.

## 제 4 절 主要國의 法制

부정경쟁에 관한 법에 있어서 영미법과 대륙법의 결정적인 차이는 유럽대륙법의 경우에는 일반 불법행위법에 의하거나 특수한 경쟁법적 일반조항에 의하거나 간에 일체의 부정경쟁행위에 대한 일반적 금지가 존재함에 비해 영미법에 있어서는 오히려 여러 가지 개별 불법행위법리에 의하여 전개되어 왔다는 점이다. 특히 양대진영의 부정경쟁에 관한 효시는 근대 시민사회로의 이행이 가장 앞섰던 영국과 프랑스의 불법행위법에서 찾아볼 수 있을 것이다.

그러나 양국은 그 규율하는 형태에서 상당한 차이를 보이고 있다. 즉, 영국에서는 부정경쟁에 대한 개념정립 없이 여러 유형의 불법행위를 다양하게 인정해 왔고, 이에 비해 프랑스에서는 부정경쟁이라는 개념을 정립해 놓고 그 범위 내에서 불법행위를 제한적으로만 인정해 왔다. 다음은 이와 같은 배경에서 비교적 오래 전부터 잘 운용되어 온 나라의 부정경쟁에 관한 법제를 살펴보고자 한다.

## Ⅰ. 英國의 法制

영국의 부정경쟁에 관한 법제의 기원은 불법행위의 법리에서 찾아볼 수 있을 것이다. 즉, 생명과 재산을 보호하려는 데서 출발하여 점차 영업비방, 명예훼손, 불법방해 및 침해행위 등 거래관계 전반에까지 그 보호범위가 확대되었다. 그러나 이와는 별도로 부정경쟁에 관한 법리가 거래관계에 대한 이익뿐만 아니라 영업관계에 대한 이익까지를 보호하려는 취지에서 주로 타인의 상표를 기만적으로 사용하려는 상품사칭행위에 관한 판결에 의해 확립된 법리였으나 산업경제의 변천에 따라 부정경쟁에 관한 개념이 상표침해뿐만 아니라 재산적 손해를 가져오는 私的 不法妨害 또는 公的 不法妨害를 구성하는 상사사건에 대해서도 적용되기 시작하였다.

그러나 이상과 같은 고전적인 보통 法理만으로는 새로운 형태의 부정경쟁행위에 효과적으로 대처할 수 없어 비록 제한적이기는 하지만 制定法에 의해 보호되기 시작하였다. 즉, 영업관계분야의 부정경쟁에 관한 제정법인 연방상표법(Lanham Act)을 예로 들어 보면 동법이 보통법(Common Law)이 대부분 규율하지 못하고 있는 허위광고 등에 대하여 제정법상의 訴를 인정하고 있다든가 연방 독점금지법이 州法과 병존하면서 주법이 규정하고 있지 않은 공적·사적 구제수단, 즉 원산지의 허위표시, 허위광고, 영업비방, 비밀침해 등을 금지하는 권한을 상거래의 당사자에게 부여하고 있다.

반면에 州 制定法인 거래규제법은 보통법이나 연방 제정법이 미치지 못한 부분을 규율하여 보완하고 있다. 그 예로서 원가 이하의 投賣行爲를 연방법에서는 규율하지 않고 있기 때문에 州法에서 금지함으로써 이 부분을 보완하고 있다.

그러나 영국의 제정법은 부정경쟁에 관한 뚜렷한 개념정립 없이 여러 유형의 불법행위를 다양하게 인정하고 있는 것이 특색이다.

## Ⅱ. 美國의 法制

미국의 부정경쟁행위는 불공정거래관행에 관한 보통법의 법원리에 의해서 방지되고 있었다. 즉, 영업주체에게 다양한 유형의 침해에 관한 사법적 구제수단을 인정하여 가해행위로부터 보다 실효성 있는 보호를 보장하는 불법행위법의 일부를 구성하여 왔으나 19세기 후반부터 급속한 산업경제의 변화에 따라 각종 불공정한 거래관행이 폭발적으로 증가하고 있어 이에 대한 적절한 제도적 대응으로 보통법원리를 넘어 제정법에 의한 해결이 불가피하였다. 따라서 불공정관행에 관한 제정법은 보통법상의 사적 구제수단을 보완할 뿐만 아니라 거래관행에 대한 정부규제를 정하여 거래규제에 관한 보다 큰 공법체계의 일부를 구성하고 있다.

## Ⅲ. 프랑스의 法制

프랑스는 부정경쟁에 관한 법의 모국이라 할 만큼 불법행위법의 체계 안에서 판례법의 형태로 가장 먼저 시행해 온 나라이지만, 부정경쟁행위를 규제하는 일반법은 없고 다만 개별적인 사항을 규율하기 위한 몇몇 개별법이 있을 정도이다. 그것도 부정경쟁이라는 개념을 정립해 놓고 그 범위 내에서 한정해 놓은 불법행위에 대해서만 인정하고 있는 실정이다. 그 예로서 1951년 3월 20일에 제정한 「경품법」이나 매입가격 이하로 판매하는 「투매행위금지법」 등을 들 수 있다. 특히 프랑스의 부정경쟁행위에 관한 법원은 민법 제1382조와 제1383조의 자유로운 해석과 이를 중심으로 하여 확립된 법리에 따라 축적된 판례법이라고 할 수 있다.

## Ⅳ. 獨逸의 法制

독일의 부정경쟁행위는 기존의 商標法, 商號法 등에 의해서 방지될 것으로 믿고 1871년부터 독일 전역에 걸쳐 영업의 자유를 인정하였으나 의외로 모든 분야에서 투매행위, 산업스파이의 준동, 카르텔화 등의 부정경쟁현상이 나타났다. 이러한 폐단을 없애기 위해 1896년에 주로 프랑스의 판례법에 의하여 확립된 법리를 중심으로 핵심부정경쟁행위, 즉 상품 또는 영업표지의 남용, 영업상의 신용훼손, 상품 또는 영업주체의 혼동야기, 영업비방, 영업비밀의 누설 등만을 규제하는 최초의 부정경쟁방지법을 제정하였다. 그러나 동법의 제한적 규제만으로는 효과적으로 부정경쟁행위를 방지할 수가 없어, 판례는 고의의 가해행위에 적용하는 동법 제826조의 일반조항을 원용하여 미비한 부분을 보완하여 운용하였다. 하지만 가해의사에 대한 입증이 용이하지 않는 등 정당한 경쟁을 포괄적으로 보호하기에는 역부족이었다.

따라서 이를 입법적으로 해결하기 위하여 1909년 6월 7일 선량한 풍속에 반하는 일체의 경쟁행위를 일반적으로 금지하는 일반조항을 신설하는 부정경쟁방지법의 개정을 보았으며, 이후에도 급속하게 변화하고 있는 산업경세의 현실에 따라 여러 차례의 크고 작은 개정을 보았다. 그 중에서도 가장 특기할 만한 개정은 1965년 7월 21일의 개정으로 '소비자보호' 규정의 신설이다. 즉, 동 개정법 제13조 제2항 제3호는 정관목적에 설명과 상담을 통하여 소비자의 이익을 보호하는 소비자단체도 종전의 영업자나 영업자단체와 같이 부정경쟁행위의 금지청구권을 행사할 수 있도록 하여 부정경쟁행위로부터 소비자의 이익을 적극적으로 보호할 수 있는 근거규정을 마련하였다. 또한 1969년 6월 26일의 동 개정법 제3조의 '혼동야기의 표시'범위의 확대도 의미 있는 개정으로 볼 수 있을 것이다.

## Ⅴ. 스위스의 法制

스위스의 부정경쟁에 관한 연방법률은 독일의 부정경쟁방지법과 같이 일반조항을 두고 있으나 독일의 일반조항과 같이 '선량한 풍속'이 아니라 '신의칙'에 대한 위반을 일반적으로 금지하고 있는 것이 특색이다.

## Ⅵ. 日本의 法制

일본의 부정경쟁방지법의 기원은 1911년 農商務省이 1909년의 독일 부정경쟁방지법의 내용과 비슷한 법안을 마련한 것부터이다. 그 후 동 법안은 '파리협약'에 대한 1925년의 헤이그 개정조약의 비준을 앞두고 작성한 1926년 법안의 기초가 되었다. 그러나 이 법안은 부정경쟁에 관한 일반조항이 없고 부정경쟁행위의 범위도 좁을 뿐만 아니라 형벌규정도 없는 등 오히려 1911년의 법안보다도 후퇴한 내용이었고, 이것마저도 입법이 되지 못하였다. 그 후 부정경쟁방지법 제정의무를 부과하는 '파리협약'에 대한 헤이그 개정조약의 비준과 동 조약상의 의무를 이행하기 위하여 1911년 농상무성이 기초한 법안을 중심으로 한 최종안을 확정하여 1934년 3월 법률 제14호로 공포하고 다음 해인 1935년 1월부터 시행에 들어갔다.

그 후 경제사회의 여건변화에 따라 부정경쟁방지의 대상범위를 종전의 생산물로부터 영업으로의 확대, 중지청구권 및 형벌규정의 강화, 허위표시의 금지 등을 내용으로 하는 몇 차례의 개정을 보았다. 그 중에서도 특기할 만한 것은 1950년의 마드리드협정에 따라 사칭범위를 원산지와 출처지로 확대한 것을 비롯하여 1955년의 리스본협정개정에 따른 상표권자의 대표 또는 대리인의 상표부당사용행위의 금지규정 추가와, 1975년의 소비자보호의 강화, 1990년 6월 29일에 공포하여 약 1년간의 유예기간을 거쳐 1991년 6월 15일부터 시행한 영업비밀보호규정의 신설 등 여러 차례의 크고 작은 개정을 거쳐 오늘에 이르렀다. 그러나 결국 1926년 당시의 법안과 같이 부정경쟁행위에 관한 일반조항을 두고 있지 않고 한정열거하고 있을 뿐만 아니라 소비자와 일반공중의 이익보호가 등한시되고 있다는 점이다. 즉, 부정경쟁행위의 구제수단인 中止請求權, 損害賠償請求權, 信用回復請求權 등을 영업상의 이익이 침해되거나 침해될 우려가 있는 先使用者에게만 인정하고 있고, 소비자나 소비자단체, 기타 사업자단체에게는 인정하고 있지 않기 때문이다. 또한 1999년 일본기업의 해외상거래에서 검은 돈을 뿌리 뽑겠다는 정책의지에 따라 법률 제33호로 개정하여 기업의 해외영업과 관련, 여태껏 사실상의 방치상태에 놓여 있던 뇌물관행에 족쇄를 가했다.

일본정부는 일본기업에 의한 외국공무원에의 뇌물공여에 최고 3억 엔의 벌금을 부과하는 것으로 부정경쟁방지법을 개정하였다. 개정법에 따르면 새로운 금지대상은 ① 일본기업의 직원이 ② 영업상의 부정이득을 얻기 위해 ③ 외국공무원이나 국회의원, 특수법인 내지 국영기업 직원에게 이익을 공여하는 행위이다. 위반이 적발될 경우 개인은 3년 이하의 징역이나 3백만 엔 이하의 벌금, 법인은 3억 엔 이하의 벌금이 부과된다.

상대국 정부가 적발하지 않은 경우라도 증거가 있으면 일본국내 입건이 가능하다. 다만 통관절차나 전화설치 등 통상적인 행정서비스를 원활하게 하기 위해 건네는 촌지는 입건대상에서 제외된다.

동 개정법은 1998년 12월 경제협력개발기구(OECD) 가맹국 등 33개국이 「국제상거래에 있어 외국공무원에 대한 증·수뢰방지에 관한 조약」에 서명하고 4월까지 각국이 국내법을 국회에 제출하도록 합의한 데 따른 것이다.

이같은 증수뢰방지조약이 대부분의 선진국에서 받아들여질 수 있었던 것은 기업들이 스스로 국제적 상거래의 투명성이나 공정성을 확보할 필요성을 인식한 점이 크게 작용하고 있다. 뇌물행위가 결국은 상대국 공무원, 정치가 등의 주머니를 살찌게 할 뿐 중장기적으로 보면 기업이 손해를 보고 코스트만 가중시킨다는 것이다.

국제시장에서 활약하고 있는 대기업 가운데는 이번 조약에서 한발 더 나아가 민간기업 종업원끼리의 접대나 리베이트 등의 행위도 문제로 삼아야 한다는 흐름이 일고 있다. 유착에 따른 편익을 향유하는 대상은 해당 사원뿐으로 기업자체는 필요 이상의 코스트를 부담하고 있는 것이다.

# 제2장 不正競爭行爲

## 제 1 절 不正競爭行爲의 概念

### Ⅰ. 定　　義

부정경쟁행위란 민법상의 불법행위의 특칙으로서 영업주체가 사업활동을 함에 있어서 경쟁상의 우위를 정당한 대가의 지불 없이 타인의 경쟁력에 편승하여 확보하려는 행위를 말한다. 즉, 영업상 필요한 상표·상호 등을 스스로의 노력이나 정당한 거래에 의하여 취득·사용하는 것이 아니라 이미 타인의 노력에 의하여 거래사회에서 널리 알려진 것을 사용함으로써 수요자로 하여금 오인·혼동을 일으키게 하여 경쟁상의 우위를 확보하려는 것이다.

이는 상표·상호 등 산업재산에 대한 침해뿐만 아니라 소비자에게도 상품선택에 혼동을 가져오게 함으로써 경제적 손실은 물론 정신적 피해도 초래하는 등 건전한 거래질서를 문란하게 한다. 따라서 다른 지적재산권과 마찬가지로 상품이나 영업에 사용하고 있는 표지 등이 부정경쟁방지법으로 적절히 보호되지 않을 경우 기업은 자기가 필요로 하는 상표 등의 산업재산을 스스로의 힘에 의하여 개발·선택하려는 노력을 하지 않고 타인의 노력에 의하여 형성된 상표 등의 성가(good will)에 편승하려는 손쉬운 방법을 택하게 될 것이다. 이렇게 될 경우 타인의 노력에 무임승차하는 자는 개발투자와 관리노력 및 시간적 부담이 없기 때문에 스스로 창조·관리한 기업에 비해 그만큼 비용과 노력·시간의 절약을 가져와 기업간 경쟁에 있어서 보다 더 유리한 입장에 서게 되어 결국 타인의 산업재산 등을 도용하거나 무단사용하는 기업이 스스로의 창조·관리노력에 의하여 산업재산을 개발·축적한 기업을 축출함으로써 惡貨가 良貨를 구축하는 결과를 가져오게 된다. 그래서 기업은 상표 등을 스스로 창조·선택하거나 관리하려는 노력을 하지 않게 될 것이다.

또한 소비자도 眞否의 혼동으로 인한 피해를 입게 되므로 부정경쟁행위는 산업의 경쟁력 향상과 소비자보호 등을 위해 반드시 근절해야 할 公敵이라 할 수 있다.

이 법에서는 부정경쟁행위에 대한 개념을 정의하기 위하여 부정경쟁행위의 유형을 내용으로 하고 있다. 부정경쟁행위에 대한 금지청구 등의 구제를 인정할 경우 무엇이 '부정경쟁행위'에 해당하느냐의 구제객체로서의 유형과 그 개별유형에 따른 성립요건을 명확히 규정하는 것이 필요하다. 이 법 제2조 제1호에서는 '부정경쟁행위'라 함은 그 목적의 여하를 불문하고 ① 상품주체혼동야기행위 ② 영업주체혼동야기행위 ③ 표지의 식별력 등 손상행위 ④ 원산지오인야기행위 ⑤ 상품출처오인야기행위 ⑥ 상품사칭이나 상품의 내용·품질 등의 오인야기행위 ⑦ 대리인 등의 무단 상표사용행위 등을 말한다고 규정하고 있다.

## Ⅱ. 特 性

부정경쟁방지법에서 방지하고 있는 부정경쟁행위와 타법에서 규제하고 있는 유사행위를 비교·검토하여 부정경쟁행위의 개념을 보다 정확하게 이해하고자 한다.

1) 부정경쟁방지법에서의 부정경쟁행위의 방지가 제3자의 부정한 경쟁행위를 방지하여 건전한 거래질서를 유지하려는 데 비해 「독점규제 및 공정거래에 관한 법률」에서의 불공정행위의 규제는 시장지배적 지위에 있는 독과점업체의 경쟁제한행위를 규제하여 공정한 경쟁을 조장하려는 것이다.

2) 부정경쟁방지법에서의 부정경쟁행위의 방지가 제3자로 하여금 국내에 널리 알려진 타인의 상표·상호 등을 부정하게 사용하는 등의 부정경쟁행위를 방지하여 건전한 거래질서를 유지하려는 데 비해 「표시·광고의 공정화에 관한 법률」에서의 부당표시·광고의 방지는 상품 또는 용역에 관한 표시·광고에 있어서 소비자를 속이거나 소비자로 하여금 잘못 알게 하는 부당한 표시·광고를 방지하고 소비자에게 바르고 유용한 정보의 제공을 촉진함으로써 공정한 거래질서를 확립하려는 것이다.

3) 부정경쟁행위의 보호객체가 공개된 정보인 데 비해 영업비밀의 보호객체는 비밀정보이다.

4) 부정경쟁행위의 방지가 공공의 질서유지에 있는 데 비해 특허법 등 산업재산권법에서의 침해행위의 규제는 사권을 보호하려는 데 있다.

5) 부정경쟁행위에 대한 피해구제가 피해자의 이익보호뿐만 아니라 거래관계당사자와 수요자를 포함한 일반공중까지의 포괄적 이익보호에 있는 데 비해 민법·상법 등에서의 불법행위에 대한 피해구제는 私的 權益의 보호에 있다.

6) 부정경쟁행위로부터의 보호객체는 상품이나 영업에 표시한 標識인 데 비해 특허권, 실용신안권, 디자인권의 보호객체는 발명·고안·창작의 내용이다.

## 제 2 절 不正競爭行爲의 構成要件

### Ⅰ. 商品主體 混同惹起行爲

#### 1. 總 說

상품주체 혼동야기행위란 "국내에 널리 인식된 타인의 성명·상호·상표·상품의 용기·포장 그 밖에 타인의 상품임을 표시한 표지와 동일하거나 유사한 것을 사용하거나 이러한 것을 사용한 상품을 판매·반포 또는 수입·수출하여 타인의 상품과 혼동하게 하는 행위"를 말한다(법 제2조 제1호 가목). 여기에서 "국내에 널리 인식된"이란 타인의 상품임을 표시한 표지가 외국이 아닌 우리나라에서 當業者를 포함한 거래관계자나 일반수요자 사이에 주지되어 있는 것을 의미하나 그 주지의 지역적 범위가 반드시 우리나라 전역일 필요는 없고 영업권이 미치는 일부 특정지역이라도 상관이 없을 것이다. 또 주지의 인식의 주체도 당업자 및 거래자와 일반수요자 모두에게 반드시 알려질 필요는 없고, 당업자 및 거래자 또는 일반수요자 중 어느 한쪽에만 알려져 있어도 무방하다고 해석된다.[1)]

이 법에서는 상품의 표지로서 성명, 상호, 상표, 상품의 용기, 포장을 들고 있으나 이는 例示에 불과하고 냄새, 맛, 소리, 또는 동작, 색채 등의 상표나 입체상표, 상품의 형태(trade dress), 캐릭터(character) 등 그것이 상품임을 표시하는 표지인 이상 모두 이에 포함된다. 또한 상표, 상품의 용기, 포장, 상호 등이 상표법이나 디자인보호법, 상법 등에 의하여 등록되거나 등기될 필요는 없다.

여기에서 "사용"이란 상품표지 자체의 도안, 설계, 제작, 보관, 판매, 양도, 대여(양도, 대여는 청약을 포함한다), 구입(수입을 포함하여 상품에 사용할 목적의 경우에 한함) 및 판매, 양도, 대여 등을 목적으로 한 전시 혹은 반포 등과 이러한 표지를 한 상품을 양도, 대여(양도, 대여는 請約을 포함한다), 판매, 반포 또는 수입, 수출하는 것을 말한다. 또한 "혼동야기행위"는 상품주체 본위로서 상품자체는 부차적이고 규제대상은 상품표지에 대한 혼동야기 행위를 말한다.

---

1) 대법원 1980. 12. 9. 선고, 80다829 판결.
부정경쟁방지법 제2조 제1호 가목, 나목 소정의 "국내에 널리 인식되었다"는 의미는 국내 전역에 걸쳐 모든 사람에게 알려져 있음을 요하는 것이 아니라 국내의 일정한 지역범위 안에서 거래자 또는 수요자들 사이에 알려진 정도로 족하다.

## 2. 商品主體 混同惹起行爲의 構成要件

부정경쟁행위에 대한 禁止 또는 豫防請求 등을 할 수 있는 상품주체 혼동야기행위가 구성되기 위해서는 다음의 요건을 갖추어야 하는데 이들 요건은 상호밀접·불가분의 관계에 있는 것으로서 개개로 분리될 수 있는 것이 아니다.

첫째, 타인의 상품임을 표시한 표지가 국내에 널리 인식된 것일 것(주지성).

둘째, 타인의 상품임을 표시하는 표지일 것(표지성).

셋째, 그 표지가 타인의 상품임을 표시하는 표지와 동일하거나 유사한 것일 것(동일·유사성).

넷째, 타인의 상품임을 표시하는 표지를 사용하거나 이러한 표지를 사용한 상품을 취급할 것(사용성).

다섯째, 이러한 표지를 사용함으로써 타인의 상품과 혼동하게 할 것(혼동성).

다음은 商品主體 混同惹起行爲의 구성요건인 주지성, 표지성, 동일·유사성, 사용성, 혼동성 등 개별구성요소별로 보다 자세히 살펴보기로 한다.

### (1) 周 知 性

#### 1) 周知性의 槪念

'주지성'이란 특정인의 상품임을 표시하는 표지가 상당한 범위(즉, 국내 전역에 걸쳐 모든 사람에게 알려질 필요는 없으나 영업권이 미치는 국내의 일정한 지역범위 안에서 거래자 또는 수요자들 사이에 알려진 정도의 범위) 내의 당업자 및 거래자 또는 수요자 사이에서 널리 알려져 있는 상태에 있는 것을 의미하는 것으로 해석된다.[2] 이와 같은 주지표지의 보호는 경업질서에 있어서 일정한 이익상태를 보호하는 것이므로 이러한 사실상태가 형성되어 있는 이상 이를 주지표지에 해당한다고 해석하는 것은 당연하다.

부정경쟁방지법 제2조 제1호 가목 및 나목에서는 공히 국내에 널리 인식된 상품 및 영업에 관한 표지를 부정경쟁행위의 전제로 하고 있는바 이

---

2) 대법원 1980. 12. 9. 선고, 80다829 판결.

법에서의 “국내에 널리 인식된”, 즉 ‘주지성’이란 자기의 업무에 관계되는 상품 및 영업을 나타내기 위한 표지를 사용함으로써 당업자 및 거래자 또는 수요자들 사이에 알려져 객관적으로도 去來社會에서 標識機能을 다하고 있는 것을 말한다. 따라서 상표법상의 주지성보다는 조금 넓고, 현저성이나 저명성보다는 조금 좁은 개념으로 이해할 수 있을 것이다. 즉, 상표법상의 주지성이란 일반적으로 당업자 또는 거래자 사이에만 알려져 있는 정도를 말하고, 현저성 또는 저명성이란 당업자 및 거래자는 물론 일반 수요자에 이르기까지 널리, 그리고 잘 알려져 있는 정도를 말한다. 따라서 현저성 또는 저명성은 주지성보다는 높은 성가를 가지고 거래자뿐만 아니라 일반수요지에 이르기까지 신뢰를 얻고 있어 그 자체가 상품의 주체나 영업의 주체까지를 나타내는 힘을 갖고 있는 경우가 많아 소비대중으로부터의 인식도가 높다고 볼 수 있을 것이다.

또한 이 법에 의한 주지성은 당업자 및 거래자 또는 수요자 사이에 알려져 있는 事實狀態인 데 비해 특허법상의 公知性이란 당업자 및 거래자와 수요자 사이는 물론 불특정 다수인인 일반공중에게까지 알려져 있는 상태라고 하는 설[3]과 알려질 수 있는 상태라고 하는 설[4]로 나뉘어지고 있고, 판례도 두 가지로 나뉘어져 있다.[5]

그러나 공시성이 소수설과 일부 판례대로 ‘알려질 수 있는 상태’로 충분하다면 특허법 제29조에서 규정하고 있는 특허출원 전 국내에서 공연히 실시된 발명 및 특허출원 전에 국내 또는 국외에서 반포된 간행물에 기재된 발명이라는 규정을 둘 필요가 없을 것이다. 그렇다고 다수설인 ‘알려져 있는 상태’에만 의존하면 그 입증이 어려운 경우가 많이 발생할 수 있을 것이

3) 다수설: 吉藤幸朔, 특허법개설, 1988, 有斐閣, 宋永植외, 전게서, p.12.

4) 소수설: 光石士郎, 新訂 특허법해설, ぎょうせい, 1976, p.142.

5) 《알려져 있는 상태를 필요로 한다고 한 판결》

① 대법원 1963. 2. 28, 62후14 판결.

② 東京高裁 1979. 5. 30. 판결.

《알려질 수 있는 상태를 필요로 한다고 한 판결》

東京高裁 1976. 1. 20. 판결.

다. 그러므로 이와 같은 점을 감안하여 '알려질 수 있는 상태'에 있으면 공지로 추정하고 반증이 없는 한 '알려져 있는 상태'에 있다고 해석하는 것이 타당할 것이다.[6]

또한 공지성이라고 해서, 즉 알려져 있는 상태라고 해서 반드시 다수의 자가 알고 있어야 할 필요는 없고 소수의 특정인이 알고 있는 경우에도 그들이 비밀을 준수하여야 할 의무가 없거나 의무가 있다고 하더라도 그 의무를 위반하여 제3자에게 누설하였을 때에는 공지되었다고 보아야 할 것이다. 그러나 부정경쟁방지법상의 주지성은 부정경쟁행위의 규제요건의 하나로 요구되는 것이고, 특허법상의 공지성이란 발명의 신규성 판단의 예시기준으로 사용하는 개념이므로 양자는 그 목적·기능 등에서 서로 다른 별개의 개념이라 할 것이다.[7]

2) 周知性의 內容

i) 周知性의 認識의 主體

'주지성의 인식의 주체'는 상품의 종류나 영업의 성질 또는 영업 및 거래의 종류나 그 형태에 따라 다를 수 있다. 그러나 부정경쟁방지법이 자기의 상품이나 영업에 타인의 주지표지를 사용함으로써 거래자 또는 수요자로 하여금 타인의 상품이나 영업상의 시설 또는 활동과 혼동하게 하는 행위를 방지하여 상품 또는 영업의 주체와 이를 이용하는 일반수요자의 이익을 보호하는 것을 목적으로 하고 있기 때문에 일반적으로 주지성의 유무를 인정하는 주체는 그 대상이 되는 상품이나 영업에 관여하는 자가 된다고 할 것이다. 따라서 주지성의 인식의 주체는 일반적으로 상표법상의 저명성(혹은 현저성)이나 특허법상의 공지성과 같이 거래자와 수요자는 물론 일반공중에게까지 알려져 있을 필요는 없고 당업자 및 거래자 또는 수요자 사이에만 알려져 있으면 충분하다고 할 것이다. 이 경우 당업자와 거래자 및 수요자 모두가 반드시 알고 있어야 할 필요는 없고 당해 상품의 종류나 영업의 성질에 따라 관심이 있는 계층이 한정되어 있어도 무방하기 때문에 이 중

6) 吉藤幸朔, 전게서, p.76.

7) 崔聖坤, 부정경쟁방지법에 있어서의 周知性(1), 월간 발명특허, 1991년 11월호, p.38.

어느 한쪽만 알아도 상관이 없다고 할 것이다.

예를 들면 일본의 판례도 젊은 여성을 대상으로 한 의류에 관한 영업에 있어서의 주지성의 인식의 주체를 젊은 여성들로 판시하고 있고,[8] 퍼스컴 판매에는 퍼스컴을 취급하는 제조업체, 판매업자 및 관심 있는 수요자라고 판시하고 있다.[9] 결국 주지성의 인식의 주체는 개별사안에서 당업자 및 거래자를 기준으로 하여 판단할 것인가, 수요자를 기준으로 하여 판단할 것인가의 문제로 상품의 종류 및 성질, 영업 및 거래의 종류와 그 형태 등의 거래실정을 참작하여 결정해야 할 것이다. 또한 주지성 인식주체의 인식의 능력은 당업자 및 거래자 또는 수요자의 평균수준에서 통상적으로 갖는 주의력을 기준으로 하여 판단해야 할 것이다.[10]

ii) 周知性의 認識의 時期

부정경쟁방지법은 '주지성의 인식의 시기'에 대해서는 특별한 규정을 두고 있지는 않지만 금지청구 등이 문제가 되는 시점에서 당해 표지가 이미 주지성을 갖추고 있었는가 아닌가 하는 문제로 나타난다. 이와 같은 주지성의 인식의 시기에 관해서는 先使用者의 표지사용시점설과 구두변론종결시점설로 견해가 나뉘어지고 있다. 先使用者의 표지사용시점설이란 주지성의 인식을 부정경쟁행위자가 선사용자의 표지를 사용하거나 사용하려는 시점에서 인정하려는 견해이다.[11] 일본의 판례에서는 ① 주지성의 인식의 시기를 선사용자의 상품발매시 또는 영업개시시에 한한다고 판시하고 있다. 즉, 동 판결에서는 원고제품의 標章은 늦어도 피고들이 제품의 제조판매를 개시하기 직전인 1981년 12월에 수요자 사이에 주지되었다고 하였다.[12] 이에 대한 항소심에서도 항소인의 표지가 부정경쟁행위자인 피항소인이 현 표장(상호)을 사용하기 전에 주지되어 있었다고는 인정되지 않는다고 판시하였

8) 東京地裁 1962. 6. 30. 판결.

9) 札幌地裁 1984. 3. 28. 판결.

10) 小野昌延, 전게서, p.168; 田倉整 외, 전게서, p.104.

11) 田倉整 외, 전게서, p.93.

12) 大阪地裁 1984. 4. 26. 판결.

고[13] 이후 많은 판례가 이를 지지하고 있는 실정이다. ② 이외에도 주지성의 인식의 시기를 선사용자 제품의 발매시점과 사실심의 구두변론종결시점의 양자를 인정한 판결이 있다. 동 판결에서는 원고의 표지는 피고가 사용하기 시작한 1954년 당시에는 물론 본건 구두변론종결시에 있어서도 널리 알려져 있었다고는 할 수 없다고 판시하였다.[14]

이에 반하여 최근의 판결은 갑이 자기의 상품표지와 유사한 표지를 사용한 을에 대하여 침해행위금지 등의 구제청구를 하기 위해서는 그 청구와의 관계에서 문제되는 시점, 즉 금지청구에 있어서는 사실심의 구두변론종결시, 손해배상청구에 있어서는 을이 손해배상청구의 대상으로 되어 있는 유사표지를 사용한 시점에서 주지성이 인식되어 있어야 한다고 판시하고 있다.[15]

또 다른 판결에서도 원고의 영업표지는 적어도 본건 구두변론종결시인 1984년 1월에는 일본 국내에서도 퍼스컴을 취급하는 판매업자 및 수요자 사이에서 주지되어 있었다고 인정함이 상당하다고 판시하였다.[16] 그러나 선사용자의 표지사용시점설과 구두변론종결시점설과는 차이가 있다고 본다. 즉, 전자에 의하면 후사용자가 선사용자의 표지를 사용하여 출처의 혼동을 일으키게 하는 경우에 후사용자의 선사용항변에 대한 판단에 있어서 '善意'와의 관계에서 후사용자가 선사용자의 표지를 사용한 시점과 구두변론종결시점과는 구제범위가 달라지게 된다. 또한 구두변론종결시점설에 의하더라도 1심에서 패소판결을 받아 항소한 원고가 대대적인 선전광고를 하여 2심의 구두변론종결시에 주지성이 인식되면 오히려 승소판결을 받을 수 있게 되는 등 양자의 승패가 유동적이고 예측불가능한 단점이 있다는 지적이 있다.[17]

어쨌든 주지성의 인식의 시기는 부정경쟁방지법의 보호를 받을 만한

13) 東京高裁 1988. 3. 29. 판결.

14) 大阪地裁 1993. 2. 25. 판결.

15) 최고재판소 1988. 7. 19. 판결.

16) 札幌地裁 1984. 3. 28. 판결.

17) 日本 工業所有權 法學會, 전게서, p.67.

사실상태가 존재한 이상 그 존재의 시점에서부터, 그리고 보다 넓게 보호할 수 있는 구두변론종결시점설에 따르는 것이 타당하다고 본다.[18]

iii) 周知性의 地域的 範圍

부정경쟁방지법상의 주지표지의 지역적 범위는 국내에서 주지된 표지이므로 비록 외국에서는 주지되어 있다 하더라도 그 표지가 국내에서 주지되어 있지 않으면 이 법에 의한 보호를 받을 수 없다. 그러나 외국의 非周知標識라도 국내에서 주지되어 있으면 국내에서 이 법에 의한 보호를 받을 수 있음은 물론이다. 문제는 외국에서만 사용되고 있는 국내주지표지이다. 예를 들면 국내에 널리 알려진 甲의 '거북표' 신발이 미주지역에서만 판매되고 있는 경우이다. 이 경우 그 '거북표'와는 아무런 관계가 없는 자가 '거북표'를 자사 신발에 사용하는 것은 갑의 영업상의 이익을 침해함은 물론 갑의 신발과도 혼동하게 하여 국내의 거래질서를 파괴하게 되므로 이 경우에도 이 법의 규제를 받게 된다. 그러나 수출의 경우를 제외하고는 갑이 '거북표'라는 상표를 국내에서 사용하고 있는 사실이 국내에 상당히 강하게 인식되어 있지 않으면 국내주지표지로서 보호할 필요가 없다고 보아야 할 것이다.[19]

또한 주지성의 지역적 범위를 國內라고 규정하고는 있으나 전국일원일 필요는 없고, 주지의 표지가 사용되고 있는 일정한 지역이라도 상관이 없다. 대법원 판례도 국내에 널리 인식된 표지란 국내전역에 걸쳐 모든 사람에게 알려져 있음을 요하는 것이 아니라, 어느 한 지방, 즉 국내의 일정한 지역 범위 안에서 거래자 또는 수요자들 사이에 알려진 정도로서 충분하다고 판시하고 있다.[20] 그러나 이와 같은 구분은 오늘날과 같은 대중매체 시대에 있어서는 주지의 지역적 범위의 넓고 좁음이 그다지 중요한 문제가 되지 않으므로 구분의 실익이 없다 할 것이다.

18) 崔聖坤, 不正競爭防止法에 있어서의 주지성(2) (日本 判例를 中心으로 하여), 月刊 發明特許, p.21.

19) 大阪地裁 1984. 6. 28. 판결.

20) 대법원 1976. 2. 10, 74다1989 판결; 대법원 1980. 12. 9, 80다829 판결.

이러한 맥락에서 볼 때 외국 또는 국제적으로 저명한 상표가 현재는 국내에서 주지된 표지가 아니라고 해서 보호할 수 없다고만 고집할 수 있는가의 문제이다. 이 문제는 국경을 뛰어넘어 세계가 하나로 되는 국제화 · 개방화 시대에서 어느 정도 국내에서 주지되어 있거나 주지될 분위기가 감지될 때에는 국내에서 주지된 표지로 보는 방향으로 운용하여 국제거래질서의 확립을 꾀하는 것이 바람직하다 할 것이다.

지금은 GATT 무역체제 하의 國境交易, 즉 권역별 시장에서의 경쟁이 아니라 WTO 무역체제 하의 국경 없는 교역, 즉 세계를 단일시장으로 하여 무한경쟁을 하고 있음을 인식할 필요가 있다. 따라서 주지의 지역적 범위의 좁고 넓음이나 국경을 기준으로 하여 판단하는 것은 그리 의미 있는 것은 아니다. 세계는 하나의 교역권으로 통합되어 교류와 협력이 활발이 이루어지고 있기 때문에 더욱 그렇다.

ⅳ) 周知性의 對象

주지의 대상은 상품이나 영업 그 자체가 아니라 상품이나 영업에 사용하는 표지이다. 즉, 국내에 널리 인식된 타인의 성명 · 상호 · 상표 · 상품의 용기 · 포장 · 기타 타인의 상품이나 영업임을 표시한 표지이다. 여기에서 주지성의 대상인 특정상품이나 영업의 표지가 반드시 당해 상품이나 영업과 같이 사용되어야만 하는가의 문제이다. 그러나 이 경우에는 반드시 주지의 표지가 당해 상품이나 영업과 같이 사용될 필요는 없다. 즉, 주지의 표지를 붙일 상품이 아직 시판되거나 영업이 개시되지 않아도 된다는 의미이다.[21] 예를 들면 갑이 개발 중에 있는 휴대용 컴퓨터에 사용할 '천재표'라는 상표를 선택하여 텔레비전 · 라디오 · 신문 · 잡지 등 각종 대중매체를 통해 선전광고를 하여 거래자 또는 수요자 사이에서 휴대용 컴퓨터에 붙일 '천재표'로 널리 알려져 있는 경우에는 부정경쟁방지법에 의한 보호가 가능할 것이다.

또 한 가지는 주지성이 특정상품이나 영업에만 인식되어 있는 경우 그 주지표지를 당해 특정상품이나 영업이 아닌 다른 상품이나 영업에 붙여 사

21) 小野昌延, 전게서, p.105.

용할 경우에 부정경쟁행위가 구성되는가의 문제이다. 이 경우 그 주지표지가 특정상품이나 영업에만 널리 알려져 있다 하더라도 그 주지표지를 다른 상품이나 영업에 붙여 사용할 경우에는 부정경쟁행위가 구성된다고 할 것이다.

예를 들면 가방에서 유명한 갑의 '샤넬' 상표를 을이 지갑에 붙여 사용할 경우 일반수요자가 을의 지갑을 갑의 지갑으로 혼동할 수 있기 때문에 을이 지갑에 '샤넬' 상표를 붙여 거래하는 것은 부정경쟁행위가 구성되어 금지청구권 등의 대상이 된다는 것이다. 주지표지의 보호가 주지표지를 사용한 상품과 그 주지표지를 사용한 다른 상품과의 출처의 혼동을 방지하는 작용을 하는 것이다. 하지만 본질적으로는 주지라고 하는 '일정한 사실상의 이익상태'를 침해하는 것이 경업질서의 公平을 파괴하는 행위로서 이는 공공의 질서를 문란하게 함은 물론 선량한 풍속까지도 해치는 반사회적·반윤리적 행위라는 것이다. 설령 수요자가 주지상표를 사용한 상품(예: 컴퓨터)과 경쟁관계에 있지 않은 異種商品(예: 자동차) 간에 혼동을 일으키지 않았다 하더라도 주지상표가 공존하면서 서로 다른 상품에 각각 사용되어 유통될 경우 그 주지상표는 자타상품의 식별력이 떨어져 수요자는 상품의 출처를 오인할 수 있을 것이다. 또한 최근의 一社多業種 경영체제하에서는 그 오인의 소지는 더욱 높아져 결국 상품의 혼동을 유발할 수밖에 없을 것이다. 또한 상표의 개발, 관리노력 등을 하지 않고 사용전 타인의 주지상표의 명성에 편승하여 영업상의 경쟁적 우위를 확보하려고 한다면 비록 타인의 상품과 혼동을 일으키지 않았다 하더라도 이는 부정경쟁행위로 보아야 한다는 것이다. 뿐만 아니라 상표의 주지성은 반드시 상품이나 영업에 사용하는 경우에만 형성되는 것이 아니고 당해 상표만으로도 형성될 수 있기 때문에 타인의 주지상표를 사용하여 미구에 출하되는 타인의 상품과 혼동을 일으키지 않아도 부정경쟁행위가 구성된다고 보아야 할 것이다. 왜냐하면 상품주체에 대한 혼동만으로도 부정경쟁행위가 성립되기 때문이다.

그러나 현행법상 부정경쟁행위는 국내주지의 상품표지나 영업표지 등을 사용함으로써 그 타인의 상품이나 영업상의 시설 또는 활동과 혼동하게 하는 경우에만 구성되기 때문에 이와 같은 견해에는 문제가 있다고 보인다. 즉, 이 법 제2조 제1호 가목, 나목에 의하면 타인의 주지표지를 사용함으로써 타인의 상품과 혼동하게 하는 행위라고 규정하고 있는바, 타인의 상품이 아직 생산, 출하 이전의 상태, 즉 동종상품을 취급하지 않은 경우 그 혼동의 대상물이 없기 때문에 이러한 문제는 아예 처음부터 발생할 수 없다는 설도 있다. 그러나 주지표지에는 그 지정상품에 대한 사용자의 신용이 化體되어 있기 때문에 수요자는 그 상표만을 보고 상품을 선택·구매하게 되므로 그 상품이 상표권자의 상품으로 혼동할 수 있다는 것이다.

v) 周知性의 形成

여기에서 논하고자 하는 주지성의 형성과 전술한 주지성의 대상과는 비슷한 점도 있으나 주지성의 형성이라는 측면에서 살펴보게 되므로 다소 중복된 감이 없지 않다. 주지성의 형성은 반드시 당해 표지가 직접 상품이나 영업에 사용되어야 하는가 아니면 당해 표지만으로도 무방한가의 문제가 제기될 수 있으나 이는 당해 표지만으로도 주지성이 형성될 수 있다 할 것이다. 예를 들면 갑이 개발계획 중에 있는 무선전화기에 붙일 '번개표' 상표를 미리 선택하여 신문·잡지 등 매스컴을 통해 선전광고 하는 경우 실제 무선전화기가 출하되기 전에 '번개표'상표는 주지성을 형성하게 된다.

이 외에도 주지성의 형성이 반드시 선의에 의하여 형성되어야 하는가, 아니면 악의에 의하여 형성되어도 무방한가의 문제이다. 이 경우 선의로 주지성이 형성되기 전에 타인의 표지를 사용하거나 선전광고 등을 통해서 주지성을 형성한 경우에는 부정경쟁방지법에 의한 보호가 가능할 것이나, 악의에 의하여 주지성을 형성한 경우에는 아무리 주지성이라고 하는 사실상태의 보호이지만 부정경쟁방지법의 취지로 보아 소비자이익면에서 상품이나 영업의 출처에 대한 혼동상태를 철저하게 배제하였다 하더라도 선의의 경쟁질서나 美風良俗 등에 반하는 것이므로 정당한 주지성의 형성이라고는 할 수 없다. 따라서 이와 같은 악의에 의한 주지성의 형성에 대해서는 보호받을 수 없다.[22)]

이 경우의 '악의'라 함은 단순히 타인이 당해 표지를 사용하고 있는 것을 알고 있었다는 의미가 아니라 부정경쟁의 목적, 사회질서, 신의칙의 위반 등과 같은 건전한 거래질서를 해치는 등의 적극적인 행위로 해석하여야 할 것이다. 따라서 부정경쟁방지법에 의한 금지청구 등을 하는 자는 스스로 주지성의 형성이 '선의'에 의한 것임을 입증할 필요는 없고, 주지성의 형성에 '악의'가 있었다고 주장하는 자가 입증해야 하는바 이 경우의 악의는 항변으로 된다.[23] 여기에서의 항변은 민사소송법상 방어방법의 일종으로서 상대방의 신청 또는 주장의 단순한 부인이 아니고 상대방의 신청 또는 주장의 배척을 구하기 위하여 별개의 사항을 주장하는 것을 의미한다.

그러나 여기에는 반대하는 입장도 있다. 즉, 처음부터 타인의 표지를 도용하여 주지성을 형성하는 경우뿐만 아니라 부정경쟁의 목적이나 공서양속 및 신의칙의 위반이라도 일정한 표지의 사용을 통하여 특정 상품이나 영업의 출처가 표시되는 그 이익상태가 사회적 사실로서 객관적으로 존재할 경우에는 주지표지로 보아야 한다는 것이다.[24]

vi) 周知性의 程度

부정경쟁행위로부터 구제를 받기 위한 요건으로서 요구되는 주지성의 정도는 ① 상품 또는 영업표지가 타인의 것과 구별될 수 있는 우월적 지위를 획득하는 정도로 알려져 있어야 한다는 견해,[25] ② 거래상 우월적인 지위를 갖게 하는 정도로 알려져 있어야 한다는 견해,[26] ③ 보호할 가치가 있는 재산적 가치와 주지성은 반드시 비례하는 것이 아니므로 우월적 지위라는 의미를 그렇게 엄격하게 할 필요가 없다는 견해,[27] ④ 혼동이라는 점에 비중을 두고 주지성은 혼동을 인정하기 위한 판단자료로 보아야 한다는 견해[28] 등으로 나누어져 있다.

---

22) 綱野誠, 전게서, p.278; 小野昌延, 전게서, p.107.

23) 田倉整 외, 전게서, p.107; 豊琦光衛 외, 전게서, p.464.

24) 東京地裁 1959. 6. 29. 판결; 豊琦光衛 외, 전게서, p.108.

25) 田倉整 외, 實務相談 不正競爭防止法, 상사법무연구회, 1989, p.93.

26) 豊琦光衛 외, 不正競爭防止法, 1982, 제1법규, p.159.

27) 小野昌延, 전게서, p.166.

28) 日本 공업소유권 법학회 연보 제8호, 有斐閣, 1985, p.143.

이와 관련한 판례로는 "상품표지의 형태 그 자체가 상품의 출처표시로서 주지성을 갖기에 이르렀다고 하기 위해서는 단순히 그 형태가 일정기간 사용되었다는 것만으로는 부족하며, 나아가서 그 형태가 동종의 상품 중에서 독점적·배타적으로 사용되어 그 형태가 갖는 특징이 거래자 또는 수요자에게 인식되어 있어야 한다"고 판시하고 있다.[29]

따라서 주지성의 정도를 너무 강하게 요구할 경우 先使用者를 과보호해 주는 결과를 초래하여 선의의 경쟁을 저해할 우려가 있으므로 이를 고려하여 표지의 계속적인 사용 및 선전광고 등을 통해 자기의 상품 또는 영업을 타인의 것으로부터 구별되는 우월적인 지위를 갖도록 하는 정도로 당업자 및 거래자 또는 수요자 사이에 알려져 있어야 할 것이다.

vii) 周知性의 判斷基準

주지성의 판단은 당해 상품 또는 영업표지의 사용기간, 사용방법, 사용형태, 사용량, 거래범위 등 제반사정을 고려하여 당업자 및 거래자 또는 수요자에게 일반적으로 인식되고 있다고 객관적으로 인정되는지의 여부를 기준으로 해야 한다. 이를 구체화해 보면 다음과 같다.

① 사용기간, 사용량 및 거래범위 등은 일률적으로 정할 수 없고 그 표지의 사용밀도, 즉 사용의 빈도와 충실도, 상품이나 영업의 독과점성, 매출량의 규모, 기타의 사정을 고려하여야 한다.

② 사용방법 또는 사용형태는 직접 상품이나 영업에 사용되지 않더라도 텔레비전·라디오·신문·잡지 등에 광고한 결과 당업자 및 거래자 또는 수요자 사이에 널리 인식되어 있으면 충분하다고 본다.

③ 주지의 표지가 되기 위해서는 표지의 형태와 外觀이 되어 있어야 하며 그것이 당업자를 포함한 거래자 또는 수요자에게 널리 인식되어 있어야 한다. 다만, 文字로 된 표지와 같이 특정한 칭호를 가지고 있거나 관념이 있는 것으로 인식될 때에는 형태 또는 외관의 특징은 요하지 않는다 할 것이다.

④ 주지성의 표지를 사용한 상품이 국내에서 시판되고 있지 않거나 영

---

29) 東京地裁 1965. 8. 31. 판결.

업을 하고 있지 않아도 수출주종표지나 외국의 유명표지 등과 같이 국내의 당업자 및 거래자 또는 수요자에게 널리 알려져 있는 경우에는 주지의 표지로 보아야 할 것이다.

⑤ 당해 상품 또는 영업표지의 주지도, 즉 광고선전의 정도 및 횟수, 보급도, 당해 상품의 생산규모 또는 영업규모, 가동률, 매출액 및 시장점유율 등과 그 표지의 창조성, 그 기업의 업종과 범위 등을 종합적으로 고려하여야 한다.

viii) 周知性의 認定資料

부정경쟁방지법상 주지성은 주관적으로 널리 알려져 있다는 것만으로는 부족하고 적어도 널리 알려져 있다는 것이 객관적으로 인정될 경우에만 성립된다. 이와 같은 객관적인 자료에는 특별한 제한은 없으나 일반적으로 상품 또는 영업의 표지로 사용하였던 기간, 상품의 종류나 영업의 업종, 수요계층, 생산・판매 등의 영업규모, 판매점포의 수와 그 분포지역 등 유통규모, 선전광고의 종류・방법・빈도・비용 등 홍보규모, 기타 당업자 및 거래자 또는 수요자의 인식의 정도 및 평가 등이 주지성의 인정여부를 결정하는 좋은 정보가 될 수 있다. 이와 관련한 자료로는

1) 상품 또는 영업에 사용한 표지

2) 전국 또는 일정지역에서 사용한 사실

3) 당해 표지를 사용한 상품 등의 생산, 제조, 가공, 증명 또는 판매량(수출 포함), 구입량(수입 포함)

4) 사용의 방법, 횟수 및 내용 등을 들 수 있고, 그 증거방법은 다음과 같은 것을 예시할 수 있을 것이다.

① 국가 또는 시・도 기타 공공단체의 증명서

② 대한상공회의소 또는 시・도 지방상공회의소의 증명서

③ 동종조합 또는 협회 등 단체의 증명서

④ 거래처 또는 대리점 등 충분히 입증할 수 있는 다수의 증명서(이 경우에는 거래처 또는 대리점 등의 사업자등록증을 첨부한다).

⑤ 신문・잡지・라디오・텔레비전 등의 선전광고기간, 횟수 등에 관한

사실증명서 등을 들 수 있을 것이다.

ix) 周知標識와의 類似判斷基準

자기가 사용하고 있는 상품 또는 영업표지와 선사용자의 주지표지와의 유사판단은 원칙적으로 그 표지의 칭호, 외관, 관념 중 어느 하나 또는 그 이상이 유사하여 거래상 상품출처의 오인이나 영업의 혼동의 우려가 있는 표지는 유사한 것으로 보아야 할 것이다. 다만, 전체적으로 현격한 차이가 있어 거래상 상품출처의 오인이나 영업의 혼동을 일으킬 염려가 없는 때에는 유사한 것으로 볼 수 없을 것이다.

이와 같은 주지표지와의 유사여부판단은 그 표지가 사용될 상품이나 영업의 주된 수요계층과 기타 상품이나 영업의 거래실정을 고려하여 수요자의 평균수준의 주의력을 기준으로 판단하되, 그 유사여부의 관찰방법은 전체적·객관적·離隔的 관찰을 원칙으로 하고 예외적으로 표지의 구성 중 인상적인 부분에 대하여 비교하는 것으로 한다.

x) 周知性의 適用問題

상표법상의 주지상표는 상품 및 영업이 유사한 경우에 한하여 문제될 수 있지만 저명상표의 상품 및 영업은 비유사한 경우에도 상품의 출처 및 영업의 혼동이 생길 우려가 있으면 문제될 수 있다고 보는 견해가 있다.[30] 또한 판례도 상표 자체로는 타인의 주지 또는 저명한 상표와 유사하지 아니하여도 양 상표의 구성이나 아이디어 등을 비교하여 또는 광고기능 등에 의한 연상작용에 의해 그 상표에서 타인의 상표 또는 그 상표가 사용된 상품 등이 용이하게 연상되거나 타인의 상표 또는 상품 등과 밀접한 관련성이 있는 것으로 인정되어 상품의 출처에 오인·혼동을 일으키게 하는 경우에는 수요자간에 현저하게 인식되어 있는 타인의 상품이나 영업과 혼동을 일으키게 할 염려가 있는 상표로서 등록할 수 없다고 판시하고 있다.[31]

일본의 판례도 저명한 타인의 상표 등과 비유사한 상표로서 出處의 혼동이 일어나는 경우를 들고 있다. 즉, 저명한 상표·상호·성명·초상 등과

30) 播磨良承, 商標法 理論과 實務, 육법출판사, 1983.

31) 대법원 1980. 4. 22 선고, 80후17 판결; 대법원 1987. 8. 18. 선고, 86후181 판결.

대비하여 거래의 구체적인 실정을 배려하더라도 유사상표라고 할 수 없는 상표가 그 상표의 구성이나 아이디어 등으로 보아 용이하게 저명상표나 상호 등을 연상시켜 이를 상품에 사용하는 경우에는 저명상표가 사용되는 상품과의 유사여부를 불문하고 출처의 혼동을 일으키는 경우 동일 또는 유사한 상품에 대하여 사용하는 비유사상표에 대해서 출처의 혼동이 일어난다는 것이다(예: 무궁화와 국화).[32]

그러나 부정경쟁방지법에서는 어떤 표지가 상품 또는 영업의 주체를 나타내는 것으로 주지되어 있는 경우에는 비록 상품이나 영업활동이 유사하지 않다 하더라도 당해 상품의 출처나 영업상의 활동 등에 혼동을 일으키게 할 염려가 있을 때에는 위의 견해가 그대로 적용될 수 없다. 또한 상표법에서와 같이 주지, 저명이 구별되어 있지 않고 주지로만 규정되어 있어 하등 구별의 실익이 없다 할 것이다.

xi) 周知性의 承繼

부정경쟁방지법이 주지표지를 보호하려는 것은 기업이 오랫동안 많은 투자와 노력, 시간을 들여 쌓아 올린 신용의 표상인 표지를 타인의 침해로부터 방지하려는 것이므로, 실질적으로 기업주체에 변동이 없는 경우에는 기업의 신용을 표상하는 표지에 아무런 변화가 없기 때문에 당해 상품표지나 영업표시의 승계에 의하여 주지성도 승계가 가능하다.[33] 예를 들면 개인기업의 상속, 개인기업의 법인전환, 유한회사가 주식회사로 흡수·합병되는 등의 경우이다. 그러나 영업과 같이 이전하지 않고 표지만을 이전하는 경우에는 주지성은 승계되지 않는다.[34] 이 점에서 영업과 분리하여 상표권만을 이전할 수 있는 상표법과 일반승계인 상속, 회사합병과는 다르다 할 것이다.

3) 周知性의 削除方案 檢討

부정경쟁방지법 제2조 제1호 가목·나목의 "국내에 널리 인식된 타인의 상품임을 표시한 표지"의 국내에 널리 인식된, 즉 주지성 규정을 삭제개

---

32) 日本 大判 1941. 3. 20. 선고.

33) 田倉整 외, 전게서, p.111.

34) 大阪地裁 1988. 6. 20. 판결.

정하는 방향으로 검토하는 것이 바람직하다고 본다. 그 이유는 ① 이 법의 준거규정이라고 할 수 있는 파리협약 제10조의2에서도 공업상 또는 상업상의 공정한 관습에 반하는 모든 경쟁행위를 부정경쟁행위로 규정하고 있으며, 주지성을 부정경쟁행위의 요건으로 하고 있지 않다. 뿐만 아니라 ② 국내주지 이전의 상품표지 특히 잠재력 있고, 폭발력을 가진 표지성이 강한 표장이나 ③ 외국에서 주지된 표지이지만 국내에서 주지성이 없는 표지라 하더라도 WTO 체제하에서의 단일시장으로의 통합, 각종 매스미디어·뉴미디어의 등장에 따른 멀티미디어(대중매체) 시대에서는 오늘의 무명표지가 내일 주지될 수 있는 상황 하에서 국내든 해외든 주지성의 지역적 범위가 의미가 없다 할 것이다. 따라서 내일 주지될 표지가 오늘 주지된 표지가 아니라고 해서 타인의 모방이나 도용으로부터 보호될 수 없다는 것 또한 문제이기 때문에 주지성의 지역적 범위의 규정을 삭제하는 것이 오늘날과 같은 고속주지화 시대에서 반드시 고려되어야 할 사항이다. 그러나 이와 같은 주지성의 요건삭제 개정을 반대하는 견해도 물론 있다. 즉, 어떤 표지가 단순히 먼저 사용하였다는 이유 하나만으로 그 후의 사용에 의하여 혼동이 생기는 경우에 금지청구권을 인정한다는 것은 과보호라는 것이다. 이 견해는 영업의 자유는 보장되어야 하며, 표지의 선택은 자유로워야 한다는 사상을 배경으로 하고 있는 견해이다.[35)]

(2) 標 識 性

부정경쟁방지법에서 표지란 자기의 상품 또는 영업을 타인의 상품 또는 영업과 구별하기 위하여 사용하는 기호·문자·도형·색채(타요소에 결합된 경우) 또는 이들을 결합한 것으로서 이를 예시해 보면 성명·명칭·상호·초상·서명·인장·아호·예명·필명 또는 이들의 약칭과 상표(색채상표·입체상표·소리상표·냄새상표 등 포함)·서비스표, 단체표장, 업무표장, 상품의 용기, 포장 및 캐릭터(character), 상품의 형태(trade dress),[36)] 캐치 프레

35) - 상표법 제7조 제1항 제12호(모방상표등록방지)와 같은 조항을 신설하여 보다 국제적 시황에 부합되게 개정하여 실효성을 제고한다.
- 일본 등 여러 나라의 부정경쟁방지법에서도 '주지성' 규정을 두고 있지 않다.

이즈(catch phrase), 기타 상품 또는 영업임을 표시한 표지로서 자타상품 또는 영업의 식별기능, 출처표시기능, 품질보증기능 등 본원적 기능과 재산적 기능, 광고적 기능, 보호적 기능, 경쟁적 기능 등 파생적 기능을 가진 것을 말한다.

이와 같은 표지는 상표법이나 디자인보호법상의 등록된 표지만을 의미하는 것이 아니라 등록되지 않은 표지도 포함하며, 그 표지가 반드시 선사용자의 표지와 동일할 필요는 없고 유사한 표지도 포함한다 할 것이다. 또한 당해 표지가 국내에 널리 인식되어 있어야 하지만 반드시 전국일원일 필요는 없고, 영업권이 미치는 일정지역이라도 무방하다 할 것이다.

이와 같은 識別力이 없는 표지라 해도 사용에 의하여 식별력이 생겼을 때에는 이 법에 의한 표지로서 보호받을 수 있다(예: 조미료에 맛나). 표지란 상품이나 영업이 누구의 것인가를 알려 주어 다른 상품이나 영업과 구별시켜 주는 식별수단이기 때문에 식별가능한 표지로서의 전체적 일체성을 가지고 독립개별화할 수 있는 것이 아니면 안 된다. 따라서 그 표지가 독립성과 통일성을 갖는 한 상품이나 영업의 개별화 수단이 상표이든 디자인이든 용기이든 또는 상품 그 자체의 형태이든 그 수단이 무엇인가는 상관이 없다. 즉, 그 표지가 특정의 출처로부터 나온 것임을 알 수 있게 하는 것으로 충분하며, 그 출처의 명칭을 반드시 함께 표시할 필요는 없다.

예를 들면 해태껌 또는 롯데껌 정도로 충분하며 그 출처인 해태제과주식회사나 롯데제과주식회사라는 것까지 표시할 필요는 없다는 것이다.

(3) 使 用 性

不正競爭防止法에서는 국내에 널리 인식된 주지의 표지와 동일 또는

---

36) 상품의 형태, 즉 트레이드 드레스란 상품에서 풍기는 전체적인 이미지로서 디자인권 등 산업재산권이나 저작권 등에 의해 보호되지 않는 한 원칙적으로 보호를 받을 수 없다. 즉, 상품의 생산, 제조는 원래 누구나 할 수 있는 자유에 속하기 때문이다. 그러나 상품의 형태가 당해 상품을 독립개별화하는 작용, 다시 말해서 타인의 상품과 구별할 수 있는 식별기능을 갖게되는 때에는 상품의 용기·포장 등과 구별할 필요 없이 부정경쟁방지법에 의해 보호를 받을 수 있다(예: 코카콜라社의 청량음료병 'sprite캔', 치어리더의 복장, 독특한 색깔과 디자인을 한 트럭의 외관).

유사한 것을 "사용하거나 이러한 표지를 사용한 상품을 판매·반포 또는 수입·수출하여" 타인의 상품과 混同을 일으키게 하는 행위를 규제하고 있다. 따라서 상표법과는 달리 타인의 주지표지의 사용 그 자체를 규제하려는 것이 주목적이 아니고 사용을 통해 일어나는 혼동을 방지하려는 것이 주목적이기 때문에 부차적 목적에 불과한 표지사용 그 자체에 관한 태양이나 범위를 엄격히 규정할 필요가 없다. 따라서 상품표지의 사용을 통해 당해 상품의 출처에 혼동을 일으키게 하는 어떠한 사용행위도 모두 규제대상이 될 뿐만 아니라 타인의 주지표지를 사용한 상품을 판매·반포·수입·수출하는 등의 취급행위 등도 부정경쟁행위로 보고 국내유통은 물론 국외유통까지를 모두 규제하고 있다. 구체적으로 그 규제대상이 되는 사용행위를 보면 다음과 같다.

① 상품 또는 상품의 용기나 포장에 타인의 주지의 표지를 표시하는 행위

② 상품 또는 상품의 용기나 포장에 타인의 주지의 표지를 표시한 것을 양도(양도청약 포함) 또는 대여(대여청약 포함)하거나 그 목적으로 전시·수출 또는 수입하는 행위

③ 상품에 관한 광고, 정가표, 거래서류, 간판 또는 표찰에 타인의 주지의 표지를 표시하고 전시 또는 반포하는 행위 등을 들 수 있다.

### (4) 混 同 性

#### 1) 混同의 槪念

부정경쟁방지법은 국내에 널리 인식된 타인의 상품임을 표시한 표지와 동일 또는 유사한 것을 사용하거나 이러한 표지를 사용한 상품을 판매·반포·수입·수출하여 타인의 상품과 혼동을 일으키게 하는 행위를 규제하고 있다.

여기에서 "혼동"이란 상품주체간의 혼동, 즉 상품출처의 혼동을 의미하는 것이고, 상품간의 혼동은 부차적인 것이라고 해석된다. 예를 들면 甲이 자사의 컴퓨터에 주지의 '비전' 상표를 붙여 출하하고 있고, 乙도 자사의 컴퓨터에 갑의 '비전' 상표를 붙여 출하함으로써 갑·을 양사의 컴퓨터가

시중에 공존하고 있을 경우 소비자에게 甲의 컴퓨터인지 을의 컴퓨터인지를 혼동하게 하는 을의 행위를 부정경쟁행위로 보고 규제하는 것이다. 이는 갑의 컴퓨터 자체보다는 컴퓨터에 실려 있는 갑의 영업상의 신용에 비중을 두고 있는 것이다.

이와 같이 상품간의 혼동에 대한 규제보다는 상품주체 간의 혼동에 역점을 두어 방지하려는 것은 당업자 및 거래자 또는 수요자의 이익보호를 위한 건전한 거래질서를 유지하려는 것이다. 즉, 주지표지의 출처표시기능을 보호하여 先使用者의 영업상의 이익은 물론 거래자 및 수요자와 일반공중의 이익까지를 함께 보호하려는 법질서보호차원의 취지이다.

2) 混同과 類似와의 關係

타인의 주지표지와 동일 또는 유사한 것을 사용하였을 경우 상품의 출처의 오인이나 영업의 혼동을 가져 올 수 있으므로 부정경쟁방지법에서는 이를 부정경쟁행위로 보고 규제하고 있다. 다만, 여기에서 문제는 타인의 주지표지와 유사한 것을 사용하여 타인상품의 출처의 오인이나 영업의 혼동을 일으키게 하는 행위이다.

주지표지의 유사표지라 함은 2개의 표지가 완전히 동일하지도 않고 거래사회에서도 동일한 것으로는 되어 있지 않으나 거래의 경험칙 또는 거래의 실제에 비추어 양 표시가 칭호·외관·관념 중 어느 한 가지 이상의 점에서 혼동이 일어난 결과 그들 표지가 동일 또는 유사한 상품이나 영업에 사용된 경우에 거래자 또는 수요자들이 그 상품이나 영업의 출처에 혼동을 일으킬 우려가 있는 경우를 말한다. 따라서 유사표지의 판단문제가 제기되므로 자기가 사용하고 있는 상품이나 영업의 표지가 과연 타인의 주지표지와 유사한가를 먼저 판단하여야 하는바 이러한 유사판단은 원칙적으로 그 표지의 칭호·외관·관념 중 어느 하나가 유사하여 거래상 상품 출처의 오인이나 영업 혼동의 우려가 있는 표지는 유사한 것으로 보아야 할 것이다. 그러나 전체적으로 현격한 차이가 있어 거래상 상품이나 영업의 출처에 오인·혼동을 일으키게 할 염려가 없으면 유사한 표지라고 할 수 없을 것이다.

이와 같은 유사여부를 판단하기 위한 관찰방법은 전체적·객관적·이격적 관찰을 원칙으로 하되 표지의 구성 중 인상적인 부분, 즉 要部에 대하여 비교하여야 한다. 유사여부의 판단기준 또한 그 표지가 사용될 상품이나 영업의 주된 수요계층과 기타 상품이나 영업의 거래실정을 참작하여 수요자의 평균수준의 주의력을 기준으로 판단하여야 할 것이다.

3) 混同과 非類似와의 關係

타인의 상품이나 영업임을 표시하는 표지와 유사하지 아니한 표지를 사용한 때에도 상품이나 영업의 출처에 혼동이 일어날 수 있는가의 문제이다. 주지의 성명·초상·상표·상호 등과 칭호나 외관 또는 관념 등을 대비해 보아도 유사표지라고까지는 볼 수 없는 표지가 그 표지의 구성이나 아이디어 등으로 보아 용이하게 주지표지를 연상시켜 이를 상품이나 영업에 사용하는 경우에는 주지표지 등이 사용되는 상품이나 영업과의 유사여부에 불문하고 출처의 혼동을 야기시킬 수 있다.[37)]

우리 나라의 대법원 판결에서도 상표 자체로는 그 주지 또는 저명한 상품 등에 사용된 타인의 상표와 유사하지 않아도 양 상표의 구성이나 아이디어 등을 비교하여 볼 때 그 상표에서 타인의 상표 또는 그 상표가 사용된 상품 등이 용이하게 연상되거나 또는 타인의 상표, 상품 등과 밀접한 관련성이 있는 것으로 인정되어 상품의 출처에 오인·혼동을 일으키는 경우에는 그 상표는 수요자간에 현저하게 인식되어 있는 타인상품이나 영업과 혼동을 일으키게 할 염려가 있으므로 상표법 제7조 제1항 제10호의 규정에 해당되어 등록을 받을 수 없다. 이는 주지 또는 저명한 상품이나 영업의 출처와 오인·혼동을 방지하려는 데 그 목적이 있다.[38)]

---

37) 동일 또는 유사한 상품에 대하여 사용한 비유사상표에 대해서 출처의 혼동이 일어난다는 판결례(大阪 1941. 3. 20). 또 이와 관련된 판례를 보면 상표자체로는 그 주지 또는 著名한 商品 등에 사용된 타인의 상표와 유사하지 않아도 양 상표의 구성이나 아이디어 등을 비교하여 그 상표에서 타인의 상표 또는 그 상표가 사용된 상품 등이 용이하게 연상되거나 타인의 상표 또는 상품 등과 밀접한 관련성이 있는 것으로 인정되어 상품의 출처에 오인·혼동을 일으키는 경우에는 그 상표는 등록될 수 없다고 판시하고 있다(대법원 1987. 8. 18, 86후181).

38) 대법원 1980. 4. 22. 선고, 80후17 판결; 대법원 1987. 8. 18. 선고, 86후181 판결.

## Ⅱ. 營業主體 混同惹起行爲

### 1. 總　說

영업주체 혼동야기행위란 국내에 널리 인식된 타인의 성명·상호·표장 그 밖에 타인의 영업임을 표시하는 표지와 동일하거나 유사한 것을 사용하여 他人의 영업상의 시설 또는 활동과 혼동하게 하는 행위를 말한다(법 제2조 제1호 나목).

여기에서 "국내에 널리 인식된"이란 타인의 영업임을 표시하는 표지가 외국이 아닌 우리 나라에서 당업자 및 거래자 또는 수요자에게 주지되어 있는 것을 의미하지만 그 주지의 지역적 범위가 반드시 우리 나라 전역일 필요는 없고, 영업권이 미치는 일부 특정지역이라도 상관이 없을 것이다. 또한 주지의 인식의 주체도 당업자 및 거래자와 수요자 모두에게 반드시 알려질 필요는 없고 당업자 및 거래자 또는 수요자 중 어느 한쪽에만 알려져 있어도 무방하다고 해석된다.

또한 이 법에서는 영업의 표지로 성명·상호·표장을 들고 있으나 이는 예시에 불과하고 기호·도형·서비스표·영업표장[39] 등 그것이 영업의 표지인 이상 모두 이에 포함되며, 표장, 상호 등과 같은 영업표지는 상표법이나 상법에 의하여 등록되거나 등기될 필요는 없다. 여기에서 "사용"이란 타인의 영업임을 나타내는 표지를 자기의 영업임을 나타내는 표지로 직접 사용하거나 제3자에게 사용하게 하는 것을 모두 포함한다. 여기에서 '직접 사용'이라 함은 자기의 영업이나 영업에 관한 광고, 정가표, 거래서류, 간판 또는 표찰에 타인의 표지를 하여 전시 혹은 반포하는 행위를 말하며, "사용하게 하는 것"이란 권원 없이 타인의 영업표지 그 자체를 도안·설계·제작 또는 구입(수입을 포함한다)하여 판매(수출을 포함한다)·양도·대여(양도나 대여는 청약을 포함한다)하는 것은 물론 영업표지를 영업과 같이 이전하거나

---

39) 종업원의 유니폼, 매장의 장식 등의 결합.

사용을 허용해 주는 것 등을 말한다.

혼동행위에 대해서는 영업주체 본위로 규정하고 있어 영업상의 시설 또는 영업활동 그 자체에 대한 혼동은 부차적이고 규제대상은 영업표지에 의한 혼동행위이다.

### 2. 영업주체 혼동야기행위의 構成要件

부정경쟁행위에 대한 금지 또는 예방청구 등을 할 수 있는 영업주체 혼동야기행위가 구성되기 위해서는 다음의 요건을 갖추어야만 하는데, 이들 요건은 상호 밀접불가분의 관계에 있는 것으로서 개개로 분리될 수 있는 것이 아니다.

첫째, 타인의 영업임을 표시한 표지가 국내에 널리 인식된 것일 것(주지성)

둘째, 타인의 영업임을 표시하는 표지일 것(표지성)

셋째, 그 표지가 타인의 영업임을 표시하는 표지와 동일하거나 유사한 것일 것(동일·유사성)

넷째, 타인의 영업임을 표시하는 표지를 자기의 영업에 사용할 것(使用性)

다섯째, 타인의 영업상의 시설 또는 활동과 혼동하게 할 것(혼동성) 등이다.

이상의 영업주체 혼동야기행위의 구성요건에 관한 상세한 설명은 전술한 "상품주체 혼동야기행위의 구성요건"(제2절 Ⅰ. 2.)의 설명에서 상당부분 함께 다루어졌으므로 이를 참조하고 여기에서는 양자의 특성상 다루지 못했던 부분만을 살펴보기로 한다.

#### (1) 周 知 性

##### 1) 標 識

주지의 영업표지로 인식되기 위해서는 당해 표지가 반드시 영업에 직접 사용되어야 하는 것은 아니고 표지만으로 당업자 및 거래자 또는 수요자에게 알려져 있어도 주지의 영업표지가 될 수 있을 것이다. 예를 들면 이동통신사업을 계획하고 있는 자가 사업개시 전에 영업에 사용할 무인우주통신사라는 표지만을 라디오·텔레비전·신문 등 각종 광고매체를 통해 홍보하였을 경우 거래자 또는 수요자에게 알려져 주지의 표지로 인식될 수 있다.

또한 어떤 표지가 영업의 주체를 나타내는 것으로서 주지되어 있을 경우에는 비록 영업이 유사하지 않더라도 출처의 혼동을 일으키게 할 우려가 있으므로 상표법상의 周知商標에서의 주지와 같은 개념으로만 해석될 수 없고(상표를 사용할 지정상품이 異種일 경우에는 등록이 가능함), 著名商標의 저명에 가까운 개념으로 해석하여 이 법에 의한 보호범위의 영업표지로 인정하는 것이 타당하다. 이 법에서는 영업표지를 국내에 널리 인식된 타인의 성명・상호・표장 기타 타인의 영업임을 표시하는 표지라고 규정하고 있으나 이는 영업표지의 예시에 불과하고 기호・문자・도형 또는 이들의 결합이나 서비스표・업무표장・단체표장(상품에 사용하기 위한 표장 제외)・영업표장(예: 켄터키치킨의 할아버지 상, 종업원의 유니폼, 영업장, 즉 매장의 장식), 슬로건(slogan) 등 그것이 영업표지인 이상 모두 이에 포함된다. 이 법에 의한 서비스표・업무표장・단체표장이나 상호는 상표법이나 商法에 의한 등록이나 등기를 필요로 하지 아니한다.

이와 같은 영업의 표지는 그 영업의 출처를 알리는 識別의 手段이다. 따라서 그 영업이 누구의 영업상의 시설 또는 영업활동인가를 구별시켜 줌으로써 타인의 영업상의 시설이나 영업활동과 혼동을 방지시켜 주는 기능을 갖는다.

2) 營　業

부정경쟁방지법에서의 "영업"이란 주지표지의 사용대상으로 일반적으로 이윤추구를 목적으로 한 영리사업이 중심이 되지만, 이윤이 발생하지 않는다 하더라도 수지타산을 목적으로 영업을 반복, 계속하고 있는 사업이라면 침해행위로부터의 보호의 필요성은 영리사업과 동일하게 인정되므로 단순히 영리를 목적으로 하는 경우만이 아니고 널리 경제상 그 수지계산 위에서 행해지고 있는 사업도 포함된다 할 것이다. 따라서 영리를 목적으로 하는 개인기업이나 주식회사와 같은 영리법인만이 아니고 농업협동조합과 같은 비영리특수법인이 독립채산제하에서 경영하는 사업이나 각종 비영리단체, 협동조합, 자연인의 사업활동도 수지타산 위에서 이루어진다면 영업에 포함된다고 할 것이다.

⑵ 混 同 性

부정경쟁방지법에 의한 "혼동"이란 국내에 널리 알려진 타인의 영업표지를 사용함으로써 타인의 영업상의 시설 또는 영업활동과 혼동하게 하는 행위를 말한다. 예를 들면 K사가 국내 유수의 연구진에 의해 절전용 무공해 컴퓨터 개발에 성공, 고정밀·고성능 전자동시스템에 의해 생산하여 정부공인검사기관의 검사과정을 거치고 영업활동 또한 고품질 원재료의 사용, 박리다매, 리콜제 및 애프터 서비스 등 고객만족도 1위라는 사훈을 내걸고 '그린컴퓨터'라는 영업표지를 하여 출하해서 K사의 그린컴퓨터가 일반수요자 사이에 널리 알려져 있었다. 당업자인 P사가 자사제품인 일반컴퓨터에 K사의 '그린컴퓨터' 표지를 하여 출하함으로써 일반수요자가 P사의 일반컴퓨터를 K사에서 나온 절전용 무공해 컴퓨터인 '그린컴퓨터'로 그 출처에 혼동을 하게 하는 경우이다.

## Ⅲ. 標識 등의 識別力 등 損傷行爲

### 1. 概　念

식별력 등 손상행위란 상품주체나 영업주체를 혼동하게 하는 행위 외에 비상업적 사용 등 법령이 정하는 정당한 사유없이 국내에 널리 인식된 타인의 성명·상호·상표·상품의 용기·포장 그 밖에 타인의 상품 또는 영업임을 표시한 표지와 동일하거나 유사한 것을 사용하거나 이러한 것을 사용한 상품을 판매·반포 또는 수입·수출하여 타인의 표지의 식별력이나 명성을 손상하는 행위를 말한다(법 제2조 제1호 다목).

이는 개정법에서 새로이 채택한 부정경쟁행위의 유형이다. 종전에는 국내에 널리 인식된 주지상표 등과 혼동을 하게 하는 행위만 부정경쟁방지행위로 하였으나, 여기에서는 전국적으로 널리 인식된 주지상표의 식별력(예: KODAK상표를 피아노에 사용하는 행위)이나 명성(예: OB를 살충제에 사용하는 행위)을 손상시키는 행위를 부정경쟁행위유형으로 추가하고, 부정경쟁행위에 대한 손해배상책임과 부정경쟁행위로 실추된 신용의 회복에서는 이러한 행위는 소비자에게 직접적인 손해를 가져오는 다른 부정경쟁행위와 다르므로 고의가 있는 경우에만 손해배상과 신용회복의 책임을 묻도록 하였다.

### 2. 導入背景

그 동안 주지상표와 혼동의 위험이 없으면 비유사상품에 자유롭게 사용하는 것을 허용함에 따라 주지상표의 이미지와 신용, 고객흡인력 등이 손상되거나 각종 상품에 분산, 약화되어 희석되는 것을 방지할 수 없었던 점을 고려한 것으로서, 미국·일본·영국·독일 등 주요 외국에서는 이미 도입된 바 있으며, UN산하 세계지적재산권기구(WIPO: World Intellectual Property Organization)의 유명상표보호규범에도 규정되어 동맹국에 이를 이행토록 권고하고 있다. 또한 최근 인터넷의 보급확대와 함께 타인의 상표를 악의적으로 인터넷 도메인네임으로 등록·사용하여 상표분쟁이 일어나는 사례가 많아지고 있는 점을 감안할 때 진정한 상표권자의 보호를 통한 건전한 상거래 질서를 확립하고 불필요한 통상마찰을 방지하여야 할 법적·제도적 장치의 마련이 시급한 실정이었다.[40]

---

40) 주요 선진국은 주지상표의 식별력이나 명성을 손상(Tarnishment)시키는 경우뿐만 아니라 희석 또는 약화(Blurring)시키는 경우까지 보호대상으로 하고 있다. 그러나 개정법은 희석이라는 용어의 모호함으로 인한 남용가능성을 고려하여 주지상표를 손상시키는 경우에만 적용되도록 제한하고 있다. 또한 개정법은 명성 등 손상행위의 보호가 이종상품에도 적용된다는 점을 감안하여 주지의 지역적인 범위를 국내에 널리 인식된(대한민국 전역일 필요는 없다) 것을 요구하는 현행 주지상표와 달리 전국적으로 널리 인식된 주지상표에 한해 적용토록 하고 있다.

주지상표의 명성이나 식별력 손상행위에 대한 보호는 이종상품에 대한 보호수단인 만큼 비상업적 사용이나 동호회·패러디 등 헌법상 보장되는 표현의 자유에 대한 침해가 야기되지 않도록 동법 시행령 개정시 정당한 사유여부에 대한 합리적인 기준을 마련하여 동 규정이 남용되지 않도록 하여야 할 것이다.

### 3. 成立要件

주지표지의 식별력 등의 손상행위에 관한 부정경쟁행위가 성립하기 위해서는 다음과 같은 비혼동성, 정당사유, 주지성, 표지성, 동일·유사성, 사용성 및 손상성의 요건을 모두 충족하여야 한다. 따라서 이들 요건은 일체불가분성을 가진다.

#### ⑴ 非混同性

여기에서의 부정경쟁행위는 국내에 널리 인식된 타인의 성명·상호·상표·상품의 용기·포장 기타 타인의 상품임을 표시한 표지와 동일하거나 유사한 것을 사용하거나 이러한 것을 사용한 상품을 판매·반포 또는 수입·수출하여 타인의 상품과 혼동하게 하는 행위 또는 국내에 널리 인식된 타인의 성명·상호·표장 그 밖에 타인의 영업임을 표시하는 표지와 동일하거나 유사한 것을 사용하여 타인의 영업상의 시설 또는 활동과 혼동하게 하는 행위 외의 행위이어야 한다. 즉 상기 상품주체 혼동야기행위 또는 영업주체 혼동야기행위 외에 비상업적 사용 등 정당한 사유없이 국내에 널리 인식된 타인의 성명·상호·상표·상품의 용기·포장 그 밖에 타인의 상품 또는 영업임을 표시한 표지와 동일하거나 유사한 것을 사용하거나 이러한 것을 사용한 상품을 판매·반포 또는 수입·수출하여 타인의 표지의 식별력이나 명성을 손상하는 행위이어야 한다.

여기에서 정당한 사유란 다음과 같은 경우를 말한다(법 제2조 제1호 다목 및 시행령 제1조의2).

① 비상업적으로 사용하는 행위

② 뉴스보도 및 뉴스논평에 사용하는 경우

③ 타인의 성명·상호·상표·상품의 용기·포장 그 밖에 타인의 상품 또는 영업임을 표시한 표지(이하 “표지”라 한다)가 국내에 널리 인식되기 전에 그 표지와 동일하거나 유사한 표지를 사용해 온 자(그 승계인을 포함한다)가 그 표지를 부정한 목적 없이 사용하는 경우

④ 그 밖에 해당 표지의 사용이 공정한 상거래 관행에 어긋나지 아니한다고 인정되는 경우

⑵ 正當事由

이상의 비상업적 사용 등 ① 내지 ④와 같은 정당한 사유에 의하여 타인의 주지표지를 상품 또는 영업에 사용하거나 그 주지표지를 사용한 상품을 판매·반포 또는 수입·수출하여 그 타인의 표지의 식별력이나 명성을 손상하게 하는 행위는 부정경쟁행위에 해당하지 아니한다.

⑶ 周 知 性

사용하는 표장은 전국에 널리 인식된 타인의 상품 또는 영업에 표시한 표장이어야 한다. 따라서 국내에 널리 인식된 표장(이 경우 반드시 전국일원일 필요는 없고, 그 지정상품의 특성에 따라 특정지역도 포함이 된다)과는 그 인식의 지역적 범위에 있어서 차이가 있다. 이는 개정법에서의 명성 등 손상행위의 보호가 이종상품에도 적용된다는 점을 감안한 것으로서 주지의 지역적인 범위를 국내에 널리 인식된(전국일원일 필요가 없다) 것을 요구하는 현행 주지상표와는 달리 전국적으로 널리 인식된 주지상표에 한해 적용토록 한 것이다.

⑷ 標 識 性

타인의 성명·상호·상표·상품의 용기·포장 그 밖에 타인의 상품 또는 영업임을 표시한 표지이어야 한다.

⑸ 同一·類似性

타인의 상품 또는 영업임을 표시한 표시와 동일하거나 이와 유사한 표지이어야 한다.

⑹ 使 用 性

주지의 표장을 상품 또는 영업에 사용하거나 주지의 표장을 사용한 상품을 판매·반포 또는 수입·수출하는 등의 행위를 하여야 한다.

⑺ 損 傷 性

주지의 표장을 사용함으로써 타인의 표지의 식별력이나 표지의 명성은 손상하여야 한다. 예를 들면 전자의 경우 안경에 유명한 비엔나를 마스크에 사용하는 경우이고, 후자의 경우는 식품인 라면에 유명한 농심을 사료에 사용하는 경우이다.

## Ⅳ. 原産地 誤認惹起行爲

### 1. 概　　念

원산지 오인야기행위란 상품이나 그 광고에 의하여 또는 공중이 알 수 있는 방법으로 거래상의 서류 또는 통신에 거짓의 원산지표시를 하거나 이러한 표시를 한 상품을 판매·반포 또는 수입·수출하여 원산지를 오인하게 하는 행위를 말한다(법 제2조 제1호 라목).

### 2. 成立要件

원산지 오인야기행위는 상품에 허위의 원산지를 표시하거나 또는 이러한 허위의 원산지를 표시한 상품을 취급하여 원산지의 오인을 일으키게 함으로써 성립된다(오인성). 여기에서 "원산지 표시"란 상품의 산지를 나타내는 원산지 표시의 보호 등에 관한 리스본 협정(제2조 제1항)에 의하면 "상품의 품질과 특징이 배타적이고 본질적으로 자연적, 인위적 요소를 포함한 지리적 환경, 즉 토양, 기후, 수질, 그 지역주민의 다년간 축적된 노하우 등으로부터 비롯되는 상품을 표시하는 한 국가, 지역, 지방의 지리적 명칭이라고 정의하고 있고, 농산물 및 식료품의 원산지 표시 및 출처표시의 보호에 관한 유럽공동체 이사회의 명령 제2081/92호에서는 지리적 표시를 처음 사용하고 있는데 여기에서 지리적 표시란 그 지역에서 생산되고 그 지리적 根源에서 비롯된 품질, 명성, 기타 특징을 가지며, 그 제품의 생산 혹은 가공 혹은 준비과정이 해당지역 내에서 이루어진 농산물과 식료품을 기술하기 위해 사용되는 한 지역, 구체적인 장소, 예외적인 경우 한 국가의 명칭이라고 정의하고 있다.

따라서 농산물 및 식료품이 한 지역에서 생산되었을 뿐만 아니라 그 품질 등이 지리적 출처와 그 지역에서 행해진 가공 등에서 비롯되었을 것을 요구하고 있는 것이 원산지 표시의 정의와 대동소이하다. 뿐만 아니라 WTO/TRIPS 규정 제22조 제1항에서의 지리적 표시란 상품의 명성, 품질 기타 특징이 본질적으로 지리적 근원에 기초하는 경우 회원국 또는 회원국의 한 지역·지방에서 생산된 상품임을 알리는 표시라고 정의하고 있는바 이 또한 원산지 표시와 대동소이한 의미로 해석된다. 결국 원산지 표시란 상품의 산지를 나타내는 표시로서 전술한 가목의 상품표지는 상품주체를 나타내고, 나목의 영업표지는 영업주체를 나타내는 점에서 구별된다. 또한 원산지 표지는 허위의 표지에 대해 적용되는 데 비해 후술하는 라목의 상품의 생산, 가공지 등의 상품출처지 표지는 생산지역 등 이외의 지역에서 생산·가공된 듯이 오인을 일으키게 하는 표지에 대해 적용된다. 따라서 여기서의 허위표지는 상품의 생산, 가공지 등의 오인유발표지보다도 좁은 개념일 뿐만 아니라 후술하는 바목 전단의 사칭행위에 가까운 개념으로 해석할 수 있을 것이다. 또한 여기에서 "공중이 알 수 있는 방법으로 거래상의 서류 또는 통신에 거짓의 원산지 표시"란 약품설명서, 물건의 사용설명서, 물품의 명성, 품질 기타 특징을 설명하는 서류, 안전표시서류(약사법, 식품위생법 독물 및 극물에 관한 법률), 품질규격표시서류(공업표준화법, 공산품 품질관리법, 전기용품 안전관리법), 특정한 계량상품의 부피·농도·밀도 등을 나타내는 자격표시서류(전기공사업법) 등이나 이를 인터넷 등에 올려 원산지를 허위로 표시하는 것을 말한다.

### 3. 商號 등과의 관계

원산지 명칭은 일정한 토지의 자연적 조건에 의한 생산물의 품질을 보증할 만한 산출지의 명칭이다. 이 원산지 명칭은 그 상품이 실제로 존재하는 지명인 점에서, 상호나 상표보다는 좁고 또 그것은 개인의 것이 아니라는 점에서 상호나 상표 등과 다르다. 이 원산지의 명칭은 생산지라는 점에서 상호와는 더욱 유사한 점이 있고, 또 상품의 동일성을 명확히 하는 출처표시를 하는 점에서 상표와 유사하다. WTO 무역관련지적재산권협정에서는 원산지를 '지리적' 표시로 규정하고 있다(동 협정 제22조 제1항). 즉, 이 협정의 목적상 '지리적 표시'라 함은 "상품의 특정품질, 명성 또는 그 밖의 특성이 본질적으로 지리적 근원에서 비롯되는 경우 회원국의 영토 또는 회원국의 지역 또는 지방을 원산지로 하는 상품임을 명시하는 표시이다"라고 규정하고 있다.

이와 같이 "원산지"란 그 상품의 주산지를 말하는 것으로 나라, 지방, 특정지역 모두를 포함하며, 행정구역명이라도 상관 없다. 산지의 범위 또한 당해 상품이 그 곳에서 과거에 생산되었거나 현재 생산되고 있는 경우는 물론 거래자 또는 일반수요자가 그 곳에서 생산되는 것으로 인식하고 있는 경우를 모두 포함한다. 이와 같은 원산지는 農水鑛産物과 같은 천연물의 산지명 외에도 이를 원재료로 하여 상품을 생산, 제조, 가공하는 경우 그 지명이 원산지가 될 수도 있고, 당해 상품의 원재료의 산지도 원산지가 될 수 있다. WTO 무역관련지적재산권협정에서는 원산지를 '지리적' 표시로 규정하고 있다(동 협정 제22조 제1항). 즉, 이 협정의 목적상 '지리적 표시'라 함은 "상품의 특정품질, 명성 또는 그 밖의 특성이 본질적으로 지리적 근원에서 비롯되는 경우 회원국의 영토 또는 회원국의 지역 또는 지방을 원산지로 하는 상품임을 명시하는 표시이다"라고 규정하고 있다.

예를 들어 페루산 코카를 수입하여 서울에서 콜라라는 청량음료를 생산하는 경우 그 콜라를 구성하는 부가가치가 35% 이상[41]으로 원료인 코카에 비해 높은 공정이 서울에서 이루어졌다면 서울이 원산지가 될 것이다. 반대로 그 콜라를 구성하는 부가가치가 콜라의 원료인 코카의 구성비에 비해 낮은 35% 미만의 경우에는 그 콜라의 원산지는 페루국이 되고 서울은 제조지 또는 가공지가 될 것이다. 그러나 원료인 코카의 구성비와 제조공정에 의한 부가가치의 구성비가 모두 35%를 넘을 때에는, 이에 대한 특별한 규정은 없으나 1%라도 높은 부가가치를 생산한 쪽의 지명을 원산지로 하며, 공교롭게도 부가가치가 양자 같을 때에는 그 기여도에 따라 어느 한쪽을 원산지로 하여야 할 것이다. 만약 당해 물품에 제조·사용된 원료 및 구성품의 부가가치의 35% 이상을 생산 또는 최초로 공급한 국가 또는 이러한 국가가 없거나 2개국 이상인 경우에는 주요 부품을 생산한 국가 또는 주요

41) 대외무역법관리규정 제3-7-6조 제3항 제1호.

공정이 이루어진 국가를 실질적 변형 및 원산지로 간주한다(대외무역법관리규정 6-3-1③ 각호). 여기에서 말하는 "부가가치의 비율"은 당해 물품의 제조·생산에 사용된 원료 및 구성품의 원산지별 가격누계가 당해 물품의 수입가격(FOB가격기준)에서 점하는 비율을 말한다. 또 '주요부품'에 대하여는 다음 각호의 국가를 원산지로 본다(동규정 6-3-1⑤).

1. 당해 주요부품의 원료 및 구성품의 부가가치생산에 최대로 기여한 국가가 당해 완제품의 부가가치비율 기준 상위 2개국 중 1에 해당하는 국가는 당해 국가

2. 당해 주요부품의 원료 및 구성품의 부가가치생산에 최대로 기여한 국가가 당해 완제품의 부가가치비율 기준 상위 2개국 중 1에 해당하지 아니하는 경우는 당해 완제품을 최종적으로 제조한 국가

## Ⅴ. 商品의 生産, 加工地 등 출처의 誤認惹起行爲

상품의 생산, 가공지 등 출처의 오인야기행위란 상품이나 그 광고에 의하여 또는 공중이 알 수 있는 방법으로 거래상의 서류 또는 통신에 그 상품이 생산·제조 또는 가공된 지역 외의 곳에서 생산 또는 가공된 듯이 오인하게 하는 표지를 하거나 이러한 표지를 한 상품을 판매·반포 또는 수입·수출하는 행위를 말한다(법 제2조 제1호 마목). 따라서 여기에서의 "오인"이란 허위여부를 불문하고 당업자 및 거래자 또는 수요자에게 오인을 일으키게 하는 표지이면 충분하고 오인을 일으키게 하는 표지는 직관적(직접적) 표시이든 암시적(간접적) 표시이든 상관이 없다.

또한 "오인하게 하는"이란 오인이 반드시 일어날 것을 요하지 않으며, 오인이 일어날 우려만으로도 충분하다. 예를 들면 우리 나라의 제품에 미국 뉴욕에 있는 자유의 여신상을 도형하고 영어상표를 붙여 시판하는 경우 소비자가 마치 미국제품으로 오인을 하거나 할 우려가 있는 경우이다. 또한 여기에서 "공중이 알 수 있는 방법으로 거래상의 서류 또는 통신에 그 상품이

생산·제조 또는 가공된 지역 외의 곳에서 생산 또는 가공된 듯이 오인하게 하는 표지"란 전술 "Ⅳ. 원산지 오인야기행위" 부분을 참고하기 바란다.

## Ⅵ. 商品詐稱行爲

### 1. 槪 說

상품사칭행위란 타인의 상품을 사칭하거나 이러한 방법으로 상품을 판매·반포 또는 수입·수출하는 행위를 말한다(법 제2조 제1호 바목 전단). 이와 같은 타인상품사칭행위는 고객에 대한 사기, 즉 기망에 해당하여 민법상 불법행위가 성립되고 형법상 사기죄가 적용될 뿐만 아니라 부정경쟁방지법상 부정경쟁행위가 성립되어 후술하는 민사적 구제나 형사처벌의 대상이 된다.

상품사칭행위의 예를 들면 "이 전화기는 甲社의 제품입니다"라고 고객에게 권유하는 경우와 같은 적극적 사칭은 물론 "이 전화기가 甲社의 제품입니까?"라고 묻는 고객에게 "예, 그렇습니다"라고 대답하는 경우와 같은 소극적인 사칭도 타인의 상품을 사칭하는 것이 된다. 이와 같은 상품사칭행위는 "구두"에 의한 부정경쟁행위로서 넓게는 영미법상의 "가짜 따위를 … 에게 얼렁뚱땅 넘기다(Passing off)"라는 의미를 모두 포함하나, 동법 동조 가목과의 관계상 바목은 소위 구두로 어름어름 넘기다(Oral Passing off)에 한정된다고 본다. 일본 부정경쟁방지법에는 상품사칭행위를 두고 있지 않다. 형법상 사기에 관한 규정이 있고, 또 민법상 불법행위에 관한 법률이 있기 때문이 아닌가 해석된다.

### 2. 詐稱行爲의 成立要件

사칭은 ① 타인을 기망하여 착오에 빠뜨리게 하려는 '고의'가 있고, ② 이로 인하여 타인이 사칭에 '빠져들었을 때' 또는 '빠질 우려가 있을 때'에 성립된다.

## Ⅶ. 品質 등 誤認惹起行爲

### 1. 總 說

품질 등 오인야기행위란 상품 또는 그 광고에 상품의 품질·내용·제조방법·용도 또는 수량을 오인하게 하는 선전 또는 표지를 하거나 이러한 방법이나 표지로써 상품을 판매·반포 또는 수입·수출하는 행위를 말한다(법 제2조 제1호 바목 후단).

여기에서 "(상품의) 광고에 상품의 품질·내용 또는 수량을 오인하게 하는 선전"이라 함은 상품광고를 함에 있어 허위광고나 과대광고 등과 같이 상품의 품질 등을 오인하게 하는 표시 등을 말한다.

이와 같은 품질 등 오인야기행위는 자기의 영업상의 취약점을 보강하려는 정당한 노력을 하지 아니하고 부정한 방법으로 영업상의 이익을 얻으려는 행위로 이는 거래질서를 문란하게 하여 거래자와 수요자의 이익은 물론 일반공중의 공익을 침해하게 된다. 그러나 현행 부정경쟁방지법은 자신의 영업상의 이익이 침해되거나 침해될 우려가 있다고 인정하는 자에 한하여 訴權을 인정함으로써 일반소비자(미국 상표법, 스위스 부정경쟁방지법)나 소비자단체 또는 사업자단체(독일 부정경쟁방지법) 등에 이를 인정하고 있는 미국·스위스·독일의 법제에 비해 소비자보호가 미흡하다.

따라서 오늘날과 같이 부정경쟁행위가 조직화·지능화되어 가고 있고, 소비자 보호의 필요성이 점점 높아가고 있는 현실을 감안할 때 미국이나 독일, 스위스 등과 같이 소비자나 소비자단체 또는 사업자단체 등에도 소권을 인정하는 방향으로 검토해야 할 시점에 와 있다고 본다.

### 2. 行爲의 態樣

#### (1) 表示行爲

상품 또는 그 광고에 상품의 품질·내용·제조방법·용도 또는 수량을 오인하게 하는 표시행위, 예를 들면 60kg 백미 한 가마를 80kg으로 표시하여 소비자가 백미 60kg 한 가마를 80kg 한 가마로 오인하게 되는 경우이다.

(2) 宣傳行爲

상품 또는 그 광고에 상품의 품질·내용·제조방법·용도 또는 수량을 오인하게 하는 선전행위, 예를 들면 소비자로 하여금 말고기를 쇠고기로 오인하도록 광고하여 선전하는 경우이다. 여기에서 '광고'란 영업적 목적을 가져야 하며, 라디오·텔레비전·신문·잡지 등 어느 매체이든 상관이 없다.

(3) 取扱行爲

상품을 오인하게 하는 선전 또는 표지로써 상품을 취급하는 행위, 즉 상품 또는 그 광고에 상품의 품질·내용·제조방법·용도·수량 등을 오인하게 하는 선전이나 표지로써 상품을 판매·반포 또는 수입·수출하는 행위이다. 예를 들면 3등급 쌀을 특등급으로, 호남미를 경기미로, 중국 인삼을 한국 금산인삼으로 표시하거나 사과 90개 들이 한 상자를 100개 들이로 표시하여 판매하는 경우 등이다.

### 3. 行爲의 內容

여기서 오인야기행위의 내용으로는 상품의 품질·내용·제조방법·용도 또는 수량 등을 들고 있으나 이는 예시에 불과하며, 원재료·효능·가공방법·사용방법·무게·가격·형상 등 그것이 상품을 오인하게 하는 내용이면 무엇이든 구애받지 않고 모두 이에 포함되어 규제대상이 된다. 따라서 영업을 오인하게 하는 행위는 이 목에 의한 규제대상이 아니다. 다만, 영업에 대한 허위·과장광고가 상품의 품질 등을 오인하게 하는 경우에는 이 목의 적용대상이 된다.

(1) 商品의 品質

상품의 품질에 대한 오인은 불량품을 우량품으로, 검사 불합격품을 합격품으로, 저급품을 고급품으로 칭하는 것과 같은 상품의 품질에 대한 직접적인 허위선전이나 허위표지뿐만 아니라 간접적으로 정부의 품질비인증품을 정부의 품질인증품이라든지, 선진국의 낙후기술을 도입하여 생산하였으면서도 첨단기술을 도입하여 생산한 제품이라든지, 선진국의 최신 자동컴퓨터 검사시설을 갖추고 엄격한 검사과정을 거친 제품이라든지 하는 과장광고나 표지를 하는 경우에도 일어날 수 있다.

(2) 商品의 內容

상품의 내용에 대한 오인은 상품의 용기나 포장의 광고와 그 내용물이 서로 다를 때 또는 상품의 형태(trade dress)와 상품 그 자체나 성질이 다를 때 일어난다. 즉, 오리고기를 칠면조고기로, 양식뱀장어를 자연산뱀장어로, 개성인삼을 금산인삼으로, 서산모시를 한산모시로, 군산굴비를 영광굴비로, 영동사과를 대구사과로 칭하거나 흰 무종자를 태양을 이용하여 빨간색이 나도록 재배하여 마치 원무가 빨간무인 것처럼 표시하거나 광고를 함으로써 일어난다.

(3) 商品의 製造方法

상품의 생산·제조·가공 및 조립 방법에 대한 오인은 실제의 제조방법 등과 광고상의 제조방법 등이 서로 다를 때 일어난다. 즉, 불순물제거공정을 거치지 않았음에도 불구하고 마치 거친 것처럼 허위로 광고를 하여 소비자로 하여금 동 제품에 대한 靜度를 100%로 오인하게 하는 경우나 재래식 생산시설에 의해 만들어진 제품을 마치 자동컴퓨터 시스템에 의해 만들어진 것처럼 허위로 광고하여 소비자로 하여금 정밀도나 정확도면에서 만점의 제품으로 오인을 일으키게 하는 경우이다.

(4) 商品의 用途

상품의 용도에 대한 誤認은 상품의 효능이나 사용방법에 대한 허위선전이나 과장표시에 의해 일어난다. 즉, 예방약을 마치 치료에도 효능이 있는 것처럼 선전이나 표시를 하여 시판함으로써 소비자가 치료약으로 오인하게 되는 경우 또는 두통약을 감기몸살에도 잘 듣는 것처럼 선전하거나 표시를 하여 시판함으로써 소비자가 두통뿐만 아니라 감기몸살에도 잘 듣는 약으로 오인하게 되는 경우이다.

(5) 商品의 數量

상품의 수량에 대한 오인은 상품의 수, 무게 및 부피 등의 허위표시나 과대선전에 의해 일어난다. 예를 들면 80개 들이 귤 1상자를 100개 들이로 표시한 경우, 쇠고기 3kg을 포장해 놓고 5kg으로 표시하는 경우 등을 들 수 있다.

## Ⅷ. 대리인 등의 無斷商標使用行爲

### 1. 개 념

대리인 등의 무단 상표사용행위란 파리협약 당사국, 세계무역기구 회원국, 상표법조약의 체약국의 어느 하나의 나라에 등록된 상표 또는 이와 유사한 상표에 관한 권리를 가진 자의 대리인이나 대표자 또는 그 행위를 한 날부터 1년 이전에 대리인이나 대표자이었던 자가 정당한 사유 없이 해당 상표를 그 상표의 지정상품과 동일하거나 유사한 상품에 사용하거나 그 상표를 사용한 상품을 판매·반포 또는 수입·수출하는 행위로서 개정법에서 새로이 부정경쟁행위 유형으로 추가하였다(법 제2조 제1호 사목).

### 2. 導入背景

대리인 등의 상표사용행위를 부정경쟁행위 유형으로 채택한 것은 파리협약의 내용을 반영하기 위한 것으로서 우리 나라의 경우 권한이 없는 자의 상표등록출원과 등록을 방지하는 규정은 상표법에 반영하고 있었으나 상표권자의 허락을 받지 않은 대리인 등의 상표사용행위를 저지하는 규정은 그 동안 국내법에 이행규정이 없어 이번 개정법(2001. 2. 3.)에서 이를 반영한 것이다.

우리 나라는 2001년도에 상표법조약(상표출원과 등록절차 등의 간소화 및 국제화를 도모하는 WIPO가 관장하는 조약) 가입을 목표로 하고 있고, WTO 지식재산권협정(WTO/TRIPs: Agreement on Trade-Related Aspects of Intellectual Property Rights)과 상표법조약에서 파리협약 이행의무를 부여하고 있는 점을 감안할 때 대리인 등이 상표권자의 동의 없이 행하는 상표사용행위도 방지함으로써 무한경쟁시대에 적극 참여해 나가야 할 필요성이 대두되었기 때문이다.

### 3. 成立要件

대리인 등의 상표사용행위가 부정경쟁행위로 성립되기 위해서는 다음과 같은 요건들이 동시에 충족되어야 하고, 만약 이 중 하나의 요건이라도 결여된 때에는 부정경쟁행위는 성립되지 아니한다. 그러한 점에서 이들 요건들은 상호 밀접불가분의 관계를 가지고 있다.

#### (1) 地域의 國際性

대리인 등이 사용하는 상표는 파리협약 당사국, 세계무역기구회원국 또는 상표법조약의 체약국에 등록된 것이어야 한다. 따라서 아무리 지역의 국제성이 있다 하더라도 이 외의 상표관련 국제규범 당사국에 등록된 상표는 제외된다. 그러한 의미에서 여기에서의 지역의 국제성은 법정한정주의를 채택하고 있다.

#### (2) 代理人 등의 權利性

등록상표 또는 이와 유사한 상표사용의 주체는 그 상표에 관한 권리를 가진 자의 대리인이나 대표자 또는 그 행위를 한 날부터 1년 이전에 대리인이나 대표자이었던 자이어야 한다.

#### (3) 상표권자 동의성

대표자 등의 상표사용은 상표권자의 동의를 얻지 아니하고는 사용할 수 없다. 즉, 대리인 등은 자기의 대리권에 있는 상표 또는 대리권에 있었던 상표를 정당한 이유 없이 그 상표를 사용할 수 없고, 사용하려면 반드시 사용에 정당한 이유가 있어야 한다.

#### (4) 상표의 사용성

파리협약 당사국 등에 등록된 상표 또는 이와 유사한 상표를 그 상표의 지정상품과 동일하거나 이와 유사한 상품에 사용하거나 그 상표를 사용한 상품을 판매·반포 또는 수입·수출을 하여야 한다.

## IX. 부정목적의 도메인 이름 등록, 사용 행위

### 1. 總 說

#### (1) 서 설

최근 인터넷의 급속한 확대 보급에 따라 부정한 목적으로 국내에 널리 인식된 타인의 성명・상호・상표 그 밖의 표지와 동일하거나 유사한 것이 도메인 이름으로 등록, 사용되고 있는 경향이 급증하고 있는 실정이다. 이와 같이 타인의 유명표장을 인터넷 도메인 이름으로 도용하여 등록, 사용하는 행위인 사이버 스쿼팅(Cyber-Squatting)의 급증에 따라 그 규제의 필요성이 요구됨으로써 개정법(2004. 1. 20)에서는 부정한 목적으로 국내 주지의 타인의 성명, 상호, 상표 등을 도메인 이름으로 등록하거나 사용하는 행위를 부정경쟁행위의 한 유형으로 보고 이를 규제하는 입법을 하였다.

#### (2) 도입배경 및 입법취지

개정법은 이른바 사이버 스쿼팅이라는 행위는 과거에는 존재하지 않았던 인터넷을 통한 상거래의 등장으로 온라인상의 상행위자를 식별하는 이름(상호)이라 할 수 있는 도메인 이름을 선점하여 이를 해당 도메인 이름에 대해 성명, 상호, 상표 등 표지에 관한 권원을 갖는 자에게 되팔아 이득을 취하려는 행태로 일반에게 알려지기 시작하였다.

일부에서는 이러한 선점행위가 새로운 분야에 대한 투자로 보아 오히려 그 권리를 보호해야 한다는 주장도 있다.

그러나 종전에 오프라인에서만 거래되던 상품이나 용역이 현재는 상당부분 온라인에서도 거래되고 있는 현실을 감안할 때 과거에 오프라인에서 인정되던 유명상표 등 표지에 관한 권리를 온라인상에서도 인정하는 것이 일반소비자가 상품이나 상인에 대해 종전에 갖고 있던 신용이나 신뢰에 입각하여 안심하고 소비행위를 할 수 있도록 보호한다는 이유에서 다수는 온라인상에서도 종전의 오프라인상의 유명상표 등 표지에 관한 권리를 우선하여 보호할 것을 주장하고 있다. 이렇게 볼 때 타인이 정당한 권원을 갖고 있는 상표 등 표지를 자신의 도메인 이름으로 등록하는 행위는 정당한 표지에 관한 권리를 갖고 있는 자에 대한 상거래상의 신뢰를 저하시키고 소비자의 혼동을 야기함으로써 거래질서를 저해할 뿐 아니라 일반인의 인터넷 검색에 있어서의 사회적 총비용을 증가시키는 등의 폐해가 있다. 따라서 외국에서도 이와 같은 사이버 스쿼팅 행위를 규제하는 것이 일반적인 경향이다. 일본이 2001년 6월 부정경쟁방지법에, 미국이 1999년 11월 반사이버 스쿼팅 소비자보호법(Anti-cybersquatting Consumer Protection Act)에, EU가 실행에 관한 규칙에 이를 규제하고 있다.

그러나 개정법이 "부정한 이익을 얻거나 타인에게 손해를 가할 목적"을 부정경쟁행위의 구성요건으로 정하고 있어 그 요건이 지나치게 추상적인바 이를 일반적인 사이버 스쿼팅의 유형과 타이포 스쿼팅(Typosquatting: 타자 실수로 인해 다른 사이트로 연결되는 것을 이용하는 사이버 스쿼팅의 한 유형) 등 새로운 유형에 맞추어 보다 구체화할 필요가 있다고 판단된다.

(3) 개 념

부정 목적의 도메인 이름 사용행위라 함은 정당한 권원이 없는 자가 다음의 어느 하나의 목적으로 국내에 널리 인식된 타인의 성명·상호·상표 그 밖의 표지와 동일하거나 유사한 도메인 이름을 등록·보유·이전 또는 사용하는 행위를 말한다(법 제2조 제1호 아목).

① 상표 등 표지에 대하여 정당한 권원이 있는 자 또는 제3자에게 판매하거나 대여할 목적

② 정당한 권원이 있는 자의 도메인 이름의 등록 및 사용을 방해할 목적

③ 그 밖에 상업적 이익을 얻을 목적의 행위를 하나의 부정경쟁행위의 유형으로 보고 이를 규제하려는 취지의 신설조항이다. 이를 분설한다.

1) 도메인 이름

도메인 이름이라 함은 인터넷상의 숫자로 된 주소에 해당하는 숫자, 문자, 기호 또는 이들의 결합을 말한다(법 제2조 제4호).

2) 정당한 권원이 없는 자

"정당한 권원이 없는 자"라 함은 어떤 법률적 또는 사실적 행위를 하

는 것을 정당화하는 법률상의 원인 없이 행한 자를 말한다. 예를 들면 도메인 이름의 사용 권원은 그 도메인 이름을 작명, 등록하여 보류 또는 사용하고 있거나(등록권) 그 등록권자로부터 도메인 사용을 허락받은 자의 사용(사용권) 등이 그것이다. 또 등록상표의 권원은 상표권, 전용사용권, 통상사용권 등이다.

3) 상표 등 표지에 대하여 정당한 권원이 있는 자 또는 제3자에게 판매하거나 대여할 목적

이는 국내에 널리 인식된 타인의 성명, 상호, 상표 그 밖의 표지와 동일하거나 유사한 것을 판매방법으로 이전하거나 또는 대여할 목적으로 도메인 이름으로 등록, 보유하거나 이를 사용하여 부정한 이익을 얻으려는 의미의 개념이다.

4) 정당한 권원이 있는 자의 도메인 이름의 등록 및 사용을 방해할 목적

이는 국내에 널리 인식된 타인의 성명, 상호, 상표 그 밖의 표지와 동일하거나 유사한 것을 도메인 이름으로 등록, 보유, 이전 또는 사용함으로써 정당한 권원이 있는 자의 도메인 이름의 등록 및 사용을 방해함으로써 정당한 권원이 있는 자에게 손해를 가하려는 의미의 개념이다.

5) 그 밖에 상업적 이익을 얻을 목적

이는 국내에 널리 인식된 타인의 성명, 상호, 상표 그 밖의 표지와 동일하거나 유사한 것을 도메인 이름으로 등록, 보유하고 이를 이전, 질권설정, 전용사용권 또는 통상사용권을 허여하거나 대여 또는 직접 사용을 통한 상업적 이익을 추구하려는 목적의 행위를 말한다.

따라서 이상의 행위들은 정당한 권원없이 부정한 이익을 보거나 정당한 권원이 있는 자에게 손해를 가할 목적을 가지고 이루어진 경우에만 성립되고, 만약 그러한 행위가 부정한 목적이나 손해를 가할 목적없이 이루어진 경우에는 동조 동호 아목은 적용되지 않는다. 여기에서 "타인의 성명, 상호, 상표 그 밖의 표지와 동일하거나 유사한 도메인 이름"이라 함은 특정인의 성명, 상호, 상표 등을 표시하는 표지와 동일 또는 유사한 것을 무단으로 자기의 숫자로 표시된 인터넷 주소(IP: Internet Protocol)를 문자

로 변환한 도메인 이름(Domain Name)으로 도용한 것을 말한다. 여기에서 "도메인 이름"이라 함은 인터넷에 연결된 다른 컴퓨터와의 통신은 컴퓨터의 위치를 나타내는 숫자로 표시된 인터넷 주소를 이용하게 되는데 이러한 인터넷 주소를 사용하기 쉽도록 문자로 변환하여 표시한 것을 도메인 이름, 즉 도메인 네임이라고 한다. 부정경쟁방지 및 영업비밀보호에 관한 법률에서 "도메인 이름"이라 함은 인터넷상의 숫자로 된 주소에 해당하는 숫자・문자・기호 또는 이들의 결합을 말한다고 규정하고 있다(법 제2조 제4호). 예를 들면 특허청의 IP 주소는 "10.133.102.51"인 반면 도메인 이름은 "Kipo.go.kr"(go: 정부기관, kr: 한국)로 나타낸다.

도메인 이름의 보다 정확한 이해를 구하기 위하여 상표와 상호 비교해 보고 국내외 주요 분쟁 사례를 살펴보기로 한다.

(4) 도메인 이름과 상표의 비교

1) 정　　의

도메인 이름이란 인터넷상의 숫자로 된 주소에 해당하는 숫자, 문자, 기호 또는 이들의 결합을 말한다. 즉 인터넷상 연결되어 있는 컴퓨터상의 기계적인 주소인 인터넷 주소(IP: Internet Protocol) 대신 이용자가 쉽게 알 수 있도록 숫자로 된 주소에 해당하는 숫자, 문자, 기호 또는 이들의 결합으로 표시한 것인 데 반하여, 상표란 자기의 업무에 관련된 상품을 타인의 상품과 식별하기 위하여 사용하는 것으로 기호・문자・도형・입체적 형상 또는 이들을 결합한 것과 이들의 각각에 색채를 결합한 것이다.

2) 관할기관

도메인 이름의 관할기관은 한국인터넷정보센터(KRNIC)이고, 상표의 관할 기관은 특허청이다.

3) 목　　적

도메인 이름은 인터넷상에서 데이터를 전송할 때 송수신 컴퓨터의 위치를 쉽게 파악할 수 있게 하기 위함을 목적으로 하고 있는 데 반하여, 상표는 상표 사용자의 업무상의 신용유지를 도모하여 산업발전에 이바지함과 아울러 수요자의 이익보호를 목적으로 한다.

4) 상품과의 관련성

도메인 이름은 상품과 관련이 없이 등록되는 데 반하여, 상표는 상품을 지정하여 등록하여야 한다.

5) 보호범위 및 효력

인터넷상의 동일한 도메인 이름은 단 하나밖에 없다. 따라서 독점적으로 사용할 수 있으나 유사한 도메인 이름을 배척할 권리는 없다. 이에 반하여 상표는 원칙적으로 국내에서만 보호되는 것으로서 독점권과 동일 또는 유사상표의 사용이나 등록을 금지시키는 배타권이 발생한다.

6) 등록원칙

도메인 이름은 신청주의(first come, first served), 비동일성(기계적 판단에 의한다)인 데 반하여, 상표는 선출원 주의, 상표법상 상표등록요건 및 상표의 부등록사유 등을 심사하는 실체심사를 거쳐서 등록한다.

7) 존속기간

도메인 이름은 등록비, 유사비 등을 납부할 경우 계속 사용가능한 데 반하여, 상표는 등록일부터 10년간 존속한다. 단 상표권 갱신등록 출원에 의하여 상표권 존속기간이 10년간씩 연장된다.

8) 동일 · 유사 판단

도메인 이름은 비록 유사하다 하더라도 동일하지만 않으면 타인 간에 등록이 가능한 데 반하여, 상표는 타인 간에는 동일 · 유사상표를 동일 · 유사 상품에 등록할 수 없도록 배제하고 있다.

(5) 분쟁사례

1) harrods.com 사건(영국)

영국의 최대의 유명백화점인 해로즈사(Harrods Limited)는 자기 상표가 포함된 harrods.com 도메인 네임이 Michael Lawie에 의해 소유, 운영되고 있는 사실을 확인하고 그를 상대로 하여 상표권 침해 및 부정경쟁방지법(passing off act) 위반으로 법원에 제소하였다.

영국 법원은 Michael Lawie가 해로즈사의 "Harrods"를 도메인 네임으로 사용하는 행위는 상표권 침해 및 부정경쟁방지법에 위반한다고 보아 도메

인 네임을 해로즈사에 반환하라고 판결하였다.[42)]

2) candyland.com 사건(미국)

미국의 유명한 완구업체인 Hasbro사가 자신의 등록상표 "candy land"를 candyland.com으로 등록한 IEG사를 상대로 상표권 침해소송을 제기하였다.

법원은 IEG사가 candyland를 사용하는 행위는 저명한 등록상표 "candy land"의 가치를 희석시키는 것으로서 「연방 희석화방지법」에 위반되며 피고인 IEG사의 사용행위에 의해 원고에 발생하는 손해는 IEG사가 candyland.com을 사용하지 못하게 될 때 발생하는 손해를 훨씬 능가한다는 사실 등을 참조하여 candyland.com에 대하여 사용중지 가처분결정을 하였다.

3) www.jaccs.co.jp 사건(일본)

전국 규모의 할부 구입, 판매 알선 등을 주된 사업으로 하고 있는 원고X(주식회사 ヅヤッグヌス)는 1976년부터 ヅヤッグス를 상호로 등록하여 사용해오고 JACCS는 영업표시로서 전국적으로 주지·저명하였다. 한편 간이 조립 화장실의 판매 및 대여업을 하고 있는 피고 Y(유한회사 日本海ペクト)는 1998년 5월 26일 사단법인 일본 네트워크 인포메이션 센터로부터 www.jaccs.co.jp라는 도메인 이름을 할당받았다. 피고 Y는 그 해 9월경 위의 도메인 이름으로 접속할 수 있는 홈페이지를 개설하였고 그 홈페이지 화면에는 "잘 오셨습니다. JACCS의 홈페이지"라는 타이틀 아래에 "취급상", "NIPPON KAISYO.INC." 등의 링크가 표시되어 있고 이 링크한 화면에 피고 Y가 취급하는 상품의 판매광고가 실려 있었다. 그 후 홈페이지 화면의 "JACCS"아래에 "제이에이시시에스"라고 표시하고, 또한 "JACCS"는 특정한 기업가 지원집단의 약칭(Japan Associated Cosy Cradle Society)을 뜻한다고 하였다. 이에 원고 X는 피고 Y를 부정경쟁방지법을 위반하였다 하여 피고 Y의 도메인 이름 및 본건 홈페이지의 "JACCS"표시 사용금지를 청구하는 소를 법원에 제기하였다. 법원은 이 사건 판결에서 원고 X의 청구대표 "JACCS"가 원고 X의 영업표지로서 저명함을 인정한 다음 부정경쟁방지법 제2조 제

---

42) Bina Cunningham, 'The Internet Domain Name and Trademarks – A Recipe for Confusion?" 1997. 3 C. T. L. R. 128.

1항 제2호에 의거하여 본건 도메인 이름 및 홈페이지의 JACCS 표지의 사용 금지를 모두 인정하였다.[43]

4) yahooindia.com 사건(인도)

인도의 한 기업이 yahooindia.com을 등록하여 yahoo의 검색엔진을 그 홈페이지에 두어 사용하는 것에 대하여 yahoo.com을 운영하고 있는 yahoo사에서 상표법 위반으로 법원에 제소하였다.

인도 법원은 상표법은 인터넷 도메인 네임에도 적용되어야 한다고 판단하여 상표권 침해를 인정하였다.

5) 우리나라에서의 사례

① chanel.co.kr 사건

샤넬사가 아닌 타인이 한국인터넷정보센터에 chanel.kr 도메인 네임을 등록하여 "샤넬 인터내셔널"이라는 홈페이지를 개설하여 각종 성인용품과 란제리 등을 통신판매하는 행위는 부정경쟁방지 및 영업비밀보호에 관한 법률상 "영업주체 혼동행위"에 해당한다고 보고 샤넬 상표의 인터넷 홈페이지와 도메인 네임의 등록 사용 금지, 사넬 도메인 네임의 등록말소를 인정하는 판결을 하였다.[44]

② himart.co.kr 사건

인터넷을 통해 전자제품을 판매해오던 himart.co.kr은 가전제품 유통업체의 수요자에게 널리 인식된 HI-MART 상호와 유사하기 때문에 일반거래사회에서 상품출처에 관한 혼동의 우려가 있기 때문에 사용할 수 없다고 사용금지가 처분결정을 하였다.[45]

③ viagra.co.kr 사건

비록 타인이 Pfizer사의 상표인 viagra를 도메인 네임으로 사용하고 있지만 그 홈페이지상에서 판매하는 상품과 viagra가 전혀 이종상품으로서 수요자의 혼동가능성이 없으므로 상표권 침해 및 부정경쟁행위로 판단하기 어

43) 윤선희, "일본에서의 도메인 명에 관한 도야마 판결," 창작과 권리 2001년 23호, 2면.

44) 서울지방법원 1999. 10. 8. 선고 99가합41812 판결.

45) 서울지방법원 1999. 11. 24, 99카합2819 결정.

렵다고 판시하였다.46)

여기에서 "도메인 이름을 등록·보유·이전 또는 사용하는 행위"라 함은 타인의 상품 또는 영업임을 표시한 표지와 동일하거나 유사한 것을 자기의 도메인 이름으로 출원등록하거나 신청등록 등을 하여 도메인 이름으로 보유하거나 양도 이전 또는 직접 사용하거나 제3자에게 사용권을 허여하는 등의 행위를 말한다.

### 2. 性 質

본호는 국내에 널리 인식된 타인의 성명·상호·상표 그 밖의 표지와 동일하거나 유사한 것을 부정한 이익을 얻거나 그 타인에게 손해를 가할 목적으로 도메인 이름으로 등록·보유·이전 또는 사용할 때 성립되는 부정경쟁행위의 한 유형이다.

따라서 동법 제2조 제1호 가목, 나목이 국내에 널리 인식된 타인의 상품 또는 영업임을 표시한 표지와 동일 또는 유사한 것을 사용하여 상품 또는 영업주체와 혼동을 일으킴으로써 성립되는 부정경쟁행위라는 점에서 양자는 상이하다.

그렇다면 동법 제2조 제1호 아목은 부정한 목적의 사용으로 충분하고 실제 부정한 이익을 얻었느냐의 여부나 그 타인에게 손해를 입혔느냐의 여부는 문제되지 않는다. 또 사용에 의해 그 타인의 상품이나 영업과 혼동을 일으켰느냐의 여부도 문제되지 않으며, 오직 부정한 목적에 의해 국내에서 널리 인식되어 있는 타인의 성명·상호·상표 그 밖의 표지와 동일 또는 유사한 표지를 도메인 이름으로 등록·보유·이전 또는 사용하였느냐의 여부만에 의해 본호 아목의 성립여부가 결정된다.

### 3. 행위의 구성요건

부정경쟁행위에 대한 금지 또는 예방청구 등을 할 수 있는 본호 아목의 행위가 구성되기 위해서는 다음의 요건을 갖추어야 하는데 이들 요건은 상호

---

46) 서울지방법원 동부지원 1999. 11. 18. 선고 99가합8863 판결.

밀접·불가분의 관계에 있는 것으로서 개개로 분리될 수 있는 것이 아니다.

(1) 부정한 목적이 있어야 한다(목적성).

국내 주지의 타인의 성명·상호·상표 그 밖의 표지와는 아무런 관계가 없는 자가 정당한 대가 없이 그 주지성에 편승하여 이익을 얻거나 그 타인에게 손해를 가하려고 하는 등 부정한 목적을 가지고 그 타인의 주지표지를 도메인 이름으로 등록·보유·이전 또는 사용하는 행위이어야 한다.

(2) 등록·보유·이전 또는 사용한 도메인 이름이 국내에서 널리 인식된 타인의 성명·상호·상표 그 밖의 표지와 동일 또는 유사하여야 한다(주지성, 동일·유사성). 여기에서 "널리 인식된 표지", 즉 주지성에 대해서는 전술한 제2절 Ⅰ. 2. (1)의 "주지성" 부분을 참고하기 바란다(p.28 이하).

또 여기에서의 동일, 유사는 타인의 주지표지와 그 타인의 주지표지를 도용하여 등록·사용하고 있는 도메인 이름이 전체적, 이격적, 객관적으로 보아 양자간에 서로 칭호·외관·관념 등에서 어느 하나 이상이 동일하거나 유사한 것을 말한다. 보다 자세한 설명은 전술한 제2절 Ⅰ. 2. (4) "혼돈성" 부분을 참고하기 바란다(p.44 이하).

(3) 타인의 주지표지를 인터넷 도메인 네임으로 도용하여 등록·사용하는 행위이어야 한다[사이버 스쿼팅(Cyber-Squatting)]. 따라서 타인의 주지의 표지를 도메인 이름으로 등록·사용하지 아니하고 상품 또는 영업을 표시하는 표지로 사용할 경우에는 본호의 아목에 해당되지 아니한다. 또 본호의 아목은 타인의 주지의 표지를 도메인 이름으로 사용하는 것으로 충분하고 본호의 가목, 나목과 같이 타인의 주지의 표지를 상품 또는 영업에 사용함으로써 그 타인의 상품이나 영업과 혼동을 일으키는 것까지를 요하지 않는다. 여기에서 유념할 것은 본호의 아목은 타인의 주지표지를 도메인 이름으로 등록하여야만 성립되는 부정경쟁행위인 데 반하여 본호 가목, 나목은 등록여부와는 관계없이 성립되는 부정경쟁행위이다.

### 4. 규제조치

부정한 목적으로 국내에서 수요자간에 널리 알려진 타인의 성명·상호·상표 그 밖의 표지와 동일하거나 유사한 것을 도메인 이름으로 등록하여 보유하거나 이전 또는 사용하는 경우 법원의 판결에 의해 등록말소가 가능하다.

## X. 상품 형태의 모방행위

### 1. 總 說

#### (1) 개 념

"상품형태의 모방행위"란 타인이 제작한 상품의 형태(형상·모양·색채·광택 또는 이들을 결합한 것을 말하며 시제품 또는 상품 소개서상의 형태를 포함한다. 이하 같다)를 모방한 상품을 양도·대여 또는 이를 위한 전시를 하거나 수입·수출하는 행위를 말한다. 다만, 다음의 어느 하나에 해당하는 행위는 제외한다(법 제2조 제1호 자목).

① 상품의 시제품 제작 등 상품의 형태가 갖추어진 날부터 3년이 지난 상품의 형태를 모방한 상품을 양도·대여 또는 이를 위한 전시를 하거나 수입·수출하는 행위.

② 타인이 제작한 상품과 동종의 상품(동종의 상품이 없는 경우에는 그 상품과 기능 및 효용이 동일하거나 유사한 상품을 말한다)이 통상적으로 갖는 형태를 모방한 상품을 양도·대여 또는 이를 위한 전시를 하거나 수입·수출하는 행위(법 제2조 제1호 자목).

여기에서 상품형태란 트레이드 드레스(Trade Dress)를 의미하는바, 트레이드 드레스란 "물건이나 서비스의 전체적 시각적인 이미지"를 포괄하는 광범위한 의미로서 "물품의 크기, 형상, 색채 또는 색채의 조합, 소재, 도형, 설계, 광고주제 등을 포함하는 다수의 상이한 물리적 형태 등으로 구성된 것"을 말한다. 예를 들면 독특한 색채와 형태를 가진 콜라병, 치어리더의 복장, 독특한 색깔과 디자인을 한 트럭의 외관, 물품의 포장이나 라벨링, 물품 자체의 디자인이나 외관 또는 식당에서 사용되는 물건과 장식용품 등의 특이한 조합, 즉 의자와 테이블의 독특한 디자인, 특이한 색상의 타일로 된 벽면, 네온 사인과 조명등의 조합, 식당의 메뉴, 서비스방식 판매기법 등도 트레이드 드레스의 일종으로 파악된다.47) 이는 상품도 사람과 같이 옷을 통해 독특한 이미지를 구성하여 그 고유한 식별 기능과 출처표시 기능을 한다는 뜻으로 유래된 개념이다. 이러한 트레이드 드레스가 입법전 보호를 받지 못했던 것은 아니다. 개정전 법에 의해서도 트레이드 드레스는 여전히 보호되어 왔다. 그 실태를 살펴본다.

1) 부정경쟁방지 및 영업비밀보호에 관한 법률에 의한 보호

동법 제2조 제1호 가목에는 "국내에 널리 인식된 타인의 성명, 상호, 상표, 상품의 용기, 포장 그 밖에 타인의 상품임을 표시하는 표지와 동일하거나 유사한 것을 사용하는 등"의 행위를 부정경쟁행위로 규정하고 있다.

따라서 여기에서의 상품의 용기·포장은 그 자체가 직접적으로 상품의 출처를 표시하는 것은 아니지만 그 용기나 포장의 형상 등이 특정인의 것으로 식별되는 식별력을 갖추고 광고 등에 의해 주지성을 획득한 경우에는 동조 동호 가목에 의한 보호가 가능하며 기타 타인의 상품임을 표시한 표지의 경우에도 동일하게 적용된다.

대법원 1978. 7. 25. 선고 76다847 판결에서는 껌 포장지에 한글로 된 문자부분 1열이 있기는 해도 전체적으로 과일의 관념이 강조됨과 아울러 문자부분의 호칭, 외관의 유사성이 곁들여서 껌 포장지의 도안구성 전체의 결합이 주는 외관, 호칭 및 관념과 시각적 심미감이 유사하여 타 회사의 상품과 혼동을 일으킬 우려가 있다면 그것은 부정경쟁방지법(1986. 12. 31. 법률 제3897호로 개정되기 전의 것) 제2조 제1호 가목의 부정경쟁행위에 해당한다고 판시하였고, 서울고등법원 1991. 4. 26. 선고 90나42055 판결에서는 핸드백과 같은 상품은 수요자가 이를 구매함에 있어 형상이나 모양, 색채 또는 이들이 결합되어 나타나는 시각적인 미감이 중요한 구매동기가 된다 할

47) Cynthia Clarke Weber, *Trade Dress in United States*, *Trademark World*, February 1992, Intellectual Property Publishing Ltd., London, UK; Siegrun D. Kane, *Trademark Law, A Practitioner's Guide*, 1987, third Printing, Practicing Law Institute, New York City, p.43 참조.

것이어서 그 상품 자체의 성질상 그 형태 내지 디자인 자체가 자기 상품을 다른 상품과 구별되게 하는 작용을 하는 것으로서 부정경쟁방지법 제2조 제1호 가목의 "타인의 상품임을 표시한 표지"에 해당한다고 보고 있고, 상품의 용기 등의 보호와 관련하여 대법원 1994. 12. 2 선고 94도1947 판결(원고: 더 리틀 타임스 컴파니, 피고: 쿠쿠토이)에서는 "일반적으로 상품의 형태는 상품의 출처를 표시하는 기능을 가지는 것은 아니지만 지속적인 광고, 선전 등에 의하여 그 형태가 갖는 차별적인 특성이 거래자 또는 수요자에게 특정한 품질을 가지는 특허 출처의 상품임을 연상시킬 정도로 개별화되기에 이른 경우 부차적으로 자타상품 식별력을 가지게 되고, 이러한 경우에 비로소 부정경쟁방지법상의 "기타 타인의 상품임을 표시한 표지"에 해당된다고 판시하였다. 상기 판례는 비록 원고의 완구제품이 그에 부착된 "Little Tikes"라는 상표와 관계없이 그 상품의 형태 자체로서 수요자에게 상품의 출처표시로서 개별화되어진 것으로 인식될 정도로 "주지성"을 획득하고 있다고 보기는 어려워 무죄가 인정되었으나 상품의 용기 또는 포장 또는 타인의 상품임을 표시하는 표지가 2차적으로 주지성을 획득한 경우에는 부정경쟁방지법의 보호를 받을 수 있다는 것이 명백히 나타나고 있다.

2) 디자인보호법에 의한 보호

우리 나라 디자인보호법 제2조는 디자인을 "물품의 형상, 모양, 색채 또는 이들을 결합한 것으로서 시각을 통하여 미감을 일으키게 하는 것"을 의미하므로 물품의 외관을 그 보호 객체로 하고 있다는 점에서 상품의 형태, 즉 트레이드 드레스와 그 개념이 상호 유사하다.

따라서 자칫 트레이드 드레스를 디자인보호법으로도 보호받을 수 있다고 생각할지도 모르나, 디자인은 신규성과 창작성을 등록요건으로 하고 있고 일정한 절차를 거쳐 등록하여야만 보호를 받을 수 있는 데 반하여 트레이드 드레스는 특정인의 것으로 식별력이 있어야 하고 이런 식별력은 광고, 선전 등과 같은 사용에 의한 주지성을 획득한다는 점에서 그 속성상 신규성, 창작성이 요구되는 디자인과는 실제로는 다르고 또 트레이드 드레스가 디자인보호법상의 신규성이나 창작성적인 요건을 갖출 가능성도 거의 없다는 점에서는 디자인보호법에 의한 트레이드 드레스의 보호는 현재로서는 많은 문제가 있다고 해석된다.

3) 상표법에 의한 보호

종전의 우리나라 상표법 제2조는 기호, 문자, 도형 또는 기호, 문자, 도형에 색채를 결합한 것이었기 때문에 상품의 형태 등 외형적 느낌을 보호대상으로 하는 트레이드 드레스를 종전의 우리 나라 상표법으로 보호한다는 것은 그 한계가 있었으나 최근 상표법의 개정으로 상품의 형상 등 입체적인 표지도 그 보호대상으로 하는 입체상표제도를 인정하고 있으므로 트레이드 드레스는 이제 현행 상표법으로도 보호할 수 있게 되었다.

(2) 도입 배경 및 입법 취지

개정법(2004. 1. 20 개정)에서 상품의 형태 모방행위를 부정경쟁행위로 신설한 것은 타인의 상품형태를 모방하는 데드카피(dead copy)행위는 그 타인의 지난한 창작 노력, 창작비 투자, 창작 시간 등 지식재산의 3대 요소의 집합적 결과물에 대한 침해행위라 할 수 있는바, 이러한 상품형태와는 아무런 관계가 없는 자가 이에 편승하여 경제적 이익을 추구하려 한다면 이는 분명 정당권리자의 권익침해는 물론 거래자나 일반 수요자에게도 그 정당권리자의 상품과 오인, 혼동을 일으킬 우려가 있어 불측의 경제적 손해, 정신적 피해를 입을 수가 있는 만큼, 이들의 이익보호를 위해서도 타인의 상품형태의 모방행위를 부정경쟁행위로 보고 이를 규제하여야 할 필요가 있어 동 조항을 신설하였다.

일반적으로 상품의 형태는 창작성이 있고 특이한 상품의 출처를 표시하는 기능을 하나 복제기술 및 유통기구의 발달로 타인의 상품을 부정하게 제조하여 유통시키는 사례가 급증하고 있는 추세이고, 이러한 형태의 모방은 소비자의 오인 및 혼동을 가져올 뿐만 아니라 상품개발자에게는 막대한 정신적 · 경제적 손해를 주고 있기 때문이다.

그 동안 모방자는 상품개발자의 선행투자와 시행착오 등을 통한 노력과 비용에 무임승차(free-ride)하게 되고 그로 인하여 개성있는 상품의 개발, 시장 개척의 의욕이 상실되고 건전한 거래질서 형성을 저해하고 있었으나 현행 디자인보호법, 부정경쟁방지 및 영업비밀보호에 관한 법률 등에 의한 권리 보호는 권리등록 혹은 권리침해에 대한 주지성 획득에 오랜 기간이 필요하여 제대로 보호받지 못한 실정이었다.

따라서 상품형태 모방행위를 부정경쟁행위의 한 유형으로 독립하여 보호조항을 신설한 것은 이러한 문제점을 해결하여 공정한 상거래질서 확립을 위한 적절한 입법조치이며 오히려 늦은 감이 있다.

### 2. 주요국의 입법례

#### (1) 미 국

##### 1) 1946년 최초의 연방상표법 제43조 (a)

1946년 최초의 연방상표법(The Lanham Act) 제43조 (a)(부정경쟁방지)는 "상품 또는 서비스, 상품의 용기와 관련하여 허위로 원산지를 표시하거나, 단어나 그 밖의 심볼을 통해 동일 상품임을 허위로 표시하는 자" 등에 대한 민사소송이 가능하도록 규정하고는 있었으나, 본 조항 중 "상품 또는 서비스, 상품의 용기"에 상품 그 자체의 형태가 포함되어 있는가의 여부가 명확하지 않았다. 이와 같이 법규정의 미비로 Trade Dress, 즉 상품형태(이하 '상품형태'라 한다)의 보호에 부정적인 입장을 취해 왔다. 따라서 상품형태는 인접법인 디자인특허법, 저작권법, 각 주의 부정경쟁에 관한 코먼로(Common Law) 등의 관련조항의 해석을 통하여 판례로 보호가 가능하였을 뿐이었다. 그러나 1946년 연방상표법은 물품의 비기능적인 형태만이 등록이 가능하다고 보고 "타인의 상품 자체와 동일한 형태의 기능적 모방은 부정경쟁을 구성하지 않는다"고 하여 물품의 구조나 기능적인 면은 모방이 허용되어야 한다는 취지의 판례가 다수 나오면서 1946년 연방상표법은 소위 비기능성 이론을 바탕으로 발전하였다.[48)]

대법원(The Supreme Court)은 1964년 Sears-Compco 사건에서 주의 부정경

---

48) Theodore H. Davis, Jr., "Copying in the Shadow of the Constitution: The Rational Limits of Trade Dress Protection", *The Trademark Reporter*, May-June 1996, No.3, Vol.86, International Trademark Association, pp.231-235 참조.

쟁방지법은 특허나 저작권을 받지 못한 물품의 외형을 모방한 것에 대하여 유지명령을 할 수 없다고 판시하면서 매사추세츠 최고법원이 주법에 의해 "빵의 형상에까지 보호를 인정한 것은 진정한 창작에 대하여 일정기간 동안 특허를 부여하는 연방정부의 권한과 충돌된다"고 판결하였다.[49] 이와 같이 대법원이 Compco사건 판결에서 어떤 물품이 특허 또는 저작권에 의해 보호되지 않는 한 주법은 이의 복제(Copy)를 금지시킬 수 없다고 판시한 것은, 곧 특허되지 않은 것에 대하여는 누구든지 자유롭게 복제할 수 있다는 취지의 판시이다.

또한 순회항소법원의 "물품의 비기능적인 형태의 경우 상표적인 의미를 갖고 혼동의 가능성이 있는 경우 연방상표법 제43조 (a)에 의하여 보호받을 수 있음"을 암시하는 판결[50]이 있은 후 그 보호범위도 상품형태의 보호는 물론 입체물품 또는 용기의 형상, 디자인, 색채, 도형, 포장 등에까지 확대되어 갔다.

상품형태에 관한 최초판결인 제8 연방순회항소법원의 「이삿짐 운반용 트레일러의 외부디자인의 고의적 모방사건」 판결에서 "상품형태의 요소가 가미된 입체물품의 경우, 그 물품이 비기능적이고 식별력이 있는 경우 공정한 경쟁질서 확립과 기업의 정당한 신용보호 차원에서 제품의 모방을 금지하여야 한다"고 하여 연방상표법 제43조 (a)에 의한 부정경쟁행위에 해당한다고 판시하였다.[51]

또 연방항소법원의 물품의 기능성과 관련한 사건에서 기능성을 상품 또는 포장이 전적으로 의도한 그대로의 기능을 달성하는 '사실상의 기능성'(예를 들어 코카콜라병이 그 병에 코카콜라를 주입하고 그 병으로부터 추출하는 것)과 해당물품의 사용상 또는 그 사용목적상 불가결하거나 또는 물품의 가격, 품질, 시각적 호감도 등에 영향을 미치는 특징이 있는 '법률상 기능성'(예를 들어 검정색을 선박 외부모터에 사용하는 경우 그 모터가 작게 보이도

49) 376 U.S. 225 (1964).

50) Bose Corp. v. Linear Design Labs., Inc., 467 F. 2d 304, 175. U.S.P.Q. 385 2d Cir. 1972.

51) Truck Equipmet Service Co. v. Fruehauf Corp., 536 F. 2d 1210, 1223(8th Cir.) 1976.

록 하는 기능이 있는 것)의 2가지로 보고 이러한 기능성을 갖는 패키지, 디자인 등에 있어 특정권리자에게 독점권을 부여하여 시장에서의 자유경쟁을 방해하지 않도록 하기 위해 이러한 기능성이 없는 것은 상품형태로 보호받을 수 있다고 판시하였다.[52)]

2) 1988년 개정 연방상표법 제43조 (a)

1988년 연방상표법 제43조 (a)를 대폭개정하여 상품형태의 보호근거와 보호범위를 규정함으로써 상품형태보호의 연방법적 근거를 마련하였다. 개정 연방상표법 제43조 (a)를 보면 "상품과 서비스 또는 상품의 용기에 단어, 문자, 심볼, 고안(device) 또는 이들의 결합을 상업적으로 사용하여 출처의 허위표시, 상품출처의 오인혼동을 야기하거나 또는 상업적 광고행위에서 타인의 영업과의 관계 또는 연관관계 또는 후원관계가 있다는 혼동을 야기하거나 기만할 우려가 있는 행위를 한 자에 대해서는, 그러한 행위로 인하여 침해를 받거나 또는 침해를 받을 우려가 있는 자는 민사소송을 제기할 수 있다"고 규정하여 상품형태를 넓게 보호할 수 있도록 규정하고 있다.

3) 판례로 본 상품형태의 보호요건

상품형태의 보호요건에 관하여는 연방상표법에 명시적인 규정을 두고 있지 않다. 따라서 그 동안 축적된 판례에 의해 확립된 법리를 중심으로 살펴보면 i) 상품형태의 비기능성, ii) 상품형태의 식별력, iii) 상품형태의 혼동성 등 세 가지로 요약될 수 있다.

i) 상품형태의 비기능성(Non-Functionality)

상품형태의 기능성에는 심미적 기능성, 실용적 기능성과 같은 내면적 기능성과 사실적 기능성, 법률적 기능성과 같은 효과적 기능성이 있는데, 여기에서 사실적 기능성이란 코카콜라병의 코카콜라음료 저장기능과 같이 단순히 물품 또는 포장의 의도된 기능을 말하고, 법률적 기능성이란 경쟁업자가 우위의 경쟁력을 확보하기 위해서 상품형태를 사용할 필요성이 있는 경우를 말한다.

---

52) Brunswick Corp. v. British Seagull Ltd., 25 F. 3rd 1527, 1531(Fed. Cir. 1994).

상품형태에 법률적 기능성이 있다고 판단되면 일반공중이 그것을 단일 출처를 나타내는 외관이나 디자인으로 인식하고 있다 하더라도, 또 당해 당사자들의 상품 사이에 또는 일반공중 사이에 그들의 출처에 대한 오인·혼동이 야기된다 하더라도 보호가 인정되지 아니한다.[53] 또한 상품형태로서의 특정 디자인의 미적 호소력이 상업적 성공의 중요한 요소로 작용했다고 판단될 경우에는 심미적 기능성이 있다고 보아 보호가 인정되지 아니한 것으로 판단하여 왔다. 그렇다면 유명상품의 디자인일수록 보호받을 수 없다는 모순이 있어 이에 대한 비판이 있어 왔다.

이러한 비판에 대하여 심미적 기능성은 그 디자인이 처음부터 상품출처표시기능, 자타상품 식별기능 등 상표로서의 기능을 수행하기 위한 상표적 목적이 있었던 경우에는 보호받을 수 있다는 견해가 있다. 이러한 상품형태의 기능성 유무에 관한 판단은 ⅰ) 그 디자인의 실용적인 이점을 드러내는 소멸된 실용신안특허가 있는가의 여부, ⅱ) 디자인의 실용적인 장점을 선전하는 디자인 소유자에 의한 광고 여부, ⅲ) 대체 가능한 디자인이 있는가의 여부,[54] ⅳ) 특정 디자인이 그 물품의 비교적 단순 또는 저렴한 생산방법에서 유래하는지 여부 등을 그 요소로 한다.[55]

또한 상품형태를 구성하는 것은 상품 전체의 외관이므로 하나의 형태에 가능성이 있다 하더라도 전체적인 형태에 기능성이 있는 것은 아니므로 상품형태의 기능성 여부에 대해서는 개별적인 형태만을 분리하여 판단할 것이 아니라 전체적인 디자인이나 이미지를 중심으로 판단하여야 한다.[56]

---

53) Application of Deister Concentrator Co., 289 F 2d 496 CCPA 1961 및 American Greetings Corp. v. Dan-Dee Imports Inc., 807 F 2d 1136, 1141 3d Cir. 1986.

54) 물품의 디자인 등과 관련된 기능이 다른 다양한 디자인에 의해서도 동일하게 수행될 수 있다면 그 물품의 형태는 비기능적인 것이 된다(In re Morton Norwich Prods., Inc., 671 F. 2d 1332, 1342 CCPA 1982).

55) 스프레이의 형상에 관한 In re Morton Norwich Prods., Inc., 671 F. 2d 1332, 1342 CCPA 1982.

56) 미국의 상표심사기준(TMEP §1202. 03).

ii) 상품형태의 식별력(Distinctiveness)

상품형태가 상품의 출처표시 기능을 갖는 데에는 원래부터 고유의 식별력을 가지고 있었거나 상당기간 사용에 의해 2차적 의미를 갖게 된 경우로 나눌 수 있다.

여기에서 고유의 식별력 유무의 판단은 그 상품형태가 평범한 형상 또는 디자인인가, 독특하고 특이한 점이 있는가, 평범한 장식의 형상을 좀더 세련화한 것에 불과한 것인가가 그 기준이 된다.57)

또 상당기간 사용에 의해 2차적 의미를 가졌는가에 대한 증거로서는 장기간의 사용, 판매의 성공, 실질적인 광고 지출비용, 디자인의 형태를 강조하는 선전, 매체의 자발적인 게재, 제3자의 디자인에 대한 라이선스 요청, 피고나 다른 경업자에 의한 상품형태의 고의적인 모방, 조사에 의한 증거 등이 있다.

iii) 상품형태의 혼동성(Likelyhood of Confusion)

여기에서의 혼동에는 물품의 혼동, 물품 출처의 혼동, 후원관계의 혼동 등이 포함된다. 상품형태의 혼동성 유무의 판단은 원고의 상품형태의 강약, 두 상품형태의 유사성, 두 물품 또는 서비스의 유사성, 판매경로, 실질적 혼동의 유무, 피고의 의도, 구매자의 주의력 정도 등이 그 요소가 된다.

4) 침해구세수단

i) 상품형태가 등록된 경우

상품형태가 비기능성, 식별력 등의 요건을 충족한 경우 연방상표법에 의하여 상표 또는 서비스표로 등록받아 표장권으로 보호를 받는다.

이때 그 상품형태가 고유한 식별력과 2차적 의미를 획득한 경우에는 미국특허청 주등록부에 등록되고, 2차적 의미를 획득하지 못한 경우에는 보조등록부에 등록되는데, 등록된 표장권의 보호는 주등록부에 등록된 표장권에 한한다[연방상표법(15USC §1114(1)) 제32조 (1)].

이와 같이 상표 또는 서비스표로 주등록부에 등록된 상품형태를 상업

57) Robarb Inc. v. Pool Builders Supply of Carolinas Inc., 696 FSupp 621. NDGA 1998 및 Duraco Prods. Inc. v. Joy Plastic Enterprises Ltd., 32 USPQ 2d 1724 (3rd Cir. 1994).

적으로 복제, 위조, 모방, 색채만을 바꾸어 모방함으로써 오인, 혼동, 기만하게하거나 그러한 우려가 있는 경우에는 침해에 대한 책임을 진다.

ii) 상품형태가 등록되지 않은 경우

상품형태가 등록되지 않은 경우 연방상표법 제43조 (a)(부정경쟁방지)의 규정에 의하여 보호받을 수 있다. 즉, 자기의 상품형태가 침해되고 있거나 침해될 우려가 있는 자는 법원에 침해자에 대하여 침해금지나 손해배상을 청구하는 민사소송을 제기할 수 있다[연방상표법 제43조 (a)]. 그러나 연방상표법 제43조 (a)에는 형사처벌을 명시하지 않고 연방형법인 「위조상표에 관한 법률(Trademark Counterfeiting Act 1984)」에서 위조상품 거래와 서비스의 도용에 대한 형사처벌규정을 두고 있다.

(2) 유 럽

1) 공동체 상표법통일지침 제4조

공동체 상표법통일지침 제4조에서 "공동체 상표는 자기의 상품 또는 서비스를 타인의 상품 또는 서비스와 식별할 수 있게 하는 것으로 단어, 성명, 도형, 문자, 숫자, 상품 또는 그 포장의 형상을 포함한 도면상 표현 가능한 모든 표장으로 구성될 수 있다"고 규정하고 있다. 따라서 상품형태, 즉 Trade Dress(영국법: get up, 독일법: Ausstattung)는 동조의 "상품 또는 그 포장의 형상"을 포함한 상표개념에 의하여 유럽공동체 국가의 상표법에 의해 보호가 가능하다.

2) 상품형태의 보호요건

상품형태가 보호를 받기 위해서는 상표법상의 식별력 등 상표등록요건을 구비하여야 한다. 따라서 상품형태, 즉 상품 또는 그 포장의 형상이 i) 상품 그 자체의 성질로부터 파생하는 형상, ii) 기술적인 결과를 얻기 위해 필요한 상품의 형상, iii) 상품에 실질적인 가치를 부여하는 형상일 경우에는 상표등록을 받을 수 없다(공동체 상표법통일지침 제7조).

(3) 일 본

1) 상표법에 의한 보호

상품형태는 1997년 4월 1일부터 시행된 개정상표법에 의해 보호가 가능해졌다. 즉, 개정상표법에서 입체상표를 보호대상으로 함으로써 상품의 입체적 형상이 상표등록요건을 충족할 경우 상표등록을 받을 수 있게 되어 상품형태도 상표법에 의한 상표권으로 보호받을 수 있게 되었다.

2) 부정경쟁방지법에 의한 보호

부정경쟁방지법 제2조 제1항 제1호 내지 제3호의 규정에서 타인의 상품 등 표시(타인의 업무에 관한 성명, 상호, 상표, 표장, 상품의 용기 또는 포장 기타의 상품 또는 영업을 표시하는 것을 말한다. 이하 같다)로서 수요자 사이에 널리 인식되어 있는 것과 동일 내지 유사한 상품 등 표시를 사용하고, 또는 그 상품 등의 표시를 사용한 상품을 양도하거나 인도하고, 양도 또는 인도를 위하여 전시, 수출 또는 수입하여, 타인의 상품이나 영업과 혼동을 일으키는 행위(제1호), 자기의 상품 등의 표시로서 타인의 저명한 상품 등의 표시와 동일 내지 유사한 것을 사용하거나 그 상품 등의 표시를 사용한 상품을 양도하거나 양도 또는 인도를 위하여 전시, 수출 또는 수입하는 행위(제2호) 및 타인의 상품(최초에 판매된 날로부터 기산하여 3년을 경과한 것을 제외한다)의 형태[당해 타인의 상품과 동종의 상품(동종의 상품이 없는 경우에는 당해 타인의 상품과 그 기능 및 효용이 동일 또는 유사한 상품)이 통상적으로 가진 형태를 제외한다]를 모방한 상품을 양도하거나 대여하고, 양도 또는 대여를 위하여 전시, 수출 또는 수입하는 행위(제3호)를 부정경쟁행위로 정의하고 있다. 따라서 상품형태는 동항 제1호 "타인의 상품 등 표시(상품의 용기 또는 포장 기타의 상품을 표시한 것)", 동항 제2호의 "자기 상품 등의 표시" 및 특히 동항 제3호의 "타인의 상품형태"의 개념에 의하여 부정경쟁방지법에 의해 보호가 되고 있다.

3) 침해구제수단

상품형태가 입체상표로 등록된 경우 상표법에 의하여 보호되고, 상표등록이 되지 않은 경우 부정경쟁방지법에 의하여 보호된다.

부정경쟁방지법 소정의 요건을 갖춘 상품형태를 모방한 경우 동법에 의한 침해의 금지, 예방청구권, 손해배상청구권, 신용회복청구권 등의 민사적 구제수단과 부정경쟁행위자에 대한 3년 이하의 징역 또는 300만원 이하의 벌금형에 처할 수 있는 형사적 구제수단을 두고 있다.

# 제 3 절 不正競爭行爲의 類型

부정경쟁방지법은 부정경쟁행위의 금지 또는 예방청구권, 손해배상청구권, 신용회복청구권 등의 민사적 구제와 형사적 구제 및 행정적 구제의 대상이 되는 부정경쟁행위를 다음과 같은 10가지의 유형으로 정형화하고 있다. 이 외의 부정경쟁행위에 대해서는 민법의 불법행위법이나 형법 등 다른 법률에 의해서 구제가 가능할 것이다. 부정경쟁행위에 대해서는 본장 제1절 및 제2절에서 상세히 기술하였기 때문에 이 절에서는 영업상의 이익에 대한 침해행위를 중심으로 부정경쟁행위의 유형만을 설명한다.

## Ⅰ. 商品主體 등의 誤認·混同 등의 惹起行爲

이에는 ① 상품주체 혼동야기행위, ② 영업주체 혼동야기행위, ③ 표지의 식별력 등 손상행위, ④ 원산지 오인야기행위, ⑤ 상품의 생산·가공지 등 출처의 오인야기행위, ⑥ 상품사칭, ⑦ 품질 등 오인야기행위, ⑧ 대리인 등의 무단상표사용행위, ⑨ 부정목적의 도메인이름 등록, 사용행위, ⑩ 상품형태의 모방행위 등이 있는바 그 내용은 앞의 제2절에서 상술하였으므로 이를 참고하기 바란다.

## Ⅱ. 國旗·國章 등의 使用禁止

부정경쟁방지법은 민사적 구제를 제외한 형사적 처벌과 행정적 조치를 할 수 있는 특정국의 표장이나 특정국가의 정부 및 국제기구의 표지 등에 대한 상표사용금지 규정을 두고 있다.

### 1. 국기 등의 상표사용금지

파리협약 당사국, 세계무역기구회원국 또는 상표법조약체약국 또는 국제기구의 허락을 받지 않고는 해당 국가의 국기, 국장 그 밖의 휘장이나 국제기구의 표지와 동일하거나 유사한 것을 상표로 사용할 수 없다(법 제3조 제1항). 예를 들면 미국의 성조기를 허락 없이 신발의 상표로 사용하는 경우 특허청장의 시정권고는 물론 형사처벌의 대상이 된다.

### 2. 정부감독용 표지 등의 상표사용금지

파리협약 당사국, 세계무역기구회원국 또는 상표법조약체약국 정부의 허락을 받지 않고는 당해국 정부의 감독용 또는 증명용 표지와 동일하거나 유사한 것을 상표로 사용할 수 없다(동조 제2항). 예를 들면 정부의 공업규격 인증표지인 KS마크를 허락 없이 가스레인지의 상표로 사용하는 경우 특허청장의 시정권고는 물론 형사처벌의 대상이 된다.

## Ⅲ. 자유무역협정에 따라 보호하는 지리적 표시의 사용금지 등

### 1. 권원 없는 자의 지리적 표시의 사용금지

정당한 권원이 없는 자는 우리나라가 외국과 양자간 또는 다자간으로 체결하여 발효된 자유무역협정[58]에 따라 보호하는 지리적 표시(이하 '지리적 표시'라

58) 국가가 외국무역에 제한을 가하거나 보호, 장려를 하지 않는 무역, 즉 자국산업을 보호, 장려하기 위하여 ⅰ) 외국으로부터의 수입억제를 위해 관세 장벽을 높이거나, ⅱ) 보조금·장려금의 지급, 세제·금융 지원 및 기술지도 등 각종 산업의 국제경쟁력 제고를 위한 생산성 향상의 통상정책 기조의 보호무역적 요소의 철폐를 통한 신 국제통상질서의 확립을 위해 국가간 체결한 국제법상의 조약의 하나이다. 여기에는 양자간 또는 다자간 협정이 있는바, 전자가 협정 당사국이 2개국인 데 반하여(예: 한·EU, 한·미, 한·칠레 자유무역협정) 후자의 협정 당사국은 3개국 이상의 복수국이다.

자유무역협정(FTA)이 한·미, 한·EU처럼 두 나라 간의 무역협정(아시아-태평양, 북미지역처럼 특정지역 나라끼리 맺을 수도 있다)을 일컫는 데 반하여 세계무역기구(WTO)는 여러나라가 함께 협상하는 무역협정을 일컫는다.

한다)[59]에 대하여는 「부정경쟁방지 및 영업비밀보호에 관한 법률」 제2조 제1호 라목[60] 및 마목[61]의 부정경쟁행위 이외에도 지리적 표시에 나타난 장소를 원산지로 하지 아니하는 상품(지리적 표시를 사용하는 상품과 동일하거나 동일하다고 인식되는 상품으로 한정한다)에 관하여 다음의 1의 행위를 할 수 없다(법 제3조의 2 제1항).

(1) 진정한 원산지 표시 이외에 별도로 지리적 표시를 사용하는 행위

(2) 지리적 표시를 번역 또는 음역하여 사용하는 행위

(3) '종류', '유형', '양식' 또는 '모조품' 등의 표현을 수반하여 지리적 표시를 사용하는 행위

---

FTA는 협정을 맺지 않은 나라를 왕따 시켜 차별하는 것으로서 WTO의 무역협정원칙과는 반대다. 그렇지만 WTO도 FTA를 일부 조건을 달아 인정하고 있는바, 이는 세계적으로 FTA를 맺는 나라가 많아졌기 때문이다.

또 FTA에서의 '빌트인' 적용이다. 극도로 민감한 사안이나 쟁점은 아예 협상대상에서 제외, 별도 의제로 미루어 놓는 협상방식인 '빌트인 어젠다 방식'이 적용되고 있다. 서로 양보할 수 없는 민감한 문제에 집착하다 협상 전체가 결렬되는 것을 막기 위하여 사용한다. 한·미 FTA에서의 개성공단 문제 등에 '빌트인'이 적용되었다.

59) 상품의 특정 품질, 명성 또는 그 밖의 특성이 본질적으로 지리적 근원에서 비롯되는 경우, 그 나라의 영토 또는 지역 또는 지방을 원산지로 하는 상품임을 명시하는 표시이다. 예를 들면 프랑스의 '코냑(COGNAC)'산 브랜디 위스키, 그레이트브리튼(GREAT BRITAIN, 영국)의 '스카치(SCOTCH), 스코틀랜드(SCOTLAND)'산 위스키의 경우 '코냑'과 '스카치(스코틀랜드)'가 위스키의 지리적 표시가 된다.

이러한 물품의 지리적 표시를 보호하는 것은 산출물의 특성이 산지의 지리적 근원에서 비롯되기 때문이다. 즉, 그 생산지의 지형, 토양, 수질, 기후, 품종, 파종 및 수확시기, 생산기술·방법 및 노하우, 건조, 보관방법 등에 따라 그 작물의 맛·질 등 효능이 결정된다. 따라서 이러한 특정지역의 지리적 특성에 의해 조성되고 생성되는 그 물품의 산지명을 그렇지 않은 지역에서 산출되는 같은 종류의 물품에 사용할 경우 수요자로 하여금 산출지에 대한 오인·혼동을 일으키게 하여 정신적·경제적 손해를 입힐 뿐만 아니라, 지리적 특성에 비롯된 산출물의 품질·효능에 대한 수요자의 신뢰가 실추, 훼손되므로 이러한 폐해를 막기 위하여 물품의 산지명인 지리적 표시를 보호하려는 것이다.

60) 상품이나 그 광고에 의하여 또는 공중이 알 수 있는 방법으로 거래상의 서류 또는 통신에 거짓의 원산지의 표지를 하거나 이러한 표지를 한 상품을 판매·반포 또는 수입·수출하여 원산지를 오인하게 하는 행위.

61) 상품이나 그 광고에 의하여 또는 공중이 알 수 있는 방법으로 거래상의 서류 또는 통신에 그 상품이 생산·제조 또는 가공된 지역 외의 곳에서 생산 또는 가공된 듯이 오인하게 하는 표지를 하거나 이러한 표지를 한 상품을 판매·반포 또는 수입·수출하는 행위.

### 2. 권원 없는 자의 지리적 표시 상품의 취급 금지

정당한 권원이 없는 자는 다음의 1의 행위를 할 수 없다(동조 제2항).

(1) 위 1의 (1)부터 (3)까지의 어느 하나에 해당하는 방식으로 지리적 표시를 사용한 상품을 양도·인도 또는 이를 위하여 전시하거나 수입·수출하는 행위

(2) 이 법 제2조 제1호 라목 또는 마목에 해당하는 방식으로 지리적 표시를 사용한 상품을 인도하거나 이를 위하여 전시하는 행위

### 3. 일정요건 구비자의 지리적 표시의 사용 허용

위 1의 (1)부터 (3)까지의 어느 하나의 행위에 해당하는 방식으로 상표를 사용하는 자로서 다음의 1의 요건을 모두 갖춘 자는 위 1의 (1)부터 (3)에도 불구하고 해당 상표를 그 사용하는 상품에 계속 사용할 수 있다(동조 제3항)

(1) 국내에서 지리적 표시의 보호개시일 이전부터 해당 상표를 사용하고 있을 것

(2) 위 (1)에 따라 상표를 사용한 결과 해당 지리적 표시의 보호개시일에 국내 수요자 간에 그 상표가 특정인의 상품을 표시하는 것이라고 인식되어 있을 것

# 제3장 不正競爭行爲 등에 대한 救濟

## 제1절 總 說

부정경쟁방지법 제정 이전의 법체제하에서는 개개의 구체적인 부정경쟁행위가 민법상의 불법행위를 구성하는 경우에 한하여 이를 토대로 손해배상청구권이 인정되고 있었을 뿐 부정경쟁행위의 금지 또는 예방청구권 등은 인정되고 있지 않아 민사적 구제수단이 극히 미흡했다.

그러나 부정경쟁방지법이 제정되면서 앞에서 본 바와 같이 이 법 제2조 제1호 가목 내지 사목에서 국내에 널리 알려진 타인의 상표·상호 등을 사용함으로써 타인의 상품이나 영업 등과 혼동을 일으키게 하는 행위 등을 민법상 불법행위의 특수한 형태인 부정경쟁행위의 유형으로 분류하여 명문으로 규정하였다. 또한 동법 제4조~제6조는 이러한 부정경쟁행위에 대한 민사적 구제수단의 특칙으로 부정경쟁행위의 금지 또는 예방청구권, 부정경쟁행위를 조성한 물건의 폐기나 부정경쟁행위에 제공된 설비의 제거 기타 부정경쟁행위의 禁止 또는 豫防을 위하여 필요한 조치를 함께 청구할 수 있는 사전적 구제수단과 부정경쟁행위에 대한 損害賠償請求權, 부정경쟁행위로 인하여 실추된 信用回復請求權 등 사후적 구제수단 등을 규정하고 있다.

그러나 이와 같은 민사적 구제수단은 부정경쟁행위가 있다고 해서 즉각 행사할 것이 아니라 이에 앞서 경고나 화해 등의 협상절차를 통하여 구제하는 것이 바람직하다. 이러한 협상방법에 의한 구제가 어려울 때는 불가피하게 법적 구제수단인 금지 또는 예방청구권, 부정경쟁행위를 조성한 물건 등의 폐기·제거청구권, 손해배상청구권, 신용회복청구권 등의 민사적 구제(국기 등의 상표 사용금지위반행위 제외)나 특허청장의 시정권고 등의 행정적 조치 또는 벌칙에 의한 형사적 처벌 등에 의하여 해결할 수밖에 없을 것이다.

## 제 2 절 和解 등에 의한 救濟

### Ⅰ. 警　　告

부정경쟁행위로 인하여 영업상의 이익이 침해되거나 침해될 우려가 있다고 인정하는 자는 부정경쟁행위를 하거나 하고자 하는 자에 대하여 경고서한을 내용증명우편으로 보내 그 침해행위를 금지시키거나 방지하는 효과뿐만 아니라 손해에 대한 금전적 보전은 물론 실추된 영업상의 신용회복에 필요한 적절한 조치를 요구함으로써 화해를 유도하고 관례화되어 있는 민사적 구제의 前置手段으로서의 효과도 거둘 수 있다.

### Ⅱ. 和　　解

이상과 같은 경고서한이나 구두경고 또는 신문지상 등을 통한 광고경고를 받은 침해자로부터 화해요청이 있을 때에는 정당한 대가를 받고 침해사건을 해결하는 방법이다. 이와 같은 자율적이고 평화적인 방법에 의한 해결이 어려울 때 비로소 법률에 의해서 해결하도록 한다.

# 제 3 절 法的 手段에 의한 救濟

## Ⅰ. 民事的 救濟

### 1. 禁止 또는 豫防請求權

#### (1) 총 설

부정경쟁행위나 법 제3조의2(자유무역협정에 따라 보호하는 지리적 표시의 사용금지 등) 제1항 또는 제2항을 위반하는 행위(이하 이절에서 '부정경쟁행위 등'이라 한다)로 자신의 영업상의 이익이 침해되거나 침해될 우려가 있는 자는 부정경쟁행위 등을 하거나 하려는 자에 대하여 법원에 그 행위의 금지 또는 예방을 청구할 수 있다(법 제4조 제1항). 위와 같은 부정경쟁행위 등에 대하여 금지 또는 예방청구를 할 때에는 ⅰ) 부정경쟁행위나 법 제3조의2 제1항 또는 제2항을 위반하는 행위를 조성한 물건의 폐기, ⅱ) 위 ⅰ)의 행위에 제공된 설비의 제거, ⅲ) 위 ⅰ)의 행위의 대상이 된 도메인 이름의 등록 말소, ⅳ) 그 밖에 부정경쟁행위 등의 금지 또는 예방을 위하여 필요한 조치를 함께 청구할 수 있다(동조 제2항). 그러나 소송절차상 금지청구 등에 대한 법원의 판결에는 오랜 시일이 소요되므로 이 기간 동안 계속되는 침해를 방지하기 위한 잠정적 조치가 있어야 한다. 즉, 법원에 부정경쟁행위 등의 금지가처분신청을 하여 급한 대로 침해행위의 정지를 해놓은 다음에 본안소송(부정경쟁행위 등을 조성한 물건・시설 등의 폐기・제거나 손해배상 청구소송 등)의 결과를 확보하기 위하여 부정경쟁행위 등의 금지 가처분신청을 하는데 이 때 금지청구 등 본안소송에 앞서 또는 금지청구와 함께 한다.

부정경쟁방지법에서는 금지청구권 등을 부정경쟁행위 등으로 인하여 자신의 영업상의 이익이 침해되거나 침해될 우려가 있다고 인정하는 자만이 행사할 수 있도록 한정함으로써 소비자(스위스)나 사업자단체(독일)에게도 금지청구권 등을 인정하고 있는 법제에 비해 소비자보호가 미흡하다. 그러나 부정경쟁행위 등을 금지 또는 예방청구권 등의 수단을 통해 방지함으로써 소비자에게 파급되고 있거나 파급될 피해를 미연에 막을 수 있어 당사자의 금전배상이 원칙인 민법상의 불법행위에 비하면 소비자는 물론 일반공중의 보호에 상당히 유효한 보호수단이라고 할 수 있다.

그러나 금지청구권 등이 자칫 남용될 경우 산업발전에 저해요인이 될 수 있으므로 엄격하게 행사되지 않으면 안 될 것이다. 따라서 금지 등을 인정하기 위해서는 최소한 다음과 같은 3가지 요소를 입증할 필요가 있다.

첫째, 금지는 예외적인 구제로 금지명령이 없을 경우 회복불능의 피해가 실제로 발생할 가능성이 있을 것.

둘째, 금지청구인의 피해가 피청구인이 입는 손실보다 클 것.

셋째, 금지명령이 공익에 손해를 주지 않을 것.

이와 같은 요소가 입증될 경우에도 그 금지기간은 매우 합리적이어야 한다. 즉,

첫째, 새로 선택한 표지가 주지표지로 인식될 수 있는 기간

둘째, 그 표지의 제작 등 영업의 중단에 따른 회사정리에 필요한 기간

셋째, 유통되고 있는 표지의 수거 및 폐기와 상품에 부착된 표지의 제거 등에 소요되는 기간을 금지기간의 기준으로 고려해야 할 것이다.

(2) 요건 등

부정경쟁행위 등의 금지 또는 예방청구권은 부정경쟁행위 등을 하거나 하려는 자에 대하여 영업상의 이익이 침해되거나 침해될 우려가 있다고 인정하는 자가 행사할 수 있는 권리로 다음과 같은 요건이 충족되어야 한다.

1) 부정경쟁행위 등을 하거나, 하려는 자가 있을 것

① "부정경쟁행위 등, 즉 부정경쟁행위나 자유무역협정에 따라 보호하는 지리적 표시의 사용금지 등의 위반행위를 하거나"란 이러한 부정경쟁행위 등이 현재 계속되고 있을 때 금지청구가 중심적 지위를 점하고 있는 것을 의미한다.

② "부정경쟁행위 등을 하려는"이란 부정경쟁행위에 의하여 영업상의 이익이 장래 침해받을 우려가 있을 때 예방청구가 중심적 지위에 놓인 것을 의미한다. 이 때의 "하거나, 하려는 자"란 부정경쟁행위 등을 하고 있거나 하려고 하

는 자뿐만 아니라 부정경쟁행위 등을 하도록 하는 자, 즉 교사자도 포함하는 것으로 해석된다. 여기에서 "행위"란 실행의 착수에 국한하지 않고 금지청구의 실효성 확보를 위하여 실행의 착수를 기다릴 필요 없이 착수의 우려가 인정되는 단계에 이르면 행위요건은 충족되었다고 본다.

여기에서 '착수의 우려가 인정되는 단계'란 보다 구체적으로는 실행의 착수가 가능한 객관적 상황하에서 실행에 관한 주관적 결의가 되어 있는 때를 말한다고 본다.

그러므로 착수가 가능한 객관적 상황이 전개되어 있는 것만으로 충분하지 아니하고 또 주관적 결의가 되어 있는 것만으로도 충분하지 않다는 것이다. 주관적·객관적으로 모두 침해의 개연성이 높을 때에만 착수의 우려가 있는 단계에 있다고 본다.

2) 영업상의 이익이 침해되거나 침해될 우려가 있을 것

① 영업의 범위

영업이란 일반적으로 이윤추구를 목적으로 한 영리사업이 중심이 되나 이윤이 발생하지 않는다 하더라도 수지타산을 목적으로 영업을 반복, 계속하고 있는 사업이라면 침해행위로부터의 보호의 필요성은 영리사업과 마찬가지로 인정된다. 그러므로 단순히 영리를 목적으로 하는 경우만이 아니고 널리 경제상 그 수지계산 위에서 행해지고 있는 사업도 포함된다. 따라서 영리를 목적으로 하는 개인기업이나 주식회사의 사업활동만이 아니고 농업협동조합과 같은 비영리 특수법인이 독립채산제하에서 경영하는 사업이나 각종 비영리단체, 협동조합, 자연인의 사업활동도 수지타산을 목적으로 하는 한 "영업"에 포함된다 할 것이다.

② 영업상의 이익

상품표지 등의 보유자가 그 표지의 주지성에 의해서 사업상 누리게 되는 이익을 의미하며, 이러한 이익은 사업상의 것이면 충분하고 법률상의 권리일 필요는 없다. 또한 영업상의 이익은 원칙적으로 현재 존재하는 것을 필요로 하며 과거에 누렸던 이익은 보호받을 수 없다. 그러나 반대로 현재는 존재하지 않으나 장래에 누릴 가능성이 있는 이익은 보호받을 수 있다고 본다. 영업상의 이익

으로서는 당해 표지의 사용으로부터 얻어지는 재산상의 이익과 영업상의 신용 등을 들 수 있다.

③ 우려의 내용

우려의 정도는 현실적으로 이익이 침해되는 것을 요하지 않고 장래의 이익이 침해받을 확정적 관계 내지 이익침해의 발생 가능성이 상당히 있으면 충분하다고 본다. 예를 들면 사업 및 홍보계획의 수립, 제작설비의 발주, 전문인력의 모집, 표지자체의 구입, 표지사용상품의 주문 등 객관적으로 침해의사가 표현된 것을 의미하는바 단순한 주관적인 우려만으로는 침해의 우려가 있다고 볼 수 없을 것이다.

그러나 구미선진국은 이 예방적 금지를 매우 엄격하게 적용하고 있다. 즉, 금지는 엄격하고 예외적인 구제로서 회복불능의 손실이 발생할 우려가 있을 때에만 행해져야 하되 청구권자는 위험에 직면하고 있다는 사실과 금지의 필요성을 명확히 증명해야 하며 장래의 문제만으로는 불충분하다고 보고 있다.[1)]

(3) 청구권자

1) 상품표지 등의 보유자

부정경쟁행위에 대한 금지청구 등을 할 수 있는 자는 주지의 상품표지 등의 보유자이다. 여기에서 '주지의 상품표지 등의 보유자'란 국내에 널리 알려진 당해표지를 직접 창조, 선택하였거나 매매계약, 라이선스(license)계약 등 정상적이고 합법적인 방법으로 보유하게 된 자로서 기업체(법인 포함)뿐만 아니고 개인, 공익법인, 지방자치단체, 국가를 막론하고 영업활동을 하고 있는 사업주체이면 누구나 될 수 있다.

2) 영업상의 이익이 침해되거나 침해될 우려가 있다고 인정하는 자

부정경쟁행위 등에 대한 금지청구 등을 할 수 있는 자는 부정경쟁행위에 의하여 현재 영업상의 이익이 침해되고 있거나 장래에 침해될 우려가 있는 자이다. 따라서 이미 발생한 이익침해에 의해 손해를 본 자가 그 보전을 위해 손해

1) 금지청구를 받아들이지 않은 판결례.
Tubular Threding Inc. v. Scandaliato(Louisiana Court of Appeals 1983) 443 So. 2d p.712.

배상을 청구할 수 있는 자와는 다르다.

(4) 청구내용

부정경쟁행위 등에 대한 금지 또는 예방을 청구할 수 있는 구체적인 내용은 그 부정경쟁행위 등의 유형에 따라 다르지만 예를 들어 상표의 제작행위라면 제작활동의 정지, 송전의 단전, 급수의 단수, 원재료 공급의 차단 등을 들 수 있다. 또한 이러한 상표가 붙은 상품을 매매하는 행위라면 당해 상품의 유통정지, 상점의 폐쇄 등의 처분을 요구할 수 있을 것이다. 또한 금지청구권에는 등기상호의 말소청구권이 포함된다는 것이 일본의 통설이며 판례이다. 이의 실효성 확보를 위하여 타당하다고 본다.[2] 물론 이 때의 금지 등의 청구는 필요 최소한이어야 하고 불필요하게 확대하여 청구하는 경우에는 금지청구권의 남용이 되므로 유의하여야 한다.

이와 같은 금지는 장래를 향해 일정기간 동안 일정한 부작위를 명하는 경우가 대부분일 것이다. 만약 피청구인이 법원의 명령을 이행하지 않을 경우에는 간접강제[3]의 수단에 의할 수밖에 없다.

(5) 피청구기관

금지청구를 할 수 있는 기관, 즉 피청구기관은 법원이다. 즉, 부정경쟁행위 등의 금지청구권자는 영업상의 이익이 침해되거나 침해될 우려가 있을 때에는 법원에 그 침해에 대한 금지 또는 예방을 청구하고 법원의 판결에 따라 부정경쟁행위 등의 금지 등의 여부가 결정된다.

## 2. 物件 등의 폐기・제거청구권

(1) 總　說

부정경쟁행위 등에 대한 금지청구를 할 때에는 부정경쟁행위 등을 조성한 물건의 폐기, 부정경쟁행위 등에 제공된 설비의 제거, 부정경쟁행위 등의 대상이 된 도메인 이름의 등록말소, 그 밖에 부정경쟁행위 등의 금지 또는 예방을

---

2) 同旨: 林泓根, 商法總則, p.292.

3) 예를 들면 법원의 부작위명령을 위반한 경우에는 법원이 일정한 금액의 배상을 명령하는 등의 수단에 의한다(민사집행법 제261조).

위하여 필요한 조치를 함께 청구할 수 있다(법 제4조 제2항). 예를 들면 타인의 주지표지를 제작하기 위한 제조설비를 갖추고 있거나 이러한 표지를 사용한 상품을 판매하고 있는 경우 그와 같은 물적 상태를 그대로 방치하여 두면 부정경쟁행위 등이 계속되거나 장래에 부정경쟁행위 등이 재발할 가능성이 있게 된다. 따라서 부정경쟁행위 등의 방지를 확실하게 하고 실효성 있는 예방 등을 하기 위하여 그 물적 상태를 제거하는 청구권도 인정하는 것이 필요하기 때문에 부정경쟁행위 등에 대한 금지청구권과 함께 물건 등의 폐기·제거청구권을 특별히 인정하고 있다.

(2) 請求內容

상품표지 등의 보유자는 부정경쟁행위 등의 재발방지를 확보하기 위하여 부정경쟁행위자 등이 소지하고 있는 다음 물건 등의 폐기·제거를 법원에 청구할 수 있다.

① 표지 그 자체(예: 상표·상호·성명·상품의 용기·포장 등)

② 주지상표 등이 부착된 상품[예: 소니(SONY) 상표가 붙은 텔레비전, 샤넬 상표가 붙은 가방]

③ 부정경쟁행위 등에 제공된 시설 및 장비(예: 상표 등 표지의 제작기계 및 시설, 표지부착 장비, 표지를 사용할 상품 등의 생산·제조 또는 가공시설, 운반기구, 판매시설 등)

④ 부정경쟁행위 등의 대상이 된 도메인 이름의 등록 말소

⑤ 기타 부정경쟁행위 등의 금지 또는 예방을 위하여 필요한 조치

(예: 장래에 부정경쟁행위 등을 하지 않는다는 보장을 담보한다든가 공탁하게 함)

그러나 폐기·제거청구권은 주지표지 등을 선의로 취득한 후 상당한 투자를 하여 실질적인 지위의 변경을 가져온 경우 또는 주지표지 등의 사용이 전체 영업활동의 일부로서 일체 불가분성을 이루고 있는 경우에는 민법상의 권리남용이 되지 않는 범위 내에서 제한적으로 인정되어야 할 것이다. 즉, 상품표지 등의 보유자가 제품·설비 등의 폐기·제거청구권의 행사로 인하여 얻게 되는 이익과 부정경쟁행위자 등이 입게 될 손실을 비교형량하여 전자의 이익이 더 클 때만이 행사되는 등 민법상의 권리남용이 되지 않는 범위 내에서만

제한적으로 인정되어야 한다는 것이다.[4)]

### 3. 損害賠償請求權

#### (1) 總 說

부정경쟁행위 등으로 손해를 입은 자는 민법상 불법행위와 같이 손해배상을 청구할 권리를 가진다. 현재 또는 장래에 행해질 수 있는 부정경쟁행위 등에 대하여는 금지청구권 등의 조치를 인정하지만 당해 부정경쟁행위 등으로 인하여 이미 손해가 발생한 경우에는 손해배상청구권에 의한 구제조치가 인정된다.

그러나 소송절차상 손해배상청구에 대한 법원의 판결에는 오랜 기간이 소요되므로 우선 이 기간 동안 배상판결의 강제집행을 위한 부정경쟁행위자 등의 재산확보, 즉 채권의 집행보전을 위하여 가압류 신청을 해서 재산은닉을 막는 '가압류결정'을 받아 두는 것이 중요하다.

이와 같은 금지청구권 등의 대상이 되는 부정경쟁행위 등에 대하여 손해배상청구권을 인정할 때 손해배상청구를 금지청구와의 관계에서 어떻게 규정할 것인가에 대해서 몇 가지 상정해 볼 수 있는 유형의 법리와 부정경쟁행위 등에 대한 손해배상청구권의 취지 등에 대해서는 후술하는 제2편 제4장 제2절 Ⅰ. 3. 營業秘密侵害에 대한 損害賠償請求權을 참조하기 바란다.

#### (2) 要 件

고의 또는 과실에 의한 부정경쟁행위나 제3조의2(자유무역협정에 따라 보호하는 지리적 표시의 사용금지 등) 제1항 또는 제2항을 위반한 행위(제2조 제1호 다목의 경우에는 고의에 의한 부정경쟁행위만을 말한다)로 타인의 영업상 이익을 침해하여 손해를 입힌 자는 그 손해를 배상할 책임을 진다(법 제5조). 즉,

---

4) 미국의 경우는 우리 나라와 같은 폐기·제거청구권이 없고, 그 대신 악의적 도용의 경우 손해배상액의 2배에 해당하는 징벌적 배상제도를 운용하고 있다. 일본은 우리 나라와 같이 폐기·제거청구권을 인정하고 있다.

1) 고의 또는 과실에 의한 부정경쟁행위일 것

① 행위자의 고의 또는 과실에 의할 것

이는 부정경쟁이라는 것을 알고 또는 통상의 주의의무를 태만히 하여 알지 못하고 행한 행위이다. 다만 부정경쟁행위 중 표지의 식별력 등 손상행위(법 제2조 제1호 다목)의 경우에는 고의에 의한 부정경쟁행위로 타인의 영업상 이익을 침해하여 손해를 입힌 자만 그 손해를 배상할 책임을 진다. 그 이유는 표지의 식별력이나 명성의 손상행위는 소비자에게 직접적인 손해를 가져오는 다른 부정경쟁행위와 다르기 때문에 고의가 있는 경우에만 손해배상의 책임을 묻도록 하였다(법 제2조 제1호 다목, 제5조). 자세한 설명은 전술한 "제2장 제2절 Ⅲ의 표지 등의 식별력 등 손상행위" 부분을 참고하기 바란다.

② 부정경쟁행위가 있을 것

이는 이 법 제2조 제1호 가목 내지 사목의 규정에 의한 부정경쟁행위 7가지의 유형 중 어느 하나의 유형에 해당하는 부정경쟁행위가 있어야 한다.

③ 주지표지 보유자의 영업상의 이익이 침해될 것

④ 손해가 발생할 것

⑤ 고의 또는 과실에 의한 부정경쟁행위로 영업상의 이익이 침해되어 손해가 발생한 관계(사실적 인과관계) 및 고의 또는 과실의 부정경쟁행위자에게 영업상의 이익이 침해됨으로써 발생한 손해를 배상하게 하는 관계(상당인과관계), 즉 고의·과실의 부정경쟁행위자에 의해 타인의 영업상의 이익을 침해한 자에게 손해를 배상하게 하는 것을 사회적으로 타당하다고 인정될 만한 상호관련성(보호의 범위, 소위 상당인과관계의 문제)이 성립되어야 할 것이다.

2) 자유무역협정에 따라 보호하는 지리적 표시의 사용금지 등의 위반행위일 것

① 정당한 권원이 없는 자의 자유무역협정에 따라 보호하는 지리적 표시에 나타난 장소를 원산지로 하지 아니한 상품(지리적 표시를 사용하는 상품과 동일하거나 동일하다고 인식되는 상품에 한한다)에 관하여 다음과 같은 행위가 있을 것

(법 제3조의 제1항).

ⅰ. 진정한 원산지 표시 이외에 별도로 지리적 표시를 사용하는 행위가 있을 것

ⅱ. 지리적 표시를 번역 또는 음역하여 사용하는 행위가 있을 것

ⅲ. '종류', '유형', '양식' 또는 '모조품' 등의 표현을 수반하여 지리적 표시를 사용하는 행위가 있을 것

그러나 위 ⅰ, ⅱ, ⅲ에 해당하는 방식으로 상표를 사용하였다고 하더라도 다음의 1의 요건을 모두 갖춘 경우에는 위 ⅰ, ⅱ, ⅲ의 각 행위에 불구하고 해당상표를 그 사용하는 상품에 계속 사용할 수 있다(동조 제3항).

ⅰ. 국내에서 지리적 표시의 보호개시일 이전부터 해당 상표를 사용하고 있을 것

ⅱ. 위 ⅰ에 따라 상표를 사용한 결과 해당 지리적 표시의 보호개시일에 국내 수요자 간에 그 상표가 특정인의 상품을 표시하는 것이라고 인식되어 있을 것

② 정당한 권원이 없는 자의 다음과 같은 행위가 있을 것(동조 제2항)

ⅰ. 위 ① 각 호에 해당하는 방식으로 지리적 표시를 사용한 상품을 양도·인도 또는 이를 위하여 전시하거나 수입·수출하는 행위가 있을 것.

ⅱ. 상품이나 그 광고에 의하여 또는 공중이 알 수 있는 방법으로 거래상의 서류 또는 통신에 거짓의 원산지의 표지를 하거나 이러한 표지를 한 상품을 판매·반포 또는 수입·수출하여 원산지를 오인하게 하거나 또는 상품이나 그 광고에 의하여 또는 공중이 알 수 있는 방식으로 거래상의 서류 또는 통신에 그 상품이 생산·제조 또는 가공된 지역 외의 곳에서 생산 또는 가공된 듯이 오인하게 하는 표지를 하거나 이러한 표지를 한 상품을 판매·반포 또는 수입·수출하는 방식으로 지리적 표시를 사용한 상품을 인도하거나 이를 위하여 전시하는 행위가 있을 것

### (3) 損害額의 推定 등

#### 1) 序 說

부정경쟁행위 등(법 제2조 제1호 가목에서 자목까지의 부정경쟁행위, 법 제3조의2 제1항 또는 제2항을 위반한 행위: 이하 "부정경쟁행위 등"이라 한다)으로 손해를 입은 자는 부정경쟁행위자 등을 상대로 그 손해에 대한 배상을 법원에 청구할 수 있다. 그러나 실제 부정경쟁행위 등으로 손해를 입었을 경우에는 그 손해액의 산정이 현실적으로 매우 어려우며, 이는 결국 법원의 판례를 통하여 확립될 수밖에 없지만 확립 전까지는 특허권 침해행위에 대한 손해배상에 준하여 부정경쟁행위자 등이 침해행위에 의하여 얻은 이익, 상표 등의 사용에 대하여 통상 받을 수 있는 사용료 상당액 등을 손해액으로 추정할 수밖에 없을 것이다. 그러나 그 손해의 액이 사용료 상당액을 초과하는 경우에는 그 초과액에 대해서도 손해배상을 청구할 수 있다. 이 경우 부정경쟁행위자 등에게 고의 또는 중대한 과실이 없는 때에는 법원은 손해배상액을 정함에 있어서 이를 참작할 수 있다. 그러나 손해액산정에 적용되는 기준이 일정하지 않아 배상액이 과다 또는 과소하게 책정되는 폐단이 있어 1998년 12월 31일 개정법에서 손해액추정규정을 신설하고, 2001년 2월 및 2011년 6월 개정법에서 손해액추정의 산정방식 일부를 개정하였다.

#### 2) 損害額 算定基準

##### ㈎ 판매이익에 의한 손해액산정

① 산정방법

부정경쟁행위 등으로 영업상의 이익을 침해당한 자가 손해배상을 청구하는 경우 영업상의 이익을 침해한 자가 부정경쟁행위 등을 하게 한 물건을 양도하였을 때에는 물건의 양도수량에 영업상의 이익을 침해당한 자가 그 부정경쟁행위 등이 없었다면 판매할 수 있었던 물건의 단위수량당 이익액을 곱한 금액을 영업상의 이익을 침해당한 자의 손해액으로 할 수 있다. 이 경우 손해액은 영업상의 이익을 침해당한 자가 생산할 수 있었던 물건의 수량에서 실제 판매한 물건의 수량을 뺀 수량에 단위수량당 이익액을 곱한 금액을 한도로 한다. 다만, 영업상의 이익을 침해당한 자가 부정경쟁행위 등 외의 사유로 판매할 수 없었던 사정이 있는 경우에는 그 부정경쟁행위 등 외의 사유로 판매할 수 없었던 수량에 따른 금액을 빼야 한다(법 제14조의2 제1항).

② 채택배경

위와 같이 부정경쟁행위 등에 대한 손해액의 산정에 있어서 침해자가 판매한 수량에 권리자의 원가계산에 의한 물건당 이익액을 곱한 것을 권리자의 손해액으로 추정함으로써 판매수량만을 확인하면 손해액을 쉽게 산정할 수 있도록 하기 위함이다.

따라서 침해를 당한 자가 손해배상청구소송에서 손해액을 산정하기 위해서는 침해자가 가지고 있는 자료가 필요하나 침해자가 관련 자료를 제출하지 아니하면 침해당한 자가 손해액을 산정하기 어려우므로, 침해자의 판매수량만을 확인하면 쉽게 손해액을 산정할 수 있도록 하여 침해당한 자의 권익보호를 강화하려는 것으로 보다 합리적인 손해액산정기준으로 활용될 수 있을 것으로 평가된다.

㈏ 침해이익에 의한 손해액산정

부정경쟁행위 등으로 영업상의 이익을 침해당한 자가 손해배상을 청구하는 경우 영업상의 이익을 침해한 자가 그 침해행위에 의하여 이익을 받은 것이 있으면 그 이익액을 영업상의 이익을 침해당한 자의 손해액으로 추정한다(동조 제2항).

㈐ 사용료상당액에 의한 손해액산정 등

부정경쟁행위 등으로 영업상의 이익을 침해당한 자는 손해배상을 청구하는 경우 부정경쟁행위 등의 대상이 된 상품 등에 사용된 상표 등 표지의 사용에 대하여 통상 받을 수 있는 금액에 상당하는 금액을 자기의 손해액으로 하여 손해배상을 청구할 수 있다(동조 제3항). 그러나 부정경쟁행위 등으로 인한 손해액이 사용에 의해 통상 받을 수 있는 사용료 상당금액을 초과하면 그 초과액에 대하여도 손해배상을 청구할 수 있다. 이 경우 그 영업상의 이익을 침해한 자에게 고의 또는 중대한 과실이 없으면 법원은 손해배상금액을 산정할 때 이를 고려할 수 있다(동조 제4항).

3) 法院의 損害額 認定

법원은 부정경쟁행위 등에 관한 소송에서 손해가 발생된 것은 인정되나 그 손해액을 입증하기 위하여 필요한 사실을 입증하는 것이 해당 사실의 성질상 극히 곤란한 경우에는 위의 ㈎부터 ㈐까지(법 제14조의2 제1항부터 제4항까지)에도 불구하고 변론전체의 취지와 증거조사의 결과에 기초하여 상당한 손해액을 인정할 수 있다(동조 제5항).

⑷ 자료의 제출

법원은 부정경쟁행위나 법 제3조의2(자유무역협정에 따라 보호하는 지리적 표시의 사용금지 등) 제1항 또는 제2항을 위반한 행위로 인한 영업상 이익의 침해에 관한 소송에서 당사자의 신청에 의하여 상대방 당사자에 대하여 해당 침해행위로 인한 손해액을 산정하는 데에 필요한 자료의 제출을 명할 수 있다. 이는 상대방에 의하지 않고서는 입증이 어려운 자료의 제출을 해결함은 물론 소송절차의 원활한 진행을 도모하기 위해서이다. 다만, 그 자료의 소지자가 자료의 제출을 거절할 정당한 이유가 있는 경우에는 예외로 한다(법 제14조의3).

⑸ 效　果

손해배상은 부정경쟁행위 등에 의해 발생한 손해의 보전이며, 그 배상의 범위는 부정경쟁행위 등에 의하여 발생한 일체의 손해, 즉 부정경쟁행위 등과 상당인과관계가 있는 모든 손해를 말한다. 배상방법은 금전배상이 원칙이나 손해의 입증이 어렵다. 예를 들면 예년에 비해 시장경기가 호황인데도 불구하고 매출액이 신장되지 않거나 오히려 매출액이 감소하는 현상 또는 소비자 권장가격을 내리지 않을 수 없다고 하는 입증은 매우 어렵다 할 것이나 따라서 이 법에 손해액산정에 관한 추정규정을 두었다.

⑹ 손해배상청구권의 시효 등

이 법에서는 부정경쟁행위 등에 대한 손해배상청구권의 소멸시효에 대하여 규정하고 있지 않으나 민법 제766조에 의해 손해 또는 배상의무자를 알았을 때부터 3년간 행사하지 아니하면 시효에 의해 소멸되며, 부정경쟁행위 등을 안 날로부터 10년을 경과한 때에도 또한 같다.

4. 信用回復請求權

⑴ 總　說

부정경쟁방지법에서는 부정경쟁행위 등에 대한 사후적인 구제조치로서 앞에서 기술한 바와 같이 손해배상청구권을 인정하고 있지만 부정경쟁행위 등의 결과 품질이 조악한 물건이 출하되는 등 영업상의 신용에 손상을 입을 경우도 생각할 수 있다. 그러나 민법 제764조에서 규정하고 있는 불법행위에 의하여 타인의 명예를 훼손한 경우의 명예는 '인격권적 가치'에 있어서의 사회적인 평가인 데 반해 특허법 제131조나 이 법 제12조에 규정되어 있는 침해행위에 의하여 타인의 업무(영업)상의 신용을 실추케 한 경우의 업무(영업)상 신용은 '경제적 가치'에 있어서의 사회적 평가이다.

(2) 要 件

법원은 고의 또는 과실에 의한 부정경쟁행위 등, 즉 부정경쟁행위나 제3조의2(자유무역협정에 따라 보호하는 지리적 표시의 사용금지 등) 제1항 또는 제2항을 위반한 행위(제2조 제1호 다목의 경우에는 고의에 의한 부정경쟁행위만을 말한다)로 타인의 영업상의 신용을 실추시킨 자에게는 위와 같은 부정경쟁행위 등으로 인하여 자신의 영업상의 이익이 침해된 자의 청구에 의하여 위 3에 따른 부정경쟁행위 등에 대한 손해배상을 갈음하거나 손해배상과 함께 영업상의 신용을 회복하는 데에 필요한 조치를 명할 수 있다. 즉,

1) 고의 또는 과실에 의한 부정경쟁행위로 인하여 영업상의 신용이 실추될 것

① 행위자의 고의 또는 과실에 의할 것. 다만, 표지의 식별력 등 손상행위자(제2조 제1호 다목)의 경우에는 고의에 의한 부정경쟁행위에 한한다. 왜냐하면 이러한 행위는 소비자에게 직접적인 손해를 가져오는 다른 부정경쟁행위와 다르기 때문이다(법 제2조 제1호 다목, 제6조). 이에 관한 자세한 설명은 전술한 "제2장 제2절 Ⅲ의 표지 등의 식별력 등 손상행위" 부분을 참조하기 바란다.

② 부정경쟁행위가 있을 것

이는 이 법 제2조 제1호 가목 내지 사목의 규정에 의한 부정경쟁행위 7가지의 유형 중 어느 하나의 유형에 해당하는 부정경쟁행위가 있어야 한다.

③ 주지표지 보유자의 영업상의 이익이 침해될 것

④ 영업상의 신용이 실추될 것

⑤ 손해배상 외에 별도의 신용회복조치의 필요성이 있을 것 등이다.

다만, 위 1)의 ① 내지 ⑤의 하나에 해당하는 방식으로 상표를 사용하는 자로서 다음의 1의 요건을 모두 갖춘 자는 위 1)에 불구하고 해당 상표를 그 사용하는 상품에 계속 사용할 수 있다(법 제3조의2 제3항).

i ) 국내에서 지리적 표시의 보호개시일 이전부터 해당 상표를 사용하고 있을 것

ii) 위 i )에 따라 상표를 사용한 결과 해당 지리적 표시의 보호개시일에 국내수요자 간에 그 상표가 특정인의 상품을 표시하는 것이라고 인식되어 있을 것

2) 정당한 권한이 없는 자의 자유무역협정에 따라 보호하는 지리적 표시에 나타난 장소를 원산지로 하지 아니한 상품(지리적 표시를 사용하는 상품과 동일하거나 동일하다고 인식되는 상품에 한한다)에 관하여, 다음의 1의 행위가 있을 것(동조 제1항)

① 진정한 원산지 표시 이외에 별도로 지리적 표시를 사용하는 행위

② 지리적 표시를 번역 또는 음역하여 사용하는 행위

③ '종류', '유형', '양식' 또는 '모조품' 등의 표현을 수반하여 지리적 표시를 사용하는 행위

3) 정당한 권한이 없는 자의 다음 각 호의 행위가 있을 것(동조 제2항)

① 위 2) ①부터 ③까지의 각 호에 해당하는 방식으로 지리적 표시를 사용한 상품을 양도·인도 또는 이를 위하여 전시하거나 수입·수출하는 행위

② 제2조 제1호 라목(상품이나 그 광고에 의하여 또는 공중이 알 수 있는 방법으로 거래상의 서류 또는 통신에 거짓의 원산지의 표지를 하거나 이러한 표지를 한 상품을 판매·반포 또는 수입·수출하여 원산지를 오인하게 하는 행위) 또는 마목(상품이나 그 광고에 의하여 또는 공중이 알 수 있는 방법으로 거래상의 서류 또는 통신에 그 상품이 생산·제조 또는 가공된 지역 외의 곳에서 생산 또는 가공된 듯이 오인하게 하는 표지를 하거나 이러한 표지를 한 상품을 판매·반포 또는 수입·수출하는 행위)에 해당하는 방식으로 지리적 표시를 사용한 상품을 인도하거나 이를 위하여 전시하는 행위

여기에서 손해배상이란 금전배상을 말하며, 법문상은 "손해배상에 갈음하

여"라고 명시하고 있으나 신용회복청구권도 광의의 손해배상청구권의 일종이다. 따라서 피해자가 금전배상만으로는 만족할 수 없거나 신용훼손의 구제방법으로 이러한 원상회복조치가 적절한 경우가 많기 때문에 이 법에서 신용회복청구권을 특별히 두고 있는 것이다.

(3) 效 果

법원은 영업상의 신용을 실추한 자의 신용회복에 필요한 조치를 명할 수 있다. 그 동안 법원의 신용회복 조치로서 신문지상에의 사죄광고가 관례화되어 왔으나 헌법재판소가 1984년 1월 20일 서울지방법원 남부지원 83가합251 제2민사부 판결의 사죄광고의 명령을 위헌이라고 판시한 만큼 과연 법원의 판결로 계속 사죄광고를 강제할 수 있을지의 여부에 대해서는 좀더 두고 보아야 할 것이다. 그러나 신용회복에 필요한 조치가 신문지상의 사죄광고만 있는 것은 아니다. 즉, 신문·라디오·텔레비전 등을 통한 합의각서의 공개, 승소판결문의 공고 등도 고려될 수 있을 것이다. 그러나 신용회복에 필요한 조치가 이러한 사죄광고, 합의각서의 공개, 승소판결문의 공고 자체만을 의미하는 것이 아니고 그 내용, 체제 등도 아울러 참작되어야 할 것이다.

신문공개를 예를 들면 어떤 신문(예: 일반신문, 특수분야신문, 일간신문, 주간·월간 또는 순간신문, 중앙신문, 지방신문)에 어떤 내용과 체제로 얼마만한 활자의 크기로 몇 회(예: 3회, 5회, 10회) 계속 광고하는 것까지 포함하여 판단해야 할 것이다.

## 5. 不當利得返還請求權

(1) 의의 및 취지

법률상 원인 없이 타인의 주지표지 등으로 인하여 이익을 얻고 이로 인하여 타인에게 손실을 가한 자는 그 이익을 반환하여야 한다(민법 제741조). 이는 ① 누구라 할지라도 정당한 이유 없이, ② 타인손실로 이득을 보아서는 안 된다는 공평(형평)의 이념에 입각한 당사자간의 이익의 조정이라고 하는 원칙에 좇아 이득자에게 이득반환의무를 과하는 것이다. 예를 들면 해약된 사용권설정계약에 의하여 주지상품표지를 사용함으로써 얻어진 이익에 대해서는 부당이득이기 때문에 주지표지 보유자에게 반환하여야 한다.

(2) 要　　件

부당이득반환청구권이 발생하기 위해서는 ① 상표 등 사용자에게 고의·과실이 없을 것, ② 법률상의 원인이 없을 것, ③ 보유자의 주지의 상품표지 등으로 인하여 이익을 얻을 것, ④ 주지의 상품표지 등의 보유자에게 손실이 발생할 것 등의 요건이 충족되어야 한다.

(3) 請　　求

주지상품표지 등의 사용으로 인하여 손실을 입은 경우 주지표지 등의 보유자는 그 손실 보전을 위하여 그 손실을 한도로 한 이들의 반환을 법원에 청구한다.

## Ⅱ. 刑事的 救濟

### 1. 總　　說

부정경쟁방지법은 건전한 거래질서유지를 위하여 국내에 널리 알려진 타인의 상표·상호·표장 등과 같은 표지를 부정하게 사용하여 타인의 상품이나 영업과 오인 또는 혼동을 하게 하는 자 등(법 제2조 제1호 각목) 및 국기·국장 등의 상표사용자(법 제3조 각항)를 처벌할 수 있도록 벌칙을 두고 있다. 이러한 형사적 구제조항은 이 법 제7조 내지 제9조의 규정에 의한 행정적 구제조항과 함께 이 법의 공법성을 더욱 강하게 하고 있다.

### 2. 行爲 類型

(1) 不正競爭行爲의 類型

부정경쟁방지법에 의한 형사처벌의 대상이 되는 부정경쟁행위는 그 목적의 여하를 불문하고 법 제2조 제1호 각목의 1에 해당하는 행위를 말한다. 즉,

① 상품주체 혼동야기행위

② 영업주체 혼동야기행위

③ 표지의 식별력 등 손상행위

④ 원산지 오인야기행위

⑤ 상품의 생산, 가공지 등의 오인야기행위

⑥ 상품사칭이나 품질 등의 오인야기행위

⑦ 대리인 등의 무단 상표사용행위를 한 자를 말한다. 여기에서 '그 목적의 여하를 불문하고'란 부정경쟁행위의 구성이 사회질서나 신의칙에 반할 의도로 행해졌든 그러한 의도 없이 행해졌든 묻지 않고 부정경쟁행위의 요건만 갖추면 충분하다고 보는 것이다. 따라서 부정경쟁의 목적이 선의이든 악의이든 그 행위가 고의이든 과실이든 전혀 상관이 없다 할 것이다. 그 점에서 부정경쟁행위는 목적범이라고는 볼 수 없다.

⑵ 國旗 등의 商標使用禁止 違反行爲의 類型

부정경쟁방지법에 의한 형사처벌의 대상이 되는 국기 등의 상표사용금지 위반행위는 파리협약 당사국·세계무역기구 회원국 또는 상표법조약 체약국의 국기, 국장 등이나 국제기구의 표지와 동일하거나 이와 유사한 것을 당해국가나 국제기구의 허락 없이 상표로 사용하는 경우에 성립되며, 파리협약 당사국·세계무역기구 회원국 또는 상표법조약 체약국이 아닌 나라의 국기, 국장 등을 상표로 사용하는 경우에는 이 법에 제한을 받지 않는다. 이러한 국기 등의 상표사용금지는 법 제3조 각항의 규정에 위반한 행위를 한 자를 말한다. 즉,

① 파리협약 당사국·세계무역기구 회원국 또는 상표법조약 체약국의 국기·국장·기타의 휘장이나 국제기구의 표지와 동일하거나 이와 유사한 것을 당해국가 또는 국제기구의 허락을 받지 아니하고 상표로 사용한 자

② 파리협약 당사국·세계무역기구 회원국 또는 상표법조약 체약국 정부의 감독용·증명용 표지와 동일하거나 이와 유사한 것을 당사국 정부의 허락을 받지 아니하고 사용한 자를 말한다. 이러한 국기 등의 상표사용은 전술한 사인의 상표 등의 사용보다는 공익성이 강하므로 형사처벌과 행정적 조치로 규제하고 있다.

### 3. 刑　量

위와 같이 ① 법 제2조 제1호(아목 및 자목은 제외한다)에 따른 부정경쟁행위를 한 자, ② 제3조를 위반하여 ⅰ) 파리협약 당사국·세계무역기구 회원국 또는 상표법조약 체약국의 국기·국장·그 밖의 휘장, ⅱ) 국제기구의 표지 ⅲ) 파리협약 당사국·세계무역기구 회원국 또는 상표법조약 체약국 정부의 감독용·증명용 표지의 어느 하나에 해당하는 휘장 또는 표지와 동일하거나 유사한 것을 상표로 사용한 자는 3년 이하의 징역 또는 3천만원 이하의 벌금에 처한다(법 제18조 제3항).

### 4. 兩罰 規定

법인의 대표자, 대리인, 사용인, 그 밖의 종업원이 그 법인의 업무에 관하여 또는 개인의 대리인, 사용인, 그 밖의 종업원이 그 개인의 업무에 관하여 각각 부정경쟁행위를 하거나 국기·국장 등의 상표사용금지 위반행위를 한 때에는 그 행위자를 벌할 뿐만 아니라 그 법인 또는 그 개인에게도 3천만원 이하의 벌금형을 과한다(개정전법 제19조 제1, 2항).

그러나 이러한 개정전 양벌규정은 문언상 영업주가 종업원 등에 대한 관리·감독상 주의의무를 다하였는지 여부에 관계없이 영업주를 처벌하도록 하고 있어 책임주의 원칙에 위배될 소지가 있으므로 영업주가 종업원 등에 대한 관리·감독상 주의의무를 다한 경우에는 처벌을 면하게 함으로써 양벌규정에도 책임주의원칙이 관철되도록 함이 타당하다고 보아 개정법(2008. 12. 26. 법률 제9225호)에서는 책임주의원칙의 양벌규정을 두었다. 즉 법인의 대표자나 법인 또는 개인의 대리인, 사용인 그 밖의 종업원이 그 법인 또는 개인의 업무에 관하여 법 제18조 제1항부터 제3항에 해당하는 위반행위를 하면 그 행위자를 벌하는 외에 그 법인 또는 개인에게도 위 같은 조항의 벌금형을 과함을 원칙으로 하되 다만, 법인 또는 개인이 그 위반행위를 방지하기 위하여 해당 업무에 관하여 상당한 주의와 감독을 게을리하지 아니한 경우에는 그러하지 아니하도록 하는 예외규정을 두었다(법 제19조).

## Ⅲ. 行政的 救濟

부정경쟁행위 등에 대한 구제에는 위와 같은 민사적 구제와 형사처벌 외에 다음과 같은 행정적 조치에 의한 구제방법이 있다.

### 1. 不正競爭行爲 등의 調査 등

#### ⑴ 調査 및 調査用 物品의 收去 등

특허청장, 특별시장・광역시장・도지사・특별자치도지사(이하 '시・도지사'라 한다) 또는 시장・군수・구청장(자치구의 구청장을 말한다. 이하 같다)은 부정목적으로 타인의 주지의 표지를 도메인 이름으로 사용하는 행위(법 제2조 제1호 아목) 및 타인의 상품형태를 모방하여 사용하는 행위(법 제2조 제1호 자목)를 제외한 법 제2조 제1호 가목부터 사목까지의 부정경쟁행위나 제3조의 국기・국장 등의 사용금지 위반행위, 제3조의2 제1항 또는 제2항의 자유무역협정에 따라 보호하는 지리적 표시의 사용금지 등의 위반행위를 확인하기 위하여 필요하다고 인정하면 관계공무원에게 영업시설 또는 제조시설에 출입하여 관계서류나 장부・제품 등을 조사하게 하거나 조사에 필요한 최소 분량의 제품을 수거하여 검사하게 할 수 있다(법 제7조 제1항). 조사를 할 때에는 조사가 중복되지 아니하도록 하여야 하며(법 제7조 제2항, 행정조사기본법 제15조), 조사 등을 하는 공무원은 그 권한을 표시하는 증표(시행령 별지 제2호 서식)를 지니고 이를 관계인에게 내보여야 한다(법 제7조 제3항).

#### ⑵ 수거물품의 처리 증

특허청장, 시・도지사, 시장・군수・구청장(자치구의 구청장을 말한다. 이하 같다)은 조사에 필요한 최소분량의 제품을 수거할 때에는 그 제품의 소유자나 점유자에게 소정의 수거증(시행령 제1호 서식)을 발급하여야 한다. 그리고 수거제품의 검사결과 그 제품이 법 제2조(부정경쟁행위의 정의) 제1호 가목부터 사목까지의 부정경쟁행위나 법 제3조(국기・국장 등의 사용금지), 제3조의2(자유무역협정에 따라 보호하는 지리적 표시의 사용금지 등) 제1항 또는 제2항을 위반한 행위와 관련되지 아니한 경우에는 수거 당시의 소유자나 점유자에게 돌려주어야 한다(시행령 제1조의3).

### 2. 是正勸告

#### (1) 시정권고 사항 등

특허청장, 시・도지사 또는 시장・군수・구청장은 부정목적으로 타인의 주지의 표지를 도메인 이름으로 사용하는 행위(법 제2조 제1호 아목) 및 타인의 상품형태를 모방하여 사용하는 행위(법 제2조 제1호 자목)를 제외한 ⅰ) 상품주체 혼동야기행위, ⅱ) 영업주체 혼동야기행위, ⅲ) 표지의 식별력 등 손상행위, ⅳ) 원산지 오인야기행위, ⅴ) 상품의 생산, 가공지 등의 오인야기행위, ⅵ) 상품 사칭이나 품질 오인 등의 야기행위, ⅶ) 대리인 등의 무단상표사용행위 등의 부정경쟁행위(법 제2조 제1호 가목 내지 사목)나 국기 등 공익표장의 상표사용금지 위반행위(법 제3조), 정당한 권원 없는 자의 ⅰ) 진정한 원산지 표시 이외에 별도록 지리적 표시를 사용하는 행위, ⅱ) 지리적 표시를 번역 또는 음역하여 사용하는 행위, ⅲ) '종류', '유형', '양식' 또는 '모조품' 등의 표현을 수반하여 지리적 표시를 사용하는 행위(법 제3의2조 제1항 제1호~제3호), ⅳ) 위 ⅰ)부터 ⅲ)까지의 각 호에 해당하는 방식으로 지리적 표시를 사용한 상품을 양도・인도 또는 이를 위하여 전시하거나 수입・수출하는 행위, ⅴ) 원산지 오인야기행위(법 제2조 제1호 라목) 또는 상품의 생산, 가공지 등의 오인야기행위에 해당하는 방식으로 지리적 표시를 사용한 상품을 인도하거나 이를 위하여 전시하는 행위(법 제2조 제1호 마목) 등과 같은 자유무역협정에 따라 보호하는 지리적 표시의 사용금지 등(법 제3조의2 제1항・제2항)을 위반한 행위가 있다고 인정되면 그 위반행위를 한 자에게 30일 이내의 기간을 정하여 그 행위를 중지하거나 표지를 제거 또는 폐기할 것 등 그 시정에 필요한 권고를 할 수 있다(법 제8조).

#### (2) 시정권고의 방법 등

위반행위의 시정권고는 권고사유와 시정기한을 분명하게 적은 문서로 하여야 한다(시행령 제2조 제1항).

특허청장, 시・도지사 또는 시장・군수・구청장은 시정권고를 하기 위하여 필요하다고 인정되는 경우 또는 그 시정권고의 이행여부를 확인하기 위하여 필요하다고 인정되는 경우에는 관계 공무원으로 하여금 현장을 확인하게 할 수 있다. 현장을 확인하는 공무원은 그 권한을 표시하는 증표를 지니고 이를 관계인에게 보여야 한다(동조 제2항 · 제3항).

### 3. 意見聽取

특허청장, 시 · 도지사 또는 시장 · 군수 · 구청장은 시정권고를 하기 위하여 필요하다고 인정하면 당사자 · 이해관계인 또는 참고인(이하 "당사자 등"이라 한다)의 의견을 들어야 한다(법 제9조).

#### (1) 의견청취의 절차

특허청장, 시 · 도지사, 시장 · 군수 · 구청장(이하 '특허청장 등'이라 한다)은 당사자 등에게서 의견을 들으려는 경우에는 의견청취 예정일 10일 전까지 시정권고의 상대방 · 이해관계인 · 참고인 또는 그 대리인(이하 '상대방 등'이라 한다)에게 서면으로 그 뜻을 통지하여 의견을 진술할 기회를 주어야 한다(시행령 제3조 제1항). 위 의견진술 통지에는 정당한 사유 없이 이에 따르지 아니하면 의견을 진술할 기회를 포기한 것으로 본다는 뜻을 분명히 밝혀야 한다(동조 제4항).

#### (2) 의견진술 방법 등

특허청장 등으로부터 의견진술에 관한 통지를 받은 시정권고의 상대방 등은 지정된 일시 및 장소에 출석하여 의견을 진술하거나 서면으로 의견을 제출할 수 있다(동조 제2항). 시정권고의 상대방 등이 출석하여 의견을 진술하였을 때에는 관계 공무원은 그 요지를 서면으로 작성한 후 의견진술자에게 그 내용을 확인하고 서명 또는 날인하게 하여야 한다(동조 제3항).

### 4. 조사 등의 거부에 대한 과태료의 부과, 징수

법 제2조 제1호 가목부터 사목까지의 부정경쟁행위나 제3조, 제3조의2 제1항 또는 제2항의 위반행위에 관한 관계공무원의 조사나 수거를 거부 · 방해 또는 기피한 자에게는 2천만원 이하의 과태료를 부과한다. 과태료의 부과, 징수는 특허정창, 시 · 도지사, 시장 · 군수 · 구청장이 하며(법 제20조), 과태료의 부과기준은 시행령 제6조 별표와 같다.

## Ⅳ. 업무의 위탁 등

### 1. 전문단체에 업무위탁

특허청장은 소관 부정경쟁행위의 방지 및 영업비밀보호에 관한 연구·교육·홍보 및 정보관리시스템의 구축·운영 등에 관한 업무를 산업재산권 보호 또는 부정경쟁방지업무와 관련된 법인이나 단체(이하 "전문단체"라 한다)에 위탁할 수 있다(법 제17조 제2항). 업무를 위탁할 수 있는 전문단체로는 발명진흥법에 따라 설립된 '한국발명진흥회'가 있고 그 밖에 부정경쟁방지 및 영업비밀보호사업 업무에 관한 전문성이 있다고 인정되는 법인 또는 단체 중에서 특허청장이 지정하여 고시하는 법인 또는 단체가 될 수 있다(법 제17조 제2항, 시행령 제4조 제3항). 따라서 특허청장은 법인 또는 단체의 지정기준과 절차를 정하여 고시하여야 한다(시행령 제4조 제6항).

### 2. 전문단체에 업무지원요청

특허청장, 시·도지사, 시장·군수·구청장은 부정경쟁행위 등[제2조 제1호 가목부터 사목까지의 부정경쟁행위나 제3조(국기·국장 등의 사용금지), 제3조의2(자유무역협정에 따라 보호하는 지리적 표시의 사용금지) 제1항 또는 제2항을 말한다]의 조사 등이나 위반행위의 시정권고 등에 관한 업무를 수행하기 위하여 필요한 경우에 전문단체의 지원을 받을 수 있다(법 제17조 제3항). 지원업무에 종사하는 자는 그 권한을 표시하는 증표를 지니고 이를 관계인에게 내보여야 한다(동조 제4항). 그리고 전문단체의 지원업무에 종사하는 자에 대하여는 벌칙 적용에서 공무원으로 의제한다. 즉, 지원업무에 종사하는 자는 형법 제127조 및 제129조부터 제132조까지의 규정에 따른 벌칙의 적용에서는 공무원으로 본다(법 제17조의2).

### 3. 전문단체의 위탁업무 등의 소요비용 지원

특허청장은 예산의 범위에서 위 1의 위탁업무 및 2의 지원업무에 사용되는 비용의 전부 또는 일부를 지원할 수 있다(법 제17조 제5항). 위탁업무 및 지원업무에 사용되는 비용을 지원받으려는 법인 또는 단체는 소정의 서식(시행령 별지 제3호 서식)의 부정경쟁방지 및 영업비밀보호 업무비용 지원신청서에 ⅰ) 부정경쟁방지 및 영업비밀보호를 위한 업무 계획서, ⅱ) 정관(법인의 경우만 해당한다)을 첨부하여 특허청장에게 제출하여야 한다. 이 경우 특허청장은 전자정부법 제36조 제1항에 따른 행정정보의 공동이용을 통하여 법인등기사항증명서(법인인 경우만 해당한다)를 확인하여야 한다(시행령 제4조 제5항).

부정경쟁방지 및 영업비밀보호 사업의 전문단체 위탁에 관한 자세한 설명은 후술하는 제3편을 참고하기 바란다.

## Ⅴ. 공동사무의 운영 절차

특허청장, 시・도지사, 시장・군수・구청장의 공동사무로 시행되는 부정경쟁행위 등의 조사 등(법 제7조)과 위반행위의 시정권고(법 제8조), 의견청취(법 제9조) 및 과태료(법 제20조) 등과 같은 업무의 운영에 관한 절차 및 지도 등에 필요한 세부사항은 특허청장이 정하여 고시한다(시행령 제4조의2).

# 제4장 다른 法律과의 관계

「부정경쟁방지 및 영업비밀보호에 관한 법률」은 다른 법률과의 관계에서 이 법의 규정과 충돌된 다른 법의 규정이 있을 때에는 그 법에 의하도록 규정하고 있다. 즉,

① 특허법 · 실용신안법 · 디자인보호법 · 상표법 · 농산물 품질관리법 또는 수산물 품질관리법에 법 제2조부터 제6조까지 및 제18조 제3항과 다른 규정이 있으면 그 법에 따른다(법 제15조 제1항).

② 독점규제 및 공정거래에 관한 법률, 표시 · 광고의 공정화에 관한 법률 또는 형법 중 국기 · 국장에 관한 규정에 법 제2조 제1호 라목부터 바목까지, 제3조부터 제6조까지 및 제18조 제3항과 다른 규정이 있으면 그 법에 따른다(법 제15조 제2항).

이러한 규정의 취지는 상표법 등 다른 법률에 「부정경쟁방지 및 영업비밀보호에 관한 법률」의 위 규정들과 다른 규정이 있는 경우에는 그 법에 의하도록 한 것에 지나지 아니하므로 상표법 등 다른 법률에 의하여 보호되는 권리일지라도 그 법에 저촉되지 아니하는 범위 안에서는 부정경쟁방지 및 영업비밀보호에 관한 법률을 적용할 수 있다. 이는 구 부정경쟁방지법 제9조의 규정은 그 법률이 시행되기 전의 구 부정경쟁방지법(1986. 12. 31 법률 제3897호로 전문 개정되기 전의 것) 제7조가 상표법 등에 의하여 권리를 행사하는 행위에 대하여는 부정경쟁방지법의 규정을 적용하지 아니한다고 규정하던 것과는 달리, 현행 부정경쟁방지 및 영업비밀보호에 관한 법률 제15조 제1항 및 제2항의 규정에는 상표법 등에 부정경쟁방지 및 영업비밀보호에 관한 법률 제2조부터 제6조까지 및 제18조 제3항과 제2조 제1호 라목부터 바목까지, 제3조부터 제6조까지 및 제18조

제3항의 규정과 다른 규정이 있으면 그 법에 따른다고 규정하고 있는바, 이 규정의 취지는 상표법 등 다른 법률에 부정경쟁방지법의 위 규정들과 다른 규정이 있는 경우에는 그 법에 의하도록 한 것에 지나지 아니하므로 상표법 등 다른 법률에 의하여 보호되는 권리일지라도 그 법에 저촉되지 아니하는 범위 안에서는 부정경쟁방지 및 영업비밀보호에 관한 법률을 적용할 수 있다.

# 제2편 營業秘密

# 제1장 槪 觀

## 제1절 序 論

영업비밀보호제도는 1980년대의 冷戰終焉과 함께 새롭게 전개된 국제경제질서에 능동적으로 대처하고 1990년대 중반경 재편된 세계무역환경의 변화에 따라 출범하게 된 세계무역기구(WTO)체제 하에서의 무한경쟁시대에 대비하기 위하여 1988년부터 약 3년 동안의 검토과정을 거쳐 영업비밀침해행위를 부정경쟁행위로 보고 부정경쟁방지법 속에 영업비밀보호규정을 신설하는 부정경쟁방지법 개정법을 1991년 12월 31일 공포하여 1년간의 유예기간을 거쳐 1992년 12월 15일부터 시행에 들어갔다. 그 후 영업비밀의 중요성이 일반에 보다 널리 인식되고, 이의 보호를 강화할 필요성이 점증함에 따라, 1998. 12. 31.의 동법 제3차 개정시에 법률의 명칭을 「부정경쟁방지 및 영업비밀보호에 관한 법률」(이하 '부정경쟁방지법'이라 약칭)로 변경하기에 이르렀다.

이는 기업은 물론 기업에서 영업비밀을 관리하고 활용하는 업무에 종사하고 있는 자에게는 매우 중요한 의미를 갖는다. 특히 지금까지의 사물을 바라보는 시각과 인식에 커다란 변화를 요구하게 된 것이다. 즉, 기업의 규모, 업종, 현재까지의 기업의 행동역사와 문화에 따라 그 대응하는 자세가 다양하게 나타날 것이다. 따라서 이 법 개정에 따른 法的 環境變化에 대하여 어떻게 사고하고 행동하여야 할지에 대해 상당한 연구노력과 시행착오를 예견하게 한다.

그러나 문제는 노하우라는 용어가 지닌 애매모호함에 있다. 技術供與者(licenser)에게서 취득한 것인 만큼 가치 있는 재산으로 인식되고 관리되며 또한 혼동됨이 없는 노하우라고 하는 의식만큼은 명확하다. 기술을 도입하여 기업화한 기술의 내용은 단순한 정보의 도입이 아니라 개량기술, 스케일업(scale-up)한 기술, 조작조건, 부대공정기술, 시장개발정보 등을 기초로 성립되고 있음에도 불구하고 그러한 정보의 가치나 관리방법에 대해서는 현대적인 시각에서 보면 놀라울 정도로 유치한 인식과 관리만 하고 있었다고 해도 과언이 아닐 정도였다. 노하우는 전형적인 영업비밀의 하나인데 장기간에 걸쳐 그 취급방법 특히 법률적으로 의미가 있는 취급방법을 몸에 익히는 연습이 부족하기에 오늘날 영업비밀을 법률적으로 생각하지 않으면 안되는 시대를 맞아 약간의 혼란을 겪는 원인이 되고 있다.

더욱이 기업은 최근 독자기술개발의 중요성을 몸소 인식하게 되어 동종업체와의 공동연구개발 및 인적 교류, 기업합병과 매수, 구조조정 등으로 기술교류가 활발하게 이루어지고 있는 가운데 산업재산권제도의 국제적 통일화의 본격추진, 우루과이라운드 트립스(UR／TRIPs: 무역관련 지적재산권 협상측면) 협상타결 등에 따라 영업비밀의 중요성이 증대되고 또 세계무역기구(WTO) 체제 하의 주요 교역분야로 부상되면서 일부 대기업에서는 벌써부터 특허전담부서를 지적재산전담부서로 확대·개편하여 영업비밀관리업무를 관장하고 있다. 이러한 추세는 또한 빠른 속도로 나머지 대기업·중견기업으로 확산되어 가고 있는 실정이다. 이와 같은 환경 속에서 부정경쟁방지법의 개정을 보았고, 이에 대한 대응은 기업에 있어 가장 현실적인 문제로 대두되었으므로, 이 대응이 적중하면 현대적인 기업으로 살아남을 수 있는 기틀을 마련할 수 있을 것이고, 그렇지 못하면 영원히 회생불가능한 나락에 떨어져 버릴 것이다.

이와 같이 영업비밀의 보호가 기업의 운명과 직결될 만큼 경영의 핵심분야로 부상한 것은 영업비밀 그 자체로서도 상품화가 가능하지만 다른 자원과 결합한 경우에는 高附加價値를 창출하는 중요한 경영자원이 되기 때문이다. 즉, 영업비밀이 돈과 결합하면 재테크가 되고 기술과 결합하면 하이테

크가 되어 일찍이 지적재산으로서의 보호가치가 매우 큰 것으로 평가되어 19세기 초부터 英美를 중심으로 한 구미제국에서 발달되어 온 제도이다.

영국에서는 퇴직 후의 종업원에 의한 영업비밀의 부정사용, 부정공개 행위를 금지 또는 예방하려는 움직임이 기술분야에서 일기 시작하여 점차 판매 기타 경영분야에까지 확산되어 보통법(common law)에 의하여 보호되어 왔으며, 상당히 상세한 법리가 계약위반과 불법행위 및 신뢰위반 등의 법원칙에 기초한 판례법에 의하여 축적되어 왔다.

미국에서도 19세기 초부터 판례법에 의해 영업비밀침해행위가 불법행위를 구성하는 것으로 발달하였고 이를 중심으로 각 주마다의 보통법에 의해 그 법리가 확립되었다. 즉, 영업비밀침해행위를 불법행위로 보고 이에 대한 법원의 금지명령의 위반을 법정모욕죄로 제재해 왔기 때문에 비교적 오래 전부터 강하게 보호되어 왔다.

그 밖에도 많은 대륙법계 국가들이 이에 영향을 받아 독일이 1896년에 제정한 不正競業防止法에 영업비밀보호규정을 두었고, 1909년 개정 부정경쟁방지법에서 영업비밀의 부정사용에 대한 형벌규정과 민사상 손해배상책임을 규정하였다. 스위스, 오스트리아, 일본이 부정경쟁방지법과 형법에 의해서 보호하고 있고, 프랑스, 이탈리아 등의 국가가 민법, 형법으로 보호하고 있으며, 심지어는 홍콩, 말레이시아 등 개발도상국까지도 보통법과 형법에 의해서 보호하고 있는 실정이다.

이와 같은 영업비밀이 1980년대 후반기에 들어오면서 그 중요성이 급격히 증대하고 있는 것은 냉전이후의 경제판도가 누가 먼저 최고의 상품기술을 장악하고 누가 가장 효율적인 판매전략을 짜서 활용하느냐에 따라 경제전쟁의 승자가 결정되면서부터이다. 특히 최근들어 전자·통신·제약 등 첨단기술분야를 중심으로 경쟁업체간에 치열한 경쟁을 하면서 매수 등에 의한 부정스카우트, 전자통신장비의 이용, 거래업체 위장, 고객 또는 시찰단원 가장, 위장취업 등 부정한 수단에 의해, 막대한 연구개발비 등을 투입하여 창출한 지적재산인 영업비밀을 정당한 대가의 지불 없이 도용하거나 무단사용하고 있는 사례가 부쩍 늘어나고 있는 실정이다.

이와 같은 경향은 기술개발이나 기술혁신 속도가 빨라지면서 기술상품의 수명주기(life cycle)가 짧아지고 있기 때문에 위험부담이 따르는 자체기술개발을 기피하고 유리한 도용이나 모방쪽을 택하는 데에서 기인되고 있다. 또한 수십만 장 분량의 정보자료를 단 한 장의 컴퓨터 디스켓에 담고 있기 때문에 많은 정보를 일시에 손쉽게 훔쳐 사용할 수 있다. 영업비밀을 훔칠 수 있는 휴대용 복사기·도청장치·소형 TV카메라·전화텝·마이크로폰 등을 아무 곳에서나 손쉽게 구할 수 있는 점도 영업비밀침해의 중요한 요인이 되고 있다. 또 경영진이 경쟁사 제품과 항상 품질비교나 판매량비교를 하며 우위에 서야 한다고 다그치는 데 강박감을 가진 직원들이 우발적으로 저지르는 경우가 많고 여기에 모방과 도용, 적당주의 등 기업체 구성원의 후진적인 사고방식도 한 몫을 하는 것으로 보인다.

그러나 이보다 더 중요한 것은 종업원의 직업윤리관의 결여이다. 대부분의 기업에서는 사내윤리의 확립보다는 기술혁신의 속도가 앞지르고 있고 기업측의 영업비밀에 대한 인식부족으로 인한 영업비밀관리의 소홀, 종업원의 불만해소와 성취욕, 애사심 등을 갖도록 하는 노무관리의 미흡 등도 영업비밀의 침해를 부추기는 주요 요인이 되고 있다.

이와 같은 상황에서 경쟁업체의 성공기술에 편승하려는 무임승차의 풍조가 업계에 만연할 경우 진정한 의미의 경쟁력 향상이나 국가산업경제발전은 기대하기 어려울 것이다. 따라서 영업비밀 보호제도를 통해 연구개발과 첨단산업기술의 도입을 촉진하여 건전한 경쟁기반을 구축해 나가는 것이 무엇보다 중요서한 일이다.

## 제 2 절 背　　景

營業秘密保護制度의 도입에 이르기까지의 배경을 살펴보면 국내적으로는 최근 급속한 기술혁신과 경제사회의 서비스화 추진에 따라 기술상 또는 영업상의 노하우 등의 중요성이 날로 증대되어 가면서 그 생산량과 유통량도 증가되어 가고 있다. 또한 최근 첨단기술산업을 중심으로 한 개인의 기술력이나 영업력의 향상으로 이 분야의 고용의 이동이 빈번해지고 있어 이들을 통한 부정경쟁행위나 분쟁발생의 우려가 높아지고 있으므로 영업비밀에 대한 관리가 새로운 사회적 문제로 제기되고 있다. 또한 국제적으로도 지적재산보호의 공통규범(UR/TRIPs 협정)의 마련을 위한 가시적인 협상움직임 등[1] 국내외의 환경이 영업비밀에 대한 적절한 보호제도의 마련을 필요로 하고 있었다. 이와 같은 현실에서 영업비밀보호를 위한 법적·제도적 장치를 마련하기 위한 부정경쟁방지법의 개정배경을 살펴보고자 한다.

## Ⅰ. 歷史的 背景

현행 우리 나라의 부정경쟁방지법은 일본이 1925년 파리협약(개정 헤이그협약)에 가입하기 위하여, 즉 1934년 5월에 개최되는 파리협약 런던회의에서 부정경쟁방지법 제정의무를 부과하는 헤이그 개정협약을 비준하기 위하여 1934년 3월에 제정한 부정경쟁방지법을 근거로 하여 1934년 12월 28일에 制定·發令한 조선 부정경쟁방지령을 원용하여 제정한 법률이다.

이 법률에는 헤이그 개정협약에서 규정하고 있는 "공업상 또는 상업상의 공정한 관습에 반하는 모든 행위로부터 지적재산을 유효하게 보호하는

1) 푼타델 에스테각료선언: 1986년 9월 푼타델 에스테선언에서는 우루과이라운드(UR)협상의 기본목표와 협상원칙을 천명하고 새로운 라운드를 출범시켰다. 즉, 기본목표로서 "협상참여국의 무역자유화와 무역증대를 위하여 관세장벽, 수량제한조치 및 비관세장벽을 제거하며. GATT의 기능을 강화하고 GATT의 원칙에 따라 다자간무역규범을 개선하여 다자체제의 포괄범위를 확대하고 GATT 체제가 다른 국제기관과의 협력을 통하여 새로운 교역환경변화에 적절히 적응하도록 한다"는 것을 제시하였다. 또한 협상의 원칙으로 공개주의원칙, 협상의 개시, 진행 및 결과의 이행은 모두 일괄타결방식에 따르고 개발도상국에 대한 기존의 특별조치를 존중하도록 하였다.

것과 동시에 특히 금지되어야 할 특정의 행위가 정해져야 한다"는 협약상의 정신이 담겨 있다(동 협약 제10조의2). 개정 전 부정경쟁방지법 제3조 및 제8조의 규정에서 파리협약 당사국의 국기, 국장 등의 상표사용금지나 파리협약 당사국 안에 주소나 영업소를 둔 외국인에 대하여 내국민 대우를 해 주는 등의 조항이 바로 이를 잘 말해 주고 있다.

즉, 1934년 일본은 그들의 부정경쟁방지법을 식민지하에 있는 우리 나라에까지 적용시키기 위하여 朝鮮 不正競爭防止令을 제정하여 1945년 8월 15일까지 시행하여 왔고, 그 후에도 사실상 死文化된 상태로 존치되어 오다가 1961년 12월 30일 이 법령을 원용하여 현행 우리의 부정경쟁방지법을 제정하였고, 1986년 12월 31일 1차 개정(공법적 색채가미·시정권고, 의견청취, 부정경쟁심의위원회의 설치 등)과 1991년 12월 31일 2차 개정(영업비밀보호규정의 신설) 및 1998년 12월 31일의 3차개정(법률명칭 변경, 손해액의 추정, 벌칙강화 등)을 거치면서 오늘에 이르렀다.

이와 같이 우리 나라의 현행 부정경쟁방지법은 일본의 부정경쟁방지법을 원용하여 제정한 것이다. 일본의 부정경쟁방지법은 1925년의 파리협약의 정신을 담고 있을 뿐만 아니라 1909년 독일의 부정경쟁방지법 제정을 계기로 입안한 1911년의 부정경쟁방지법 초안에 이미 영업비밀보호에 관한 규정을 두었고, 그 후 1967년 특허협회에서 '노하우 보호에 대한 제안'이 있었으며, 1989년 5월 10일 변리사회가 제출한 '부정경쟁방지법 개정 요강' 중에도 영업비밀보호에 관한 사항이 포함되어 있다. 또한 국제적으로도 지적재산에 관한 제도의 국제적 통일화(harmonization) 작업이 이미 오래 전부터 진행되고 있다.

현재 영업비밀보호만을 목적으로 하는 국제조약이나 협정 같은 것은 없지만 이 문제에 관해서는 1961년 국제상업회의소(ICC)에서 노하우에 관한 결의를 채택한 바 있고, 1970년 세계지적소유권기구(WIPO)에서도 이 분야에 대한 연구를 시작하였다.

1988년 3월부터 동년 11월까지 미국 워싱턴에서 각종 지적재산권 보호 등에 관한 토의를 위한 선진국회의가 개최되었고, 이 때 미국은 EC 및 일본에 대해서 영업비밀보호법규를 제정할 것을 요청한 바 있다. 또한 1986년 9월 Uruguay Punta del Este 각료선언에 의해 미국은 영업비밀을 지적재산권의 보호대상으로 추가할 것을 주장하였고, 1988년 10월 GATT의 UR 지적재산권 협상그룹에 다자간 규범을 정립하여 영업비밀을 보호하여야 한다는 내용의 제의를 한 바 있다. 유럽측도 1988년 7월 GATT의 UR 지적재산권 보호기준의 협상을 위한 guide line 제출시 공통규범을 정립하여 'Trade and Business Secret'의 보호를 주장한 바 있다. 1988년 6월에는 이와 같은 정부간 협상에 민간기업의 의사를 반영시키기 위해 유럽, 일본, 미국의 민간 3극 합의사항에도 '독점적 정보보호의 기본원리(Fundamental Principles of Proprietary Information Protection)'를 제안한 바 있다.

또한 특허권, 상표권, 디자인권, 반도체집적회로 배치설계권, 저작권, 저작인접권 및 원산지표시 등과 더불어 무역관련 지적재산권 보호를 위한 TRIPs(Trade Related Intellectual Property Rights) 회의에서 영업비밀보호문제가 논의되었다. 이 회의에서 미국, 유럽, 홍콩, 캐나다, 오스트리아, 스위스 등의 국가가 지적재산권보호에 관한 협정 초안으로 주로 파리협약에 근거하여 "공정한 관습에 위배되는 부정경쟁행위로부터 지적재산권을 유효하게 보호하여야 한다"는 취지의 구체적인 제안을 내놓은 데 반해 브라질, 인도 등 개발도상국은 지적재산권이 GATT 체제 안에 협상대상이 되지 않는다는 점을 강조, 위조상품 교역에 대한 국경간절차만을 GATT 규정에 포함시키고 나머지는 세계지적소유권기구(WIPO)에서 취급, 각국의 國內法에 맡길 것을 주장하였다.

이러한 개발도상국들의 반발에도 불구하고 UR 지적재산권에 관한 협정은 1993년 12월 15일 미국, 유럽, 일본 등 선진국들의 주장 쪽으로 타결되었다. 영업비밀보호제도에 관한 법제에 있어서도 현재 우리와 같은 부정경쟁방지법을 가지고 있는 나라는 모두 영업비밀보호에 관한 조항을 이 법에 두고 있는 실정이다.

일본·독일 등 대륙법계의 성문법 국가와 스위스·오스트리아·그리스·덴마크·핀란드·스웨덴·노르웨이·캐나다 등 구미제국, 폴란드·헝가리 등 동구권제국 등이 부정경쟁방지법 속에 영업비밀보호조항을 마련하여 보호하고 있고, 영국 등 불문법 국가에서는 보통법(common law)에 의한 판례법으로 보호하고 있다. 이와 같은 세계적인 보호추세에 따라 우리 나라도 1991년 12월 31일 그 동안 단순히 타인의 상표, 상호 등을 부정하게 사용하는 등의 부정경쟁행위만을 방지하는 규정을 둔 부정경쟁방지법을 개정하여 영업비밀보호규정을 신설한 것이다.

## Ⅱ. 政策的 背景

### 1. 연구개발활동의 장려

영업비밀은 인간의 정신적 창작활동의 결과로서 이의 개발·축적에는 많은 투자와 오랜 연구와 시간이 수반된 지적재산으로 만일 이러한 지적재산인 영업비밀이 법적·제도적으로 완벽하게 보호되지 못할 경우 기업의 새로운 창작활동의 동기를 약화시켜 결국 개발노력에 대한 의욕이 저하되어 기술개발이 위축되고 영업정보의 축적이 어렵게 될 것이다.

특히 기술 등 노하우의 개발에 소요되는 장기적인 투자가 수포로 되는 결과를 가져와 관련 산업계나 연구기관 등에서 이를 이유로 연구개발분야에 투자를 기피할 우려가 있어 이는 결국 국가산업 전체의 발전을 저해하는 결과를 초래하게 될 것이다.

가령 어느 기업에서 많은 시간과 비용, 노력을 들여 개발한 영업비밀이 법적으로 보호되지 아니할 경우 대부분의 기업들은 스스로의 연구개발 노력에 의하여 영업비밀을 개발, 축적하기보다는 이러한 노력 없이 타기업의 영업비밀을 도용하거나 무단사용하는 보다 쉬운 방법을 선택하게 될 것이다.

특히 이 점은 생산원가 중 연구개발비의 부담이 비교적 적었던 종래의 산업분야보다는 앞으로 우리 경제발전의 성패가 달려있는 첨단기술산업분야에 있어서 더욱 그러할 것이다. 따라서 산업계의 흐름이 이와 같이 바람직하지 못한 방향으로 왜곡되어 가는 현상을 막음으로써 기업 스스로의 지적창작 의욕을 높이고 연구개발투자를 적극유인하는 등 연구개발활동을 장려하기 위해서 영업비밀을 보호하는 법적·제도적 장치 마련이 필요하였다.

## 2. 건전한 거래질서의 확립

산업경쟁력의 핵심이라 할 수 있는 영업비밀에 대한 침해행위는 유체재산권에 대한 침해보다 그 피해의 액수가 큰 경우가 많고 정상적인 거래질서의 근본을 해치는 중대한 범죄행위이다. 즉, 경쟁업체간의 경쟁력우위를 자체개발이나 정당한 대가지불에 의해 확보하려는 것이 아니라 일거에 타인의 영업비밀을 침해함으로써 그 목적을 달성하려는 것은 활발한 거래를 통한 경쟁력제고를 저해하고 연구개발의욕을 저하시키는 결과를 초래케 하는 經濟惡이라 할 수 있다. 이와 같은 부정한 수단으로 타인의 지적 창작노력에 무임승차하려는 자가 늘어나면 건전한 거래질서가 무너져 결과적으로 타기업의 영업비밀을 무단사용하는 기업이 영업비밀을 개발, 축적한 기업을 축출하게 됨으로써 악화가 양화를 구축하는 결과를 가져오게 되어, 거래활동을 통한 기업발전을 기대할 수 없게 되고 연구개발의욕 또한 저하, 위축되는 등 그 부작용이 매우 크게 될 것이다.

또한 최근 급격히 나타나고 있는 선진국의 첨단기술 이전기피현상도 더욱 심화되어 비교적 외국에의 기술의존도가 높은 우리 나라의 첨단산업분야가 어려운 국면에 처하게 될 것이다. 따라서 정부는 영업비밀의 법적 보호를 통해서 이와 같은 경쟁질서 파괴행위를 방지하고 공정한 경쟁의 틀 속에서 경쟁기업간 또는 후진기업과 선진기업간에 선의의 경쟁을 유도하여 기술개발 등에 대한 자극을 줌으로써 국제경쟁력을 향상하는 데 매우 중요한 제도로 평가될 수 있는 영업비밀보호제도의 도입이 필요하였다.

## 3. 산업선진화와 국제간 공존체제의 구축

우리 나라는 지금 2000년대 선진공업입국을 지향하기 위하여 기술개발의 촉진과 아울러 미국, 일본, 유럽 등 선진국의 고도첨단기술의 도입이 그 어느 때보다도 절실한 때이다. 따라서 이 시점에서 자체기술개발과 선진기술도입 등을 촉진하기 위한 새로운 기반조성을 위해 기업이나 기술공여자가 기술 등 노하우를 안심하고 개발·제공할 수 있도록 법적 보호제도를 마련하는 일이 시급하다.

즉, 우리 나라의 법제는 기술 노하우 등을 도용당할 경우 그 법적 구제가 선진공업국의 법제에 비해 완벽하지 못하여 이것이 미국, 유럽 등 선진공업국으로 하여금 우리 기업에 대한 불신과 경계심을 늦추지 않고 있는 요인이 되고 있기 때문에 이에 적절한 대응책이 법적·제도적 차원에서 강구될 필요가 있었다.

따라서 현 단계에서 영업비밀보호제도의 마련을 늦출 필요가 없다는 것이다. 혹자는 우리의 경제규모나 기술수준으로 보아 영업비밀에 관한 입법이 시기상조라고 하고 있고 또 우리가 무엇이 아쉬워서 그렇게 서둘러 만드느냐고 하는 의견도 있었다.

그러나 우리 나라는 총 연구개발투자 세계 9위(1998년 8104백만 달러), 연구개발인력 세계 8위(1998년 128,669명), 연구원 세계 6위(1998년 92,541명), 연구개발예산 세계 10위(1998년 3,294,013백만원), 기술무역액 세계 10위(1998년 기술무역액(a+b) 2,528백만 달러, 기술도입액(a) 2,387백만 달러, 기술수출액(b) 141백만 달러) 산업재산권출원 세계 8위(1998년도 출원건수 기준 18만 5,209건), 국제교역 세계 13위[1999년 총교역 규모(a+b) 263,437백만 달러, 수출 규모(a) 143,685백만 달러 세계 12위, 수입 규모(b) 119,752백만 달러 세계 14위], 경제규모 세계 13위권(1999년도 GDP 34,067억 달러)에 꼽히는 국가일 뿐만 아니라 경제협력개발기구(OECD) 회원국이기도 하다.

나라의 덩치가 대외적으로 그만큼 커졌다는 이야기가 되지만 이와 비례해 우리에 대한 외부의 관심도 높아지고 경계심리와 견제도 또한 따르게 마련이다. 그뿐만이 아니라 나라의 규모만큼 국제사회에 대한 책임도 가져야 함은 물론 우리가 외부 세계에 대해 어떻게 비쳐지고 있는가에 대해서도 세심한 신경을 써야 한다. 우리를 어떻게 보느냐 하는 시각에 따라 국가단위의 영향력, 대외적인 신용이 좌우되고 그에 따라 기술 또는 상품교역상대로서의 경제적 능력에 대한 평가도 영향을 받게 된다. 만약 부정적으로 비치게 된다면 우리의 대외경제활동은 그만큼 위축될 것이고 국내산업경제는 그만큼 타격을 받게 될 것이다.

즉, 우리가 국제동향을 외면하고 우리의 국제적 위치를 망각한다면 우리는 곧 경제적 고립을 자초하게 될지도 모른다. 오늘날 국제사회에서의 경제활동은 냉혹하다. 나라마다 자국의 이익을 극대화하는 데 총력을 집중하고 있다. 이러한 추세에 따라 국가간 경쟁은 필연적이고, 심한 경우에는 돈독한 선린관계를 갖고 있는 나라 사이에 마찰과 긴장까지 가져오게 마련이다. 그 단적인 예를 우리는 기술분쟁, 통상마찰 등에서 볼 수 있다.

이미 구체화되어 가고 있는 선진공업국의 후진국에 대한 기술개발규제 움직임이나 영업비밀에 대한 UR 지적재산권 협정내용을 수용해야 한다는 것이다. 즉, WTO 무역관련 지적재산권 협정회원국으로서 이제 국경 없는 무한경쟁시대에 우리 나라의 기업이 미국 등 외국기업과 관련을 맺거나 해외에서 왕성하게 활동을 하면 할수록 영업비밀 등 노하우에 대한 무지는 새로운 기업분쟁을 야기케 하고 나아가서는 커다란 손해를 입을 위험성마저 높아지고 있다. 그러므로 영업비밀보호에 관한 관리능력이나 법적 구제제도의 운용능력을 높이는 데에도 영업비밀보호제도의 도입은 매우 큰 의미를 가지고 있다고 본다.

## Ⅲ. 法律的 背景

앞에서 설명한 바와 같이 선진공업국을 중심으로 많은 나라들이 이미 영업비밀보호를 위한 법제를 확립하여 운용하여 온 지 오래이다. 그러나 우리 나라는 부정경쟁방지법을 비롯해서 민법이든 상법이든 형법이든 간에 영업비밀을 직접 보호하는 규정은 없었다.

다만, 영업비밀보유자와 고용관계, 라이선스관계, 영업위임 등 계약관계 등에 있는 자가 계약상의 비밀유지의무를 위반하여 영업비밀을 침해한 때에는 민법의 계약상 채무불이행에 의한 손해배상(민법 제390조) 등을 청구할 수 있을 뿐이었고, 침해자가 영업비밀보유자와 아무런 관계가 없는 제3

자, 즉 산업스파이와 같은 경우에는 民法上의 不法行爲(민법 제750조)로 손해배상청구를 할 수 있을 뿐이었다.

그러나 계약위반 또는 불법행위의 요건을 구성하지 못하는 침해행위에 대하여는 구제수단이 거의 없는 실정이었다. 설령 계약위반 또는 불법행위 등에 해당되는 경우에도 이미 발생한 손해배상청구 외에 계속되는 침해행위의 금지나 앞으로의 침해재발을 방지하기 위한 침해행위의 예방청구권 또는 침해행위에 제공된 물건, 시설 등에 대한 폐기, 제거청구권, 영업비밀 보유자의 신용회복청구권 등을 인정하기란 어려웠던 실정이다.[2)]

또한 형법에 있어서도 영업비밀침해행위 그 자체를 범죄행위로 보아 직접적으로 처벌하는 규정이 없다. 다만, 기업의 종업원이 자신이 보관, 관리하고 있는 문서 등의 영업비밀을 누설할 경우 업무상 횡령·배임죄에, 자신이 직접 보관·관리하고 있지 않은 문서 등의 영업비밀은 특수절도죄에 해당하는 정도이고, 산업스파이 등 제3자가 영업비밀이 담긴 서류 등을 훔쳐가는 경우에는 고작 주거침입죄나 절도죄를 적용하는 정도이다. 이와 같은 법체제하에서 그 동안 영업비밀보호가 크게 문제되지 않았던 것은 비교적 산업화가 1980년대 후반에 들어오면서 급속하게 이루어졌기 때문이다. 그러나 오늘날과 같은 치열한 기술경쟁시대에서 영업비밀의 보호문제는 매우 중요한 사회적 문제로 취급될 수밖에 없다.

최근 증가일로에 있는 신기술의 개발과 이동은 기존의 여러 제도상의 권리와의 사이에 미묘한 간격을 만들어 가고 있다. 기술 등 새로운 정보가 현존의 권리라는 옷에 맞게 태어나지 않기 때문이다. 그 동안 경쟁업체와의 사이에서 우위성을 확실히 보장해 주는 것으로 인식되어 온 특허권이나 저작권 등 기존의 권리가 갖는 그 보호요건 자체에 취약한 면이 차츰 나타나기 시작한 것이다.

---

2) 1966년 일본의 와우제샤 사건(라이선서가 라이선시의 자회사의 부정한 노하우 사용금지 가처분 신청사건)의 판결의 "노하우는 재산적 가치가 있는 것이나, 권리적인 것으로서 제3자에게 강제적으로 이것을 인정시킬 만한 효력을 법률이 허용하고 있다고까지는 현재에는 해석할 수 없다"라는 판단으로 대표되는 것처럼 제3자의 부정한 행위에 대해 금지가 인정되지 않는 점에서 충분한 보호라고는 할 수 없는 상황이었다.

기존 법제의 보호범위를 초월한 새로운 기술 등 노하우에 대한 보호의 불확실성이 증대되어 가고 있다. 그러므로 신기술, 신경영기법 등 영업비밀 정보의 우위성을 확보해 줄 새로운 법제가 요구되었다.

## Ⅳ. 産業的 背景

### 1. 産業界의 認識轉換

오늘날의 산업경제활동은 두뇌의 대결이라 할 만큼 기술 등 영업비밀을 누가 먼저 안출하여 기업경영에 활용하느냐에 그 기업의 성패가 달려 있을 만큼 영업비밀은 사업활동에 있어서 매우 중요한 위치를 차지하고 있다. 그럼에도 우리 산업계가 그 동안 영업비밀의 중요성을 그다지 크게 인식하지 못하고 있었던 것은 우리의 기술과 경제가 1980년대에 들어오면서 급속히 성장한 데에도 원인이 있지만 한편으로는 우리의 지적재산에 대한 가치평가가 희박했던 것도 간과할 수 없는 사실이다.

그러나 최근 기술경쟁시대의 도래와 함께 산업환경의 급격한 변화에 따라 영업비밀이 기업활동의 심장이라는 인식이 널리 확산되면서 영업비밀을 개발·보유하려는 경향이 높아져 이 분야의 투자가 증가하고 있고, 개발과 거래 또한 활발히 이루어지고 있는 등 영업비밀에 대한 관심이 매우 높아지고 있다.

최근 대한상공회의소와 한국정보산업연합회가 실시한 영업비밀에 관한 설문조사에서 각각 총응답자의 98.7%, 90.0%가 영업비밀에 대한 인식을 하고 있었으며, 89.0%와 93.6%는 영업비밀보호를 위한 입법의 필요성을 인정하고 있는 것으로 나타나 산업계에서의 영업비밀에 대한 인식이 많이 달라졌음을 나타내 주고 있다.

### 2. 技術革新 등에 따른 營業秘密의 大量生産

현재 기업체 등 사업주체에 의하여 개발, 축적된 영업비밀의 보유건수는 그 비밀정보의 특성상 파악하기 어려우나 이를 뒷받침할 수 있는 관련자료를 유추해 볼 때, 그 수는 매우 빠른 속도로 증가되고 있다. 즉, 영업비밀의 주요 생산요인이 되고 있는 산업재산권 출원건수가 1992년에 약 13만 7000건으로 전년 대비 6.3%가 증가하였고, 시험·연구기관 종사자수도 1992년도 3만 7690명으로 전년 대비 20.8%가 증가하였으며, 기업체의 연구개발 관련 종사자수 또한 1992년 총 5만 1704명으로 전년 대비 14.8%가 증가하였다. 그리고 연구개발비도 1992년도에 4조 9890억원(약 55억 달러)으로 전년 대비 20.0%가 증가한 규모이다. 이를 기술개발잠재력으로 비교해 볼 때 세계 7위에 해당한다.

이와 같이 1980년도 이후 영업비밀의 생산과 직접·간접으로 관련된 분야의 투자나 개발이 급진적으로 증가하고 있음은 영업비밀이 한 마디로 양산되고 있음을 단적으로 웅변하고 있는 것이다(자료: 1993년 과학기술연감, 1993년 산업재산권통계). 또한 신상품 하나를 개발하여 생산·판매하는 데 일반적으로 15가지 정도의 영업비밀이 생산되고 있다.[3]

이와 같이 양산되고 있는 영업비밀은 그 관리상의 어려움과 함께 누출의 위험이 높아가고 있기 때문에 적절한 보호대책이 마련되어야 할 것이다.

---

3) 상품개발에 수반된 영업비밀 수
《예시: 테니스화 개발·판매》
① 개발계획서 작성
② 시방서
③ 제조방법 및 과정
④ 설계도면(기계, 제품, 시설)
⑤ 연구·개발서류
⑥ 개발 전·후 시험성적표
⑦ 원가계산서
⑧ 원재료의 구입방법, 구입처, 구입단가
⑨ 재료의 배합비법 및 강도계산의 운용방법
⑩ 제품의 생산계획이나 판매계획
⑪ 제품의 할인시스템, 부가방법
⑫ 고객의 명부 및 거래선의 루트
⑬ 판매기법
⑭ 재정, 회계정보 등.

### 3. 情報, 通信産業의 發達에 따른 營業秘密의 大量流通

최근 산업기술의 발달과 생활수준의 향상에 따라 컴퓨터, 소프트웨어·시스템기술, 반도체, 통신, 생활정보 등 정보산업분야가 크게 발달되어 대량의 각종 영업비밀이 종전과 같은 단순한 언어나 인쇄매체를 통한 유통이 아니라 전파매체를 통하여 활발히 거래되고 있는 데 반하여 그 관리는 영업비밀의 성질상 매우 어려워 누출, 탐지의 위험이 높아가고 있는 등 영업비밀관리는 더욱 어려워지고 있는 실정이다.

특히 1980년대 이후 미국, 유럽 등에서 신종범죄로 등장하기 시작한 컴퓨터 해커들이 주요 컴퓨터망에 침입하여 정보를 탐지해 가는 신종 첨단기술범죄가 급격히 늘어가고 있다.

그 동안 제한적으로만 활용되어왔던 국제통신전산망 인터넷 가입이 1994년부터 자유화됨으로써 컴퓨터 해킹의 발생가능성이 그 어느 때보다도 높아가고 있다. 최근 국내 통신이용자에 의한 유럽 암연구센터 침입이나 영국의 16세의 컴퓨터 해커가 2차례나 미공군 컴퓨터망에 침입하여 한국원자력연구소와 미국항공우주국 등에 수록되어 있는 과학기술 및 군사정보를 복사한 후 미국 뉴욕에 위치한 롬 항공개발센터의 컴퓨터에 옮겨 놓은 사건(워싱턴 타임지 1994년 11월 3일자), 스위스 해커가 유럽 암센터를 경유, 우리나라의 콘트롤 데이터 코리아 전산시스템에 24차례나 침입한 사실, 1994년 7월 영국 텔리컴(BT)사의 컴퓨터 시스템 자료실에 해커가 침입하여 영국 첩보기관 등에 관한 1급비밀을 빼내어 인터넷을 통해 스코틀랜드 출신의 기자에게 보낸 사건(인디펜던트지 1994년 11월 24일자) 등 외국 통신이용자에 의한 컴퓨터 침입사실이 잇따라 밝혀지고 있다.

이에 따라 허술한 정보관리에 일대 경종이 되어 인터넷 등 국제전산망 가입업체들이 바짝 긴장하는 등 컴퓨터 통신망의 보안관리에 초비상이 걸려 국제적인 해커들에 대한 대책마련이 시급한 실정이다. 그러나 국내연구소의 전산관리자 중에는 아직 해커를 막을 만한 능력 있는 전문가가 거의 없는 실정이고, 고작 해커가 주로 이용하고 있는 '유닉스' 시스템에 중요한 자료를 올려 놓지 않는 정도이다. 하지만 대형컴퓨터들은 암호 하나만 알아

내면 얼마든지 접속할 수 있는데 이 정도는 대학에서 전산학을 전공한 사람이면 누구나 풀어낼 수 있는 작업이라고 이 분야 전문가는 말하고 있다.

이에 반해 高速情報化의 진행에 따라 세계 최대의 컴퓨터통신망인 인터넷 등 국제적인 통신망과의 연결은 날로 늘어나 이제는 연구소나 대학뿐만 아니라 일반인, 기업, 공공기관 할 것 없이 빠른 속도로 통신망에 접속하여 해커들의 활동공간은 계속 넓어져 가고 있다.

이와 같은 컴퓨터 통신망에 의한 遠隔操作方法에 의해 컴퓨터시설에 침입하여 정보를 빼내거나 파괴하는 것은 비록 어제오늘의 일만은 아니며, 이미 10여 년 전부터 유럽, 미국 등지에서 성행해 온 신종범죄로서 최근 인터넷 등 세계를 하나로 묶는 통신망이 발전하면서 더욱 늘어나고 있는 추세이다.

독일청년 다섯 명이 미국의 육·해군의 데이터 베이스에서 군사정보를 빼내어 구소련 KGB에 팔아 넘긴 사건은 컴퓨터 해커에 의한 대표적인 범죄로 알려지고 있고, 1989년에 일어난 웜(worm)사건은 전자우편 프로그램의 허점을 이용하여 사람이 아닌 '웜'이라는 프로그램이 통신망을 돌아다니면서 컴퓨터 시스템의 성능을 급격히 떨어뜨린 전형적인 해킹사건이다. 또한 1990년에는 호주의 해커가 국제통신망을 통해 하버드대학 연구소 컴퓨터에 침입하여 컴퓨터를 조작하다가 체포되었던 사건도 있었다.

국내에서도 1992년 7월 서울대학교 교육전산망에 해커가 침입하여 성적자료, 학술자료, 학사일정 등이 수록된 정보를 모조리 파괴하여 전산망 가동이 10여 시간이나 마비되었던 사건이 있었다. 또한 1993년 2월에는 한 재수생이 정권인수팀을 사칭하여 컴퓨터로 금융기관의 온라인망 구조를 탐지하여 휴면계좌의 예금을 인출하려던 사건 등이 잇따라 일어나고 있다.

이러한 해커의 침입을 방지하기 위하여 다음과 같은 컴퓨터 통신망 보안관리대책을 마련하여 시행하는 일이 긴요하다.

첫째, 컴퓨터 통신망시설의 이용은 반드시 암호를 사용하되 여러 가지의 암호를 두고 수시로 바꿔 사용하며, 사용자에 대한 별도의 로깅파일(사용자일지)을 남겨 수시로 검사하고, 대형컴퓨터의 시스템에 접속한 사용자명(ID)과 사용시간, 어떤 작업을 했는지 작업명과 작업내용을 구체적으로 기록해 두는 등 사용자명과 사용내용 및 비밀번호의 보안을 철저히 한다.

둘째, 교환장치를 이용한 보안이나 선진국의 첨단 보안장치를 사용하는 등의 시스템 보안장치에 각별한 주의를 기울인다.

셋째, 자료의 성격에 따라 일반정보와 비밀정보를 분류하여 이에 따라 시스템 접근을 제한하는 관리체계를 마련한다.

넷째, 컴퓨터 보안에 대한 중요성을 인식하고 이에 대처해 나갈 수 있는 전문인력을 양성한다.

이상과 같은 정보통신망에 수록된 정보자료에 관한 업계의 보안대책뿐만 아니라 정부에서도 산업기밀유출방지를 위한 기반구축을 위해 컴퓨터 보안장치의 의무화와 해커범죄를 처벌할 수 있는 법률의 제정, 현재 GNP의 2% 정도에 머물고 있는 기술투자규모의 확대 및 기업이 필요로 하는 기술을 언제 어디서나 손쉽게 들여와 사용할 수 있도록 하는 등의 법적·제도적 장치의 마련이 함께 이루어져야 한다.

이와 같이 컴퓨터 해킹방지는 어느 특정 개인이나 기업, 정부만의 일이 아니라 개인, 기업, 정부가 다함께 총력전 체제로 대응해 나아갈 때 비로소 소기의 성과를 거둘 수 있을 것이다.

1996년 컴퓨터 등 특수매체 수단을 이용해 허가 없이 타인의 정보를 검색 또는 유출하는 등의 컴퓨터 해커행위에 대한 처벌규정(전자기록매체에 대한 규정)을 신설하는 형법개정을 하였다. 그 주요내용을 보면

ⅰ) 관공서의 전자기록을 허위로 작성 또는 변경하는 행위: 10년 이하의 징역

ⅱ) 일반사기업의 전자기록변경 등의 행위: 5년 이하의 징역

ⅲ) 이 밖에 타인의 비밀을 검색유출한 경우 3년 이하의 징역 또는 500만원 이하의 벌금에 처하도록 하였고, 부정경쟁방지법 또한 형벌을 대폭 강화하였는바, 후술하는 형사처벌규정을 참조하기 바란다.

## Ⅴ. 社會的 背景

### 1. 營業秘密流出事件의 續出

최근 영업비밀에 대한 산업스파이성 침해행위가 증가하면서 경쟁기업간의 분쟁이 빈발하고 있어, 이제 영업비밀침해를 단순한 산업스파이에 의한 기술절도라는 형사적 제재의 대상이나 계약법상의 채무불이행에 의한 손해배상책임의 범위를 넘어 기업 및 국가이익을 우선해야 하는 명시적 재산화단계로 접어들고 있다. 따라서 이와 같이 증가일로에 있는 영업비밀에 대한 분쟁사건을 방지하기 위하여 이제는 정부가 직접 나서서 무엇인가 그 대비책을 마련해야 할 단계에 왔다고 본다.

### 2. 雇用人口의 流動化에 따른 營業秘密 流出危險의 增大

첨단산업을 중심으로 한 개인의 기술력이나 영업력의 향상, 다양화된 취업패턴과 산업구조의 다변화 현상으로 취업의 기회가 많아짐에 따라 고용인구의 이동이 날로 늘어가고 있는 한편, 경쟁업체의 기술 노하우 등을 입수하기 위한 부당 스카우트 등도 그 도를 더해가고 있는 등 이들에 의한 영업비밀의 누설위험이 증대되어 가고 있어 영업비밀에 대한 적절한 보호조치가 매우 긴요한 과제이다.

### 3. 消費形態의 歪曲

도용된 영업비밀에 의하여 생산·출하된 상품이 시장에 유통될 경우 소비자가 진실로 원하는 상품에 대한 선택이 어려워 선량한 소비자를 속이는 결과가 될 뿐만 아니라 만약 그 품질이 조악할 경우는 불의의 피해를 보게 되는 경우도 생길 수 있다.

특히 식품이나 의약품의 유통은 소비자의 건강에 상당한 위해를 가하게 되는 경우가 많고 나아가 기계류나 차량, 항공기 부품 등은 産災와 人災 등 재앙을 부를 위험까지도 내포하고 있다.

## Ⅵ. 國際的 背景

### 1. 尖端産業分野의 技術導入 促進

그 동안 정부는 기술혁신을 통한 산업구조의 고도화를 이룩하기 위해 자체기술개발의 촉진과 아울러 선진첨단기술의 도입을 적극 추진하여 주요 기술수요국으로 부상하였다. 하지만 최근 선진국들의 기술보호주의의 강화 정책에 의해 후발개도국에 대한 기술지원규제를 구체화하는 한편 공여기술에 대한 보호제도의 미흡 등을 내세워 첨단기술의 이전을 기피하고 있는 등 신기술의 무기화에 혈안이 되고 있다.

특히 미국, EU 등 선진국이 개발도상국에 대하여 영업비밀보호를 위한 제도적 장치마련을 정치, 외교, 통상 등 모든 국제협상의 선행과제로 제시하는 등 자국의 산업보호를 위하여 다방면에 걸쳐 각종 제약을 가하고 있는 실정이다.

우리 나라가 아직 첨단산업분야 등 여러 분야에서 선진고도기술을 필요로 하는 현실을 감안할 때 영업비밀보호의 제도적 장치가 약할 경우 선진공업국이 우리 기업에 대한 불신과 경계심을 높임은 물론 기술제공을 기피하는 현상도 더욱 심화될 것이 예상되기 때문에 영업비밀보호에 대한 입법조치를 통하여 이러한 대외적인 신뢰도를 높임으로써 우리가 필요로 하는 첨단분야의 신기술 및 노하우의 이전을 보다 활발하게 촉진시켜 나가야 할 것이다.4)

---

4) · 국가별 기술도입 건수현황 (단위: 건)

| 연 도 | 일 본 | 미 국 | 독 일 | 영 국 | 프랑스 | 이탈리아 | 기 타 |
|---|---|---|---|---|---|---|---|
| 1988 | 354 | 200 | 48 | 20 | 47 | 25 | |
| 1989 | 343 | 244 | 37 | 23 | 41 | 17 | |
| 1990 | 333 | 221 | 55 | 28 | 25 | 17 | |
| 1993 | 285 | 224 | 31 | 36 | 23 | 13 | |
| 1998 | 15 | 39 | 6 | 10 | 2 | · | 12 |

## 2. 國際市場에서 우리 産業技術의 保護

1970년대 이후 정부의 기술주도산업의 정책기조에 따라 제조분야의 산업기술, 그 중에서도 응용기술(가공, 조립 등) 수준이 선진국수준에 육박하면서 점차 우리의 기술 등에 대한 주요기술교역국의 인식이 달라져 기술수출이 매년 증가하고 있는 등 기술공여사업이 활발히 이루어져 1993년말 현재 409건이 동남아를 중심으로 한 개발도상국에 수출되었다.

이와 같은 추세로 나간다면 앞으로는 기존 동남아 시장의 심화는 물론 중남미·아프리카 및 동구권 시장 등으로 다변화되는 등 수출중심권이 전지역으로 확산되는 급격한 확대가 예상되므로 우리의 供與技術에 관한 영업비밀 등이 수출대상국에서 적절하게 보호받기 위해서는 외국의 영업비밀을 적극적으로 보호해 주는 법적·제도적 장치를 마련하는 일이 중요하다.

## 3. 韓美間 知的所有權에 관한 合意事項 履行

이미 우리 정부와 미국 정부간에 영업비밀보호조치에 관한 합의가 되어 있는 상태이다. 즉, 1986년 7월 21일 미합중국 워싱턴 D.C.에서 있었던 통상관련 지적소유권에 관한 한·미간 301조 협상 합의문안 중 지적소유권에 관한 양해록(Memorandum of Understanding)에 정부에 제출된 지적자료의 적절한 보호를 보장하는 등의 영업비밀(재산적 정보자료: proprietary data)보호에 관한 사항이 합의사항으로 양해되어 있으므로 이를 성실히 이행하여야 할 입장이다.

---

· 업종별 기술도입 건수현황 (단위: 건)

| 연 도 | 정유·화학 | 제 약 | 금 속 | 전기·전자 | 기 계 | 조 선 | 통 신 | 기 타 |
|---|---|---|---|---|---|---|---|---|
| 1988 | 147 | 14 | 26 | 209 | 181 | 14 | 3 | |
| 1989 | 134 | 16 | 23 | 227 | 158 | 10 | 4 | |
| 1990 | 124 | 14 | 21 | 212 | 174 | 14 | 7 | |
| 1993 | 67 | 16 | 15 | 216 | 196 | 6 | 15 | 4 |
| 1998 | 5 | · | · | 49 | 32 | · | 2 | 4 |

<자료> 국제기술협력통계(1993년 과학기술처)

### 4. 營業秘密保護에 관한 多者間協定의 妥結 등

최근 급속한 개방화·국제화 추세에 따라 국제교역이 활발해지면서 교역국간의 기술 등 노하우의 보호문제가 중요한 당면과제가 되고 있다.

1986년부터 영업비밀에 관한 보호문제가 GATT의 UR/TRIPs의 정식 교섭항목으로 채택되어 그 동안 참가국간의 이해조정 등을 거쳐 1993년 12월 15일 다자간협정으로 타결되었다. 특히 미국, EU 등 주요 선진국뿐만 아니라 이들의 영향권 내에 있는 나라들이 이미 영업비밀보호에 관한 법제를 가지고 운용하고 있어 이들 나라와의 기존 협력관계의 유지, 발전은 물론 GATT의 UR/TRIPs 협정타결에 따라 향후 이 법제를 마련하게 될 나라들과의 새로운 협력관계구축 등이 바로 이 법 마련의 주요 배경으로 볼 수 있을 것이다.

### 5. 營業秘密保護制度의 國際化趨勢

오래 전부터 세계 각국은 영업비밀의 보호형태(판례법, 부정경쟁방지법, 형법, 민법 기타 관련법 등)는 서로 다르지만 어떤 형태로든지 영업비밀을 보호하여 왔고 또 앞으로도 더 많은 나라가 영업비밀보호제도를 확립해 나갈 것으로 보인다.

최근 미국, EU 등 선진국의 영업비밀, 물질특허, 데이터 베이스, 컴퓨터 프로그램, 반도체칩 등 신지적재산에 관한 보호열망이 높아가고 있는 가운데 이에 대한 기존의 제도적 장치를 더욱 강화시켜 나가고 있다. 심지어 브라질, 멕시코, 콜롬비아, 아르헨티나 등 中南美諸國과 러시아, 불가리아, 유고슬라비아, 폴란드, 헝가리 등 동구권 국가는 물론 홍콩, 말레이시아 등 아시아 개발도상국가에 이르기까지 널리 보급되어 있는 등 이 제도의 국제화가 급격히 확산되어 가고 있는 상황이다.5)

### 6. 對外通商摩擦 등 國際間 紛爭要因의 解消

영업비밀을 침해하는 행위는 당사국과의 기술분쟁과 통상마찰을 야기

---

5) 小野昌延, 營業秘密의 保護, pp.353~369; 吉藤幸朔·紋谷暢男 編, 特許, 意匠, 商標의 法律相談, p.580; 일본 재단법인 지적재산연구소, '營業秘密에 관한 부정행위에 대한 법적 구제제도'에 대하여 (개정 부정경쟁방지법 해설), p.3.

시키는 등 각종 충돌의 핵심요인으로 발전되고 있다.

최근 세계산업경제는 반도체, 신소재, 생명공학 등 첨단기술을 중심으로 하는 신산업혁명이 전개되면서 미국, EU 등 주요 선진공업국들이 지적재산권의 보호를 한층 강화하고 있을 뿐만 아니라 기존의 특허권이나 저작권 등 지적재산권 보호제도로서는 충분히 커버되지 않은 영역을 trade secret의 이름으로 보호하려는 경향이 높아가고 있다.

더욱이 미국은 1980년대에 들어 두드러진 국제수지의 만성적 적자의 주요원인이 외국의 무역장벽 및 불공정거래에 있다는 판단하에 자국이 국제적으로 비교우위를 점하고 있다고 판단되는 지적재산권 분야의 보호를 강화하는 통상정책을 강력히 추진하고 있다. 그러므로 이에 대한 불필요한 마찰을 해소하기 위해서도 영업비밀보호에 관한 법적·제도적 장치가 마련되어야 한다.

### 7. '産業財産權 保護에 관한 파리協約' 精神의 履行

현행 우리 나라의 不正競爭防止法은 1934년 파리협약(1925년 개정 헤이그협약)에 규정하고 있는 "공업상 또는 상업상의 공정한 관습에 反하는 모든 행위로부터 지적재산을 유효하게 보호하는 것과 동시에 특히 금지되어야 할 특정의 행위가 정해져야 한다"라는 정신을 수용하여 제정된 일본의 부정경쟁방지법을 원용하였을 뿐만 아니라(개정 전 부정경쟁방지법 제3조 및 제8조에 파리협약당사국 등 보호규정명시) 1980년 5월 공업소유권 보호에 관한 파리협약에 가입한 체결국임을 상기해 볼 필요가 있다.

## 제 3 절 營業秘密의 國際規範

영업비밀을 포함한 산업재산권 보호에 관한 일반적 국제규범으로는

1883년 체결된 파리협약이 있으나 영업비밀보호와 관련한 국제규범으로는 WTO무역관련 지적재산권협정이 최초이다.

그 동안 영업비밀은 어떤 통일된 국제규범에 의해서 보호된 것이 아니라 자국의 이해관계에 따라 제정된 국내법에 의해서 보호되어 왔다. 때문에 모든 분야가 국경 없는 교류시대를 맞고 있는 오늘날의 세계화·개방화 추세에 부적합할 뿐만 아니라 나라마다 그 보호대상이나 보호방법 등이 서로 달라 상호보호주의원칙을 적용하는 데에도 어려움이 따르게 마련이다. 이러한 장애를 제거하고 자유로운 교역을 촉진하기 위한 분위기가 지난 1980년대 말부터 미국 등 선진국을 중심으로 일기 시작하였다.

즉, 의약, 농약의 품목허가를 받기 위하여 정부에 제출하는 미공개 실험데이터(예: 임상실험자료) 등 영업비밀에 관한 정보를 지적재산으로 보호할 목적으로 1986. 9. GATT UR 각료선언문을 통하여 정식의제로 채택한 후 미·일·구(스위스)의 민간 3극회의 공동문서를 중심으로 다자간협상으로 진행하여 오다가 지난 1993년 12월 15일 타결을 봄으로써 비로소 영업비밀에 대한 국제규범이 최초로 제정된 셈이다. 이를 계기로 영업비밀의 최초보호규범의 통일화를 기하게 되었을 뿐만 아니라, 1995년부터 본격적으로 가동된 세계무역기구(WTO) 체제하에서 영업비밀의 정당한 보호를 통한 국제교역이 정상화를 꾀하게 되었다.

이제 WTO 회원국은 동 협정 발효(1995. 1) 후 선진국은 1년 내 개발도상국은 5년 내에 국내법에 성실하게 반영하여 적용하여야 하되 회원국의 영업비밀보유자에 대해서는 원칙적으로 내국인 대우를 해 주어야 한다. 금번 타결된 UR／TRIPs 협정에서는 영업비밀이란 그 정보가 전체로서 또는 그 구성요소의 엄밀한 배열 및 조합의 형태로서 당 업계(동종업체)에 일반적으로 알려져 있지 않고 또 쉽게 접근하기 어렵다는 의미에서 비밀이고, 상업적 가치가 있으며, 보유자가 비밀로 유지하기 위한 상당한 노력을 기울여 보호하는 정보로서 이를 부정경쟁차원에서 보호한다고 규정하고 있다. 즉, 자연인 또는 법인은 합법적인 방법에 의하여 보유, 관리하고 있는 통제권 내의 정보를 건전한 영업적 관행에 반하는 수단으로 취득하거나 사용 또는 공개하는 것을 금지하고 있다. 여기에서 '건전한 영업적 관행에 반하는 수단'이란 최소한 계약위반, 신의위반 또는 위반의 유도를 의미할 뿐만 아니라 부정한 수단에 의하여 취득한 정보임을 알았거나 중대한 과실로 알지 못하고 그 정보를 취득한 것도 포함하는 의미로 해석된다. 또한 침해구제의 대상이 되는 행위유형으로 공정한 상거래질서에 반하여 영업비밀보유자의 비밀을 취득하거나 취득한 비밀을 사용 또는 공개하는 행위를 침해행위로 규정하고 있다.

이와 같은 침해행위로부터 보호하기 위한 법적 수단으로서는 금전채권 이외의 특정물의 급여·인도 그 밖의 특정의 급여를 목적으로 하는 청구권의 집행·보전을 목적으로 한 가처분절차와 세관 통관유예조치허용 등을 인정하고 있는 국경조치 및 민사상 또는 형사상의 소송절차는 물론 분쟁예방과 다자간 분쟁해결절차 등을 함께 규정하고 있다.

## 제 4 절 主要國의 法制

현재 부정경쟁방지법이나 부정경업법, 트레이드 시크리트法 등 특별법에 의하여 영업비밀을 강하게 보호하고 있는 나라는 독일을 비롯하여 미국, 스위스, 오스트리아, 그리스, 덴마크, 핀란드, 노르웨이, 스웨덴, 캐나다, 폴란드, 헝가리, 최근의 한국 및 일본 등이 있다. 또한 보통법(common law), 즉 판례법 등에 의하여 보호하고 있는 나라는 영국을 비롯한 오스트레일리아, 뉴질랜드, 남아연방 등이 있으며, 민법, 형법 등 일반법에 의하여 보호하고 있는 나라는 프랑스를 비롯하여 벨기에, 네덜란드, 이탈리아, 스페인 등이다. 또한 형법만으로 영업비밀을 보호하고 있는 나라도 상당수에 이르고 있다. 즉, 중남미 제국의 멕시코, 콜롬비아, 아르헨티나, 브라질 등이 있고, 러시아와 동구권의 불가리아, 유고, 폴란드, 헝가리 등이 있다. 그 외에 홍콩, 말레이시아 등 동남아 국가 일부가 영연방하의 보통법(common law) 체계의 영향을 받아 영업비밀침해행위에 대한 금지청구권과 손해배상청구권을 인정하고 있는 등 세계는 바야흐로 영업비밀의 경쟁시대로 접어든 느낌이다.

이와 같은 영업비밀보호제도를 도입·운용하고 있는 나라에서도 그 보호법 체제를 달리하고 있다. 즉, 영업비밀을 成文法(일반법: 민법, 상법, 형법, 특별법: 통일 트레이드 시크리트법, 부정경쟁방지법)으로 보호하고 있는 나라와 不文法(판례법, 관습법, 조리법)으로 보호하고 있는 나라가 있다.

그러나 이러한 보호법 형식보다 중요한 것은 영업비밀을 보호하기 위한 구제수단이다. 즉, 영업비밀침해행위에 대한 금지청구권의 인정 여부이고, 그 다음이 형사처벌의 유무이다. 오늘날 영업비밀보호제도를 운용하고 있는 대부분의 나라는 어떤 형태로든 피해자의 금지청구와 가해자의 형사책임을 묻고 있다. 서구 선진국 중 가장 강력한 영업비밀보호제도를 운용하고 있는 미국은 판례법과 통일 트레이드 시크리트법, 주법, 형법 등 다양한 법제도를 통해 영업비밀을 보호하고 있다. 또한 영업비밀이 침해되었을 때에는 손해배상은 물론이지만 영업비밀이 침해되고 있거나 침해될 우려가 있는 때에는 그 침해행위에 대해 금지나 예방도 함께 청구할 수 있도록 제도적으로 확립되어 있다. 그러나 형사처벌은 일부 주에서만 인정하고 있는 실정이다.

미국에서의 영업비밀보호법은 오랫동안 축적된 법원의 판례가 제도적 기반이 되고 있다. 따라서 축적된 판례가 가장 중요한 영업비밀보호의 기준과 원칙이 된다. 1979년 제정한 통일 트레이드 시크리트법이 각 주의 영업비밀보호법 제정에 중요한 모델이 되어 왔으나 아직도 구제범위와 절차가 각 주마다 다른 경우가 많다. 예를 들면 통일 트레이드 시크리트법은 기본적으로 민사적 보호를 원칙으로 하고 있지만 일부 주에서는 형사적 처벌제도도 채택하고 있다.

이에 반해 독일과 스위스 등 유럽에서는 별도의 영업비밀보호법을 제정하지 않고 부정경쟁방지법이나 판례에 의하여 부당한 비밀의 침해를 엄격하게 규제하여 왔다. 특히 민사상의 손해배상보다는 형사적 규제를 중시하는 경향이 있다.

일본은 최근까지 영업비밀을 민법, 상법, 형법 등에 의하여 제한적으로 보호하여 오다가 1991년 6월 15일부터 부정경쟁방지법을 통한 규제제도를 채택하여 기술과 경영에 관련된 모든 영업비밀을 보호하고 있다. 그러나 형사적 처벌은 별도로 규정하지 않고 형법상의 업무상 횡령, 배임, 절도, 뇌물수수 등만 가능하도록 하고 있다.

우리 나라도 최근까지 영업비밀을 보호하기 위한 별도의 영업비밀보호규정을 갖지 않고 민법, 상법, 형법 등에 의하여 제한적으로 보호하여 오다가, 1992년 12월 15일부터 현행 부정경쟁방지법 속에 영업비밀보호규정을 신설하여 영업비밀침해행위에 대한 금지청구권 등 민사적 구제는 물론 형사적 처벌도 할 수 있도록 함으로써 서구 선진국이나 일본 등과 같은 수준의 영업비밀의 법적 보호가 가능하도록 제도적 확립을 꾀하였다. 다음은 주요 나라별 영업비밀보호제도를 살펴보고자 한다.

## Ⅰ. 美國의 法制

보통법(common law) 체제인 미국에서는 19세기 초 영국으로부터 확립된 영업비밀보호제도를 중심으로 각 주마다의 판례에 의해 영업비밀이 보호되어 왔다. 즉, 영업비밀침해행위를 판례법에 의하여 불법행위를 구성하는 것으로 발달하였고, 이에 대한 법원의 금지명령위반은 법정모욕죄가 적용되었기 때문에 비교적 오래 전부터 영업비밀이 강하게 보호되어 왔다. 특히 특허제도에 있어서의 先發明主義는 미국의 영업비밀제도의 발달에 촉매제가 되었다.

오늘날의 통일 트레이드 시크리트법(Uniform Trade Secrets Act)에서의 트레이드 시크리트란 용어는 영업비밀과 거의 같은 개념으로 사용되고 있다. 트레이드 시크리트에 대한 부정행위(misappropriation)에 대해서는 민사적 보호가 중심이 되어 불법행위의 한 유형으로서 각 州法上 보호가 가능했으나 주마다 그 내용이 달랐다. 그래서 1939년에 미국 법률협회가 각 주의 판례원칙을 검토·분석해서 조문형식으로 기재한 제1차 불법행위법 리스테이트먼트(Restatement)

의 제757조 내지 제759조에서 정리되고 1979년에는 주간의 불균형을 시정하기 위하여 통일주법위원회 전국회의에서 모델법 성격을 띤 통일 트레이드 시크리트법(Uniform Trade Secrets Act: UTSA)을 제정하여 1991년 3월 현재 35개 주에서 이를 모델로 성문화한 트레이드 시크리트 주법을 채택하였다.

이에 따라 현재의 미국의 영업비밀은 주의회의 특별입법이 없이 주법원의 판례법으로 보호하고 있는 주와 통일 트레이드 시크리트법을 모델로 한 주 제정법률로 보호하고 있는 주가 있다. 따라서 판례법에 의하여 규율하고 있는 주의 영업비밀보호제도를 알기 위해서는 그 주의 판례를 살펴보아야 할 것이다. 즉, 영업비밀이 제정법에 의해 통일적으로 적용·보호되는 것이 아니고 주마다의 축적된 판례법을 기초로 사건이 제기될 때마다 구제해 주고 있기 때문이다.

그 동안 법원이 적용하고 있는 법이론은 재산이론(property theory)과 신뢰관계이론(confidential relationship theory)이었다. 어느 이론을 적용하는 것이 적절한가 하는 문제는 매 사건의 사실관계에 의존하고 경우에 따라서는 두 법이론이 함께 적용될 수도 있다. 그럼으로 통일 트레이드 시크리트법이 제정되기 전까지의 미국의 영업비밀과 현재 판례법에 의존하고 있는 州의 영업비밀은 상당히 신축적이고 또 다양하게 보호되어 왔던 것이 특징이다. 예를 들어 민사상 구제방법인 영업비밀침해행위에 대한 금지의 경우 금지기간을 법원마다 서로 다르게 판결하고 있었다. 즉, 영구금지, 원고의 제품에 내장되어 있는 정보를 분해하여 파악하여 상품화하는 데 소요되는 기간(복제공법의 기간), 경쟁기술개발에 소요되는 기간, 또는 비밀의 정보가 공지되기까지의 기간 등 제각기 적용되고 있는 실정이다.

이와 같은 각 주마다의 州判例에 의한 영업비밀보호가 합중국 헌법에 위반되는 것이 아닌가 하는 합헌성 문제가 대두되었다. 그러나 연방대법원은 1974년에 각 주의 판례법에 의한 영업비밀보호는 연방의 특허정책에 위배되지 않는다는 판결을 내림으로써 주법에 대한 합헌성을 인정하였다. 이러한 합헌성 논의는 결국 영업비밀의 보호를 위한 통일법 추진을 자극하기에 이르렀다. 그러나 통일법 추진의 직접 동기는 각 州의 영업비밀보호규율이 서로 달라 각 주간의 거래에서 발생되는 여러 가지 문제를 해결하는 데 많은 어려움이 있었기 때문이었다.

미국의 연방헌법에는 합중국헌법 제1조 제8절에 정해져 있지 않은 사안은 주법의 규제에 위임되어 있으므로 영업비밀보호는 주법으로 규율되어야 할 대상이다. 그래서 각 주마다 그 주의 실정에 맞는 판례법에 의하여 영업비밀을 보호하다 보니 주마다 적용하는 판례법이 서로 다른 데 따른 불편함을 해소하기 위해 주로 상사법 분야를 중심으로 통일하려는 움직임이 있게 되었다. 이를 위해 설치된 통일주법위원회 전국회의는 통일입법안을 만들어 1979년 8월 9일 각 주에 이를 모델로 한 주법의 제정을 권고하기에 이르렀다.

이러한 연방모델법의 성격을 가진 통일 트레이드 시크리트법의 주안은 트레이드 시크리트의 침해행위에 대한 법적 구제로서 민사상의 금지청구와 손해배상청구 등을 규정하고 종래의 판례를 근거로 하여 트레이드 시크리트의 보호요건을 구체적으로 규정하고 있다. 이 법에서는 영업비밀을 공개 또는 사용에 의해 경제적 가치를 얻을 수 있는 타인에게 일반적으로 알려져 있지 않고 정당한 수단에 의해서는 용이하게 알 수 없기 때문에 현실적 또는 잠재적으로 독자적인 경제적 가치를 가지며, 비밀유지를 위해 당해 상황하에서 합리적인 노력이 가해진 제법 또는 공식, 패턴(양식 또는 정형), 데이터의 편집(집성), 프로그램, 도구, 고안, 제조방법, 기술 또는 공정 등을 포함하는 모든 정보라고 정의하고 있다(제1조 제4항).

이 법에 의한 영업비밀의 요건을 살펴보면 다음과 같다.

첫째, 그 정보가 공개 또는 사용에 의해 경제적 가치를 얻을 수 있는 타인에게 일반적으로 알려져 있지 않아야 한다는 의미에서의 '新規性'이다. 이는 특허법상의 사회의 기술수준과의 비교관점에서 고찰한다는 성질보다는 당해 정보가 정당한 수단에 의해 쉽게 입수하기가 곤란하다는 측면에 중점을 두고 있다. 따라서 특허법적 의미의 신규성을 요구하는 것은 아니지만 적어도 최소한의 신규성은 요구함으로써 당해 정보가 비밀로 유지할 경제적 가치의 지표가 되는 것이다.

둘째, 그 정보가 정당한 수단을 사용해서는 쉽게 얻을 수 없는 것으로서 현실적 또는 잠재적으로 독자적인 경제적 가치를 가져야 한다는 의미에서의 '經濟性'이다. 이는 그 정보의 사용에 의하여 경제적 가치를 얻을 수 있는 자가 정당한 수단으로는 용이하게 입수할 수 없기 때문에 가지는 경쟁상의 가치를 말한다.

셋째, 그 정보의 비밀유지를 위해 당해 상황하에서 합리적인 노력이 필요하다는 의미에서 '秘密性'이다.

이상과 같이 미국의 영업비밀 보호제도하에서의 영업비밀은 신규성, 경제성, 비밀성 등 3가지의 요건을 충족하여야만 법적 보호를 받을 수 있다. 이와 같은 영업비밀을 절도, 매수 등의 부정한 수단에 의하여 취득하거나 이를 사용 또는 공개하거나 비밀보호 의무자가 부정한 이익을 얻을 목적 등으로 비밀유지의무를 위반하여 당해 영업비밀을 사용 또는 공개하는 경우에는 그 행위에 대하여 금지청구나 손해배상청구 등의 민사적 구제를 인정하고 있을 뿐만 아니라 절도죄, 장물이송죄 등에 해당하는 경우에는 형법에 의한 처벌도 받게 된다. 침해행위라고 보는 행위유형으로는

① 당해 영업비밀이 절도, 매수, 부실표시, 전자장치이용, 기타 스파이행위 등 부정한 수단에 의하여 타인의 영업비밀을 취득하거나 사용 또는 공개하는 행위

② 당해 영업비밀이 부정한 수단에 의하여 취득된 것임을 알고 있는 자 또는 알 이유가 있는 자가 그 부정취득한 타인의 영업비밀을 취득하거나 사용 또는 공개하는 행위

③ 영업비밀유지의무나 사용제한의무가 부과된 상황하에서 비밀유지의무 등을 위반하여 그 취득한 영업비밀을 사용 또는 공개하는 행위

④ 영업비밀유지의무 위반 등에 의하여 공개된 영업비밀임을 알면서도 이를 취득하거나 사용 또는 공개하는 행위

⑤ 자신의 지위의 실질적 변동 전에 당해 영업비밀을 선의로 취득한 후 타인의 영업비밀임을 알고도 이를 계속 사용 또는 공개하는 행위 등을 들 수 있다. 이들 행위에 대해서는 통일 트레이드 시크리트법에 의한 민사상 금지청구권 외에 손해배상청구권 등이 인정되고 침해행위 자체가 州刑

法이나 聯邦刑法의 형벌규정에 해당하는 경우에는 형사처벌도 가능하다. 이와 같은 영업비밀침해행위에 대한 구제수단을 구체적으로 고찰해 보면 민사적 구제와 형사적 처벌로 나누어 볼 수 있다. 민사적 구제는 다시 그 청구의 내용에 따라 금지청구권, 손해배상청구권, 부당이득반환청구권 및 로열티의 지급명령 등으로 나누어 볼 수 있는데 먼저 민사적 구제에서 가장 중요한 禁止請求權을 살펴보기로 한다.

이 금지청구권은 영업비밀의 특성상 비밀보호를 위한 가장 적합하고도 강력한 구제수단이고, 후술하는 손해배상 등의 구제수단은 이미 영업비밀침해로 인하여 비밀로서의 정보적 가치가 없어진 후의 손해에 대한 금전적 보전수단에 불과하다. 이와 같은 금지명령은 법원이 특정인에 대하여 특정의 행위를 하는 것을 금하도록 하는 부작위의무의 명령으로서 이 금지명령에 반하여 금지된 행위를 하면 법정모욕죄가 성립된다.

영업비밀침해에 대한 금지청구는 현재 영업비밀이 침해되고 있거나 앞으로 침해될 우려가 있을 때에 영업비밀보유자의 금지청구에 의해 법원의 명령으로 구제를 받을 수 있다. 다만, 예외적인 상황하에서는 사용을 금지할 수 있는 기간에 대하여 합당한 로열티를 지불하고 사용할 것을 조건으로 금지명령을 할 수 있다. 여기에서 예외적인 상황이란 영업비밀침해행위를 알았거나 알 수 있기 전에 금지명령을 불공평하게 하는 중요하고도 불이익한 지위의 변동을 포함하나 이에 한정되지는 않는다. 또한 적절한 상황하에서는 법원의 명령에 의해 영업비밀의 보호를 위한 적극적인 행위를 하도록 강제할 수 있다.

이와 같은 금지청구는 자칫 남용될 경우 산업발전에 큰 저해요인이 될 수 있으므로 엄격하게 행사되고 있는 실정이다. 영업비밀침해행위를 금지시키는 경우에도 그 금지기간은 매우 합리적이어야 한다는 것이다. 즉, 영업비밀침해행위로 인하여 침해자가 경쟁상의 우위를 지킬 수 있는 先導期間(leading period)이나 합리적으로 타인의 상품을 분해하여 내재되어 있는 정보를 추출하여 상품화하는 複製工法(reverse engineering)기간 또는 독자적 개발에 소요되는 기간만큼이 적절하다고 미국의 판례는 판시하고 있다.

이와 같은 금지청구권 외에 영업비밀침해로 인한 실질적인 재산상의 피해에 대해서는 그 보전을 청구할 수 있는 손해배상청구권이 인정된다. 특히 고의 또는 악의에 의한 침해행위에 대해서는 손해배상의 2배를 넘지 않는 범위 내에서 징벌적 손해배상을 청구할 수 있다. 그러나 이와 같은 손해배상에는 영업비밀침해로 인하여 입은 현실적 손해에 대한 배상만을 받을 수 있을 뿐 이 손해배상에 산정되지 않은 부당이득부분에 대하여는 손해배상액에 포함되어 있지 않기 때문에 이 부분에 대하여도 손해배상과는 별도로 부당이득반환청구권을 인정하고 있다. 그 외에도 손해배상 대신 적절한 로열티의 지급명령을 할 수 있다. 위의 제소기한은 영업비밀침해행위가 있는 날로부터 3년 이내로 규정하고 있으며, 계약상 거래관계에 의한 구제조치가 있거나 민사상 다른 형태의 구제가 있는 경우에는 이 법의 적용을 배제하고 있다. 이상의 청구소송절차에 대하여 '통일 트레이드 시크리트법'은 특별히 규정하고 있다. 즉, 법원은 문제된 영업비밀을 합리적인 방법으로 보호한다. 그 합리적인 방법이란

첫째, 공개청구에 대한 보전명령(protective order)

둘째, 비공개심리

셋째, 소송기록의 봉인

넷째, 법원의 승인 없이 소송관계자에게 문제된 영업비밀의 공개금지

다섯째, 소송기록의 비밀관리의무 등을 규정하고 있다는 것이다.

이와 같은 통일 트레이드 시크리트법은 다른 통일법안과 마찬가지로 미국 각 州에 성문법의 표본을 제시하고 있는 성격이 강하며 실제 법운용과 영업비밀의 보호형태는 법원의 판례를 분석하여 파악하여야 한다. 따라서 미국의 영업비밀보호제도는 통일 트레이드 시크리트법을 기본으로 각 법원의 판례에 따라 운용되고 있다고 볼 수 있다. 1979년 민사적 구제에 중점을 둔 통일 트레이드 시크리트법의 제정, 시행과 때를 맞추어 영업비밀 침해자를 형사처벌하기 위한 주형법이 정비되기 시작하였다. 영업비밀침해에 대한 각 주의 형법을 살펴보면 다음과 같이 세 가지의 유형으로 나누어 볼 수 있다.

첫째, 영업비밀절도죄를 따로 규정하고 있는 경우

둘째, 영업비밀절도죄를 따로 두지 않고 일반절도죄에 포함시키고 있는 경우

셋째, 영업비밀절도죄에 대해 특별한 규정을 두고 있지 않는 경우 등이다.

위의 두 가지의 경우는 다음과 같이 나누어 볼 수 있다.

첫째, 유체물에 화체된 영업비밀만을 처벌하는 경우와 유체물, 무체물(기억 속에 있는 영업비밀) 구분 없이 모두 영업비밀절도죄로 처벌하는 경우

둘째, 과학기술정보에 한정하는 경우와 영업활동에 관한 비기술정보도 포함하는 경우로 나누어 볼 수 있다.

이와 같이 영업비밀절도죄의 처벌 이외에 컴퓨터관계범죄를 처벌하는 규정을 따로 둔 주형법도 있다(플로리다주 형법).

### 1. 州 刑 法

#### (1) 영업비밀절도죄를 따로 규정하고 있는 주형법

콜로라도, 플로리다, 매사추세츠, 미시간, 뉴멕시코, 노스 캐롤라이나, 오클라호마, 펜실베이니아, 테네시, 텍사스, 버지니아, 위스콘신, 캘리포니아, 조지아, 네브래스카, 뉴욕, 오하이오주 등 17개 주이다. 이 중 적용대상 범위가 가장 넓은 콜로라도주의 형법 일부를 살펴보기로 한다.

1) 침해행위

타인의 영업비밀을 취득하거나 사용할 목적으로 또는 타인의 사용에 제공하거나 제3자에게 공개할 목적으로 절취하는 경우와 영업비밀을 표시한 물품을 복사하거나 복사하도록 하는 행위 등은 영업비밀의 절도로 간주하여 형사처벌을 받게 된다(제18조-4-408 영업비밀의 절도죄).

2) 보호대상

과학기술정보뿐만 아니라 판매, 경영 등 영업활동에 관한 정보까지도 영업비밀로 정의하고 있고, 유체물뿐만 아니라 무체물, 즉 기억 속에 있는 영업비밀까지도 형법상의 보호대상으로 하고 있다.

### ⑵ 영업비밀절도죄를 따로 두지 않고 일반절도죄에 포함시키고 있는 주형법

메릴랜드, 코네티컷, 뉴저지, 일리노이, 인디애나주 등으로 이 중 뉴저지주의 형법의 일부를 살펴보면 1979년 통일 트레이드 시크리트법 제정·시행과 때를 맞추어 그 동안 영업비밀의 절도죄를 특별히 인정하고 있었던 형법을 폐지하고 1978년 영업비밀절도죄를 일반절도죄에 포함시키는 새로운 형법을 제정하여 1979년부터 시행에 들어갔다. 이 형법에서 규정하고 있는 보호대상은 과학적 기술에 관련된 영업비밀의 절도만을 대상으로 하여 절도죄의 등급을 규정하고 있다. 뉴저지주의 형법에서는 영업비밀의 정의를 비밀이면서 가치를 지니고 있는 모든 과학기술적 정보, 디자인, 프로세스, 절차, 양식 개량 등으로 영업비밀보유자가 한정된 목적을 위해 영업비밀에 접근할 수 있는 자 이외의 자가 입수하지 못하도록 할 때 영업비밀로 추정된다(제2조 C: 20-1)고 규정한 다음(20-2)에 절도죄의 등급을 규정하고 있다.

### ⑶ 컴퓨터 관련 범죄를 처벌하고 있는 주형법

플로리다주 형법에서는 영업비밀의 절도, 횡령 및 불법복사에 대한 특별한 규정 없이 일반절도죄의 범주 내에서 처벌할 수 있도록 규정하고 있으면서 컴퓨터관련범죄를 처벌하는 규정은 따로 두고 영업비밀의 절도죄보다 중하게 처벌하고 있는 것이 특이하다. 즉, 영업비밀의 절도에 컴퓨터를 이용하면 컴퓨터범죄와 영업비밀의 절도죄에 의해 처벌된다.

이와 같은 컴퓨터범죄의 처벌규정은 입법취지 및 정의, 지적재산권에 대한 범죄, 컴퓨터 장비 및 용품에 대한 범죄, 컴퓨터 사용자에 대한 범죄 등의 조항으로 구성되어 있다.

## 2. 연방 형법

일반적으로 영업비밀의 절도죄에 대한 처벌은 州刑法이 적용되고, 聯邦刑法은 제한적으로만 적용되고 있다. 영업비밀에 관련된 연방형법규정을 살펴보면 연방장물법, 우편사기규정, 장물수령규정, 영업비밀법, 경제스파이법 등이 있다.

⑴ 연방장물법

5000달러 이상의 물품, 제품 및 상품을 절도, 횡령한 것임을 알면서 주와의 통상 또는 외국과의 통상에서 운송한 자를 처벌하는 규정이다. 적용대상은 영업비밀이 담긴 유체물을 절도하여 주간 또는 외국에 수송하는 경우에는 연방장물법이 적용된다.

⑵ 우편사기규정

타인을 기만하기 위한 우편사용을 금하고 있는 규정이다. 적용대상은 영업비밀의 절도과정에서 합중국 우편서비스를 이용한 경우에는 우편사기규정이 적용된다.

⑶ 장물수령규정

5000달러 이상의 물품, 제품, 상품이 장물임을 알면서 수령한 자에 대하여는 장물수령규정에 의하여 처벌하며 그 적용대상은 영업비밀이 담긴 물품의 수령에 적용된다.

⑷ 영업비밀법

합중국 형법에는 영업비밀이라는 규정이 있다.

이 규정은 정부의 관리가 비밀정보를 허락 없이 공개하는 것을 금지하고 있고, 공개가 금지된 비밀정보에는 공무원이 직무상 지득한 민간기업의 영업비밀도 포함되어 있다.

## Ⅱ. 英國의 法制

영국의 영업비밀보호제도는 19세기 초기에 공정한 관습에 반하는 행위를 방지하기 위한 조리와 영업비밀의 부정사용 및 부정공개 등의 부정유출행위를 금지시키기 위한 판례가 나오고 다수의 판례가 축적되면서 계약법, 불법행위법, 신뢰위반 등의 법원리에 근거한 판례법을 통해 보호되어 오고 있다.

영업비밀에 대한 명문의 규정은 없으나 판례법상 영업비밀이 되기 위해서는 대체로 공개되어 있지 않은 비밀정보로서 당해 정보가 공개되는 경우 정보의 보유자가 손해를 입거나 경쟁자가 이익을 얻을 수 있다고 판단되는 정보가 영업비밀로 인정되고 있다. 부정경쟁행위라고 보는 침해행위 유형으로 산업스파이 등 제3자가 절취 등 부정한 수단에 의하여 비밀정보를 취득하거나 이를 사용 또는 공개하는 행위, 이사와 회사, 사용자와 피용자, 대리인과 본인 등의 신뢰관계가 인정되는 당사자가 그 의무에 위반하여 당해 정보를 사용하거나 공개하는 행위 및 비밀유지의무를 가진 자가 그 의무를 위반한 사실을 알면서 또는 과실로 알지 못하고 당해 정보를 취득하거나 사용 또는 공개하는 행위 등을 들 수 있다.

이들 행위에 대해서는 금지청구권 외에 손해배상청구권이 인정될 뿐만 아니라 특히 영업비밀이 문서 등에 化體되어 있는 경우에는 이를 절취하는 행위에 대하여 형사상의 절도죄의 적용이 가능하다. 또한 영국은 1980년대 후반에 들어오면서부터 급격히 늘어나고 있는 컴퓨터관련정보 침해사건을 입법적 차원에서 해결하기 위하여 1990년 ‘컴퓨터 오용에 관한 법률’을 제정·발효시켰다.

## Ⅲ. 獨逸의 法制

독일에서는 영업비밀보호제도의 효시국인 英美의 영향을 받아 1909년에 제정된 부정경쟁방지법과 민법(제823조, 제826조: 불법행위)에 의해 영업비밀(Geschäftgeheimnis oder Betriegeheimnis)이 보호되어 왔다. 영업비밀의 요건에 대해서는 부정경쟁방지법에서는 영업비밀에 관한 정의규정을 두고 있지 않지만 판례상 일반적으로 사업활동에 관한 정보로서 한정된 자에게만 알려져 있고 일반에게는 알려져 있지 않아야 하며, 보유자에게 비밀유지의 의사가 분명하여야 한다. 또한 그 정보를 비밀로 유지함으로써 보유자에게 정당한 이익이 있어야 하는 고객의 명부, 재료의 구입처, 가격표, 원가계산, 제조데이터, 제조공정 등이 영업비밀로서 인정되고 있다. 부정경쟁행위라고 보는 침해행위 유형은 다음과 같다.

① 종업원 등이 고용관계 중에 들었거나 알게 된 영업비밀을 자기 또는 제3자의 이익을 위해 혹은 사업주에게 손해를 줄 의도 등을 갖고 공개하는 행위(부정경쟁방지법 제17조 제1항)

② 기술적인 수단의 사용, 비밀이 化體된 복제물의 작성, 비밀이 화체된 물의 탈취 등에 의해 권한 없이 영업비밀을 입수하는 행위(동법 제17조 제2항)

③ 자기 또는 타인의 ① 또는 ②의 행위에 의해 입수한 영업비밀을 권한 없이 사용·공개하는 행위(동법 제17조 제3항)

④ 競業의 목적으로 선량한 풍속에 반하는 행위(동법 제1조)를 들 수 있다. 이들 행위에 대해서는 금지청구권 외에 손해배상청구권이 인정되고 침해행위 자체가 형벌규정에 해당하는 경우에는 형사처벌도 가능하다.

이와 같은 구제는 제정법상으로 볼 때 민사적 구제보다 형사처벌에 의한 규제가 중시되고 있는 것이 특징이지만 판례상으로는 형사처벌의 적용범위보다 민사적 구제쪽이 넓다. 또한 독일에서는 공무원의 비밀유지 의무위반에 대해서는 헌법(제34조) 및 민법(제839조)에 의해, 회사의 임원에 대해서는 회사법에 의해 재임기간은 물론 퇴임후에도 일정기간 영업비밀 유지의무를 갖도록 규정하고 있다. 이를 구체적으로 살펴보면

① 자기 또는 제3자의 이익을 위해서나 또는 사업자에게 손해를 끼칠 목적으로 자기가 지득하고 있는 영업비밀을 사용하거나 공개하는 행위

② 산업스파이 등 제3자가 도청장치시설, 소형무비카메라, 망원렌즈, 휴대용 복사기 등 기술적 수단의 이용, 복제, 절취 등의 방법으로 영업비밀을 취득하는 행위(단순한 탐지행위는 불가벌)

③ ① 또는 ②에 의해 취득한 영업비밀을 권한 없이 사용하거나 공개하는 행위

④ 경쟁의 목적으로 사용하거나 공개하는 행위를 3년 이하의 징역 또는 벌금에 처하도록 규정하고 있고

⑤ 침해자가 공개시 그 영업비밀이 외국에서 사용될 것임을 알았거나 또는 당해 영업비밀을 자기 스스로 외국에서 사용할 때에는 5년 이하의 징역 또는 벌금에 처하며

⑥ 업무상의 거래에서 위탁된 원형이나 기술적 성질의 지침서, 특히 도면·모형·型·型紙나 처방 등을 競業의 목적으로 또는 자기의 이익을 위해 권한 없이 사용·공개하는 행위, 경쟁의 목적 또는 사리를 위해 제3자를 유혹하여 침해행위를 교사하거나 또는 이를 받아들인 자[동법 제20조 (1)] 및 경쟁의 목적 또는 사리를 위해 침해행위를 방조하거나 또는 요구에 의해 침해행위를 할 용의가 있는 것을 확실히 한 자[동법 제20조 (2)]에 대해서는 부정경쟁방지법상의 형벌규정에 의해 2년 이하의 징역 또는 벌금에 처한다.

이와 같은 부정경쟁방지법상의 형벌 외에도 영업비밀침해에 대한 교사범, 종범(제26조, 제27조), 데이터 탐지죄(제202조) 및 타인의 비밀로 되어 있는 데이터(전자적 방법으로 저장되고 전달되는 것)를 입수한 자에 대하여는 형법에 의해 처벌한다. 이상의 부정경쟁방지법 및 형법상의 공소는 고소가 있어야 논하는 친고죄로 하고 있다.

이러한 형사처벌에 의한 구제 외에도 영업상의 거래에서 競業의 목적으로 선량한 풍속에 반하는 행위를 한 자에 대하여는 禁止請求(동법 제1조), 침해상태의 제거청구(동법 제1조 적용판례) 또는 손해배상을 청구(동법 제17조, 제18조, 제1조, 단 제20조 불인정)할 수 있다. 판례는 부정경쟁방지법상의 형사처벌대상이 아닌 침해행위에 대해서도 선량한 풍속에 반하는 행위로 취급하여 손해배상의 대상으로 하고 있다.

예를 들면 퇴직 후 종업원의 행위로서 선량한 풍속에 반하는가의 여부는 사용자가 얻은 이익과 퇴직자의 이익과의 비교 등에 의해 이루어진다. 또 민법 제823조(손해배상의무)에서는 고의 또는 과실로 타인의 생명·신체·건강·자유·재산 기타의 권리에 대하여 불법적으로 해를 끼친 자는 그로 인한 손해를 배상할 책임이 있고, 타인을 보호할 목적을 가진 법률을 위반한 자도 동일한 의무를 진다. 만일 법률의 규정에 따라 이러한 위반행위가 과실이 없이도 일어날 수 있는 경우에는 손해배상의 의무는 과실이 있는 경우에 한하여 발생한다고 규정하고 있다.

또 민법 제826조(공공의 정책에 반하는 고의적인 손해)에서는 선량한 관행에 반하는 방법으로 타인에게 고의적으로 손해를 입힌 자는 그 손해를 배상할 책임이 있다. 그리고 영업비밀침해가 競業의 목적인 경우 부정경쟁방지법 제17조·제18조의 위반행위가 되어 손해배상을 하게 되나 경업의 목적이 아닌 위반행위이거나 또는 부정경쟁방지법의 규정에 의해 구제를 받을 수 있는 경우에도 민법 제823조 제1항의 규정에 의한 손해배상청구가 가능하다고 규정하고 있다.

이상과 같은 부정경쟁방지법, 민법, 형법에 의한 구제 외에 노동법, 종업원 발명법, 경쟁제한법, 판례법 등에 의해서도 보호되고 있다. 이상의 영업비밀침해행위에 대한 금지 또는 손해배상을 청구할 수 있는 권리는 그러한 행위 또는 의무자를 안 때로부터 6개월 이내에 행사하지 않거나 행위시로부터 3년이 경과하면 시효에 의해 소멸한다.

## Ⅳ. 프랑스의 法制

프랑스에서는 영업비밀보호를 위한 부정경쟁방지법 개정 전의 우리 나라와 마찬가지로 영업비밀을 보호하기 위한 별도의 법제는 없고 민법, 형법, 상법 등에 의해 보호되고 있다. 특히 지난 20년간 영업비밀을 포함한 부정경쟁행위에 관한 판례법이 발달해 오면서 영업비밀보호노력을 하고 있고, 경제적 가치가 있는 기업정보의 침해에 대해서는 금지청구권 및 손해배상청구권이 인정되고 있다. 특히 제3자의 영업비밀침해행위에 대해서는 민법 제1382조(불법행위)에 의해 보호되고 있고 회사의 종업원, 임원에 의한 업무상 영업비밀의 누설에 대해서는 형법 제418조에 의한 형사처벌도 가능하다.

이와 같이 형법은 영업비밀침해행위에 대한 처벌규정을 특별히 두고 있는 가운데 외국인에게 누설하는 경우에는 내국인에게 누설한 경우보다 더 무거운 형량을 두고 있다. 즉, 외국인이나 프랑스 거주 외국인에게 제조비밀을 누설하는 경우에는 징역 2~5년 또는 벌금 1800~12만 프랑의 손해배상에 처하고(형법 제418조), 아울러 5~10년의 公民權 제한도 가능하도록 규정하고 있는 데(형법 제42조) 반해 영업비밀을 내국인에게 누설하는 경우에는 3

개월~2년의 징역 또는 벌금 500~1만 5000프랑의 손해배상에 처한다.

## Ⅴ. 日本의 法制

일본은 그 동안 영업비밀에 관한 별도의 입법 없이 민법상의 불법행위법 및 계약법과 상법의 규정에 의하여 영업비밀을 보호하고 침해행위가 형법상의 형벌규정에 해당하는 경우에는 형사처벌을 과하는 형태로 보호하여 왔다. 그러나 산업구조심의회 재산적 정보부가 영업비밀침해행위를 부정경쟁행위로 보고 금지청구권 등을 인정하는 내용의 부정경쟁방지법을 개정하여 영업비밀을 명문으로 보호하도록 건의한 것을 채택하여 1990년 6월 29일 법률 제66호로 부정경쟁방지법을 개정함으로써 영업비밀의 보호를 명문화하였다.

개정된 부정경쟁방지법에서는 영업비밀을 "비밀로서 관리하고 있는 기술상 또는 영업상의 유용한 정보로 공연히 알려져 있지 않은 것"으로 정의하고 있다. 또한 영업비밀침해행위라고 보는 행위유형을 다음과 같이 열거하고 있다.

① 절취·사기·강박 기타 부정한 수단에 의하여 영업비밀을 취득하는 행위 및 그러한 영업비밀을 사용, 공개하는 행위

② 영업비밀의 보유자로부터 얻은 영업비밀을 부정경업 기타 부정한 이익을 얻기 위한 목적으로 또는 그 보유자에게 손해를 가할 목적으로 사용, 공개하는 행위

③ 영업비밀 취득 당시 위 ① 또는 ② 행위가 개입되어 있는 것을 알았거나 중대한 과실로 알지 못하고 그러한 영업비밀을 취득·사용·공개하는 행위

④ 영업비밀 취득 후 위 ① 또는 ② 행위가 개입되어 있는 것을 알았거나 중대한 과실로 알지 못하고 그 영업비밀을 사용·공개하는 행위 등을 들 수 있다.

영업비밀의 보유자는 위와 같은 침해행위로 인하여 영업상의 이익이 손상될 우려가 있는 경우 금지청구를 할 수 있다. 다만 거래의 안전을 위하여 위 ④의 유형의 경우에 善意, 無重過失로 영업비밀을 취득한 선의의 취득자가 당해 거래에 의하여 인정된 범위 내에서 당해 영업비밀을 사용 또는 공개하는 행위는 금지청구권의 대상에서 제외하고 있다.

금지 등을 청구할 수 있는 자격은 영업비밀을 보유하고 있는 사업자나 영업상의 이익이 손상될 우려가 있는 자(예: 대리점)이며, 여기에서 "보유"란 영업비밀을 직접 만들거나 매매계약, 라이선스계약 등 법적으로 유효한 거래행위의 결과로 취득한 경우 또는 고용계약이나 위임계약을 기초로 기업에서 공개한 정보를 종업원 등이 지득한 경우 등 정당한 권원에 의해 취득, 보유하고 있는 경우를 말한다. 또한 "사업자"란 영리사업(주식회사 · 유한회사 · 합명회사 · 합자회사 등)에 국한하지 않고 공익법인 · 특수법인 · 협동조합 · 지방공공단체 등 비영리사업주체도 사업자라 할 것이다.

금지 · 예방 등을 할 수 있는 침해행위는 전술한 침해행위유형 6가지에 한하며 금지청구의 대상은 영업비밀이 생산기술의 경우는 그 제품의 제조 및 판매의 금지가 될 것이고, 고객명부의 경우는 고객명부의 발송금지, 건축기술의 경우는 당해 건축공사의 중지 등이 될 수 있을 것이다.

또한 금지청구의 요건으로는 현실적으로 반드시 영업상의 손해가 발생될 필요는 없고, 현상태가 지속되면 영업비밀의 침해로 손해가 발생할 가능성이 높으면 충분하다. 금지청구를 하는 경우에는 침해행위를 조성한 물건, 침해행위에 의하여 생긴 물건 또는 침해행위에 제공된 설비의 폐기 등 침해행위의 금지에 필요한 조치를 요구할 수 있다. 또한 영업비밀의 보유자는 고의 또는 과실에 의한 침해행위로 인하여 영업상의 이익이 손상된 경우에는 손해배상을 청구할 수 있을 뿐만 아니라 영업상의 신용의 회복에 필요한 조치도 요구할 수 있다.

영업비밀보유자의 침해자에 대한 금지청구권은 보유자가 침해사실 또는 그 침해행위를 안 날로부터 3년이 경과하거나 침해행위가 10년간 계속된 경우에는 소멸한다. 또한 부정경쟁방지법에서는 영업비밀침해행위에 대한 형사처벌 규정을 두지 않고 부정경쟁행위에 대해서만 3년 이하의 징역 또는 50만 엔 이하의 벌금에 처하도록 규정하고 있다. 그러나 일반 형법에 기업비밀누설죄를 신설하여 기업의 임원 또는 종사자가 정당한 이유 없이 그 기업의 생산방법 기타 기술에 관한 비밀을 제3자에게 누설한 때에는 3년 이하의 징역 또는 50만 엔 이하의 벌금에 처하도록 규정하고 있다. 또한 "이들 지위에 있었던 자가 그 기업의 생산방법 기타 기술에 관한 비밀을 지킬 법률상의 의무에 위반하여 이를 제3자에게 누설한 때에도 같다"라고 하는 규정을 두어 기업의 종업원 등이 비밀을 지킬 법률상의 의무에 위반하여 그 기업의 기술상의 비밀을 누설하는 것을 처벌할 수 있도록 규정하고 있다(개정형법초안 제318조, 시행 유보).

## Ⅵ. 스위스의 法制

스위스는 欺瞞 또는 기타의 방법으로 신의성실의 원칙에 반하여 경제상의 경쟁을 남용하는 것을 부정경쟁행위, 즉 영업비밀침해행위로 보고 부정경쟁방지법에서 민사적·형사적 구제수단을 두고 있다. 이 법에서 부정경쟁행위라고 보는 침해행위의 유형으로서 ① 제3자가 사용하는 근로자, 수임자, 기타 보조자의 직무상 또는 업무상의 사무에 관한 의무위반행위에 의해 자기 또는 타인을 위해 이익을 얻을 의도로 또는 이에 적합한 부당한 편익을 이들에게 제공하는 행위, ② 근로자, 수임자, 기타 보조자를 유혹하여 그의 사용자 또는 위임자의 제조상의 비밀 또는 사업상의 비밀을 누설 또는 탐지시키는 행위, ③ 스스로 탐지하거나 다른 방법에 의해 신의성실의 원칙에 반하여 알게 된 제조상 비밀 또는 사업상 비밀을 사용하거나 공개하는 행위를 들 수 있다.

이들 행위로 인하여 고객의 신용 또는 직무상의 신망, 사업 기타 경제상의 이익에 해를 입거나 위태롭게 된 자는 ① 그 영업비밀침해행위에 대한 위법의 확인, ② 영업비밀침해행위의 금지, ③ 영업비밀침해상태의 제거, 不眞實 또는 기만적인 표시행위의 정정, 손해배상 및 위자료 등과 같은 청구를 할 수 있고, 이 청구권의 행사는 제소권자가 그 행위의 발생을 안 때로부터 1년간, 그 행위가 발생한 때로부터 5년간 행사하지 않을 때에는 시효에 의해서 소멸된다.

또한 고의로 제3자가 사용하는 근로자, 수임자, 기타 보조자의 직무상 또는 업무상의 사무에 관한 의무위반행위로서 자기 또는 타인의 이익을 위해 부당한 편익을 제공하거나 근로자, 수임자 기타 보조자를 유혹하여 그 사용자 또는 위임자의 제조상 비밀을 누설 또는 탐지시키는 행위 및 스스로 탐지 또는 기타의 방법으로 신의성실에 반하여 얻은 제조상의 비밀 또는 사업상의 비밀을 사용하거나 공개하는 행위 등에 대해서는 피해자의 고소에 의해 구속 또는 벌금 등의 형사벌에 처한다.

이상에서 살펴본 바와 같이 각국의 보호제도에는 차이가 있으나 어느 나라나 영업비밀보호에 관한 부정행위에 대하여 禁止(留止, 停止, 中止)請求權 및 손해배상청구권을 인정하고 있고 특정행위에 대해서는 형사처벌도 가능하도록 형벌규정을 두고 있는 것이 일반적인 경향이다.[6]

---

6) 《참고》 주요 외국의 영업비밀보호현황

| 국 명 | 보 호 법 | 침해행위 금지청구권 | 손해배상 청 구 권 | 형 벌 |
|---|---|---|---|---|
| 미 국 | Trade Secret법(주법), common law, 형법 | ○ | ○ | △ (일부 주만) |
| 영 국 | common law, 형법 | ○ | △ | △ (절도죄, 횡령죄만) |
| 프랑스 | 민법, 형법 | ○ | ○ | ○ |
| 독 일 | 부정경쟁방지법 | ○ | ○ | ○ |
| 이탈리아 | 민법, 형법 | ○ | ○ | ○ |
| 캐나다 | common law, 형법 | ○ | ○ | △ (절도죄 횡령죄만) |
| 스위스 | 부정경쟁방지법, 형법 | ○ | ○ | ○ |
| 오 스 트리아 | 부정경쟁방지법 | ○ | ○ | ○ |
| 일 본 | 민법, 상법, 형법, 부정경쟁방지법 | ○ | ○ | △ (절도죄, 횡령죄만) |
| 홍 콩 | common law, 형법 | ○ | ○ | △ (절도죄, 횡령죄만) |
| 말레이 시 아 | common law, 형법 | ○ | ○ | △ (절도죄, 횡령죄만) |

(주) ○ : 규정은 갖춤. △ : 일부 규정이 있음.

# 제2장 營業秘密의 保護

## 제 1 절 總　說

영업비밀은 특허권, 실용신안권, 디자인권, 상표권 등과 같은 산업재산권이나 저작권, 컴퓨터 프로그램, 반도체집적회로 배치설계, 데이터베이스 등과 같은 지적재산의 일종으로서 기업 등 사업주체가 영업활동을 함에 있어 경쟁상의 우위를 확보하기 위하여 비밀로 관리하고 있는 생산방법, 판매방법 기타 사업활동에 유용한 기술상 또는 경영상의 정보로서 공공연히 알려져 있지 않은 것에 대한 총칭적 개념으로서의 약칭이다. 독일, 일본, 스위스, 오스트리아 등과 같이 성문법인 부정경쟁방지법에 의해 산업정보를 보호하고 있는 나라에서는 일반적으로 영업비밀이라는 용어를 사용하고 있으나, 일부 국가에서는 기업기밀, 산업비결, 트레이드 시크리트(trade secret), 재산적 정보(proprietary information), 미공개 정보(undisclosed information), 노하우(know how), 비밀영업정보라고도 불리어지고 있다.

그러나 이와 같은 용어들은 거의 비슷한 개념으로 이해할 수 있으나 여기에서 '企業機密'이란 기업의 생산활동이나 판매활동 기타 영업활동에 유용한 기술상 또는 경영상의 정보뿐만 아니라 사업활동에 유용하지 않은 종교상의 教典이나, 사장과 여직원과의 스캔들, 경쟁업체의 인력 스카우트, 공해물질의 방출, 세금포탈, 기업자금도피, 기업의 부동산투기, 경쟁사의 도산계획 등 반윤리적·반사회적 정보까지를 모두 포함하고 있는 개념으로 이해하고 있다.

그러나 이와 같은 정보는 비록 영업비밀 보유자에게는 영업상 유용할지 모르나 법적 보호를 하는 데 충분한 사회적 의의와 그 필요성이 있는 정보라고는 할 수 없기 때문에 이는 사회정의에 반하므로 부정경쟁방지법에 의한 영업비밀로서 보호를 받을 수 없다. 또한 "트레이드 시크리트"란 미국에서 특히 발달된 용어로서 공연히 알려져 있지 않은 기술상 또는 영업상의 정보를 의미하고는 있지만, 이것은 단순히 보호객체를 의미하는 데 그치지 않고 비밀침해, 신의위반 및 의무불이행 등의 법리를 함께 인정하고 있는 것이 특색이다.

'재산적 정보'란 1988년 GATT UR/TRIPs(무역관련 지적재산분야) 협정안으로 작성한 지적재산에 관한 스위스, 미국, 일본 등 민간삼극회의 공동문서에서 최초로 사용한 용어로 그 의미는 정부의 인가·허가·승인 등을 받기 위하여, 또는 등록·신고 등을 하기 위하여 제출한 서류 등의 자료는 신청자의 재산적 가치가 있는 정보이므로 정부는 이를 공익이라는 미명 아래 무단공개하거나 사용하여서는 안 된다는 것이다.

예를 들면 신약제조허가 신청시 제출하도록 하는 임상실험자료(약현 및 독성실험서) 등에 대한 정부의 공개금지에 역점을 두고 있는 개념이다. '노하우'란 일반적으로 오랜 동안의 생산경험을 통해 축적된 기술상의 정보만을 지칭하되 반드시 비밀성이 있는 정보만을 의미하는 것이 아닌 것으로 이해하는 때도 있었다. 보다 자세한 설명은 후술하는 제2절 Ⅰ. 영업비밀관련용어의 정리를 참고하기 바란다.

## 제 2 절 營業秘密의 意義

### Ⅰ. 營業秘密關聯用語의 整理

영업비밀이란 19세기부터 英美의 보통법(common law)으로 확립된 개념으로서 일명 기업비밀, 재산적 정보, 트레이드 시크리트(trade secret), 노하우(know how) 등의 용어로 다양하게 불려지고 있으나 이는 모두 유사한 개념으로 이해할 수 있을 것이다.

그러나 나라마다 서로 다른 배경과 이유 등으로 구분 사용하고 있는 실정인바, 이들 용어에 대해서 설명하고자 한다.

⑴ 營業秘密

영업비밀이란 용어는 이 법에서 법적 보호객체의 약칭으로 정의한 것이며, 일본, 독일, 스위스, 오스트리아 등과 같이 부정경쟁방지법에 의한 보호를 하고 있는 나라의 경우에는 일반적으로 '영업비밀'이라는 용어를 사용하고 있다.

이 법에 있어서의 영업비밀은 단순한 약칭규정이기 때문에 법적 보호의 대상은 다음 절에서 설명하고 있는 영업비밀의 요건으로 정하여진 그대로이고, 영업비밀이라고 해도 경영상의 정보가 제외되는 것이 아니고 기술상의 정보와 함께 총칭하고 있는 개념이다.[1)]

⑵ 企業秘密

기업비밀이란 용어는 영업비밀과 같이 비공지성, 비밀성이 있는 정보이기는 하나 기업활동에 유용한 정보에 한정하지 않고 기업의 비밀에 속하는 정보이면 무엇이든지 모두 포함하는 인상을 주는 용어로 이해된다.

이 점에서 기업비밀은 영업비밀이나 트레이드 시크리트, 재산적 정보 등과는 다른 개념으로 보아진다. 예를 들면 종교적 교전과 같은 비경제적 정보, 세금포탈, 공해물질방출, 기업자금도피, 기업의 부동산 투기 등과 같은 반사회적 정보, 경쟁사로부터의 인력 스카우트, 사장과 여사원간의 애정 스캔들 등과 같은 반윤리적 정보, 신기술 발표회 및 신상품 전시회, 주식공모일자 발표 등과 같은 단일 또는 일시적인 사건에 관한 단순한 정보 등이 기업비밀로 분류되고 있다.

---

1) 1991년 6월 15일 개정된 일본의 부정경쟁방지법은 영업비밀의 정의를 "비밀로서 관리되고 있는 생산방법, 판매방법 기타 사업활동에 유용한 기술상 또는 경영상의 정보로서 공공연히 알려져 있지 않은 것"이라고 규정하고 있다.

(3) 財産的 情報

재산적 정보란 용어는 'proprietary information'의 번역어이며, 1986년부터 시작된 GATT/UR TRIPs에서 최초로 사용된 최근 용어로서 트레이드 시크리트 혹은 영업비밀과 같은 의미로 사용되기도 한다. 하지만 재산적 정보에는 트레이드 시크리트나 영업비밀 이외에도 의약품이나 농약 등의 제품등록을 위하여 정부 또는 제3자에게 제출하거나 제시하는 재산적 가치가 있는 미공개정보 등을 포괄하는 개념으로 사용할 때가 있다.[2)]

(4) 트레이드 시크리트(trade secret)

트레이드 시크리트라는 용어는 영미에서 보통법(common law)상의 법리로 확립된 개념이며, 법적 보호의 객체로서는 신규성, 비밀성, 경제성을 갖는 기술상 또는 경영상의 정보를 의미하고 있다.

특히 미국에서 트레이드 시크리트 보호의 법리가 발달하고 있으며, 트레이드 시크리트라는 용어는 단순히 보호의 객체를 의미하는 데 그치지 않고 비밀침해, 신의위반 또는 의무불이행(breach of confidence) 등의 법리를 함께 인정하고 있다.[3)] [4)]

미국의 1939년의 불법행위에 관한 法載錄(Restatement of the Law of Torts) 제757조의 trade secret의 정의(b. Definition of trade secret)를 보면 '트레이드 시크리트'는 계약의 비밀입찰의 금액과 그 조건, 일정한 사용인의 급료, 증권투자(계획 포함), 신정책의 발표나 신모델의 발매일자 등 영업활동에 있어서의 단일 또는 일시적인 사건에 관한 단순한 정보가 아닌 점에서 영업에 있어서의 기타의 정보와는 다르다고 보겠다. 따라서 기업의 비밀정보라고 해서 모두 트레이드 시크리트의 법리로 보호되는 것은 아니라는 것을 나타내고 있다.

그리고 미국의 1939년의 불법행위에 관한 법재록상의 트레이드 시크리

---

2) GATT/UR TRIPs 협상에서는 비공개정보의 보호를 위하여 정부에 제출한 미공개정보나 건강, 안정 등을 위하여 트레이드 시크리트를 제3자에게 공개하지 않는 경우라 하더라도 제3자와 비밀유지계약을 체결한 경우에는 예외로 하는 방안이 검토된 바 있다.

3) [부록Ⅱ-2] 통일트레이드 시크리트법(미국) 중 '제1조(정의)', p.451 참조.

4) 트레이드 시크리트의 개념에 관한 판례(미국)
Kewanee Oie Co. v. Bicron Corp. p.402 참조.

트의 기술은 그 후의 판례변경에 의해서 수정되고 있는 경우가 있으며, 여기서 인용한 기술에 관해서는 1979년의 통일 트레이드 시크리트법에서 현재 계속적으로 사용하고 있지 않더라도 트레이드 시크리트를 사용하는 기회 또는 수단을 가지고 있는 경우에는 트레이드 시크리트로서의 법적 보호가 가능하다.

또한 쓸모 없게 된 특정의 프로세스(process; negative information)나 실패한 실험데이터라 할지라도 장기간에 걸쳐 거액의 비용을 들여 개발한 것이기 때문에 경쟁자에게 지대한 가치를 가져오게 할 가능성이 있는 정보라면 이 또한 포함한다는 것이다. 그뿐만 아니라 미완성의 생산기술 또한 완성할 사업상의 가치유무를 불구하고 현상태에서의 정보적 가치판단에 따라 영업비밀로 분류하여 관리한다면 영업비밀로 보호할 수 있다.

(5) 노하우(know how)

노하우란 용어에 대해서는 아직 정확한 정의를 내린 바 없기 때문에 트레이드 시크리트의 개념이나 영업비밀의 개념과 다르다고 단정하기는 매우 어렵지만 흔히 서로 다른 개념으로 사용하는 경우가 있다.

노하우는 경험의 축적의 총체로 이해하면서 트레이드 시크리트 중 기술적 정보만을 지칭하여 사용하는 경우가 있다.[5)][6)] 사실 노하우라는 용어는 트레이드 시크리트나 영업비밀의 개념으로 파악할 수 있음에도 불구하고 기술분야에 한정된 것이라는 생각을 떨쳐 버리지 못한 경우가 허다하다.

또한 노하우에 관해서는 기술, 비결, 요령이라는 정보의 내용을 갖고 있음에도 반드시 비밀성을 요하지 않은 것에도 사용하는 경우가 있다. 바로

---

5) 영·미의 법률사전에서 노하우를 기술적 지식을 중심으로 해석하고 있는 것을 보면 바로 이를 뒷받침하고 있다고 생각한다.

6) 국제상업회의(International Chamber of Commerce: ICC)는 노하우의 정의로서 "단독으로 또는 결합해서 공업목적에 유용한 어떤 종류의 기술을 완성하거나 또는 그것을 실제로 적용함에 필요한 기술적 지식과 경험 또는 그들의 집적을 말한다"고 하였다.

이 ICC의 노하우 보호기준조항에서는 노하우의 정의 자체에 대해 비밀성이라는 요소가 들어 있지 않다. 이는 비밀노하우(secret know-how)와 비밀이 아닌 노하우를 나누어 그 취급을 달리하고 있기 때문이다.

[자료] 千代田 國濟經營法律事務所 編, 企業秘密／トレートシータレット.

이 점에서 트레이드 시크리트나 영업비밀과 비교해 볼 때 애매하다고 본다. 이와 같이 노하우(know-how)라는 용어의 어원은 정확하지는 않으나 미국의 실업계에서 처음 사용된 용어로서 영미의 법원에서는 전통적으로 Trade Secret(영업비밀)로 불리어지고 있지만[7] 노하우 제공을 목적으로 한 실시권계약(Licensing Agreement) 등에 관련해서는 오히려 노하우라는 용어를 사용하는 것이 일반적이다.[8] 이러한 노하우라 함은 기술적 노하우와 영업적 노하우로 구별하기도 하지만 일반적으로 기술적 노하우를 의미한다. 「발명에 관한 개발도상국을 위한 모델법」(The Model Law for Developing Countries on Inventions) 제53조는 노하우란 제조공정 또는 공업기술의 사용 및 적용에 관한 지식(manufacturing processes or knowledge concerning the use and application of industrial techniques)이라고 정의하고 있다.[9]

이상의 각 용어에 대한 성격을 다시 요약정리해 보면 다음과 같다.

먼저 영업비밀이라고 하는 개념은 지금까지 우리 나라의 경제, 사회에서는 정착되어 있지 않다고 생각되므로 비교적 일반적인 용어는 노하우가 아닌가 생각된다. 그러나 노하우는 기술상의 노하우만을 지칭하는 의미로 사용하는 때도 있는 등 법률용어로 사용하는 것은 부적당하다.

트레이드 시크리트라는 용어는 실제 정보 등에서 비교적 빈번하게 쓰이고 있고, 계약실무상에서도 사용되는 경우가 있는 점으로 미루어 보아 노하우에 이어서 친숙한 용어라고 생각된다. 하지만 법적 보호의 문제를 심의하는 경우에는 미국에 있어서의 트레이드 시크리트의 보호법리의 개념이 너무 엄격하기 때문에 우리 나라의 법체계에서의 보호방법을 중립적으로 검토하는 면에서는 적절하지 못한 것으로 생각한다.

또한 재산적 정보라는 용어도 법률용어로는 하나의 개념으로서 너무도 미성숙하고 일반적으로도 정착되어 있지 않은 점 등을 고려하여 이 법에서

---

7) 土井編, 國際契約 ハンドブック, 1980, 113쪽.

8) Teruo Doi & Warren L. Shattuck, Patent and Know-How Licensing in Japan and the United States, 1977, p.32.

9) The Model Law for Developing Countries on Inventions, 1964. 10. 23, BIRPI, PART Ⅱ, Sections 53.

는 '영업비밀'이라는 용어를 사용하기로 한다.

## Ⅱ. 營業秘密의 槪念

영업비밀이란 일반적으로 기업이 비밀로 보유하고 있는 기술상 또는 경영상의 정보로 총칭하고 있지만 우리 나라에서는 아직 강학상 정리된 뚜렷한 개념이 없는 실정이다. 법률상으로는 '독점규제 및 공정거래에 관한 법률에 의한 국제계약상의 불공정거래행위 등의 유형 및 기준'(재정경제부고시 제1997-23호) 제5조 제6호에서 "공업소유권 등의 배타적인 권리 이외의 기술"이라고 규정하고 있으며, 외국인투자촉진법 제2조 제1항 제7호 라목에는 "산업재산권 기타 기술"이라고 규정하고 있다. 이 때의 "이외의 기술"이나 "기타 기술"이 실정법상의 영업비밀의 개념규정으로 볼 수 있을 것이다.

이 두 규정은 영업비밀을 직접 규정하고 있는 조항이라고 볼 수 있으나 우리 나라에서는 이 부분을 축소 해석하여 협의의 '기술적인 노하우'로 사용해 오고 있다. 즉, 외국인투자 관계법규에 의하여 등록을 출원할 수 없는 기술과 그 등록요건에 해당된다 하더라도 필요에 따라서는 등록을 하지 않는 기술 등을 의미하는 것이라고 생각했던 것 같다.

그러나 실제 외국인투자촉진법 등 관련법규에 의한 기술도입계약은 특허권 등 산업재산권, 설계도면, 기계배치, 제조방법 등 기술사항뿐만 아니라 판매방법, 시장관리기법, 고객관리, 기타 보이지 않는 노하우 등 사업활동에 필요한 경영사항 등까지도 모두 포함하여 기술도입계약을 체결하고 기술도입료를 지불하고 있기 때문에 사실상 영업비밀이란 기술 노하우에 국한하지 않고 경영 노하우를 포함하는 개념으로 파악할 수 있을 것이다.

일본의 英·美 商事法 辭典에 의하면, 영업비밀이란 "어떤 기업이 그것을 이용함으로써 그것을 이용하지 않는 競業者보다 유리한 지위를 차지할 기회를 가질 수 있는 물의 제조, 처리 또는 보존의 공정, 기계 등의 설계도면, 기타 비밀의 기술적 지식 내지 정보, 그리고 고객명부, 선전상의 아이디어 등 상업적 비밀의 지식 내지 정보의 집합으로 형성되는 유형, 무형의 영업상의 비밀"이라고 정의하고 있다.

이상에서 살펴본 바와 같이 영업비밀이란 강학상 대체로 기업 등 사업주체가 영업활동을 함에 있어서 경쟁상의 우위를 확보하기 위하여 비밀로 보유하고 있는 정보로서 일반적으로 비용·시간·노력의 결과로 얻어지고 공개될 경우 영업비밀보유자에게는 손해가 되고 경쟁자에게는 경제적 이익이 되는 '기술상의 정보뿐만 아니라 상업상의 정보 기타 경영상의 정보까지를 모두 포함하는 총칭적 개념으로서의 약칭'이다. 따라서 영업비밀이란 그 영업비밀을 이용함으로써 이용하지 아니한 경쟁업자보다 영업상 유리한 지위를 확보할 수 있는 사상의 창작 또는 이를 실시하는 데에 필요한 구체적인 지식, 자료, 경험 등의 정보로서 공연히 알려져 있지 않고 비밀로 유지되고 있는 정보를 말한다.

예를 들면 기술상의 지식 내지 정보로서 제품기획, 설계기술, 생산공정, 試作技術, 시험·실험기술, 생산기술, 검사기술 등이 영업비밀이 될 수 있으며, 상업상의 지식 내지 정보로서 고객리스트, 원재료 구입처 리스트, 제품의 할인시스템, 원재료 구입가격표, 재무데이터, 생산코스트, 판매데이터, 판매매뉴얼, 재고관리정보, 신규사업정보 등이 영업비밀이 될 수 있고 기타 경영상의 지식 내지 정보로서는 인사관리, 사무관리, 조직관리, 금융기법, 선전상의 아이디어, 사무실의 관리방법 등이 영업비밀이 될 수 있을 것이다.

부정경쟁방지법에서의 영업비밀에 관한 정의를 보면 "영업비밀이란 공공연히 알려져 있지 아니하고 독립된 경제적 가치를 가지는 것으로서, 상당한 노력에 의하여 비밀로 유지된 생산방법, 판매방법, 그 밖에 영업활동에 유용한 기술상 또는 경영상의 정보를 말한다"라고 규정하고 있다(법 제2조 제2호).

따라서 이 법에 의한 영업비밀이란 비밀로 유지되고 있는 생산방법 등 기술상의 정보뿐만 아니라 판매방법 및 기타 영업활동에 유용한 경영상의 정보까지를 모두 포함하고 있다.

예를 들어 보면 기술상의 정보로서 제조방법, 제조공정, 화학방법, 성분원료의 배합비, 강도계산의 운용방법, 설계방법, 설계도면, 청사진, 제조원가, 실험자료, 연구보고서 등을 들 수 있고, 영업상의 정보로서는 고객의 명부, 거래선의 루트, 판매지침서, 시장조사정보, 사원연구지침서, 고객관리기법, 판매 매뉴얼, 제품의 할인시스템 등을 들 수 있다. 기타 경영상의 정보로서는 재무관리정보로 자금조달계획, 자산구입, 설비투자계획, 예산배분계획, 기타 재무자료 등을 들 수 있고, 조직관리정보로 인사기록카드 등 신분관리자료, 기구개편 등 직제개정계획 및 조직관리기법 등의 정보를 들 수 있으며, 사무관리정보로 사무집기, 시설, 차량관리 등에 관한 정보를, 기타 영업정보로 영업전략정보, 사업계획자료, 사업성 검토자료, 선전광고기법 등을 들 수 있을 것이다.

이와 같은 영업비밀은 특허를 받을 수 있는 발명이나 실용신안등록을 받을 수 있는 고안, 디자인등록을 받을 수 있는 디자인의 창작뿐만 아니라 특허·등록을 받을 수 없는 발명·고안이나 디자인의 창작 등을 모두 포함한다. 즉, 자연법칙을 이용한 기술적 사상의 창작으로서 산업에의 이용성, 신규성, 진보성이 있는 정보뿐만 아니라 그것이 없는 정보까지도 영업비밀이 될 수 있다. 예를 들면 화학제품의 미묘한 조합, 온도·성분에 관한 기술적 노하우, 설계도면, 실패한 실험데이터, 고객명부, 영업전략, 인사·조직·재무 및 사무관리 기법 등은 특허·등록은 받을 수 없지만 영업비밀로서는 보호될 수 있다.

미국의 통일영업비밀법에서는 영업비밀의 공개 또는 사용에 의해 경제적 가치를 얻을 수 있는 자에게 일반적으로 알려져 있지 않고 정당한 수단에 의해서는 쉽게 얻을 수 없기 때문에 영업비밀보유사가 현실적 또는 잠재적으로 독자적인 경제적 가치를 가질 수 있는 것으로서 그 비밀을 유지하기 위하여 적절하고도 합리적인 노력이 가해진 제법 또는 공식, 패턴(양식 또는 정형), 데이터의 편집(집성), 프로그램, 도구, 고안, 방법, 기술 또는 공정 등을 포함한 모든 정보라고 정의하고 있다.

영국의 '판례법'에서는 대체로 당해 정보가 공개된 것이 아니어야 하며, 만약 공개될 경우 정보의 보유자가 손해를 입거나 경쟁자가 이익을 얻을 수 있는 정보를 영업비밀이라고 한다.

독일의 '부정경쟁방지법'에서는 영업비밀이란 대체로 사업활동에 관한 것으로서 한정된 자에게만 알려져 있고 일반에게는 알려져 있지 않아야 하며, 또 비밀유지 의사가 분명할 뿐만 아니라 그 정보를 비밀로 유지함으로써 정당한 이익을 얻을 수 있는 정보라고 규정하고 있다.

일본의 '부정경쟁방지법'은 비밀로서 관리되고 있는 생산방법, 판매방법 기타 사업활동에 유용한 기술상 혹은 영업상의 정보로서 공연히 알려져 있지 않은 정보를 영업비밀이라고 정의하고 있다.

또한 영업비밀의 적법성에 관한 1987년 8월 28일 플로리다주 제8순회항소법원은 원고 서지데브사는 전직 종업원이었던 피고 휫지몬스 등 3인과 이들이 설립한 Eye Technology사를 상대로 낸 영업비밀인 백내장용 렌즈의 노하우 및 고객명부의 부정사용 등에 대한 금지 및 보상적·징벌적 손해배상청구사건에서 원고가 영업비밀이라고 주장한 백내장용 렌즈의 노하우 등이

① 원고가 많은 비용을 투자하여 개발한 것으로서

② 업계에 널리 알려져 있지 않았을 뿐만 아니라 용이하게 알 수도 없고

③ 또 사용에 의해서 경제적 이익이 발생할 수 있으며

④ 당시 상황하에서 합리적인 비밀관리노력을 하고 있었다고 판시하고 원고승소판결을 내렸다.

이와 같이 영업비밀은 그 정보의 공개 또는 사용에 의하여 경제적 이익을 얻을 수 있는 타인에게 일반적으로 알려져 있지 않고 정당한 수단으로는 쉽게 획득할 수 없는 것으로서 현실적 또는 잠재적으로 독립의 경제적 가치를 얻을 수 있는 것이어야 하며, 그 정보의 비밀성을 유지하기 위하여 주어진 상황에서 합리적인 노력을 해야 한다는 점 등이 영업비밀이 될 수 있는 공통적인 요건으로 집약할 수 있다.

## Ⅲ. 營業秘密의 特性

영업비밀의 개념을 보다 정확하게 이해하기 위해서는 우선 유사한 성

질의 지적재산권과 그 특성을 비교해 보는 것이 좋을 것이다. 따라서 여기에서는 지적재산권 중 가장 보편화되어 있는 특허권 등과 저작권을 중심으로 하여 영업비밀의 특성을 알아보고자 한다.

1) 영업비밀보호제도는 영업비밀에 대하여 어떤 권리를 부여하는 것이 아니라 영업비밀을 사실상의 재산(de facto assets)으로 보고 비밀로 유지하고 있는 사실상태 그 자체이나 일단 영업비밀에 대한 침해행위를 불법행위로 규정했을 경우는 채권적 권리의 위치로 전환된다고 본다. 이 점에서 학문적·예술적 저작물에 대한 창작노력과 그것이 갖는 재산적 가치로 인하여 저작자에게 일정기간 독점적·배타적 권리를 인정하는 저작권과 다르고 또 어떤 발명·고안을 일반에게 공개하는 대가로 발명·고안자에게 일정기간 독점적·배타적 권리를 인정하는 특허권, 실용신안권, 디자인권, 상표권 등 산업재산권과도 다르다.

2) 영업비밀보호제도는 그 영업비밀에 대한 비밀성유지가 요체이며, 이 점에서 창작에 대한 표현과 반포를 요체로 하고 있는 저작권 제도와 다르고, 발명·고안에 대한 공개와 등록을 요체로 하고 있는 특허제도와도 다르다. 따라서 영업비밀은 공개되지 않는 한 영구히 그 재산적 가치를 누릴 수 있다는 장점이 있는 데 반하여 일단 누출되어 비밀성이 상실될 경우에는 특허권 등 지적재산권과 같은 보호를 받을 수 없다는 단점도 있다.

3) 영업비밀은 생산방법 등 기술상의 정보뿐만 아니라 판매매뉴얼, 고객리스트, 경영관리기법 등 영업상 또는 경영상의 정보까지를 모두 포함하는 개념인 데 비해 물건·방법에 관한 발명이나 물품의 형상·구조 또는 조합에 관한 고안을 그 보호객체로 하고 있는 특허권의 발명이나 실용신안권의 고안 등은 자연법칙을 이용한 기술적 사상의 창작이어야 한다.

4) 영업비밀의 요건은 비공지성(신규성), 비밀유지성(비밀성) 및 유용성(경제성)만 있으면 영업비밀로서 성립할 수 있으며, 이 점에서 신규성과 산업의 이용성, 진보성 등의 요건을 갖추어야 성립하는 특허제도와 다르다. 따라서 영업비밀보호제도에서는 특허권 등 산업재산권으로 보호받을 수 없는 것까지도 영업비밀로 보호받을 수 있는 장점이 있는 데 반하여 특허권

등과 같은 독점·배타권으로는 보호받을 수 없다는 단점도 아울러 가지고 있다.

5) 영업비밀은 두 사람 이상이 보유하고 있어도 각자가 비밀로 유지하고 있으면 보유자 모두에게 영업비밀이 인정되는 데 비해 특허권 등은 그 발명자나 고안자 또는 그 발명이나 고안을 승계한 자에게만 인정된다.

6) 영업비밀보호제도는 비밀성이 유지되는 한 존속기간 없이 보호될 수 있으며, 이 점에서 존속기간이 있는 특허권이나 저작권 등 지적재산권과 다르다. 따라서 영업비밀은 영구독점화가 가능하다는 것을 장점으로 생각할 수 있다. 하지만 특허권 등과 같이 존속기간 동안은 아무런 제약 없이 안정하게 행사할 수 있는 것이 아니라 그 비밀의 유지에 상당한 노력을 하지 않을 경우 또는 불가항력적 사유로 그 비밀성이 상실되거나 시효의 완성으로 영업비밀 자체가 소멸되는 등의 위험이 상존하고 있는 등 매우 취약한 면도 아울러 가지고 있다.

7) 영업비밀보호제도는 침해행위를 전제로 하여 영업비밀이 보호되는 제도이기 때문에 침해행위가 있어야만 비로소 법적 보호가 가능하다. 그러나 특허권 등과 같은 지적재산권은 침해행위의 존부에 불구하고 보호된다는 점에서 양자는 서로 다르다.

8) 영업비밀보호제도는 침해당사자에 한하여 인정되는 제도인 데 반하여 특허제도는 모든 자, 즉 불특정 다수인에게까지 법적 우월성이 인정된다는 점에서 兩者는 서로 다르다.

9) 영업비밀보호제도에서는 그 영업비밀에 대하여 별도의 신고, 신청, 출원, 심사, 사정, 등록 등의 절차 없이 스스로의 관리만으로 영업비밀을 향유할 수 있으며, 이 점에서 출원, 공개, 심사청구, 심사, 공고, 사정, 등록 등의 절차에 의하여 권리가 설정되는 특허권 등 산업재산권과 다르다.

10) 영업비밀보호제도는 비밀유지(비공개성)로 인한 경제적 가치를 향유하려는 제도인 데 반하여 비밀디자인제도는 창작한 디자인에 대해 선원권을 확보하기 위한 제도이다. 즉, 출원할 때에 당해 출원이 등록·공개에 의하여 타인에게 모방되는 것을 방지하기 위하여 비밀상태를 일정기간(디자인보호

법 제13조: 디자인권의 설정등록일로부터 3년 이내) 보지하려는 것을 인정하는 제도이다. 따라서 당해 비밀디자인이 디자인권으로 행사될 때에는 그 디자인내용이 공지되기 때문에 영업비밀의 요건인 비공지성과는 서로 양립할 수 있는 제도이다.

11) 영업비밀이 사업활동에 유용한 정보만을 말하는 데 비해 기업기밀이란 일반적으로 사업활동에 유용하지 않은 정보, 예를 들면 세금포탈, 공해물질의 방출에 관한 정보까지를 모두 포함하는 개념으로 사용되고 있다.

이상에서 살펴본 바와 같이 영업비밀보호제도는 특허제도와는 달리 존속기간이 없고, 공개되지 않으며, 출원료, 심사료, 특허료 등의 諸經費가 들지 않는다는 특수성과 특허권이나 저작권을 받을 수 있는 발명, 고안이나 창작 등에 대하여 권리를 받지 아니하고 영업비밀로 계속 보유하려는 기업경영 전략상의 이유 등으로 영구비밀, 영구독점화 등의 독점경영을 추구하려는 분위기가 팽배해질 경우 영업비밀보호제도의 선호경향이 높아져 특허제도나 저작권 제도의 무력화 현상이 우려된다는 의견도 나오고 있다. 그 연유를 살펴본다.

(1) 특허권, 저작권 등 기존의 지적재산권제도에 의한 보호의 한계

1) 산업재산권제도에 의한 보호의 한계

특허법 등 산업재산권법에 의한 발명이나 고안[자연법칙을 이용한 기술적 사상의 창작으로서 고도한 것(실용신안의 경우 고도하지 않아도 됨)]이 될 수 없는 기술상 또는 경영상의 정보에 대해서는 그 보호가 거의 불가능할 뿐만 아니라 특허법 등 산업재산권법에 의한 특허요건이나 실용신안등록의 요건(산업이용성, 신규성, 진보성)을 충족하지 못한 노하우에 대해서도 그 보호가 거의 불가능하다 할 것이다.

2) 저작권법, 컴퓨터 프로그램 보호법 등에 의한 보호의 한계

저작권법 등 지적재산권법에 의한 창작 등은 그 창작자체를 보호하는 것이 아니라, 문화예술의 창달을 위하여 그 창작의 표현(컴퓨터 프로그램 보호법은 기술성 포함)만을 보호하는 제도이다. 따라서 산업상의 창작에 관한 노하우에 대해서는 그 보호가 거의 불가능하다 할 것이다.

(2) 민법, 상법, 형법 등 현행법 체제의 미흡

1) 민사적 구제수단의 미흡

영업비밀침해자와 영업비밀보유자간에 영업비밀유지에 관한 계약이 있는 경우(고용관계, 라이선스 계약관계, 업무의 위임·위탁의 관계 등) 이를 위반하여 영업비밀을 침해한 때에는 민법 제390조에 의한 계약위반을 이유로 민법상 채무불이행에 의한 손해배상을 청구할 수 있다.

영업비밀침해자와 영업비밀보유자간에 비밀유지 계약이 없는 경우(스파이 등), 즉 비밀유지의무가 없는 제3자에 의한 영업비밀침해행위에 대해서는 민법 제750조에 의한 불법행위를 이유로 손해배상을 청구할 수 있을 뿐이다.

이상과 같이 현행 민사법 체제하에서는 영업비밀침해에 대한 명문의 구제수단이 없으므로 간접적으로 개개의 구체적인 침해행위가 민사상 계약위반 또는 불법행위 등을 구성하는 경우에 한하여 손해배상청구 등을 인정하고 있을 뿐이다. 설령, 이와 같은 경우에 해당한다 할지라도 지금까지의 법해석이론, 판례 등을 살펴볼 때, 민사실무에 있어서 이미 발생한 손해배상청구 외에 앞으로의 침해를 방지하기 위한 침해행위금지 또는 예방청구권이나 침해행위에 제공된 물건, 생산시설 등의 폐기·제거청구권, 영업비밀보유자의 신용회복 청구권 등은 인정되기 어려웠던 실정이다.

2) 형사적 구제수단

현행 형사법규에서는 영업비밀의 취득이나 누설 등의 침해행위 그 자체를 범죄행위로 보아 직접적으로 처벌하는 규정은 없고, 다만 침해하는 과정에서 발생하는 구체적인 어떤 행위가 형사법규상 처벌의 대상이 되는 경우에만 그 구체적인 행위를 처벌할 수 있었을 뿐이다.

예를 들면 기업의 종업원이 영업비밀이 담긴 기업의 문서를 타기업에 전달한 경우 자신이 보관하는 문서이면 업무상 횡령죄나 배임죄에 해당하며, 자신이 보관하는 문서가 아니면 특수절도죄에 해당한다.

산업스파이 등과 같은 제3자가 영업비밀을 보유하고 있는 기업의 사무실에 침입하여 영업비밀이 담겨 있는 서류를 훔쳐가는 경우에는 주거침입죄 및 절도죄에 해당한다.

이와 같이 침해행위 그 자체에 대한 처벌이 아니라 단지 그 침해의 수단이 되는 행위만을 처벌하는 것으로는, 영업비밀의 침해행위의 규제가 한계가 있다. 예를 들어 침해자가 자신의 카메라로 영업비밀이 담긴 서류의 사진을 찍은 경우 또는 침해자가 그러한 서류를 보고 이를 기억하여 누출시킨 경우에는 현행 형사법규상 처벌이 불가능하다.

(3) 보호의 전략적 판단에 의한 선호이다

영업비밀보호제도에 있어서의 영업비밀은 특허 등을 받을 수 없는 산업상의 정보뿐만 아니라, 특허를 받을 수 있는 정보까지도 기업경영 전략상 영업비밀로 보호하려는 경향이 뚜렷하다. 이는 영업비밀보호제도가 특허·등록 등의 요건을 갖춘 발명이나 고안이라 할지라도 출원, 심사청구 등의 절차나 오랜 심사기간(특허의 경우 1992년 5월 기준 출원일로부터 특허까지 평균 3~4년)의 소요는 물론 출원료, 심사·심판청구료, 등록료 등 각종 요금 등을 부담하지 아니하고도 즉시 보호가 가능할 뿐만 아니라 당해 정보를 일반에게 널리 공개하거나 공고 및 공시제도에 따른 등록 없이 영업비밀보유자 자신의 비밀유지 노력여하에 따라서는 무제한 그리고 영구히 독자사용이 가능하다는 데에 연유하고 있다(예: 코카콜라의 향 내는 비법과 같은 경우).

이와 같이 영업비밀보호제도는 특허제도에 비해서 제도상의 제약이나 조건, 국가의 행정권의 개입 없이 영업비밀보유자 자신의 비밀유지노력에 의하여 보호할 수 있는 비교적 간편한 제도이기 때문에 최근 선진국은 물론 개발도상국에서까지 널리 선호하고 있는 추세이다.

특히 미국의 경우 최근 특허분쟁시 특허권에 대한 법원의 유효성 인정이 점차 감소하고 있는 추세에 영향을 받아 특허제도에 의한 보호현상이 퇴조해 가고 있는 데 반하여 영업비밀제도에 의한 보호는 점차 늘어나고 있는 실정이다.[10)]

---

10) 1980년대 통계에 의하면 특허쟁송사건 중 약 40% 정도가 특허의 유효성이 부정되고 있는 것으로 나타나고 있다. 따라서 계속적으로 보다 많은 기업들이 특허보다 영업비밀을 통한 보호를 점차 선호하고 있는 추세이다(미국 Meyer, Unkovic & Scoff law firm 국제담당

그러나 영업비밀보호제도가 반드시 특허제도보다 우월하다고는 할 수 없다. 예를 들어 영업비밀은 특허권과 같은 독점배타권을 가진 재산권이 아닐 뿐만 아니라, 비밀관리를 소홀히하여 공개되거나 시효의 완성(침해사실 및 침해자를 안 날로부터 1년, 침해행위가 시작된 날로부터 3년)에 의하여 법적 구제청구권이 소멸된 경우에는 비밀로서의 보호가치가 없어져 버린다. 또 특허·등록을 할 수 있는 발명·고안에 대하여 특허·등록을 하지 아니하고 영업비밀로 보유하고 있는 경우에 그와 동일한 발명·고안을 타인이 먼저 출원하여 특허등록을 하게 되면 그 발명이나 고안에 대하여 독점적·배타적 효력이 있는 특허권을 취득하게 된다. 하지만 이 경우 영업비밀보유자나 라이선시의 사용은 특허권 침해가 되어 더 이상 사용할 수 없게 되거나 일정한 경우 선사용에 의한 통상실시권을 보유하는 것에 그치게 되는 등 취약한 면도 아울러 가지고 있기 때문이다.

영업비밀보호제도가 이와 같은 제도상의 취약점을 안고 있으면서도 점차 지적재산권제도에서 중요한 위치를 차지해 가고 있는 것만은 분명하다. 즉, ① 특허요건(그 발명이 자연법칙을 이용한 고도의 기술적 사상의 창작으로서 산업의 이용성, 신규성, 진보성이 있어야 함)은 되지만 공개하고 싶지 않은 발명, ② 특허요건이 충족되지 않은 발명, 예를 들면 화학제품의 미묘한 조합, 온도, 성분에 관한 기술적 노하우, 설계도, 실험데이터, 판매방법, 시장정보, 영업전략, 투자계획 등과 같은 정보, ③ 특허와 같이 발명부분만을 권리범위로 하는 것보다는 발명을 축으로 하여 보다 광범위하고 포괄적으로 보호하고 싶은 정보, ④ 코카콜라의 향 내는 비법과 같이 영구독점을 하고 싶은 정보 등을 보호하는 데는 더없이 좋은 제도라고 할 수 있다.

따라서 특허권 또는 저작권 등은 지적재산권, 즉 물권적 특성 때문에 영업비밀보호제도로 인하여 무력화되는 것은 아니고 양 제도가 가지고 있는 특성으로 인하여 상호병존과 보완의 관계에 있는 제도라고 할 수 있다.

---

Senior Partner Mr. Dennis Unkovic 1992. 2. 12 한국 특허청에서 강연시).

## Ⅳ. 營業秘密의 地位

노하우가 현대산업혁명의 기술혁신에 있어서 특허의 중요한 대역을 해온 이유는 국제간의 기술무역의 확대와 특허권 이전의 한계를 들 수 있다.[11] 대체로 노하우는 특허적격한 것을 포함해 특허를 받을 수 없는 발명 기타 생산방법, 판매방법 등에 관한 비밀정보로서 일반적으로 특허보다 기술범위가 넓은 것으로 이해된다. 따라서 출원 중의 특허(patent pending)의 법적 지위도 노하우로 취급되며,[12] 특허권과 함께 또는 분리되어 독자적으로 거래의 대상이 된다.

## Ⅴ. 營業秘密의 構成

영업비밀은 기술상의 정보보다는 넓은 개념으로서 일반적으로 기술상 혹은 공업상의 정보 이외에 영업상 또는 경영상의 정보도 포함하고, 무형적인 정보만이 아니라 유형적인 정보도 포함하며, 그 정보 자체가 개개단위의 정보가 합체된 하나의 종합정보만이 아니고 단편으로 된 부분정보도 포함한다고 본다.

(1) 하나의 정보를 이루기 위한 부분(단편)정보

정보는 개개단위의 정보가 전체로서 하나의 종합을 이루는 경우와 단편으로서의 정보를 생각할 수 있다. 이 경우에 법적 보호는 종합한 하나의 체계로서 구성된 정보에 한하지 않고 부분(단편)으로서의 정보도 이 법에 의한 保護適格을 가질 수 있을 것이다.[13] 그러나 WTO무역관련 지적재산권 협정에서는 종합한 하나의 체계로서 구성된 정보에 한하는 것으로 해석되

11) 光石士郎, pp.115～116.

12) 松水, 技術提携 アニアル, 1982, p.24; 土井, p.114.

13) 영업비밀보호입법에 관한 보고서 p.13, 개념(1991. 3. 특허청 조사과).

고 있다.

⑵ 무형적 정보

영업비밀은 시각적으로 관찰이 가능한 유형적인 정보만이 아니라 전혀 식별이 불가능한 무형적인 것도 포함하며, 또한 물품(물건) 등과 같이 외형을 갖춘 정보뿐만 아니라 기능이나 작용 등과 같은 내적 정보도 포함한다. 즉, 영업비밀은 실체적인 정보뿐만 아니라 고안이나 기억, 생각 등도 이 법에 의한 保護適格을 가질 수 있을 것이다.

⑶ 영업비밀의 고정

영업비밀은 어떤 특정 매체에 고정되어 있는 정보여야 한다는 것이다. 이는 이 법 제10조의 영업비밀침해행위에 대한 금지청구권 등과 관련한 실무상의 측면에서 볼 때 매우 중요한 사항이라고 생각한다. 예를 들면 설계이거나 고객의 성명이거나 간에 그것이 트레싱 페이퍼나 부책 등과 같은 특정 매체에 고정되어 있음으로써 비로소 법적 보호가 가능하기 때문이다.[14)]

## Ⅵ. 營業秘密의 種類

영업비밀은 어느 일정시점에 특정할 수 있는 것이 아니고 시간과 더불어 변형하고 확대해 가기 때문에 무엇이 영업비밀이고 무엇이 영업비밀이 아니라고 단정할 수는 없다. 따라서 여기에서는 법률이나 판례로 인정된 영업비밀, 기타 대표적인 영업비밀을 예시해 보기로 한다.

⑴ 기술정보와 경영정보

영업비밀로서의 기술정보로서 설계도면, 제조공정, 생산방법, 성분원료의 배합비율(예: 코카콜라의 향 내는 비법), 화합방법, 기계의 설계방법, 강도계산의 운용방법, 컴퓨터의 소프트웨어, 햄버거의 조리방법 등을 들 수 있

---

14) 松水重敏, 前揭 論文, p.22; 知的所有權法上의 企業秘密에 관한 연구, p.61.

다. 경영정보로는 고객리스트, 거래선의 루트, 신제품의 생산계획이나 판매계획, 판매메뉴얼, 상품의 원가, 사원의 급여나 수당의 액수, 신입사원모집방법 등을 그 예로 들 수 있다.

(2) 제 품

일반적으로 널리 시판되고 있는 제품은 누구나 쉽게 구입하여 이를 분해하여 그 제품에 내재되어 있는 영업비밀을 추출할 수 있기 때문에 제품 그 자체나 제품을 분해하여 쉽게 얻은 정보는 영업비밀이 아니다. 그러나 비공개조건에 동의한 자에 양도·대여한 제품이나 제품을 리버스 엔지니어링하지 않을 것을 조건으로 하여 판매하거나 리스한 제품은 영업비밀이 될 수 있다(시장에 출하되어 있는 제품 자체를 영업비밀로 인정한 판결례). 따라서 기업에서 생산되고 있는 제품이 모두 영업비밀에 해당되는 것은 아니다. 그 제품개발에 많은 비용이 투자되고 당해 업계에 널리 알려져 있지 않을 뿐만 아니라 복제공법(reverse engineering) 등의 방법을 동원하여도 용이하게 알 수 없는 것으로서 관리방법 등에 따라 그 경제적 이익을 독자적으로 누리고 있는 제품이라면 영입비밀이 될 수 있을 것이다.[15]

(3) 기 계

제조기계가 모두 영업비밀이라고는 볼 수 없지만 제조방법 등의 정보가 생산활동에 유용한 기술상의 정보라면 영업비밀이 될 수 있다. 예를 들면 Anaconda라는 회사가 전화코드 외장의 제조기계에 관한 영업비밀을 개발하여 보유하고 있었다. 이 영업비밀을 직무수행을 위해 기계제작, 보수, 개조를 담당하는 종업원에게 공개하였다. 그런데 Metric이라는 회사가 Anaconda사의 종업원 Ames와 Van Meter를 스카우트하여 전화코드 외장의 제조기계에 관한 영업비밀을 사용해 Anaconda사와 유사한 전화코드 외장의 제조기계를 제작하여 판매하였다. Anaconda사는 Metric사에 대해 영업비밀의 부정사용행위의 금지 및 손해배상을 청구하였다. 법원은 이 사건 판결에서 금지청구는 인정하고 손해배상청구는 Anaconda사의 비밀유지의 태만을 이유로 기각하였다.[16]

---

15) Surgidev Co. v. Eye Technology Inc.(8th Circuit Court of Appeals 1987) 828 F 2d 452, p.392 참조.

(4) 제 법

어떤 제법이나 모두 영업비밀이 되는 것은 아니고 평소 그 제법이 다른 사람에게 알려지지 않도록 노력을 함은 물론 생산방법 등에 유용한 제법이어야만 영업비밀로 보호될 수 있다. 예를 들면 마스크 등을 제조하는 By-Buk사에 취업한 Black은 회사와 명시적인 비밀보호계약은 없었지만 By-Buk사는 마스크 등의 제법을 다른 사람에게 누설하여서는 안 된다는 취지를 Black에게 누누이 말한 바 있다. 그러나 Black은 By-Buk사를 퇴직한 후, Printed Cellophane Tape사에 입사하여 마스크 등의 제법을 이 회사에 공개하였다. Printed Cellophane Tape사는 By-Buk사 제품의 복사판이라고 할 수 있는 마스크 등을 만드는 기계를 제조하여 판매하였다. By-Buk사는 Printed Cellophane Tape사를 상대로 영업비밀침해행위의 금지 및 손해배상을 청구하였다. 법원은 제1심, 항소심 공히 By-Buk사의 청구를 인용하였다.[17)]

(5) 제조공정

제품을 만드는 과정을 표시한 공정도, 공정표 등이 모두 영업비밀이 될 수는 없으나 그것이 생산활동에 유용한 공정이고 또 그 공정의 유지에 상당한 노력을 들여 제3자에게 공개되지 않았다면 이는 영업비밀이 되어 법적 보호를 받을 수 있을 것이다. 미국 택사스주 연방 제5순회법원은 뒤퐁(Du Pont)사의 메탄올 제조공정 침해사건 판결에서 경쟁자가 복제공법에 의해 공정을 독자적으로 발견하거나 독자적인 개발에 의하여 발견하는 경우에는 그 공정은 영업비밀침해가 되지 않지만 시간이나 돈을 들여 독자적으로 발견하지 않고 공정의 지식을 획득하는 것은 부정한 것이라고 판시하고 있다.[18)]

(6) 장 치

모든 장치가 영업비밀이 될 수는 없지만 어떤 장치가 특정제품에 유용하

16) Anaconda Company v. Metric Tool and Die Company(Penn D. 1980) F. supp. 410. 205 USPQ 723.

17) By-Buk Company v. Printed Cellophane Tape Company(2nd Circuit 1958) 329 P.2d 147.

18) E.I. Du Pont de Numours and Co. Inc. v. Christoper et al.(5th Circuit) 166 USPQ 422.

고 또 그 장치가 보유자의 상당한 노력에 의해서 비밀로 관리되고 있었다면 이는 충분히 영업비밀로 보호될 수 있을 것이다. 1988년 7월 미연방법원은 3륜 오토바이에 장착한 공기주입 장치에 대한 침해사건 판결에서 원고가 상당한 비밀보호의 노력을 하지 않았다는 이유로 원고의 청구를 기각하였다.[19]

(7) 식 료 품

음식, 음료수, 과자류 등 각종 식료품 모두가 영업비밀로 보호될 수 있는 것은 아니다. 성분원료의 배합비나 열의 강도, 수분의 조절 등에 관한 비법에 의하여 맛, 향기, 건강 등에 좋은 특수식품류가 만들어질 수 있다. 따라서 그것이 어느 정도의 분석능력이나 분석작용으로는 그 비법을 정확히 알아낼 수 없는 정도의 노하우로 만들어졌다면 영업비밀로 보호될 수 있을 것이다. 예를 들면 코카콜라의 향 내는 비법[20]과 켄터키의 양념비법[21]은 대표적인 영업비밀로 널리 알려지고 있다.

(8) 의 약 품

의약품의 원료나 성분 또는 이들의 배합비 등의 노하우에 의하여 효능이 높은 특수약품이 만들어졌을 때에는 영업비밀로 보호될 수 있을 것이다. 예를 들면 같은 원료, 성분을 사용한 위장약이라 하더라도 약효면에서 그 효능이 뛰어나 예방이나 치료면에서 효과가 클 때에는 이 위장약에 대한 제조 노하우는 영업비밀이 될 수 있다.

(9) 실험데이터

특정 프로젝트(project)의 연구·개발 데이터나 의약품의 임상실험 데이터, 식료품의 유해성실험 데이터, 각종 제품 및 기계류 등의 효능실험 데이터 등도 비밀성이 있고, 생산방법 등에 관한 유용한 정보가 담겨 있다면 이는 영업비밀로 보호될 수 있을 것이다.

---

19) Sheets v. Yamaha Motors Corp. (5th Circut Court of Appeals 1988) 7 USPQ 2d.

20) 코카콜라의 성분은 일반적으로 물, 설탕, 인산, 카페인, 천연향료로 알려져 있고, 원료는 코카에서 추출되는 액체를 사용하고 있는 것으로 알려지고 있으나 그 향은 이들의 성분과 원료의 배합비율과 조절법이 그 비법으로 은행금고에 철저하게 보관되어 있다고 한다.

21) KFC Corp. v. Marion-Kay Co. 620F. Supp. 1160. 228 USPQ 545(S.D.Ind. 1985), p.398 참조.

여기에서는 실패한 실험데이터도 정보로서 유용한 가치가 있을 때에는 영업비밀로 인정될 수 있을 것이다. 예를 들면 해열제라는 신약을 개발하여 임상실험을 해 본 결과 해열의 효과는 확인되었으나 해열과정에서 매시근한 증상이 온 것이 흠인 해열제 임상실험 데이터를 들 수 있다.

(10) 제조시설의 배치

공장의 배열, 기계의 공정별 배치 기타 제조설비의 위치 등 생산시설의 위치가 영업비밀이 될 수 있다. 이 분야의 전문가는 배치된 시설만 보아도 제조공정을 알아낼 수 있기 때문이다.[22)]

(11) 디 자 인

디자인 자체가 모두 영업비밀이 되는 것이 아니라 관리노력의 정도나 유지상태에 따라 영업비밀이 될 수도 있고 안 될 수도 있다. 그 사례로서 1956년 프랑스의 크리스티앙 디오르사는 미국의 스케치 서비스라는 잡지사 발행인을 상대로 자사의 디자인을 도용하였다는 이유로 뉴욕지방법원에 제소하였다. 이 사건은 위 잡지의 발행인이 크리스티앙 디오르사의 신작발표회에 초대되지 않았음에도 불구하고 몰래 잠입하여 디자인을 사진촬영하고 또한 크리스티앙 디오르사의 종업원으로부터 복제물을 받아 제3자에게 판매한 사건이었다.

크리스티앙 디오르사는 오랫동안 투자해 온 명성과 신용이 실추되었다고 주장하면서 금지청구와 손해배상을 청구하였다. 이 사건에서 잡지발행인 측은 전시회에 사람들을 초대한 것은 디자인의 영업비밀성을 포기한 것이라고 주장하였으나 크리스티앙 디오르사는 중요한 영업비밀인 디자인 보호에 대해 전시회에 초대된 자는 허가 없이 전시된 디자인을 외부에 공개하지 않는다는 조건에 동의한 사람에 한해서만 출입을 시켰음을 강조하였다.

뉴욕주 제1심 법원의 판결요지를 보면

첫째, 라이선스 체결자간의 계약관계의 방해

둘째, 전시회에 위장잠입한 사실

---

22) E.I. Du Pont de Nemours and Co. Inc. v. Christopher et. al.(5th circuit) 166 USPQ 422.

셋째, 출입에 따르는 준수사항 위반

넷째, 종업원에게 위법행위를 시켜 복제물을 입수한 사실

다섯째, 크리스티앙 디오르사의 명성을 이용한 영업 등을 이유로 크리스티앙 디오르사의 청구를 인용하였다.

(12) 아이디어

영업상의 아이디어가 그 안출자의 배타적 소유이고 또 그 아이디어가 공개받은 자에게 경제적 가치가 있을 때에는 영업비밀이 될 수 있다. 그 사례로서 피고인 Ziv 텔레비전회사가 원고 도너휴가 제안한 연속 텔레비전 프로그램의 이야기 시나리오를 사용하여 'Sea Hunt'라고 하는 제목의 텔레비전 프로그램을 제작하였다. 원고는 자신이 제안한 아이디어를 사용했다고 하여 제소하였다. 이 사건에서 법원은 아이디어는 반드시 신규일 것을 필요로 하지 않고 그 아이디어를 공개받은 자에게 가치가 있을 때에 권리가 발생한다고 판시하였다.[23)]

또 한 사례에서는 보험가입권유에 관한 아이디어의 판매에 관한 판결에서 제1심, 제2심 모두 원고가 피고에 보낸 편지 중에 이 아이디어는 다른 회사에서 사용되고 있지 않음을 지적하고 배타적 소유권자임을 주장하고 있지 않았을 뿐만 아니라 아이디어의 제시에 의해 대가를 얻을 목적이 있음을 상대방에게 분명하게 전달하지 않았고, 또 비밀의 보호와 사용대가 등에 대한 약속 등이 없었을 경우는 영업비밀의 보호대상이 되지 않는다고 판시하였다.[24)]

그뿐만 아니라 판촉선전 아이디어에 관한 판례도 있다. 원고 Meyer가 1925년 12월 피고 Liggett and Meyer Tobacco사에 담배판촉 선전문구, 즉 두 신사가 서로 대화를 하는 장면에서 "담배 피우시겠습니까?"라고 물을 때 상대방이 "고맙습니다만 저는 Chesterfield를 피웁니다"라고 대답하는 아이디어를 적어 보내면서 적정한 대가를 청구할 만한 가치가 있다고 생각한다고 적었다.

---

23) Donahue v. Ziv Television Programs, Inc., 151 U.S.P.Q 657(Cal.App. 1966).

24) Bristol v. Equitable Life Assur. Soc. of United States(N.Y.ct. App.1982) 30 N.E 506. 132 N.Y. 264.

그 후 피고社는 1928년 7월 아이디어를 채택한 광고를 미국, 캐나다 등의 잡지에 게재하였다. 이 광고는 골프장에서 한 사람이 Chesterfield 담배를 들고 "나는 Chesterfield만을 피우고 있습니다"라고 말하는 장면을 그린 그림이었다. 원고는 피고에 대해 아이디어의 적정한 대가로 2만 5000달러를 청구하는 소를 인디애나주의 법원에 냈다. 제1심은 원고의 아이디어가 상품으로서의 가치가 있다고 인정하고 피고에게 9000달러를 지급하라고 명령하였다. 이 판례는 '아이디어의 판매에 관한 유명한 판례'로서 피고가 원고로부터 편지를 받고 곧바로 뜯어 보았기 때문에 이러한 문제가 발생하였다. 현재 많은 미국 회사에서는 이러한 결과를 피하기 위하여 아이디어가 접수되면 이를 개봉하기 전에 회사는 어떠한 책임도 없음을 아이디어 제공자에게 승낙을 받은 후 개봉하고 있다.

(13) 컴퓨터 프로그램

개발된 컴퓨터 프로그램이라 해서 모두 영업비밀이 되는 것은 아니다. 컴퓨터 프로그램이 영업비밀로 보호받기 위해서는 적어도 프로그램의 소스 코드(source code)는 외부에서 접근할 수 없고 또 大衆商品으로 시판한다 하더라도 구매자가 프로그램을 변경하여 소스 코드에 접근할 수 없도록 보호하고 있어야 하며, 오픈 쇽 코드(open shock code)는 일반에게 알려져 있지만 그 내용은 전문가도 이해할 수 없는 정도의 프로그램이어야 할 것이다.[25] 특히 컴퓨터 프로그램을 관리하는 상급자가 컴퓨터에 관하여 일정수준 이상의 지식을 갖춤으로써 전문직에 의한 비밀누설을 방지하는 노력 등은 물론 컴퓨터 파일의 접근은 패스워드만이 가능하도록 통제하고 또 수시 변경을 통하여 비밀파일에의 접근을 제한하는 등의 많은 관리노력을 기울일 때에만 비로소 컴퓨터 프로그램은 영업비밀로 보호될 수 있다.

(14) 고객명부

고객명부는 오래 전부터 기업활동에 매우 유용한 영업정보임은 틀림이 없으나 그렇다고 해서 모두 영업비밀이 되는 것은 아니다. 고객명부가 영업

25) Q-Co Industrial. Inc. v. Hoffman et al.(New York 1985) 228 USPQ 554, p.396 참조.

비밀이 되기 위해서는 적어도 그 보유자가 상당한 노력을 들여 비밀로 유지한 때에만 영업비밀이 될 수 있다.

1) 단골손님의 명부

취미잡화품의 통신판매업을 경영하는 기업의 임원이 재직 중 동종의 영업을 경영하는 회사를 설립한 후 원기업의 약 2만 명분의 단골손님 명부를 사용하여 통신판매업을 하는 것은 불법행위에 해당한다고 하여 1400만 엔의 손해배상청구를 인정하였다.[26]

2) 환자명부

동업 치과의 한 사람이 당직 중 접수처 책상에 보관하고 있던 환자명부(환자명, 주소, 전화번호, 내원일자, 차회진찰일 등 기재)를 사진 복사하여 1블록 건너편에 사무소를 개설하여 동 명부를 사용한 행위가 법원에 의하여 영업비밀침해로 인정되었다.[27]

3) 세탁소의 고객명부[28]

4) 재해보험가입자명부[29]

이와 같은 고객의 명부는 그 내용, 관리노력의 정도, 유지상태 등을 고려하여 영업비밀이 될 수 있으나 단순한 고객의 기호, 혐오, 특이성은 영업비밀이 될 수 없다. 왜냐하면 고객의 구매는 사고자 하는 상품의 품질, 가치, 상품의 적응성을 바탕으로 하기 때문이다.[30]

5) 또한 바이어의 특징, 특별메뉴, 거래처의 발주자명부 정도의 정보는 눈치 빠른 세일즈맨이라면 간단하게 입수할 수 있는 정보라 할 수 있으므로 이는 영업비밀이 아니라는 법원의 판결이 있다.[31]

6) 종이 및 포장재 거래자 명부에 관한 비밀성 시비건으로서 동 거래명부는 이미 제3자에게 알려져 있거나 쉽게 알 수 있는 것이며, 그 편집방법

26) 고루무貿易事件(日本 大阪高判 1983. 3. 3).

27) Allan Dampf. P.C. v. Richard Bloom(512 NYS 2d 116, 1987. 2. 17 뉴욕주 연방항소법원).

28) Empire Steam Laundry Co. v. Lozier. 165 Cal. 95.

29) State Farm Mut. etc. Ins Co. v. Dempster. 174 Cal. App. 2d 418(1959).

30) Aetna Bldg. Maintenance Co. v. West(39 Cal. 2d at 198).

31) Hollingsworth Solderless Terminal Co. v. Turley(622 F. 2d 1324).

또한 세련된 것도 어려운 것도 특별히 시간을 요하는 것도 아니다. 이 분야는 경쟁적이기 때문에 거래명부에 등재되어 있다고 해서 그 명부에 등재되어 있는 고객과 지속적인 거래관계가 있다고는 볼 수 없다고 판시함으로써 동 거래명부에 비밀성을 인정하지 않았다.[32)]

(15) 생산, 판매계획

어느 층을 대상으로 어떤 상품을 어떤 시장을 중심으로 언제 얼마만큼을 생산할 것인가 하는 생산계획과 생산된 상품을 언제 어떤 방법으로 시장에 출하하여 적시에 수요자에게 공급할 것인가 하는 판매계획 등은 모두 영업비밀이 될 수 있을 것이다.

(16) 매뉴얼類

최근 기업은 생산・판매 등에 대한 각종 매뉴얼類를 개발하여 중요한 영업상의 노하우로 보호・관리하고 있는 실정이다. 특히 소비계층의 소득수준 향상에 따른 소비패턴의 급속한 변화에 편승하여 생산・판매 등의 사업활동은 매우 다양해지고 있는 추세이다. 따라서 소비자의 기호에 부응하는 상품생산은 물론 호기심을 끌 수 있는 신상품을 개발하기 위하여 수요자에 대한 선호도 등을 조사하는 등 시장정보활동을 보다 강화하고 있다. 예를 들면, 특정상품에 대하여 고객의 성별・연령별・직업별・소득수준별・계절(시기)별 소비성향과 향후 소비추이를 예측할 수 있는 지표설정 등에 필요한 정보활동・마케팅활동 등 소위 소프트 업무가 중요한 부분을 차지하면서 각종 매뉴얼류가 기업활동에 유용한 영업비밀로 부상하고 있다.

이와 같은 시장정보를 토대로 상품의 디자인, 품질의 고급화, 고부가가치상품의 생산, 값싼 상품의 공급을 위한 생산원가절감방법 등 각종 생산방법이나 소비자의 기호, 상품신뢰도 인증방법, 소비자가격 책정기준, 서비스기법, 포장디자인, 광고 등 홍보전략 및 선전방법, 방문・점포・통신・전산판매 등 각종 판매전략 선택의 착안점 및 그 기준 등의 판매방법, 기타 정보시스템을 이용한 가격계산처리방법, 유통상황에 관한 정보의 제공 및 경리

32) American Paper and Packing Products, Inc. v. Kirgan et al.(1986)183 Cal, App, 3d 1318.

처리, 전산판매처리방법 등이 공급자와 소비자의 간격을 줄이고 소비자를 사로잡을 수 있는 농축된 매뉴얼로서 생산방법, 판매방법 기타 영업활동에 유용한 기술상 또는 경영상의 정보라면 영업비밀이 될 수 있을 것이다. 따라서 이와 같은 영업비밀로서의 매뉴얼類는 최근 생산메이커나 매장에서 경쟁기업간의 우위 다툼의 중요한 무기로 삼고 있는 추세이다.

매뉴얼의 영업비밀에 관한 한 판례를 소개하면 다음과 같다.

1985년 9월 23일 매사추세츠주 지방법원은 상품시세의 요령을 기술한 'Floor Trader's Commodity Method(FTM)'라는 매뉴얼을 책자로 발간하면서 비밀유지의무를 지워버리고 著作權 표시마저도 하지 않은 채 인쇄, 배포하였다. 피고 안트는 이 책자를 구입하여 여기에서 컴퓨터의 소스 코드(source code) 프로그램을 제작, 판매하였다. 법원은 피고가 프로그램을 위해 개발한 소스 코드는 원고의 상품판매전략서와는 다른 새로운 표현이 아니고 단지 영어로부터 소스 코드로 번역한 것에 불과하므로 저작권침해가 된다는 판결을 내렸고, 영업비밀침해부분에 대한 판결은 내리지 않았다.

(17) 시 스 템

시스템도 중요한 영업비밀의 보호대상이 될 수 있다. 이와 관련한 사례를 들어보면 원고 Scandaliato社는 원고의 영업비밀을 이용하여 유전용 파이프 시스템을 제조·납품하고 있는 피고 Tubular Threding사에 대해 자사의 시스템을 제3자를 위해 설계, 제조하고 있다고 의심하여 법원에 사용금지신청을 했다. 제1심은 원고의 신청을 받아들였으나 제2심은 피고의 시스템을 영업비밀보호대상으로는 인정하였지만 금지청구에 대해서는 인정하지 않고 원심을 파기하였다. 즉, 시스템을 영업비밀의 보호대상으로 인정한 이유를 보면

① 피고의 플랜트(기계, 시설, 장치 등)는 일반에게는 공개되지 않았고 울타리가 잘 쳐진 상태에 놓여 있었으며

② 피고의 시스템은 정열용 콘베어 이외는 금속프레임의 건물 속에 있었고

③ 시스템가동을 본 사람도 있었지만 이들은 고객, 잠재적 고객 또는 부품을 다루는 근로자들이라고 판시하고 있다.[33)]

(18) 미 생 물

최근 미생물이 생명공학의 발달에 의해 의약품, 식품, 화장품, 세제 등의 생산에 널리 이용되고 있다. 따라서 유용한 미생물을 발견하거나 창출 또는 배양하는 방법 등을 기업이나 개인이 영업비밀로 유지한다면 이는 보유자의 독자적인 재산적 이익인 것이다. 예를 들면 종업원이나 산업스파이 등이 미생물의 조작기술에 관한 노하우나 유전자의 정보, 항생물질을 생산하는 미생물의 샘플 등을 유출 또는 반출하거나 견학 방문한 외부인에 의해 손수건에 미생물을 묻혀나가는 사건이 빈번히 일어나고 있다.

## Ⅶ. 營業秘密의 保護方法, 程度 및 狀態

(1) 영업비밀의 보호방법

영업비밀의 보호는 민법, 형법, 상법 등 기존법 체제하에서도 그 나름대로는 되고 있었으나 이는 영업비밀 그 자체를 보호하기 위한 것이 아니고 영업비밀침해행위가 발생하였을 때에 그 행위가 구체적으로 불법행위, 계약위반 등에 해당하는 경우에 한하여 적용하는 규정에 불과하였으므로 영업비밀 자체의 보호에는 대단히 미흡하였다.[34)]

---

33) Tubular Threding. Inc. v. Scandaliato(Louisiana Court of Appelas, 1983) 443 So. 2d 712.

34) 민법: 제2조(신의성실), 제61조(이사의 주의의무), 제65조(이사의 임무해태), 제390조(채무불이행과 손해배상), 제681조(수임인의 선관의무), 제750조(불법행위의 내용)

형법: 제127조(공무상 비밀누설), 제317조(업무상 비밀누설), 제319조(주거침입, 퇴거불응), 제329조(절도), 제355조(횡령·배임), 제356조(업무상 횡령과 배임)

상법: 제198조(사원의 경업의 금지), 제397조(경업금지), 제399조(회사에 대한 책임)

민사소송법: 제315조(증언거부권)

형사소송법: 제147조(공무상 비밀과 증인자격), 제149조(업무상 비밀과 증언거부)

변호사법: 제26조(비밀유지의무 등)

변리사법: 제21조(절용과 누설의 죄)

특허법: 제34조(무권리자의 특허출원과 정당한 권리자의 보호), 제35조(무권리자의 특허와 정당한 권리자의 보호)

국가공무원법: 제60조(비밀엄수의 의무)

따라서 이 법에서는 영업비밀 자체를 보호하기 위하여 다음과 같은 구제수단을 그 보호방법으로 규정하고 있다.

① 영업비밀침해행위에 대한 금지 또는 예방청구권(법 제10조 제1항)

② 영업비밀침해행위를 조성한 물건의 폐기청구권

③ 영업비밀침해행위에 의하여 제작된 물건의 폐기청구권

④ 영업비밀침해행위에 제공된 설비의 제거청구권(법 제10조 제2항)

⑤ 영업비밀침해에 대한 손해배상책임(법 제11조)

⑥ 영업비밀보유자의 신용회복청구권(법 제12조)

⑦ 기업의 임원 또는 직원으로서 부정한 이익을 얻거나 그 기업에 손해를 가할 목적으로 그 기업에 특유한 생산기술에 관한 영업비밀을 제3자에게 누설한 자에 대한 형사처벌(법 제18조) 등을 들 수 있다.

그러나 영업비밀은 그 특성상 비밀성의 보호에 가치가 있는 것이므로 사후적 구제수단이라 할 수 있는 손해배상청구권이나 신용회복청구권, 형사처벌 등은 엄격한 의미에서 영업비밀을 유지하기 위한 보호방법이라고 보기 어렵다. 이런 면에서 영업비밀에 대한 진정한 보호방법은 사전적 구제수단인 영업비밀침해행위에 대한 금지 또는 예방청구권이나 침해행위를 조성한 물건 또는 침해행위에 제공된 시설 등의 폐기・제거 청구권 등이라고 할 수 있을 것이다. 이와 같은 보호방법에 대한 구체적인 설명은 후술하는 영업비밀침해행위에 대한 구제편을 참고하기 바란다.

(2) 영업비밀의 보호정도

영업비밀보호제도는 자칫 영업비밀의 보유자에게 지나치게 독점적인 지위를 부여함으로써 오히려 건전한 경쟁을 제한하여 산업의 발전을 저해하게 됨은 물론 소비자에게도 과중한 부담을 안겨 주는 등 독점의 사회적 폐해를 초래하는 결과를 가져올 수 있다. 뿐만 아니라 특허제도의 무력화를 초래할 우려도 있고 또 그 목적(타인의 영업비밀을 침해하는 행위를 방지하여 건전한 거래질서를 유지함을 목적으로 함)과도 배치될 가능성이 있으므로 그 보호의 정도와 수준은 매우 적절하여야 할 것이다. 즉, 이 법 제10조의 영업비밀침해행위에 대한 금지 또는 예방청구권 등의 사전적 보호방법이 오히려 보유자에게 영업비밀보호대상을 과대분류하거나 보호기간을 지나치게 장기화하며, 보호업종도 불필요하게 확대하는 등 과잉보호의 수단으로 악용될 소지도 있다고 보인다.

금지청구 등은 금액의 다과에 의해 이익의 균형, 즉 영업비밀보유자의 측면에서 침해받지 않았을 때의 이익과 침해받았을 때의 손해의 균형과 영업비밀보유자와 침해자의 측면에서 보유자의 손해와 침해자의 배상의 균형 등을 도모할 수 있는 손해배상이라는 사후적 구제와는 달리 자유로운 정보거래의 사전금지도 인정하는 점에서 강력한 개입수단이다. 이러한 점에서 산업계에 미칠 영향이 심대하므로 법적 안정성 유지의 관점에서 금지 및 예방청구의 요건을 엄격히 함과 동시에 그 대상도 한정적으로 특정할 필요가 있고, 과대한 주의의무의 부과도 억제할 수 있도록 하는 등의 방안이 강구되어야 할 것이다. 그렇지 않을 경우 정보의 자유로운 이동이 대폭 제한될 뿐만 아니라 정보관리의 과잉에 의한 생산성의 저하와 노동력의 유동화의 저해 등을 초래하여 경제활동이 크게 위축될 것이다.

따라서 금지청구 등의 대상은 사회통념상의 경쟁원리를 뛰어 넘은 '상관습에 벗어나는 악성 높은 행위'로서 '악성의 인식'이라는 주관적 요건을 전제로 한 것이어야 할 것이다. 특히 계약관계에 있는 또는 있었던 당사자에 대한 금지청구권 등의 적용은 불법행위에 대한 특별법으로서의 부정경쟁방지법 틀에서 보아 절취 등 다른 침해행위에 관한 유형과 사회적 비난의 정도와의 균형, 영업비밀보호의 이익과 침해로 인한 손해와의 균형유지 등을 원칙으로 하여 정착된 계약법상의 실무적 운용에 맡겨 계약당사자간의 채무불이행 가운데 특히 악성인 것만을 이익도모와 가해의도 등의 주관적 요건하에서 부정행위로 특정하여 금지청구 등의 대상으로 할 것이고, 일정한 주관적 요건 없이 의무위반만으로는 부정행위로 다루지 말아야 할 것이다.

(3) 영업비밀의 보호상태

영업비밀의 보호상태는 그 영업비밀에 접근하는 자가 당해 정보가 영업비밀이라는 것을 알 수 있는 상태에 있을 것이 필요하며, 보유자가 주관적으로 당해 정보를 비밀로 유지할 의사가 있는 것만이 아니고 객관적으로 비밀로 유지되고 있다고 인정되는 상태에 있는 것이 필요하다. 예를 들면 종업원이 영업비밀을 부정한 이익을 얻으려는 등의 목적으로 누설하는 경우 원고는 법정에서 당해 종업원 등도 그 정보가 비밀로서 유지·관리되고 있었음을 알 수 있는 정도의 상태에 놓여 있었음을 입증할 수 있어야 한다는 것이다. 즉, 영업비밀 표시, 비밀등급 표시, 비밀유지기간 표시, 이중 자물쇠 등 안전장치가 되어 있는 용기에의 보관, 비밀취급자의 지정취급 등이다. 보다 자세한 것은 제8장 영업비밀의 관리 편에서 설명하기로 한다.

## Ⅷ. 營業秘密制度의 問題點

1. 영업비밀은 그 내용이 기술정보에서 판매정보 기타 영업상의 정보에 이르기까지 또는 그 안에서도 그 중요도가 다름에도 불구하고, 즉 내용과는 전혀 관계없이 영업비밀이라는 사실만으로 모든 영업비밀을 동일시하여야만 하는가의 문제이다. 산업재산권에 있어서의 특허발명, 등록실용신안, 등록디자인 등의 존속기간이 서로 달라 보호의 대상과 창작도 등에 따라 차등보호를 하고 있는 것과는 대조를 보이고 있다.[35]

2. 영업비밀은 존속기간의 제한 없이 실시계약기간 중에 당해 영업비밀이 공개된 경우 계약기간 중 로열티 지급의무가 있는가, 또 계약 만료 후 당해 영업비밀의 사용을 영구히 금지하는 것이 권리로서 인정될 것인가.[36]

3. 영업비밀의 내용이 애매모호하기 때문에 침해품이나 경쟁품에 대한 침해여부의 검토가 용이하지 않을 뿐만 아니라 경우에 따라서는 특허권 등 산업재산권보다 훨씬 넓은 보호범위로 판단될 수도 있어 신기술의 개발, 이용을 저해할 우려도 상정할 수 있다.

---

35) 영업비밀과 특허의 법적 성질의 상위를 인정하지만 反트러스트법의 관계에 있어서는 기본적으로 동일한 지위에 있다고 보는 것이 무방하다고 할 수 있다(이병호, 법률적 측면에서 본 기술교류문제, 특협, 1978. 2, pp.12～13).

36) 재경부고시: 계약기간 만료후의 영업비밀의 사용금지를 국제계약상의 불공정거래행위의 하나로 보고 있다(재경부고시 제50조 제1항 4호).

# 제 3 절 營業秘密의 要件

부정경쟁방지법에서는 영업비밀에 대한 개념을 정의하기 위하여 영업비밀의 성립요건을 내용으로 규정하고 있다. 이 법에서는 영업비밀의 요건으로서 그 정보가 공연히 알려져 있지 않음으로써 독립된 경제적 가치를 가지며(非公知性 또는 新規性), 영업비밀보유자가 상당한 노력을 들여 비밀로 유지하고 있는(秘密維持性 또는 秘密性) 생산방법, 판매방법 기타 영업활동에 유용한 기술상 또는 경영상의 정보(유용성 또는 경제성)라고 규정하고 있다. 이를 요건별로 살펴보기로 한다.

## Ⅰ. 非公知性(또는 新規性)

### 1. 序　說

영업비밀의 첫번째 요건은 영업비밀의 공개 또는 사용에 의하여 경제적 가치를 얻을 수 있는 자에게 공연히 알려져 있지 아니한 상태에 있는 정보로서 영업비밀 보유자가 그 영업비밀에 대하여 독자적인 경제적 가치를 누릴 수 있어야 한다는 의미에서의 비공지성, 즉 신규성이다. 이는 특허법상의 발명이나 실용신안법상의 고안, 디자인보호법상의 창작 등과 같은 신규성과는 구별되는 개념이나 당해 정보가 공연히 알려져 있지 않은 상태에 있음으로써 공개에 의하여 이익을 받을 수 있는 자에게는 신규성의 개념이 성립될 수 있다. 따라서 이는 '비공지성'에 중점을 두므로 영업비밀에 대한 경제이익을 보유자만이 독자적으로 향유하려는 데에 의미를 둔 개념으로 해석하여야 할 것이다.

이와 같이 영업비밀에서 말하고 있는 신규성은 특허법 등 산업재산권법상 의미의 신규성을 전적으로 요구하는 것은 아니지만 영업비밀의 보호에 의해 경제적 가치를 추구할 만한 어느 정도의 신규성은 요구함으로써 비밀로 유지할 만한 가치를 갖게 되는 것이다. 따라서 여기에서의 신규성이란 반드시 특허법상의 신규성과 같은 사회적 기술수준과의 비교관점에서 고찰한다는 성질보다는 당해 영업비밀이 공연히 알려져 있지 않다는 의미에서 또 영업비밀의 보호에 의해 경제적 가치를 추구할 만한 어느 정도의 신규성이 요구된다는 의미에서의 신규성으로서 그 경제적 가치를 영업비밀보유자만이 독자적으로 향유할 수 있다는 것이다.

1966년 미국 캘리포니아 연방 항소법원은 연속 텔레비전 프로그램의 이야기 시나리오 침해사건 판결에서 아이디어는 계약을 목적물로 해서 반드시 신규일 것을 필요로 하지 않고 그것이 아이디어의 공개를 받은 자에게 가치가 있을 때에 권리가 발생한다고 판시하였다.[37] 따라서 영업비밀이란 반드시 신규일 필요는 없고 또 반드시 한 사람만 알고 있을 필요는 없다. 그 영업비밀을 공개받은 자에게 가치가 있고, 또 다수자가 알고 있는 경우에도 그들이 비밀을 지켜야 할 의무가 있을 때에는 공연히 알려져 있지 않은 것으로 되어 신규성이 인정된다 할 것이다.

즉, 여러 사람이 알고 있는 정보라 할지라도 각자가 비밀로 관리하고 있는 때에는 공연히 알려져 있지 않은 정보이고, 아무리 몇 사람만이 알고 있다 하더라도 그들이 비밀로 관리하고 있지 않을 때에는 공연히 알려져 있는 정보가 되어 이 법에 의한 영업비밀로서 보호를 받을 수 없을 것이다.

그러므로 영업비밀이란 반드시 소수의 특정인만 알고 있어야 할 필요는 없다. 왜냐하면 아주 소수의 사람만 알고 있다 하더라도 그 사람들이 비밀을 지킬 의무가 없다면 그것은 공연히 알려진 것으로 간주해야 하고, 아무리 많은 사람들이 알고 있다 하더라도 그들이 비밀을 지켜야 할 의무가 있을 때에는 비밀로 유지된 정보라고 말할 수 있기 때문이다. 따라서 영업비밀은 일반적으로 입수하기가 곤란한 정보로서 한정된 자에게만 알려져 있고 공개나 사용에 의해 경제적 가치를 얻을 수 있는 자에게는 알려져 있

---

37) Donahue v. Ziv Television Programs, Inc. 151 USPQ 657(Cal. App.1966).

지 않아야 한다는 것이다. 이와는 반대로 영업비밀이 공개나 사용에 의해서 경제적 가치를 얻을 수 없는 자, 즉 영업비밀과 아무런 관계가 없는 자에게만 알려져 있는 상태에서는 영업비밀은 유지되고 있다고 보아야 할 것이다.

여기에서 중요한 것은 公知의 정도와 수준 및 범위의 문제이다. 예를 들면 오픈 쇽 코드(open shock code)는 교과서 등 일반서적을 통해 일반에게 널리 알려져 있지만 그 내용은 이 분야 전문가조차도 이해할 수 없을 정도로 기술되어 있는 경우에는 공연히 알려져 있지 않은 정보가 되어 이 법에 의한 영업비밀로 보호받을 수 있다 할 것이다.

이와 관련한 1986년 2월의 미국 연방 항소 제5순회법원의 판결을 보면 피고 F사 등은 원고 M사가 채택한 아연회수법 및 아연 증류온도의 제어, 회수로의 분할 등의 개량은 이미 서적에 게재, 반포되어 전부 공지된 것이기 때문에 영업비밀이 아니라고 주장한 데 대해 법원은 아연회수법의 일반적 설명만으로는 M사에 의한 개량이 힘들다고 보아 비공지성을 인정하였다.[38)]

정보란 그 특성상 다른 정보와 결합되면 명확하게 구별할 수 없게 될 가능성도 있고, 일단 머리에 들어가면 강제로 빼낼 수도 없으며, 유체물과도 달라 배타성이 없기 때문에 두 사람 이상이 동시에 이용할 수 있는 등의 성질을 가진다.

그러나 영업비밀은 비공지성으로 인하여 不特定人이 그 정보를 공유할 수 없기 때문에 누리게 되는 독자적인 경제적 가치이므로 입법상 영업비밀 보유자에게 금지청구권을 인정하는 고유의 가치를 가지는 것이다. 그러므로 기업체 등에서 아무리 중요하게 영업비밀로 관리하고 있는 정보라 해도 이미 공공연히 알려져 있는(예컨대 어떤 상품의 제법상의 공정이 20년 전에 통용되고 있었다든지 다른 제3자가 우연히 그 工法을 발견해서 관련 학회에 보고했던) 경우에는 영업비밀로서의 비공지성이 상실되었으므로 법률상 보호할 가치가 없을 것이다.

영업비밀이 법률상 보호할 가치를 갖기 위해서는 비밀로 유지하여 일

---

38) Metallurgical Industries, Inc. v. Fourtec Inc. et al.(5th Circuit Court of Appeals 1986) 229 USPQ 945.

반에 알려지지 않은 비공지성이 있어야만 하는데 이 경우 특허와는 달리 자신의 것과 같다고 하는 것만으로는 안되고 상대방이 사용하고 있는 기술이나 정보가 나의 것에서 유래한 것이어야만 한다. 그리하여 피고의 기술은 나의 기술을 모방한 것이고 어디에서나 입수할 수 없는 것이라고만 입증하는 한 비공지성이 있다고 본다.

### 2. 非公知性의 內容

'공공연히 알려져 있지 아니한' 상태란 당해 영업비밀정보가 간행물 등 전파매체 등에 의해 공개되어 있지 않거나 일반공중이 언제, 어디서나 쉽게 구입·열람·복사·대출 등을 통해 영업비밀의 내용을 파악할 수 있도록 공개되어 있지 않아 일반인, 즉 불특정인이 알 수 있는 상태에 있지 않기 때문에 영업비밀보유자의 비밀정보 관리체제나 그 방법 등을 동원하여 이용하지 않고서는 일반적으로 그 정보를 취득할 수 없는 상태에 있는 것을 말한다. 영업비밀보유자 이외의 사람이 당해 정보를 알고 있다 하여도 그 수의 많고 적음에 관계 없이 당해 정보를 알고 있는 자에게 비밀유지의무가 주어지면 영업비밀보유자의 관리하에 있다는 뜻이 되므로 '공공연히 알려져 있지 아니한' 상태에 있다고 볼 것이다. 또한 영업비밀보유자와 아무런 관계가 없는 제3자가 우연히 같은 정보를 개발하여 보유하고 있는 경우에도 그 제3자가 그 정보를 비밀로 관리하고 있는 경우에는 일반적으로 입수가 불가능하기 때문에 당연히 '공공연히 알려져 있지 아니한' 상태에 있는 것으로 보아야 할 것이다.

그뿐만 아니라 영업비밀을 소수의 특정인이 사용하고 있고 이외의 다수의 불특정인이 모르고 있다면 이 또한 '공공연히 알려져 있지 아니한' 상태에 있는 것으로 보아야 할 것이다.[39]

---

39) I. C. S. 사건(東京地判 1987. 3. 10.)

본건은 퇴직한 노동자가 기업의 기술상의 영업비밀(로봇 제조기술)을 부정사용한 사례이다. 판결에서는 증거로부터 "일본 국내에서 본건 로봇을 사용하고 있는 사람이 극히 소수이고 그 이외의 사람은 테이크업 시스템이나 그 도면 및 본건 로봇의 취급설명서에 접하는 기회가 적었던 것 등으로 당해 정보는 일반적으로 공개·공표된 기술에 관한 물

### 3. 非公知性의 判斷時點

'공공연히 알려져 있지 아니한' 것인가 그렇지 아니한 것인가의 판단시점은 손해배상청구에 있어서는 영업비밀침해행위가 행해진 시점이 될 것이나, 금지청구 등에 있어서는 금지를 할 것인가의 여부를 판단하는 시점에서 금지의 실익이 없으면 금지의 의미가 없기 때문에 구두변론종결시에 비공지성이 없어진 경우에는 금지를 인정할 수 없다고 본다.

예를 들면 영업비밀침해행위의 시점에서 반포된 간행물(영업비밀기재) 등이 구두변론종결시까지 일반인의 입수가 가능하다는 것이 증명된다면 '공공연히 알려져 있는' 것으로 되어 금지가 불가능하게 된다. 그러나 이 경우에도 손해배상은 가능하다.[40)]

여기에서 독립된 경제적 가치를 가지는 것이란 공공연히 알려져 있지 아니한 비밀이기 때문에 영업비밀보유자만이 독자적으로 향유할 수 있는 경제적 가치라는 의미이지 영업비밀 자체가 독립적인 경제적 가치를 가져야만 한다는 것은 아닌 것으로 해석된다.

미국의 통일영업비밀법에서도 '비밀이기 때문에 독립적인 경제적 가치를 가진다'는 의미로 표현되고 있다. 즉, 영업비밀의 요건인 '경제적 가치'에 대해서는 "그 정보의 공개나 사용에 의하여 경제적 가치를 얻을 수 있는 타인에게 일반적으로 알려져 있지 않으며, 또한 적절한 수단(또는 정당한 방법)에 의해서는 쉽게 조사되지 않는 것으로부터 현실적 또는 잠재적인 경제적 가치를 얻을 수 있는 것"이라고 규정하고 있다. 따라서 경제적 가치는 비공지성에 의하여 얻어지는 가치로 해석된다.[41)]

---

건이라고는 도저히 말할 수 없다"고 판시하고 있다.

40) 營業秘密―逐條解說, 改正 不正競爭防止法, 有斐閣 發行(제1장 營業秘密의 定義와 請求權者, p.60).

41) 미국 '통일트레이드 시크리트法' 제1조(정의)(4)( i )( ii )
특허와 상표(UR협상 무엇이 논의되고 있나? TRIPs 협상편 ④ 6. 영업비밀 1990. 11. 30. 대한변리사회 발행)
TRIPs협정 제39조 제2항(영업비밀의 보호)
2. …정보가 비밀이기 때문에 상업적 가치(또는 경제적 가치)를 갖는 것(2. …has commercial value because it is secret; and)

일본에서도 미국 통일영업비밀법에 있어서의 '경제적 가치'를 '비공지성이며 불특정인이 그 정보를 공유하지 않는 것으로부터 독자적 경제적 가치를 가지는 것'이라고 해석하고 있다.[42]

따라서 이 법에서의 '독립된 경제적 가치를 가지는 것'이란 영업상의 비밀이 타인에게 알려져 있지 않음으로 인하여 영업비밀보유자만이 누린 재산적 가치를 말하고 영업비밀 자체의 경제적 가치문제는 이 법에서 '유용성'으로 수용되었다고 본다.

### 4. 立證責任

'공공연히 알려져 있지 아니한' 상태란 앞에서 설명한 바와 같이 영업비밀보유자의 영업정보관리 시스템을 이용하지 않고서는 당해 정보를 일반이 입수할 수 없는 상태에 있는 것이지만, 이와 같은 상태의 입증책임을 엄격히 원고에게 부과하면 원고는 자기 이외의 모든 제3자가 아직까지 그 정보를 알지 못하고 있고 간행물에도 기재되지 않았다는 등의 사실을 입증하지 않으면 안되므로, 이는 사실상 불가능한 일을 원고에게 강요하는 것이 된다. 따라서 원고로서는 당해 정보가 일반적으로 입수할 수 없다는 것을 합리적인 범위 내에서 입증하면 사실상 '공공연히 알려져 있지 아니한' 상태라는 점이 추정되며, 반면에 피고도 당해 정보가 '공공연히 알려져 있는 것'이라는 점을 적극적으로 반증되도록 해명한다.[43] 따라서 원고로서는 당해 정보가 일반적으로 입수할 수 없다는 것을 합리적인 범위내에서 입증하면 족하고 피고로서는 공공연히 알려져 있는 것임을 적극적으로 반증하게 될 것이다.

---

42) 日本, 横田俊之(よてた としゆき)外 3人 共著, 營業秘密-逐條解說, 不正競爭防止法 p.59.

43) 특허법 제29조에서 '공연히 알려진 발명'이란 비밀관리상태를 벗어난 발명을 가리킨다. 따라서 소수 또는 특정인이 안 경우라도 그에게 비밀유지의무가 없으면 공지로 된다고 생각된다 [中山信弘 編, '注解 特許法(上),' p.150].

영업비밀에 관한 비공지성도 이에 준하여 판단하는 것이 가능하다고 생각되지만 비밀유지의무가 없다고 한 사실만으로 영업비밀의 비공지성이 상실되는 것이 아니고, 그 사람이 비밀로 관리하고 있는 경우에는 비공지성은 계속 유지되는 것으로 보아야 할 것이다. 따라서 공지인 것을 입증하기 위해서는 그 사람으로부터 실제로 영업비밀을 취득할 수 있다는 것을 증명할 필요가 있을 것이다.

## Ⅱ. 독립경제성(또는 경제성)

### 1. 서 설

영업비밀의 두 번째 요건은 독립된 경제적 가치를 가진 정보이어야 하는데 이를 독립경제성 또는 경제성이라고 한다. 이러한 정보의 독립경제성에 대하여는 i) 그 정보 자체의 독립된 경제적 가치, 즉 정보 자체가 독립경제성이 있어야 한다는 견해와 ii) 정보의 비공지성에 의한 독립된 경제적 가치, 즉 비공지성에 의해 독립경제성이 성립된다는 견해로 나누어져 있으나 독립경제성은 (1) (2)의 두 견해가 함께 충족될 때 비로소 성립된다고 보는 것이 타당하다 할 것이다. 이에 대해 자세히 살펴본다.

(1) 정보 자체의 독립경제성 — (1)견해

정보 그 자체가 물건의 생산·유통·판매 및 경영 등 영업활동에서의 생산성제고·품질향상·원가절감·판매촉진·그 밖의 경영효율화 등 사업에 비용이나 노력 및 시간 등을 적게 들이는 정보, 즉 그 정보만이 지니고 있는 특유한 경제 또는 경제상으로 본 모양이나 합리성의 성질이나 성향의 독립경제성이 있는 정보이어야 한다.

그 정보에 이러한 독립경제성이 있다고 하기 위해서는 i) 그 정보의 보유자가 그 정보의 사용을 통해 경쟁자에 대하여 경쟁상의 이익을 얻을 수 있거나, ii) 그 정보가 실제 제3자에게의 도움여부를 불문하고 그 정보의 취득이나 개발을 위해 상당한 시간·노력·비용 등이 소요되었거나, iii) 그 정보가 비록 바로 영업활동에 투입되어 이용될 수 있을 정도의 완성된 단계에 이르지 못한 정보, 즉 그 정보가 일부품의 정보이든, 반제품의 정보이든, 미완성품의 정보이든, 실패한 정보이든(타인이 시간·노력·비용 등 투자 없이 사용이 가능하기 때문이다), 그 정도의 정보는 독립된 경제적 가치를 가진 정보라 할 수 있다. 또 iv) 누구나 시제품만 있으면 실험을 통하여 알아낼 수 있는 정보인 경우에도 분석에 시간·노력을 요할 경우 독립경제성은 인정된다.

(2) 비공지성에 따른 독립경제성 — (2)견해

위와 같이 정보 자체에 독립경제성이 있는 정보라 하더라도 공지된 경우에는 그 정보의 독립경제성은 상실된다. 따라서 그 독립경제성은 정보의 공개나 사용에 의해 경제적 가치를 얻을 수 있는 타인에게 알려져 있지 아니하고 또 정당한 방법이나 수단에 의해서는 용이하게 알 수 없기 때문에 현실적 또는 잠재적으로 독립된 경제적 가치의 독립경제성을 가지게 되는 것이다. 그러한 관점에서 정보의 독립경제성은 정보의 비공지성으로부터 나온 가치라고 할 수 있다.

(3) 결　　어

독립경제성의 요건은 위 (1) (2) 각 견해에 의해 성립되는 것이 아니고 (1) (2) 견해의 동시충족에 의하여 성립되는 포괄개념의 요건으로 이해함이 타당하다. 독립경제성의 정보는 그 정보 자체에 특유의 경제적 가치가 있고 그 정보가 공지되지 않았을 때 정보의 독립경제성이 성립된다. 즉 독립경제성은 그 정보 자체만의 독립경제성과 함께 비공지성을 전제요건으로 하여 성립, 유지된다. 그러나 그 독립경제성은 그 정보 자체가 영업활동에 소용이 있는 것인가의 유용성과는 별개의 요건이다. 그러나 독립경제성의 정보를 보호받기 위해서는 유용성의 정보이어야 함은 법 제2조 제2호 후단에서 명백히 규정하고 있다. 즉 정보의 확보에 상당히 노력·시간·내용을 두입하여 경쟁상 우위(특유)의 독립경제성의 정보를 취득·개발하였다 하더라도 그 독립경제성은 비공지성에 의해 보지되고 유지된다. 따라서 그 정보는 유용성에 불구하고 독립경제성을 갖지만 그 독립경제성의 정보가 영업비밀로 보호받기 위해서는 다른 영업비밀의 요건인 비공지성·비밀유지성과 함께 유용성을 가져야 한다.

그러므로 정보에 독립경제성이 있다고 하기 위해서는 그 정보 자체에 특유한 경제적 가치의 독립경제성이 있어야 하고 비공지성에 의해 보지되어야 한다. 그리고 그 독립경제성의 정보는 유용성의 요건을 충족한 때에만 보호를 받을 수 있다.

그러나 정보의 유용성은 그 정보 자체가 영업활동에 유용한가의 문제이며, 비공지성과는 독립한 요건이지만 실질적으로 독립경제성과 유용성의 요건의 차이는 없는 것으로 해석된다.

참고로 미국, 일본의 경우를 살펴보면, 미국의 통일트레이드 시크리트법에서의 트레이드 시크리트의 요건인 "경제적 가치"에 대하여 "그 정보의 공개나 사용에 의하여 경제적 가치를 얻을 가능성이 있는 타인에게 일반적으로 알려져 있지 않으며 또 정당한 수단에 의하여 용이하게 확인할 수 있는 것이 아니므로 현실적 또는 잠재적으로 독자의 경제적 가치를 가진 것"이라고 규정하고 있고 "유용성"은 트레이드 시크리트의 요건으로 하고 있지 않다. 따라서 미국법에서의 "경제적 가치"는 비공지성에 의해 나온 가치인 것이 명백하다. 그러나 미국법에 있어서도 유용성이 인정되는 것으로 한정하여 보호되고 또 실질적으로 경제적 가치와 유용성은 요건의 차이가 없는 것으로 판단된다.

이에 반해 일본의 영업비밀법은 영업비밀요건으로 "유용성"을 규정하고 있고 "경제적 가치"에 대하여는 규정하고 있지 않다. 이처럼 "경제적 가치"를 영업비밀의 요건으로 규정하고 있지 않은 것은 경제적 가치는 비공지성에 의해 성립된 가치이고 그 경제적 가치는 유용성에 포괄되어 있어 유용성은 경제적 가치를 수반하고 있다고 보기 때문으로 판단된다.

그러나 우리나라의 법에서는 영업비밀의 요건으로 독립된 경제적 가치의 독립경제성과 유용성을 모두 규정하고 있는 것이 위 양국법에 비하여 특이하다.

### 2. 독립경제성의 내용

#### (1) 경쟁상의 이익을 얻을 수 있는 정보

정보의 이용을 통해 경쟁상의 이익을 얻을 수 있는 정보이어야 하는바, 이는 그 정보가 동종업계에 공공연히 알려져 있지 않음은 물론 영업활동에 유용한 기술상 또는 경영상 유용한 정보임을 말해주고 있다. 예를 들면 원·근거리 렌즈안경 제조기술을 개발하여 원·근거리 렌즈안경을 출시할 경우 그렇지 않은 렌즈안경, 즉 근거리 렌즈안경 또는 원거리 렌즈안경업계와의 경쟁에서 경쟁상의 우위에 올라 경쟁상의 이익을 얻는다면 신규개발된 원·근거리 동시렌즈기술은 독립경제성을 갖는 정보라 할 수 있다.

⑵ 정보의 취득 등에 상당한 노력 등이 투입된 정보

정보의 취득·개발에 상당한 시간·노력·비용이 투입되어 무체재산으로서의 가치가 형성되어 있는 정보, 예를 들면 저에너지 및 무공해 자동차, 전기배터리 자동차와 수소자동차 개발을 위해 연구센터를 설립하고 연구·실험에 필요한 각종 기자재 등을 구입 설치, 비치하고 이 분야 종사인력(전문인력·경력보조인력·단순인력 등)을 발굴 채용하여 5년에 걸쳐 연구한 결과 전기배터리 자동차 제조기술 개발에는 성공하였으나 수소자동차 연구개발은 실패한 미완성기술로 종결된 경우 위 성공한 기술의 독립경제성은 물론 실패한 미완성기술에도 시간·노력·비용이 투입되고 또 동종의 경쟁업체에서는 수소자동차 개발에 이러한 실패를 하지 않을 뿐만 아니라(실패에 들어간 시간·노력·비용을 들이지 않음) 이를 바탕으로 보다 향상된 진보기술을 개발할 수 있기 때문에 실패한 미완성기술 또한 독립경제성이 있는 정보인 것이다.

⑶ 제3자에게 도움을 주지 못한 정보

설령 제3자에게 아무런 도움을 주지 못한 불필요한 정보라 할지라도 그 정보의 취득 또는 개발에 상당한 시간·노력·비용이 소요되고 정보보유자의 영업활동에 유용한 정보라면 그 정보는 독립경제성을 갖는다.

⑷ 실험에 의해 탐지할 수 있는 정보

누구든지 시험 삼아 만들어본 시제품이나 전체물품의 품질·효능 등을 알리기 위한 소량의 본보기물품만 있으면 실험을 통하여 알아낼 수 있는 정보의 경우에도 그 실험분석에 따른 시간 및 노력이 수반되어야 하므로 그 정보는 독립경제성을 갖는다.

그러나 위의 독립경제성이 있는 정보라 하더라도 상당부분 동종업계에 공공연히 알려져 있을 뿐만 아니라 관련업체들이 별다른 노력이나 상당한 시간·비용의 투입 없이도 그러한 정보를 확보할 수 있다면 그 정보는 독립된 경제적 가치가 있는 독립경제성의 정보라고 할 수 없다.

### 3. 독립경제성의 관련사례

#### (1) 독립경제성 인정사례

1) 백색 LED 제조를 위한 부품, 원료의 배합비율 및 제조공정은 바로 영업활동 등에 이용될 수 있을 정도의 완성단계에 이르지는 못하였다고 하더라도, 또 실제 제3자에게 아무런 도움을 준 바 없다 하더라도 사용을 통해 경쟁자에 대하여 경쟁상의 이익을 얻을 수 있고 또 그 정보의 개발이나 취득에 상당한 비용이나 노력이 들었다면 독립된 경제적 가치를 가진 정보로서 독립경제성이 인정될 수 있다.[44)]

2) LED 시제품만 있으면 누구나 실험을 통하여 그 LED 시제품에 내재되어 있는 원료의 배합비율 및 제조공정을 알아낼 수 있다면 그 시제품의 분석에 따른 시간 및 노력을 요하므로 그 시제품은 독립경제성이 인정될 수 있다.[45)]

#### (2) 독립경제성 부인사례

바이어 명단, 납품가격, 아웃소싱 구매가격, 물류비 등 가격산정에 관한 제반 자료 등은 다음의 이유로 해당 정보의 독립경제성이 인정되지 않는다. ⅰ) 바이어 명단은 상당부분 동종업계에 알려져 있을 뿐만 아니라, 관련업체들이 별다른 노력을 하지 않고도 그 명단을 확보할 수 있고, ⅱ) 가격산정에 관한 제반 자료는 생산방식을 달리하는 이용자에게는 독립된 경제적 가치가 있다고 할 수 없다.[46)]

### 4. 독립경제성과 유용성의 차이 및 관계

여기에서 독립경제성이란 그 정보만이 지니고 있는 특유한 경제 또는 경제상의 모양이나 합리성으로서 이는 실제 그 정보의 소용(이용 또는 유용) 여부와는 관계가 없이 독자적으로 독립경제성 자체만으로 영업비밀 성립요건의 하나가 된다.

---

44) 대법원 2008. 2. 15. 선고 2005도6223 판결 참조.

45) 위의 판결 참조.

46) 대법원 2008. 7. 10. 선고 2006도8278 판결 참조.

이에 반해 유용성은 그 정보를 실제 영업활동에 이용할 수 있는 것이어야 함을 영업비밀 성립요건의 하나로 하고 있다는 점에서 양자는 다르다. 이처럼 독립경제성, 유용성은 그 성질이나 성향에 있어서는 서로 다르지만 양자 모두 영업비밀 성립요건의 하나로서 서로 전제요건의 위치에 있다.

즉 아무리 독립된 경제적 가치를 가진 독립경제성의 정보라 하더라도 영업비밀로 보호받기 위해서는 그 정보가 영업활동에 유용한 기술상 또는 경영상 유용성의 정보이어야 하고, 또 이와는 반대로 아무리 영업활동에 유용한 기술상 또는 경영상 유용성의 정보라 하더라도 영업비밀로 보호받기 위해서는 그 정보가 독립된 경제적 가치를 가진 독립경제성의 정보이어야 한다.

따라서 양자는 함께 동시에 성립되어야 하는 영업비밀의 요건인 동시에 서로 전제가 되는 요건이기도 하다. 즉 독립경제성은 유용성을 전제요건으로 하고, 유용성은 독립경제성을 전제요건으로 하고 있다. 이러한 관계는 비공지성 및 비밀유지성과도 마찬가지이다.

## Ⅲ. 秘密維持性(또는 秘密性)

### 1. 序 說

영업비밀의 세 번째 요건은 상당한 노력에 의하여 비밀로 유지된 정보이어야 하는데 이를 비밀유지성, 즉 비밀성이라고 한다. 이는 영업비밀의 공개 또는 사용에 의하여 경제적 가치를 얻을 수 있는 자에게 정상적이고 통상적인 방법에 의해서는 용이하게 입수할 수 없을 정도로 비밀유지를 위한 상당한 노력이 필요하다는 의미에서의 비밀유지성이다. 이러한 비밀유지성은 영업비밀침해행위의 방지를 위하여 상당한 노력을 들여 관리하되 나의 영업비밀이라고 주장할 수 있을 정도의 객관적 관리에 중점을 둔다. 이는 당해 영업비밀을 부정하게 취득하거나 사용 또는 공개하려는 자에게 나의 영업비밀이라고 주장할 수 있을 정도의 객관적 상황이 없다면 예측가능성이 손상되어 영업활동의 안정성이 저해되기 때문에 요구되는 요건이다.

이 법에서는 부정한 수단에 의하여 영업비밀을 취득하거나 그 취득한 영업비밀을 사용 또는 공개하는 등의 행위가 영업비밀보유자의 영업상의 이익을 침해하는 위법한 행위일 때에는 영업비밀보유자에게 당해 행위의 금지청구 등의 구제를 인정하고 있다.

그러나 영업비밀은 무형의 정보로서 동산과 같이 점유에 의하여 영업비밀보유자를 분명히 하는 것이 불가능하며 또한 비밀이기 때문에 부동산이나 특허권 등과 같이 공시할 수도 없는 것이다. 그뿐만 아니라 그 보유형태도 각양각색이어서 심지어는 영업비밀침해자 자신이 누구의 영업비밀인가 어떤 정보가 영업비밀인가 하는 것도 용이하게 알지 못하며, 그 행위가 금지의 대상이 되는지조차도 예견하기 어려운 것이어서 기업활동의 안정성이 저해될 우려가 크다.

이러한 관점으로부터 금지를 인정하기 위한 영업비밀의 객관적 요건으로서 당해 정보가 비밀로 유지되고 있을 뿐만 아니라 제3자가 영업비밀임을 객관적으로 알 수 있어야 한다는 것이다. 즉, 영업비밀은 단순히 영업비밀보유자가 비밀이라고 생각하고 주장하는 것만으로는 영업비밀이 되지 않으며 반드시 영업비밀이라고 객관적으로 인식할 수 있는 상태로 유지되고 있는 것이 필요하다.

예를 들면 업무규칙 등에서 영업비밀에 관한 문서관리규정을 둔다든가 영업비밀의 수납, 관리, 파기 등의 방법과 절차에 관한 사항을 규정화하고 영업비밀취급자를 지정하는 등의 제반관리조치를 취해야 한다는 것이다.

### 2. 秘密維持의 內容

비밀유지요건의 내용은 당해 영업비밀이 종업원, 외부인으로부터 인식가능한 정도로 객관적인 관리상태를 유지하고 있는 것을 요하며 구체적으로는,

첫째, 당해 정보에 접근한 자에게 당해 정보가 영업비밀이라는 것을 알 수 있도록 할 것.

예를 들면 서류에 '對外秘' 표시를 하거나, 특정장소에 보관하는 등 영

업비밀이라는 것을 명확히 할 것.

둘째, 당해 정보에 접근할 수 있는 자가 제한되어 있을 것.

예를 들면 비밀취급인가자나 담당자 이외의 자는 접근할 수 없도록 하는 조치나 당해 정보에 접근한 자에게 권한 없이 사용, 공개하지 않도록 하는 취지의 의무를 부과하는 등의 조치가 강구되어 있을 것 등이 고려될 수 있다.

이와 같은 비밀유지의 경우에도 동일한 영업비밀에 대하여 외부로부터의 침입자에 대하여는 그 영업비밀을 기재한 문서 등이 들어 있는 방에 자물쇠가 잠가져 있다는 것으로서 비밀유지의 요건을 충족시키는 경우도 있으나, 내부의 종업원 등에 대하여는 방에 자물쇠를 잠그고 있다는 것만으로는 충분하지 않고 그 정보가 영업비밀이라는 것을 알 수 있도록 대외비 표시를 하여 이를 가지고 나가는 것을 금지하는 등의 조치를 강구하는 것이 필요한 경우도 있을 것이므로 구체적 상황에 따라 개별적으로 판단하여 조치하여야 할 것으로 본다.

이하에서 미국의 판례를 통해 소개된 관리사례를 들어 본다.

1987년 미국 플로리다주 항소 제8순회 항소법원은 백내장용 렌즈의 개발 노하우 등의 침해사건 판결에서 원고는 종업원에게 백내장용 렌즈의 개발노하우 등이 영업비밀이라는 것을 알리고 영업비밀유지계약을 체결하였으며 공장 및 제조설비의 중요한 지역에 대한 방문객의 출입을 제한하고 있었다. 또한 중요한 부분이나 제조공정을 중심설비로부터 분리하고 있었고, 영업비밀서류를 보관하는 시설이 되어 있었으며, 영업비밀의 배부를 필요한 곳에만 하고 있었고, 영업비밀표시도 되어 있는 등 영업비밀의 보호요건에 적합하게 관리하고 있었다고 판시하였다.

1969년 미국 텍사스州 연방 제5순회법원은 뒤퐁社가 건설 중인 바몬트 공장(메탄올 제조공장) 항공촬영사건 판결에서 비밀보호를 위하여 보통의 울타리나 지붕을 만들지 않으면 안되겠지만 예측하기 어렵고 방어불가능한 스파이를 차단할 것을 요구할 수는 없다. 따라서 뒤퐁사에 대해 미완성의 공장 지붕을 덮을 것을 요구하는 것은 거액의 자본지출을 요구하는 것이다. 즉, “어린애의 장난방지에 막대한 비용을 지우는 것과 같은 것"으로서 뒤퐁사의 영업비밀인 메탄올 제조공정의 관리에는 어떠한 미비점도 없다고 판시하였다.

영업비밀유지에 관한 보다 자세한 내용은 제8장(영업비밀의 관리)을 참고하기 바란다.

### 3. 秘密維持狀態 및 程度

이 법은 기업에 영업정보의 비밀관리를 의무화하는 것은 아니지만, 기업이 자신의 지적 재산을 보호하기 위하여 주관적 의사뿐만 아니고 객관적으로도 영업비밀이라는 것을 알 수 있는 상태로 유지하여야 할 필요가 있다.

즉 보유정보를 영업비밀로 유지, 관리하고 있다는 비밀유지요건을 만족시키기 위해서는 그 정보에 접근하는 자로부터 그 정보가 영업비밀이라는 것을 인식할 수 있는 상태에 있을 것이 필요하다. 이는 정보보유자의 주관적 의사에 의한 것이 아니고 객관적으로 비밀로 관리되고 있음을 인정할 수 있는 상태에 있는 것이 필요하다.

예를 들면 종업원이 부정한 이익을 얻거나 보유자에게 손해를 입힐 목적으로 당해 영업비밀을 누설하는 것과 같은 경우의 다툼에서 영업비밀보유자인 원고는 그 종업원도 그 정보가 비밀로서 유지되고 있음을 알 수 있는 상태에 놓여 있었음을 입증하여야 할 것이다. 영업비밀의 유지는 그 영업비밀의 성질에 따라 유지방법도 다르겠지만, 종이에 쓴 서류라면 그 서류에 영업비밀・비밀등급・비밀보존기간을 표시하여 금고에 넣어 두든지 비밀제한구역이나 통제구역을 설정한다든지 취급자를 특정인으로 지정한다든지 영업비밀에 관한 업무를 담당하는 직원에게 다른 회사에서 사용해서는 안 된다고 명확히 정보를 특정해서 사전에 비밀유지계약을 체결해 두면 이것으로 비밀은 유지되고 있다고 볼 수 있을 것이다. 그러나 능력있는 기업에 있어서는 돈을 들여 비밀정보 관리시스템을 만들어 운영하면 더욱 확실할 것이다. 또한 비밀유지, 관리의 정도는 주어진 상황하에서 비밀이라는 점이 인식될 수 있는 정도로 합리적인 수준으로 이루어지면 충분하고 필요 이상의 관리노력과 유지비용을 들여 유지, 관리하는 것은 필요하지 않다.

예를 들면 대기업의 경우에는 다수의 종업원이 접근할 가능성이 있기 때문에 누가 접근하여도 영업비밀인 것이 인식될 수 있도록 엄격한 유지·관리가 필요한 경우도 있을 것이고, 중소기업의 경우에는 소수의 종업원에 대하여 주의 통지문 등으로 충분히 인식하게 하는 경우도 있을 것이다.

## Ⅳ. 有用性(또는 利用性)

### 1. 序 說

영업비밀의 네 번째 요건은 당해 정보가 현실적으로(실제 사용하고 있는) 또는 잠재적(장래에 사용할)으로 생산방법, 판매방법 기타 영업활동에 유용한 정보이어야 한다는 의미에서의 有用性, 즉 利用性이다. 이러한 유용성은 당해 영업비밀 자체가 사업활동에 효용성이 있는 유익한 정보인가의 문제이며, 비공지성에 의한 독립된 경제적 가치와는 구별되는 요건이다. 따라서 여기에서의 유용성은 영업활동에 유익한 정보로서 생산공정이나 제품 또는 서비스, 가격 등에 실질적으로 이용할 수 있어야 한다. 그런 의미에서 영업비밀은 영업비밀보유자에게 신제품생산이나 원가절감, 새로운 시장개척 등에 있어서 경쟁력을 제고시켜 주는 데 실질적인 요소로 활용될 수 있는 정보적 가치를 가져야 한다. 그러한 관점에서 영업비밀이 현재 또는 미래에 영업상 유용한 기술상 또는 경영상의 정보이어야 한다는 정보의 유익성에 중점을 두고 있다. 그러나 영업비밀이란 정보의 유용성으로 인하여 영업성을 제고하게 되는 것이지만 유용성의 정보가 모두 영업비밀이 되는 것은 아니고 법적 보호를 하는 데 충분한 사회적 의의와 그 필요성이 있는 정보에 한하여 영업비밀로서의 보호의 대상이 되는 것이다. 이를 위하여 영업활동에 유용한 기술상 또는 경영상의 정보일 것을 요건으로 한다. 따라서 공해물질의 방출방법, 세금포탈요령 등은 아무리 당해 보유자에게는 영업상 유용할지 모르나 이는 사회정의에 반하고, 스캔들 등과 같이 사업활동에 유용한 것이라고 할 수 없는 정보는 이 법에 의한 영업비밀로 보호될 수 없다.

⑴ 유용성 정보 보호의 사회적 의의

정보의 비공지성과는 무관하게 존재하는 가치, 즉 본래의 정보 고유의 재산적 가치에는

1) 재화·서비스의 제공활동에 관하여 생산·판매·연구개발·경영효율 등의 개선 등 영업활동에 소용, 즉 유익하다는 가치. 예를 들면 신개발상품의 생산기술, 고객의 명부, 상품·유통·판매매뉴얼 등을 들 수 있다.

2) 정보취득자 스스로 지적 호기심 만족이 가능하다고 하는 가치. 예를 들면 기업의 스캔들 정보 등을 들 수 있다.

위의 두 유형 중 1)의 가치는 영업활동에서의 사용·이용을 통하여 발휘되는 경제적 가치이고, 이와 같은 가치를 가지는 정보를 개발하는 것은 정보의 보유자만이 아니고 국민경제상으로도 유익한 것이다. 이에 대하여, 2)의 가치는 그 정보의 지득에 의해 새로운 경제적, 재산적 가치를 창출하지 않는 일과성 가치에 지나지 아니하고, 국민경제 전체에도 기여하는 바가 적다.

그러므로 1)의 가치를 가지는 정보는 이것을 부정경쟁행위로부터 보호하는 사회적인 의의가 인정되는 데 대하여, 2)의 가치만을 가지는 정보는 그것을 부정경쟁행위로부터 보호하는 사회적 의의가 적다 할 것이다.

⑵ 유용성 정보보호의 필요성

재화·서비스의 제공활동에 관하여 생산·판매·연구개발·경영효율 등의 개선 등 영업활동에 소용, 즉 유익하다는 가치의 정보에 대하여는 활발한 거래의 대상이 되는 등 독자적 가치가 인정되고 또 최근 노하우 라이선스 활동의 왕성화, 고용 유동성의 상승으로 분쟁발생 가능성이 높아지고 있다. 이러한 사회적 현상을 감안하여 볼 때 위 1)의 정보는 부정행위로부터 보호할 사회적인 필요성이 인정된다.

그러한 관점에서 그 정보의 보호에 일정한 사회적인 의의와 필요성이 인정되는 정보, 즉 경제·사회발전에 유용한 정보에 한하여 부정행위로부터 보호함으로써 정보의 개발 인센티브를 확보하는 것이다.

### 2. 有用性의 內容

'영업활동에 유용한 기술상 또는 경영상의 정보'라는 것은 기업이 재화나 서비스의 생산, 판매, 연구개발 등 사업활동에 유용한 기술 또는 경영상의 정보를 말한다.

여기에서 말하는 '유용성'이란 당해 정보 자체가 기업의 생산·판매활동 및 생산원가, 경비절감 등 생산성제고나 영업경쟁력 향상사업 등에 없어서는 안 된다는 것, 즉 그 정보 자체가 영업활동에 사용·이용되거나 또는 사용·이용에 소요되는 비용의 절약, 경영효율의 개선 등에 소용되는 것이라는 의미이다.

이 때의 정보는 실제로 영업활동에 사용·이용되고 있는 것만이 아니고 장래에 사용·이용이 가능한 경우에도 유용성은 인정된다고 본다. 또한 이러한 '유용성'은 보유자의 주관에 의하여 결정되는 것이 아니고 객관적으로 판단하는 것이다.

예를 들면 보유자가 이미 유용성을 느끼지 않는 영업비밀이라도 객관적으로 유용성이 인정되면 영업비밀로 보호될 수 있을 것이다. 즉 보유자의 폐쇄부문의 노하우로 이미 보유자에게는 유용성이 없는 것이라고 생각한 것임에도 동 업계에서는 소용 있는 정보로 유용성을 인정하면 영업비밀이 될 수 있다.

### 3. '營業活動에 有用한 技術上 또는 經營上의 情報'의 구체적인 例

'영업활동에 유용한 기술상의 정보'의 구체적인 예는 제품의 설계도, 제법, 연구 데이터 등으로 기업의 기술개발이나, 상품생산 등에 쓰이는 기술에 관련된 정보, '영업활동에 유용한 경영상의 정보'에는 고객명부, 판매매뉴얼, 매입처 리스트와 같이 사업자가 영업활동을 하는 데에 쓰여진 정보를 들 수 있다.

또한 '경영상의 정보'에 대해서는 '경영'이 '사업을 운영하는 것'을 의미하는 것으로부터 광의로는 '사업활동을 해 나가는 데 있어서의 정보'라는 의미로 기술상의 정보도 포함하고 있지만 여기에서는 판매, 고객 서비스 등에 관한 정보를 의미하는 것으로 쓰인다.

다음에 유용성의 유무가 문제가 되는 예를 들어 보기로 한다.

1) 否定的인 情報(negative information)

과거에 실패한 연구 데이터 등의 네거티브 인포메이션에 대하여는 직접 그 정보를 사용하는 것은 불가능하지만, 당해 정보를 이용하여 연구개발비용을 절약할 수 있는 등 당해 정보 자체의 유용성이 인정되기 때문에 여기에서 말하는 '기술상 또는 경영상의 유용성'을 가진 정보에 해당된다고 본다. 즉, 신약개발과 같이 방대한(약 1만 종류) 화학물에서부터 하나의 신약이 개발될 경우 등이 단적인 예가 될 것이다.

이와 같이 일단 실패한 자료이므로 영업활동에 직접 사용할 수는 없으나 그 실패한 자료를 비밀로 관리하지 않을 경우 경쟁사가 이를 입수하여 이용할 때에는 동일한 실패를 피할 수 있다. 또한 이를 기초로 고속개발을 함으로써 경쟁력을 높여 주는 결과가 되고, 자신의 입장에서도 이를 영업비밀로 활용함으로써 같은 실패를 피할 수 있어 연구개발비나 시간 등을 절약할 수 있고, 동일 또는 관련분야의 연구개발을 촉진할 수 있는 정보로서의 활용가치가 있을 수 있기 때문에 영업비밀로서 보호될 수 있는 것이다.

영업비밀의 유용성과 관련하여 1986년 미연방 항소 제5순회법원이 내린 판례를 보면 새로 개발한 코발트를 통해 텅스텐 카바이트가 결합된 경질체를 아연과 코발트의 반응을 이용하여 분해하는 아연회수법 및 아연 증류온도의 제어, 회수로의 분할 등의 개량을 이용하면 오리지널 텅스텐 카바이트와 동일한 품질의 카바이트를 낮은 비용으로 회수할 수 있다고 보고 당해 정보의 유용성을 인정하였다. 그 외에도 판매활동에 활용되고 있는 고객명부라든가 제조방법, 제조공정, 설계도면 등을 상품판매 및 제품생산의 유용한 정보로 인정하고 있다.

2) 反社會的 情報 등

기업이 탈세를 하고 있다는 정보나 공해물질을 흘려 보내고 있다는 정보, 부동산투기 정보 등의 반사회적인 정보, 사장과 여직원간의 스캔들과 같은 반윤리적 정보, 종교적 교전과 같은 비영업적 정보는 그 기업에 있어서는 비밀로 하여 두고 싶은 정보임에도 영업활동에 유용한 정보라고는 말할 수 없기 때문에 잠정적으로는 '비밀관리' '비공지성'이라고 하는 다른 영업비밀로서의 요건이 충족되었다 해도 영업비밀에는 해당하지 않는다고 본다.

이 법에서의 유용성은 당해 정보 자체가 사업활동에 유용한 것인가의 문제이며, 비공지성에 의한 독립된 경제적 가치와는 별개의 요건이다. 비밀정보란 비공지로 인하여 독자적인 가치를 가지게 되는 것이지만, 이 법에서는 비공지의 정보가 모두 영업비밀이 되는 것은 아니고, 법적 보호를 하는데 충분한 사회적 의의와 그 필요성이 있는 정보에 한하여 보호의 대상으로 한정한 것임은 위에서 설명한 바와 같다.

따라서 기업내의 남녀 스캔들, 공해물질 배출, 세금의 포탈 등과 같은 정보는 사업활동에 유용한 것이라고는 보기 어렵기 때문에 보호의 대상이 될 수 없음도 위에서 설명한 바와 같다.

## Ⅴ. 營業秘密의 法的 性格

궁극적으로 영업비밀을 권리로 보호할 것이냐 아니냐 하는 문제이다. 즉, 특허권 등 산업재산권은 출원, 심사, 등록, 공개 등을 대가로 일정기간 그 발명, 고안에 독점적・배타적인 권리를 부여하고 권리 그 자체를 보호하는 것이지만 영업비밀에는 어떤 권리를 부여하는 것이 아니고 영업상의 정보를 비밀로 유지함으로써 그 자체를 그대로 보호해 줌으로써 얻어지는 이익이다. 그러나 영업비밀 침해행위를 불법행위의 일종인 부정경쟁행위로 규정하고 이에 대한 민사적 처벌 또는 형사적 처벌을 통하여 영업비밀을 보호하게 됨으로써 결과적으로 채권적 권리의 위치로 전환되는 것은 별개의 문제이다(독일, 일본 등).

이와 같이 영업비밀에 대하여 지적재산권을 인정하지 않는 이유는 기술 등 노하우의 실체가 비밀 자체이기 때문에 등록, 공개 등의 대가로 독점적・배타적 권리를 부여하고 있는 특허권 등과 같은 재산권으로 보기 어렵다. 또한 미국(주에 따라 다름)을 제외한 대부분의 나라의 입법례도 그러하거니와 현행 우리 나라의 실정법(외국인투자촉진법 제2조 제1항 제7호 라목, 독점규제 및 공정거래에 관한 법률에 의한 국제계약상의 불공정거래 행위 등의 유형 및 기준에 관한 규정 제5조 제6호)에서도 영업비밀을 권리로 규정하고 있지 아니하다.[47)]

따라서 영업비밀을 특허권 등과 유사한 절대적·배타적인 권리라고 하기보다는 오히려 침해행위의 형태가 악성인 점에 착안하여 불공정한 경쟁행위를 여하히 억제할 것인가 하는 관점에서 대처하는 편이 보다 사안의 본질에 부합된다고 생각한다.

따라서 우리 법에서는 영업비밀에 대하여 독점적·배타적 권리를 인정하지 않는 대신 영업비밀보유자가 영업비밀을 상당한 노력에 의하여 비밀로 유지함을 전제로 하여 부정한 수단에 의한 침해행위를 규제함으로써 얻어지는 이익으로 보는 것이다.

그러므로 영업비밀의 법적 보호는 지적재산권과 같이 소위 재산권의 관점에서보다는 "비밀유지와 침해자 상호간의 법적 보호이익을 비교형량"하여 이루어져야 한다고 본다. 즉, 영업비밀보호를 구하는 측과 침해한 측의 쌍방의 이익의 조화에 의하여 구체적 상황에 따라 필요한 한도 내에서

---

47) 현재 영업비밀을 재산권으로 보는 나라는 미국과 일부 학설에서 주장하고 있는 정도이고 아직은 일반화되어 있지 않다(Milgrim, Trade Secret, §1 참조, 이에 반해 다수 견해는 재산권설에 반대하거나 소극적이다). 다수 국가의 다수 견해는 영업비밀을 사실상의 재산(de facto assets)으로 보고 부정경쟁방지법 등에 의하여 간접적으로 보호하고 있을 뿐이다. 그러나 미국에서는 1984년의 Ruckelshaus 사건(Ruckelshaus v. Monsanto Co. 81 L. ed. 815)에서의 최고법원판결에 의해 그 동안 다투어 온 논쟁에 종지부를 찍고 영업비밀을 공식적인 재산권으로 승인하기에 이르렀다.

(1) 1971년 뒤퐁사건(Du Pont de Nemours Powder Co. v. Masland, 244 US100: 61L. ed. 1016, 37 S. Ct 575 (p.1917))에서의 홈즈 판사의 견해는 그 이후의 판결에서 영업비밀을 재산권으로 보는 것을 명백히 부정한 것으로 해석되어 왔다.

(2) 1973년 Northern Petrochemical Co. v. Tomplinson 사건 (484. F. zd 1057, 179 USPQ(B.N.A) 386 (7th Cir. 1873)에서 제7순회 항소법원은 "영업비밀은 특허권이나 저작권과 달리 재산적 차원의 것은 아니다"라고 판시하였다.

(3) Ruckelshaus v. Monsanto Co.

(가장 중요한 최근 판례) p.400 참조.

법적 구제의 실질을 구한다는 접근방법을 택한 것이다. 영업비밀이 권리가 아님을 보여 주는 예를 들어 보기로 한다.

1982년 미국의 코카콜라社는 그 때까지의 코카콜라의 내용을 상당히 바꾼 '다이어트 코크'를 발매하였다. 사탕의 양을 줄이고 다이어트에 좋은 콜라라고 하는 광고선전을 했다. 코카콜라社는 계약처인 보틀러사에 대하여 다이어트 코크는 종래의 콜라와는 다른 것이므로 새로이 로열티 지급이 필요하다고 통지하였다.

그런데 이 통지에 대해 보틀러社가 반발하였던 것이다. 다이어트 코크와 종래 콜라 사이의 내용의 차이가 도대체 무엇인지 알 수 없다. 단순한 응용에 지나지 않는 것이 아닌가. 다이어트 코크라고 부르는데 그 내용, 즉 대상물이 명확하지 않다는 반발이었다. 이것이 델라웨어주의 지방법원에서 다투게 된 것이다.

보틀러사의 주장은 다이어트 코크의 내용이 분명하지 않은 이상, 종래의 것과 판별이 불가능하다는 것이다. 그런데 이 주장을 반박하려면 코카콜라社는 콜라의 내용, 즉 트레이드 시크리트를 공개해야 한다는 어려운 처지에 빠지게 된다. 코카콜라사는 곤경에 빠지고 결국 양자는 협의를 거쳐 최후에는 이 다이어트 코크의 내용을 비밀에 붙인 채 화해의 길을 선택하였다.

영업비밀은 확고한 권리가 아님을 보여 주는 좋은 사례이나

# 제3장 營業秘密侵害行爲의 類型

## 제1절 總　　說

부정경쟁방지법은 영업비밀보호를 위한 금지 또는 예방청구권 등 민사적 구제와 형사처벌의 대상이 되는 영업비밀침해행위를 민법상의 불법행위(민법 제750조)의 특수형태인 부정경쟁행위로 보고 이를 행위의 태양에 따라 부정취득행위, 부정사용행위 및 부정공개행위로 유형화하고 이들 각 개별유형의 태양에 따라 각각 2가지씩 모두 6가지의 행위유형으로 한정 열거하고 있고, 이외의 침해행위에 대해서는 민법, 상법, 형법 등 타 법률에 맡기고 있다.

이와 같이 영업비밀침해행위를 6가지 유형으로 정하고는 있으나 기본적으로는 제3자의 不正取得行爲와 비밀유지의무자의 義務違反行爲의 두 가지 유형이고 이 두 가지의 기본적 침해행위에 사후적으로 관여하는 행위를 각각 두 가지씩 추가하여 정하고 있다. 즉, 제3자의 부정취득행위나 비밀유지의무자의 의무위반행위가 있었다는 사실을 알거나 중대한 과실로 알지 못하고 당해 영업비밀을 취득, 사용, 공개하는 행위를 각각 법 제2조 제3호 나목, 마목에 정하고 있다. 또한 제3자의 不正取得行爲나 비밀유지의무자의 의무위반행위를 취득 당시에는 알지 못하였으나 취득 후 알게 되거나 중대한 과실로 알지 못하고 당해 영업비밀을 사용 또는 공개하는 행위를 각각 법 제2조 제3호 다목, 바목에 정하고 있다. 다시 말해서 영업비밀에 관계되는 부정행위의 패턴은 크게 나누어 두 가지의 흐름으로 볼 수 있다.

첫째, 영업비밀보유자로부터 부정한 수단으로 취득한 영업비밀이 그 후 전전유통하는 과정에서 일어나는 경우

둘째, 영업비밀보유자로부터는 정당하게 취득한 영업비밀이 부정한 목적으로 사용 또는 공개되어 그 후 전전유통하는 과정에서 일어나는 경우이다. 이를 구체적으로 살펴보면 첫째의 경우는 다시

① 영업비밀보유자로부터 절취, 기망, 협박 기타 부정한 수단으로 영업비밀을 취득하는 부정취득자의 행위

② ①의 부정취득행위자로부터 영업비밀을 직접 또는 간접으로 취득하는 轉得者의 행위로 나누어 볼 수 있다.

둘째의 경우에 있어서는

③ 영업비밀보유자와의 계약관계 등에 의하여 영업비밀을 적법하게 취득한 자의 비밀유지의무 위반행위

④ ③의 비밀유지의무 위반행위자로부터 영업비밀을 직접 또는 간접으로 취득하는 전득자의 행위로 나누어 볼 수 있다.

다시 전득자의 행위에 대해서는 영업비밀 취득시의 주관적 태양에 의하여 취득시부터 악의였던 경우와 취득시에는 선의였다가 후에 악의로 된 경우의 두 가지 경우로 나누어진다.

영업비밀에 관한 침해행위의 규정방법으로는 일반조항에 의한 규정방법과 대상행위를 개별 열거하는 규정방법의 두 가지가 있다. 일반조항에 의한 규정은 다양한 침해행위에 유연하게 대응할 수 있는 장점이 있다. 그러나 금지청구권 등 강력한 사전적 구제수단을 채택하고 있는 이 법에서는 자칫 개인간의 자유로운 정보거래활동에의 개입수단으로 악용될 소지가 있을 뿐만 아니라 우리 나라에서는 아직까지 영업비밀의 침해행위에 관한 확립된 판례도 거의 없어서 금지대상이 되는 행위가 명확하지 않은 채 금지제도를 창설하는 것은 영업비밀에 의한 경제활동의 위축을 초래할 우려가 있기 때문에 이 법에서는 일반조항으로 규정하지 않고 침해행위의 태양을 개별적으로 6가지 유형으로 나누어 명확히 규정하고 있다.[1)]

## 제 2 절 營業秘密의 取得·使用·公開 등 行爲

부정경쟁방지법에서는 영업비밀침해행위를 부정한 수단으로 영업비밀을 취득하는 행위, 그 취득한 영업비밀을 사용하거나 공개하는 행위로 특정하고 있다. 제2조 제3호 가목 내지 바목의 침해행위 유형에 대하여 설명하기 전에 영업비밀의 취득·사용·공개 등의 각 행위에 대하여 그 내용을 살펴보고자 한다.

### Ⅰ. 營業秘密의 取得行爲

이 법에서 '영업비밀의 취득행위'란 어떤 매체를 매개로 하여 영업비밀 자체를 손에 넣는 행위와 영업비밀 자체를 직접 머리 속에 넣는 등의 방법으로 영업비밀을 자신의 것으로 만드는 행위를 말한다. 그러나 통상의 리버스 엔지니어링(reverse engineering)처럼 정당하게 구입한 제품을 분해하거나 해석하여 그 제품에 숨어 있는 아이디어 등의 영업비밀을 찾아내는 것은 명시규정은 없으나 일반적으로 부정한 수단에 해당하지 않는다고 본다. 그러나 반대의 판례와 견해도 있다.

(1) 취득유형

① 영업비밀의 취득은 영업비밀이 특정유체물에 고정되어 있는 경우, 그 유체물을 취득함으로써 영업비밀을 취득하게 되는 경우(예: 영업비밀을

1) 일반조항에 의한 규제의 입법례로는 독일의 부정경쟁방지법 제1조 "업무상 거래에 있어서 경업의 목적으로 선량한 풍속에 반하는 행위를 하는 자에 대하여는 중지 및 손해배상 등의 구제청구가 가능하다"를 들 수 있고 열거한 입법례는 미국의 통일영업비밀법(부정행위〈Misappropriation〉를 정의규정으로 개별열거)과 일본의 부정경쟁방지법 제1조 제3항(영업비밀에 관한 부정행위 6가지 유형 특정)을 들 수 있다.

기록한 서류, 자기테이프 등)

② 영업비밀 그 자체를 기억 등을 통해서 취득하는 경우

③ 영업비밀을 지득하고 있는 종업원의 채용을 통해서 취득하는 경우

④ 산업스파이 등 제3자를 통하여 취득하는 경우 등이 있다.

(2) 취득방법

① 영업비밀취급자, 영업비밀관련 담당자 등의 매수(부정스카웃 포함)에 의한 경우

② 위장취업방법에 의한 경우

③ 절취·기망·협박 등에 의한 경우

④ 도청장치·CCTV·복사기·무비카메라·녹음기 등 특수장비 등에 의한 경우 등이 있다.

이러한 영업비밀의 취득행위에 대하여 금지청구가 인정되는 예를 들어 보면 다음과 같다.

산업스파이에 의해서 조직적으로 영업비밀의 부정한 취득행위가 행하여질 개연성이 높고 이에 대한 입증이 가능한 경우에는 당해 취득행위에 대하여 예방적 청구가 가능하며 또한 영업비밀에 대한 부정취득행위가 반복적·계속적으로 행하여지고 있는 경우에도 취득행위에 대하여 금지청구가 가능하다 할 것이다. 법원 판결 등의 집행방법으로는 1회적 부작위채무의 경우에 있어서 아직 영업비밀의 취득이 행하여지지 않은 경우에는 간접강제가 가능하다(민사집행법 제261조). 그러나 이미 영업비밀의 취득이 행해져 버린 경우에는 강제집행이 불가능하지만 영업비밀을 취득한 상태가 물적 상태로 존재하고 있는 경우에는 부작위채무의 집행권원에 의하여 집행하며, 의무위반물 제거명령의 수권결정을 얻어 영업비밀이 실체로 되는 대체집행이 가능할 것이다(민사집행법 제260조, 민법 제389조 제3항).

또한 영업비밀의 부정한 취득행위가 반복적·계속적으로 행해지고 있는 경우에는 간접강제가 가능함과 아울러 도청기 등 취득행위에 제공된 물건의 폐기청구권도 가능할 것이다.[2)]

## Ⅱ. 營業秘密의 使用行爲

이 법에서 '영업비밀의 사용행위'란 영업비밀을 상품의 생산, 판매 등의 영업활동에 이용하거나 연구개발사업 등에 활용하는 등 기업활동에 직접 또는 간접적으로 사용하는 행위를 말한다.

이 사용행위는 '영업비밀 본래의 사용목적에 따라 당해 영업비밀에 의하여 행하여지는 행위로서 구체적으로 특정이 가능한 행위'를 말한다. 영업비밀의 사용행위의 구체적 예로서는 상품의 생산, 판매 등 영업활동을 위하여 영업비밀을 사용하는 행위로서 각종 생산기술 등에 의한 상품의 생산행위나 고객명부, 원재료의 구입처리스트, 판매매뉴얼 등에 의한 상업행위가 이루어지며 또한 연구개발사업 등을 위하여 영업비밀을 참고로 하는 행위로서 타사의 연구실험데이터를 참고로 하여 연구개발투자비를 절감하거나 생산, 판매계획 등의 수립에 타사의 생산코스트, 판매데이터, 재고관리정보 등을 참고로 하는 등의 영업행위가 이루어질 수 있을 것이다. 그러나 연구개발이나 영업활동 자체는 통상 여러 가지 정보에 의하여 행해지고 있기 때문에 당해 행위를 영업비밀의 사용행위에 해당하는 것으로 금지청구를 하는 경우에는 당해 행위가 당해 영업비밀에 의하여 행하여진 것인지의 인과관계를 분명히 하는 등 구체적으로 특정할 필요가 있다고 본다. 따라서 개량된 생산기술, 변경된 설계도, 추가편집된 고객명

---

2) 민사집행법 제260조(대체집행) ① 민법 제389조 제2항 후단과 제3항의 경우에는 제1심 법원은 채권자의 신청에 따라 민법의 규정에 의한 결정을 하여야 한다.

민사집행법 제261조(간접강제) ① 채무의 성질이 간접강제를 할 수 있는 경우에 제1심 법원은 채권자의 신청에 따라 간접강제를 명하는 결정을 한다. 그 결정에는 채무의 이행의무 및 상당한 이행기간을 밝히고, 채무자가 그 기간 이내에 이행을 하지 아니하는 때에는 늦어진 기간에 따라 일정한 배상을 하도록 명하거나 즉시 손해배상을 하도록 명할 수 있다.

민법 제389조(강제이행) ③ 그 채무가 부작위를 목적으로 한 경우에 채무자가 이에 위반한 때에는 채무자의 비용으로써 그 위반한 것을 제각하고 장래에 대한 적당한 처분을 법원에 청구할 수 있다.

부, 원재료 구입처의 조정 리스트, 개량된 판매매뉴얼 등 개량행위에 의하여 작성된 정보의 사용행위는 원래의 영업비밀의 사용행위에 해당하지 않는다고 본다.

그러나 당해 영업비밀이 원래의 영업비밀에 의하여 작성되어 있고 실질적으로 원래의 영업비밀을 사용하는 것으로 판단되는 경우에는 원래의 영업비밀의 사용행위에 해당하는 것으로 보아야 할 것이다. 그러나 상품을 제조하는 행위가 영업비밀의 사용행위로 특정될 수 있는 경우에도 그 영업비밀을 사용하여 만든 상품의 판매행위 등은 영업비밀의 사용행위에 해당되지 않기 때문에 사용행위의 금지청구의 범위외이지만 영업비밀의 사용행위에 의하여 만들어진 제품의 폐기청구(제10조 제2항)는 가능하다고 본다.

## Ⅲ. 營業秘密의 公開行爲

이 법에서 '영업비밀의 공개행위'란 첫째, 영업비밀을 제3자에게 공공연히 알리는 것, 둘째, 영업정보에 관한 비밀성을 유지한 상태로 특정인에게 알리는 것을 말한다. 여기에서 '공개'라는 용어는 전자의 의미만을 가지는 것으로 해석될 우려가 있기 때문에 조문상 "비밀을 유지하면서 특정인에게 알리는 것을 포함한다"라고 규정하여 후자의 의미도 가진다는 점을 명확히 한 것이다(법 제2조 제3호 가목 괄호 내).

공개의 방법으로는 영업비밀이 무체물이기 때문에

첫째, 영업비밀의 내용이 化體된 매체를 통하여 영업비밀의 내용이 타인에게 알려지는 것

둘째, 구두전달 등의 방법에 의하여 영업비밀의 내용이 타인에게 알려지는 경우 등을 들 수 있다.

## 제 3 절 절취 등에 의한 不正取得行爲

절취・기망・협박 그 밖의 부정한 수단으로 영업비밀을 취득하는 행위(이하 '부정취득행위'라 한다) 또는 그 취득한 영업비밀을 사용하거나 공개(비밀을 유지하면서 특정인에게 알리는 것을 포함한다. 이하 같다)하는 행위를 말한다(법 제2조 제3호 가목).

이 目의 취지는 형법상 범죄를 구성하는 행위, 기타 社會常規에 반하는 수단에 의한 영업비밀의 취득행위를 금지하며, 또한 그렇게 취득한 영업비밀을 사용하거나 공개하는 행위도 불법행위의 산물을 사용하거나 공개하는 행위이므로 금지되어야 한다는 취지이다. 따라서 불법적으로 취득한 영업비밀을 사용하거나 공개하는 행위도 각각 부정취득행위와는 별도로 침해행위를 구성한다.

이 目에서는 타인의 영업비밀을 훔치거나 속이거나 위협하거나 도청하는 등의 부정한 수단으로 취득하는 행위나 그 후 스스로 사용하거나 타인에게 매각 또는 라이선스(licence)계약의 체결, 경쟁자에게 무단제공 및 대중에 전파하는 등의 행위를 침해행위로 규정하고 있다. 즉, 영업비밀을 보유자와의 정당한 거래에 의하지 않고 절취, 협박 등의 부정한 수단에 의하여 취득하는 행위 또는 그 취득한 영업비밀을 사용, 공개하는 행위는 취득행위 자체의 위법성이 극히 강한 행위이기 때문에 소위 산업스파이와 같은 침해행위로 규정하여 금지의 대상으로 한 것이다.

### Ⅰ. 竊取, 欺罔, 脅迫 그 밖의 不正한 手段

이 목에서 규정한 '절취, 기망, 협박'은 부정수단의 例示에 불과한 것이며, '그 밖의 부정한 수단'으로는 강도, 폭행, 주거침입, 횡령, 배임, 장물에 관한 죄 등 형벌법규에 해당하는 행위뿐만 아니라 사회통념상 이와 동등한 위법성을 가진다고 판단되는 행위, 즉 사회질서에 반하는 행위(미인계, 도청, 매수, 위장취업)도 포함한다고 해석된다.[3) 4)]

영업비밀의 본질은 무체물인 정보이며, 취득수단에 대해서는 영업비밀이 담겨져 있는 매체의 취득, 즉 점유이전 이외에도 여러 가지 방법이 있을 수 있는바 구체적으로는 다음과 같은 경우를 생각해 볼 수 있을 것이다.

첫째, 영업비밀이 매체(책, 테이프 등)에 담겨져 있는 경우에 절취, 기망, 협박 등에 의하여 그 매체 자체를 취득하는 경우이다. 이 경우는 매체가 '재물'에 해당하는 이상 절도죄, 강도죄, 사기죄, 공갈죄 등이 별도로 성립하게 된다.

둘째, 영업비밀이 매체에 담겨져 있는 경우에 영업비밀보유자의 의사에 반하여 그 매체의 복사, 복제 등의 방법에 의하여 영업비밀을 취득하는 경우이다. 이 경우 복사 등을 하기 위하여 매체의 반출을 기도하는 경우에는 불법취득의 의사가 있는 것으로 보아 절도죄 등에 해당하는 경우도 있지만 형법상 불가벌로 되는 수도 있을 것이다.

셋째, 영업비밀이 매체에 담겨져 있는 경우에 영업비밀보유자의 의사에 반하여 그 매체를 열람 등에 의하여 기억, 즉 盜視해서 영업비밀을 취득하는 경우이다. 이러한 경우는 주거침입죄 등 통상 형법상의 죄를 묻지 않고 있다.

넷째, 영업비밀이 매체에 담겨져 있지 않은 경우, 즉 영업비밀보유자의 기억에 있는 경우에 도청, 전파탐지 등의 수법으로 또는 폭행, 협박, 기망

---

3) 이 법 입안단계에서 '기타 부정한 수단'에 대한 정의가 불명확하여 그 범위를 지나치게 확대해석해서 운용할 경우 원활한 노하우 거래 등을 저해할 우려가 있다는 의견도 있었다. 그러나 정보의 취득형태가 다양하여 한정열거하는 것이 입법기술상 현저하게 곤란하기 때문에 절취, 기망, 협박 등의 예시에 의하여 수단의 위법성의 정도를 어느 정도 좁히기로 하였다.

4) 미국 통일영업비밀법 제1조에는 '부정한 수단(improper means)'의 정의로 "절취, 증수뢰, 부실표시, 비밀보지의무위반, 同 교사, 전자적 또는 다른 수단에 의한 스파이행위(espionage)"라고 규정하고 있다.

등에 의하여 영업비밀보유자로부터 취득하는 경우이다. 이와 같이 '不正한 手段'의 내용은 영업비밀의 보유형태 등에 따라 여러 가지이지만 기본적으로는 형벌법규에 해당하는 행위나 그와 동등한 위법성을 가지는 사회질서에 반하는 행위라고 보는 것이 타당할 것이다.

이와 같은 不正한 手段에 의한 취득의 사실은 금지청구 등을 하는 원고가 입증책임을 지는 것으로 해석되지만 '절취, 기망'과 같은 형벌법규위반의 경우에 있어서는 객관적으로 구성요건에 해당하는 것이면 충분하고 형사소추가 가능하다고 본다. 그러나 이 법에서는 형사소추상의 판단에 의할 필요는 없고, 민사적인 관점으로부터 위법성을 판단하는 것이 중요하다. 이 목에서의 영업비밀침해행위의 태양은 다음과 같이 나누어 볼 수 있다.

### 1. 不正取得行爲

가령 乙이 甲의 사무실에 잠입하여 영업비밀인 메탄올 제조공정에 관한 자료를 훔친 경우 이는 영업비밀의 부정취득행위에 해당된다.[5)]

### 2. 不正使用行爲

부정취득자 乙이 당해 메탄올 제조공정에 관한 도면 또는 견본 및 설명서 등을 사용하여 메탄올을 생산하는 경우 이는 영업비밀의 부정사용행위에 해당한다.[6)]

### 3. 不正公開行爲

부정취득자 乙이 위의 메탄올 제조공정에 관한 도면, 견본 및 설명서 등을 제3자인 丙에게 매각이나 실시권허여 등의 방법으로 공개하는 경우

---

5) 《산업스파이에 관한 판결례(Betriebsspionge(1973. 3. 16. BGH Urt. v.) GRUR 1973. 484)》 p.408 참조.
《신약산업스파이 사건(東京地判 1984. 6. 15)》 p.409 참조.

6) 위탁판매업을 경영할 의사가 없음에도 있는 것처럼 기망하여 필요한 정보를 입수·사용하는 행위는 불법행위에 해당된다는 판결례 《체스트론 사건, 東京地判 1988. 7. 1.》 p.410 참조.

이는 영업비밀의 부정공개행위에 해당된다.[7] 여기에서 '公開'라 함은 불특정 다수인에게 일반적으로 알리는 행위뿐만 아니라 비밀을 유지하면서 소수의 특정인에게 알리는 행위까지를 포함한다. 예를 들면 위의 부정취득자 乙이 제3자인 丙에게 비밀유지를 조건으로 하여 실시권 허여계약을 체결하는 경우이다.

## Ⅱ. 營業秘密을 取得하는 行爲

'取得'의 의미는 앞에서 설명한 바와 같으며, 취득행위의 금지는 예방청구가 중심이 된다 할 것이다. 따라서 이 目의 전제로서 당해 영업비밀이 보유자의 관리하에 있고 부정취득행위자는 그 시점에서 당해 영업비밀을 보유하고 있지 않을 것이 필요하다. 그러므로 이 目의 영업비밀의 취득태양은 부정한 경우를 규정한 것이기 때문에 업무상 횡령이나 배임과 같은 행위 전에 매체나 정보를 보유자로부터 알고 이미 보지하고 있는 것이 전제로 되는 경우에는 라목의 규정에 의한 부정행위에 해당하는 것으로 보아야 할 것이다.

## Ⅲ. 不正取得한 營業秘密을 使用하는 行爲

이는 부정한 수단으로 영업비밀을 취득한 자 자신이 직접 그 영업비밀을 사용하는 행위를 말한다.

---

7) E. I. Du Pont de Numours and Co, Inc. v. Christopher et al.(5th Circuit) 166 USPQ 422.
원고 Du Pont社는 피고 사진작가 형제를 상대로 건설 중인 바몬트공장 공중촬영사진을 의뢰자에게 보낸 사건에 대하여 사진유통금지 및 손해배상청구를 법원에 냈고 법원은 이를 인용하였다.

### Ⅳ. 不正取得한 營業秘密을 公開하는 行爲

이는 부정한 수단으로 영업비밀을 취득한 자가 그 영업비밀을 제3자에게 매각, 대여(lease), 실시권 허여(licence) 등을 하거나 영업비밀을 불특정인에게 구두나 서면 등 간행물 기타 매체를 통하여 알리는 행위를 말한다. 공개에는 유상·무상을 묻지 않고 제3자의 선의냐 악의냐도 묻지 않는다.

## 제 4 절 不正取得者로부터의 轉得行爲

영업비밀에 대하여 부정취득행위가 개입된 사실을 알거나 중대한 과실로 알지 못하고 그 영업비밀을 취득하는 행위 또는 그 취득한 영업비밀을 사용하거나 공개하는 행위를 말한다(법 제2조 제3호 나목).

이 目의 취지는 가目의 규정에 의한 부정취득행위를 전제로 하여 부정취득한 영업비밀에 사후적으로 관여하는 행위를 배제하기 위한 규정으로서 악의 또는 중과실이 있는 취득행위와 악의 또는 중과실로 취득한 영업비밀을 사용하거나 공개하는 행위를 모두 금지하려는 것이다. 즉, 가목의 규정에 의한 부정취득행위가 개입되어 있는 영업비밀에 대한 악의·중과실 轉得者의 취득행위와 그 후의 사용 또는 공개행위를 침해행위로 전화시킨 것이다. 예를 들면 가목의 부정취득행위자를 本犯으로 하고 이 목은 장물범적 위치에 놓인 자의 행위를 규정한 것이라고 볼 수 있다.

영업비밀은 그 특성상 일단 영업비밀보유자로부터 부정하게 취득하였다 하더라도 동산과 달라 영업비밀 그 자체가 몽땅 영업비밀보유자의 관리하에서 없어지는 것이 아니다. 따라서 영업비밀보유자는 당해 영업비밀의 사용, 공개가 가능하므로 영업비밀보유자의 영업비밀에 관한 정당한 이익은 보호될 필요가 있다. 이러한 관점에서 제3자가 부정취득행위자의 직접 또는 간접의 상대방으로 영업비밀을 취득, 사용, 공개하는 행위는 위의 영업비밀 보유자의 이익을 새로이 침해하는 결과가 된다. 따라서 영업비밀보유자의 정당한 이익을 보호하기 위해서도 이와 같은 경우 금지의 대상으로 할 필요가 있다.

그러나 영업비밀은 비밀로 유지되고 있고 특허권과 같은 公示性을 가지고 있지 않으며, 또 영업비밀의 거래가 빈번해지고 있는 상황 하에서 모든 제3자에 대하여 금지를 인정하는 것은 원활한 거래와 안전을 현저히 저해하는 것이므로, 물권적 청구권과 같이 모든 제3자를 대상으로 하는 것은 타당하지 않다고 본다. 다만 당해 영업비밀에 대하여 부정취득행위가 개입된 사실을 악의·중과실로 알지 못하고 그 영업비밀을 취득하여 그 후 사용, 공개하는 행위는 행위 자체의 악성이 인정되므로 이 목에서는 이와 같은 악의·중과실의 제3자의 행위를 금지대상으로 한 것이다.

## Ⅰ. 營業秘密에 대하여 不正取得行爲가 介入된 것

'介入'이란 영업비밀보유자로부터 자기에 이르는 유통과정의 어떤 단계에 부정취득행위가 끼어 있다는 것을 의미한다. 따라서 부정취득자로부터 직접 취득하는 경우뿐만 아니라 도중에 제3자가 개입되어 있어 간접적으로 취득하는 경우에도 취득시에 악의·중과실이 있으면 그 취득행위는 물론 취득 후의 사용, 공개하는 행위도 부정행위가 된다.[8)]

---

8) 도중에 선의자가 개입된 경우

민법상 선의취득의 경우는 선의자가 개입되어 있으면 소유자는 악의자에게 대항할 수 없게 되지만, 이것은 一物一權主義의 요청의 결과이며, 정보와 같이 복수의 자에 의한 공동이용이 가능한 재산에 있어서는 선의자가 개입한 경우에 권리의 귀속을 어떻게 결정할 것인가의 법적 요청은 없으나 보유자의 영업비밀에 관한 이익 자체는 선의자가 개입하여도 소멸하지 않기 때문에 그 후 악의자가 출현하면 금지를 청구할 수 있을 것으로 생각한다.

## Ⅱ. 알거나 중대한 過失로 알지 못하고

이는 영업비밀 취득시 그 영업비밀에 부정취득행위가 개입된 사실에 대해서 제3자의 악의, 중과실이 인정될 것을 요건으로 한다.

악의 또는 중과실을 요건으로 한 것은 영업비밀의 거래상 안전을 고려한다. 하더라도 악의가 있는 경우에는 보호할 필요가 없으며 또한 중과실이 있는 경우에도 거래에 있어서 주의의무의 해태가 현저하여 악의와 동일시하는 것이 가능할 정도로 악성이 강하다고 인정되는 경우에는 보호할 필요가 없다는 것이다. 그러나 輕過失까지를 부정행위로 보면 公示性이 없는 영업비밀에 대하여 정보거래의 안전이 현저하게 저해될 우려가 있기 때문에 경과실은 침해행위에서 제외한 것이다.

'악의'란 부정취득행위의 개입사실을 알고 있는 것을 말하며, '중대한 과실'이란 거래상 요구되는 주의의무를 다하면 용이하게 부정취득행위의 사실을 알 수 있었음에도 주의를 현저하게 태만히 하였기 때문에 알지 못한 것을 말한다. 예를 들면 신원미상의 브로커로부터 아무런 확인도 없이 월등히 저렴한 가격으로 중요한 영업비밀을 취득하는 경우에는 중과실이 인정된다고 보아야 할 것이다. 이 악의·중과실의 입증책임은 청구권자에게 있으며 악의·중과실의 대상은 그 영업비밀에 대한 부정취득행위가 개입한 사실인바 이를 구체적으로 예시해 보면 다음과 같다.

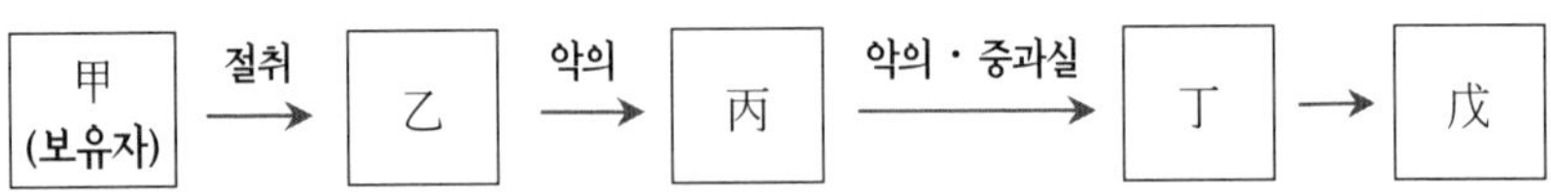


위의 경우에, 丁의 악의·중과실의 대상은 乙의 절취사실이고, 戊의 기망이나 丙의 악의는 아니다. 다만 절취가 乙에 의한 것이라는 인식이나 보유자가 甲이라고 명확하게 인식할 필요까지는 없고 자기가 취득한 영업비밀이 절취에 의하여 유출된 것이라는 인식만으로 족하다 할 것이다.

위의 경우에 정의 악의·중과실의 대상은 을의 절취와 병의 절취 중 어느 것이라도 좋다고 생각된다. 즉, 보유자로부터 자기에 이르는 유통과정의 어떠한 단계에 부정행위가 개입되어 있는지는 묻지 않고 어떤 단계이든지 간에 악의만 있으면 족하다고 본다.

### Ⅲ. 營業秘密을 取得, 使用, 公開하는 行爲

영업비밀을 취득, 사용, 공개하는 행위에 관한 설명은 가목과 같다.[9]

## 제 5 절 不正取得과 관련한 事後的 惡意者의 行爲

영업비밀을 취득한 후에 그 영업비밀에 대하여 부정취득행위가 개입된 사실을 알거나 중대한 과실로 알지 못하고 그 영업비밀을 사용하거나 공개

9) 《例 示》

甲이 보유하고 있는 영업비밀을 乙이 절취하여 이를 丙에게 매각하였는데 매수자 丙이 당해 영업비밀을 매수할 때 그것이 乙이 절취한 것이라는 사실을 알았거나, 중대한 과실로 알지 못하였다면 丙의 취득행위는 영업비밀침해행위를 구성하며 丙이 그 영업비밀을 사용하거나 공개하는 행위도 또한 영업비밀침해행위가 된다. 또한 丙이 부정취득·공개한 乙로부터 직접 취득하지 아니하였어도, 즉 甲과 丙 사이에 어느 누구에 의해서든 부정취득행위 및 공개행위가 있었다는 사실을 알면서(또는 중대한 과실로 알지 못하고) 그 영업비밀을 취득하였어도 丙의 취득행위(또는 영업비밀을 사용하거나 공개하는 행위)는 이 目의 침해행위에 해당된다.

하는 행위를 말한다(법 제2조 제3호 다목).

이 目은 나목과 같이 부정취득한 영업비밀에 사후적으로 관여하는 것을 방지하기 위한 규정인바 취득 당시에는 그 영업비밀에 부정취득행위가 개입된 사실을 몰랐으나 취득 후 그 사실을 알았거나 중대한 과실로 알지 못하고 그 영업비밀을 사용하거나 공개하는 행위를 금지하려는 것이다. 즉, 영업비밀 취득 당시에는 그 영업비밀이 절취나 기망 또는 협박 기타 부정한 수단에 의해서 취득된 것인지 전혀 몰랐던 자가 그 후에 영업비밀보유자로부터 경고나 통고 등을 통해서 또는 산업스파이사건이 대대적으로 보도됨으로써 그 사정을 알았음에도 불구하고 그 영업비밀을 그대로 사용하거나 공개하는 행위를 금지하려는 것이다.[10)]

이미 제4절에서도 기술한 바와 같이 영업비밀은 재산권이 아니고 침해행위로부터의 보호라는 채권적 권리로 전화되어 있으며, 침해행위에 의하여 원래의 영업비밀보유자로부터 유출된 영업비밀이 전전유통되는 경우 기본적으로 악의·중과실이 있으면서 당해 영업비밀을 취득한 제3자의 행위를 침해행위로 전화시켜 금지의 대상으로 하고 있다. 이와 같은 경우 동산의 선의취득과 같은 맥락에서 생각하면 취득 후에 아는 것은 일단 취득한 권리에 영향을 미치지 않지만 영업비밀의 경우는 원소유자가 점유를 상실하는 동산과는 달리 영업비밀보유자의 영업비밀이 상실되는 것이 아니고 그대로 보유하고 있는 상태이기 때문에 그 이익을 보호할 필요성이 있다. 따라서 이 법에서는 이러한 제3자인 사후적 악의자의 사용, 공개행위도 침해행위로 보고 금지청구 등 구제수단의 대상유형으로 규정하고 있다.[11)]

---

10)《例 示》

甲의 영업비밀을 乙이 절취 등 부정한 수단으로 취득한 후 이를 丙에게 자신의 영업비밀이라고 속여서 매각하였는데, 매수자 丙은 취득 당시 乙의 말만을 믿고 선의로 취득하였다. 선의의 매수자 丙이 그 후 영업비밀보유자인 甲으로부터 경고를 받음으로써 그 영업비밀에 乙의 부정행위가 개입된 것을 알았다. 그럼에도 불구하고 丙은 이를 계속 사용하거나 제3자 丁에게 공개하는 경우 매수자 丙의 사용행위나 공개행위는 이 目의 영업비밀침해행위에 해당된다.

11) 이와 같은 경우의 입법례로는 미국 통일영업비밀법이 있다. 동법 제1조 (2)ii(b)에는 부정행위(Misappropriation)의 한 유형으로 "트레이드 시크리트인 지식을 공개 또는 사용한

이와 같이 사후적 악의자를 침해행위의 유형으로 포함시킴으로써 善意·無重過失로 영업비밀을 취득한 자의 사업활동을 제한시키지나 않을까 하는 우려에 대해서는 제5장에서 설명한 바와 같이 선의·무중과실로 인한 영업비밀의 거래를 보호하는 선의자에 관한 특례규정을 두어 거래의 안전성 확보를 도모하고 있다(법 제13조).

나목과의 관계에서 이 목은 영업비밀을 취득한 후에 그 영업비밀에 대하여 부정취득행위가 개입된 사실을 알거나 또는 중대한 과실로 알지 못하고 그 영업비밀을 사용하거나 공개하는 행위에 적용된다.

즉, 취득 후 부정취득행위의 개입에 대하여 악의·중과실이 있는 경우에는 나目의 침해행위에 해당되고, 이 목은 취득시에 제3자가 선의·무중과실이었던 경우를 기본적으로 상정하고 있다. 그러나 영업비밀보유자인 청구권자 측에서 취득시의 침해행위자의 선의·무중과실을 입증할 필요는 없고, 금지청구라면 늦어도 구두변론종결시까지 침해행위자의 악의·중과실을 입증하면 충분할 것으로 본다.[12]

---

시점에 당해 트레이드 시크리트를 부정수단에 의하여 취득한 자로부터 입수한 것 등을 알고 있었는가 또는 알 이유가 있는 자가(had reason to know) 명시나 묵시의 동의 없이 타인의 트레이드 시크리트를 공개 또는 사용하는 것"을 말하며, 사후적 악의자도 금지의 대상으로 하고 있다.

12) 취득시에는 선의·무중과실이었으나 사후적으로 악의로 전화되어 악의·重過失로 된 경우는 영업비밀보유자로부터 경고장을 받거나 금지청구의 소장을 받게 되는 경우를 상정할 수 있다. 이와 같은 경우 선의자가 전혀 근거 없는 경고장을 수취하면 그 시점 이후의 사용행위 등이 이 目에 의한 침해행위가 구성될 수 있는가라는 의견이 입안시에 제기되었다. 금지청구만의 경우는 경고장을 무시하여도 결국 법원에서 이 目의 요건이 심리의 대상이 되므로 문제될 것이 없지만 손해배상청구를 동반하는 경우는 예컨대 경고장을 무시하고 영업비밀의 사용을 계속하다가 재판의 결과 경고장의 내용이 올바른 것으로 판명된 경우에는 경고장을 수취한 시점 이후의 손해를 배상할 의무가 생기는 것으로 된다. 따라서 이 문제는 사실인정의 문제이며, 기본적으로는 당해 사실의 구체적 상황에 대하여 개별적으로 판단할 것으로 보이지만 민법 제197조 제2항은 선의점유자의 과실수취권과 관련하여 선의점유자가 본권의 소를 받아 패소한 경우에는 그 소가 제기된 때로부터 악의라고 간주하는 요지의 규정이 있으며, 이 目의 경우에도 이것에 준하여 해석이 가능한 것으로 보인다.

# 제 6 절 契約關係 등에 따른 秘密維持義務 違反行爲

## Ⅰ. 總 說

계약관계 등에 따라 영업비밀을 비밀로서 유지해야 할 의무가 있는 자가 부정한 이익을 얻거나 그 영업비밀의 보유자에게 손해를 입힐 목적으로 그 영업비밀을 사용하거나 공개하는 행위를 이 법에서는 비밀유지의무 위반에 의한 영업비밀침해행위로 규정하고 있다(법 제2조 제3호 라목).

계약관계 등에 따라 영업비밀을 비밀로 유지해야 할 의무가 있는 자가 부정한 이익 등을 목적으로 그 영업비밀을 사용하거나 공개하는 행위는 가목의 부정행위와 마찬가지로 금지되어야 할 영업비밀침해행위의 기본적 유형으로 규정한 것이다. 즉, 기업체의 종업원, 영업상 거래관계자, 영업비밀 실시권자 등과 같이 계약관계 등에 의하여 영업비밀을 비밀로 유지하여야 할 의무가 있는 자가 재직 중이나 퇴직 후, 계약기간 중 또는 계약만료 후 부정한 돈을 받거나 상위직에 오를 목적 등으로 또는 그 영업비밀의 보유자에게 손해를 입힐 목적으로 그 영업비밀을 스스로 사용하거나 공개하는 행위, 예를 들면 고용관계에 있는 기업체의 임원 또는 직원이나 임원 또는 직원이었던 자가 비밀유지계약이나 경업금지계약 등을 위반하거나, 영업비밀 보유자와의 신뢰관계를 배반하고 그 영업비밀을 사용하여 영업비밀보유자와 경쟁사업을 하거나, 그 영업비밀을 경쟁기업체에 제공하는 등의 경우와 영업비밀에 대한 실시권을 받은 자가 계약기간 중 또는 계약기간 만료 후 영업비밀보유자와의 계약사항을 위반하여 그 영업비밀을 계속 사용하거나 경쟁기업체에 공개하는 등의 행위를 들 수 있다.[13)]

---

13) 《종업원의 비밀누설사건[Kaltfliebprebverfahren(1959. 11. 24. BGH v.): GRUR 1960, 294] 독일》 p.409 참조.
《고루무무역사건(大阪高判 1983. 3. 3.)》 p.410 참조.

가목이 영업비밀을 절취, 기망, 협박 등의 부정한 수단에 의한 부정취득행위에 위법성이 인정되는 유형인 데 대하여 라목은 영업비밀을 보유자로부터 정당하게 취득한 자에 대한 침해행위에 위법성을 인정하는 유형이다. 이러한 라목의 규정이 영업비밀보유자와 종업원, 거래관계당사자 등과 반드시 명시적인 영업비밀유지계약을 체결하여야만 금지청구권 등의 법적 구제가 인정되는 것인지, 아니면 양자간에 특별한 명시적인 계약체결과 같은 형식이나 절차 없이도 신뢰관계에 의해서 금지청구권 등의 법적 구제가 가능한지가 문제이다. 이에 관해서는 契約이나 信義 어느 한쪽에 의해서만 침해행위가 구성되어 금지청구권 등의 법적 구제가 인정되는 것이 아니라고 본다. 즉, 비밀유지의무가 언제나 계약에 의해서만 발생하는 것이 아니고 개별사례의 상황에 따라서는 신의관계에 의해서도 묵시적으로 발생할 수가 있기 때문이다. 따라서 계약은 명시적인 계약뿐만 아니라 묵시적인 계약으로도 나타날 수 있을 것이다.

여기에서 '계약'이라 함은 쌍방 당사자간의 계약뿐만 아니라 일방이 타방에 대하여 서약한 서약서나 각서 또는 단체계약형태의 보통거래약관, 규칙, 사양서 등으로도 나타날 수 있는데 그 형식에는 크게 구애를 받지 않는다. 그러나 이처럼 일방을 구속하거나 다수자를 구속하는 형태의 서약서나 단체계약관계로 이루어지는 경우에는 영업비밀의 과대보호의 현상이 나타나기 쉽다. 따라서 여기서의 계약은 종업원과의 개별 계약을 의미하는 것으로 보아야 한다.

이와 같은 계약은 재직시의 영업비밀유지계약이냐 퇴직 후의 경업금지계약이냐에 따라서 달라질 수 있다. 즉, 재직자에 대한 영업비밀유지의무의 부과는 계약서, 서약서, 각서 등 어느 형식을 취하더라도 큰 문제는 없다. 또 재직자의 영업비밀유지의무는 반드시 명시적인 영업비밀 유지계약이나 영업비밀 준수 서약서, 각서 등에 의해서만 발생하는 것이 아니라 경우에 따라서는 취업규칙에 의한 고용계약이나 단체협약 또는 사원계약 등에 의

---

《아이·시·에스 사건(東京地判 1987. 3. 10.)》 p.432 참조.

하여 발생하는 신의성실관계에 의해서도 영업비밀을 유지하여야 할 의무가 묵시적으로 발생할 수 있다. 즉, 회사와 종업원간에는 명시적인 비밀유지계약을 체결하지 않아도 고용에 의하여 발생한 신의성실관계 때문에 업무상 또는 신분상 취득한 영업비밀을 누설하거나 사용해서는 안 된다는 묵시적인 의무가 발생하는 경우가 있다. 이러한 영업비밀은 회사의 재산이고 종업원은 그 회사의 신뢰하에서 그 영업비밀을 지득하게 된 것이기 때문에 회사의 신임에 반하여 영업비밀을 사용할 수 없다. 특히 명시적인 비밀보호계약이 구제를 하는 데 불가결한 것은 아니고 개별사례의 상황, 사용자와 종업원간의 관계에서 비밀유지관계가 고용계약 등에서 묵시적으로 합의되어 있으면 충분하다고 보는 것이다.14)

그러나 퇴직자의 경업금지의무는 명시적인 계약에 의해서만 발생한다고 보는 것이 최근 판례의 경향이다. 그 논리적 배경은 종업원은 퇴직함으로써 회사와의 신의성실 관계가 끝날 뿐만 아니라 헌법상 직업선택의 자유가 보장되어 있어서 비교적 엄격하고 공평함이 요구되기 때문에 일방적 성격이 강한 서약서나 각서보다는 계약의 형식을 취하는 것이 좋다는 것이다. 또 퇴직자에 대한 경업피지의무를 부과하는 경업금지계약은 자칫 직업선택의 자유를 침해할 우려가 있을 뿐만 아니라 인력의 유동을 억제함으로써 정보의 자유로운 유통을 통한 산업경제의 발전을 저해하고 독과점 사업의 사회적 폐해 등이 우려되기 때문에 다음과 같은 기준이 엄격하게 지켜질 필요가 있다.

첫째, 사용자의 입장에서 합법적 사업이익과 사용자보호를 위한 합리적인 제한인지

둘째, 종업원의 입장에서 생계유지를 위한 합법적인 노력을 방해한다는 점에서 과도한 억압이 아닌 합리적인 제한인지

셋째, 공공복지의 입장에서 합리적인 제한인지를 잘 판단하는 것이다.

이와 같은 競業禁止義務를 부과하는 계약은 영업양도에 따른 유사계약

14) 신뢰관계에 의하여 영업비밀유지의무가 발생한다는 판결례[By-Buk Company v. Printed Cellophane Tape Company(2nd Circuit 1958) 329 P.2d 147)] p.422 참조.

보다 더 엄격하게 판단될 수 있을 것이다. 따라서 퇴직자에게 부과하는 경업금지의무가 거래상 제한이 있고 또 효력을 갖기 위해서는 다음과 같은 약정일 필요가 있다.

① 서면에 의할 것

② 계약의 일부, 즉 계약의 형식으로 체결할 것

③ 유효한 대가가 보장될 것

④ 제한이 부과되는 기간, 지역은 합리적일 것

⑤ 그 계약은 양 당사자에게 공평할 것

⑥ 공공의 복지에 위배되지 않을 것

⑦ 제한을 가하는 직종의 범위는 구체적으로 명시하여 한정할 것

⑧ 사항적인 제한으로서는 재직 중 직무와 관련하여 알게 된 정보라고 명시할 것 등이다.

여기에서 '유효한 대가'라 함은 경업금지라고 하는 경제활동의 제한조치에 의해서 받은 제약에 대한 보상적 성격과 경업금지기간 동안의 비밀유지에 대한 대가적 성격을 함께 가지고 있는 것으로 예를 들면 명예수당 또는 기밀수당의 지급을 들 수 있을 것이다. 또한 지역이라 함은 영업비밀보유자의 영업활동구역 내로 보면 될 것이다.[15)]

만약 영업비밀유지에 관한 종업원과의 계약이나 종업원 일방의 서약서 등이 합리적인 수준을 넘어 일방에 치우쳤을 경우에는 민법상 계약형평의 원칙이나 사회상규에 반하여 무효가 될 수 있다. 일본의 원전상점사건에서 경업금지서약서가 무효라고 판시한 廣島고등재판소의 판결을 보면 廣島백화점에서 부인복지판매점을 경영하고 있는 원고 X는 피고인 여점원 Y를 고용할 때 퇴직하더라도 이 백화점 내의 다른 부인복지상점에는 취업하지 않겠다는 취지의 서약을 하도록 하였다. 피고 Y는 원고 X로부터 해고되어 이 백화점 내의 다른 부인복지상점에 재취업하였다. 원고는 피고를 상대로 부인복지판매를 하지 못하도록 하는 가처분을 법원에 신청했다. 제1심은 원고

15) 계약의 유효성에 관한 판결례(American Hot Rod Association Inc. v. Carrier et al. 1500F. 2d 1269. 1974. 7. 17. 노스 캐롤라이나주 제4순회구 연방항소법원).

의 가처분신청을 기각하였고 원고는 항소하였다.

법원의 기각판결 요지를 보면 피고 Y는 특별한 지식이나 기술, 경험을 필요로 하지 않는 부인복지판매를 보조하면서 생활하고 있기 때문에 해고되면 쉽게 취직할 수 없는 생활곤란한 가장 약한 입장에 있다. 이러한 약자에 대해 취직의 제한을 약속받는 것은 피용자의 生活權을 위협하고 개인의 자유를 구속할 우려가 충분하므로 고용주의 이익을 보호할 필요성을 인정할 수 없고 미풍양속에도 반하므로 무효라고 보는 것이 타당하다고 판시하고 있다.[16)]

## Ⅱ. 營業秘密維持義務의 發生

이 目에서는 "영업비밀을 비밀로서 유지하여야 할 의무가 있는 자"를 계약관계 등에 따라 비밀유지의무가 부과된 자로 규정하고 있으나 여기에서 말하는 비밀유지의무가 반드시 계약 등과 같은 일정한 요식에 의해서만 발생하는가, 아니면 사용자와 종업원간의 신의관계에 의해서도 발생하는가에 따라 계약관계설, 신의관계설 및 절충설 등으로 견해가 나누어지고 있다.

### 1. 契約關係說

종업원의 비밀유지의무는 사용자와 종업원간에 특별히 약정한 영업비밀유지계약 등에 의해서만 발생한다는 것이다. 여기에서 '계약'이라 함은 구두계약이 아닌 서면계약만을 말하며, 또 쌍방간의 계약뿐만 아니라 일방의 서약서나, 각서 또는 다수자를 대상으로 하는 보통거래약관, 규칙, 사양서 등으로도 나타날 수 있는데 반드시 계약이라는 형식에 구애받을 필요는 없다고 보는 견해이다.[17)]

---

16) 경업금지서약의 무효판결례[원전상점사건(廣島高判 1957. 8. 28.)] p.434 참조.

17) 기업체 종업원에 대한 재직시의 영업비밀유지의무는 반드시 영업비밀보유자와의 계약에 의해서만이 아니라 종업원의 서약서나 각서 등에 의해서도 발생할 수 있고, 거래관계

그러나 이처럼 다수자를 구속하는 형태의 계약관계로 이루어지는 경우에는 영업비밀의 과대보호의 현상이 나타나기 쉬우므로 특별히 주의가 요망된다. 이러한 비밀유지계약은 종업원에게 제한을 가하는 것이므로 엄격하고도 합리적인 수준에서 이루어져야 하는데 그 제한이 합리적이고 또 효력을 갖기 위해서는 영업비밀유지의무의 부과가 반드시 계약 등과 같은 일정한 형식을 갖추어야 한다. 또한 그 내용에 있어서도 꼭 지켜야 할 영업비밀이 무엇이고[18] 그 영업비밀을 지켜야 할 기간, 지역 등을 구체적으로 명시하되 영업비밀에 상당한 것을 보호하기 위하여 필요한 최소한의 범위에 그쳐야만 한다.

특히 퇴직종업원과의 경업금지계약이 유효하기 위해서는 먼저 사업자의 합법적 사업이익과 종업원의 합법적 생계유지권 및 공공의 복리 등을 고려하여 체결하되 그 형식은 반드시 서면에 의한 명시적인 계약이어야 하며 내용도 경제활동제한에 상응하는 정당하고도 유효한 대가의 지불에 관한 사항과 금지의 직종, 기간, 장소 등을 구체적으로 명시함은 물론 회사나 퇴직종업원 어느 한쪽으로도 기울어지지 않도록 공평해야 한다.

이와 같이 영업비밀유지의무의 부과가 재직종업원에 비해 퇴직종업원에게 더욱 강하고 엄격하게 요구되는 것은 퇴직종업원과의 경업금지계약이 재직종업원과의 비밀유지계약보다 취업선택의 자유, 노동의 이동을 통한 정보의 유통, 독점의 방지 등이 제한될 우려가 더 높기 때문이다.[19]

---

자 등에 대한 비밀유지의무도 거래 전에는 영업비밀유지에 관한 서약서 혹은 각서 등에 의해서 발생할 수 있다. 또한 거래시에는 영업비밀에 관한 특별약정을 해야만 발생한다. 즉, 계약기간 동안은 전속계약으로 경쟁사업금지를 의무화하고 거래 후에는 일정기간 영업비밀보유자의 영업권 내에서는 영업비밀과 관련된 업종을 스스로 경영하거나 타인의 경영에 참여할 수 없도록 하는 내용의 계약을 체결한다. 여기에서 '거래관계자'라 함은 영업비밀보유자의 방계회사, 하도급관계에 있는 회사, 제휴회사, 기타 협력관계에 있는 회사와 변호사, 변리사, 공인회계사, 고문, 자문, 퇴직종업원, 기타 조력자 등을 말한다.

18) Motorola. Inc. v. Fairchild Camera and Instrument Corp et al.(Arizona 1973) 177 USPQ 614, p.393 참조.

19) 《Dynamics Research Corp. v. The Analytic Science Corp.(Court of Appeals Massachusetts 1980) 209 USPQ 321》 p.414 참조.

### 2. 信義關係說

종업원의 영업비밀유지의무는 반드시 명시적인 영업비밀유지계약에 의해서만 발생하는 것이 아니라 사용자와의 신의성실의 관계에 의해서도 발생할 수 있다는 것이다. 종업원은 고용에 의해 지득한 영업비밀을 사용자의 의사에 반해 누설하거나 스스로 사용해서는 안 된다는 것이 취업규칙에 의한 고용계약이나 상법 등 법령에 의해서 묵시적으로 합의되어 있다고 보는 것이다. 즉, 사용자의 영업비밀은 사용자의 막대한 연구개발비와 많은 지적창작노력은 물론 오랜 시간을 들여 창출한 무체재산이고 또 이를 종업원에게 제공하는 것은 신뢰를 바탕으로 한 것이기 때문에 종업원은 사용자의 신뢰에 반하여 영업비밀을 부정한 목적으로 사용해서는 안 된다는 것이다.

따라서 종업원의 비밀유지의무는 특별히 명시적인 비밀유지계약 등에 의해서만 발생하는 것이 아닐 뿐만 아니라 또 명시적인 비밀유지계약이 구제를 하는 데 반드시 불가결한 것은 아니다. 개별사례의 상황, 사용자와 종업원과의 관계 또는 상법 등 법령에 의한 신의성실의무나 충실의무에 의해서도 비밀유지의무가 발생한다는 것이다. 이를 구체적으로 살펴보면 다음과 같다.

#### (1) 신의관계에 의한 秘密維持義務의 發生

##### 1) 고용계약 등에 의한 종업원의 秘密維持義務發生

종업원은 회사와 영업비밀유지계약을 특별히 체결하지 않았다 하더라도 취업규칙에 의한 고용계약이나 사원계약 등에 의하여 신의성실관계가 형성되고 이에 의해 비밀유지관계가 합의되어 있으므로 사용자의 허락 없이 직무상 또는 직무와 관련하여 취득한 영업상의 비밀정보를 제3자에게 누설하거나 스스로 사용해서는 안 된다는 묵시적인 비밀유지의무가 발생한다는 것이다.[20]

##### 2) 상법 등 법령에 의한 종업원의 秘密維持義務發生

예를 들면 상법에 의한 회사의 무한책임사원, 이사, 합명회사의 사원 또는 다른 상인의 사용인인 경우 영업비밀유지에 관한 계약 등을 특별히 체

---

20) 신뢰관계에 의하여 영업비밀유지의무가 발생한다는 判決例[By-Buk Company v. Printed Cellophane Tape Company (2nd Circuit 1958) 329 P.2d 147)] p.422 참조.

결하지 않아도 경업금지의무, 선관주의의무 등과 같은 충실의무에 의해 영업비밀을 비밀로 유지해야 할 의무가 묵시적으로 발생한다는 것이다. 즉, 회사의 종업원은 영업주의 허락 없이 자기 또는 제3자의 계산으로 영업주의 영업부류에 속한 거래를 하거나 회사의 무한책임사원, 이사 또는 상인의 사용인이 되지 못한다.

3) 근로기준법령에 의한 근로자의 비밀유지의무발생

사용자는 근로자가 사업의 기밀 기타 정보를 경쟁관계에 있는 다른 사업자 등에게 제공하여 사업에 지장을 가져온 경우에는 예고 없이 해고할 수 있다.[21)]

4) 기타 거래관계 당사자의 秘密維持義務發生[22)]

영업비밀의 실시권 허여, 위탁생산, 위탁판매, 위탁연구, 물건의 발주 등의 교섭은 신의를 바탕으로 해서 당해 영업비밀의 견본이나 설명서, 청사

---

21) 근로기준법 제26조(해고의 예고) 사용자는 근로자를 해고(경영상 이유에 의한 해고를 포함한다)하려면 적어도 30일 전에 예고를 하여야 하고, 30일 전에 예고를 하지 아니하였을 때에는 30일분 이상의 통상임금을 지급하여야 한다. 다만, 천재·사변, 그 밖의 부득이한 사유로 사업을 계속하는 것이 불가능한 경우 또는 근로자가 고의로 사업에 막대한 지장을 초래하거나 재산상 손해를 끼친 경우로서 노동부령으로 정하는 사유에 해당하는 경우에는 그러하지 아니하다.

— 同法施行規則 第4條(해고예고의 예외가 되는 근로자의 귀책사유) 법 제26조 단서에서 "노동부령으로 정하는 사유"란 별표와 같다.

[시행규칙 별표]

해고 예고의 예외가 되는 근로자의 귀책사유(제4조 관련)

3. 사업의 기밀이나 그 밖의 정보를 경쟁관계에 있는 다른 사업자 등에게 제공하여 사업에 지장을 가져온 경우.

22) 상법 제17조(상업사용인의 의무) ① 상업사용인은 영업주의 허락 없이 자기 또는 제3자의 계산으로 영업주의 영업부류에 속한 거래를 하거나 회사의 무한책임사원, 이사 또는 다른 상인의 사용인이 되지 못한다.

제198조(사원의 경업의 금지) ① 사원은 다른 사원의 동의가 없으면 자기 또는 제3자의 계산으로 회사의 영업부류에 속하는 거래를 하지 못하며 동종영업을 목적으로 하는 다른 회사의 무한책임사원 또는 이사가 되지 못한다.

제397조(경업금지) ① 이사는 이사회의 승인이 없으면 자기 또는 제3자의 계산으로 회사의 영업부류에 속한 거래를 하거나 동종영업을 목적으로 하는 다른 회사의 무한책임사원이나 이사가 되지 못한다.

진 등을 통해서 공개되기 때문에 거래당사자와는 특별히 영업비밀유지계약을 체결하지 않는다 하더라도 신뢰관계에 의해 영업비밀유지의무가 묵시적으로 발생한다는 것이다.[23)]

(2) 신의관계에 의한 秘密維持義務의 違反

이상과 같이 신의성실관계에 의해 비밀유지의무가 발생한다 하더라도 이 목에서는 '부정목적'이 있는 의무위반의 경우에만 금지 등의 청구대상이 될 수 있다. 따라서 여기에서 중요한 것은 '不正' 여부의 판단인데 계약관계 등에 의하여 영업비밀을 비밀로서 유지하여야 할 의무가 있는 자의 의무위반에 대해서는 별 문제가 되지 않는다. 하지만 신의성실의 의무를 현저히 위반하는 경우, 즉 어떠한 경우에 신의성실의 의무가 발생하며 어떤 기준에 의하여 신의성실의 의무에 반하는가의 판단기준이다.

1) 신의성실의 의무

신의성실의 의무는 주로 고용계약, 하도급계약, 라이선스(licence)계약 등 채권관계에 기초를 둔 의무이다. 이러한 채권관계에 기초를 둔 신의성실은 단지 계약관계의 계속 중뿐만이 아니고 계약체결 준비단계 또는 계약만료 후에 있어서도 양 당사자는 일정한 의무를 진다는 것이다. 특히 퇴직 후의 종업원이 영업비밀에 대하여 어떤 의무를 질 것인가가 문제이지만 채권관계에 있는 자는 그 계약만료 후에도 계약상대가 계약관계에 있었다는 이유로 부당하게 불이익을 받지 않도록 해 줄 일정한 의무가 있다고 본다.[24)]

한편 계약체결 전, 계약관계 계속 중, 계약만료 후의 일정한 의무와는 관계 없이 채권관계에 의한 신의성실의 의무에 위반함으로써 불법행위책임을 지는 사례는 많다.[25)]

---

23) 체스트론 사건(東京地判 1988. 7. 1.), p.410 참조.

24) 我妻 榮「債權各論 上卷」제2장 제1절 제3관.

25) 계약체결 준비단계에서의 노하우에 관한 사례로서는 특정의 노하우를 이용한 악기를 제조하는 회사와 당해제품의 위탁판매계약체결 교섭 중에 당해 제품의 표절품을 만들어 판매한 사람에 대하여 "상호간에 이익을 추구하여 일정의 계약관계에 들어간 당사자 사이에 있어서는 그 계약관계에 부수하여 제 종류의 기업비밀의 교류나 노하우의 공개 등이 행하여지지만 그 계약관계에는 기업비밀 등을 악용하지 않는다는 강한 상업도덕이 존재

2) 신의성실의무의 내용

어떤 행위가 '부정'한 것으로서 신의성실의 의무를 일탈하게 되는가는 앞에서 설명한 바와 같이 채권관계에 의하여 일정한 의무가 발생하더라도 그 의무는 무한정한 것은 아니고 일정한 한계가 있다고 본다. 즉, 양 당사자 간에 합리적인 범위가 정해져 있으면 그 범위 내에서는 계약기간 중 지득한 영업비밀을 계약만료 후에 사용, 공개하더라도 부정한 행위가 되지 않을 것이다. 그러나 그 허용한계는 다음과 같은 경우 때문에 무제한일 수는 없다.

첫째, 당사자간의 신뢰관계의 정도

예를 들면 양 당사자가 계약 전이었는가 계약 중이었는가 계약 후이었느가에 따라서 또는 기업체 종사자에 대해서는 재직 중에 받은 보수액 정도, 비밀관리수당의 유무 등에 따라서 신뢰관계의 정도가 달라질 것으로 본다.

둘째, 영업비밀보유자의 이익

예를 들면 영업비밀을 지득한 기업체 종사자가 퇴직 후 당해 영업비밀을 사용하더라도 영업비밀보유자의 경제활동에 지장을 주지 않은 지역에서 일정물량만을 한정적으로 취급하는 경우에는 신의성실상의 의무를 일탈했다고 볼 수 없을 것이다.

셋째, 영업비밀을 지득한 자의 이익

예를 들면 영업비밀을 지득한 기업체 종사자가 퇴직 후 당해 영업비밀

---

하는바, 이와 같은 상업도덕에 반하는 불공정한 수단에 의한 경쟁이 행하여진 경우에는 그 경쟁행위는 자유경제사회의 거래질서를 현저하게 어지럽히는 것으로 공서양속이 위반 내지는 신의성실의 위반으로 민법 제709조 소정의 불법행위를 구성한다고 할 것이다."라고 판시한 사례(체스트론사건, 東京地判 1988. 7. 1.)가 있다.

계약관계 중에 있어서 신뢰관계에 관해서는 청부인이 주문자로부터 계속 반복하여 동종의 주문을 받고 있으며, 청부인은 그 주문을 완수하기 위하여 하청을 주는 경우, 하청인이 원래 주문자로부터 무단으로 직접 주문을 받아들이는 것은 신의성실에 반하는 것으로 위법성을 구비하였다고 한 사례(東京地判 1940년, 재판일 미상)

계약관계 만료 후의 신뢰관계에 있어서 예컨대 기업의 기술담당이사와 영업담당이사가 재직 중 회사설립을 기도하여 오다가 어느 날 갑자기 퇴직하면서 동사와 경합이 되는 회사를 설립하고 전직회사 단골손님에게 동사와 동일하거나 혹은 유사한 제품을 생산, 판매하는 행위는 현저히 신의성실에 반하는 행위로서 이는 이미 자유경쟁의 범위를 일탈한 위법행위가 될 것이다(東京地判 1976. 12. 22).

을 사용할 수 없을 때에 어느 정도 손해를 입게 될 것인가에 대해서도 고려해 보아야 할 것이다. 즉, 영업비밀 분야와 轉職處의 보직분야가 동일한가 동일하지 않은가, 원래기업의 영업비밀유지에 관한 代償措置가 강구되어 상당한 보장이 확보되었는가 안되었는가 등 종사자측의 사정도 '부정'의 판단기준으로 고려되어야 할 것이다.

넷째, 영업비밀의 태양

영업비밀이 일반적인 지식과 합성되어 있을 뿐만 아니라 구분 사용이 현저히 곤란한 경우 등의 영업비밀태양도 신의성실의무의 위반 유무를 판단하는 데 고려되어야 할 것으로 본다. 또한 고용계약의 부당성 여부도 근로자의 이익을 먼저 고려하여 판단하는 것이 바람직하며, 근로자의 경제적·사회적인 활동을 부당하게 방해하는 것 같은 신의성실상의 의무는 의당 부정되어야 하기 때문에 영업비밀의 보호가 직업선택의 자유와 저촉되는 일은 없을 것으로 본다. 즉, 기업체 임원이나 직원 등의 선의의 전직이나 퇴직은 전혀 제한을 받지 않는다는 것이다.

다만 악의의 전직이나 퇴직의 경우 예컨대 고용계약이나 실시권허여(licence)계약 등에 의하여 영업비밀을 비밀로서 유지하여야 할 의무가 있는 자가 부정한 이익을 얻거나 영업비밀의 보유자에게 손해를 가할 목적으로 그 영업비밀을 사용하거나 공개하는 등의 부정한 목적을 가진 전직자나 퇴직자에 한해서는 이 법에 의한 제한을 받을 것이다.

### 3. 折衷說

종업원의 영업비밀유지의무는 비밀유지에 관한 특별약정이라는 요식에 의해서만 발생하는 것이 아니라 경우에 따라서는 일반 고용계약 등에 의해 형성되는 신의성실관계에 의해서도 발생할 수 있다고 보는 견해이다. 즉, 회사는 영업비밀유지를 위해 소속 임원 및 직원 등과 명시적인 영업비밀유지계약을 체결하여야 하나 개별사례의 상황에 따라서는 회사와 종업원간에 비밀유지계약의 체결 없이도 회사의 취업규칙에 의해 체결하는 고용계약이나 사원계약(서약서 포함) 등에 의하여 발생하는 신의관계에 의하여 영업비밀유지의무가 묵시적으로 발생할 수 있다는 입장이다.

예를 들면 종업원의 직무수행을 위해 회사가 보유하고 있는 영업비밀을 제공하였을 경우에는 특별히 제공한 영업비밀에 대한 비밀유지계약이 없다 하더라도 취업규칙에 의한 고용계약에 의해 신의성실관계가 발생하기 때문에 그 영업비밀에 대한 비밀유지의무가 그 신의성실관계에 의하여 묵시적으로 발생하는 경우를 인정하여야 한다고 보는 것이다. 이 법에서는 영업비밀유지의무가 영업비밀유지에 관한 계약관계 등에 의하여 발생하는 것으로 규정하고는 있으나, 반드시 계약이라는 형식에 의해서만 영업비밀유지의무가 발생하는 것이 아니고, 신의에 좇아 개별사례의 상황이나 사용자와 종업원간의 관계에서 비밀유지관계가 묵시적으로 합의되어 있으면 충분하다고 보는 입장이다.

### 4. 結 論

이 법에 의한 영업비밀유지의무는 사용자와 피용자간에 영업비밀유지에 관한 계약관계 등에 의해서 발생한다 할 것이다. 여기에서 '계약관계 등'이란 반드시 취업규칙이나 이 규칙에 의한 영업비밀관리규정 등에 의해 체결한 영업비밀유지계약서와 같은 일정한 형식요건을 구비한 것만을 의미하는 것이 아니고 서약서나 각서 또는 법령 등과 같은 형식의 것이라 할지라도 비밀유지의무에 관한 준수사항만 담겨져 있다면 형식에는 구애받을 필요가 없다 할 것이다. 그러나 경우에 따라서는 이와 같은 명시적인 계약관계 등에 의한 특별약정 없이도 취업규칙 등에 의한 고용계약, 사원계약 기타 상법 등과 같은 법령에 의하여 형성된 신의관계에 의해 발생하는 묵시적인 계약에 의해서도 영업비밀유지의무가 발생할 수 있다고 본다(절충설 지지).

이러한 계약 등은 지켜야 할 영업비밀이 무엇이고 지켜야 할 범위와 한계를 구체적으로 명시하여야 하며, 구두계약이나 구두서약 등과 같은 非書面約定 등은 여기에서 말하는 계약 등에는 포함되지 않는다고 보아야 할 것이다.

이와 같은 계약 등이라 할지라도 퇴직자와의 경업금지계약은 자칫 직업선택의 자유를 제한할 우려가 있기 때문에 특히 엄격하게 운용될 필요가 있을 것이다. 그러므로 퇴직자에게 전직을 제한하는 등의 의무를 부과하는 경업금지약정은 서면에 의한 계약의 형식을 취하고 유효한 대가에 의하며 제한이 부과되는 기간, 지역은 합리적이어야 한다. 또 경업이 금지되는 직종의 범위는 구체적이고도 합리적이어야 할 뿐만 아니라 그 계약은 양 당사자에게 공평하여야 하고, 공공의 복지에도 반하지 않아야 하는 등의 요건 등이 충족되었을 때에만 이 법에 의한 계약으로서의 효력을 가지게 될 것이다.

## Ⅲ. 請求權의 競合(부정경쟁방지법 제2조 제3호 라목과 民法 제389조)

이 목의 적용을 받는 경우는 전술한 바와 같이 채무관계에 의하여 영업비밀이 알려진 경우라고 생각되지만 보유자(A)와 보유자로부터 영업비밀을 알게 된 자(B)와의 사이에 당해 영업비밀의 사용 또는 공개를 제한하는 계약의 유무에 불구하고 이 目의 구성요건을 충족시키는 경우에는 금지의 대상이 된다. 물론 이 때 A와 B의 사이에서 영업비밀의 사용, 공개를 제한하는 계약이 존재하며, B가 이 계약에 위반하여 영업비밀을 사용, 공개하는 경우에는 계약위반행위로서 민법 제389조의 규정에 의한 不作爲의 이행청구, 즉 금지의 청구가 가능하기 때문에 이 경우에는 이 목에 의한 청구와 민법 제389조[26]에 의한 청구는 경합할 수 있다고 보여진다. 이것은 종래 영업비밀에 대한 불법행위에 대하여 민법 제750조와 민법 제390조의 청구권의 경합이 존재하는 경우와 같은 맥락에서 이해할 수 있을 것이다. 따라서 이 목과 민법의 계약규정에 의한 청구에 대해서는

① 이 목에 의한 청구만이 가능한 경우

② 계약법에 의한 청구만이 가능한 경우

③ 양자의 청구가 가능한 경우의 3가지로 정리할 수 있을 것이다.

---

26) 민법 제389조 제3항: 강제이행(부작위의 이행청구)

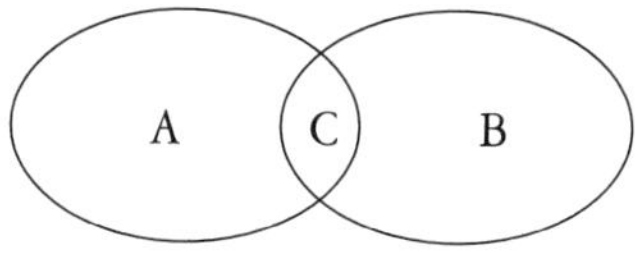


이 法 제2조 제3호 라목에 의한 청구가 가능한 경우

민법 제389조에 의한 채무의 이행청구가 가능한 경우

### 1. 이 目에 의한 청구만이 가능한 경우

예를 들면 통신판매업을 경영하는 기업 A와 근로자 B와의 고용계약에서 퇴직 후 영업비밀의 사용 또는 공개제한에 대해서 아무런 규정도 두고 있지 않을 경우, 근로자 B가 퇴직 후에 기업 A와 경업관계에 있는 동종의 통신판매업을 경영할 목적으로 재직 중에 알게 된 영업비밀인 고객명부를 반출하여 퇴직 후에 이것을 사용해서 경업활동을 하였을 경우, 기업 A는 계약상의 이행청구는 할 수 없지만 근로자 B의 행위는 이 목에 해당되므로 금지청구는 가능하다고 본다.

### 2. 민법의 계약규정에 의한 청구만이 가능한 경우

예를 들면 고용계약상 영업비밀의 보유자인 기업 A에 대하여 비밀유지의무를 지는 종업원 B가 기업 C와의 영업비밀의 리이선스계약 교섭시에 이를 성사시키기 위해서 영업비밀의 일부를 공개하였을 경우에, 당해 사실을 알게 된 기업 A는 종업원 B에 대하여 영업비밀의 계속공개의 금지를 청구하는 경우, 당해 종업원 B에 '부정한 이익을 얻을 목적으로 행한 행위'로는 인정되지 않기 때문에 이 목에 의한 청구는 할 수 없고 민법의 계약규정에 의한 청구만이 가능하다 할 것이다.

### 3. 이 目과 민법의 계약규정에 의한 금지청구가 가능한 경우

위의 A, B간에 퇴직 후의 영업비밀사용금지계약이 있는 경우에는 이 目과 계약법의 어느 쪽의 청구도 가능하다. 물론 민법 제389조에 의한 금지청구의 방법이 '부정한 이익을 얻을 목적으로 행한 행위'의 존재 등을 입증할 필요가 없기 때문에 쌍방의 규정에 의한 청구가 동시에 행하여지는 일은 거의 없을 것으로 본다.

### 4. 영업비밀의 귀속문제

기업체 종업원이 직무상 영업비밀을 개발한 경우에 당해 영업비밀이 기업과 종업원 어느 쪽에 귀속하는가의 문제이다. 이 법은 귀속에 관한 규정을 특별히 두고 있지 않기 때문에 이와 같은 판단은 각 지적재산권 법제의 기본정신이 참작되어야 할 것으로 본다. 즉, 발명은 발명을 한 종업원에게(특허법 제39조 제1항), 저작물에 대하여는 법인 등 사용자의 기획하에 법인 등의 업무에 종사하는 자가 업무상 작성하는 저작물로서 법인 등의 명의로 공표된 것의 저작자는 계약 또는 근무규칙 등에 따로 정한 경우를 제외하고는 그 법인 등에(저작권법 제9조) 각각 귀속된다는 실정법의 이념에 비추어, 개개의 영업비밀의 성격, 당해 영업비밀의 작성시에 발안자나 종업원의 공헌도, 영업비밀개발에 소요된 예산의 조달 등 제반상황에 따라 그 귀속을 판단하여야 할 것으로 본다.

예를 들면 갑기업에서 일하는 종업원 을이 자신이 영업비밀을 개발하여 그것이 을에 귀속되는 경우에는 갑으로부터 제공받은 영업비밀이 아니기 때문에 을이 전직한 경쟁기업 병에서 당해 영업비밀을 사용·공개하더라도 이 목에서 규정하고 있는 침해행위에는 해당되지 않는다고 보아야 할 것이다. 또한 계약에 의하여 갑에 귀속된 영업비밀을 을이 경쟁기업체인 병에 전직하여 공개, 사용하는 행위도 이 목의 적용을 받지 않는다고 해석되나 채무불이행책임까지 면제되는 것은 아니라고 본다.

### 5. 부정한 이익을 얻거나 그 영업비밀보유자에게 손해를 입힐 목적

계약관계 등에 의해서 영업비밀보유자로부터 영업비밀을 정당하게 지득한 자가 당해 영업비밀을 사용하거나 공개하였다고 하여 곧바로 이 目에 의한 침해행위가 구성되는 것이 아니고 영업비밀보유자와의 계약상의 비밀유지의무의 위반이나 명백한 신의성실의 위반이 인정되는 경우에 금지 등 구제대상의 침해행위가 구성되나 이는 행위의 위법성을 한정하는 주관적 요건이라 할 수 있다.

여기에서 '부정한 이익을 얻거나'란 영업비밀보유자와의 사이에 영업비밀유지에 관한 계약이나 신의상의 의무가 존재하는 경우에 그 의무에 반하여 자신의 이익은 물론 타인의 이익까지를 포함하는 것으로 보이나 영업비밀보유자의 손해까지는 생각하지 않은 것으로 해석된다. 또 '영업비밀의 보유자에게 손해를 입힐 목적'이란 직접 영업비밀보유자에게 손해를 입히려는 것을 목적으로 한다는 점에서 영업비밀보유자와의 계약위반이나 신의성실의 위반의 정도가 부정한 이익을 얻기 위한 행위보다 강하게 인정된다 할 것이다. 또한 손해를 입힐 목적이 있으면 그 행위의 결과 영업비밀보유자에게 손해가 발생하는 것을 필요로 하지 않고 손해를 입힐 의도가 존재하는 것으로 충분하다고 해석된다.

## 제 7 절 不正公開者로부터의 轉得行爲

영업비밀이 라목에 따라 공개된 사실 또는 그러한 공개행위가 개입된 사실을 알거나 중대한 과실로 알지 못하고 그 영업비밀을 취득하는 행위 또는 그 취득한 영업비밀을 사용하거나 공개하는 행위를 말한다(법 제2조 제3호 마목).

이 目의 취지는 라목의 부정하게 공개된 영업비밀에 대하여 취득 당시 그러한 부정공개행위가 개입된 사실을 알거나 중대한 과실로 알지 못하고 그 영업비밀을 취득하거나 취득한 그 영업비밀을 스스로 사용 또는 제3자에게 공개하는 행위를 부정공개행위의 사후적 관여행위로서 금지하려는 것이다. 즉, 이 목은 영업비밀보유자로부터 부정공개행위에 의하여 유출된 영업비밀을 악의·중과실로 취득하거나 그 후 사용, 공개하는 행위를 침해행위의 유형으로 규정하였다. 따라서 기본적으로는 나목과 동일하게 장물범적 위치에 놓인 전득자의 행위를 규제한 것이지만 라목의 부정공개의 직접 상대방(특정인)의 행위나 제3자(간접상대방: 불특정다수인)의 채권침해행위를 대상으로 한 규정이기도 하다.[27)]

따라서 라목에서 설명한 바와 같이 영업비밀보유자와 부정한 공개를 한 자와의 사이에 비밀유지계약이 있는 경우에는 영업비밀보유자는 민법 제389조에 의하여 이행청구(비밀유지의무계약에 의한 부작위채무의 이행청구)가 가능하겠지만 그 채권을 침해한 제3자에 대한 금지청구의 인정문제이다. 그러나 이 목에서는 이와 같은 비밀유지의무계약상의 채권을 침해한 제3자의 행위도 침해행위로 전화함으로써 금지청구가 가능하도록 한 것이다.

## Ⅰ. 營業秘密의 不正公開行爲

이 目에서의 영업비밀 부정공개행위란

첫째, 라목에서 규정하고 있는 '부정한 이익을 얻거나 영업비밀보유자에게 손해를 입힐 목적'을 가지고 영업비밀보유자로부터 알게된 영업비밀을 공개하는 행위와

둘째, '계약관계 등에 따라 영업비밀을 비밀로서 유지하여야 할 의무'에 위반하여 영업비밀을 공개하는 행위를 말한다. 여기에서 '비밀로서 유지하여야 할 의무'란 영업비밀보유자에게 지켜야 할 법률상 또는 계약상의 비밀유지의무만을 한정한 것이 아니고 법질서차원에서 인정되는 비밀유지의무까지를 포함하는 의미이다. 구체적으로는 임원 또는 사원의 민법상(제61조) 또는 상법상(제198조 · 제397조 · 제399조)의 의무 등 법률상의 의무뿐만 아니라 법률상 유효하다고 인정되는 비밀유지계약에 의하여 발생하는 계약상의 비밀유지의무도 말한다.

27) 영업비밀유출 교사사건(광주지법 1984. 3. 21 선고 83고단2371 판결), p.404 참조; 와우케샤 사건(東京高判 1966. 9. 5), p.439 참조.

이 목에 적용되는 전형적인 예는 회사와 종업원의 고용계약상의 비밀유지의무, 라이선스(licence) 계약상의 비밀유지의무라고 생각된다. 예를 들면 영업비밀에 대하여 계약상의 비밀유지의무가 있는 종업원이 부정한 목적으로 경쟁기업체에 당해 영업비밀을 공개하는 경우에는 당해 종업원의 공개행위를 계약상 금지할 수 있을 뿐만 아니라 공개의 상대방 기업이 계약위반에 악의·중과실이 있으면 당해 기업의 영업비밀 취득행위, 취득 후 사용·공개하는 행위에 대해서도 이 목에 의한 금지청구 등의 대상으로 될 수 있을 것이다.[28][29]

## Ⅱ. 營業秘密의 不正公開行爲가 介入된 事實

'부정공개된 사실' 외에 '부정공개행위가 개입된 사실'을 둔 것은 라목의 행위자나 비밀유지의무위반자(乙)의 공개행위의 직접 상대방(丙)이 영업비밀을 취득하는 경우 그 행위가 부정공개행위를 구성하기 때문에 '공개된 사실'만으로는 쉽게 그 의미를 이해하기가 어렵기 때문이다.

---

28) 비밀유지계약이 체결되어 있는 당사자간에 비밀유지의무위반이 있는 경우에는 계약에 의한 이행청구(민법 제389조)가 적용되고 기본적으로는 라목(부정한 이익을 얻거나 보유자에게 손해를 입힐 목적 등 요건이 가중되고 있다)은 적용되지 않는다고 보이므로 라목의 행위에는 비밀유지계약위반의 공개행위가 당연히 포함된다고 해석하는 것은 곤란하기 때문에 라목에서는 부정한 이익을 얻거나 또는 그 영업비밀의 보유자에게 손해를 입힐 목적으로 나누어 명시하고 있다.

29) '비밀을 유지하여야 할 법률상의 의무'에 대해서는 그 비밀유지의무에 의하여 당사자간에도 금지청구의 인정이 전제되어야 한다고 해석된다. 왜냐 하면 당사자간에 비밀유지의무위반에 의한 금지청구가 불가능한 경우에 그 비밀유지의무위반에 가담한 제3자에 대하여 금지청구를 인정하는 것은 균형을 잃는 것으로 되기 때문이다. 각종 전문직 직업에 과해진 공법상의 비밀유지의무(변리사법 제21조 등)에 대하여는 당사자(변리사와 고객)간에 해석상 당연히 금지청구가 인정되는 것이 아니기 때문에 이 경우에는 이 목의 의무에는 해당되지 않는다. 하지만 이와 같은 비밀유지의무도 금후의 해석이나 당사자간의 구체적 상황에 따라 손해배상청구나 이행청구의 근거로 될 여지가 있는 경우도 예상되기 때문에 일률적으로 이 목의 '계약관계 등에 의한 의무'로부터 제외된다는 의미가 아니고 경우에 따라서는 해당될 수도 있다고 생각한다.

이를 알기쉽게 설명해 보면 다음과 같다.

1. '부정공개된 사실을 알면서'의 경우

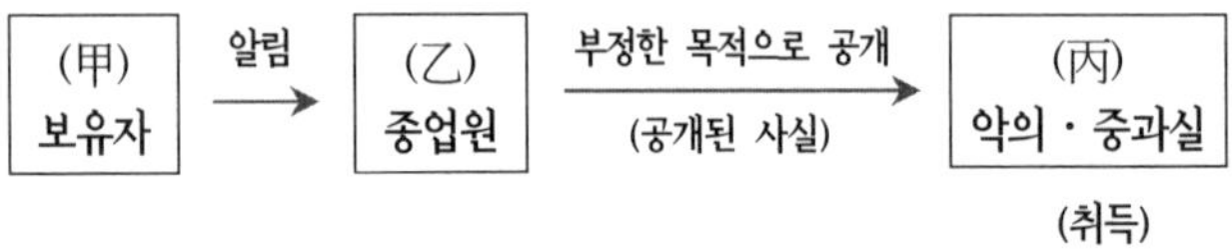


위의 경우 丙은 乙이 부정한 이익을 얻을 목적으로 영업비밀을 공개한 사실을 알면서 당해 영업비밀을 취득하는 경우에 '부정공개된 사실을 알면서' 영업비밀을 취득하는 행위가 된다.

2. '부정공개행위가 개입된 사실을 알면서'의 경우

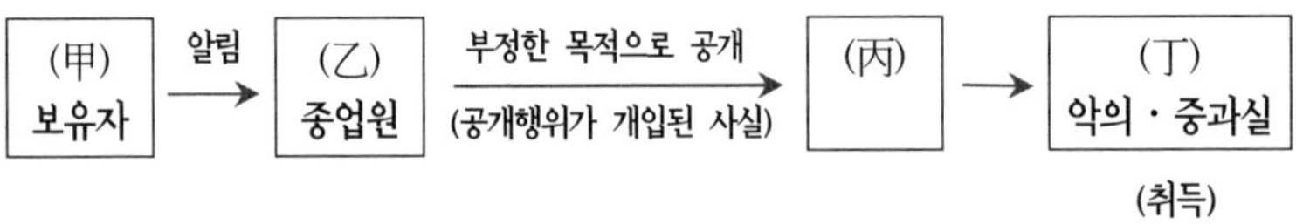


위의 경우 乙이 부정한 이익을 얻을 목적으로 영업비밀을 공개한 사실을 丁이 알면서 당해 영업비밀을 취득하는 경우에 '부정공개행위가 개입된 사실을 알면서' 영업비밀을 취득하는 행위가 된다.

## 제 8 절 不正公開行爲와 관련한 事後的 惡意者의 行爲

영업비밀을 취득한 후에 그 영업비밀이 라목에 따라 공개된 사실 또는 그러한 공개행위가 개입된 사실을 알거나 중대한 과실로 알지 못하고 그 영업비밀을 사용하거나 공개하는 행위(법 제2조 제3호 바목).

이 목의 취지는 부정공개된 영업비밀에 사후적으로 관여하는 것을 방지하기 위한 규정으로서 취득 당시에는 라목에 규정된 부정공개행위가 개입된 것을 몰랐으나 취득 후 이를 알았거나 중대한 과실로 알지 못하고 그 영업비밀을 공개하거나 사용하는 행위를 금지하려는 것이다. 즉, 영업비밀을 취득할 때에는 그것이 부정하게 공개된 것으로는 알지 못했던 자가 그 후 피해자로부터 경고, 판결문, 보도를 접하는 등의 방법으로 그 사정을 알았음에도 불구하고 그대로 그 영업비밀을 스스로 사용하거나 제3자에게 공개하는 행위를 말한다.

예를 들면 甲의 영업비밀에 관하여 라이선스를 받은 을이 계약상의 비밀유지의무를 위반하여 부정한 이익 등을 얻을 목적으로 병에게 이를 매각하였다. 병은 당해 영업비밀을 매입할 당시에는 이러한 부정공개행위가 개입된 것을 전혀 모르고 善意로 매입하였으나 그 후 甲의 경고를 통해서 비로소 을이 부정한 목적으로 자기에게 매각한 것을 알게 됨으로써 악의의 매입자로 전환된다.

이와 같이 악의의 매입자가 된 후에도 계속 사용하거나 공개하는 경우 병의 사용 또는 공개행위는 모두 영업비밀침해행위에 해당된다. 그러나 전술한 영업비밀침해행위의 유형 중 다목과 이 目의 영업비밀침해행위에 대해서는 이 법 제13조의 규정에 의한 "선의자에 관한 특례"가 적용된다. 후술하는 제5장 선의자에 관한 특례편을 참고하기 바란다.

# 제4장 營業秘密侵害行爲에 대한 救濟

부정경쟁방지법에서는 영업비밀침해행위에 대한 구제수단으로서 민사상 영업비밀침해행위에 대한 금지 또는 예방청구권, 침해행위를 조성한 물건 등의 폐기·제거청구권, 영업비밀침해에 대한 손해배상청구권, 영업비밀보유자의 신용회복청구권 등과 형사상 처벌규정을 두고 있다. 그러나 영업비밀이 침해되었을 경우 이와 같은 법적 구제수단에 의한 해결에 앞서 화해 등을 통한 해결방법도 좋은 구제수단이 될 수 있을 것이다. 이를 구제수단별로 살펴보기로 한다.

## 제 1 절 和解 등을 통한 救濟

### Ⅰ. 警 告

영업비밀의 보유자는 영업비밀침해행위를 하거나 하고자 하는 자에 대하여 아래 예와 같은 경고서한을 내용증명우편으로 보냄으로써 영업비밀침해행위를 금지시키거나 방지하는 효과를 거둘 수 있다. 또한 관례화되어 있는 민사적 구제의 전치수단으로서의 효과도 아울러 거둘 수 있을 것이다.

〔예〕 (서문 생략) 2000년 9월 16일자로 귀사가 채용한 김갑돌 씨는 1980년 1월 10일 우리 연구소에 들어온 이래 20년간 반도체 사업부문에서 집적회로배치설계에

관한 연구개발에 종사한 연구원이었습니다. 따라서 김갑돌 씨가 가지고 있는 이 부문의 집적회로배치설계에 관한 개발정보는 우리 연구소의 영업비밀입니다. 그러므로 귀사가 김갑돌 씨를 통해 이 영업비밀을 사용하는 것은 영업비밀침해행위가 되므로 즉시 중지함은 물론 이로 인한 피해 등에 대해서도 상응한 조치를 함께 취하여 주시기 바랍니다. 만약 이와 같은 경고에도 불구하고 우리 연구소의 영업비밀을 계속 사용하거나 공개할 때에는 부정경쟁방지법 제2조 제3호의 규정에 의한 영업비밀침해행위로 보고 동법 제10조 내지 제12조의 규정에 의한 법적 조치를 강구하지 않을 수 없으므로 유념하여 주시기 바랍니다. (이하 생략)

### Ⅱ. 和　　解

이상의 내용증명우편에 의한 서한경고나 구두경고 또는 신문지상에 의한 광고경고를 받은 침해자로부터 화해요청이 있을 때에는 정당한 대가를 받고 침해사건을 해결하는 방법이다.

## 제 2 절　法的 救濟

### Ⅰ. 民事的 救濟

이 법 시행 이전의 법체제 아래서는 개개의 구체적인 영업비밀침해행위가 민사상 계약위반(채무불이행) 또는 불법행위 등을 구성하는 경우에 한하여 손해배상청구권 등이 인정되고 있는 정도로 영업비밀침해행위에 대한 민사적 구제수단이 극히 미흡하다고 볼 수 있다. 이 법에서는 앞에서 본 바와 같이 제2조 제3항 가목 내지 바목에서 영업비밀침해행위를 민법상의 불법행위의 특수한 형태인 부정경쟁행위로 보고 이를 침해행위의 유형별로 분류하여 명문으로 규정하였다. 또한 이 절에서는 부정경쟁행위인 영업비밀 침해행위에 대한 민사적 구제수단의 특칙으로서 사전적 구제수단인 침해행위의 금지 또는 예방청구권, 침해행위를 조성한 물건의 폐기나 침해행위에 제공된 설비의 제거청구권, 기타 침해행위의 금지 또는 예방을 위하여 필요한 조치와 사후적 구제수단인 침해행위에 대한 손해배상청구권, 영업비밀보유자의 신용회복청구권 등을 규정하고 있다.

### 1. 禁止 또는 豫防請求權

영업비밀의 보유자는 영업비밀침해행위를 하거나 하려는 자에 대하여 그 행위에 의하여 영업상의 이익이 침해되거나 침해될 우려가 있는 경우에는 법원에 그 행위의 금지 또는 예방을 청구할 수 있다(법 제10조 제1항). 이와 같이 영업비밀침해행위를 금지시키는 것은 침해행위자가 그러한 침해행위에 의하여 공정한 경쟁자보다 유리한 출발(head start) 내지 시간적 절약(lead time)이라는 우월한 위치에서 부당하게 이익을 취하지 못하도록 하고 영업비밀보유자로 하여금 그러한 침해가 없었더라면 원래 있었을 위치로 되돌아갈 수 있도록 하는 데 그 목적이 있다.[1)]

영업비밀은 비밀이 유지되는 동안 독립된 경제적 가치를 가지지만 일단 공개된 이후에는 독자적인 경제적 가치를 상실하게 된다. 따라서 영업비밀보호제도의 핵심은 바로 그 침해행위에 대한 금지 또는 예방에 있다. 그러나 소송절차상 금지청구권 등에 대한 법원의 판결에는 오랜 시일이 소요되므로 침해행위에 대한 금지 또는 예방청구 전에 또는 이와 동시에 법원에 금지청구권 등의 집행·보전을 위해 영업비밀침해행위 금지가처분 신청을 하여 급한 대로 침해행위의 금지결정을 받아 두는 것이 중요하다.

1995년 3월 D사가 전 기술부장 S와 그를 스카우트한 T社를 상대로 轉業禁止 및 영업비밀침해행위 금지가처분을 관할법원에 신청했고 법원은 이 사건에서 "피신청인은 S로 하여금 AN모노머의 제조·판매 및 보조업무를

---

1) 대법원판례 95나14420 공 1997. 2. 15(2831501).

하게 해서는 안 된다"고 결정하였다. 재판부는 이 결정문에서 "신청인은 피신청인이 AN모노머의 제조업에 신규로 참여하기 전까지 국내에서 유일하게 이 제품을 생산하고 있었으며, 단체협약과 취업규칙을 통해 직원들로부터 '영업비밀준수 서약서'를 받은 만큼 신청인이 보유 중인 비밀은 현재의 비밀로서 보호되어야 한다. 따라서 S가 T社의 AN모노머 제조·판매업에 종사하는 것을 금지시키지 않고서는 신청인인 D사의 영업비밀이 보호될 수 없다는 점을 고려할 때 S가 맡을 수 있는 업무를 제한하는 것이 헌법에 명시된 직업선택의 자유를 침해하는 것은 아니다"라고 밝혔다(서울지방법원 1995. 3. 28.판결 94카합12987).

이와 같은 금지 또는 예방청구는 객관적으로 이 법에 의한 영업비밀침해행위를 하거나 하고자 하는 자가 있어야 하고, 그 영업비밀침해행위에 의하여 영업상 이익이 침해되거나 침해될 우려가 있을 때에만 할 수 있다. 그러나 금지청구권 등이 자칫 남용될 경우 국가산업발전에 큰 저해요인이 될 수 있으므로 엄격하게 행사되지 않으면 안 된다. 따라서 금지청구 등을 인정하기 위해서는 적어도 그 영업비밀이 성공의 실질적 가능성이 있어야 할 뿐만 아니라 금지명령이 없을 경우 회복불능의 피해가 실제로 발생할 가능성이 있어야만 하고 청구인의 손해가 피청구인이 입는 피해보다 커야 하며, 금지명령 등이 공익에 반하지 않아야 할 것이다.

또한 금지를 할 경우에도 그 금지기간은 매우 합리적이야 한다. 예를 들면 침해행위로 인하여 침해자가 경쟁상의 우위를 지킬 수 있는 先導期間(leading period)이나 상품을 분해하여 내재된 정보를 추출하여 제품화하는 복제공법(reverse engineering)기간 또는 독자적 개발에 소요되는 기간 등을 기준으로 해 볼 수 있을 것이다. 다음은 금지청구권 등과 관련하여 구체적으로 기술하고자 한다.

(1) 請求權者

영업비밀침해행위에 대한 금지 등을 청구할 수 있는 자는 영업비밀침해행위에 의하여 영업상의 이익이 침해되거나 침해될 우려가 있는 영업비밀보유자이다.

1) 營業秘密保有者

영업비밀침해행위에 대한 금지청구 등이 가능한 자는 법적 보호에 관한 정당한 권원이 있어야 한다. 따라서 당해 청구권자는 그 영업비밀을 정당하게 취득하여 보유하고 있는 자이어야 한다. 즉, 영업비밀의 보유자에게 한정하는 것이다.

㈎ 보 유

'보유'란 당해정보를 자신이 직접 개발, 생산한 경우나 매매계약 또는 실시권허여(licence)계약 등 법적으로 유효한 거래행위에 의하여 취득한 경우, 고용관계 등 신뢰관계에 의하여 원보유자로부터 알게 된 경우 등과 같이 '정당한 권원에 의하여 취득한 것'이라는 의미이다. 따라서 절취 등의 침해행위에 의하여 영업비밀을 취득한 자와 같이 정당한 권원에 의하지 않고 부정한 방법에 의하여 보유하고 있는 자는 보유자에 포함되지 않는다. '보유'는 '소유'와 같이 사용, 공개의 권한만 가지고 있는 것이 아니고 양도 등 처분권이나 실시허여권, 경우에 따라서는 서브라이선스(sublicence)의 권한까지도 가지는 개념으로 볼 수 있다. 또한 영업비밀은 정보이면서 배타성이 없기 때문에 통상 물에 대한 지배를 의미하는 '소유'라는 용어를 피하여 '보유'라고 하였다.

㈏ 보 유 자

보유주체는 기업체(법인 포함)뿐만이 아니고 개인, 공익법인, 지방자치단체, 국가를 막론하고 영업활동을 하고 있는 사업주체이면 누구든지 보유자가 될 수 있다. 즉, 영업비밀의 보유자는 영리를 목적으로 하는 기업에 한정하지 아니하고 영업비밀이 침해되지 않는 데 대하여 영업상의 이익을 가지는 한 비영리단체(가령 연구를 주목적으로 하는 연구소) 등도 포함한다 할 것이다. 또한 영업비밀보유자의 법인격의 유무도 불문한다. 예를 들면 몇 개의 기업이 공동출자한 연구목적의 조합 등도 포함될 것이다. 영업비밀의 보유자는 기술상, 영업상의 노하우(know-how)를 최초로 생산, 개발한 자(original developer)뿐만 아니라 그로부터 정당하게 양수받은 자나 라이선스(licence) 계약에 의하여 영업비밀의 실시권(사용권)을 얻은 자 등을 포함한다.

2) 營業上의 利益이 侵害되거나 침해될 우려가 있는 자

이 법에서는 독일의 부정경쟁방지법이 사업자단체에도 금지청구권을 인정하고 있고, 스위스의 부정경쟁방지법이 소비자에게도 금지청구권을 인정하고 있는 것과는 달리 금지청구권을 '영업상의 이익이 침해되거나 침해될 우려가 있는 자'에 대해서만 인정하고 있다. 이 법에서 규정한 금지청구권은 이미 발생한 이익침해에 대하여 그 보전을 목적으로 한 사후적 구제수단인 손해배상과는 달리 현재 계속되고 있는 침해행위의 정지, 발생의 예방청구를 인정하는 사전적 구제제도의 성격이 강한 구제수단이다.

㈎ 영업의 범위

영업이란 주관적으로는 '계속적·집단적으로 동종의 영리행위를 행하는 것'이라고 해석되며, 일반적으로는 이윤추구를 목적으로 한 영리사업이 그 중심이 된다. 그러나 이윤이 발생하지 않아도 수지타산을 목적으로 영업을 반복, 계속하고 있는 사업이라면 침해행위로부터의 보호의 필요성은 영리사업과 동일하게 인정된다. 그러므로 단순히 영리를 목적으로 하는 경우만이 아니고 널리 경제상 그 수지계산 위에서 행해지고 있는 사업도 포함된다 할 것이다. 따라서 영리를 목적으로 한 회사나 자영업, 공익법인 등의 영업활동만이 아니라 특수법인이 독립채산제하에서 행하는 사업이나 각종 비영리단체, 협동조합, 개인의 사업활동 등도 수지타산을 목적으로 하는 한 '영업'에 포함된다고 본다.

㈏ 영업상의 이익

영업상의 이익이란 영업비밀보유자가 사업활동을 통해 누리게 되는 이익을 말하며, 이러한 이익은 사업상의 것이면 충분하고 법률상의 권리일 필요는 없다. 또한 영업상의 이익은 원칙적으로 현재 존재하는 것을 필요로 하며, 과거에 누렸던 이익은 보호받을 수 없다. 그러나 반대로 현재는 존재하지 않으나 장래에 누릴 가능성이 있는 이익은 보호받을 수 있을 것이다. 영업비밀에 관한 영업상의 이익으로는 당해 영업비밀을 독자적으로 사용, 공개하는 것으로부터 얻어지는 이익과 영업상의 신용 등을 들 수 있다.

한편 노하우 라이선스(know-how licence) 계약에 의하여 영업활동을 하고

있는 실시권자(licensee)와 같은 경우에는 당해 영업비밀에 관계되는 부정행위에 의하여 자기의 영업상의 이익이 침해되거나 침해될 우려가 있는 때에는 청구권자로서 법적 보호를 받을 수 있다. 물론 실시권자라고 해서 누구나 청구권자가 되는 것이 아니고 영업상의 이익이 침해되거나 침해될 우려와 영업비밀에 관계되는 부정행위와의 因果關係가 인정되는 경우에 한한다고 보겠다.

㈐ 우려의 내용

'우려'의 정도는 현실적으로 이익이 침해받는 것을 요하지 않고 장래의 이익이 침해받을 확정적 관계 내지 이익침해의 발생가능성이 상당히 있으면 족하다고 본다. 예를 들면 사업계획의 수립, 제조설비의 발주·구입, 전문인력의 모집·채용 등 객관적으로 침해의사가 표현된 것을 의미하는바 단순한 주관적인 우려만으로 침해의 우려가 있다고는 볼 수 없다. 또한 영업상의 이익이 침해되거나 침해될 우려가 있으면 족하므로 현실적으로 영업상의 이익이 침해되지 아니하여도 앞으로 이익침해가 발생할 상당한 가능성이 있으면 충분히 금지 또는 예방청구권이 인정된다. 즉, 현시점에서는 침해행위가 없어도 장래 이익침해의 발생 가능성이 높은 경우이면 '이익이 침해될 우려'로써 금지청구가 인정된다. 그러나 구미선진국은 금지를 매우 엄격하게 적용하고 있다. 즉, 금지는 엄격하고 예외적인 구제수단으로서 청구권자에게 회복불능의 손실이 발생할 우려가 있을 때에만 행해지고 있을 뿐만 아니라 청구권자는 위험에 직면하고 있다는 사실과 금지의 필요성을 명확히 해야 하며, 단순히 장래의 문제만으로는 불충분하다고 보고 있다.[2)]

㈑ 침해행위를 하거나 하려는 자에 대하여

'영업비밀침해행위를 하거나'란 침해행위가 현재 계속되고 있을 때 금지청구가 중심적 지위를 점하고 있는 것을 의미하며, '영업비밀침해행위를 하려는'이란 침해행위에 의하여 영업상의 이익이 장래에 침해받을 우려가 있을 때 예방적 청구가 중심적 지위에 놓인 것을 의미한다.

---

2) 금지청구를 받아들이지 않은 판결례[Tubular Threding Inc. v. Scandaliato(Louisiana Court of Appeals 1983) 443 So. 2d 712].

이 때의 '하거나 하려는 자'란 침해행위를 하고 있거나 하려고 하는 자뿐만 아니라 침해행위를 하도록 하는 자 또는 침해행위를 용이하게 하는 자, 즉 교사자, 방조자도 포함되는 것으로 해석된다. 여기에서 '행위'란 실행에 옮기는 것에 한하지 않고 금지청구 등의 실효성 확보를 위하여 실행의 착수를 기다릴 필요 없이 착수의 우려가 인정되는 단계에 이르면 행위요건은 충족되었다고 본다. 여기에서 '착수의 우려가 인정되는 단계'란 보다 구체적으로는 실행의 착수가 가능한 객관적 상황하에서 실행에 관한 주관적 결의가 되어 있는 때를 말한다.

그러므로 착수가 가능한 객관적 상황이 조성되어 있는 것만으로 충분한 것이 아니고 또 주관적 결의가 되어 있는 것만으로도 충분하지 않다는 것이다. 즉, 객관적·주관적으로도 침해의 개연성이 높을 때에만 착수의 우려가 있는 단계에 있다고 본다. 따라서 영업비밀에 관한 침해행위에 있어서는 행위의 중지청구가 중심이었던 종전의 부정경쟁방지법 제4조의 규정에 의한 부정경쟁행위에 비하여 비공지성이 핵심인 영업비밀의 특성으로 보아 공개행위에 대한 예방청구가 절대 중요하기 때문에 '예방청구'를 명문화하는 것이 필요하다. 이와 병행하여 침해행위가 실제로 행하여지고 있을 뿐만 아니라 착수의 우려가 있을 경우에도 금지청구의 대상으로 규정하는 것이 필요하므로 '침해행위를 하는' 자와 '침해행위를 하려는' 자를 규정한 것이다.

(2) 請求의 內容

영업비밀침해행위에 대한 금지 또는 예방을 청구할 수 있는 구체적인 내용은 그 침해행위의 유형에 따라 다르겠지만 예를 들어 사용행위라면 생산활동의 정지, 단전, 단수 등을 요구할 수 있을 것이다. 물론 이 때의 금지 등의 청구는 필요 최소한이어야 한다. 이와 같은 금지 등은 장래를 향해 일정기간 일정한 부작위를 명하는 경우가 대부분이다. 만약 피청구인이 법원의 명령을 이행하지 않을 때에는 간접강제(민사집행법 제261조)의 수단, 즉 부작위명령을 위반할 때에는 법원이 일정한 금액의 배상을 명령하는 등의 수단에 의할 수밖에 없다 할 것이다.

### (3) 被請求機關

영업비밀보유자인 청구권자는 영업상의 이익이 침해되거나 침해될 우려가 있을 때에는 법원에 그 침해에 대한 금지 또는 예방을 청구하고 법원의 판결에 따라 영업비밀침해행위의 금지 등의 여부가 결정된다.

## 2. 物件 등의 廢棄·除去請求權

영업비밀보유자가 침해행위에 대한 금지 또는 예방을 청구할 때에는 침해행위를 조성한 물건의 폐기, 침해행위에 제공된 설비의 제거, 그 밖에 침해행위의 금지 또는 예방을 위하여 필요한 조치를 함께 청구할 수 있다 (법 제10조 제2항).

이 항은 제10조 제1항의 규정에 의한 영업비밀침해행위의 금지 또는 예방청구뿐만 아니라 장래의 침해행위를 방지하기 위하여 영업비밀을 사용하여 만들어진 제품 또는 영업비밀의 사용행위에 제공된 생산설비 등의 제거를 청구할 수 있도록 하였다. 따라서 영업비밀보유자는 침해행위의 재발방지를 위하여 침해행위시에 사용된 물건(도청장치시설, 무비카메라, 휴대용복사기 등)이나 영업비밀 그 자체(공정설계도, 실험데이터 등), 영업비밀을 화체한 물건(자기테이프, 명부 등), 침해행위에 의해 생산된 물건(제품 등), 침해행위에 제공된 설비(생산기계 등) 등의 폐기·제거, 그 밖에 침해행위의 금지 또는 예방을 위하여 필요한 조치를 법원에 청구할 수 있다.

그러나 이와 같은 물건 등의 폐기·제거청구권은 영업비밀을 선의로 취득한 후 상당한 투자를 하여 실질적인 지위의 변경을 가져온 경우 또는 영업비밀의 사용이 전 제조공정이나 영업활동의 일체 불가분성을 이루고 있는 경우에는 민법상 권리남용이 되지 않는 범위 내에서 극히 제한적으로 인정하여야 할 것이다. 즉, 영업비밀보유자가 제품, 설비 등의 폐기·제거청구권의 행사로 인하여 얻게 되는 이익과 제품·설비 등의 폐기·제거로 인하여 영업비밀침해자가 입게 될 손실을 비교형량하여 물건 등의 폐기·제거의 이익이 클 때에만 행사하여야 할 것이다.

영업비밀침해행위에 대하여 금지 또는 예방을 청구할 때에 그 침해행위의 부작위만을 명하는 것으로는 금지청구의 실효성이 희박한 경우가 있을 것이다. 예를 들면 영업비밀인 제조 노하우를 사용하여 상품생산을 하기 위한 제조설비를 확보하고 있는 경우나 영업비밀을 부정하게 취득한 사람이 그 영업비밀을 공개하기 위하여 준비한 복제물 등이 있는 경우에는 그와 같은 물적 상태를 방치하여 두면 장래에 침해행위가 재발할 가능성이 있게 된다. 따라서 장래에 있어서 영업비밀에 대한 침해행위의 방지를 확실하게 하고 실효성 있는 금지청구를 하기 위하여 그 물적 상태를 제거하는 청구권도 인정하는 것이 필요하기 때문에 금지청구권에 부대하여 폐기·제거청구권을 인정한 것이다.

한편 특허법, 실용신안법, 디자인보호법, 저작권법 등 다른 무체재산권법에 있어서도 침해행위의 금지청구제도를 두고 그 실효성 확보라는 관점에서 침해행위를 조성한 물건의 폐기, 침해행위에 제공된 설비의 제거 기타 침해예방에 필요한 행위를 부대청구로 인정하고 있다.[3)]

이 법에서는 영업비밀을 침해행위로부터 확실히 보호하기 위해서 폐기 및 제거청구권에 관한 명문의 규정을 둠과 동시에 폐기 및 제거청구권의 실효성 확보를 위하여 영업비밀이 화체된 매체에 대하여도 그 대상으로 명시함으로써 매체의 복제물의 폐기도 청구할 수 있도록 하였다.

한편 침해행위를 조성한 물건으로는 제조 노하우의 시방서 및 시방서가 化體된 자기테이프 등의 매체나 제조 노하우를 사용하여 만들어진 제품 등을 가리키며, 침해행위에 제공된 설비로는 제조 노하우를 사용하는 기계나 제조라인 등을 가리킨다. 기타 침해행위의 금지 또는 예방을 위하여 필요한 조치로는 장래에 영업비밀에 대한 침해행위를 하지 않는다는 보장을 담보한다거나 공탁을 하게 하는 것 등을 들 수 있다.

본 구제수단과 관련하여 이하에서 몇 가지 판례를 살펴본다.

1994년 3월 MN사가 전 연구실장 L이 전직하면서 사규를 무시하고 '유성잉크 제조법' 등을 몰래 기재해 놓은 개인 비밀노트를 가져가 이를 경쟁

---

3) 특허법 제126조(권리침해에 대한 금지청구권 등), 실용신안법 제30조(특허법의 준용), 디자인보호법 제62조(권리침해에 대한 금지청구권 등), 저작권법 제123조(침해의 정지 등 청구).

업체인 MY社에 제공하여 제품을 생산하자 MN사는 자사영업비밀을 침해하고 있다고 보고 MY사를 상대로 영업비밀침해금지청구를 관할법원에 제소하였고 법원은 이 사건 판결에서 원고의 청구를 인용하였다. 법원의 판결요지를 살펴보면 원고회사에서 근무하던 L씨가 피고회사로 스카웃되면서 원고 MN사의 잉크제조방법 수십 가지 등 영업비밀을 기재해 놓은 노트를 함께 가지고 간 뒤 유성잉크를 개발하는 데 사용한 사실이 인정된다며 피고회사는 앞으로 유성잉크의 생산 등 원고회사의 영업비밀을 사용하거나 공개하는 것을 금지하고 L씨가 가지고 있는 노트 역시 폐기해야 한다고 판시하였다(서울지방법원 남부지원 1995. 2. 22 판결 94카합3033).

우리 나라의 I사와 미국의 G사간의 고급산업용 다이아몬드 제조기술에 관한 영업비밀침해사건 선고공판에서 미국 G사의 산업용 다이아몬드 생산의 금지 및 침해행위를 조성한 물건 등의 폐기·제거청구가 받아들여진 1994년 1월 5일 미국 보스턴 연방법원의 판결요지를 살펴본다.

이 사건의 발단은 1984년 미국 G사가 동사를 퇴직한 중국계 과학자 S가 이 회사의 산업용 다이아몬드 제조기술에 관한 비밀서류를 빼내 지난 1988년 우리 나라 I사에 팔아 넘겼다고 주장하면서부터 시작된다. 미국 G사는 I사가 자기 회사에서 훔쳐낸 기술을 사들여 G사가 막대한 비용을 들여 20년 걸려 개발한 동 기술을 불과 2년 만에 가졌다는 이유로 관할법원에 제소하였다. 담당 법원은 이 사건 판결에서

① I사는 7년간 산업용 다이아몬드 생산을 금지할 것

② I사는 G사의 비밀서류에 의거해 만든 산업용 다이아몬드 제조장비를 파괴하거나 또는 G사에 반납할 것 등을 명하였다.

또한 미국의 IBM사가 Telex사를 상대로 낸 기술자 스카웃에 의한 영업비밀침해행위 금지청구사건 선고공판에서 담당법원은 원고 IBM사의 주장을 대부분 인정하여 원고승소판결을 내렸다. 원고의 청구요지 및 법원판시 내용을 보면 다음과 같다.

원고 IBM사는 피고 Telex사를 상대로 제품계획과, 신제품개발의 열쇠가 되는 기술자들을 2배의 급료를 약속하는 파격적인 대우로 스카웃하여

이들로 하여금 피고사의 제품계획입안, 호환성 제품의 개발에 착수하도록 하여 IBM사가 6년 걸린 테이프 장치를 단 1년 6개월 만에 개발하였다는 이유로 영업비밀침해금지 및 손해배상청구를 하였다. 이 사건 판결에서 제1심, 제2심은 모두 원고의 청구를 이유 있다고 받아들이고 피고에 대해

① IBM사의 문서 및 IBM사의 영업비밀이 담긴 피고회사 문서의 IBM사로의 반환 및 복사물의 폐기

② 2년간 법원의 허가 없이 IBM사 종업원의 고용 또는 고용권유의 금지

③ IBM사 영업비밀의 사용금지

④ IBM사 퇴직 후 2년간 IBM사 직종과 동일 또는 유사 부분의 배치금지

⑤ 손해배상금의 지급 등을 명하였다.[4)]

이와 같은 금지 또는 예방청구권은 영업비밀침해행위가 계속되는 경우에 영업비밀보유자가 그 침해행위에 의하여 영업상의 이익이 침해되거나 침해될 우려가 있는 사실 및 침해행위자를 안 날부터 3년간 이를 행사하지 아니하면 시효로 인하여 소멸한다. 그 침해행위가 시작된 날로부터 10년을 경과한 때에도 금지 또는 예방청구권은 시효에 의하여 소멸한다(법 제14조). 시효에 관한 자세한 설명은 후술하는 제6장 시효편을 참고하기 바란다.

### 3. 損害賠償請求權

고의 또는 과실에 의한 영업비밀침해행위로 영업비밀보유자의 영업상 이익을 침해하여 손해를 입힌 자는 그 손해를 배상할 책임을 진다(법 제11조). 그러나 소송절차상 손해배상청구에 대한 법원의 판결에는 오랜 시일이 소요되므로 우선 이 기간 동안 배상판결의 강제집행을 위한 침해자의 재산확보, 즉 보유자의 채권의 집행보전을 위하여 가압류 신청을 해서 재산은닉을 막는 가압류 결정을 받아두는 것이 중요하다.

영업비밀보호의 본질은 영업비밀침해행위를 민법상 불법행위의 특수

---

4) [Telex Corp and Telex Computer Products Inc. v. IBM Corp.(10th Circuit Court of Appeals 1975) 510F. 2d 894].

한 유형으로 보고 이를 규제하는 것이므로 영업비밀침해행위로 손해를 입은 자는 민법상 불법행위의 경우와 같이 손해배상을 청구할 권리를 가진다. 따라서 장래의 영업비밀침해행위에 대한 금지청구권 등의 구제조치와는 별도로 이미 침해행위로 인하여 손해가 발생한 경우에는 손해배상 등의 구제조치가 인정될 수 있을 것이다.

그렇다면 금지청구권의 대상이 되는 침해행위에 대하여 손해배상청구권을 인정할 때 손해배상청구를 금지청구와의 관계에서 어떻게 규정할 것인가에 대하여 몇 가지 상정할 수 있는 유형 및 법리와 동법 개정으로 신설된 규정과의 관계에서 손해배상청구권의 취지 및 그 내용을 살펴보기로 한다.

(1) 損害賠償請求權의 規定方法

1) 委 任 型

일반적으로 "금지의 청구가 손해배상의 청구를 방해하지 않는다"라고 규정하여 민법 제750조의 불법행위의 일반원칙인 ① 책임능력 있는 자의 고의 또는 과실에 의한 행위가 있을 것, ② 타인에게 손해가 발생할 것, ③ 당해 손해가 그 타인의 권리 또는 이익을 위법으로 침해한 일이 있다고 인정될 것, ④ ①의 행위에 의하여 ②, ③의 손해가 발생하였다고 하는 관계, 즉 사실적 인과관계 및 ①의 행위자에게 ②, ③의 손해를 배상하게 하는 것을 사회적으로 타당하다고 인정할 만한 상호관련성(보호의 범위), 즉 상당인과관계가 있을 것 등의 일반적 성립요건에 위임하는 경우이다.

예를 들면 상법 제23조는 부정행위의 금지청구권은 규정하고 있으나 부정행위에 대한 손해배상청구권에 관해서는 그 부정행위가 民法 제750조의 규정에 의한 권리 또는 이익을 침해할 수 있다는 점에서 "금지청구가 손해배상청구를 방해하지 않는다"고 규정하여 금지청구가 손해배상의 청구에 영향을 미치지 않는다는 것을 선언하는 데 그치고 있다.[5)]

2) 特 則 型

민법 제750조의 불법행위 일반원칙에 대한 특칙으로 금지청구권 등의

5) 幾代通, 「不法行爲」, pp.17~18.

대상이 되는 침해행위에 대하여 손해배상책임을 묻는 규정을 두는 경우이다.

그 예로서 이 법 제11조와 같이 영업비밀침해행위에 대해 금지청구권 외에 손해배상책임을 규정하고 있는 경우이다. 이러한 불법행위의 일반적 성립요건에 대한 특칙의 유형을 살펴보면

첫째, 불법에 해당하는 행위를 명시함(권리침해행위 특칙형)

둘째, 과실의 추정규정을 두는 등 주관적 요건을 규정함(주관적 요건 특칙형)

셋째, 불법행위에 의하여 발생한 손해의 내용을 규정함(피침해이익 특칙형)[6)]

(2) 營業秘密侵害行爲에 대한 損害賠償請求權에 관한 규정

앞에서 살펴본 바와 같이 금지의 대상이 되는 침해행위에 대하여 손해배상청구권을 인정하는 경우 민법 제750조의 위임형으로 할 것인가 특칙형으로 할 것인가 하는 문제가 있지만 영업비밀침해행위에 의하여 생긴 손해에 대해서는 아래와 같은 관점에서 특칙형으로 함이 타당하다고 본다.

1) 권리침해(민법 제750조와의 관계)

이 법에서 영업비밀침해행위에 대하여 금지청구권을 인정하고 있으나

---

6) 이와 같은 특치형이 규정례 및 그 특칙의 유형을 열거하면 다음과 같다.

《부정경쟁방지법 제11조》

주관적 요건 특칙형, 권리침해행위 특칙형, 피침해이익 특칙형(영업비밀침해행위로 영업상 이익을 침해)을 규정한 것이라고 생각된다.

《특허법 제128조, 실용신안법 제31조, 디자인보호법 제64조, 상표법 제67조》

주관적 요건 특칙형(과실의 추정규정임)

이러한 규정 가운데 부정경쟁방지법 제11조에 있어서는 부정경쟁행위에 대한 금지청구권을 인정하고 당해 행위가 민법 제750조의 권리침해행위에 해당됨을 분명하게 함과 동시에 주관적 요건 및 피침해 이익에 있어서의 특칙이 충족된다면 손해배상의 책임이 발생된다는 것을 정한 규정으로 생각된다. 즉, 입법정책상 민법 제750조의 적용에 대하여 의문이 있는 행위유형에 대하여 특칙을 정해 손해배상책임을 명확히 하기 위하여 민법 제750조의 특칙규정을 설치한 것이라고 생각된다. 한편 무체재산권에 대해서는 권리로 확립한 것이기 때문에 이것에 대한 침해는 민법 제750조의 규정상 '권리'침해에도 해당되는 것이 분명하므로 민법 제750조에 대한 권리침해행위 특칙형의 규정으로 할 필요는 없고, 손해액의 입증에 대한 특칙인 손해액의 추정 등(특허법 제128조)의 규정만을 설치한 것이라고 생각된다.

손해배상청구에 관해서는 당해 침해행위에 대하여 불법행위책임을 발생시키지 않는 민법 제750조의 규정상 '권리'침해에 당연히 해당하지 않는 것은 아니다. 예를 들면 이 법 제2조 제3호 다목 및 바목의 사후적 악의자의 부정행위가 민법 제750조에 의한 손해배상청구의 대상으로는 미묘한 행위임에도 이 법에서는 손해배상청구의 대상행위로 명백히 하고 있다.

2) 주관적 요건

이 법 제11조의 주관적 요건을 '고의 또는 과실'을 요하는 것으로 되어 있지만 그 인식의 내용은 자기의 행위가 동법 제2조 제3호 각 목에 두고 있는 영업비밀침해행위에 해당하는 것이다. 여기에서 '고의'란 자신의 행위가 이 법 제2조 제3호 각목(영업비밀침해행위의 유형 6가지)에 해당하는 위법한 행위인 줄 알면서 행동하려는 심리상태를 말하며, 적극적으로 타인의 이익을 침해할 의사가 있어야 할 필요는 없다고 본다.

한편 민법 제750조의 주관적 요건에 있어서의 인식의 내용은 '권리'침해라는 위법한 결과의 발생도 포함하는 것이기[7] 때문에 영업비밀에 대한 손해배상에 있어서의 주관적 요건에 대해서도 결과 발생의 인식을 요건으로 하는 민법 제750조의 일반원칙에 따라서 "고의 또는 과실에 의한 영업비밀침해행위로 영업비밀보유자의 영업상 이익을 침해하여 손해를 가한 자는 그 손해를 배상할 책임을 진다"라고 규정하고 있다.

(3) 民法 제750조와의 관계

위의 (2), 1)에서 살펴본 바와 같이 이 법의 손해배상청구규정의 적용범위는 대상행위의 측면에서 민법 제750조의 적용범위를 넘는 부분이 있으나 그것 외에 중복되는 범위에 있어서의 양자의 적용관계에 있어서는 독점규제 및 공정거래에 관한 법률(제56조)이나 저작권법(제93조)과 같이 손해배상청구규정을 가지고 있는 다른 법령과 민법 제750조와의 관계와 같이 양자는 서로가 배반되는 것이 아니다. 즉, 영업비밀침해행위에 의하여 생긴 손해 가운데 이 법 제11조와 민법 제750조의 적용이 중복되는 부분에 대해서

7) 민법 제750조에서의 '고의'란 일정한 결과의 발생을 알면서 행동하는 것으로 충분할 것이다.

는 이 법에 의한 손해배상청구와 민법 제750조에 의한 손해배상청구가 모두 가능하다고 해석된다.

#### (4) 소멸시효기간과 제척기간 경과후의 損害賠償請求權關係

영업비밀침해행위의 금지 또는 예방을 청구할 수 있는 권리는 영업비밀침해행위가 계속되는 경우에 영업비밀보유자가 그 침해행위에 의하여 영업상의 이익이 침해되거나 침해될 우려가 있는 사실 및 침해행위자를 안 날부터 3년간 이를 행사하지 아니하거나 그 침해행위가 시작된 날부터 10년을 경과한 때에 소멸한다(법 제14조). 따라서 동조에 의하여 제2조 제3호 각 목에 규정하고 있는 영업비밀침해행위의 금지 또는 예방을 청구할 권리가 소멸한 후에 그 영업비밀침해행위로 인하여 생긴 손해에 대한 배상책임의 유무가 문제될 수 있을 것이다. 이 법에는 배상청구를 할 수 있는 손해발생기간의 제한규정을 두고 있지 않다. 그러므로 금지청구권 등이 소멸시효나 제척기간의 완성에 의하여 소멸된 후에 발생한 손해에 대하여 과연 배상하여야 할 책임이 있는가는 실제 법원의 판결에 따라 좌우될 것으로 본다.[8)]

또한 이 법의 손해배상청구권의 규정은 민법 제750조의 손해배상청구를 배제하는 것은 아니기 때문에 민법 제750조의 요건을 충족하는 경우에는 동조의 규정에 의한 청구가 가능할 것이다.

#### (5) 損害賠償請求의 要件

전술한 제1편 제2장 제4절 Ⅲ 1 (2) 2)의 부정경쟁행위에 대한 손해배상청구의 요건편을 참고하기 바란다.

---

8) 일본의 부정경쟁방지법에서는 손해배상청구의 대상이 되는 손해발생기간의 제한규정을 명문화하고 있다. 즉, 동법 제1조의2 제3항 단서를 보면 "다만, 제3조의2 규정에 의하여 전조 제3항 각호의 영업비밀사용행위에 대한 정지 또는 예방을 청구할 권리가 소멸한 후에 그 영업비밀을 사용하는 행위로 인하여 생긴 손해에 대하여는 예외로 한다"고 규정하고 있다.

① 제3조의2(영업비밀침해행위 정지, 예방청구권의 소멸시효)

② 전조(제1조) 제3항 각호(영업비밀에 관한 부정행위의 정지 등).

### (6) 損害額의 推定 등

#### 1) 序　　說

영업비밀이 침해된 경우 그 손해액의 산정은 현실적으로 매우 어렵다. 이는 결국 법원의 판례 축적에 의해 확립된 법리를 통하여 정립되어 갈 것이다. 하지만 그동안 특허권침해행위에 관한 손해액의 산정 등에 준하여 ① 침해행위에 의하여 이익을 받은 때에는 그 이익액, ② 영업비밀의 실시에 대하여 통상 받을 수 있는 금액(로열티)에 상당하는 금액 등을 손해액으로 추정하여 왔다. ③ 만약 손해액이 ②의 실시료 상당 금액을 초과하는 경우에는 그 초과액에 대해서도 손해배상을 청구하여 왔으며, 이 경우 침해한 자에게 고의나 중대한 과실이 없다 하더라도 법원은 손해배상액을 정함에 있어서 이를 참작할 수 있도록 하였다. 이러한 현실적 실행결과를 1998년 12월 31일 개정법에서 그대로 명문화하여 손해액의 추정 등에 관한 규정을 두었고(법 제14조의2 제1항 내지 제3항) 다시 2001년 2월 3일(법률 제6421호) 개정법에서 그 일부를 추가하였다(동조 제1항, 제5항).

#### 2) 損害額 算定

㈎ 판매이익에 의한 손해액산정

① 산정방법

영업비밀 침해행위로 영업상의 이익을 침해당한 자가 손해배상을 청구하는 경우 영업상의 이익을 침해한 자가 영업비밀 침해행위를 하게 한 물건을 양도하였을 때에는 ⅰ) 물건의 양도수량에 ⅱ) 영업상의 이익을 침해당한 자가 그 영업비밀 침해행위가 없었다면 판매할 수 있었던 물건의 단위수량당 이익액을 곱한 금액을 영업상의 이익을 침해당한 자의 손해액으로 할 수 있다. 이 경우 손해액은 영업상의 이익을 침해당한 자가 생산할 수 있었던 물건의 수량에서 실제 판매한 물건의 수량을 뺀 수량에 단위수량당 이익액을 곱한 금액을 한도로 한다. 다만, 영업상의 이익을 침해당한 자가 영업비밀 침해행위 외의 사유로 판매할 수 없었던 사정이 있는 경우에는 그 영업비밀 침해행위 외의 사유로 판매할 수 없었던 수량에 따른 금액을 빼야 한다(법 제14조의2 제1항).

② 채택배경

이는 개정 전 제14조의2 제1항에서 침해자가 침해행위로 이익을 받은 것이 있는 때에는 그 이익액을 침해당한 자의 손해액으로 추정하여 입증책임을 경감해주고 있으나, 이러한 경우에도 침해당한 자가 침해자의 이익을 입증하여야 하고 그 입증이 매우 어려운 점을 감안하여 침해당한 자의 원가계산기준에 의하여 손해액을 정할 수 있도록 한 것이다. 즉, 침해를 당한 자가 손해배상청구 소송에서 손해액을 산정하기 위해서는 침해자가 가지고 있는 자료가 필요하나 침해자가 관련자료를 제출하지 아니하면 침해당한 자가 손해액을 산정하기가 어려우므로 침해자의 판매수량만을 확인하면 쉽게 손해액을 산정할 수 있도록 하여 침해당한 자의 권익보호를 강화하려는 것으로 보다 합리적인 손해액 산정기준으로 활용될 수 있을 것으로 평가된다. 따라서 앞으로 영업비밀 보유자는 손해배상청구 소송에서 손해액산정을 보다 쉽고, 합리적으로 할 수 있을 것으로 기대되며, 대법원 판례(대판 1997. 9. 12, 선고 96다43169), 산업재산권 4법(2001년 개정법에서 채택) 및 일본특허법(1998년 개정법에서 채택)에서도 이와 같은 내용을 반영하고 있다.

㈏ 침해이익에 의한 손해액 산정

영업비밀침해행위로 영업상의 이익을 침해당한 자가 손해배상을 청구하는 경우 영업상의 이익을 침해한 자가 그 침해행위에 의하여 이익을 받은 것이 있으면 그 이익액을 영업상의 이익을 침해당한 자의 손해액으로 추정한다(법 제14조의2 제2항).

㈐ 실시료 상당액에 의한 손해액 산정

영업비밀침해행위로 영업상의 이익을 침해당한 자는 손해배상을 청구하는 경우 영업비밀 침해행위의 대상이 된 영업비밀의 사용에 대하여 통상 받을 수 있는 금액에 상당하는 금액을 자기의 손해액으로 하여 손해배상을 청구할 수 있다(법 제14조의2 제3항).

㈑ 실시료 상당액의 초과금액

영업비밀침해행위로 인한 손해액이 위 (다)에 따른 금액을 초과하면 그 초과액에 대하여도 손해배상을 청구할 수 있다. 이 경우 그 영업상의 이익을 침해한 자에게 고의 또는 중대한 과실이 없으면 법원은 손해배상금액을 산정할 때 이를 고려할 수 있다(동조 제4항).

3) 法院의 損害額 認定

법원은 영업비밀침해행위에 관한 소송에서 손해가 발생된 것은 인정되나 그 손해액을 입증하기 위하여 필요한 사실을 입증하는 것이 해당 사실의 성질상 극히 곤란한 경우에는 위의 ㈎부터 ㈑까지(법 제14조의2 제1항부터 제4항까지)에도 불구하고 변론 전체의 취지와 증거조사의 결과에 기초하여 상당한 손해액을 인정할 수 있다(동조 제5항). 이는 손해의 발생은 인정되나 입증이 극히 곤란할 경우 법원에서 관련자료를 근거로 상당액을 손해액으로 인정할 수 있도록 하여 침해당한 자의 권익구제를 효과적으로 하기 위함이다.

〔참고〕 미국의 실질적 또는 결과적(actual or consequential) 배상의 예를 보면 A기업의 1991년 매출액이 100만 달러인데 영업비밀침해 후인 1992년 매출액이 50만 달러로 감소하여 배상요청액은 수입감소분이 되겠으나 실질적으로는 영업비밀이 침해되지 않았더라면 유지되었을 이익(profit)인 약 4만 달러 정도라는 것이다. 또한 우리 나라에서는 채택하고 있지 않은 징벌적 또는 제재적(punitive) 배상의 경우를 보면 일본의 히다치가 산업스파이를 고용하여 IBM의 기술을 도용함으로써 약 1억 달러를 배상했다. 이 경우는 산업스파이를 고용하거나 직원에게 뇌물을 공여하는 등 고의적・악의적 수단을 동원한 영업비밀침해행위로서 실질적 손해(actual damage)의 10배까지 가중이 가능한 징벌적 손해배상(punitive damage)의 대상이 되지만 히다치와 IBM이 타협했기 때문에 그 정도로 감소한 것이다.

⑺ 자료의 제출

법원은 영업비밀침해행위로 인한 영업상 이익의 침해에 관한 소송에서 당사자의 신청에 의하여 상대방 당사자에 대하여 해당 침해행위로 인한 손해액을 산정하는 데에 필요한 자료의 제출을 명할 수 있다. 다만, 그 자료의 소지자가 자료의 제출을 거절할 정당한 이유가 있는 경우에는 예외로 한다(법 제14조의3).

⑻ 손해배상청구의 효과

전술한 부정경쟁행위에 대한 손해배상청구의 효과 편을 참고하기 바란다.

## 4. 信用回復請求權

### (1) 총 설

법원은 고의 또는 과실에 의한 영업비밀침해행위로 영업비밀보유자의 영업상의 신용을 실추시킨 자에게는 영업비밀보유자의 청구에 의하여 제11조에 따른 손해배상을 갈음하거나 손해배상과 함께 영업상의 신용을 회복하는 데에 필요한 조치를 명할 수 있다(법 제12조). 이 법에서는 영업비밀침해행위에 대한 사후적인 구제조치로서 앞에서 기술한 바와 같이 손해배상청구권을 인정하고 있지만 침해행위의 결과 품질이 조악한 물건이 출하되는 등 영업상의 신용에 손상을 입을 경우도 생각할 수 있다. 특히 종전의 부정경쟁방지법에서도 영업상의 신용이 실추된 자에게 신용회복청구권을 인정하고 있는 규정을 두고 있었을 뿐만 아니라 경제적 활동을 대상으로 하고 있는 특허법(제131조) 등 산업재산권법 등에도 신용회복청구권을 두고 있는 등 영업비밀과 유사한 분야에서 대부분 신용회복청구권을 구제수단으로 채택하고 있음을 감안하여 영업비밀침해행위에 대해서도 신용회복조치청구의 규정을 둔 것이다.[9)]

그러나 민법 제764조에서 규정하고 있는 불법행위에 의하여 타인의 명예를 훼손한 경우의 명예는 '인격권적 가치'에 있어서의 사회적인 평가인데 반해 특허법 제131조나 이 법 제12조에서 규정하고 있는 침해행위에 의하여 타인의 영업상의 신용을 실추케 한 경우의 업무(영업)상 신용은 '경제

9) (1) 부정경쟁방지법 제2조 제1호 각 목에 의한 영업상의 신용훼손은 상품 또는 영업주체의 혼동행위 등이 있어야 한다. 이 때는 반드시
① 부정경쟁자의 제품의 품질이 열등할 뿐만 아니라
② 서비스의 질이 형편 없다는 점 등이 필요하다.
(2) 특허법 등에 의한 업무상 신용에 해를 입었는가의 여부는 구체적인 침해행위의 태양이나 상황 등을 감안하여 판단되지만 일반적으로
① 특허권자 등이 생산·판매하는 상품과 비교하여 침해품이 훨씬 조악품이어야 하고,
② 수요자 다수가 당해 특허권 등에 관계되는 상품은 모두가 조악품이라고 믿어야 한다(권리자의 상품과 혼동이 생기는 것). 즉, 단순한 조악품이라고 하는 것만으로는 권리자의 영업상의 신용이 훼손되는 것이 아니고 조악품이 권리자의 생산품과 혼동을 야기시키지 않으면 안 된다.

적 가치'에 있어서의 사회적 평가이다. 여기에서 손해배상이란 금전배상을 말하며, 법조문상으로는 "손해배상에 갈음하여"라고 규정하고는 있지만 신용회복청구권도 광의의 손해배상청구권의 일종이다.

따라서 침해자가 금전배상만으로는 만족할 수 없거나 신용훼손의 구제방법으로서 이러한 원상회복 조치가 적절한 경우가 많기 때문에 특별히 이와 같은 규정을 두고 있는 것이다. 영업비밀침해행위로 인하여 영업상의 신용이 실추되었을 경우에는 그 실추된 영업상의 신용을 회복하기 위한 조치로 통상 신문지상을 통한 사죄광고가 관행으로 되어 왔으나,[10] 최근 헌법재판소가 법원의 사죄광고 명령이 위헌이라는 판결을 내렸기 때문에 계속 법원의 판결로 사죄광고를 강제할 수 있는지의 여부에 대해서는 좀더 두고 보아야 할 것이다. 영업비밀침해로 인한 영업상의 신용실추의 예를 살펴보면 다음과 같다.

㈎ 技術上의 營業秘密

기술상의 영업비밀에 대한 침해행위에 의하여 영업비밀보유자의 영업상의 신용실추가 예상되는데, 예를 들면 제조 노하우를 사용하여 만든 상품이 조악품이며, 그 조악품의 생산자가 他社의 제조 노하우를 사용하여 만든 것처럼 선전하고 있는 경우 또는 조악품의 외관·형상 등이 진정품의 외관·형상 등과 같아서 혼동을 일으키는 경우 등 조악품과 진정품과의 혼동 때문에 영업상의 신용훼손이 일어날 수 있는 것도 생각할 수 있다.

㈏ 經營上의 營業秘密

경영상의 영업비밀에 대한 침해행위에 의하여 영업비밀보유자의 영업상의 신용실추가 예상될 수 있는데, 예를 들면 타사의 고객명부를 사용하여 저질잡지를 송부하는 행위, 타사의 영업 매뉴얼을 사용하여 통신판매 등 타사의 영업활동과 같은 형태로 조악품을 판매하는 경우 등 타사의 영업활동과 혼동되게 하여 경쟁사의 영업상의 신용을 실추시키는 것도 생각할 수 있다.

---

10) 서울지방법원 남부지원 1984. 1. 20. 판결, 83가합251.

⑵ 요건・효과 등에 관한 설명은 전술한 제1편 제2장 제4절 Ⅲ 1 (3) 2) 및 3)의 부정경쟁행위에 대한 신용회복청구의 요건 및 효과편을 참고하기 바란다.

### 5. 不當利得返還請求權

#### ⑴ 意義 및 趣旨

법률상 원인 없이 타인의 영업비밀로 인하여 이익을 얻고 그로 인하여 영업비밀보유자에게 손실을 가한 자는 그 이익을 반환하여야 한다(민법 제741조). 이는 ① 누구라도 정당한 이유 없이, ② 타인 손실로 이득을 보아서는 안 된다는 공평(형평)의 이념에 입각한 당사자간의 이익의 조정이라고 하는 원칙에 좇아 이득자에게 이득반환의 의무를 과하는 것이다. 예를 들면 취소된 암예방약에 관한 영업비밀에 관한 전용실시권설정계약에 의하여 실시함으로써 얻어진 이익에 대해서는 부당이득이기 때문에 영업비밀보유자에게 반환하여야 한다.

#### ⑵ 요　건

① 영업비밀이용자에게 고의・과실이 없을 것, ② 법률상의 원인이 없을 것, ③ 영업비밀보유자의 영업비밀로 인하여 이익을 얻을 것, ④ 보유자에게 손실이 발생할 것 등이다.

#### ⑶ 청구 및 청구액

타인의 영업비밀의 이용으로 인하여 손실을 입을 경우 영업비밀보유자는 이용자에게 그 손실보전을 위하여 그 손실을 한도로 이득의 반환을 법원에 청구할 수 있다.

#### ⑷ 반　환

타인의 영업비밀의 이용으로 인하여 부당하게 이득을 얻은 자는 그로 인하여 손실을 본 영업비밀보유자에게 그 이득을 반환하여야 하며, 이 때의 반환은 '현물반환'이 원칙이나 현물반환이 어려운 때에는 금액으로 환산하여 반환하여야 한다.

## Ⅱ. 刑事的 救濟

영업비밀침해행위에 대한 형사적 구제는 이 법의 벌칙 외에 형법이나 상법상의 특별배임죄 등에 의해서도 가능하다.

### 1. 不正競爭防止法에 의한 刑事處罰

#### (1) 總 說

##### 1) 서 설

부정경쟁방지법에 특별히 벌칙규정을 두어 영업비밀침해자를 이 법에 의해 형사처벌하는 것은 영업비밀이라고 하는 보호객체의 특수성은 물론 최근 산업경제사회에서 영업비밀의 중요성이 점차 높아지면서 국내외를 가릴 것 없이 그 침해사례도 늘어나고 있고 그 수법도 한층 교묘해지고 있기 때문이다. 그러나 기존 법체제에서는 그 서류나 도면 등의 무단반출 등 유형적 위법행위를 수반하지 않는 경우에는 형사처벌할 적절한 규정이 없는 실정이다.

이와 같이 반도덕성이 현저한 영업비밀의 침해행위를 처벌할 수 있다고 보는 것은 건전한 거래질서의 확립에 반하는 것이기 때문이다. 같은 맥락에서 영업비밀의 침해행위에 대한 형사처벌의 필요성은 일반적으로 인정되지만 종전법에서는 그 처벌범위를 지나치게 확대하는 경우에는 ① 법원·검찰 등 수사기관에 의한 침해여부 판단의 곤란성, ② 형사소추의 선호경향으로 인한 민사적 구제수단의 형식화 초래 우려, ③ 보호객체의 모호성으로 인한 죄형법정주의의 위반가능성 등의 부작용이 예상된다는 이유로 그 형사처벌의 범위를 극히 제한적으로 한정하였다. 따라서 이 법에서는 기업의 임원이나 직원 등 기업체 현직자가 법률상 또는 계약상 영업비밀을 준수하여야 할 의무가 있음에도 불구하고 이를 위반하여 그 기업의 영업비밀을 누설하는 행위를 형사처벌할 수 있는 규정을 두어 영업비밀보호의 실효성을 확보하려는 것이다.

그러나 최근 영업비밀 침해행위가 기술상 정보뿐만 아니라 판매방법 기타 영업상, 경영상의 정보에 이르기까지 영업비밀 전반에 걸쳐 일어나고 있고 그 행위도 조직화·지능화·규모화되어 가며 특히 중국, 태국, 말레이시아 등 개발도상국에로의 유출이 급증하고 있는 추세를 반영하기 위하여 개정법에서는

ⅰ) 종전 형사상 침해 주체도 기업의 현직 임원 또는 직원이나 퇴직 임원 또는 직원에 국한했던 것을 기업의 현직, 퇴직 임원 또는 직원은 물론 그 영업비밀과 이해관계에 있는 자를 포함한 제3자까지를 모두 영업비밀에 대한 침해의 주체가 될 수 있도록 확대하였으며

ⅱ) 종전 형사상의 보호객체를 그 기업에 유용한 기술상의 영업비밀에 한정했던 것을 생산방법·판매방법 기타 영업활동에 유용한 기술상 또는 경영상의 정보까지를 모두 포함하였고

ⅲ) 종래법에서는 행위의 태양을 누설에 한정하였으나 개정법에서는 누설에 국한하지 않고(외국에 유출하는 경우 제외) 취득·사용하는 경우까지를 모두 침해행위의 유형으로 확대하였다.

ⅳ) 종래법에서의 형량 또한 외국에 누설할 경우 7년 이하의 징역 또는 1억원 이하의 벌금, 국내에 누설할 경우 5년 이하의 징역 또는 5천만원 이하의 벌금에 처할 수 있도록 하던 것을 개정법에서는 외국에서 사용하거나 외국에서 사용될 것임을 알면서 제3자에게 누설한 경우 10년 이하의 징역 또는 그 재산상 이득액의 2배 이상 10배 이하에 상당하는 벌금에, 국내에서 취득·사용하거나 제3자에게 누설한 경우 5년 이하의 징역 또는 그 재산상 이득액의 2배 이상 10배 이하에 상당하는 벌금에 처할 수 있도록 하는 등 영업비밀 유출행위에 대한 가중벌금제도를 도입하여 종전법에 비하여 벌칙 즉 형량을 대폭 강화하여 영업비밀보호의 실효성을 확보하려 하였다.

현재 우리 나라와 같이 부정경쟁방지법 안에 형사처벌규정을 두고 있는 나라는 독일을 비롯하여 스위스, 오스트리아 등이다. 이 중 독일은 다른 나라에 비하여 벌칙이 강하고 민사적 구제수단보다는 형사처벌에 비중을 두어 징벌기능을 통한 영업비밀보호의 실효성을 확보하고 있다. 그 외의 대

부분의 나라는 일반형법에 영업비밀침해행위에 대한 형사처벌규정을 두고 영업비밀보호에 만전을 기하고 있는 실정이다. 그러나 일본은 1975년 개정 형법 초안에 기업비밀누설에 관한 벌칙을 마련하였으나 아직까지 시행을 하지 않고 있다. 우리 나라도 법무부 형법개정 소위원회가 성안한 '기업비밀침해'에 대한 초안이 이 법 시행 직전까지 보류된 상태에 있었다.[11)]

2) 개정법의 주요내용 및 입법취지

i ) 영업비밀 유출행위에 대한 가중 벌금제도 도입

개정법은 영업비밀 침해자에 대한 처벌을 강화하기 위하여 영업비밀의 국외·국내 유출 각각에 대해서 부당이득에 기초한 가중벌금제도를 신규로 도입하여 벌칙을 강화하고 있다.

영업비밀을 국외로 유출하는 경우 종래법은 "7년 이하의 징역 또는 그 재산상 이득액의 2배 이상 10배 이하에 상당하는 벌금"에 처하도록 되어 있었으나 개정법은 "10년 이하의 징역으로 형량을 강화하고 벌금액은 종래 수준인 그 재산상 이득액의 2배 이상 10배 이하에 상당하는 벌금"에 처하도록 하였고 국내에 유출하는 경우 개정법은 "5년 이하의 징역 또는 그 재산상 이득액의 2배 이상 10배 이하에 상당하는 벌금"에 처하도록 한 종래법의 형량을 그대로 유지하였다(법 제18조 제1항 및 제2항).

이처럼 개정법에서 영업비밀 침해행위에 대한 처벌을 강화한 것은 종래법의 처벌형량으로는 급속한 글로벌 산업경제사회화에 따라 지식·기술·경영 등 영업상의 정보를 확보하기 위한 경쟁이 치열하게 전개되면서 영업비밀에 대한 국외 유출이 날로 증가하고 있고 그 침해 또한 조직화·지능화 되고 있어 종래법의 형량 7년 이하의 처벌로는 이를 효과적으로 방지하는 데 매우 미약하여 형량을 10년 이하로 하여 처벌을 강화한 것이다. 벌

11) 이 초안을 보면 형법 제317조의 2(기업비밀누설, 탐지) 제1항에서 기업의 임원 또는 직원이 생산방법, 기타 기술 또는 경영에 관한 기업의 비밀을 누설한 때에는 3년 이하의 징역이나 금고 또는 250만 원 이하의 벌금에 처하도록 규정하고 있고, 제2항에서는 기업의 생산방법 기타 기술 또는 경영에 관한 비밀을 탐지한 자도 제1항의 형과 같도록 규정하고 있다. 이와 같은 안에는 공공의 이익을 위하여 탐지한 경우에는 위법성 조각사유로 하자는 일부위원의 의견이 있었다.

금형 또한 종래법으로는 영업비밀 침해시 그 부당이득에 비해 벌금이 너무 낮아 징벌의 효과가 적다는 점과 특정 경제범죄 가중처벌 등에 관한 법률에서도 재산국외도피죄(제4조)의 경우 "1년 이상의 유기징역 또는 당해 범죄행위의 목적물 가액의 2배 이상 10배 이하에 상당하는 벌금"에 처하도록 하는 높은 벌금을 부과하고 있고, 외국의 경우도 영업비밀 침해행위에 대하여 징역 또는 벌금형으로 강력한 제재를 취하고 있는 점을 반영하여 종래법에서의 벌금형 1억원 이하를 개정전 법에서 그 재산상 이득액의 2배 이상 10배 이하로 처벌을 강화하는 한편 타법과의 균형을 도모하고자 한 것으로 판단된다.[12)]

ii) 영업비밀 침해주체의 확대

종래법 제18조 제1항 및 제2항에서는 영업비밀 침해주체를 "해당기업의 현직 및 전직의 임원이나 직원"으로 한정하는 신분법에 국한하고 이들이 영업비밀을 해외로 누설할 경우 동 행위를 기업에 대한 의무위반행위로서의 비윤리적 부정경쟁 행위로 보아 처벌하도록 규정하고 있었다.

그 밖의 타인에 대한 영업비밀 침해에 대해서는 처벌할 수 없었는데, 개정법에서는 영업비밀을 기업재산이자 국가자산으로 보아 누구든지(비신분법) 영업비밀을 침해한 자는 처벌할 수 있도록 규정하여 처벌대상을 확대함으로써 영업비밀 보호를 강화하고 있다(법 제18조 제1항 및 제2항).

이처럼 영업비밀의 침해주체를 확대한 것은 종전에 영업비밀 침해는 기업내부사정에 밝고 접근이 용이한 내부인(기업의 현직 또는 퇴직임원이나 직원)의 경우가 대부분이었으나 최근에는 해당기업의 직원 등이 아닌 외부인(산업 스파이, 경쟁업체 등)에 의한 침해가 빈발하고 있으나 종전법은 이들을 처벌할 법적 한계가 있어 이를 보완할 법개정의 필요성이 대두되었기 때문이다. 또한 21세기 지식정보화 시대를 맞이하여 기술과 정보가 기업과 국

12) 독일: 3년 이하의 징역 또는 벌금

미국: 개인의 경우 10년 이하(국외유출: 15년 이하)의 징역 또는 50만불 이하의 벌금, 조직의 경우 1,000만불 이하의 벌금

영국·프랑스: 부정경쟁방지법에 규정하지 않고 형법 등에 의해 처벌.

가의 경쟁력을 좌우하는 결정적 요인이 됨에 따라 국내외 산업스파이에 의한 영업비밀 침해행위를 단순한 윤리적 차원을 넘어 기업과 국가경쟁력을 저해하는 행위로 보아 국가정책적 차원에서 이를 방지하기 위하여 관련법규를 강화한 것으로 해석되며 외국의 경우도 이에 관련된 벌칙을 강화하는 추세에 있다. 즉, 독일(부정경쟁방지법)과 미국(경제스파이법)은 영업비밀 침해범을 비신분범으로 처벌하고 있으며, 특히 미국의 경우에는 영업비밀을 국외로 유출할 경우 50만 달러 이하의 벌금 또는 15년 이하의 징역, 또는 이를 병과하여 처벌을 강화하고 있다.

iii) 영업비밀 보호범위의 확대

종래법은 영업비밀의 보호범위를 "그 기업에 유용한 기술상의 영업비밀"로 정하고 있었으나 개정법에서는 "그 기업에 유용한 영업비밀"로 보호범위를 확대하여 기술상 영업비밀은 물론 경영상 영업비밀까지도 보호하고 있다.

법 제2조 제2호에 의하면 "영업비밀이라 함은 공연히 알려져 있지 아니하고 독립된 경제적 가치를 가지는 것으로서, 상당한 노력에 의하여 비밀로 유지된 생산방법·판매방법 기타 영업활동에 유용한 기술상 또는 경영상의 정보"를 말하는바, 경영상 영업비밀로서 사업프로젝트, 판매전략, 해외거래처 등은 기술상 영업비밀 못지 않게 그 중요성이 점차 증가하고 있으나 종래법은 기술상 영업비밀침해만 처벌하고 경영상 영업비밀은 제외하고 있는 상태이었다.

이렇게 된 데는 판매방법 등 경영상의 영업비밀까지 형사처벌의 보호객체로 할 경우 형사처벌대상이 지나치게 확대될 우려가 있다고 보아 영업비밀의 침해에 대해서는 민사적 구제수단을 활용토록 하여 왔으나, 최근 경제 환경의 변화에 따라 '기술상의 비밀'과 '경영상의 비밀'의 경계가 점차 모호해지고 있고, 경영상 영업비밀의 중요성이 점차 증가하고 있기 때문에 형사적 구제수단을 추가하여 보호를 강화한 것으로 해석된다. 외국의 예를 살펴보면 미국·독일·일본 등의 경우도 기술상의 영업비밀뿐만 아니라 경영상의 영업비밀 침해행위도 처벌하고 있는 실정이다.

ⅳ) 신설 부정경쟁행위의 위반에 대한 처벌규정의 미비

개정법은 이른바 '사이버 스쿼팅'을 부정경쟁행위의 새로운 유형으로 규정하면서 이들의 위반행위에 대해서는 금지청구권(법 제4조), 손해배상책임(법 제5조), 실추된 신용의 회복조치(법 제6조) 등의 구제방법은 인정하면서도 여타의 부정경쟁행위의 유형과는 달리 벌칙의 적용을 명시적으로 제외하고 있었다(제18조 제3항 제1호).

사이버스쿼팅과 관련하여서는 인터넷주소 자원에 관한 법률(이하 '인주법')이 '부정한 목적의 도메인이름 등의 등록금지'(동법 제12조) 조항에서 사이버스쿼팅에 관한 일반규정을 두고 개정법은 타인의 저명한 상표 등 표지에 관한 권원을 침해하는 사이버스쿼팅에 관하여 규정하고 있다.

비록 인주법이 대한민국의 국가코드에 따르는 도메인이름으로 그 적용범위가 제한되어 있기는 하지만 양 법률이 규제하는 사이버 스쿼팅의 경제적 파급효과와 법률의 보호법익을 비교해 볼 때 인주법상의 사이버 스쿼팅 조항에 대해 개정법의 관련규정이 특별법적 지위를 갖는 것으로 해석된다.

그러나 인주법은 벌칙조항에서 일반적인 사이버 스쿼팅에 대해 1천만원 이하의 과태료에 처하는 벌칙을 두고 있음에 반해 개정법은 위반의 경우 사회적 보호법익의 침해정도가 더 큰 부정경쟁방지 및 영업비밀보호에 관한 법률상의 사이버 스쿼팅에 대해 처벌규정을 두지 않고 있음은 일반법과 특별법과의 관계에 비추어 법체계에 맞지 않는 문제점이 있으므로 인주법상의 벌칙규정보다 중한 벌칙으로 관련규정을 정비할 필요가 있다고 입법당국이 판단한 것으로 해석된다.

다만, 자유로운 도메인이름의 등록·보유·이전 및 사용(이하 '도메인이름의 등록 등')은 전자상거래의 활성화뿐만 아니라 인터넷의 활용을 통한 경제발전 나아가 지식정보사회로의 발전촉진에 있어 매우 중요한 핵심적 요소인바, 도메인이름의 등록등과 관련한 일부 반사회적 행태에 대한 규제가 자칫 도메인이름의 등록·보유·이전 및 사용행위 전체를 위축케 하여 결과적으로 전자상거래를 비롯한 인터넷에 기반한 경제활동 전반의 성장억제와 침체를 초래하는 우를 범해서는 아니 될 것으로 판단된다.

따라서 도메인이름의 등록 등에 대한 규제는 상표 등 표지에 관한 권원을 침해하는 사이버스쿼팅을 금지하는 것에 그 필요성의 핵심이 있다 할 것이므로 인주법상의 사이버 스쿼팅 금지규정은 선언적 규정에 그치고 표지에 관한 권원을 침해하는 사이버스쿼팅을 금지하는 개정법에 벌칙조항을 둔 것은 지극히 타당한 입법조치이었다고 해석된다.

한편 개정법이 상품형태모방에 대한 벌칙을 제외한 이유는 널리 알려진 상표 등의 혼동유발행위와는 달리 시장에 처음 출시된 주지성 없는 상품형태에 대한 모방행위를 벌칙으로 처벌할 경우, 경업자간 경쟁의 우위를 점하기 위해 고소·고발을 남용하여 상품개발과 출시를 도리어 위축시키고, 상거래질서를 혼란에 빠트릴 우려가 있기 때문으로 해석된다. 외국의 입법례를 보아도 일본은 상품형태모양은 벌칙을 부과하지 않고 유럽도 등록되지 않은 상품형태를 보호하는 이른바 "미등록 디자인권"에 대해 단순한 "복제금지권"이라는 약한 권리를 부여하고 있을 뿐이다.

ⅴ) 영업비밀 침해범에 대한 친고죄 폐지

종전법 제18조 제5항은 영업비밀 침해범에 대해서는 고소가 있어야만 공소를 제기할 수 있되, 다만 국가안전보장 또는 중대한 공공의 이익을 위하여 필요하다고 인정되는 때에는 고소가 없이도 공소를 제기할 수 있다고 규정하고 있으나, 개정법에서는 동항을 삭제하였다.

이는 최근의 기업의 영업비밀이 기업의 중요한 재산일 뿐만 아니라, 국가의 경쟁력을 좌우하는 중요한 요소로 인식됨에 따라 국가가 당사자의 고소·고발이 없어도 그 침해행위를 수사·처벌할 수 있도록 한 것이다.

현행 법체계상 친고죄는 ① 정조에 관한 죄와 같이 형사정책적 차원에서 피해자에게 고소권한을 부여하려는 경우, ② 모욕죄의 경우와 같이 피해자가 소추를 요구할 때 공소권을 행사하도록 배려하는 경우, ③ 일정한 세금포탈 등의 경우 세무당국이 벌금부과의 간편한 방식으로 통고처분을 활용할 경우 등으로 제한적으로 인정하고 있고, 이 법과 같이 국익과 밀접한 관련이 있는 범죄에 대하여 친고죄를 시행하고 있는 입법례는 없는바, 개정법이 친고죄를 폐지한 것은 적절한 조치라고 판단된다.

vi) 영업비밀침해의 미수·예비·음모자 처벌

개정법안 미수와 예비·음모죄를 신설하여 영업비밀 침해행위를 실행하다 미수에 그친 자와 예비·음모자도 처벌할 수 있는 근거 조항을 신설하였다(법 제18조의2, 3).

이는 종전에 동 규정들의 미비로 미수자와 예비·음모자를 적발하고도 처벌근거가 없어서 처벌하지 못한 점을 감안하여 형사정책적으로 영업비밀 누출 직전단계에서의 비밀보호 강화를 위해 동조를 신설한 것으로 해석된다. 참고로 미국, 독일 등의 경우에는 영업비밀 침해행위의 미수·예비·음모·승낙·교사 행위에 대하여도 처벌할 수 있는 법체제를 갖추고 있다.

vii) 영업비밀 침해범 양벌규정

종전법은 영업비밀 침해시 개인만 처벌하고 조직적으로 침해한 기업 등 단체는 처벌대상에 포함하지 않았으나, 개정법에서는 최근 조직이나 기업들의 영업비밀 침해행위가 급증함에 따라 조직형이나 기업형 영업비밀 침해범에 대해서도 처벌할 수 있도록 규정하였다(법 제19조).

이는 최근 영업비밀 침해행위가 갈수록 지능화·조직화됨에 따라 기업 등 조직차원의 침해에 대해서도 행위자 외에 법인도 처벌함으로써 영업비밀의 보호를 강화하기 위한 것으로 해석된다.

3) 영업비밀의 국외 유출

부정한 이익을 얻거나 기업에 손해를 입힐 목적으로 그 기업에 유용한 영업비밀을 외국에서 사용하거나 외국에서 사용될 것임을 알면서 취득·사용 또는 제3자에게 누설한 자는 10년 이하의 징역 또는 그 재산상 이득액의 2배 이상 10배 이하에 상당하는 벌금에 처한다(법 제18조 제1항).

i) 침해의 주체

누구든지 부정목적의 범의를 가지고 기업에 유용한 영업비밀을 외국에서 사용하거나 사용될 것임을 알고 누설한 자에게는 영업비밀 침해죄가 성립된다. 따라서 종전법에서 기업의 현직 임원 또는 직원이나 퇴직 임원 또는 직원에게만 적용되었던 벌칙과는 사뭇 다르게 처벌 범위를 확대하여 영업비밀 보호를 강화하였다. 따라서 개정법에서는 현직이나 전직의 임원 또는 직원뿐만 아니라 기업에 유용한 영업비밀과 거래관계 등에 있는 이해관계자는 물론 그 유용한 영업비밀과는 아무런 관계가 없는 제3자가 부정한 이익을 얻거나 기업에 손해를 입힐 목적으로 그 기업에 유용한 영업비밀을 외국에서 사용하거나 외국에서 사용될 것임을 알면서 취득·사용 또는 제3자에게 누설한 경우에도 처벌의 대상이 된다.

ii) 침해의 객체

침해의 대상이 되는 객체는 기업상 유용한 모든 영업비밀이다. 즉 공연히 알려져 있지 아니하고 독립된 경제적 가치를 가진 것으로 상당한 노력에 의해 관리되고 있는 생산방법, 판매방법 기타 영업상의 정보로서 유용한 기술상 또는 경영상 정보를 보호 객체로 하여 이를 침해한 경우 보호가 적용된다. 종전법이 유용한 기술상의 영업비밀에 한해서 보호 객체로 하고 있었으나 개정법에서는 그 기업에 유용한 영업비밀 전반으로 보호범위를 확대하여 영업비밀의 보호를 강화하였다.

iii) 침해의 범위 —침해의 유형—

종전법에서는 그 기업에 유용한 영업비밀을 외국에서 사용하거나 외국에서 사용될 것임을 알면서 제3자에게 누설한 경우에 한하였으나 개정법에서는 누설뿐만 아니라 취득·사용한 경우에까지 침해의 범위를 확대하여 영업비밀보호의 실효성을 제고하였다(법 제18조 제1항).

iv) 침해의 태양

① 목적범이어야 한다.

범의가 있어야 한다. 즉 그 영업비밀에 의해 부정한 이익을 얻거나 그 기업에 손해를 가하려고 하는 등 부정한 목적을 가지고 제3자에게 누설하여야 한다. 따라서 이러한 부정한 목적 없이 누설한 자에게는 본호는 적용되지 않는다(예: 협상을 성공시키기 위하여 영업비밀인 설계도면을 상대방에게 설명하게 되는 경우 등).

② 기업에 유용한 영업비밀이어야 한다.

그러므로 아무리 비밀유지성이 있는 비공지성 영업비밀이라 하더라도 유용성(경제성)이 없는 정보의 누설에는 본 호는 적용되지 않는다.

③ 외국에서 사용하거나 사용될 것임을 알아야 한다.

따라서 아무리 위 ①, ②의 경우라 하더라도 국내에서 사용하거나 국내에서 사용될 것임을 알고 누설한 자에게는 본호는 적용되지 않는다.

④ 형 량

10년 이하의 징역 또는 그 재산상 이득액의 2배 이상 10배 이하에 상당하는 벌금에 처한다.

여기에서 재산상 이득액이란 그 영업비밀의 취득, 사용, 공개 등으로 얻은 재산적 이익의 총체적 개념으로 영업상 이득액 여부를 불문한다. 따라서 타인의 기업상 유용한 영업비밀의 영업적 사용을 통하여 얻은 영업상의 재산상 이익은 물론 단순히 제공(누설)을 대가로 인지, 탐지, 절취, 기망, 협박, 도청, 스카웃 등의 방법으로 취득하여 얻은 비영업적 이익도 재산상 이득액으로 본 호가 적용된다.

또 2배 이상 10배 이하에 상당하는 벌금이란 영업비밀의 침해정도 즉 침해방법, 미친 영향, 얻은 이득액 등을 종합적으로 판단하여, 얻은 재산적 이득액의 최저 2배에서, 최고 10배 이하 벌금을 처하도록 한 것이다. 특히 다음에서 설명하는 국내유출의 경우(5년 이하의 징역)보다 크게 형량을 높인 것은 그래도 국내유출의 경우는 그 영업비밀이 국내에서 사용되고 있다는 점에서 우리 나라 산업경제에 이바지할 수 있다는 여지가 고려된 것이고 외국으로의 유출은 우리 나라의 영업비밀이 해외로 나가 외국기업을 돕고 국내 영업비밀 생산, 보유업체와 대외경쟁업체를 출현시켜 국내 기업의 도산을 초래할 수 있다는 점 등이 작용된 것이다.

4) 영업비밀의 국내 유출

부정한 이익을 얻거나 기업에 손해를 입힐 목적으로 그 기업에 유용한 영업비밀을 취득·사용하거나 제3자에게 누설한 자는 5년 이하의 징역 또는 그 재산상 이득액의 2배 이상 10배 이하에 상당하는 벌금에 처한다(법 제18조 제2항).

i ) 침해의 주체

기업의 현직 또는 퇴직 임원이나 직원뿐만 아니라, 그 영업비밀 보유기업과 거래관계 등 이해관계가 있는 자는 물론 그 영업비밀 보유기업과 아무런 관계가 없는 제3자 누구든지 부정목적의 범의를 가지고 기업에 유용한 영업비밀을 취득, 사용, 공개한 자는 본호의 침해주체가 된다. 따라서 종전법에서의 기업 현직임원 또는 직원이나 퇴직 임원 또는 직원에게만 본호가 적용되었던 경우보다는 크게 강화된 것이다.

ii) 침해의 객체

침해의 객체는 기업상 유용한 모든 영업비밀이다. 따라서 종전법이 기술상의 영업비밀에 한해서 보호의 객체로 하고 있었던 것과는 달리 기술상의 영업비밀뿐만 아니라 생산방법, 판매방법 기타 영업상 유용한 정보까지를 모두 영업비밀로 하여 침해의 객체로 하고 있다.

iii) 침해의 태양

① 목적범이어야 한다.

범의가 있어야 한다. 즉, 그 영업비밀에 의해 부정한 이익을 얻거나 기업에 손해를 가하려고 하는 등 부정한 목적을 가지고 제3자에게 누설하여야 한다. 따라서 이러한 부정목적 없이 제3자에게 누설한 자에게는 본호가 적용되지 않는다(예: 기술이전 계약을 성립시키기 위하여 영업비밀인 제조공정을 설명하는 과정에서 누설된 경우).

② 기업에 유용한 영업비밀이어야 한다.

그러므로 아무리 비밀유지성의 비공지의 영업비밀이라 하더라도 그 기업에 유용성(경제성)이 없는 정보의 취득, 사용, 누설에 대해서는 본호가 적용되지 않는다(공해물질의 무단 방출에 관한 정보, 세금포탈방안에 관한 정보 등).

③ 국내에서 사용, 공개될 영업비밀이어야 한다.

따라서 그 기업에 유용한 영업비밀을 외국에서 사용하거나 외국에서 사용될 것임을 알고 제3자에게 누설한 영업비밀에 대해서는 본호의 적용을 받지 아니한다.

④ 형 량

5년 이하의 징역 또는 그 재산상 이득액의 2배 이상 10배 이하에 상당하는 벌칙에 처한다. 이에 대한 자세한 설명은 전술한 외국 유출에서의 형량부분을 참고하기 바란다.

5) 미 수 범

i) 미수범의 처벌

상기 영업비밀의 외국유출(법 제18조 제1항) 및 국내유출(법 제18조 제2항)의 미수범은 처벌한다(법 제18조의2). 여기에서 미수범이란 영업비밀의 외국 또는 국내유출의 실행에 착수하였으나(실행의 착수) 이를 종료하지 못하였거나(착수 미수), 결과가 발생하지 아니한(실행 미수) 것을 말한다.

미수범은 범죄의 실행의 착수가 있다는 점에서 "예비"와 구별되고 또 범죄의 완성에 이르지 못했다는 점에서 "기수"와 구별된다.

ii) 미수범의 형

미수범의 형은 기수범보다 감경할 수 있다. 다만 영업비밀 침해자가 자의로 영업비밀 침해에 착수 행위를 중지하거나 그 행위로 인한 결과의 발생을 방지한 때(중지미수)에는 필요적 감면이고(형법 제26조), 실행의 수단 또는 대상의 착오로 인하여 결과의 발생이 불가능하다 하더라도 위험성이 있는 때(불능미수)에는 임의적 감면이다. 그래서 미수범 가운데서 필요적 감면이나 임의적 감면이 됨에 그치는 미수범을, 중지미수·불능미수에 대하여 장애미수(협의)라고 한다.

6) 예비·음모죄

이 법 제18조 제1항의 죄(영업비밀의 국외유출)를 범할 목적으로 예비 또는 음모한 자는 3년 이하의 징역 또는 2천만원 이하의 벌금에 처하고(법 제18조의3 제1항) 동법 제18조 제2항의 죄(영업비밀의 국내 유출)를 범할 목적으로 예비 또는 음모한 자는 2년 이하의 징역 또는 1천만원 이하의 벌금에 처한다(법 제18조의3 제2항).

i) 예 비 죄

예비라 함은 영업비밀 침해를 하기 위해서하는 준비 행위로서, 침해의 착수에 이르지 아니한 것을 말한다. 예비는 동법에서와 같이 특별히 규정이 없는 한 처벌되지 아니한다(형법 제28조).

예비한 후 침해의 착수에 이르면 이제는 예비행위는 독립해서 처벌의 대상이 되지 않는다. 왜냐하면 착수 후의 미수 내지 기수와 법조경합의 관계(보충관계)에 있기 때문이다. 예비의 중지에 대하여 중지미수의 규정(형법 제26조)을 준용할 것인가에 관하여는 설이 대립한다. 그런데 형의 균형이 맞지 않는 한도 내에서 그 준용을 인정하는 것이 타당할 것이다.

ii) 음 모 죄

음모라 함은 2인 이상의 사이에 행하여지는 영업비밀 침해를 하기 위한 모의를 말한다. 음모는 동법에서와 같이 특별한 규정이 없는 한 처벌되지 않는다(형법 제28조). 음모한 후 영업비밀 침해의 착수에 이르면 이제는 음모행위는 독립해서 처벌의 대상이 되지 않는다. 왜냐하면 착수 후의 미수 내지 기수와 법조경합의 관계(보충관계)에 있기 때문이다. 또한 영미법상의 "콘스피러시"는 여기에서 말하는 음모와 구별되어야 한다. "콘스피러시"란 위법한 행위를 행하는 것 또한 본래 합법적인 행위를 위법한 방식으로 행하는 것에 관한 2인 이상의 합의가 있으면 외부적인 행위를 기다리지 않고 공동모의죄가 성립한다. 코먼로상의 경죄(미스디미너: misdemeanour)이다.

여기에서 "미스디미너"란 輕罪로서 위증, 폭행, 문서에 의한 명예훼손(라이벨), 공동모의 등이 그 예이다. 코먼로에서는 보통 벌금·금고의 양자 또는 그 중의 하나가 과하여 졌지만, 현재는 노역을 수반하는 일이 있다. 그러나 대부분의 경우에 법률에서 특별한 형이 정하여져 있다.

⑵ 侵害의 主體

기업의 현직 임원 또는 직원이나 퇴직 임원 또는 직원은 물론 이해관계자나 제3자 누구든지 영업비밀 침해행위의 주체가 된다(법 제18조 ① ②).

종전법에서는 영업비밀침해행위의 주체를 기업체의 임원 또는 직원이나 기업체의 임원 또는 직원이었던 자에 국한하고 있다. 입법정책적으로는 내부인이나 내부인이었던 자의 누설행위뿐만 아니라 외부인에 의한 일반적인 탐지행위까지도 형사처벌하는 것이 가능하겠지만 이 법에서는 외부인의 탐지행위는 형사처벌의 대상에서 제외하였다. 그 이유는 내부인이나 내부인이었던 자의 누설행위는 자기가 소속하고 있는 또는 있었던 기업에 대한 높은 도덕성을 가진 자의 배신행위라는 점에서 가벌성이 특히 높고 그 행위형태도 전형적인 경우가 대부분인 반면, 외부인의 탐지는 행위형태가 매우 다양하여 그 전부가 반윤리적이라고만 단정할 수는 없다. 뿐만 아니라 일반적인 탐지행위 모두를 처벌대상으로 할 경우 형사처벌의 범위가 너무 광범위해질 우려가 있기 때문이다. 따라서 침해행위의 주체를 기업의 임원 또는 직원이나 임원 또는 직원이었던 자라는 극히 제한적인 身分犯에 한정하여 형사처벌의 대상으로 하였다.[13)]

영업비밀보호법 신설당시의 법(1991. 12. 31. 법률 제4478호)에서는 현직자에 대해서만 행위주체로 규정하고 있었기 때문에 재직 중 기업의 생산기술에 관한 영업비밀을 빼놓았다가 퇴직 후에 제3자에게 누설하거나 또는 재직 중 확보해 놓은 생산기술에 관한 영업비밀을 퇴직하면서 가지고 나와 제3자에게 누설한 경우 이 법에 의한 처벌이 가능한가가 문제였고, 이 문제에 대해서는 가벌설과 불가벌설로 나누어지고 있었다.

1) 可 罰 說

법의 실효성 확보를 위하여 현직종업원의 신분으로서 부정한 이익을 얻을 목적을 가지고 영업비밀을 빼놓았거나 퇴직시에 가지고 나와 제3자에게 누설한다면 이는 가벌성이 있다고 보는 견해이다. 이와 같은 가벌성의 근거는 부정한 이익을 얻을 목적이나 퇴직 후에 누설할 계획 등이 현직신분에서 세워졌을 뿐만 아니라 퇴직 후에 누설할 수 있도록 재직시 관계영업비밀을 빼놓았거나 확보해 놓는 등 만반의 조치를 한 행위는 비록 현직신분에서 이루어지지 않고 퇴직신분에서 이루어졌다 하더라도 처벌할 수 있다고 보는 입장이다.

2) 不可罰說

법에 의한 형사처벌은 현직종업원의 신분으로 그 기업에 특유한 생산기

---

13) 외부인의 영업비밀침해행위는 다시 내부자와 공모한 탐지행위와 순수한 외부탐지행위로 나누어 볼 수 있는데,

① 내부자와 공모한 탐지행위에 대하여는 형법 제33조(공범과 신분)의 규정에 의하여 외부탐지자도 영업비밀누설죄의 공범으로 처벌할 수 있을 것이며,

② 순수한 외부탐지행위에 대하여는 탐지행위의 유형에 따라 절도죄, 주거침입죄, 공갈협박죄 등을 적용하여 처벌할 수 있을 것이다.

술정보를 제3자에게 누설한 경우에만 처벌할 수 있도록 규정하고 있기 때문에 아무리 현직에서 생산기술 정보를 빼두었거나 확보해 놓았다 하더라도 퇴직 후에 제3자에게 누설한 경우에는 이 법에 의한 처벌을 할 수 없다는 견해이다. 다만 형법에 의한 절도죄, 배임죄 등의 적용은 별개의 문제라고 보는 것이다. 이는 지나칠 정도로 신분에만 무게를 둔 해석이라는 비판을 받고 있다. 그러나 개정법(1998. 12. 31. 법률 제5621호)에서는 퇴직자도 가벌대상으로 포함시키고, 더욱이 2003. 12. 31. 개정법에서는 누구든지 침해주체가 될 수 있도록 제3자에게까지 가벌대상을 확대함으로써 이러한 논쟁은 해소되었다.

(3) 侵害의 客體

보호의 대상이 되는 침해의 객체는 기업에 유용한 모든 영업비밀이다. 즉, 공연히 알려져 있지 아니하고 독립된 경제적 가치를 가진 것으로서 상당한 노력에 의하여 비밀로 유지된 생산 방법, 판매방법 기타 영업활동에 유용한 기술상 또는 경영상의 정보이다. 종전법에서의 침해의 객체는 이와 같은 모든 영업비밀이 아니라 "그 기업에 유용한 기술상의 영업비밀"에 국한하고 있었다. 그 이유는 판매방법 기타 경영상의 영업비밀까지를 모두 형사처벌의 보호객체로 하게 될 경우 그 비밀성 여부가 모호한 경우가 많고, 영업비밀의 범위가 너무 광범위하게 되어 형사처벌의 범위가 지나치게 확대될 우려가 있기 때문이다. 여기에서 "기업에 유용한 기술상의 영업비밀"이라 함은 당해 기업이 비밀로 취급하고 있는 물건의 제조·가공·조립 등 생산활동에 유익하고 도움이 되는 방법이나 수단과 같은 정보를 의미한다. 따라서 판매방법이나 기타 경영상의 정보는 여기에서 제외되었다.

(4) 侵害의 態樣

부정한 이익을 얻거나 기업에 손해를 가할 목적으로 침해를 하여야 하는 이른바 목적범이어야 하고 외국에서 사용하거나 사용될 것임을 알고 제3자에게 누설하거나 기업에 유용한 영업비밀을 취득·사용하거나 제3자에의 누설로 영업비밀 침해행위가 이루어진다. 종전법에서는 형사처벌대상이 되는 침해행위의 태양은 외부인의 탐지행위를 제외하고 기업내부인이나 기업퇴직자의 누설에 국한하였다.

(5) 刑　　量

1) 다음에 해당하는 자는 10년 이하의 징역 또는 그 재산상 이득액의 2배 이상 10배 이하에 상당하는 벌금에 처한다(법 제18조 제1항).

부정한 이익을 얻거나 기업에 손해를 입힐 목적으로 그 기업에 유용한 영업비밀을 외국에서 사용하거나 외국에서 사용될 것임을 알면서 제3자에게 누설한 자

2) 다음에 해당하는 자는 5년 이하의 징역 또는 그 재산상 이득액의 2배 이상 10배 이하에 상당하는 벌금에 처한다(동조 제2항).

부정한 이익을 얻거나 기업에 손해를 입힐 목적으로 그 기업에 유용한 영업비밀을 취득·사용하거나 제3자에게 누설한 자

(6) 違法性 阻却事由

이 법에서는 "부정한 이익을 얻거나 그 기업에 손해를 입힐 목적으로"라는 제한을 두고 있다. 따라서 직무상 또는 공익상 공개한 경우, 즉 생산기술에 관한 라이선스계약의 성사를 위해 교섭과정에서의 관계자료 제공, 공익목적만을 위한 보도자료의 제공 등의 경우는 비록 그 행위가 객관적으로 영업비밀의 취득, 사용, 누설에 해당한다고 인정되더라도 위법성은 조각되므로 형사처벌이 되지 아니한다.

(7) 親 告 罪

종전법에서의 처벌은 그 처벌의 가능성 여부를 영업비밀보유자의 고소유무에 의존케 하는 친고죄로 하여 양 당사자가 영업비밀침해여부에 관한 다툼을 민사적으로 해결하여 형사적 처벌을 바라지 않는 경우 형사소추를 할 수 없도록 하였다. 그러나 종전법에서의 이러한 친고죄 조항을 개정법에서는 영업비밀의 강력한 보호를 위하여 이를 삭제하고 사법기관의 인지는 물론 이해관계자를 포함한 제3자 누구든지 제소할 수 있도록 하였다.

(8) 併　　科

영업비밀침해행위에 대한 처벌은 징역형과 벌금형을 병과할 수 있다(법 제18조 제4항). 이와 같이 하나의 죄, 즉 하나의 영업비밀 침해죄에 동시에 둘 이상의 형에 처하는 일, 동법과 같이 자유형과 벌금형을 아울러 과하

는 것을 병과라 한다.

(9) 양벌규정

양벌규정을 쌍벌규정이라고도 한다. 법인의 대표자, 대리인, 사용인 그 밖의 종업원이 법인의 업무에 관하여 또는 개인의 대리인, 사용인, 그 밖의 종업원이 그 개인의 업무에 관하여 각각 부정한 목적(부정한 이익을 얻거나 기업에 손해를 입힐 목적)으로 그 기업에 유용한 영업비밀을 외국에서 사용하거나 외국에서 사용될 것임을 알면서 제3자에게 누설하거나(법 제18조 제1항) 그 기업에 유용한 영업비밀을 취득·사용하거나 제3자에게 누설한 때에는(동조 제2항) 그 행위자를 벌할 뿐만 아니라 그 법인 또는 그 개인에게도 그 재산상 이득액의 2배 이상 10배 이하에 상당하는 벌금형을 과한다(개정전법 제19조 제1, 2항). 그러나 이러한 개정전 양벌규정은 전술한 "제3장 제3절 Ⅱ. 4.양벌규정"에서 살펴본 바와 같이 문언상 영업주가 종업원 등에 대한 관리·감독상 주의의무를 다하였는지 여부에 관계없이 영업주를 처벌하도록 하고 있어 책임주의원칙에 위배될 소지가 있으므로 영업주가 종업원 등에 대한 관리·감독상 주의의무를 다한 경우에는 처벌을 면하게 함으로써 양벌규정에도 책임주의원칙이 적용되도록 하는 것이 타당하다고 보아 이를 수용, 채택하였다. 즉 개정법(2008. 12. 26. 법률 제9225호)은 법인의 대표자나 법인 또는 개인의 대리인, 사용인 그 밖의 종업원이 그 법인 또는 개인의 업무에 관하여 위 같은 법 제18조 제1항, 제2항의 어느 하나에 해당하는 위반행위를 하면 그 행위자를 벌하는 외에 그 법인 또는 개인에게도 위 같은 조항의 벌금을 과하되 다만, 법인 또는 개인이 그 위반행위를 방지하기 위하여 해당 업무에 관하여 상당한 주의와 감독을 게을리하지 아니한 경우에는 예외적으로 그러하지 아니하다고 규정하고 있다(법 제19조). 양벌규정은 주로 경제통제법의 진전에 따라 채택된 규정이며(예: 전기사업법 제107조, 산업표준화법 제43조, 유통산업발전법 제51조 등) 최근에는 일반행정상의 단속입법에서도 많이 채용되고 있다(예: 자동차관리법 제83조, 도로교통법 제159조, 공중위생관리법 제21조, 식품위생법 제79조, 총포·도검·화약류 등 단속법 제76조, 대부업의 등록 및 금융이용자보호에 관한 법률 제20조, 폐기물관리법 제

67조 등).

(10) 告訴期間 및 公訴時效期間

종래법에서는 영업비밀침해죄에 대한 공소는 피해자의 고소가 있어야 하는 친고죄이었으므로 형사소송법 제230조(친고죄의 고소기간)의 규정에 의하여 원칙적으로 영업비밀보유자가 그 침해자를 알게 된 날로부터 6월을 경과하면 고소하지 못한다. 또한 형사소송법 제249조(공소시효기간) 제1항 제4~5호의 규정에 의하여 영업비밀침해행위가 있은 날로부터 5~10년이 경과하면 공소시효가 완성되어 검찰이 공소를 제기할 수 없었다.

그러나 개정법에서는 친고죄를 폐지하고 영업비밀침해에 대한 고소기간 및 공소시효기간에 대해서도 특별히 규정하고 있지 않다. 그렇다고 형사소송법상의 고소기간 및 공소시효기간을 그대로 준용할 수도 없다. 왜냐하면 영업비밀은 그 특성상 영업비밀의 관리노력에 의해 비공지의 비밀성, 기술상·경영상의 유용성이 보지되어 독립된 경제적 보호가치가 유지되기 때문에 영업비밀에 재산성이 있는 한 이것이 공개되어 비밀정보성이 상실될 때까지는 고소 및 공소시효에 일정기간 없이 언제든지 누구나가 고소할 수 있고, 검찰도 공소시효에 구애받지 않고 공소할 수 있도록 하기 위함이다.

## 2. 刑法에 의한 刑事處罰

형법상 영업비밀과 관련한 형사처벌은 절도죄가 6년 이하의 징역, 특수절도죄 1년 이상 10년 이하의 징역, 업무상 횡령과 배임죄 10년 이하의 징역에 처하는 외에 횡령죄, 배임죄, 배임수뢰죄로 각 5년 이하의 징역에 처하도록 규정하고 있다.

## 3. 商法에 의한 刑事處罰

회사의 발기인, 업무집행사원, 이사, 감사 기타의 임원이 그 임무에 위배한 행위로 재산상의 이익을 취득하거나 제3자로 하여금 이를 취득하게 하여 회사에 손해를 가할 때에는 상법상의 특별배임죄가 적용되어 10년 이하의 징역 또는 3000만원 이하의 벌금에 처한다.

# 제5장 善意者에 관한 特例

## 1. 意　　義

거래에 의하여 영업비밀을 정당하게 취득한 자가 그 거래에 의하여 허용된 범위에서 그 영업비밀을 사용하거나 공개하는 행위에 대하여는 금지청구권 등(법 제10조)이나 손해배상책임(제11조), 신용회복조치(제12조) 등의 법적 구제수단이 적용되지 않는다(법 제13조 제1항). 이와 같이 선의자를 보호하는 것은 영업비밀보호제도에서는 영업비밀보유자의 비밀관리의 전제하에서 보호되고 있고, 공시제도도 없기 때문에 제3의 선의의 취득자에게는 대항할 수 없도록 하여 영업비밀보유자와 선의의 제3자와의 관계의 조화를 도모하기 위하여 통상의 거래로 상당한 대가를 지불하고 취득한 영업비밀과 이와 같이 정당한 거래를 통해 얻은 선의의 취득자는 보호되어야 한다는 취지이다. 그렇게 되어야만 거래의 안정도 충분히 확보되어 안심하고 노하우의 거래를 할 수 있기 때문이다.

## 2. 善意者保護要件

1) 영업비밀이 부정하게 공개된 사실 또는 영업비밀의 부정취득행위나 부정공개행위가 개입된 사실이 있을 것.

2) 취득당사자가 1)과 같은 부정행위에 의한 것인 줄 중대한 과실 없이 알지 못할 것(善意, 無重過失).

3) 취득이 계약, 대가지불 등 정상적인 거래에 의해 정당하게 이루어질 것.

4) 취득 후 피해자로부터 선의의 취득자에게 내용증명우편 등에 의한

경고장이나 통지(예: 귀하가 보유하고 있는 영업비밀은 나로부터 훔친 것이므로 금후 사용·공개해서는 안 된다) 등이 있어야 한다.

5) 피해자의 경고에 의하여 악의자(알았다는 의미)가 되어도 취득시의 거래행위(계약, 대가지불 등)에 의하여 허용된 범위 안에서만 그 영업비밀을 사용하거나 공개할 것. 만약 계약내용을 확대운영하거나 계약에 없는 행위를 할 경우는 이 법 제2조 제3호 다목, 바목의 규정에 의한 침해행위가 구성되어 이 법에 의한 선의의 취득자로 보호받을 수 없게 된다.

### 3. 去來에 의하여 영업비밀을 正當하게 取得한 자

영업비밀을 정당하게 취득한 자란 영업비밀을 취득한 후에 그 영업비밀에 대하여 부정취득행위가 개입된 사실을 알거나 중대한 과실로 알지 못하고 그 영업비밀을 사용하거나 공개하는 행위 또는 영업비밀을 취득한 후에 그 영업비밀이 계약 등에 따라 영업비밀을 비밀로서 유지하여야 할 의무가 있는 자가 부정한 이익을 얻거나 그 영업비밀의 보유자에게 손해를 입힐 목적으로 그 영업비밀을 사용하거나 공개하는 행위에서 영업비밀을 취득할 당시에 그 영업비밀이 부정하게 공개된 사실 또는 영업비밀의 부정취득행위나 부정공개행위가 개입된 사실을 중대한 과실 없이 알지 못하고 그 영업비밀을 취득한 자를 말한다(법 제13조 제2항).

### 4. 去來에 의하여 허용된 범위 안에서 使用하거나 公開하는 행위

이 법에서 '거래'라 함은 거래당사자의 구두에 의한 것이든 서면에 의한 것이든 묻지 않는다. 그러나 대개의 경우는 서면에 의한 계약으로 이루어지고 있다. 예를 들면 매매계약, 라이선스계약, 위탁생산계약, 위탁판매계약, 실험·연구용역계약, 위탁교육·훈련계약, 위탁경영계약 등을 들 수 있을 것이다. 이와 같은 계약 등은 일반적으로 거래내용과 이행조건 등을 담고 있는 것이 통례이다. 즉, 라이선스계약에 의한 실시권허여의 경우 그 대상이 되는 생산기술, 판매방법, 기타 영업상의 노하우와 실시료 및 그 지급방법, 실시기간, 생산규모, 판매지역, 계약기간 만료 후의 사용에 관한 사항,

비밀유지의무 등을 명시하고 있고, 이러한 사항 등이 준수되지 않을 경우 등을 대비하여 보통은 해약, 손해배상 등에 관한 명문을 두고 있다.

이와 같은 라이선스계약에 의하여 영업비밀의 실시권을 허여받은 자가 그 계약에서 허용하고 있는 범위를 넘어 실시기간이 3년인데도 불구하고 5년을 계속 실시한다든가, 제3자에게 사용권을 설정한다든가, 비밀유지의무를 위반하여 경쟁사나 제3자에게 공개하는 등의 행위는 계약이라는 거래행위로서 형성된 권원의 범위를 일탈한 행위가 될 것이다.

### 5. 重大한 過失 없이 알지 못하고

'중대한 과실'이란 거래에 있어서 평균적으로 요구되는 통상의 주의의무를 다하면 쉽게 부정행위의 개입이 판명되는데도 불구하고 그 의무를 현저하게 태만히 함으로써 판명하지 못한 경우 등을 말한다. 예를 들면 신원미상의 브로커로부터 유난히 싼 값으로 가치 있는 정보가 입수된 때에는 일단 의심해 보는 것이 당연하며, 이를 아무런 주의도 조사도 하지 않고 취득하는 것은 중대한 과실로 인정될 수 있을 것이다.

# 제6장 時　效

## 제1절 總　說

법 제10조 제1항에 따라 영업비밀침해행위의 금지 또는 예방을 청구할 수 있는 권리는 영업비밀침해행위가 계속되는 경우에 영업비밀보유자가 그 침해행위에 의하여 영업상의 이익이 침해되거나 침해될 우려가 있다는 사실 및 침해행위자를 안 날부터 3년간 행사하지 아니하면 시효로 소멸한다. 그 침해행위가 시작된 날부터 10년이 지난 때에도 또한 같다(법 제14조).

영업비밀보유자가 침해행위금지 또는 예방청구권을 오랫동안 행사하지 않고 있음에도 불구하고 그러한 권리를 기간제한 없이 무제한 계속적으로 인정하는 것은 훗날 침해행위와 관련한 사업활동의 금지청구를 통하여 거래관계에 커다란 영향을 줄 우려가 있다. 따라서,

1) 영업비밀침해에 관한 법률관계는 조기에 안정되는 것이 사회적으로 바람직하다는 점

2) 침해행위가 장기간 계속되는 것을 그대로 방치하고 있는 영업비밀보유자는 소위 '권리 위에 잠자는 자'로서 법적 보호를 받을 필요성이 감소된다는 점 등을 고려하여 영업비밀침해행위의 금지 또는 예방청구권에 대한 소멸시효규정을 둔 것이다. 따라서 영업비밀의 부정사용이 장기간 계속될 경우에는 사회관계, 법률관계의 안정을 위해 금지청구권 등이 시효로 소멸하게 된다.

예를 들면 영업비밀을 사용하여 생산·판매나 연구개발활동 등이 장기

간 계속되고 있는 경우에는 그 사용행위로 인한 사업활동이 활발히 전개되고 있으므로 이 단계에서 금지청구권의 행사를 인정하는 것은 사업활동의 정지를 가져와 고용·금융·거래관계 등에 현저한 영향을 미치게 된다. 그러기 때문에 영업비밀사용행위가 일정기간 경과된 때에는 그 행위로 인하여 새롭게 형성된 법률관계의 안정적 유지를 위하여 시효의 필요성이 강조되고 있는 것이다.

따라서 영업비밀보유자는 항상 비밀관리의 노력을 다하지 않으면 그의 보호요건을 잃는다는 특수성을 가지고 있다. 이 법에서도 이러한 보유자의 노력을 전제로 하여 침해행위로부터 보호한다고 하는 목적을 가지고 있다. 이와 같은 관점에서 오랫동안 침해행위를 방치하고 있는 보유자에 대해서는 법적 보호를 해 줄 필요가 감소하게 되는 것이다. 따라서 영업비밀에 대한 금지청구의 행사는 종래의 부정경쟁행위와 달리 새로이 일정기간의 경과와 함께 그 행사를 제한할 필요가 높아지지만, 다른 한편으로는 민법의 일반불법행위에 대한 손해배상청구권의 소멸시효규정(민법 제766조)을 해석이론상 당연히 적용할 수 있다고 생각하는 것이 곤란하기 때문에 이 법에 시효규정을 둔 것이다.[1)2)]

---

1) 금지청구권의 소멸시효에 대하여

일반적으로 청구권의 소멸시효에 대해서는 특별법에 특칙을 두지 않는 한 민법총칙(민법 제162조 제1항)이 적용된다. 그러나 물권(특허권·저작권·상표권 등을 포함)에 대한 금지청구권에 대해서는 물권이 존속하는 한 부단히 발생하는 것이라고 이해된다(물권 자체가 소멸하면 금지청구권도 소멸한다). 또한 그 이외의 금지청구권〔상법 제20조(회사상호의 부당사용의 금지), 제23조(주체를 오인시킬 상호의 사용금지), 제278조(유한 책임사원의 업무집행, 회사대표의 금지), 제402조(유지청구권)〕 등에 대해서도 침해행위가 현재 발생하고 있거나 발생할 우려가 있는 경우에 따라 정해진 것으로 소멸시효의 특칙은 없다. 또한 민법 제162조 제1항을 적용한 사례도 지금까지는 없는 것 같다. 종전의 부정경쟁방지법 제4조의 중지청구권에 대해서도 시효의 특칙은 없고, 소멸시효의 적용여부를 다룬 사례도 없다. 그렇기 때문에 해석상 민법상의 소멸시효규정이 당연히 적용된다고 생각하기는 곤란하다 할 것이다.

2) 금지청구권의 소멸시효에 관해서는 지금까지 우리 나라에는 실정법상 명기된 것이 없으며, 이 법이 최초의 규정이 된다고 생각된다. 한편 독일의 부정경쟁방지법 제21조에서는 단기 6개월 장기 3년의 소멸시효규정을, 미국 통일 트레이드 시크리트법에서는 3년의 제소기간 제한규정을 두고 있다. 일본의 부정경쟁방지법 제8조에서는 영업비밀보유자가 부

먼저 예방청구권에 대하여 생각해 보면 예방청구권과 같은 부작위채권의 소멸시효는 부작위의무위반시부터 진행하지만[3] 예방단계에 있어서는 상대방의 부작위의무위반이 없기 때문에 그 소멸시효 등의 적용여지는 없다고 생각된다.

금지청구권에 대해서도 영업비밀의 취득행위나 공개행위에 대해서는 처음부터 1회적인 취득·공개행위이어서 행위 자체의 계속성이 없기 때문에 금지를 생각할 여지가 없다. 또한 계속적·반복적인 취득·공개행위에 대해서도 행위 자체는 연속적·반복적이며, 그러한 면에서 행위의 정지를 생각할 여지가 있지만 행위의 객체는 각 행위마다에 별개의 일로서 특정이 가능한 이상 전체를 하나의 행위로 보는 것은 타당하지 않으며, 개별의 1회적 행위가 연속되고 있는 것(1개의 행위에 대하여 1개의 청구권이 성립한다)이라고 생각하는 것이 적절하다 할 것이다(상식적으로 생각해도 3년간 도청하면 그 후 자유롭게 도청할 수 있도록 하는 것은 너무나 불합리하다).[4]

이에 대하여 영업비밀의 계속적 사용의 경우에는 실제로 사회관계, 법률관계 등의 조기안정의 필요가 전술한 바와 같이 극히 높은데다가 사실상태의 일정기간 계속이라는 시효의 요건도 충족시키는 것이기 때문에 소멸시효 등의 적용이 가능하다.

---

정행위의 사실 및 그 행위를 하는 자를 알았던 때로부터 3년간 이를 행사하지 않을 때 또는 부정행위를 개시한 때로부터 10년을 경과한 때에는 시효로 인하여 소멸하는 규정을 두고 있다.

3) 我妻 榮, 「民法總則」, p.488.

4) 공개행위에 대해서는 장기간 영업비밀을 사용·보지하고 있던 자에 대하여 취득시효적인 사고에서 그 공개행위에 대한 금지청구권에 소멸시효 등의 적용을 인정한다고 하는 입법론도 있을 수 있으나 공개행위는 원래의 보유자에 있어서 손해의 재확대라는 측면을 가지고 있기 때문에 이것에 대해서는 적용대상이 되지 않는다.

## 제 2 절 3年의 消滅時效(제14조 전단)

### 1. 法的 性格

이 조 전단은 영업비밀침해행위의 금지 등을 청구할 수 있는 권리의 소멸시효에 관해서 규정하고 있고, 소멸시효의 소급효, 중단사유 등은 민법 제167조 이하에서 규정하고 있는 소멸시효제도를 그대로 적용하고 있다. 이는 부정경쟁방지법이 민법의 특별법이기 때문에 이 법에서 규정하고 있지 아니한 사항에 대해서는 일반법인 민법의 규정에 따라야 한다. 즉, 부정경쟁방지법상의 영업비밀침해행위는 민법 제750조의 규정에 의한 불법행위의 일종이므로 여기에서 규정하고 있지 아니한 사항은 부정경쟁방지법의 일반법인 민법의 적용을 받아야 하기 때문이다.

### 2. 要 件

#### (1) 3년간 계속사용

이 법 제2조 제3호 각목에서 규정하고 있는 '영업비밀사용행위'란 구체적으로 동조 동호 각목에서 규정하고 있는 침해행위 중 사용행위를 말한다.

또한 다목 및 바목의 사후적 악의자의 사용행위는 당연히 악의·중과실로 된 후의 사용행위로 된다. 소멸시효기간에 대해서는 민법이 불법행위에 의한 손해배상청구권으로 '손해 및 가해자를 안 날로부터 3년간'의 단기소멸시효기간을 두고 있는 것과 같이(민법 제766조) 부정경쟁방지법의 영업비밀침해행위에 대한 금지청구권에 대해서도 "영업상의 이익이 침해되거나 침해될 우려가 있다는 사실 및 침해행위자를 안 날부터 3년간"이라는 단기소멸시효기간을 두고 있다. 그러나 최근 급속한 기술혁신과 보유자의 과보호라는 관점에서 소멸시효 3년간은 너무 길고, 종전법에서와 같이 1년의 단기소멸시효로 한 것이 타당하다고 판단된다.

또한 '침해행위가 계속되는 경우'를 요건으로 한 것은 사용을 정지하고 있는 상태에서는 보유자도 금지청구권을 행사할 기대가능성이 적고 이 기간을 시효기간에 산입하는 것은 보유자로서는 가혹하게 된 것을 고려한 것이다. 따라서 사용이 중단된 경우에도 보유자가 금지의 필요가 없다고 생각할 정도의 장기간의 중단이 있을 경우에는 재개 후에 보유자가 그 사실을 안 때로부터 3년간이라고 생각해야 할 것이다. 반대로 사용행위의 중단이 단기간에 멈춰질 경우에는 시효기간은 계속적으로 진행한다고 생각하여야 할 것이다.

(2) 起 算 點

소멸시효의 기산점은 '침해행위에 의하여 영업상의 이익이 침해되거나 침해될 우려가 있다는 사실 및 침해행위자를 안 날로부터'이다. '침해행위의 존재' 및 그 '침해행위자'를 안 때란 민법 제766조에 있어서의 해석과 같이 불법행위 및 그 행위자 쌍방을 특정가능한 정도로 알아 금지청구권을 행사할 수 있도록 된 때로부터 시효기간이 진행하는 것을 의미한다. 이 '침해행위의 존재'란 구체적으로는 제2조 제3호의 각목에 규정하고 있는 침해행위 가운데 사용행위에 해당하는 사실의 존재이다. 따라서 그 사용행위에 의하여 보유자에게 영업상의 손해가 생기는 것까지는 인식할 필요가 없다고 본다.

## 제 3 절　10年의 除斥期間(제14조 후단)

1. 法的 性格

이 조 후단은 민법상 불법행위로 인한 손해배상청구권이 그 불법행위를 한 날부터 10년을 경과한 때 시효로 인하여 소멸한다는 민법 제766조 제2항의 규정과 같이 영업비밀침해행위가 시작된 날부터 10년을 경과한 때 시효로 소멸한다고 규정하고 있다. 여기에서의 소멸시효란 기산점이 고정적인 영업비밀침해행위가 시작된 시점에 역점을 두고 권리관계를 확정시킨

점 등에서 기본적으로 제척기간에 해당한다고 볼 수 있다.

## 2. 要　　件

### (1) 10년간 계속사용

영업비밀 침해행위가 시작된 날부터 10년이 경과한 때 시효로 소멸한다. 그러나 독일 등 외국의 단기제척기간, 급속한 기술혁신, 과보호 등을 고려하여 종전법에서와 같은 3년이 단기제척기간으로 한 것이 타당하다고 판단된다.

### (2) 起 算 點

'그 침해행위가 시작된 날부터'란 제2조 제3호의 각목에 규정한 부정행위 중 사용행위가 시작된 때를 말한다. 구체적으로는 부정취득후 사용이 시작된 때(가목), 부정취득·부정공개행위 등이 개입된 사실을 악의·중과실로 알지 못하고 취득한 후 사용이 시작된 때(나목·마목), 계약관계 등에 의하여 보유자로부터 알게 된 영업비밀을 부정한 목적으로 사용하기 시작한 때(라목), 사후적 악의자에 대해서는 악의·중과실로 전화된 후 사용이 시작된 때(다목·바목)이다.

## 3. 기간 경과 후의 침해행위자의 권한

10년의 제척기간이 경과한 때에는 당해 사용행위에 대한 금지청구는 제척기간의 경과에 의하여 각하되며, 그 반사적 효과로서 침해행위자는 사용을 계속할 수 있게 된다. 그러나 당해 침해행위자의 권한은 그 상태에서 그치고 제3자에게 공개하는 등 새로운 변경(확장)을 가져오는 행위는 침해행위로 되어 금지 등의 대상이 된다.

# 제7장 補　　則

이 법 제15조에서 규정하고 있는 다른 법률과의 관계에 관한 사항은 제1편 제4장에서 이미 설명하였기 때문에 이를 참조하고 여기에서는 생략한다.

# 제8장 營業秘密의 管理

## 제1절 總　說

이 장의 영업비밀의 관리는 이 법 제2조 제2호의 규정에 의한 영업비밀의 정의 중 영업비밀은 영업비밀보유자의 '상당한 노력에 의하여 비밀로 유지된' 정보이어야 한다는 것, 즉 비밀유지성(비밀성)과 관련하여 검토한 것으로서 이는 영업비밀의 공개 또는 사용에 의하여 경제적 가치를 얻을 수 있는 자에게 통상적인 수단에 의해서는 용이하게 입수할 수 없을 정도로 비밀유지를 위해 당해 상황하에서 합리적인 노력이 필요하다는 의미에서의 비밀유지성이다. 이는 영업비밀침해행위의 방지를 위하여 노력하되 나의 영업비밀이라고 주장할 수 있을 정도의 '객관적 관리'에 중점을 둠으로써 보호적 가치의 지표가 되는 것이다. 이하에서 비밀성을 유지하기 위한 영업비밀의 관리에 관해서 설명하고자 한다.

최근 정보의 무기화 시대를 맞아 정보개발경쟁이 치열해지고 있고 그 결과 새로운 정보가 물밀듯 쏟아져 나오고 있다. 이러한 정보를 어떤 보호제도에 의해 관리하는 것이 효율적인가에 대해서 기업은 상당한 어려움을 겪고 있는 것 같다. 즉, 보유한 정보를 기존의 지적재산권인 특허권, 실용신안권, 디자인권, 상표권, 저작권 또는 부정경쟁방지법으로 보호하고 있는 영업상의 이익으로 보호할 것인가 아니면 신지적재산인 영업비밀이나 컴퓨터 프로그램, 데이터 베이스 또는 반도체 집적회로 설계로 보호할 것인가의 문제이다. 이와 같은 문제는 각 기업의 경영전략과 정보의 성질, 업종의 특성 및 기업문화 등에 알맞은 관리전략에 따라 결정하는 방향으로 해결해야 할 것이다. 참고로 영업비밀의 특징을 살펴보면

1) 그 정보가 자연법칙을 이용한 기술적 사상의 창작으로서 산업의 이용성, 신규성, 진보성이 있는 발명 또는 고안으로 특허 · 등록의 요건은 되지만 공개하고 싶지 않은 때

2) 특허 · 등록은 받고 싶으나 강도계산의 운용방법, 화학제품의 미묘한 조합, 온도 · 성분에 관한 기술적 노하우, 설계도, 실험데이터(실패한 실험데이터 포함), 원가산정서, 고객의 명부, 판매 매뉴얼, 시장정보 및 영업전략 등과 같은 정보와 같이 위 1)의 특허 · 등록요건이 되지 않은 때

3) 당해 정보를 특허제도에서와 같이 발명부분만을 권리로 받고 싶지 않고, 그 발명을 포함한 관련부분 일체에 대해서 보다 광범위하고 포괄적으로 보호받고 싶은 때

4) 당해 정보를 특허권과 같이 일정기간(특허권의 존속기간: 특허권의 설정 등록이 있는 날부터 특허출원일 후 20년이 되는 날까지)만 독점 · 배타권을 갖는 것보다는 코카콜라의 향 내는 비법(130여 년이 넘도록 공개되지 않고 있음)과 같이 영구독점하고 싶은 때

5) 비교적 침해여부가 명확하거나 모방이 용이하지 않는 화학적 방법에 의해 제조되는 물질의 발명이나 미생물의 배양방법 등과 같은 분야(소프트웨어 분야)는 특허제도에 의해서 보호하는 편이 나을 것이나 비교적 침해여부가 명확하지 않고 또 모방이 용이한 기계 등과 같은 분야(하드웨어 분야)에 대해서는 영업비밀보호제도에 의해서 보호하는 편이 더 나을 것이다.

6) 당해 정보의 수명주기가 거의 반영구적이라고 판단될 때에는 영업비밀로 보호하는 것이 정보의 성질상 또는 영업전략상 유리하다고 본다.

이와 같은 특징을 고려하여 분류한 영업비밀의 보호는 먼저 영업비밀 관리체제를 확립하는 일이 중요하고, 그 다음이 영업비밀을 생산, 이용, 관리하고 있는 자와 이와는 전혀 관련이 없는 자 등 사람을 중심으로 한 인적 관리와 보유하고 있는 영업비밀 자체를 중심으로 한 정보관리, 이와 관련한 사무관리 및 장소관리 등을 철저히 하여야 한다.

## 제 2 절 營業秘密管理體制의 構築

영업비밀을 안전하고 효율적으로 보호하기 위해서는 보다 체계적이고 조직적인 관리기반의 구축과 관리체계의 확립이 무엇보다도 중요하다. 따라서 사업활동에 필요한 영업상의 비밀정보와 관련되는 모든 인원, 부서, 정보자료, 자재, 시설, 통신, 장소 등을 경쟁기업 또는 비밀취급 비인가자로부터 보호하기 위하여 정보관련 제반사항을 규율할 수 있는 영업비밀관리규정[예시]을 제정하고 이를 책임운용할 영업비밀관리업무 전담부서를 설치하여 영업비밀의 분류, 보관, 관리 및 영업비밀취급자의 인가 또는 해제, 영업비밀관리위원회의 구성, 운영 등 영업비밀관리 전반에 관한 일상업무를 전담하도록 한다. 또한 영업비밀관리제도의 연구발전, 영업비밀관리에 관한 기본지침의 수립, 영업비밀관리에 관한 주요규정 등의 제정, 개정 및 승인, 영업비밀대상업무 및 그 분류기준의 설정, 영업비밀보호기간 및 그 보호방법, 영업비밀등급기준의 책정, 영업비밀관리를 부, 과, 계 단위로 분산관리할 것인가 중앙집중관리할 것인가에 관한 관리방법의 결정 등 영업비밀관리에 관한 기본적인 사항을 심의, 확정하기 위하여 (가칭) 영업비밀관리위원회를 구성하여 운영한다.

또한 영업비밀관리에 관한 책임과 한계를 분명히 하기 위하여 영업비밀을 직접 관리하는 부서의 담당자와 직상급자를 영업비밀취급자로 인가 또는 지정하되 최소한의 인원으로 제한한다. 인가 또는 지정받은 비밀취급자가 영업비밀관리를 태만히 하거나 고의 또는 과실로 영업비밀을 누출하거나 영업비밀취급이 불필요하게 된 때에는 영업비밀취급인가 또는 지정을 해제한다.

# 제 3 절 人的 管理

영업비밀은 내부인에 의한 누설과 외부인에 의한 탐지로부터 보호하여야 한다. 따라서 관리대상이 되는 사람은 영업비밀과 관련된 위치에 있는 자와 이와는 전혀 관련이 없는 위치에 있는 자 모두가 관리의 대상이 된다.

## Ⅰ. 企業 內部人 등에 의한 漏泄 등의 防止

영업비밀은 주로 기업 내부인에 의하여 누설되므로 영업비밀과 관련한 종업원과 거래관계자 등에 의한 누설 등을 방지하기 위한 관리를 철저히 하여야 할 것이다. 여기에서 종업원이라 하면 취업규칙에 의해 기업과 고용계약이나 사원계약관계에 있는 정규사원(임원 또는 직원)뿐만 아니라 시간제 근로자, 아르바이트사원, 계약사원, 촉탁사원, 출장사원, 파견사원 기타 청부계약 등에 의한 특수근로자까지를 포함한다. 또한 거래관계자라 하면 업무와 관련된 관세부서 등 기관, 단체(협회, 조합 등) 및 자회사(계열회사, 방계회사), 용역회사, 하도급회사 등의 수탁회사나 제휴회사 기타 협력관계에 있는 업체, 변호사, 변리사, 공인회계사, 세무사, 고문, 자문 기타 조력자는 물론 거래처에 있는 모든 자를 말한다.

### 1. 從業員에 대한 철저한 관리

최근에는 종사자 중에서도 이사급 이상의 임원인 관리층 내지는 경영층에 의한 유출이 상당히 증가하고 있으므로 이들에 대한 철저한 관리가 요망되고 있다. 즉, 이사급 이상의 임원이 실질적으로 회사의 모든 정보를 장악하고 있을 뿐만 아니라 총회 또는 이사회에서 신임을 바탕으로 하여 선출되었기 때문에 일반적으로 직원에 비해 철저하게 관리하지는 않고 있다. 따라서 우리 기업은 이들에 의한 영업비밀누출 등은 생각조차 할 수 없을 정도로 관대하며 비교적 관리를 철저히 하고 있는 직원에 비해 의외로 영업비밀의 유출이 많다. 그러므로 이들에 대해서도 직원에 대한 관리에 준하여 철저히 관리함으로써 임원들에 의한 영업비밀의 유출을 막아야 할 것이다.

비단 임원급에 의한 유출의 증가뿐만 아니라 전반적으로 사람에 의한 영업비밀의 유출이 급격히 늘어나고 있어 기업간의 분쟁은 물론 국제통상마찰까지도 야기시키는 사례가 빈발하다. 따라서 '사람 중심의 관리'가 우선되고, 그 중에서도 종업원에 의한 유출을 방지하기 위한 관리가 중요하다. 그러므로 이들에 대한 관리를 채용전, 채용시, 채용 후, 퇴직시, 전직시 등으로 나누어 살펴보기로 한다.

1) 채용전 면접을 통해 인성, 직업관, 정직, 신의, 성실과 같은 윤리관 등을 종합적으로 점검하여 기업문화에 적합한 인재의 발굴·채용에 참고한다.

2) 채용시 영업비밀유지에 관한 서약서나 계약서를 특별히 작성한다. 채용시의 영업비밀유지계약은 근로기준법에 의해 상시 10인 이상의 근로자를 사용하는 사업장에서 사용자가 취업조건 등을 정하고 있는 취업규칙 안에 영업비밀유지에 관한 특별규정을 직접 두거나 취업규칙에서 영업비밀관리규정에 위임하여 이 규정에서 따로 정하여 이를 근거로 서약서를 징구하거나 계약을 체결한다. 그 외에도 근로기준법에 의한 사원계약 형식으로 체결할 수 있다. 그러나 10인 미만의 영세기업에서도 이와 같은 취업규칙이나 이에 의한 영업비밀관리규정 등을 만들어 종업원의 의무를 명시해야 하고, 이를 근거로 종업원과 영업비밀유지계약을 체결하여야 한다. 영업비밀유지계약에는 종업원의 비밀유지의무의 조항을 구체적으로 명시하는 것이 매우 중요하므로 사용자는 특별히 유념할 필요가 있다.

3) 채용 후 현직종업원의 고용기간 중 경업금지의무를 취업규칙이나 취업규칙에 근거한 영업비밀관리규정에 정하여 운용한다. 예를 들면 종업원이 재직 중 경쟁회사나 경쟁관계에 있는 단체의 임원 또는 직원이 되거나 경쟁업을 목적으로 한 업무에 종사하고자 할 때에는 회사의 사전승낙을 받

지 않으면 안 된다는 내용의 조항을 둔다. 그러나 아무리 취업규칙이나 영업비밀관리규정 등에 의한 영업비밀유지계약 등을 철저히 체결하였다 하더라도 인간관계를 바탕으로 한 노무관리, 즉 회사의 만족관리가 원활하지 않을 때에는 명실상부한 영업비밀의 보호를 기대하기란 어려울 것이다.

따라서 회사에 대한 충성심 등 사내윤리의 확립과 종업원의 도덕심 함양, 사내 불만·불안요소의 해소를 위한 공정한 인사와 충분한 보수의 지급, 미래에 대한 청사진의 제시, 기타 긍지와 성취욕 등을 가지고 일할 수 있는 분위기의 조성 등 정신적·물질적으로 보람과 풍요함을 가질 수 있도록 하는 사기앙양의 노무관리가 바람직하다.

그 밖에도 인적 관리를 위해 빼놓을 수 없는 것이 교육이다. 즉, 신입사원은 물론 재직자에게도 영업비밀관리규정 등에 대한 직무교육을 실시하여 고용기간 중에는 물론 퇴직 후에도 일정기간 영업비밀보호의무를 준수하여야 한다는 기본인식을 갖도록 영업비밀관리에 대한 교육을 실시한다.

4) 퇴직시에는 퇴직의사를 밝힌 종업원에게 재직시 취득한 영업비밀의 명세를 제시하고 이에 대한 비밀유지의무가 있음을 고지한다. 또한 퇴직 후 일정기간 재직시 취득한 영업비밀의 사용 또는 공개금지규정을 취업규칙이나 취업규칙에 근거한 영업비밀관리규정에 정하여 이에 의한 경업금지의무를 약정한다. 이러한 퇴직자와의 경업금지에 관한 약정은 자칫 퇴직자의 직업선택의 자유를 제한할 우려가 있으므로 다음과 같은 내용에 의할 필요가 있다.

반드시 서면에 의해야 하며, 계약의 일부로 체결하여야 하고, 유효한 대가에 의해야 한다. 제한이 부과되는 기간, 지역은 한정하되 합리적이어야 하고, 제한을 가하는 직종의 범위는 세분화하여 한정하며, 사항적인 제한도 근무 중 직무와 관련하여 알게 된 비밀이라고 한정하여야 한다. 그리고 그 계약은 양 당사자에게 공평해야 하고, 공공의 복리에 위배되어서는 아니 된다. 여기에서 유효한 대가라 함은 경업금지라고 하는 경제활동의 제한조치에 의해서 받은 제약에 대한 보상적 성격과 경업금지기간 동안의 비밀유지에 대한 대가적 성격을 함께 가지고 있는 것으로 해석되는데, 예를 들면 명예수당 또는 기밀수당 등의 지급을 들 수 있을 것이다. 또한 제한장소라 함은 영업비밀보유자의 영업활동구역 내로 해석된다.

이와 같은 퇴직자와의 경업금지계약의 체결이 퇴직종업원의 거부로 이루어지지 않았을 경우가 문제이다. 이 때 사용자는 먼저 퇴직종업원의 거부 이유를 충분히 파악하여 이를 해소하는 등 합의도출에 최선을 다하고, 그래도 끝내 거부한 때에는 퇴직종업원의 서명날인란에 '서명날인거부'라고 쓰고 거부일자, 거부사유 등을 명시한 동 계약서를 내용증명우편으로 발송한다. 만약 수취 거부로 회송되어 오거나 주소, 거소 기타 우송할 장소의 변경 등으로 송달할 수 없을 때에는 서명을 거부한 계약서 등 관계서류를 보관하고 그 사유를 주요 일간신문에 공고하여 2주일이 경과하면 그 효력이 생긴 것으로 처리할 수 밖에 없고(민사소송법에 의한 공시송달의 요건, 방법, 효력발생시기 등 규정 유추), 훗날 그 퇴직종업원에 의하여 영업비밀이 부정하게 사용되거나 공개되어 사법상의 분쟁이 야기되었을 때에는 서명날인을 거부한 이 계약서도 비밀유지노력에 관한 중요한 입증자료가 될 수 있을 것이다.

5) 전직시에는 재직시 취득했던 영업비밀을 사용하거나 공개하지 않겠다는 서약서 등을 징구함은 물론 전직종업원에 의해 회사의 영업비밀이 사용되거나 공개되지 않도록 그 전직회사에 전직종업원이 알고 있는 우리 회사의 영업비밀과 동일 또한 유사한 분야의 직종에 임명하지 않도록 주의통지문을 발송한다. 이는 전직자나 전직자를 통한 전직회사의 영업비밀침해를 방지하려는 영업비밀관리의 일환으로 행한 영업비밀 유지노력으로서 훗날 침해시 입증자료가 된다.

### 2. 거래관계자 등에 대한 철저한 관리

관계기관, 단체(협회, 조합 등), 용역회사, 하도급업체 등에 영업비밀에 관한 비밀자료 등 영업비밀과 관련된 정보를 제공할 때에는 영업비밀표시는 물론 이를 이용하는 담당자에게 영업비밀준수 동의서를 작성케 하여 서명토록 하는 조치를 취하면 유사시 법적 효과 이외에도 심리적으로 비밀관리에 유리한 여건을 조성할 수 있을 것이다.

1) 거래 전에 영업비밀유지에 관한 서약서 혹은 각서 등을 징구한다.

2) 거래시에는 영업비밀유지에 관한 특별약정을 해야 한다. 즉, 계약기간 동안은 전속계약으로 경쟁사업금지를 의무화한다.

3) 거래 후는 일정기간 영업비밀보유자의 영업권내에서는 영업비밀과 관련된 업종을 스스로 경영하거나 타인의 경영에 참여할 수 없도록 하는 내용의 계약을 체결한다.

## Ⅱ. 企業 外部人 등에 의한 探知 등의 防止

영업비밀은 기업 내부인 등에 의한 유출뿐만 아니라 기업 외부인 등에 의해서도 탐지되므로 공장견학, 공장시찰, 기타 방문객과 산업스파이 등 제3자에 대한 관리 또한 철저히 하여야 한다.

### 1. 訪問者 등에 대한 철저한 관리

1) 방문 전에 공식, 비공식 방문을 불문하고 반드시 방문목적, 방문일시, 방문할 장소, 방문자 인적사항 등을 기재한 서류를 제출토록 하여 점검한다.

2) 방문시에는 방문 전에 제출한 명단과 대조하고 방문시 지득한 영업비밀은 회사의 승낙 없이 사용하거나 공개하지 않는다는 영업비밀유지에 관한 서약서나 각서를 징구한다. 또한 방문시 카메라, 녹음기 등 휴대품의 소지를 제한하고 필요할 경우 금속탐지기에 의한 몸수색을 한다.

### 2. 산업스파이 등에 대한 철저한 관리

이상과 같은 공식 또는 비공식 방문객 등에 대한 관리 이외에 산업스파이 등 영업비밀탐지를 목적으로 접근한 자를 색출하기 위해서 공장 등 주요시설에 카드 시스템에 의한 점검은 물론 24시간 감시할 수 있는 비디오 장치의 설치 등 감시시스템을 구축하여 탐지자의 영상을 카메라에 잡아 차단하고 경비체제도 아울러 강화한다.

### Ⅲ. 企業 內部人과 外部人과의 共同流出防止

최근 기업 내부인의 단독유출보다 외부인과의 공모에 의한 공동유출이 더 많아지고 있는 추세이다. 이와 같은 형태의 증가추세는 정보를 사려고 하는 자가 많아지므로 팔려고 하는 자가 많아지고 또한 팔려고 하는 자가 많아지므로 사려고 하는 자가 많아지기 때문이다. 따라서 팔려고 하는 기업 내부인에 대한 관리를 철저히 함으로써 외부인과의 공모의 여지를 원천적으로 봉쇄해야 한다.

## 제 4 절 情報資料의 管理

회사는 자체적으로 생산하거나 거래에 의하여 보유하게 된 정보를 영업비밀로 분류하기 전에 먼저 다음과 같은 사항을 고려하여 선정하는 것이 중요하다. 영업비밀로 보호하고자 하는 정보가 공연히 알려져 있지 않았는지를 확인한 다음, 영업비밀로서 보호할 만한 가치가 있는가를 판단하고, 영업비밀로 보호하기 위한 제반준비태세가 갖추어져 있는지를 점검해 본다. 또한 당해 정보의 개발에 어느 정도의 비용과 노력이 투입되었는지를 고려하면서 비밀로 유지되었을 때의 가치가 공개되었을 때의 가치보다 큰가를 비교형량해 보고 영업비밀로 보호하는 것이 유리하다고 판단되는 경우 영업비밀로 선택한다.

이상과 같은 착안에 따라 영업비밀로 분류된 정보는 일반정보와 분리하여 별도 관리하되 그 중요도에 따라 Ⅰ급 영업비밀, Ⅱ급 영업비밀, Ⅲ급 영업비밀, 사외비 영업비밀, 사내비 영업비밀 등으로 등급을 책정하고, 그 활용가치에 따라 5년, 3년, 2년, 1년, 6월 등으로 보호기간을 설정한다. 여기에서 Ⅰ급 영업비밀이란 누설되었을 경우 회사의 존립이 위태롭게 되는 등의 우려가 있는 정보를, Ⅱ급 영업비밀이란 누설되었을 경우 영업활동에 막대한 지장을 초래할 우려가 있는 정보를, Ⅲ급 영업비밀이란 누설되었을 경우 영업활동에 손해를 끼칠 우려가 있는 정보를, 사외비 영업비밀이란 누설되었을 경우 경쟁업체에 유리하게 되는 정보를, 사내비 영업비밀이란 누설되었을 경우 영업비밀 비인가자가 유리하게 되는 정보를 말한다.

이와 같이 분류한 영업비밀은 영업비밀취급자 또는 관리자에게 경고하고 영업비밀취급 비인가자의 접근을 방지하기 위하여 분류와 동시에 등급에 따라 구분된 표시를 하고, 금고나 이중자물쇠 등 특수 안전장치가 되어 있는 용기나 시설에 보관한다. 영업비밀을 직무상 종업원이나 영업상 거래관계자 등에게 제공할 때에는 반드시 영업비밀이라는 것을 고지하여야 한다. 영업비밀은 꼭 필요한 사람에 한해서 접근을 허용하고 꼭 필요한 양만을 생산하여 공급하되 가능한 한 회수하여 관리하거나 자료 없는 회의 등을 운영하는 방식을 강구하며, 비밀취급자도 필요최소인원으로 한정하는 등 영업비밀에의 접근을 최소화한다. 또한 영업비밀의 유통현황을 항상 파악하고 열람, 복사, 대출 등을 통제하기 위하여 관리번호를 부여하고, 영업비밀관리기록부, 영업비밀열람기록전 및 영업비밀대출부 등을 비치하여 기록·정리한다.

이와 같은 관리실태를 정기 또는 수시로 점검하여 영업비밀의 유출을 예방하고 나타난 미비점과 문제점을 보완·개선하기 위하여 영업비밀관리실태에 대한 점검체제를 확립한다. 가능한 한 영업비밀에 관한 노사간의 협의는 물론 사업방침 내지는 계획을 수립, 시행하는 것도 중요한 관리 중의 하나가 될 수 있을 것이다.

다음으로 통신시설과 컴퓨터의 관리이다. 통신시설의 이용은 가급적 암호를 사용하고 컴퓨터의 관리도 영업비밀을 관리하는 상급자가 컴퓨터에 관하여 일정수준 이상의 지식을 갖춤으로써 전문직에 의한 비밀누설을 방지한다.

컴퓨터 파일의 접근은 패스워드만이 가능하도록 하고, 통제함은 물론 수시변경을 통하여 비밀파일에의 접근을 엄격히 제한한다. 또 지금까지의 도청, 도난의 위험이 많았던 본사와 해외지사 간에 전화, 팩스, 항공우편 등을 통한 정보교류를 앞으로는 인터넷을 이용하여 각종 전자우편 및 파일전송과 함께 컴퓨터를 통한 방대한 양의 데이터 베이스나 프로그램 등을 안전하게 활용할 수 있도록 하는 방안도 검토하여야 할 것이다. 그러나 최근 컴퓨터 해커들에 의해 컴퓨터 전산망이 해킹되고 있는 실정이어서 이에 대한 대책도 강구해야 할 것이다.

그 방안으로는

첫째, 컴퓨터 통신망시설의 이용은 반드시 암호를 사용하되 여러 가지의 암호를 두고 수시로 바꿔 사용하며, 사용자에 대한 별도의 로깅파일(사용자일지)을 남겨 수시로 검사하고, 대형컴퓨터의 시스템에 접속한 사용자명(ID)과 사용시간, 어떤 작업을 했는지 작업명과 작업내용을 구체적으로 기록해 두는 등 사용자명과 사용내용, 비밀번호의 보안을 철저히 한다.

둘째, 교환장치를 이용한 보안이나 선진국의 첨단 보안장치를 사용하는 등의 시스템 보안장치에 각별한 주의를 기울인다.

셋째, 자료의 성격에 따라 일반정보와 비밀정보를 분류하여 이에 따라 시스템 접근을 제한하는 관리체계를 마련한다.

넷째, 컴퓨터 보안에 대한 중요성을 인식하고 이에 대처해 나갈 수 있는 전문인력을 양성하는 방안 등을 생각해 볼 수 있을 것이다.

이상과 같은 정보통신망에 수록된 정보자료에 관한 업계의 보안대책뿐만 아니라 정부에서도 산업기밀유출방지를 위한 기반구축을 위해 컴퓨터 보안장치의 의무화와 해커범죄를 처벌할 수 있는 법률의 제정, 현재 GDP의 2% 정도에 머물고 있는 기술투자규모의 확대 및 기업이 필요로 하는 기술을 언제 어디서나 손쉽게 들여와 사용할 수 있도록 하는 등의 법적·제도적 장치의 마련이 함께 이루어져야 할 것이다.

이와 같이 컴퓨터 해킹방지는 어느 특정 개인이나 기업, 정부만의 일이 아니라 개인, 기업, 정부가 다 함께 총력전 체제로 대응해 나아갈 때 비로소 성과를 거둘 수 있을 것이다.

## 제 5 절 場所 管理

영업비밀이 보관되어 있는 곳이나 보호를 요하는 연구시설, 생산시설 등이 있는 곳에는 그 중요도에 따라 일정한 범위를 정하여 제한지역, 제한구역, 통제구역으로 나누어 보호구역을 설정하고 관계자 이외의 출입을 통제한다. 제한구역과 통제구역의 설정은 최소한의 범위로 정하고 비인가자 또는 외부인의 업무상 출입이 빈번한 구역을 피하여야 한다. 통제구역에는 관계자 이외의 출입을 통제하고 통제구역 출입자명부를 비치하여 출입자를 기록·보존하여야 함은 물론 필요한 때에는 영업비밀유지에 관한 각서 또는 서약서 등을 징구하여 보존하여야 한다.

여기에서 '제한지역'이라 함은 영업비밀의 보호를 위하여 울타리 또는 경비원에 의하여 일반인의 출입의 감시가 요구되는 지역을, '제한구역'이라 함은 영업비밀 또는 주요시설 및 자재에 대한 비인가자의 접근을 방지하기 위하여 그 출입에 안내가 요구되는 구역을, '통제구역'이라 함은 영업비밀 비인가자의 출입이 금지되는 극히 중요한 구역을 말한다.

## 제 6 절 그 밖의 管理

이상의 영업비밀관리방법 외에도 고충처리센터의 설치·운영, 영업비밀 신고제 및 보상제의 도입·운용, 영업비밀관리에 관한 직무교육의 활성화 및 영업비밀유출 등 사고에 대한 조치 등도 영업비밀관리의 간접적 방법이 될 수 있다.

### 1. 고충처리센터의 설치·운영

사원의 가정문제부터 개인의 신상문제까지 광범위하게 품고 있는 불만, 불평, 불안 등을 듣고 회사차원에서 해소방법을 모색해 줌으로써 회사에 대한 신뢰를 확인케 하여 직장에 대한 긍지와 보람, 희망을 가지고 회사에 충성을 할 수 있도록 하여 사내윤리를 확립해 나간다. 그 방법의 예로서 충분한 보수, 공정한 인사, 공개경영, 미래에 대한 청사진의 제시, 기타 후생복지의 지원 등을 들 수 있다.

### 2. 영업비밀 신고제 및 보상제의 도입·운용

사원이 직무수행과정에서 발견 또는 창출한 영업비밀은 회사에 신고하여 회사의 영업비밀로 관리될 수 있도록 하는 영업비밀신고제를 두어 운용한다. 신고된 영업비밀은 (가칭)영업비밀관리위원회의 심의를 거쳐 영업비밀관리기록부에 기입하고 이에 상응하는 보상금을 지급하는 제도도 아울러 마련하여 영업비밀의 엄격한 관리로 인해 위축되기 쉬운 사내 분위기를 일신하는 한편 영업비밀보호제도의 활발한 운용을 도모한다.

### 3. 영업비밀관리에 관한 교육실시

신입사원은 물론 재직자에게도 영업비밀관리규정 등에 대한 직무교육을 실시하여 영업비밀에 관한 관리방법을 철저히 주지시킴은 물론 퇴직 후에도 일정기간 지득하고 있는 영업비밀을 누설하여서는 안 된다는 기본인식을 갖도록 하여 영업비밀보호의 생활화를 몸에 익히도록 한다.

### 4. 영업비밀유출 등 사고에 대한 조치방법

영업비밀의 누설, 영업비밀자료의 분실, 보호시설 및 장치의 파괴, 보호구역 내의 불법침입 등의 사고가 발생하였을 때에는 영업비밀관리책임자, 영업비밀관리전담부서 및 영업비밀관리위원회 등에 즉시 보고하여 필요한 조치를 취하여야 한다.

예를 들면 사내 조치는 물론 변호사나 영업비밀분야 전문가 등에 의한 법적 구제나 조력 등을 고려할 수 있을 것이다.

### 5. 소극적 관리방법

이상과 같은 영업비밀보호에 관한 적극적인 관리방법도 중요하지만 타사로부터 영업비밀침해라는 이유로 제소를 당하지 않도록 하는 다음과 같은 소극적인 관리도 게을리해서는 안될 것이다.

1) 타사에서 근무했던 경력사원을 채용할 때에는 전직회사에서 취득한 영업비밀은 정당한 이유 없이는 사용하지 않는다는 서약서나 각서 등을 징구하여 보존한다.

2) 최근 늘어나고 있는 신상품, 뉴비지니스 등에 관한 아이디어의 우편물은 반드시 개봉, 심사, 채택하기 전에 제공자에게 우리 회사는 아무런 책임도 없다는 의사를 분명히 한 후에 적절히 조치하는 것이 좋을 것이다.

3) 제3자로부터 영업비밀의 취득을 제안받을 때에는 제안한 제3자가 그 영업비밀의 정당한 권리자인지를 확인한 후 그 권리에 하자가 없는 경우에 취득하여 분쟁의 소지를 미연에 방지하여야 할 것이다.

이상과 같은 관리방법 등에 의해 영업비밀을 보호받을 수 있는 부정경쟁방지법이 시행되고는 있으나 이는 영업비밀보호에 관한 기본적인 '룰(rule)'만을 정하고 있을 뿐 실제 이 제도의 운용은 산업계에서 종사하고 있는 사장, 임원, 직원들의 몫이다. 그러므로 우선 영업비밀의 법적 개념을 정확히 이해하고 법적 구제방법 등을 충분히 파악한 다음 위에서 소개한 관리방법을 중심으로 각자의 기업문화에 알맞은 최적관리모형을 개발하여 정착시켜 나아가는 것이 중요한 일이다. 그뿐만 아니라 주요 외국의 영업비밀보호제도와 그 관리실태는 물론 이와 관련한 사법제도와 관행도 정확히 이해하여 영업비밀의 국제분쟁에 적절히 대응해 나아갈 수 있도록 영업비밀의 관리능력과 법적분쟁 해결능력을 제고하는 일 또한 중요하다.

예를 들면 최근 한·미 기업간에 산업용 다이아몬드 제조기술침해 문제를 둘러싸고 미국법원에서 공방을 벌였던 우리 나라 I사와 미국 G사간의 5년여에 걸친 법정분쟁은 I사가 G사의 특수금형기술을 포함한 산업용 다이아몬드 생산기술을 도입함으로써 일단락되었다. 그러나 이번 사건에서의 미국법원의 판결은 미국에서뿐만 아니라 독일, 일본 등 선진국에서까지 좋은 사례로 소개되고 있고 우리에게도 많은 교훈을 준 대표적인 사례가 되고 있어 다음에서 이를 검토해 보는 것도 영업비밀에 관한 법적 제도의 운용능력이나 분쟁해결의 능력 등을 제고하는 데 매우 유익하다고 본다.

1984년 G사에서 퇴직한 중국계 과학자 S가 1988년에 이 회사의 산업용 다이아몬드 제조기술에 관한 영업비밀을 빼내어 한국의 I사에 팔아 넘겼고, I사는 이 기술에 의해 고급 산업용 다이아몬드를 생산하여 왔다고 주장하면서 그 근거로 I사는 G사가 막대한 비용을 들여 20년 걸려 개발한 동 기술을 불과 2년 만에 갖게 되었다는 점을 들어 1989년 10월 미국 보스턴 연방법원에 제소하였다. 동 법원은 1994년 1월 5일 이를 이유 있다고 받아들여 I사에게 "7년간 산업용 다이아몬드의 생산금지와 함께 I사가 G사의 영업비밀을 사용하기 위하여 설비한 산업용 다이아몬드 제조장비의 파괴 또는 G社에 반납을 명하는 판결"을 내렸다. 우리는 이 판결에서 다음과 같은 몇 가지의 아쉬웠던 점을 앞으로의 분쟁해결의 교훈으로 삼아야 할 것이다.

첫째, G사가 영업비밀이라고 주장한 산업용 다이아몬드 제조방법이 특허를 받을 수 있는 발명인가를 먼저 점검해 보아야 한다. 미국 연방특허법은 그 발명이 기술적 사상의 창작으로서 신규성, 산업의 이용성, 진보성 등의 특허요건을 갖추고 있을 때에는 그 발명의 성과를 일반 공중에게 널리 공개하여 중복연구를 피하고 보다 우수한 발명을 유도하여 국가산업의 발전을 꾀하고 있다. 그러므로 특허요건을 구비한 발명에 대하여 각 주의 영업비밀보호법에 의해 침해제소를 당했을 경우에는 주 영업비밀보호법의 적용을 배제시켜 그 발명과 관련된 업계뿐만 아니라 일반도 접근할 수 있는 길을 제공해야 한다는 점이다.

둘째, 퇴직자 S와 G사 간에는 어떠한 형태로든 비밀유지의무를 부과하는 경업금지계약 등이 체결되어 있어야 하고, 체결되어 있는 경우에도 반드시 아래와 같은 사항을 중심으로 점검해 보아야 한다.

① 그 계약의 내용에 비밀로 지켜야 할 영업비밀이 무엇인지 구체적으로 특정되어 있어야 하고, 만약 보호대상인 영업비밀이 구체적으로 특정되어 있지 않고 막연하게 기술되어 있을 때에는 영업비밀보호차원을 넘어 부당하게 직업선택의 자유 및 노동인구의 유동성을 제한할 우려와 독·과점의 사회적 폐해 등을 들어 법원이 동 계약의 효력을 인정하지 않도록 해야 한다는 점.

② 퇴직자의 전직제한 등 경업금지를 가하는 직종 및 지역적 범위와 그 기간은 합리적으로 정해져 있어야 한다는 점.

③ 퇴직자의 입장에서 생계유지를 위한 합법적인 노력을 방해해서는 안 된다는 점에서 과도한 제한이 아니어야 한다는 점.

뿐만 아니라 경업금지라는 경제활동의 제한조치라는 점에서 금지기간 동안의 제약에 대한 보상적 성격과 동 기간 내의 비밀유지에 대한 대가적 성격의 유효한 대가, 예를 들면 명예수당이나 기밀수당 등의 지불을 명시하고 있는지 점검해 보았어야 한다.

셋째, I사의 생산활동 금지기간 7년이 합리적으로 설정된 기간인지를 아래와 같은 사항을 중심으로 점검해 보았어야 한다.

① 생산활동 등의 금지기간은 I사가 산업용 다이아몬드 제조기술을 독자적으로 개발하는 데 소요되는 기간이나 영업비밀에 의하여 만들어진 상품을 분해하여 내재되어 있는 정보를 추출하여 제품화하는 데 소요되는 복제공법기간 또는 I사가 G사의 영업비밀을 가지고 경쟁상의 우위를 지킬 수 있는 선도기간(leading period)이 실질적으로 얼마나 될 것인가 등을 명백하고도 확실한 증거에 의해서 증명된 기간을 금지의 기간으로 명했어야 한다는 점.

② G사 등에 의한 산업용 다이아몬드의 독과점 생산이 산업에 끼치는 폐해 등을 고려했어야 한다는 점 등이다. 즉, 독점금지법 등에의 저촉여부를 보다 구체적이고 전문적으로 검토, 대응했어야 한다는 것이다.

이 외에도 영미법국가의 사법제도에서는 소송절차 초기에는 법원의 직접 개입 없이 당사자의 자유로운 증거조사절차를 수행하는 디스커버리(discovery) 절차가 상당기간 진행된다. 이 단계에서 유리한 증거의 확보여부가 재판의 승패를 좌우하게 되므로 디스커버리를 마친 사건은 거의 90% 정도가 공판개시 전 화해에 의하여 해결되고 있는 실정이다. 나머지 10% 정도가 재판에 의해서 해결되는데 제일 먼저 배심원을 선정하게 된다. 배심원은 법원소재지의 평범한 시민 중에서 선정한다. 선정된 배심원이 원고나 피고 어느 쪽에 편견이나 이해관계가 있을 때에는 기피신청을 할 수 있으므로 특히 외국인의 경우는 공정한 재판을 받기 위하여 이를 잘 활용하는 것이 매우 중요하다.

# 例示 營業秘密管理規程(案)

## 제1장 總 則

제1조(목적) 이 규정은 ○○○연구소(이하 "연구소"라 한다)의 취업규칙에 의하여 위임된 영업비밀관리에 관한 사항을 정하여 영업비밀의 적절한 보호와 효율적인 활용을 도모함을 목적으로 한다.

제2조(정의) 이 규정에서 사용하고 있는 용어의 정의는 다음과 같다.

① '영업비밀'이라 함은 연구소가 보유하고 있는 정보 중 공연히 알려져 있지 않고 비밀로 관리하고 있는 생산방법, 판매방법 기타 사업활동에 유용한 기술상 또는 영업상의 정보로서 비밀로 유지함으로써 정당한 경제적 가치를 얻을 수 있는 다음 각 호의 정보를 말한다.

〔예 시〕

1. 연구개발정보로서 연구개발계획, 연구개발전략 및 방법, 연구개발보고서, 연구개발일지, 실험데이터(실패한 실험데이터 포함), 연구성과 분석자료
2. 기술상의 정보로서 설계방법, 설계도면, 제조공정, 생산기술, 성분원료의 배합비, 강도계산의 운용방법
3. 상업상의 정보로서 고객의 리스트, 거래선의 루트, 가격산정자료, 판매매뉴얼, 제품의 할인시스템, 시장관리기법
4. 기타 경영상의 정보로서 기초조사자료, 연구결과에 대한 경제성 검토자료, 비공개사업계획, 설비투자계획, 선전·광고의 비법, 신제품의 생산 및 판매계획, 인사·조직 및 재무관리 비법

② '총괄부서'라 함은 연구소의 영업비밀을 총괄하고 각실의 영업비밀관리에 대한 지도, 감독업무를 수행하는 연구관리부 특허정보과를 말한다.

③ '전담부서'라 함은 영업비밀을 직접 생산하거나 도입 등으로 보유하게 된 영업

비밀을 관리하고 있는 각실의 영업비밀 담당부서를 말한다.

④ '영업비밀관리책임자'라 함은 연구관리부장 및 각실의 실장을 말한다.

⑤ '종업원'이라 함은 취업규칙에 의해 연구소와 사원계약관계에 있는 정규사원(임원, 직원)뿐만 아니라 시간제 근로자, 아르바이트사원, 계약사원, 촉탁사원, 출장사원, 파견사원, 기타 청부계약 등에 의한 특수근로자까지를 포함한다.

⑥ '거래관계자'라 함은 자회사, 하도급회사 등 수탁회사나 제휴회사는 물론 거래선에 있는 모든 협력관계의 업체 변호사, 변리사, 공인회계사, 고문, 자문, 기타 조력자와 퇴직종업원을 말한다.

⑦ '영업비밀의 보유'라 함은 연구소가 자체 생산한 영업비밀뿐만 아니라 타사와의 합작이나 이전, 사용권 획득 등 외부로부터의 도입에 의해 보유하게된 일체의 영업비밀을 말한다.

제3조(적용범위) 이 규정은 연구소의 영업비밀을 알고 있거나 알게될 위치에 있는 다음 각호의 자(법인포함)에게 적용한다.

1. 연구소에 근무하고 있는 임원 또는 직원이나 임원 또는 직원이었던 자
2. 연구소의 경영에 직접 또는 간접으로 관여하고 있는 고문, 자문, 기타 조력
3. 경업금지기간 내의 퇴직종업원
4. 연구소와 협력관계에 있는 감독기관의 공무원, 관련단체 임원 및 직원
5. 연구소와 동업관계에 있거나 또는 거래관계에 있는 용역회사, 시설관리업체, 하청업체, 납품업체 기타 협력업체 등의 그 소속 임원 및 직원
6. 연구소의 견학·시찰단, 기타 방문객
7. 연구발표회의 참석자
8. 시제품 또는 신상품(신작품) 발표회의 참석관련외부인
9. 영업비밀관련 전시회 참관자
10. 영업비밀관련회의 참석자
11. 기타 연구소와의 업무관계로 인하여 영업비밀을 알고 있거나 알게될 위치에 있는 자

제4조(보호대상) 이 규정은 연구소가 보유하고 있는 다음 각호의 정보를 그 보호대상으로 한다.

1. 영업비밀 그 자체
2. 영업비밀이 화체되어 있거나 담겨져 있는 물체 및 물건(예시: 서류, 도면, 복사물, 자기테이프, 디스크, 자재, 생산품, 기타 물건)

3. 영업비밀의 자재, 생산품, 기타 물질
4. 영업비밀의 생산시설 및 장비
5. 영업비밀의 매개체(통신시설 포함)
6. 영업비밀 및 그 보호시설의 설치구역
7. 기타 영업비밀과 관련한 산업정보

**제5조(영업비밀의 귀속)** 연구소의 인원 또는 직원 등이 연구개발한 영업비밀은 연구소의 귀속으로 한다. 다만 근무시간 외에 직무와 관계 없는 분야에서 또는 직무와 관련이 있는 분야라 할지라도 그 종업원이 일반적인 지식, 전직에서 얻은 경험, 기술 등을 통해 창출한 영업비밀에 대해서는 특별히 약정이 있을 때에는 그 약정에 따르고 없을 때에는 당해 종업원의 귀속으로 한다.

**제6조(신원조사)** ① 영업비밀의 관리를 위하여 연구소에 대한 충성심, 성실성 및 신뢰성을 조사하기 위하여 신원조사를 할 수 있다.

② 신원조사의 대상이 되는 자는 다음 각호와 같다.

1. 채용예정자
2. 영업비밀취급인가 예정자
3. 기타 연구소장이 영업비밀관리상 필요하다고 인정한 자

**제7조(다른 규정과의 관계)** 이 규정에서의 영업비밀보호규정은 취업규칙, 제안규정 등 다른 규정에서 정하고 있는 영업비밀보호규정에 우선하여 적용한다. 다만, 이 규정에서 영업비밀보호규정이 없는 때에는 그 규정의 영업비밀보호규정에 따른다.

## 제2장 營業秘密의 管理體制

**제8조(영업비밀관리위원회의 구성 등)** ① 영업비밀의 합리적이고도 체계적인 관리를 위하여 연구소 안에 영업비밀관리위원회(이하 '위원회'라 한다)를 구성하여 운영한다.

② 위원회는 위원장을 포함하여 6명 내지 8명의 위원과 간사 1인을 둔다. 위원장은 연구소 부소장으로 하고 위원은 연구관리부장, 영업비밀과 관련이 많은 연구실장 3명 내지 5명, 변호사 1명, 영업비밀분야 전문가 1명으로 하되 위원장이 연구소장의 승인을 받아 임명하고, 연구관리부장은 당연직 위원이 된다. 간사는 총괄부서의 장인 특허정보과장이 된다.

③ 위원장은 위원회를 소집하여 회의를 주재하고 회무를 통괄한다. 간사는 위원장

의 명을 받아 위원회의 업무를 담당한다.

④ 위원회는 다음 각호의 기능을 관장한다.

1. 영업비밀관리제도의 연구, 발전
2. 영업비밀관리에 관한 기본방향의 설정 및 주요지침의 수립
3. 영업비밀관리규정안 등의 심의, 결정
4. 영업비밀분류기준의 설정
5. 영업비밀의 등급 책정 및 보호기간 설정기준의 마련
6. 영업비밀관리방법의 결정
7. 기타 영업비밀관리에 필요한 사항

⑤ 위원회의 개회정족수는 재적위원 3분의 2 이상의 출석으로 한다.

⑥ 위원회의 의결정족수는 출석위원 과반수의 찬성으로 하고 가부동수일 때에는 위원장이 결정한다.

제9조(총괄부서) 연구소의 영업비밀을 체계적으로 관리하기 위하여 연구소장 밑에 영업비밀 총괄부서를 두어 다음 각호의 기능을 관장토록 한다.

1. 영업비밀관리규정의 제정・개정(안)의 작성
2. 영업비밀관리에 관한 기본계획의 수립
3. 전담부서 등의 영업비밀관리업무에 대한 지도, 감독
4. 영업비밀관련회의의 주관
5. 이 규정에 의한 영업비밀관리업무의 기본적인 사항
6. 기타 영업비밀의 체계적인 관리와 총괄에 관한 사항

제10조(전담부서) 소속실 소관 영업비밀을 담당하기 위하여 각 실에 전담부서를 두어 다음 각 호의 기능을 관장토록 한다.

1. 영업비밀관리에 관한 세부운영계획의 수립 및 시행
2. 소속 직원의 신고 및 타사로부터 접수한 산업정보의 영업비밀 성립여부에 관한 심사 및 심사보고서의 작성
3. 이 규정에 의한 영업비밀관리업무의 수행
4. 기타 영업비밀관리에 필요한 사항

## 제3장 營業秘密의 取扱 등

제11조(영업비밀취급자의 인가) ① 영업비밀관리의 책임과 한계를 분명히 하기 위

하여 해당 등급별로 영업비밀취급자를 인가하여야 한다.

② 영업비밀취급인가를 받은 자는 인가와 동시에 별지 제1호 서식에 의한 서약을 하여야 한다.

③ 영업비밀취급인가를 받은 자에게는 별지 제2호 서식에 의한 영업비밀취급인가증을 교부하여야 한다.

제12조(영업비밀취급인가권자) ① Ⅰ급 영업비밀취급인가권자는 연구소장이 된다.

② Ⅱ급・Ⅲ급 영업비밀취급인가권자는 다음과 같다.

1. 연구소장
2. 연구소장의 위임을 받은 연구관리부장

③ 소외 영업비밀 및 소내 영업비밀취급인가권자는 다음과 같다.

1. 연구관리부장
2. 각 실장

④ 영업비밀취급인가권이 있는 직위에 있는 자는 영업비밀의 수집, 작성, 관리, 분류(재분류를 포함한다. 이하 같다) 및 수발, 기타 영업비밀취급 등에 관한 사항을 수행한다.

⑤ 인가에 관한 임명절차는 인사담당부서인 관리과가 담당한다.

제13조(영업비밀취급인가의 제한) ① 영업비밀취급인가권자는 업무 및 직책상 해당 등급의 영업비밀을 항상 사무적으로 취급하는 자에 한하여 영업비밀취급을 인가하여야 한다.

② 영업비밀취급인가권자는 소속 직원의 인사기록카드에 기록된 영업비밀취급의 인가 및 해제사유와 임용시의 신원조사회보서에 의하여 새로 신원조사를 행하지 아니하고 영업비밀취급을 인가할 수 있다. 다만 Ⅰ급 영업비밀취급을 인가할 때에는 새로이 신원조사를 실시할 수 있다.

③ 신원조사결과 유해로운 정보가 있음이 확인된 자에 대하여는 영업비밀취급을 인가할 수 없다.

④ 영업비밀취급인가가 해제된 자는 영업비밀을 취급하는 직책으로부터 해임되어야 한다.

제14조(영업비밀의 취급) ① 영업비밀의 취급은 해당 등급의 영업비밀취급인가를 받은 자나 상위등급의 영업비밀취급인가를 받은 자가 취급한다.

② 다음의 자는 Ⅰ급에서 소내비까지의 영업비밀취급인가를 받은 것으로 본다.

1. 연구소장을 포함한 전 임원

2. 연구관리부장
3. 각 실장
4. 연구원

제15조(영업비밀취급의 한계) 영업비밀의 취급은 해당 등급의 인가범위 내에서 그 등급과 관계되는 업무의 범위 내에서만 취급할 수 있다. 다만 연구소장의 허가를 받은 때에는 그러하지 아니하다.

제16조(영업비밀취급인가의 해제) ① 영업비밀취급인가를 받은 자가 다음 각호의 1에 해당하는 경우에는 그 취급의 인가를 해제하여야 한다.

1. 고의 또는 중대한 과실로 영업비밀이 누출되었거나 이 규정에 위반하여 영업비밀관리업무에 지장을 초래한 때
2. 영업비밀취급이 불필요하게 된 때

② 영업비밀취급의 인가해제와 인가등급의 변경은 문서로써 하여야 하며, 직원의 인사기록사항에 이를 기록하여야 한다.

③ 제1항의 규정에 의하여 인가를 해제할 때에는 기히 교부한 영업비밀취급인가증을 회수하여야 한다.

## 제4장 營業秘密의 分類 등

제17조(영업비밀분류의 원칙) ① 영업비밀은 적절히 보호할 수 있는 최저등급으로 분류하되 과대하게 분류하여서는 안 된다.

② 영업비밀은 그 자체의 내용과 가치의 정도에 따라 분류하여야 하며 다른 영업비밀과 관련시켜 분류하여서는 안 된다.

③ 관련사(단체, 기관 등)로부터 접수한 영업비밀은 그 발행사 등이 필요로 하는 정도로 보호할 수 있도록 분류하여야 한다.

제18조(영업비밀의 분류권 등) ① 영업비밀의 취급인가를 받은 자는 인가받은 영업비밀 및 그 이하 등급 영업비밀의 분류권을 가진다.

② 동등 이상의 영업비밀취급인가를 받은 자로서 직속 상급직위에 있는 자는 그 하위직위에 있는 자가 분류한 등급을 조정할 수 있다.

③ 영업비밀을 생산 또는 관리하는 자는 그 영업비밀을 분류 또는 재분류할 책임이 있다.

제19조(영업비밀의 분류대상) ① 연구소가 자체생산한 산업정보나 타사로부터 제

공받은 산업정보는 이를 일반정보와 영업비밀정보로 분류한다. 다만 타사로부터 제공된 산업정보가 영업비밀에 해당되는 정보일 때에는 제공한 회사가 책정한 영업비밀등급이나 보호기간을 그대로 존중하여 유지함을 원칙으로 한다.

② 영업비밀로 분류된 정보는 그 중요도에 따라 다음 각호와 같이 등급을 책정한다.

1. 당해 영업비밀이 누설되었을 경우 연구소의 존립이 위태롭게 되는 등의 우려가 있는 비밀정보는 Ⅰ급 영업비밀로 한다.
2. 당해 영업비밀이 누설되었을 경우 연구소의 경영활동에 막대한 지장을 초래할 우려가 있는 비밀정보는 Ⅱ급 영업비밀로 한다.
3. 당해 영업비밀이 누설되었을 경우 연구소의 경영활동에 손해를 끼칠우려가 있는 비밀정보는 Ⅲ급 영업비밀로 한다.
4. 당해 영업비밀이 누설되었을 경우 경쟁사가 유리하게 되는 비밀정보는 소외 영업비밀로 한다.
5. 당해 영업비밀이 누설되었을 경우 영업비밀 비인가자 등이 유리하게 되는 비밀정보는 소내 영업비밀로 한다.

③ 영업비밀로 분류된 자료는 그 내용과 활용가치에 따라 다음 각호의 기준을 참고하여 보호기간을 설정하되 가능한 한 최단기간으로 한다.

1. 영　구
   가. 주주총회 또는 이사회 등의 심의를 거쳐 확정된 중요사업에 관한 자료 중 영구적으로 보호할 필요가 있는 자료
   나. 대규모의 투자가 소요되는 사업의 기본계획에 관한 자료와 그에 대한 추진실적 및 심사분석 등에 관한 자료
   다. 퇴직종업원과 체결한 경업금지계약서 등 자료
   라. 기타 연구소의 경영상 영구적으로 보호할 필요가 있는 Ⅰ급 영업비밀급에 해당하는 자료 등
2. 준 영 구
   가. 주주총회 또는 이사회 등의 심의를 거쳐 확정된 중요사업에 관한 자료 중 준영구적으로 보호할 필요가 있는 자료
   나. 주요사업이나 대규모사업의 계획수립을 위하여 작성한 중요 연구·검토자료
   다. 입사 및 재직종업원과의 영업비밀유지계약서, 경력사원 채용시 징구한 전직회사의 영업비밀 불사용 서약서 등 자료

라. 기타 영구적으로는 보호할 필요는 없으나 10년을 초과하여 보호할 필요가 있는 Ⅱ급 영업비밀급에 해당하는 자료 등

3. 10년

가. 일반사업에 관한 계획, 조사, 연구 및 그 결과보고서로서 6년 이상 10년 이하의 기간 동안 보호할 필요가 있는 자료

나. 영업비밀수발대장, 영업비밀열람기록전(철), 영업비밀대출부, 영업비밀영수증철, 영업비밀관리기록부 등 영업비밀보호에 관한 부철 등의 자료

다. 기타 연구소의 업무수행의 참고 또는 사실의 증명을 위하여 준영구 이상으로 보호할 필요는 없으나 6년 이상 보호할 필요가 있는 Ⅲ급 영업비밀급에 해당하는 자료 등

4. 5년

가. 사업비의 편성, 결산 및 회계관계 증빙자료

나. 기타 연구소의 업무수행의 참고 또는 사실의 증명을 위하여 4년 이상 5년 이하의 기간 동안 보호할 필요가 있는 소외 영업비밀급에 해당하는 자료 등

5. 3년

가. 단기적 사업계획에 관한 자료

나. 기타 연구소 업무의 참고 또는 사실의 증명을 위하여 2년 이상 3년 이하의 기간 동안 보존할 필요가 있는 소내 영업비 밀급에 해당하는 자료 등

6. 1년

가. 연구소의 단순업무에 관한 자료

나. 기타 2년 이상 보호할 필요가 없는 단순・경미한 내용의 자료

④ 제3항의 규정에 의한 영업비밀보호기간의 설정은 다음 각호의 사항을 참고할 수 있다.

1. 영업비밀의 정보적 가치
2. 연구・개발비 등 영업비밀보유에 소요된 투자규모
3. 연구・개발 소요기간
4. 창작의 난이도
5. 당해 영업비밀의 혁신속도와 수명주기
6. 기타 핵심이 되는 기초적 영업비밀인지 응용 영업비밀인지의 여부 등

제20조(예고문) ① 분류된 영업비밀에는 보호기간을 명시하기 위하여 영업비밀의 재분류일자 또는 어떠한 경우에 파기한다는 것을 영업비밀표지 하단 중앙부 적

당한 여백에 기재하여야 한다.

② 재분류시기를 예측할 수 없는 영업비밀은 통상 발행일로부터 1년 이내의 일자를 기재한다.

③ 예고문은 영업비밀이 문서(책자를 포함한다. 이하 같다)인 때에는 본문 말미여백에 기입한다. 영업비밀 자체에 기입할 수 없는 때에는 영업비밀 관리기록부에 기재하고 이를 발송할 때에는 송증 또는 영업비밀통고서 말미에 기입한다.

제21조(예고문의 변경요청) 영업비밀을 접수한 부서가 영업비밀의 예고문에 의한 재분류가 업무수행에 지장을 가져온다고 인정할 때에는 그 사유를 명시하여 발행부서에 예고문의 변경을 요청할 수 있다.

제22조(영업비밀의 재분류 등) ① 영업비밀은 그 효율적인 보호를 위하여 등급의 변경 또는 파기 등의 재분류를 실시한다.

② 영업비밀의 재분류는 그 영업비밀의 예고문 또는 발행자의 직권에 의하여 실시한다. 다만 다음 각호의 경우에는 예고문에 불구하고 이를 파기할 수 있다.

1. 긴급하거나 기타 부득이한 사정으로 영업비밀을 계속 보관하거나 안전하게 지출할 수 없을 때
2. 영업비밀의 효율적 유지를 위하여 예고문의 파기시기까지 계속 보관할 필요가 없을 때, 이 경우에는 당해 소속 영업비밀 취급인가권자의 사전승인을 얻어야 한다.
3. 관계사(단체, 기관 등)로부터 접수된 영업비밀 중 예고문이 없거나 기재된 예고문이 영업비밀관리상 부적당하다고 인정되는 것은 연구소장이 그 영업비밀을 최대한으로 보호할 수 있는 범위 안에서 재분류할 수 있다.

③ 영업비밀을 취급하는 자는 계속적으로 소관 영업비밀의 예고문에 의한 재분류 검토를 실시하여야 한다.

④ 영업비밀 원본에 대하여는 연 2회 6월말과 12월말에 의무적으로 그 내용에 의한 재분류 검토를 실시하여야 하며, 원본의 표면의 적당한 여백에 검토필 표시(검토필 일자, 서명, 날인)를 하여야 한다.

제23조(재분류요청 등) ① 영업비밀을 접수한 부서가 그 영업비밀을 검토한 결과 과도하게 분류되었다고 인정될 때에는 그 사유를 명시하여 발행기관에 대하여 재분류를 요청한다.

② 영업비밀의 발행부서가 불명하여 제1항의 요청을 할 수 없을 때에는 접수부서의 직권으로 재분류한다. 다만 1급 영업비밀의 재분류는 연구소장에게 요청하

여야 한다.

③ 타부서로부터 인수한 영업비밀 원본의 재분류권은 인수한 부서에게 있다.

제24조(재분류통고) ① 영업비밀을 발행한 부서가 그 영업비밀의 예고문에 명시한 일자의 도래 전에 발행자의 직권으로 재분류하였거나 예고문을 변경하였을 때에는 그 영업비밀이 배포된 모든 부서에 이를 통고하여야 한다.

② 동일한 계통의 전담부서 또는 총괄부서는 각각 각실 또는 전담 부서로부터 접수한 영업비밀이 과도하게 분류되었다고 인정되는 때에는 발행부서의 의사에 불구하고 재분류할 수 있다. 다만 재분류하였을 때에는 이를 발행부서에 통고하여야 한다.

③ 제2항의 규정에 의하여 재분류통고를 받은 발행부서는 그 영업비밀에 대한 재분류조치를 취하고 그 영업비밀이 배포된 모든 부서에 대하여 통고를 하여야 한다.

## 제5장 영업비밀의 표시

제25조(영업비밀의 표시) ① 영업비밀은 분류와 동시에 등급에 따라 구분된 표시를 하여야 한다.

제26조(서류의 표시) ① 영업비밀문서는 전후면의 표지와 매면 상하단의 중앙에 별지 제3호 서식의 영업비밀등급표를 등급에 따라 표시한다.

② 영업비밀등급의 표시는 적색으로 함을 원칙으로 하되, 복제 또는 복사하는 때는 복제 또는 복사물과 동일한 색으로 표시할 수 있으며, 영업비밀표시는 복제 또는 복사물의 글자보다 크고 뚜렷하게 하여야 한다.

③ 단일문서로서 매 면마다 영업비밀등급을 달리하는 때에는 매면별로 해당 등급의 영업비밀표시를 하되 그 표지의 양면은 그 중 최고의 영업비밀등급으로 표시한다.

④ 영업비밀등급을 달리하는 수개의 문서를 1건으로 편철한 때의 표지양면의 영업비밀표시는 그 중 최고의 등급으로 한다.

제27조(필름 및 사진의 표시) ① 1매로 된 필름은 영업비밀표시가 되어 있는 봉투나 이에 준하는 용기에 넣어 보관한다.

② 연결되어 있는 영사필름은 처음과 끝에 해당 영업비밀등급을 사입(寫入)하고 제1항과 같이 보관한다.

③ 인화한 사진은 매표면 상하단 및 이면중앙에 적절한 크기의 비밀등급을 표시하

고 제1항과 같이 보관한다.

제28조(괘도, 도안 등의 표시) 괘도, 도안 등은 매면 상하단의 중앙에 적절한 크기의 영업비밀등급을 표시하고 접거나 말았을 때에도 영업비밀임을 알 수 있도록 그 이면의 적절한 부위에 표시한다.

제29조(상황판 등의 표시) ① 고착식 상황판 또는 접거나 말을 수 없는 상황판 등은 제28조와 같이 표시하고 영업비밀표시를 한 가림막을 쳐야 한다. 다만 가림막에 영업비밀표시를 함이 오히려 영업비밀보호상 불이익하거나 충분히 위장된 때에는 영업비밀표시를 아니할 수 있다.

② 제26조 내지 제29조 제1항 이외의 영업비밀인 자재·생산품 기타 물질은 식별이 용이하도록 적절한 크기로 표시한다. 다만 영업비밀등급을 표시할 수 없을 때에는 문서상으로 그 영업비밀등급을 통고한다.

제30조(녹음 등의 표시) 영업비밀을 녹음할 때에는 처음과 끝에 그 영업비밀등급과 허가되지 아니한 자에게 전달 또는 누설하는 때에는 관계규정에 의거 처벌한다는 경고를 녹음하고 제27조 제1항과 같이 보관한다. 영업비밀을 구두로 설명 또는 전달할 때에도 이에 준한다.

제31조(재분류 표시) ① 재분류한 영업비밀은 구표시를 대각선으로 줄을 쳐서 삭제하고 그 측면 또는 상하단의 적당한 여백에 변경된 영업비밀등급을 재차 표시한다.

② 영업비밀을 재분류한 때에는 재분류 근거를 그 영업비밀의 첫면 적당한 여백에 기입하고 서면·날인한다.

③ 책자, 팜플렛 기타 준영구적으로 칠하여져 있는 영업비밀문서를 재분류한 때에는 양면 표지의 영업비밀표시만을 제1항과 같이 삭제하고 표시한다. 다만 매면별로 재분류한 때에는 그 면마다 제1항 및 제2항에 정하는 절차에 의하여 재차 표시를 하여야 한다.

제32조(면표시) 영업비밀문서가 두 장 이상으로 이루어진 때에는 문서의 중앙하단부에 전(全)면수와 그 면의 일련번호를 기입하여야 한다. 첨부문서의 면표시는 위의 요령에 의하여 따로 한다.

## 제6장 영업비밀의 관리

제33조(관리방법) 영업비밀의 관리는 영업비밀의 효율적 이용에 중점을 두어 전담부서 중심의 분산관리를 원칙으로 한다. 다만 영업비밀의 체계적인 관리를 위하여

필요하다고 인정하는 경우 총괄부서의 집중관리를 보완적으로 운용할 수 있다.

제34조(관리번호의 부여) ① 모든 영업비밀은 작성 및 접수순서에 따라 영업비밀의 관리번호를 부여한다.

② 자체 내에서 작성되는 영업비밀의 관리번호는 최종결재권자가 결재하여 그 내용이 확정된 후에 부여한다.

③ 영업비밀관리번호는 별지 제4호 서식에 의하여 문서인 때에는 표지의 좌측상단에 기입하고 기타 도서나 자재 등에는 이에 준하여 식별이 용이하도록 적절한 부위에 기입한다.

제35조(영업비밀의 수발) ① 영업비밀을 접수하고 발송함에 있어서는 그 영업비밀을 최대한으로 보호·관리할 수 있도록 별지 제5호 서식과 같은 영업비밀수발대장을 비치하여 영업비밀의 유통상황을 기록한다.

② 영업비밀의 접수·발송은 암호화하여 전신으로 수발하거나 취급자의 직접 접촉, 문서수발 계통에 의하여 수발한다.

③ 영업비밀을 접수하거나 발송할 때에는 별지 제6호 서식에 의한 봉투로 포장하여야 한다. 다만 Ⅲ급 영업비밀을 등기우편으로 발송할 때에는 Ⅰ급 및 Ⅱ급 영업비밀에 준하여 2중봉투를 사용하여야 한다.

④ 문서 이외의 영업비밀자재는 내용이 노출되지 아니하도록 이에 준하여 완전히 포장하여야 한다.

⑤ 동일 부서 내에서의 영업비밀의 수발 또는 전파절차는 그 부서의 장이 정한다. 다만 영업비밀이 충분히 보호될 수 있어야 한다.

⑥ 다른 부서로부터 접수한 영업비밀은 발행기관의 승인 없이 재차 다른 부서로 발송할 수 없다. 다만 영업비밀을 이첩 시달하는 경우는 예외로 한다.

⑦ 영업비밀 수발계통에 종사하는 인원은 Ⅱ급 이상의 영업비밀취급인가를 받은 자라야 한다.

⑧ 영업비밀은 전신, 전화 등의 통신수단에 의하여 평문으로 수발하여서는 아니 된다.

제36조(영업비밀영수증) ① Ⅰ급 영업비밀 및 Ⅱ급 영업비밀, Ⅲ급 영업비밀을 수발할 때에는 이를 확인하기 위하여 영수증을 사용한다.

② 제1항에서 규정한 영업비밀영수증은 별지 제7호 서식과 같다.

③ 영업비밀영수증은 발송문서의 내부봉투와 외부봉투 사이에 삽입하여 발송한다. 다만 취급자의 직접 접촉에 의하는 때에는 직접 교부한다.

④ 접수부서는 영업비밀을 접수한 즉시 영업비밀영수증을 발행부서에 반송하여야 한다.

⑤ 제4항의 영업비밀영수증을 반송받은 영업비밀발행부서는 그 영업비밀영수증을 영업비밀송증에 원형대로 첨부하여 보관한다.

제37조(영업비밀의 복제, 복사의 제한) ① 영업비밀의 일부 또는 전부를 모필, 타자, 인쇄, 조각, 녹음, 촬영, 인화, 확대 등 영업비밀의 원형의 재현은 다음 각호의 1에 해당하는 경우를 제외하고는 이를 할 수 없다.

1. Ⅰ급 영업비밀 및 Ⅱ급 영업비밀, Ⅲ급 영업비밀은 그 발행자의 허가를 얻은 때
2. 소외비 및 소내비는 당해 발행자의 특정한 제한이 없는 것으로서 해당 등급의 영업비밀취급인가를 받은 자가 공용으로 사용한 때

② 영업비밀을 복제 또는 복사한 경우에는 그 원본과 동일한 비밀 등급과 예고문을 명시하고, 사본번호를 부여하여야 한다.

③ 제2항의 예고문의 경우 재분류 구분이 '파기'로 되어 있는 때에는 원본의 파기시기보다 그 시기를 줄일 수 있다.

④ Ⅱ급 및 Ⅲ급 영업비밀에 대한 복제, 복사를 제한하고자 할 때에는 그 영업비밀의 표지 이면 또는 예고문 상단에 이 영업비밀은 발행자의 허가없이 복제, 복사할 수 없음을 적색으로 기입한다.

⑤ 영업비밀의 사본번호는 전(全)사본부수에 대한 개개(個個)에게 일련번호를 부여하여 영업비밀의 표면 우측상단에 기입한다.

⑥ 복제 또는 복사한 영업비밀 원본의 말미에는 사본번호를 포함한 배포선을 작성 첨부하여야 한다.

⑦ 영업비밀을 접수한 부서 및 기관이 접수된 영업비밀을 복제 또는 복사한 때에는 그 영업비밀의 첫면 또는 말미 중 적절한 여백에 사본근거(사본일자, 성명, 사본부수, 사본의 처리 등)를 기입하여야 한다.

제38조(영업비밀의 대출 및 열람) ① 영업비밀은 해당등급의 영업비밀취급인가를 받은 자로서 그 영업비밀과 업무상 직접관계가 있는 자에 한하여 대출이나 열람을 할 수 있다.

② 제1항의 규정에 의한 영업비밀의 대출 및 열람 전에 영업비밀임을 고지하여야 한다.

③ 영업비밀취급 비인가자에게 영업비밀을 대출 또는 열람하게 할 때에는 미리 영업비밀 보호관리조치를 받아야 한다.

④ 영업비밀보관책임자는 보관하고 있는 비밀을 대출할 때에는 별지 제8호 서식에 의한 영업비밀대출부에 소요사항을 기록, 유지한다.

⑤ 개개 영업비밀에 대한 열람자 범위를 파악하기 위하여 각개의 영업비밀문서 말미에 별지 제9호 서식의 영업비밀열람기록전을 첨부한다. 문서 이외의 비밀자재에 대한 열람기록은 따로 영업비밀열람기록전철을 비치하고 기록, 유지한다.

⑥ 제5항의 영업비밀열람기록전은 그 영업비밀의 발행부서가 첨부하며, 그 영업비밀을 파기하는 때에는 그 영업비밀에서 분리하여 따로 철하여 보관하여야 한다.

⑦ 모든 영업비밀열람자는 영업비밀을 열람하기에 앞서 영업비밀열람기록전에 소정의 사항을 기재하고 서명·날인한 후 영업비밀을 열람하여야 한다.

⑧ 타자, 필경 또는 발간업무에 종사하는 자는 영업비밀열람기록전에 갈음하는 작업일지에 작업내용을 기록, 유지하여야 한다.

제39조(영업비밀의 반출금지) ① 영업비밀은 보관하고 있는 시설 밖으로 반출할 수 없다. 다만 실험이나 시제품생산 또는 작업장의 이동 기타 업무상 반출이 필요할 때에는 연구소장의 승인을 얻어 반출할 수 있다.

② 영업비밀을 반출하고자 할 때에는 별지 제10호 서식에 의하여 연구소장의 승인서를 그 보관책임자에게 제출하여야 한다.

③ 각급부서의 장은 반출 후의 관리대책을 확인하지 아니하고는 영업비밀반출을 승인할 수 없다.

제40조(안전지출 및 파기계획) ① 영업비밀관리책임자는 비상시에 대비하여 영업비밀을 안전하게 지출 또는 파기할 수 있는 계획을 수립하고 소속직원에게 주지시켜야 한다.

② 영업비밀의 파기는 소각이나 용해 또는 기타 방법으로 원형을 완전히 소멸시켜야 한다.

③ 영업비밀의 파기는 보관책임자 또는 그가 지정하는 영업비밀 취급인가자의 참여 아래 그 영업비밀의 처리담당자가 행하며, 영업비밀관리기록부의 파기확인란에 참여자의 파기확인을 받아야 한다.

제41조(영업비밀문서의 통제) 연구소장은 영업비밀문서의 통제를 위한 규칙을 따로 정하여 운영할 수 있다.

제42조(영업비밀의 이관) 영업비밀은 일반문서보관소에 이관하여서는 안 된다.

제43조(영업비밀의 배포) ① 영업비밀에의 접근을 최소화하기 위하여 영업비밀을 회의용, 교육용, 보고용 또는 관련기관 및 단체 제출용 등으로 배포할 때에는 배

포선을 분명히하여 교부하고, 끝난 후에는 회수함을 원칙으로 한다.

② 제1항의 규정에 의한 영업비밀수령자에게는 당해 영업비밀준수에 관한 각서나 서약서 등을 징구하여 보관한다.

제44조(영업비밀취급자 이외의 자에 대한 통제) ① 관계자(관계기관, 관련단체, 용역회사, 하청업체, 위탁판매업체 등) 등 거래처에 영업비밀에 관한 정보자료를 제공할 때에는 그 대표직에 있는 자의 영업비밀준수 동의서에 서명을 받는다.

② 영업비밀이 있는 곳의 업무상 방문이나 견학, 시찰은 다음과 같은 통제 하에 허용되어야 한다.

1. 출입자명부에 기입
2. 영업비밀준수에 관한 서약서 징구
3. 필요한 경우 문형금속탐지기에 의한 검색 및 휴대품 소지의 금지
4. 망원렌즈, 휴대용 복사기, 소형 TV카메라, 전화탭, 마이크로폰 등의 이용상태 관찰
5. 기타 방문, 견학, 시찰 등으로 영업비밀의 유출위험이 있는 분야에 대한 통제

③ 소내 영업비밀취급자 이외의 자 또는 통상 영업비밀업무와 무관한 직에 있는 자로부터 영업비밀에 관한 복사, 복제, 열람 등의 요구가 있을 때에는 영업비밀관리기록부에 기입하고 영업비밀준수각서 등을 징구하여 보관하는 등 영업비밀관리에 필요한 최대한의 조치를 취하여야 한다.

제45조(영업비밀관리책임자) ① 연구소장은 영업비밀관리를 위하여 연구관리부장, 각실의 실상을 영업비밀관리책임자로 임명한다.

② 각실 영업비밀관리책임자는 다음 각호에서 정하는 임무를 수행한다.

1. 자체 영업비밀관리업무수행에 관한 계획의 조정 및 감독
2. 영업비밀관리에 관한 교육
3. 영업비밀보유현황의 조사
4. 영업비밀의 누설, 도난, 분실 기타 손괴 등의 방지를 위한 감독
5. 영업비밀유지계약 및 서약서 등의 집행
6. 비상시를 대비한 안전지출 또는 파기할 수 있는 계획의 수립 및 시행
7. 기타 소관부서의 영업비밀관리에 관한 필요한 사항

③ 연구관리부장인 영업비밀관리책임자는 다음 각호에서 정하는 임무를 수행한다.

1. 제2항 각호에서 정하고 있는 임무
2. 전담 부서의 영업비밀관리상태의 감사 및 처리

3. 연구소장에게 영업비밀보유현황 및 관리상태의 정기보고
4. 기타 연구소의 영업비밀관리에 필요한 사항

제46조(영업비밀의 보관) ① 영업비밀은 외부출입자와 영업비밀취급 비인가자의 접근을 방지할 수 있는 적절한 시설에 보관하여야 한다.

② 제1항의 규정에 의한 보관시설은 사무실의 위치, 보관함, 캐비닛, 금고 등에 유의하여 설정하여야 한다.

③ Ⅰ급 영업비밀은 반드시 금고나 이중자물쇠 등 안전장치가 되어 있는 용기에 보관하여야 하며 타 영업비밀과 혼합 보관하여서는 아니 된다.

④ Ⅱ급 및 Ⅲ급 영업비밀은 금고 또는 철제상자나 안전한 용기에 보관하여야 하며, 보관책임자가 Ⅱ급 영업비밀취급인가를 받은 때에는 동일 용기에 혼합 보관할 수 있다.

⑤ 보관용기에 넣을 수 없는 영업비밀은 제한규역 또는 통제구역 내에 보관하거나 내용이 노출되지 아니하도록 특별한 보호책을 강구하여야 한다.

제47조(보관용기의 관리) ① 영업비밀의 보관용기 외부에는 영업비밀의 보관을 알리거나 나타내는 어떠한 표시도 하여서는 아니 된다.

② 보관용기의 자물쇠의 종류 및 사용방법은 보관책임자 이외의 자가 알지 못하도록 특별한 통제를 실시하여야 하며, 타인이 알았을 때에는 즉시 이를 변경하여야 한다.

제48조(여행 중의 영업비밀 보관) 영업비밀을 휴대하고 출장 또는 여행하는 자는 영업비밀의 안전한 보호를 위하여 금융기관 등의 안전시설에 위탁보관하는 등 특별한 보관조치를 하여야 한다.

제49조(영업비밀보관책임자) ① 연구소장은 영업비밀보관을 위하여 연구관리부의 특허정보과장, 각실의 영업비밀 담당요원을 영업비밀보관책임자로 임명한다.

② 영업비밀보관책임자는 다음 각호의 임무를 수행한다.
1. 영업비밀을 최선의 상태로 보관한다.
2. 영업비밀관리기록부를 비치하고 유통현황을 기록, 유지하며 영업비밀대출부 및 영업비밀열람기록전의 기록을 확인하고 이를 보관한다.

③ 영업비밀보관책임자를 교체하는 때에는 따로 인계인수서를 작성하지 아니하고 영업비밀관리기록부에 의할 수 있다.

제50조(영업비밀보호구역의 설정) ① 영업비밀의 보호와 중요시설장비 및 자재의 보호를 위하여 필요한 경우 일정한 범위를 정하여 보호구역으로 설정한다.

② 제1항의 보호구역은 그 중요도에 따라 이를 제한지역, 제한구역 및 통제구역으로 나눈다.

③ 제2항의 규정에 의한 제한구역과 통제구역의 설정은 최소한의 범위를 제한하고 비인가자 또는 외부인의 업무상 출입이 빈번한 구역을 피하여야 한다.

④ 제2항의 통제구역에는 관계자 이외의 출입을 통제하고 통제구역 출입자명부를 비치하여 출입자를 기록, 보존하여야 함은 물론 필요한 때에는 영업비밀준수에 관한 각서 또는 서약서 등을 징구하여 보존한다.

⑤ '제한지역'이라 함은 영업비밀의 보호를 위하여 울타리 또는 경비원에 의하여 일반인의 출입의 감시가 요구되는 지역을 말한다.

⑥ '제한구역'이라 함은 영업비밀 또는 주요시설 및 자재에 대한 비인가자의 접근을 방지하기 위하여 그 출입에 안내가 요구되는 구역을 말한다.

⑦ '통제구역'이라 함은 영업비밀 비인가자의 출입이 금지되는 극히 중요한 구역을 말한다.

제51조(영업비밀관리기록부의 비치) ① 연구소장은 영업비밀의 분실, 훼손, 거래상황을 항상 파악하기 위하여 영업비밀의 작성, 분류, 수발 및 취급 등에 관한 일체의 관리사항을 기록할 수 있는 영업비밀 관리기록부를 작성, 비치하여야 한다.

② 영업비밀관리기록부에는 모든 영업비밀에 대한 관리책임 및 관리사항이 정확히 기록, 보존되어야 한다.

③ 영업비밀관리기록부는 별지 제11호 서식에 의한다.

④ 영업비밀을 재분류하였거나 다른 곳으로 이송하였을 때에는 영업비밀관리기록부의 해당란을 2개의 적선으로 삭제한 후 그 사유를 재분류란에 명시한다. 다만 삭제한 부분은 해독이 가능하도록 자체를 존치하여야 한다.

제52조(영업비밀보유현황보고) ① 전담부서의 영업비밀관리책임자는 연 2회 6월과 12월말을 기준으로 하여 영업비밀보유현황을 조사하여 총괄부서에 보고하여야 한다.

② 총괄부서의 영업비밀관리책임자는 제1항의 규정에 의한 보고를 종합하여 연구소장에게 보고하여야 한다.

## 제7장 通信管理

제53조(통신관리) ① 영업비밀을 암호, 전언통신 기타 통신수단에 의하여 수령한 암호문 등은 이를 평문화하여 영업비밀관리기록부에 기록하여 관리한다.

② 국제통신문의 분류는 그 분류기준을 국내에서 적용하는 것보다 1등급 상향 분류하여 관리한다.

③ 영업비밀과 관련한 업무로 텔렉스, 국제전화 및 팩시밀리 등을 사용할 때에는 영업비밀관리기록부에 기록하는 등 관리통제를 받아야 한다.

제54조(암호 및 약호자재의 제작 · 배포) ① 연구소가 공통으로 사용할 암호자재는 총괄부서에서 제작 · 배포하고 각실별로 사용할 암호자재는 전담부서에서 제작 · 배포한다.

② 암호자재는 Ⅲ급 영업비밀로 분류하며 약호자재는 소외 영업비밀 또는 소내 영업비밀 이상으로 분류하여야 한다.

③ 모든 암호자재(약호자재를 포함한다. 이하 같다)의 관리에 관하여는 총괄부서와 전담부서에서 책임을 진다.

제55조(암호자재의 배부 · 반납 등) ① 암호자재를 배부하는 부서는 별지 제12호 서식에 의한 인감등록대장을 비치하고 인감등록이 되어 있는 자에 한하여 배부한다. 반납을 받는 경우에도 또한 같다.

② 모든 부서는 사용기간이 만료된 암호자재를 지체 없이 배부한 부서에 반납하여야 한다.

제56조(암호자재의 관리) 암호자재를 보유하고 있는 총괄부서 및 전담부서는 별지 제13호 서식에 의한 암호자재기록부를 비치하고 기록 · 유지하여야 한다.

제57조(암호자재의 보관) ① 암호자재는 과거용 · 현재용 및 미래용으로 구분하여 보관하되 현재용을 제외하고는 이를 포장한 후 봉인하여 보관하여야 한다.

② 암호자재는 영업비밀보관용기에 보관하되, 암호자재보관함을 따로 비치하여야 하며, 그 함에는 암호자재 이외의 다른 물건을 보관하여서는 안 된다.

③ 암호자재를 보유하고 있는 부서는 별지 제14호 서식에 의한 암호자재점검기록부를 비치하고 주 1회 이상 점검하여야 하며 영업비밀관리책임자는 월 1회 점검사항을 확인하여야 한다.

제58조(암호자재의 운용) ① Ⅱ급 영업비밀 이상의 내용은 반드시 암호화하여 수발하여야 한다.

② Ⅲ급 영업비밀, 소외 영업비밀 또는 소내 영업비밀이 아니라도 누설될 경우 연구소의 이익을 해할 우려가 있는 내용은 암호화하여 수발하여야 한다. 다만 인가된 암호기 등을 설치한 때에는 승인된 범위 안에서 평문으로 수발할 수 있다.

③ 현재용 및 미래용 암호자재는 교육목적으로 사용하지 못한다.

④ 암호문을 작성 또는 해독하기 위하여 사용한 작업용지는 그 유효성이 종료된 때에 파기하여야 하며 통신문 여백에 암호자재 사용근거를 표시하여야 한다.
⑤ 통신문을 암호화할 때에는 평문과 혼합하여 사용할 수 없다.

제59조(암호자재의 사고) ① 각 부서는 암호자재를 오인소각·소실·분실 또는 누설하였을 때에는 지체 없이 전담부서와 총괄부서를 거쳐 연구소장에게 미리 보고하고 다음 사항을 서면으로 제출하여야 한다.

1. 사고일시 및 장소
2. 암호자재의 명칭·수량 및 등록번호
3. 사고경위
4. 사고자 및 관계자의 인적사항
5. 사고자 및 관계자에 대한 조치결과

② 연구소장은 암호자재가 분실 또는 누설되었을 때에는 해당 암호자재의 즉각적인 사용중지와 예비 암호자재의 사용을 지시해야 하며 해당 암호자재를 회수하고 분실 또는 누설의 경위를 조사하여야 한다.
③ 암호자재의 분실 또는 누설의 통보를 받은 영업비밀관리책임자는 그 암호자재로 송수신된 전문을 검토하고 현행 또는 장차의 계획에 영향을 미칠 수 있는 전문을 발췌하여 연구소장에 보고하고 필요한 조치를 취할 수 있도록 하여야 한다.

제60조(암호자재의 인계·인수) 암호자재보관책임자가 교체될 때에는 암호자재기록부에 그 내용을 기록하여야 하며 관리책임자의 확인을 받아야 한다.

## 제8장 종업원 등의 의무

제61조(채용시의 영업비밀유지의무) ① 종업원은 연구소 재직 중 직무와의 관련여부에 불구하고 알게된 영업비밀은 지정된 업무이외의 목적에 사용해서는 안 된다. 단 공개허용 범위 내에서 연구소장의 사전승인을 받은 때에는 그러하지 아니하다.
② 제1항의 규정에 의한 영업비밀유지의무와 그 이행을 확보하기 위하여 별지 제15호 서식에 의한 영업비밀유지계약을 체결하여야 한다.
③ 제2항의 규정에 의한 영업비밀유지계약에는 연구소가 보호하여야 할 영업비밀을 구체적으로 특정하여 명시하여야 한다.
④ 제2항의 규정에 의한 영업비밀유지계약을 위반한 때에는 계약의 내용에 따라 신분상, 재산상의 불이익조치를 취한다.

제62조(채용 후의 겸업금지의무) 종업원이 재직 중 경쟁회사나 경쟁관계에 있는 단체의 임원 또 직원이 되거나 경쟁업을 목적으로 한 업무에 종사하고자 할 때에는 연구소장의 사전승락을 받지 않으면 안 된다.

제63조(퇴직시의 경업금지의무) ① 연구소는 퇴직하고자 하는 종업원과 재직시 약정한 퇴직후의 경업피지의무를 부과한 영업비밀 유지계약에 불구하고 퇴직하고자 하는 종업원과 영업비밀유지를 위하여 별지 제16호 서식에 의한 경업금지계약을 체결하여야 한다.

② 연구소는 제1항의 규정에 의한 경업금지계약을 체결하기 전에 재직중 지득한 영업비밀을 확인시키고 이에 대한 영업비밀준수를 환기시킨다.

③ 제1항의 규정에 의한 경업금지계약은 당해 종업원이 재직시 지득한 영업비밀을 연구소의 경영목적에 반하는 부정한 목적 등(예: 종업원이 부정한 이익을 보거나 연구소에 손해를 끼칠 목적 등)으로 사용할 수 없도록 하는 취지의 계약으로서 제한하는 내용과 보호하여야 할 영업비밀을 구체적으로 명시하여야 한다. 즉, 보호받아야 할 영업비밀을 구체적으로 특정하여 명시하여야 하며 금지를 가하는 직종의 범위 또는 구체적으로 한정하여야 하고 제한이 부과되는 기간, 지역은 합리적으로 설정되어야 한다.

④ 제1항의 규정에 불구하고 경쟁사에 전직을 하거나 경쟁사를 설립, 동업 기타 고문, 자문 등의 직위로 경영에 직접 또는 간접으로 참여하여 협력한 때에는 그 회사 등이 연구소의 영업비밀이 사용될 수 없도록 주의문을 보낸다.

⑤ 제1항의 규정에 의한 퇴직자와의 경업금지계약은 다음 각호의 기준이 바탕이 되어야 한다.

1. 연구소의 입장에서 합법적 사업이익과 사용자 보호를 위한 합리적인 제한인지
2. 종업원의 입장에서 생계유지를 위한 합법적인 노력을 방해한다는 점에서 과도한 억압이 아닌 합리적인 제한인지
3. 공공복리의 관점에서 합리적인 제한인지

⑥ 제1항 및 제3항의 규정에 의한 퇴직자와의 경업금지의무 부과 계약은 다음 각호에 의한 계약이어야 한다.

1. 서면에 의하여야 한다.
2. 계약의 형태로 체결하여야 한다.
3. 유효한 대가에 의하여야 한다.
4. 제한이 부과되는 기간, 지역은 합리적이어야 한다.

5. 제한을 가하는 직종의 범위는 구체적이고도 세부적이어야 한다.
6. 양당사자에 있어서 공평한 것이어야 한다.
7. 공공의 복지에 위배하지 않아야 한다.

⑦ 연구소의 종업원이 퇴직 후 경업금지기간 내에 당해 영업비밀을 누설하는 등 약정사항을 위반한 때에는 퇴직금의 환수 또는 지불정지 등의 제한적 불이익조치를 취하는 외에 계약내용에 따른 조치를 취한다.

제64조(고문 등 협력자의 영업비밀유지의무) ① 연구소의 경영에 직접 또는 간접으로 관여하고 있는 고문, 자문 기타 연구소의 경영에 관여하고 있는 자와 영업비밀유지계약을 체결할 수 있다.

② 제1항의 규정에 의한 고문 등은 상근, 비상근, 현직, 퇴직 모두에게 적용될 수 있다.

제65조(전직회사에 주의환기) 영업비밀을 사용했던 종업원이 재직중 또는 퇴직 후에 영업비밀과 관련된 경쟁사 등에 전직 또는 입사할 때에는 그 회사에 자사의 영업비밀과 관련된 보직에 임명하거나 그로 하여금 영업비밀이 사용되는 일이 없도록 주의통지문을 보낸다.

## 제9장 거래관계자 등에 대한 관리

제66조(거래 전) 거래전에 영업비밀유지에 관한 서약서 또는 각서 등을 징구한다.

제67조(거래시) 거래시에는 거래기간 동안 영업비밀유지를 위하여 영업비밀관련 경쟁사업금지를 의무화하는 전속계약 등 특별약정을 하여야 한다.

제68조(거래 후) 거래가 종료되면 일정기간 영업비밀보유자의 영업권내에서는 영업비밀과 관련된 업종을 스스로 경영하거나 타인의 경영에 참여할 수 없도록 하는 내용의 계약을 체결한다.

## 제10장 제3자에 대한 관리

제69조(방문 전) 제3자의 방문 또는 시찰은 공식, 비공식을 불문하고 방문목적, 방문일시, 방문할 장소, 방문자 인적사항 등을 기재한 서류를 제출토록 하여 점검한다.

제70조(방문시) ① 제3자의 방문시는 방문 전에 제출받은 명단과 대조하고, 방문시 지득한 영업비밀은 회사의 승락 없이는 사용하거나 공개하지 않는다는 영업비밀유지에 관한 서약서나 각서 등을 징구하여 보관한다.

② 방문시 방문자에 의한 영업비밀 탐지 등을 방지하기 위하여 카메라, 녹음기 등 휴대품의 소지를 제한하고 필요할 경우 문형금속탐지기에 의한 몸수색을 한다.

제71조(산업스파이 등에 대한 영업비밀보호) 산업스파이 등 영업비밀탐지를 목적으로 접근한 자를 색출하기 위하여 공장 등 주요시설에 카드시스템에 의한 점검은 물론 24시간 감시할 수 있는 비디오장치의 설치 등 감시시스템을 구축하여 탐지자의 영상을 카메라에 잡아 차단하는 등 경비체제를 강화한다.

## 제11장 영업비밀관리상태의 점검 및 감독 등

제72조(영업비밀관리상태의 점검) ① 영업비밀관리책임자는 영업비밀이 영업비밀관리규정에 의하여 안전하게 보관, 관리되고 있는지의 여부를 점검하여 영업비밀정보의 누출을 사전에 예방하여야 한다.

② 영업비밀관리상태의 점검은 정기와 수시로 나누어 한다.

③ 점검결과 적출된 사항에 대해서는 영업비밀 전담부서 및 총괄부서에 즉시 통보하여 시정조치토록 한다.

제73조(영업비밀관리상태의 감사) 이 규정에서 정한 인원, 문서, 자재, 시설, 통신, 지역 및 장비 등의 모든 영업비밀관리상태와 그 적정여부를 조사하기 위하여 영업비밀관리책임자는 영업비밀관리에 대한 감사를 실시한다.

제74조(영업비밀관리상태의 감사실시) ① 영업비밀관리상태에 대한 감사는 정기감사와 수시감사로 구분하여 실시한다.

② 정기감사는 연 1회, 수시감사는 필요에 따라 수시로 이를 실시한다.

제75조(감사결과의 처리) ① 영업비밀관리상태에 대한 감사결과를 연구소장에게 보고한다.

② 제1항의 규정에 대한 감사결과를 통보받은 영업비밀 전담부서 및 총괄부서는 감사결과에 대하여 즉시 필요한 조치를 취한다.

제76조(영업비밀유출 등 사고에 대한 조치) ① 영업비밀취급 등 관리담당자는 영업비밀의 누설, 분실, 보호시설 및 장비의 파괴, 보호구역 내의 불법침입자 등 사고가 발생하였을 때에는 영업비밀관리책임자, 전담부서, 총괄부서 및 위원회 등에 즉시 보고하는 등 필요한 조치를 취한다.

② 제1항의 규정에 의하여 사고 보고를 접한 영업비밀관리책임자 등은 소내조치와 함께 변호사 등에 의한 법적 제재조치를 취한다.

## 제12장 제 재 등

제77조(고소) ① 영업비밀 유지의무가 있는 현직 임원 또는 직원이나 퇴직 임원 또는 직원이 부정한 이익을 얻거나 기업에 손해를 가할 목적으로 기업에 유용한 영업비밀을 외국에서 사용하거나 외국에서 사용될 것임을 알고 제3자에게 누설한 자와 영업비밀 유지의무가 있는 현직 임원 또는 직원이나 퇴직 임원 또는 직원이 부정한 이익을 얻거나 기업에 손해를 가할 목적으로 기업에 유용한 영업비밀을 취득, 사용하거나 제3자에게 누설한 자는 부정경쟁방지 및 영업비밀보호에 관한 법률에 의해 고소할 수 있다.

② 전함의 침해행위 이외의 침해행위에 대해서는 형법에 의해 고소할 수 있다.

제78조(민사적 구제) 부정경쟁방지 및 영업비밀 보호에 관한 법률 제2조 제2호의 규정에 의한 영업비밀 침해행위 및 동 영업비밀 관리규정에 반하는 행위로 인하여 기업이 손해(신용 훼손 행위를 포함한다)를 입혔을 때에는 손해배상 청구, 신용회복 청구, 부당이득 반환청구 등의 민사적 구제를 취한다.

제79조(행정적 조치) ① 기업의 현직 또는 직원이 부정경쟁방지 및 영업비밀 보호에 관한 법률 제2조 제2호의 규정에 의한 영업비밀 침해행위 이외의 침해행위를 하거나 영업비밀 관리규정을 위반하여 회사의 경영에 지장을 끼쳤을 때에는 그 지장이나 또는 그 지장을 끼친 침해 행위의 정도에 따라 퇴직, 정직, 감봉, 경고 등 인사 조치를 취할 수 있다.

② 기업의 퇴직 임원 또는 직원이었던 자가 부정경쟁방지 및 영업비밀보호에 관한 법률 제2조 제2호의 규정에 의한 영업비밀 침해행위 이외의 침해 행위를 하거나 영업비밀 관리규정을 위반하여 회사의 경영에 지장을 끼쳤을 때에는 퇴직금의 반환 또는 퇴직금의 지불 정지 등의 재산적 불이익을 주는 행정조치를 취할 수 있다.

## 제13장 영업비밀의 신고 및 보상

제80조(영업비밀의 신고) ① 연구소는 종업원의 산업정보의 연구개발의욕을 높이기 위하여 영업비밀신고제를 운용한다.

② 종업원은 직무수행과정에서 발견 또는 창출한 영업상의 정보를 전담부서에 별지 제17호 서식에 의하여 신고하여야 한다.

③ 신고를 받은 전담부서는 이를 별지 제18호 서식에 접수하고 예비심사를 한 후

심사보고서와 함께 총괄부서에 제출한다.

④ 제출받은 총괄부서는 이를 접수하고 제안심의위원회의 심의에 회부한다.

⑤ 제4항의 규정에 의하여 회부된 정보는 제안규정에 의한 제안으로 심의하되 영업비밀의 요건을 구비한 제안에 대해서는 영업비밀로 채택하여 의결, 확정한다.

⑥ 제5항의 규정에 의하여 영업비밀로 확정된 때에는 이를 영업비밀관리기록부에 등재하고 영업비밀관리규정에 의하여 관리한다.

⑦ 제안심의위원회는 심의 결과를 서면으로 당해 종업원에게 통지하여야 한다.

⑧ 제안심의위원회에서 영업비밀 또는 제안으로 채택되지 아니한 산업정보에 대해서는 신고한 종업원이 자유롭게 이용할 수 있다.

제81조(영업비밀에 대한 보상) 제69조 제5항의 규정에 의한 영업비밀에 대해서는 제안규정에 의한 보상규정을 준용한다.

## 제14장 補 則

제82조(타사 영업비밀의 사용제한) ① 타사의 영업비밀은 정당한 대가의 지불 없이 무단사용해서는 아니 된다.

② 제1항의 규정에 반하는 사용을 방지하기 위하여 경쟁사의 종업원 등을 채용할 때에는 전직회사에서 지득한 영업비밀을 사용하지 않겠다는 서약서를 징구하여 보관한다.

③ 거래관계자 또는 제3자로부터 제공된 영업비밀은 다음 각호와 같은 조치후 개봉, 심사, 채택을 하여야 한다.

1. 제공자가 당해 영업비밀의 정당한 권리자인지를 확인한다.
2. 우편 등으로 접수된 영업비밀은 개봉전에 연구소는 개봉으로 인한 정보의 공개에 아무런 책임이 없음을 분명히 한 후 개봉, 심사, 채택 등 일련의 조치를 취한다.

④ 제1항 및 제2항의 규정에 의한 타사 영업비밀의 취득은 총괄부서의 사전승인을 받아 행하여야 한다.

부 칙

(시행일) 이 규정은 년 월 일부터 시행한다.

[별지 제1호 서식] 영업비밀취급인가를 받은 자의 서약서

## 서 약 서

본인은      년    월    일자로 연구소의 영업비밀을 취급함에 있어서 다음의 사항을 준수할 것을 엄숙히 서약합니다.

다      음

1. 본인은 영업비밀의 중요성을 깊이 인식하고 영업비밀관리규정, 취업규칙 등 각종 영업비밀관련규정 및 규칙 등을 적극 찬동하며 이를 철저히 준수함.
2. 본인은 영업비밀로 분류한 비밀은 재직 중은 물론 퇴직 후에도 일정기간 동안 일체 사용하거나 공개하지 않음.
3. 본인이 근무하는 동안 영업비밀로 분류된 비밀을 회사의 이익에 반하여 사용하거나 공개한 때에는 동기 여하를 불문하고 다음과 같은 제법규에 의한 민사상 또는 형사상의 책임을 감수할 것을 엄숙히 서약함.

○ 부정경쟁방지법 제10조(영업비밀침해행위에 대한 금지청구권 등)
○ 부정경쟁방지법 제11조(영업비밀침해에 대한 손해배상책임)
○ 부정경쟁방지법 제12조(영업비밀보유자의 신용회복)
○ 부정경쟁방지법 제18조(벌칙)
○ 민법 제750조(불법행위의 내용)
○ 민법 제390조(채무불이행과 손해배상)
○ 상법 제622조(발기인, 이사, 기타의 임원 등의 특별배임죄)
○ 형법 제356조(업무상의 횡령과 배임)
○ 기타 영업비밀 누설 등에 대한 관련법규

년     월     일

서약인          ㉧

○○○연구소 귀중

[별지 제2호 서식]

사진

## 영업비밀취급인가

No________

소 속 ________________________

직 책 ________________________

주민등록번호 성명 19 . . . 생

위 사람에게 급비밀 / 암호자재 취급을 인가함.

연구소 ㉑

20 . . .

발 행

Ⅰ급 : 적색

Ⅱ급 : 황색

Ⅲ급 : 청색

[별지 제3호 서식]

## 영업비밀 등급표

| Ⅰ 급 비 밀<br>TOP SECRET |
|---|

| 소 외 비 |
|---|
| 20 . . . 까지 |

| Ⅱ 급 비 밀<br>SECRET |
|---|

| Ⅲ 급 비 밀<br>CONFIDENTIAL |
|---|

가로 5cm
세로 1cm

| 소 내 비 |
|---|
| 20 . . . 까지 |

가로 5cm
세로 상단 1cm
하단 0.5cm

[별지 제4호 서식]

## 영업비밀관리번호

| 관 리<br>번 호 | 1.5cm |
|---|---|

1cm 2cm

[별지 제5호서식]

## 영 업 비 밀 수 발 대 장

| 번호 | 월일 | 분류기호 및<br>문서번호 | 발신 | 수신 | 비밀<br>등급 | 제목 | 수량 | 원본인수<br>자 원 | 수령자인 |
|---|---|---|---|---|---|---|---|---|---|
| | | | | | | | | | |
| | | | | | | | | | |
| | | | | | | | | | |
| | | | | | | | | | |
| | | | | | | | | | |

[별지 제6호 서식]

1. Ⅰ급 및 Ⅱ급비밀(2중 봉투)

내 부 봉 투(앞)

내 부 봉 투( 뒤)

비밀등급
문서번호
제 목
수 신
참 조
발 신
비밀등급

내 부 봉 투(앞)

문서번호
제 목
수 신
참 조
발 신

2. Ⅲ급비밀(2중 봉투)

비밀등급
문서번호
제 목
수 신
참 조
발 신
비밀등급

[별지 제7호 서식]

# 영업비밀영수증

| ① 일련번호 | | 비밀송증 | ② 발송일자 | 20 . . . | | |
|---|---|---|---|---|---|---|
| ③ 수 신 | | ④ 참 조 | | | | |
| ⑤ 건 명 | | | | | | |
| ⑥ 사본번호 | | ⑦ 수 량 | | ⑧ 등기번호 | | |
| ⑨ 발송책임자 | 직위<br>직명 | 주민등록번호 | 성명 | | | |

……………………………………………… 절 취 선 ………………………………………………

| ① 일련번호 | | 비밀영수증 | ② 접수일자 | 20 . . . | | |
|---|---|---|---|---|---|---|
| ③ 수 신 | | ④ 참 조 | | | | |
| ⑤ 건 명 | | | | | | |
| ⑥ 사본번호 | | ⑦ 수 량 | | ⑧ 등기번호 | | |
| ⑨ 이상시의 사유 | | | | | | |
| ⑩ 접수자 | 소 속 | 주민등록번호 | 성명 | ㊞ | | |
| | 직 위<br>직 명 | | | | | |

[별지 제8호 서식]

# 영업비밀대출부

<table>
<tr><th rowspan="2">관 리<br>번 호</th><th rowspan="2">비 밀<br>등 급</th><th rowspan="2">건 명</th><th colspan="3">대 출 자</th><th colspan="2">대 출</th><th colspan="2">반 납</th></tr>
<tr><th>인가<br>등급</th><th>주민등<br>록번<br>호</th><th>성명</th><th>일자</th><th>대출자<br>㊞</th><th>일자</th><th>보 관<br>책임자㊞</th></tr>
<tr><td></td><td></td><td></td><td></td><td></td><td></td><td></td><td></td><td></td><td></td></tr>
<tr><td></td><td></td><td></td><td></td><td></td><td></td><td></td><td></td><td></td><td></td></tr>
<tr><td></td><td></td><td></td><td></td><td></td><td></td><td></td><td></td><td></td><td></td></tr>
<tr><td></td><td></td><td></td><td></td><td></td><td></td><td></td><td></td><td></td><td></td></tr>
<tr><td></td><td></td><td></td><td></td><td></td><td></td><td></td><td></td><td></td><td></td></tr>
<tr><td></td><td></td><td></td><td></td><td></td><td></td><td></td><td></td><td></td><td></td></tr>
</table>

[별지 제9호 서식]

# 영 업 비 밀 열 람 기 록 전

제목 : ( )급비밀

| 년 월 일 | 소속 및 직책 | 인가등급 | 주민등록<br>번 호 | 성 명 | 열람목적 | 인장 또는<br>서 명 |
|---|---|---|---|---|---|---|
| | | | | | | |
| | | | | | | |
| | | | | | | |
| | | | | | | |
| | | | | | | |
| | | | | | | |

[별지 제10호 서식]

영 업 비 밀 반 출 승 인 서

1. 지 출 자 직 책 주민등록번호 성명
2. 지출비밀 관리번호
비밀등급 건명
3. 지출목적
4. 지출기간 20 . . 시부터 20 . . . 까지
5. 지출장소
6. 관리대책

위와 같이 승인함.

20 . . .

| 지 출 자 | |
|---|---|
| ㉐ | 승 인 자 |
| 보관해인자 | ○ ○ 장 성 명 |
| ㉐ | |

[별지 제11호 서식]

# 영업비밀관리기록부

부서명 : 관리책임자 :

| 관리번호 | 수량 | | | 문서번호 | 비밀등급 | 형태 | 건명 | 사본번호 | 예고문 | 처리담당 | 보관장소 | 재분류 | | | | 참조 | |
|---|---|---|---|---|---|---|---|---|---|---|---|---|---|---|---|---|---|
| | 연월일 | 발행처 | 수신처 | | | | | | | | | 등급변경 | 파기 | 파기확인 | 근거 | 영수증 | 수령자 ㊞ |
| | | | | | | | | | | | | | | | | | |
| | | | | | | | | | | | | | | | | | |
| | | | | | | | | | | | | | | | | | |
| | | | | | | | | | | | | | | | | | |

[별지 제12호 서식]

# 인감등록서

부 서 명 :

정 책 임 자
성명 :

| 인 감 | 서 명 |
|---|---|
| | |

계급(직급) :

계급(직급) :

부 책 임 자
성명 :

| 인 감 | 서 명 |
|---|---|
| | |

위와 같이 당 부서의 음어자재취급(정 · 부) 책임자의 인감을 등록함.

년 월 일

부서장 ㊞

[별지 제13호 서식]

## 암호(약호)자재기록부

(수령부서용)

| 자재명칭 | 부 수 | 등록번호 | 수 령 | | 반 납 | | 비 고 |
|---|---|---|---|---|---|---|---|
| | | | 일자 | 증빙번호 | 일자 | 증빙번호 | |
| | | | | | | | |

[별지 제14호 서식]

## 암호(약호)자재기록부

(배부부서용)

| 자재명칭 | 부 수 | 등록번호 | 배 부 | | | 반 납 | | 비고 |
|---|---|---|---|---|---|---|---|---|
| | | | 일 자 | 배부처 | 증빙번호 | 일 자 | 증빙번호 | |
| | | | | | | | | |

[별지 제15호 서식]

## 암호(약호)자재점검기록부

| 월 일 시 | 자재명칭 | 부 수 | 보관상태 | 점 검 관 | | 비 고 |
|---|---|---|---|---|---|---|
| | | | | 성 명 | 인 | |
| | | | | | | |

[별지 제16호 서식] 〈채용시의 계약서〉

# 영업비밀유지계약서

○○ 연구소(이하 "甲"이라 한다)의 ○○○○영업비밀(이하 "영업비밀"이라 한다)을 보호하기 위하여 신입사원 ○○○씨(이하 "乙"이라 한다)와 甲은 다음과 같은 영업비밀유지계약을 체결하고 당해 영업비밀의 보호에 공동으로 노력한다. 만약 이와 같은 계약사항을 지키지 않을 때에는 민사상·형사상의 책임을 지도록 한다.

다 음

1. 乙은 甲의 영업비밀관리규정이나 취업규칙상의 비밀보호관련규정 등 영업비밀보호와 관련한 제규정과 직무상의 명령을 성실히 이행한다.
2. 甲은 乙이 취급하고 있는 산업정보 등이 영업비밀임을 알 수 있고 지킬 수 있도록 영업비밀관리규정에 의한 관리를 철저히 한다.
3. 乙은 고용기간 중 지득한 甲의 영업비밀 乙의 직무와의 관련유무 불구)은 어떠한 경우이건 甲의 의사에 반하여 이를 유출하거나 공개하지 않는다.
4. 乙은 교육기간 중 지득한 甲의영업비밀(乙의 직무와의 관련유무 불구)을 이용하여 부정한 이익을 보거나 甲에게 손해를 가할 목적으로 사용하지 않는다.
5. 乙은 고용기간 중 지득한 甲의 영업비밀(乙의 직무와의 관련유무 불구)을 이용하여 경쟁사의 경쟁력제고 등 경쟁상의 지위 향상을 목적으로 경쟁사에 전직을 하거나 겸직 또는 고문, 자문위원회 위원, 기타 협력하는 지위를 갖지 않는다.
6. 乙이 알고 있는 경쟁사 등 제3자의 영업비밀은 비밀보유자의 승락 없이는 여하한 일이 있어도 甲의 업무에 이용하거나 공개하지 않는다.
7. 기 타

년 월 일

계약인 (甲) ○○○ 연구소장 ○○○ ㊞

(을) 신입사원 ○○○○ ㊞

[별지 제17호 서식] 〈퇴직시의 계약서〉

# 경업금지계약서

○○○ 연구소(이하 "甲"이라 한다)와 퇴직하는 ○○○ 씨(이하 "乙"이라 한다)는 乙의 재직 중에 지득한 ○○○영업비밀을 보호하기 위하여 다음과 같은 경업금지계약을 체결하고 당해 영업비밀의 보호에 공동으로 노력한다. 만약 이와 같은 계약사항을 위반하였을 때에는 민사상·형사상의 책임을 지도록 한다.

다 음

1. 甲은 乙의 일반적인 지식, 경험 등을 제한하는 경업금지를 하여서는 아니 된다. 따라서 전직 등 경업의 제한은 영업비밀이 속한 직종의 범위 내인 ○○○○ 에 국한한다.
2. 甲은 乙에 대한 전직 등 경업금지에 상응한 유효한 대가로 ○○○○○ 보장한다.
3. 乙은 고용기간 중 지득한 영업비밀은 甲의 경영목적에 반하여 사용할 수 없다. 다만 甲의 사전 승인을 받은 때에는 그러하지 아니하다.
4. 乙이 지득하고 있는 영업비밀은 퇴직일로부터 ○년 간 ○지역 내에서는 부정한 이익을 보거나 甲에 손해를 가할 목적으로 사용하거나 공개해서는 아니 된다.
5. 乙은 퇴직일로부터 ○년간 ○지역 내에서는 재직시 지득한 영업비밀을 이용하기 위한 목적으로 창업이나 경쟁사에 전직, 동업, 고문, 자문, 기타 협력의 지위를 가질 수 없다.
6. 기타 乙은 甲의 영업비밀유지를 위하여 보호기간 내에 영업비밀준수를 위한 법적·도덕적 의무를 성실히 이행하기로 한다.

년 월 일

계약인 (甲) ○○○ ㊞
(乙) ○○○ ㊞

[별지 제18호 서식] 영업비밀신고서

1. 人的事項
   ○ 소　　속
   ○ 직　　위
   ○ 성　　명
   ○ 직책 및 담당업무
   ○ 근무기간
   ○ 주요경력

2. 營業秘密의 槪要
   ○ 영업비밀의 명칭
   ○ 창안동기 및 배경
   ○ 창안경위
   ○ 창안기간
   ○ 소요경비
   ○ 내용요약

3. 營業秘密 內容 : 별첨과 같음

[별지 제19호 서식] 영업비밀접수부

| 일련번호 | 영업비밀의 명칭 | 소　속 | 직　위 | 성명 | 담당업무 | 비　고 |
|---|---|---|---|---|---|---|
| | | | | | | |

[별지 제20호 서식] 전직회사에의 통지문

## 통 지 문

성 명
주민등록번호
주 소

귀사의 일익 번창을 기원합니다.

위의 사람은 우리 회사 반도체개발사업부에서 프로그램 개발업무에 종사한 자로서 반도체개발시스템에 관한 영업비밀을 보유하고 있습니다.

그러므로 우리 회사에서는 그 시스템의 영업비밀을 유지관리하기 위하여 그로부터 영업비밀유지에 관한 서약서를 징구한 바 있습니다.

따라서 귀사에서 동 시스템과 유사한 시스템 개발부문에 종사하게 되면 우리 회사의 영업비밀이 침해될 우려가 있습니다.

부디 우리 회사의 영업비밀이 침해받지 않도록 보직임명 등에 특별한 유의를 하여 주시도록 통지하여 드립니다.

년 월 일

○○○ 회사 대표이사 ○○○ ㉧

○○○ 회사 귀중

# 제3편 부정경쟁방지 및 영업비밀보호 사업

1. 사업의 목적 및 취지

산업의 글로벌시대를 맞아 산업정보의 중요성이 증대되어 산업의 핵으로 떠오르면서 이에 관한 경쟁이 지구촌 도처에서 치열하게 전개되고 있고 그 양상도 부정경쟁행위 및 영업비밀침해행위와 같은 반윤리적 범죄행위로 이루어지고 있다. 이러한 부정행위는 지능적·조직적으로, 그것도 계획적·악의적으로 자행되고 있다.

이러한 상황에 적극적이고 능동적으로 대처하기 위하여 산업재산권에 관한 부정경쟁행위 방지 및 영업비밀보호에 관한 보다 체계적인 연구·교육 및 홍보, 부정경쟁방지를 위한 정보관리시스템의 구축 및 운영 등에 관한 사항을 특허청장의 신흥업무로 하여 산업정보에 관한 부정경쟁행위방지와 영업비밀보호에 효율성을 제고하여 만전을 기하려는 것이다.

2. 사업의 내용

여기에서 특허청장이 할 수 있는 사업의 내용은 부정경쟁행위방지 및 영업비밀보호에 관한 연구·교육 및 홍보, 부정경쟁방지를 위한 정보관리시스템의 구축 및 운영 등의 업무이다.

3. 업무의 위탁

(1) 배　　경

산업정보침해 등 산업재산권에 관한 부정경쟁행위 등의 광역화에 따른 업무의 전국화로 인한 특허청장의 부정경쟁행위방지 및 영업비밀보호(이하 '부정경쟁행위방지 등'이라 한다) 업무수행의 한계를 극복하고 부정경쟁행위방지 등 업무의 효율화를 기하기 위하여 특허청장의 위 소관사업에 관한 업무를 산업재산권 보호 또는 부정경쟁 방지업무와 관련된 법인이나 단체(이하 "전문단체"라 한다)에 위탁하여 전국단위에서 본사업이 실시되도록 하기 위함이다(법 제17조 제2항).

여기에서 전문단체란 다음의 법인 또는 단체를 말한다. i) 발명진흥법에 따라 설립된 "한국발명진흥회", ii) 그 밖에 부정경쟁행위방지 및 영업비밀보호를 위하여 연구·교육 및 홍보, 부정경쟁방지를 위한 정보관리시스템의 구축 및 운영 등 업무에 관한 전문성이 있다고 인정되는 법인 또는 단체 중에서 특허청장이 지정하여 고시하는 법인 또는 단체(이하 "위탁기관"이라 한다)를 말한다(시행령 제4조 제3항).

(2) 위탁기관 지정요건

1) 연구 등 사업의 위탁기관

부정경쟁방지 및 영업비밀보호를 위한 연구·교육·홍보사업의 위탁기관으로 지정을 받을 수 있는 자는 다음의 요건을 갖추고 있는 법인이나 단체로 한다(부정경쟁방지 및 영업비밀보호사업 위탁기관지정에 관한 요령 제2조 제1항).

ⅰ) 산업재산권에 관한 업무에 1년 이상 종사한 자로서 특허분쟁, 특허정보 검색, 출원, 명세서 작성, 특허지도 작성 등에 관한 전문지식이 있거나, 산업재산권 관련분야의 석사학위 이상의 학위를 취득한 자 5명 이상

ⅱ) 홍보업무 경험이 1년 이상인 자 1명 이상

2) 정보관리시스템 구축 등 사업의 위탁기관

부정경쟁방지를 위한 정보관리시스템 구축 및 운영사업의 위탁기관으로 지정받을 수 있는 자는 다음 각호의 요건을 갖추고 있는 법인이나 단체로 한다(동 요령 제2조 제2항).

ⅰ) 서버 및 스토리지 장치가 포함된 부정경쟁방지 업무 수행이 가능한 온라인 모니터링 시스템

ⅱ) 인터넷에 접속할 수 있는 전산망과 인터넷 접속장치가 구비된 개인용 컴퓨터 10대 이상

ⅲ) 다음 각목의 부정경쟁방지업무를 수행할 수 있는 전담체계 및 인력

가. 온라인 모니터링 전담인력 5명 이상으로 구성된 전담조직과 전용사무실

나. 전문시스템 관리자 1명 이상

(3) 지정계획공고 및 지정신청

특허청장은 부정경쟁방지 및 영업비밀보호 사업의 수요를 고려하여 지정 위탁기관의 수를 정하여 위탁기관 지정계획을 공고할 수 있다(동 요령 제3조 제1항).

위탁기관 지정계획에 따라 위탁기관으로 지정받고자 하는 법인 또는 단체는 소정의 지정신청서에 다음의 서류를 첨부하여 특허청장에게 제출하여야 한다(동 요령 제3조 제2항).

i) 부정경쟁방지 및 영업비밀보호를 위한 업무계획서

ii) 시설 및 장비 보유현황

iii) 신청기관의 전체조직, 전담조직 및 전용사무실 확보 현황(배치도 포함)

iv) 신청기관의 인력 현황

(4) 위탁기관 선정

특허청장은 위 (3)의 규정에 따른 지정신청이 있는 경우 기재내용의 사실여부를 조사하고 그 결과 지정요건을 충족한 법인 또는 단체를 위탁기관으로 지정할 수 있다. 위탁기관으로 지정된 기관에 대하여는 부정경쟁방지 및 영업비밀보호 사업 위탁기관 지정서를 교부한다(동 요령 제4조).

(5) 위탁기관에 대한 감독

특허청장은 부정경쟁방지 및 영업비밀보호사업 위탁기관지정에 관한 요령의 시행과 부정경쟁방지 및 영업비밀보호를 위하여 필요하다고 인정할 때에는 그 위탁기관에 대하여 감독상 필요한 명령을 할 수 있다(동 요령 제5조 제1항).

(6) 위탁기관의 보고 등 의무

위탁기관의 장은 매년 부정경쟁방지 및 영업비밀보호 사업실적 및 사업계획과 위 (3)의 i)~iv)까지의 사항이 변경된 경우에는 변경된 날로부터 7일 이내에 특허청장에게 보고하여야 한다(동 요령 제5조 제2항, 제3항).

(7) 위탁기관지정의 취소

특허청장은 위탁기관이 위탁기관 지정요건을 충족하지 못하게 된 경우에는 지정을 취소할 수 있다. 다만, 담당인력의 수가 위 (2) 1) i), ii) 및

2) iii) 가, 나에 의한 인력의 수에 미달된 경우에는 미달된 날로부터 3개월 이내에 인력을 보충하지 아니한 때에 한하여 취소할 수 있다(동 요령 제6조).

### 4. 위탁업무 소요비용의 지원 등

#### (1) 비용의 지원

특허청장은 예산의 범위에서 위 위탁업무에 사용되는 비용의 전부 또는 일부를 지원할 수 있다(법 제17조 제5항).

#### (2) 비용의 지원신청

위탁기관(위탁받은 법인 또는 단체인 전문단체를 말한다. 이하같다)이 위탁업무에 사용되는 비용을 지원받고자 할 때에는 소정(시행령 제4조 제5항 별지 제3호 서식)의 부정경쟁방지 및 영업비밀보호 업무비용 지원신청서에 i) 부정경쟁방지 및 영업비밀보호를 위한 업무계획서, ii) 정관(법인인 경우만 해당)을 첨부하여 특허청장에게 제출하여야 한다. 이 경우 특허청장은 전자정부법 제36조 제1항에 따른 행정정보의 공동이용을 통하여 법인등기부등본(법인인 경우에만 해당)을 확인하여야 한다(시행령 제4조 제5항).

### 5. 전문단체의 업무지원 등

#### (1) 업무지원 및 지원업무 소요비용 신청

특허청장, 시・도지사, 시장・군수・구청장은 부정경쟁행위 등의 조사 등이나 위반행위의 시정권고에 관한 업무를 수행하기 위하여 필요한 경우 전문단체의 지원을 받을 수 있다. 그리고 특허청장은 전문단체의 지원업무에 사용되는 비용의 전부 또는 일부를 예산의 범위에서 지원할 수 있다(법 제17조 제3항, 제5항).

#### (2) 권한표시증표의 소지 및 제시

위 (1)에서 살펴본 바와 같이 특허청장, 시・도지사, 시장・군수・구청장은 법 제7조에 따른 부정경쟁행위 등의 조사 등이나 제8조에 따른 위반행위의 시정권고 업무의 수행상 필요한 경우 전문단체의 지원을 받을 수 있는바, 이 지원업무에 종사하는 전문단체의 임・직원은 그 권한을 표시하는 증표를 지니고, 이를 관계인에게 내보여야 한다(법 제17조 제4항).

(3) 벌칙 적용에서의 공무원 의제

특허청장, 시・도지사, 시장・군수・구청장이 부정경쟁행위 등의 조사 등이나 위반행위의 시정권고에 관한 업무수행상 전문단체의 지원을 받을 경우 그 지원업무에 종사하는 전문단체의 임・직원은 형법 제127조 및 제129조부터 제132조까지의 규정에 따른 벌칙의 적용에서는 공무원으로 본다(법 제17조의2).

# 附　　錄

부록 Ⅰ | 주요국의 판결례

부록 Ⅱ | 부정경쟁방지 및 영업비밀보호에 관한 법률

# [부록 Ⅰ]
# 주요국의 판결례

## 不正競爭行爲 관련 判決例

### 〔우리 나라 판례〕

1. 周知性의 지역적 범위와 인식이 주체에 관한 판결례

[대법원 1976. 2. 10 선고, 74다1989 판결]

부정경쟁방지법 제2조의 "국내에 널리 인식된 상호·상표"라 함은 국내 전역에 걸쳐 모든 사람들에게 주지되어 있음을 요하는 것이 아니고 국내의 일정한 지역적 범위 안에서 거래자 또는 수요자들 사이에 알려진 정도로써 족하다.

2. 不正競爭防止法 제2조의 국내에 널리 인식되었다는 의미와 영업상의 이익을 침해할 우려가 있다는 의미에 관한 판결례

[대법원 1980. 12. 9 선고, 80다829 판결]

부정경쟁방지법 제2조 제1, 2호

① "국내에 널리 인식되었다"는 의미는 국내 전역에 걸쳐 모든 사람에게 알려져 있음을 요하는 것이 아니라 국내의 일정한 지역 범위 안에서 거래자 또는 수요자들 사이에 알려진 정도로서 족한 것이며

② "영업상의 이익을 침해할 우려가 있다"는 의미 중에는 타인의 상표 및 용기와 유사한 것을 사용함으로써 신용 및 고객 흡인력을 실추 또는 희석화시켜 타인에게 영업상의 손실을 가져오게 하는 경우를 포함한다고 판시하고 있다.

■ 부정경쟁방지법 위반[대법원 1974. 12. 10 선고, 73도1970 판결]

<참조조문> 부정경쟁방지법 제2조 제2항·제8조 제2항

<판결요지> 약사법상 약국은 타처에 지점이나 대리점을 둘 수 없는 지역적인 제한을 받고 있어 수원시에 소재하는 약국이 서울에 소재하는 보령약국이란 상

호나 명칭을 사용하였다 하여 서울 소재 보령약국의 수원지점 또는 대리점처럼 행세한 것으로 볼 수 없으니만큼 양자간에 의약품의 판매에 있어 영업상 활동에 혼동을 일으키게 하는 부정경쟁관계가 있다고 단정할 수 없다.

■등록상표권 침해금지 등[대법원 1976. 2. 24 선고, 73다1238 판결]

<참조조문> 약사법 제2조·제3조·제16조·제19조·제35조, 부정경쟁방지법 제2조, 상표법 제1조·제15조, 상법 제23조

<판시사항>

① 오인시킨 여지가 없다고 본 사례

② 약국의 영업주 또는 관리자

③ 본조에서 말하는 영업상의 이익

④ 상표권의 침해로 볼 수 없다고 한 사례

<판결요지>

① 약사법의 제규정에 의하면 약국에서의 의약품영업에 관한 한 그 영업주는 약국을 개설한 약사라 할 것이고, 약사 아닌 자가 약사명의로 약국을 개설하여 그 경영에 참여한다 해도 이는 단지 계산상의 관계에서 대내적으로 참여하는 데 불과한 것이므로 그를 약사법상 약국의 관리자나 영업주로 볼 수 없다.

② 부정경쟁방지법 제2조 소정의 "영업상의 이익"이란 그 이익이 법 제2조에 규정된 행위에 의한 침해로부터 보호받을 가치가 인정되어 그 보호를 위하여 그 침해행위의 중지를 구하는 것이 건전한 상거래질서유지의 이념에서 시인될 수 있는 정당한 업무상의 이익이라 할 것이고, 약사법상 제약회사는 약국을 개설·경영할 수 없다. 그러므로 피고가 수원에서 경영하는 '수원보령약국'이 원고 보령제약주식회사가 서울 종로에서 경영하는 '보령약국'으로 오인 혼동되어 그 영업상의 이익을 침해당했다고 해서 그 침해행위의 중지를 소구하는 것은 약사법에서 금지되어 있는 영업행위에 관련한 이익의 보호를 구하는 것이 되어 허용될 수 없다.

③ 원고 보령약국주식회사와 피고 경영의 수원보령약국과는 그 영업의 종류, 범위, 시설, 규모 등 그 영업의 양상을 달리함은 물론 그 고객을 서로 달리하므로 원고회사의 일반고객이 피고 경영의 수원보령약국을 원고회사의 영업으로 오인 혼동한다는 것은 좀처럼 있을 수 없다.

④ 피고가 약국의 아크릴제 간판, 약국유리창, 극장관람권 및 경기지구 의약품 판매업자 명부에 '수원보령약국'이라는 상호를 표시한 것이 피고의 영업 그것만

에 관한 것인지 또는 그 영업에서 취급하는 어느 상품에 관한 것까지 포함하는 것인지 여부를 가리지 않고는 피고의 위 행위가 원고 보령약국주식회사의 '보령'이라는 등록된 상표권을 침해한 것이라고 단정할 수 없다.

■ 부정경쟁방지법 위반[대법원 1977. 10. 11 선고, 77도1303 판결]

<참조조문> 부정경쟁방지법 제8조

<판결요지> 부정경쟁방지법 제8조 제1호 위반죄의 성립에 있어서는 허위표시를 한 상품을 진품으로 오인될 장소에 진열할 필요는 없다.

동조 동호의 위반죄는 상품의 품질 등에 관하여 오인을 일으키게 하는 허위의 표시를 함으로써 그 구성요건이 되는 것이고, 이를 진품으로 오인될 장소에 진열한 것을 그 요건으로 하고 있는 것은 아니므로 원심이 상품인 본건 시계들을 진품으로 오인될 장소에 진열해 두었는지에 관하여 심리를 하지 아니하였다고 해서 위법이라고 할 수는 없다. 결국 원심판결에 채증법칙 위배와 심리미진의 위법사유가 있다는 논지들은 채용될 수가 없다.

■ 선현주상의 제조 및 판매금지 가처분[대법원 1977. 12. 27 선고, 77다2191 판결]

<참조조문> 부정경쟁방지법 제2조, 제3조

<판시사항> 문공부고시에 따른 선현동상 원형등록의 성질

<판결요지> 문화공보부 고시에 따라 충무공 이순신장군의 주상원형의 등록을 하였다 하여 다른 사람이 똑같은 동상을 제작판매 할 수 없는 것은 아니며, 이를 부정경쟁행위에 해당한다고도 할 수 없다.

원심이 판시한 바에 의하여 신청인이 1975. 9. 9 문화공보부장관에게 등록하고, 동 장관이 공고한 충무공 이순신장군의 조상을 복제할 수 있는 사는 등록자인 신청인만이 가능한 것도 아니요, 그렇다고 조상원형의 표준상에 대한 문화공보부의 심의에 통과되지 아니한 피신청인은 동일형태인 원형등록한 것과 똑같은 동상을 제작할 수 없는 것도 아니라 하였다. 그렇다고 피신청인이 판매의 목적으로 이순신장군 조상의 공급대상자에게 엽서나 안내장 등을 배포하고 판매하는 행위가 부정경쟁방지법 제2조, 제3조 소정의 부정경쟁행위에 해당한다고도 말할 수 없다는 것이다. 따라서 신청인은 보전받을 권리가 있다고 말할 수 없다는 취지이다. 이러한 원심판단은 모두 정당하고 여기에는 법리오해로 인하여 법률적용을 그르친 허물이 없다.

3. 저작물인 영화대본의 제호에 대하여 禁止請求權을 인정한 판결례

[대법원 79. 11. 30 선고, 79마364 결정]

신청인이 방송극 '혼자 사는 여자'의 영화화권을 매수하고 그 영화화 기획이 일간지 및 주간지 등의 연예란을 통하여 보도되었다면 그 '혼자 사는 여자'라는 제호는 보호되어야 하고, 피신청인이 소외인작 '독신녀'를 '혼자 사는 여자'라는 제호를 사용하여 영화화한다면 이는 신청인의 영업상 이익을 침해할 우려가 있으므로 부정경쟁방지법 제2조 제1호에 해당되어 신청인은 피신청인에게 이러한 행위의 중지를 청구할 권리를 가진다.

4. 國際的인 표시에 대하여 周知性을 부인한 판결례

[대법원 1981. 2. 24 선고, 80다1216 판결]

McDONALD 상표에 대하여 동상표가 게재 선전되어 있는 영문판 잡지인 리더스 다이제스트 및 타임즈지가 1971년 및 1973년에 각 10,000여 부 정도 국내에 수입·반포되었고, 또한 20여 개의 다른 나라에 선전되어 있다는 사실만으로는 위 원고의 상표가 국내 또는 국내의 일정한 지역의 거래자나 수요자들에게 널리 인식되어 있다고 볼 수 없다고 판시하고 있다.

5. 상품포장의 도안구성이 유사(의장권의 유사품)하여 不正競爭防止法 제2조 제1호의 不正競爭行爲에 해당된다는 판결례

[대법원 1978. 7. 25 선고, 76다847 판결]

껌 포장지에 비록 한글로 된 문자부분 일열이 있기는 해도 전체적으로 과일의 관념이 강조됨과 아울러 문자부분의 호칭, 외관의 유사성이 곁들여서 껌 포장지의 도안구성 전체의 결합이 주는 외관, 호칭 및 관념과 시각적 심미감이 유사하여 타회사의 상품과 혼동을 일으킬 우려가 있다면 본조 제1호의 부정경쟁행위에 해당한다.

6. 부정경쟁방지법 제2조 제1호 소정행위의 의미에 관한 판결례

[대법원 1981. 9. 22 선고, 81도649 판결]

부정경쟁방지법 제2조 제1호 소정의 행위는 등록여부와 관계없이 국내에 널리 인식된 타인의 성명, 상호, 상표, 상품의 용기, 포장 기타 타인의 상품임을 표시한 표지와 동일 또는 유사한 것을 사용하거나 이러한 것을 사용한 상품을 판매 등

을 하여 타인의 상품과 혼동을 일으키게 하는 행위를 의미한다. 따라서 국내에 널리 인식된 타인 사용의 상표 및 상품명이 표시된 비닐 포장지(때밀이 수건인 이태리타올 포장지)와 유사한 상표나 포장지를 사용하여 타인의 상품과 혼동케 한 행위도 이에 포함한다.

7. 虛僞標識 관련 판결례

[대법원 1978. 7. 25 선고, 77도3513 판결]

실제로 기술자가 내한하여 기술지도를 하였고, 합작투자계약 및 기술제공계약도 체결하였으나 실제 투자가 없었으며, 무상기술제공이기 때문에 당국의 인가를 받지 아니한 채 상품에 기술제휴한 표시를 한 경우 기술제휴에 관한 관의 인가 여부에 불구하고 기술제휴 없는 허위표지라 할 수 없다.

■ 상품 판매 금지 등[대법원 1984. 2. 28 선고, 83다456 판결]

<참조조문> 상표법 제26조, 부정경쟁방지법 제2조, 제4조 1항

<판시사항> '운주'라는 명칭의 상표의 효력

<판결요지> 피고사용의 '운주'라는 상표는 일본국 시마네켄(島根縣) 일대를 지칭하던 옛 지명인 '운주'를 한글로 표기한 것에 불과한 것으로 위 지방에서는 70년~80년 전부터 많은 주판 제조업자들이 있어 그들 모두가 자기제품에다 운주주판이란 상표를 붙여 판매해 온 탓으로 일본국과 우리 나라의 주판 판매업계나 주판 수요자들 사이에는 운주주판이라 하면 위 운주지방특산품인 주판을 가리키는 것으로 널리 인식되어 있다. 그러므로 위 '운주'라는 상표는 상표법 제26조 소정의 현저한 지리적 명칭 내지 상품에 해당하여, 원고의 등록상표인 '운주'는 피고사용의 '운주'라는 상표와의 상호 유사성 여부와 관계 없이 '운주'라는 상표에는 그 효력을 미칠 수 없음이 분명하다.

■ 부정경쟁방지법 위반[대법원 1985. 3. 12 선고, 83도2085 판결]

<참조조문> 부정경쟁방지법 제2조, 제8조

<판시사항> 양복의 주문제조판매업자가 'DIOR'라는 간판을 사용하였다 하여 부정경쟁의 목적으로 동 상표권자의 상품과 오인·혼동을 일으키게 하였다고 볼 수 있는지 여부.

<판결요지> 피고인이 양복점을 개설하고 고객의 주문을 받아 양복을 세작,

판매하는 영업을 하면서 그 양복점 외부에 'DIOR'라고 영문으로 표기된 간판 등을 사용하였다 하더라도 위 영업실태에 비추어 피고인과의 상품거래는 피고인 개인점포의 신용과 제작기술을 믿고 이루어지는 것으로 봄이 상당하여 피고인에게 부정경쟁의 목적이 있었다거나 주문자가 피고인의 점포에서 제작하는 양복을 등록 상표인 디오르(DIOR)의 상표권자가 제작, 공급하는 양복으로 오인·혼동하여 거래를 하였다고 보기 어렵다.

■ 부정경쟁금지[대법원 1988. 4. 12 선고, 87다카90 판결]

<참조조문> 부정경쟁방지법 제4조 제1항

<판시사항>

① 부정경쟁방지법 제4조 제1항 소정의 중지청구권의 범위

② 동항 소정의 "중지"의 범위 및 그 판단 기준

<판결요지>

① 부정경쟁방지법 제4조 제1항의 중지청구권에는 당해 부정경쟁행위 그 자체의 정지 이외에도 그의 예방적 조치를 청구할 수 있는 권능 및 부정경쟁행위로 인한 조성물의 제거, 폐기청구권이 포함되어 있다.

② 부정경쟁방지법 제4조 제1항 가운데의 "중지"의 범위는 당해 부정경쟁행위의 정지, 예방, 배제를 함에 필요하고도 충분한 한도 내에서 그쳐야 하는 것이고, 특히 그것을 결정함에 있어서 고려해야 할 여러 가지 사정 가운데에서 "중지"에 의하여 의무자가 입게되는 불이익까지도 아울러 충분하게 고려하여야 한다.

■ 부정경쟁방지법 위반[대법원 1989. 6. 27 선고, 87도1565 판결]

<참조조문> 구 부정경쟁방지법 제2조

<판시사항> 구 부정경쟁방지법(1986. 12. 31. 법률 제3897호로 개정되기 전의 것) 제2조 제5호 소정의 '광고에 상품의 품질, 내용 또는 수량에 오인을 일으키게 하는 선전'의 의미.

<판결요지> 구 부정경쟁방지법(1986. 12. 31. 법률 제3897호로 개정되기 전의 것) 제2조 제5호 중단에서 "(상품의)광고에 상품의 품질, 내용 또는 수량에 오인을 일으키게 하는 선전"을 한다 함은 상품광고를 함에 있어 허위광고나 과대광고 등과 같이 상품의 품질 등에 관하여 아무런 표시를 하지 않았다면 이는 동호 전단 소정의 "타인의 상품을 사칭"하는 경우에 해당할 뿐 "상품의 품질 등에 오인을 일

으키게 하는 선전"을 한 경우에는 해당하지 않는다.

■부정경쟁방지법 위반[대법원 1991. 12. 10 선고, 91도1333 판결]

<참조조문> 부정경쟁방지법 제2조, 제11조

<판시사항> 다른 회사의 상호나 상표 등의 표지가 국내에서 널리 인식된 것이라는 점에 관하여 판시하지도 않은 채, 자기의 상품에 다른 회사의 영자표기를 붙여 판매한 행위를 부정경쟁방지법 제2조 제1호 소정의 부정경쟁행위로 인정한 위법이 있다고 하여 원심판결을 파기한 사례

<판결요지> 자기의 상품에 다른 회사의 영자표기를 붙여 판매한 행위를 부정경쟁방지법 제2조 제1호 소정의 부정경쟁행위로 인정하여 처벌하기 위하여는 위 회사의 상품임을 표시하는 상호나 상표 등의 표지가 국내에 널리 인식된 것이라는 점이 먼저 확정되어야 하는 것인데도, 원심이 이에 관하여 판시하지도 아니한 채 위 법을 적용하여 유죄로 인정한 것은 범죄의 구성요건을 오해하였거나 위 법조 소정의 부정경쟁행위의 성립에 관한 법리를 오해한 위법이 있다고 하여 원심판결을 파기한 사례.

■모조품 제조 판매 전시 등 금지 가처분[대법원 1992. 2. 29 고지, 91마613 결정]

<참조조문> 구 부정경쟁방지법 제2조

<판시사항> 구 부정경쟁방지법(1991. 12. 31. 법률 제4478호로 개정되기 전의 것) 제2조 제5호 후단의 '상품에 그 상품의 품질, 내용, 제조방법, 용도 또는 수량의 오인을 일으키는 표지를 하거나 이러한 표지를 한 상품을 판매 등을 하는 행위'의 의미와 타인이 생산, 판매하는 상품과 동일한 형태의 상품을 제조, 판매하는 행위가 이에 해당하는지 여부(소극).

<판결요지> 구 부정경쟁방지법(1991. 12. 31. 법률 제4478호로 개정되기 전의 것) 제2조 제5호 후단의 "상품에 그 상품의 품질, 내용, 제조방법, 용도 또는 수량의 오인을 일으키는 표지를 하거나 이러한 표지를 한 상품을 판매 등을 하는 행위"란 상품의 속성과 성분 등 품질, 급부의 내용, 제조가공방법, 효능과 사용방법 등의 용도에 관하여 일반 소비자로 하여금 오인을 일으키는 허위나 과장된 내용의 표지를 하거나 그러한 표지를 한 상품을 판매하는 등의 행위를 말하고, 타인이 생산, 판매하는 상품과 동일한 형태의 상품을 제조, 판매하는 행위는 이에 해당된다고 볼 수 없다.

8. 信用回復請求와 관련한 법원의 사죄광고명령이 윤리적 측면에서 침해자에게 미치는 영향이 크므로 고도의 신중을 기해야한다는 판결례

[서울지법 남부지원 1984. 1. 20 선고, 83가합251 판결]

사죄광고는 윤리적인 측면에서 볼 때 상표권 등의 침해자에게 미치는 영향이 심대하므로 동 조치를 명함에 있어서는 고도의 신중성이 요구될 뿐더러 더욱이 이 사건에 있어서는 피고가 원고의 이 사건 등록상표에 유사한 포장을 동종의 상품에 사용하여 시중에 판매함으로써 원고에게 재산상의 손해를 입혔다고 할 것이나, 그가 판매한 위 상품의 품질이 원고의 상품에 비하여 조악하다는 점에 관하여 아무런 입증이 없는 이상 위와 같은 사실만으로 바로 원고가 상표권자로서 명예나 신용을 훼손당하였다고 단정할 수는 없고, 달리 이를 인정할 만한 아무런 자료도 없으므로 이점에 관한 원고의 주장은 이유가 없다 할 것이다.

9. 他人의 상표를 不正競爭의 의도로 등록하였다면 이는 不正競爭行爲에 해당한다는 판결례

[서울민사지방법원 1994. 8. 17 선고, 94카합4746 판결]

이 사건 담당 법원은 본건 상표 '타이보'차는 "A社가 상표등록을 할 당시에 이미 일본에서 알려진 저명한 상표임을 알고 이에 편승해서 일본 회사의 상품을 사칭하거나 이와 부정경쟁할 의도가 있었다고 보여진다"고 판시하였다. 따라서 A社가 '타이보'라는 상표로 등록을 하여 사용했어도 타이보차의 원재료를 보통으로 사용하는 방법으로 표시한 상표이기 때문에 상표권의 효력이 미치지 않으므로(상표법 제51조 제2호) 본건 상표는 누구든지 사용할 수 있지만 타이보차를 발전·보급시켜 온 일본 회사가 사용하는 표장 및 인디오 디자인, 저작물 등은 함부로 모방사용할 수 없다는 것이다. 즉 "외국에서 이미 알려진 저명한 상품의 상표가 국내에서 상표등록이 되어 있지 아니함을 알고 이러한 상품을 사칭할 목적으로 형식상 상표권을 취득하는 것은 그 상표의 등록출원이 부정경쟁행위를 목적으로 하는 것으로서 설사 권리행사의 외관을 갖추었다고 해도 이는 상표법을 악용하거나 남용한 것이 되어 상표법에 의한 적법한 권리행사라고 인정할 수 없다"고 밝혔다. 본건 제1심 판결은 결국 "외국 유명상표가 국내에 들어오기 전에 먼저 상표등록을 했다 하더라도 부정경쟁행위에 해당할 수 있다"는 것을 명백히 했다는 점에서도 선례적인 가치를 지닌다.

10. 不正競爭防止法上의 다른 법률과의 관계조문에서 商標法 등에 이 법과 다른 규정이 있는 경우에는 그 법에 의하도록 규정하고 있으나 그 법에 저촉되지 않는 범위 내에서는 不正競爭防止法을 적용할 수 있다는 판결례

[대법원 1993. 1. 19 선고, 92도2054 판결]

<참조조문> 구 부정경쟁방지법 제9조, 제2조

<판시사항>

① 구 부정경쟁방지법(1991. 12. 31 법률 제4478호로 개정되기 전의 것) 제9조의 규정취지와 상표법 등 다른 법률에 의하여 보호되는 권리라도 그 법에 저촉되지 아니하는 범위 안에서는 부정경쟁방지법을 적용할 수 있는지 여부(적극).

② 상표의 등록출원이나 상표권의 양수 자체가 권리행사의 외형을 갖추었으나 부정경쟁행위를 목적으로 하는 경우 위 부정경쟁방지법 제9조에 해당하여 같은 법 제2조의 적용이 배제되는지 여부(소극).

<판결요지>

① 구 不正競爭防止法(1991.12. 31 법률 제4478호로 개정되기 전의 것) 제9조의 규정은 위 법률이 시행되기 전의 구 부정경쟁방지법(1986. 12. 31 법률 제3897호로 개정되기 전의 것) 제7조가 상표법 등에 의하여 권리를 행사하는 행위에 대하여는 부정경쟁방지법의 규정을 적용하지 아니한다고 규정하던 것과는 달리 상표법, 상법 중 상호에 관한 규정 등에 부정경쟁방지법의 규정과 다른 규정이 있는 경우에는 그 법에 의하도록 한 것에 지나지 않는다. 그러므로 상표법 등 다른 법률에 의하여 보호되는 권리일지라도 그 법에 저촉되지 아니하는 범위 안에서는 부정경쟁방지법을 적용할 수 있다.

② 상표의 등록이나 상표권의 양수가 자기의 상품을 타업자의 상품과 식별시킬 목적으로 한 것이 아니고, 국내에 널리 인식되어 사용되고 있는 타인의 상표가 상표등록이 되어 있지 아니함을 알고, 그와 동일 또는 유사한 상표나 상호, 표지 등을 사용하여 일반 수요자로 하여금 타인의 상품과 혼동을 일으키게 하거나 타인의 영업상의 시설이나 활동과 혼동을 일으키게 하여 이익을 얻을 목적으로 형식상 상표권을 취득하는 경우에는 상표의 등록출원이나 상표권의 양수 자체가 부정경쟁행위를 목적으로 하는 것으로서, 가사 권리행사의 외형을 갖추었다 하더라도 이는 상표법을 악용하거나 남용한 것이 되어 상표법에 의한 적법한 권리의 행사라고 인정할 수 없으므로, 위 부정경쟁방지법 제9조에 해당하여 같은 법 제2조의 적용이 배제된다고 할 수 없다.

11. 부정경쟁행위 중지 가처분

[대법원 1997. 2. 5 선고 96마364 결정]

<참조조문> 부정경쟁방지법 제2조 제1호, 제4조 제1항

<판시사항>

(1) 부정경쟁방지법 제2조의 '국내에 널리 인식된 상호·상표'의 의미와 판단 기준.

(2) 부정경쟁방지법상의 부정경쟁행위에 대한 금지청구권자의 범위.

<결정요지>

(1) 부정경쟁방지법 제2조 제1호 (가)목 소정의 '국내에 널리 인식된 타인의 상호·상표'라 함은 국내 전역 또는 일정한 지역적 범위 안에서 거래자 또는 수요자들 사이에 널리 알려진 정도로써 족하고, 그 상표 등의 등록 여부와는 관계 없으며, 널리 알려진 상표 등인지 여부는 그 사용기간, 방법, 태양, 사용량, 거래범위 등과 상품거래의 실정 및 사회통념상 객관적으로 널리 알려졌느냐의 여부가 일응의 기준이 된다.

(2) 부정경쟁방지법 제2조 제1호(가)목 및 (나)목 소정의 국내에 널리 인식된 상품표지 또는 영업표지에 관한 부정경쟁행위로 인하여 자신의 영업상의 이익이 침해되거나 침해될 우려가 있어 같은 법 제4조 제1항에 의하여 그 행위의 금지 또는 예방을 청구할 수 있는 자에는 그러한 표지의 소유자뿐만 아니라 그 사용권자 등 그 표지의 사용에 관하여 고유하고 정당한 이익을 가지고 있는 자도 포함된다.

<참고판례> 대법원 1980. 12. 9 선고 80다829 판결. 1984. 1. 24 선고 83후34 판결.

12. 부정경쟁방지법 위반

[대법원 1997. 12. 12 선고 96도2650 판결]

<참조조문> 부정경쟁방지법 제2조 제1호 (나)목

<판시사항>

(1) 부정경쟁방지법 제2조 제1호 (나)목 소정의 '국내에 널리 인식된 타인의 영업임을 표시하는 표지'의 의미

(2) 부동산 관련 정보를 제공하는 잡지인 '주간 부동산뱅크'의 제호를 부동산 소개업소의 상호로 사용하여 '부동산뱅크 공인중개사'라고 표기하고 '체인지정점'이라고 부기하는 것이 부정경쟁방지법 제2조 제1호 (나)목에 해당한다고 본 사례.

<판결요지>

(1) 부정경쟁방지법 제2조 제1호 (나)목은 "국내에 널리 인식된 타인의 성명, 상호, 포장 기타 타인의 영업임을 표시하는 표지와 동일 또는 유사한 것을 사용하여 타인의 영업상의 시설 또는 활동과 혼동을 일으키게 하는 행위"를 부정경쟁행위의 하나로 규정하고 있는바, 여기서 국내에 널리 인식된 타인의 영업임을 표시하는 표지는 국내의 전역 또는 일정한 범위 내에서 거래자 또는 수요자들이 그것을 통하여 특정의 영업을 다른 영업으로부터 구별하여 널리 인식하는 경우를 말하는 것으로서, 단순히 영업내용을 서술적으로 표현하거나 통상의 의미로 사용하는 일상용어 등은 포함하지 않으나, 그러한 경우라도 그것이 오랫동안 사용됨으로써 거래자 또는 수요자들이 어떤 특정의 영업을 표시하는 것으로 널리 인식하게 된 경우에는 위 법이 보호하는 영업상의 표지에 해당한다고 할 것이며, 또 위 법이 규정하는 혼동의 의미에는 단지 영업의 주체가 동일한 것으로 오인될 경우뿐만 아니라 두 영업자의 시설이나 활동 사이에 영업상·조직상·재정상 또는 계약상 어떤 관계가 있는 것으로 오인될 경우도 포함된다.

(2) 부동산 관련 정보를 제공하는 잡지인 '주간 부동산뱅크'의 제호를 부동산 소개업소의 상호로 사용하여 '부동산뱅크 공인중개사'라고 표기하고 '체인지정점'이라고 부기한 것이 부정경쟁방지법 제2조 제1호 (나)목에 해당한다고 본 사례.

<참고판례> 대법원 1995. 7. 14 선고 94도399 판결. 1997. 4. 24, 96마675 결정.

13. 부정경쟁방지법 위반

[대법원 1995. 11. 7 선고 94도3287 판결]

<참조조문>

(1) 구 부정경쟁방지법(1991. 12. 31. 법률 제4478호로 개정되기 전의 것) 제1조, 제2조 제5호.

(2) 구 부정경쟁방지법 제9조, 구 부정경쟁방지법(1986. 12. 31. 법률 제3897호로 전문 개정되기 전의 것) 제7조.

(3) 상표법 제41조.

<판시사항>

(1) 구 부정경쟁방지법에서 고소인의 상표가 국내에서 널리 알려져 있음을 전제로 하는지 여부.

(2) 상표법 등 다른 법률에 의하여 보호되는 권리에 대하여 부저경쟁방지법을

적용할 수 있는지 여부.

(3) 상표법상 상표 보호의 취지 및 상표의 등록이 권리남용으로서 적법한 권리행사라고 인정할 수 없는 경우.

<판결요지>

(1) 구 부정경쟁방지법(1991. 12. 31. 법률 제4478호로 개정되기 전의 것) 제1조에서는 “이 법은 부정한 수단에 의한 상업상의 경쟁을 방지하여 건전한 상거래의 질서를 유지함을 목적으로 한다”고 규정하고 있고, 그 제2조 제5호에서는 “타인의 상품을 사칭하거나 상품 또는 그 광고에 상품의 품질, 내용, 제조방법, 용도 또는 수량의 오인을 일으키게 하는 선전 또는 표지를 하거나 이러한 방법이나 표지로써 상품을 판매, 반포 또는 수입, 수출하는 행위”를 부정경쟁행위의 한 유형으로 규정하고 있을 뿐이고, 타인의 상품 등이 널리 알려져 있음을 요한다고 규정하고 있지 아니하므로, 고소인의 상표가 국내에서 널리 알려져 있어야 함을 전제로 하지 않는다.

(2) 구 부정경쟁방지법 제9조의 규정은 그 법률이 시행되기 전의 구 부정경쟁방지법(1986. 12. 31. 법률 제3897호로 전문 개정되기 전의 것) 제7조가 상표법 등에 의하여 권리를 행사하는 행위에 대하여는 부정경쟁방지법의 규정을 적용하지 아니한다고 규정하던 것과는 달리 상표법, 상법 중 상호에 관한 규정 등에 부정경쟁방지법의 규정과 다른 규정이 있는 경우에는 그 법에 의하도록 한 것에 지나지 아니하므로, 상표법 등 다른 법률에 의하여 보호되는 권리일지라도 그 법에 저촉되지 아니하는 범위 안에서는 부정경쟁방지법을 적용할 수 있다.

(3) 상표는 어느 특정한 영업주체의 상품을 표창하는 것으로서 그 출처의 동일성을 식별하게 함으로써 그 상품의 품위 및 성질을 보증하는 작용을 하며, 상표법이 등록상표권에 대하여 상표 사용의 독점적 권리를 부여하는 것은 제3자에 의한 지정상품 또는 유사상품에 대하여 동일 또는 유사 상표의 사용에 의하여 당해 등록상표가 가지는 출처표시작용 및 품질보증작용이 저해되는 것을 방지하려는 것이고, 상표법은 이와 같이 상표의 출처식별 및 품질보증의 각 기능을 보호함으로써 당해 상표의 사용에 의하여 축조된 상표권자의 기업신뢰이익을 보호하고 나아가 유통질서를 유지하며 수요자로 하여금 상품의 출처의 동일성을 식별하게 하여 수요자가 요구하는 일정한 품질의 상품구입을 가능하게 함으로써 수요자의 이익을 보호하려고 하는 것이므로, 상표권은 기본적으로는 사적 재산권의 성질을 가지지만 그 보호범위는 필연적으로는 사회적 제약을 받는데, 상표의 등록이 자기의 상품

을 다른 업자의 상품과 식별시킬 목적으로 한 것이 아니고 일반 수요자로 하여금 타인의 상품과 혼동을 일으키게 하거나 타인의 영업상의 시설이나 활동과 혼동을 일으키게 하여 이익을 얻을 목적으로 형식상 상표권을 취득하는 경우에는 상표의 등록출원 자체가 부정경쟁행위를 목적으로 하는 것이 되고, 비록 권리행사의 외형을 갖추었다 하더라도 이는 상표법을 악용하거나 남용한 것이 되어 상표법에 의한 적법한 권리의 행사라고 인정할 수 없다.

<참고판례> 대법원 1976. 2. 10. 선고 74다1989 판결. 1993. 1. 19. 선고 92도2054 판결.

14. 부정경쟁방지법 위반

[대법원 1994. 12. 2. 선고 94도1947 판결]

<참조조문> 부정경쟁방지법 제2조 제1호 (가)목

<판시사항> 상품의 형태가 부정경쟁방지법 제2조 제1호 (가)목 소정의 "기타 타인의 상품임을 표시한 표지"에 해당하는 경우.

<판결요지> 일반적으로 상품의 형태는 상품의 출처를 표시하는 기능을 가진 것은 아니나 다만 어떤 상품의 형태가 장기간 계속적, 독점적, 배타적으로 사용되거나 지속적인 선전광고 등에 의하여 그 형태가 갖는 차별적 특징이 거래자 또는 수요자에게 특정한 품질을 가지는 특정 출처의 상품임을 연상시킬 정도로 개별화되기에 이른 경우에는 부차적으로 자타상품의 식별기능을 가지게 되고 이러한 경우에 비로소 부정경쟁방지법 제2조 제1호 (가)목 소정의 "기타 타인의 상품임을 표시한 표지"에 해당된다.

<참조판례 등> 평석: 부정경쟁방지법상의 상품형태의 보호, 도두형, 판례연구 편, 서울지방변호사회, 9집 (1996.1), 232면.

15. 제조 및 판매금지가처분

[대법원 1997. 4. 24. 96마675 결정]

<참조조문> 부정경쟁방지법 제2조 제1호 (가)목

<판시사항>

(1) 부정경쟁방지법 제2조의 '국내에 널리 인식된 상호 · 상표'의 의미

(2) 상품의 형태가 부저경쟁방지법 제2조 제1호 (가)목에서 정하는 '타인의 상품임을 표시한 표지'에 해당하기 위한 요건.

<결정요지>

(1) 부정경쟁방지법 제2조 제1호 (가)목의 '국내에 널리 인식되었다'는 의미는 국내 전역에 걸쳐 모든 사람들에게 주지되어 있음을 요하는 것이 아니고, 국내의 일정한 지역적 범위 안에서 거래자 또는 수요자들 사이에 알려진 정도로써 족하다.

(2) 상품의 형태는 의장권이나 특허권 등에 의하여 보호되지 않는 한 원칙적으로 이를 모방하여 제작하는 것이 허용되고, 다만 예외적으로 어떤 상품의 형태가 장기간의 계속적·독점적·배타적 사용이나 지속적인 선전광고 등에 의하여 그 형태가 갖는 차별적 특징이 거래자 또는 수요자에게 특정한 품질을 가지는 특정 출처의 상품임을 연상시킬 정도로 현저하게 개별화된 경우에만 부정경쟁방지법 제2조 제1호 (가)목에서 정하는 '기타 타인의 상품임을 표시한 표지'에 해당되어 부정경쟁방지법에 의한 보호를 받을 수 있다(주식회사 낫소가 축구공의 표면에 사용한 도안은 국내에 널리 인식된 상품표지에 해당하지 않으므로 부정경쟁방지법에 의한 보호를 받을 수 없다고 본 사례).

<참조판례 등>

(1) 대법원 1995. 7. 14. 선고 94도399 판결, 1996. 5. 13. 96마217 결정, 1996. 10. 15. 선고 96다24637 판결 등.

(2) 대법원 1994. 12. 2. 선고 94도1947 판결, 1996. 11. 27. 96마365 결정 등.

16. 부정경쟁방지법 위반

[대법원 1985. 3. 12. 선고 83도2085 판결]

<참조조문> 부정경쟁방지법 제18조, 부정경쟁방지법 제2조, 제8조.

<판시사항> 양복의 주문제조 판매업자가 'DIOR'라는 간판을 사용하였다 하여 부정경쟁의 목적으로 동 상표권자의 상품과 오인·혼동을 일으키게 하였다고 볼 수 있는지 여부.

<판결요지> 양복점을 개설하고 고객의 주문을 받아 양복을 제작 판매하는 영업을 하면서 그 양복점 외부에 "DIOR"이라고 영문으로 표기된 간판 등을 사용하였다 하더라도 위 영업실태에 비추어 피고인과의 상품거래는 피고인 개인 점포의 신용과 제작기술을 믿고 이루어지는 것으로 봄이 상당하여 피고인에게 부정경쟁의 목적이 있었다거나 주문자가 피고인의 점포에서 제작하는 양복을 등록상표인 디올(DIOR)의 상표권자가 제작·공급하는 양복으로 오인·혼동하여 거래를 하였다고 보기 어렵다.

17. 부정경쟁방지법 위반

[대법원 1989. 6. 27. 선고 87도1565 판결]

<참조조문> 부정경쟁방지법(구법) 제2조 제5호

<판시사항> 구 부정경쟁방지법(1986. 12. 3 법률 제3987호로 개정되기 전의 것) 제2조 제5호 소정의 '광고에 상품의 품질, 내용 또는 수량에 오인을 일으키게 하는 선전'의 의미

<판결요지> 구 부정경쟁방지법(1986. 12. 31. 법률 제3897호로 개정되기 전의 것) 제2조 제5호 중단에서 "(상품의) 광고에 상품의 품질, 내용 또는 수량에 오인을 일으키게 하는 선전"을 한다 함은 상품광고를 함에 있어 허위광고나 과대광고 등과 같이 상품의 품질 등에 오인을 일으키는 표시 등을 하는 경우를 말하고 비록 타인의 상품을 자기의 상품인 것처럼 팜플렛으로 인쇄하여 배포하였더라도 자기상품의 품질 등에 관하여 아무런 표시를 하지 않았다면 이는 동호 전단 소정의 "타인의 상품을 사칭"하는 경우에 해당할 뿐 "상품의 품질 등에 오인을 일으키게 하는 선전"을 한 경우에는 해당하지 않는다.

18. 모조품제조 · 판매 · 전시 등 금지가처분

[대법원 1992. 2. 29. 91마613 결정]

<참조조문> 구 부정경쟁방지법 제2조

<판시사항> 구 부정경쟁방지법(1991.12.31 법률 제4478호로 개정되기 전의 것) 제2조 제5호 후단의 '상품에 그 상품의 품질, 내용, 제조방법, 용도 또는 수량의 오인을 일으키는 표지를 하거나 이러한 표지를 한 상품을 판매 등을 하는 행위'의 의미와 타인이 생산, 판매하는 상품과 동일한 형태의 상품을 제조, 판매하는 행위가 이에 해당하는지 여부(소극)

<결정요지> 구 부정경쟁방지법(1991.12.31 법률 제4478호로 개정되기 전의 것) 제2조 제5호 후단의 "상품에 그 상품의 품질, 내용, 제조방법, 용도 또는 수량의 오인을 일으키는 표지를 하거나, 이러한 표지를 한 상품을 판매 등을 하는 행위"란 상품의 속성과 성분 등 품질, 급부의 내용, 제조가공방법, 효능과 사용방법 등의 용도에 관하여 일반 소비자로 하여금 오인을 일으키는 허위나 과장된 내용의 표지를 하거나, 그러한 표지를 한 상품을 판매하는 등의 행위를 말하고, 타인이 생산, 판매하는 상품과 동일한 형태의 상품을 제조, 판매하는 행위는 이에 해당된다고 볼 수 있다.

19. 상호사용금지

[서울민사지법 1989. 1. 30. 선고 87가합724 판결]

<참조조문> 부정경쟁방지법 제2조

<판시사항> 국내에 널리 인식된 타인의 사장과 동일 내지 유사한 상호라고 본 사례

<판결요지> 한국와이·케이·케이판매주식회사라는 상호 중 「와이·케이·케이」 부분은 일본국의 요시다 고교 가부시키 가이샤가 그 영업주체임을 나타내는 「Y·K·K」의 영문알파벳 발음을 한글로 소리나는 대로 표기한 것으로서 국내 지퍼 제품의 거래자 및 수요자로서는 위 상호가 요시다 고교 가부시키 가이샤의 사장인 「Y·K·K」와 동일 내지는 유사하여 위 「와이·케이·케이」를 자기상호의 중요부분으로 사용하는 한국와이·케이·케이주식회사의 지퍼 판매행위가 요시가 고교 가부시키 가이샤 또는 그와 어떤 관계가 있는 회사의 영업행위인 것으로 오인 또는 혼동하기에 충분하다.

20. 부정경쟁방지법 위반

[대법원 1996. 4. 28 선고 63다811 판결]

<참조조문> 상법 제23조, 부정경쟁방지법 제2조

<판결요지> "뉴 서울 사장"이라는 상호 옆에 혹은 아래에 작은 글자로 "전 허바허바 개칭"이라고 기재하였다면 이는 "허바허바 사장"이라는 상호를 사용한 것으로 볼 것이며 원판결이 채무자의 상호간판 "뉴 서울 사장"의 위 또는 아래와 옆에 작은 글씨로 "전 허바허바 개칭" 또는 "허바허바 사장 개칭"이라고 덧붙여서 사용한 것은 비록 작은 글씨라 할지라도 같은 서울특별시내에서 같은 사진영업을 하면서 다른 사람의 등기한 상호를 1958년 이래 사용하고 있는 것은 부정한 목적으로 다른 사람의 영업으로 오인할 수 있는 상호를 사용하고 있는 것이라 할 것이다라고 판시한 것은 적법하다.

21. 부정경쟁방지법 위반

[대법원 1999. 4. 23. 선고 97도322 판결]

<참조조문>

(1) 구 부정경쟁방지법(현행 부정경쟁방지 및 영업비밀보호에 관한 법률) 제15조

(2) 구 부정경쟁방지법(현행 부정경쟁방지 및 영업비밀보호에 관한 법률) 제2조 제1호, 제15조, 상표법 제6조 제1항 제4호

(3) 구 부정경쟁방지법(현행 부정경쟁방지 및 영업비밀보호에 관한 법률) 제2조 제1호, 제15조, 제18조, 상표법 제6조 제1항 제4호

<판시사항>

(1) 상표법 등 다른 법률에 의하여 보호되는 권리에 대하여도 구 부정경쟁방지법을 적용할 수 있는지 여부(적극)

(2) 구 부정경쟁방지법 제2호 제1호 (가)목 및 (나)목 소정의 '부정경쟁행위'의 의미

(3) 상표나 서비스표가 상표법상 보호받지 못하더라도 특정인의 영업을 표시하는 것으로 널리 인식된 경우, 구 부정경쟁방지법이 보호하는 영업표지에 해당하는지 여부(적극) 및 같은 법 제2조 제1호 (나)목 소정의 '혼동'의 의미

<판결요지>

(1) 구 부정경쟁방지법 제15조의 규정은 상표법 등에 구 부정경쟁방지법의 규정과 다른 규정이 있는 경우에는 그 법에 의하도록 한 것에 지나지 아니하므로, 상표법 등 다른 법률에 의하여 보호되는 권리일지라도 그 법에 저촉되지 아니하는 범위 안에서는 구 부정경쟁방지법을 적용할 수 있다.

(2) 구 부정경쟁방지법 제2조 제1호 소정의 행위는 상표권 침해행위와는 달라서 반드시 등록된 상표(서비스표)와 동일 또는 유사한 상호를 사용하는 것을 요하는 것이 아니고, 등록 여부와 관계없이 사실상 국내에 널리 인식된 타인의 성명, 상호, 상표, 상품의 용기, 포장 기타 타인의 상품임을 표시하는 표지와 동일 또는 유사한 것을 사용하거나 이러한 것을 사용한 상품의 판매 등을 하여 타인의 상품과 혼동을 일으키게 하거나 타인의 영업상의 시설 또는 활동과 혼동을 일으키게 하는 일체의 행위를 의미하는 것이다.

(3) 비록 현저한 지리적 명칭만으로 된 상표나 서비스표이어서 상표법상 보호받지 못한다고 하더라도 그것이 오랫동안 사용됨으로써 거래자나 일반 수요자들이 어떤 특정인의 영업을 표시하는 것으로 널리 알려져 인식하게 된 경우에는 구 부정경쟁방지법이 보호하는 영업표지(서비스표에 한정되지 아니하고, 타인의 성명이나 상호, 표장 기타 타인의 영업임을 표시하는 일체의 표지를 포함한다)에 해당한다고 할 것이며, 두 영업자의 시설이나 활동 사이에 영업상, 조직상, 재정상 또는 계약상 어떤 관계가 있는 것으로 오인될 경우에도 타인의 영업상의 시설 또는 활동과 혼동을 일으키게 하는 부정경쟁행위에 해당한다.

<참조판례>

(1) 대법원 1993. 1. 19. 선고 92도2054 판결. 1995. 11. 7. 선고 94도3287 판결. 1996. 5. 13. 96마217 결정

(2) 대법원 1981. 9. 22. 선고 81도649 판결. 1996. 1. 26. 선고 95도1464 판결. 1996. 5. 31 선고 96도197 판결

(3) 대법원 1997. 12. 12. 선고 96도2650 판결

22. 부정경쟁금지

[서울고법 1986. 11. 24. 선고 86나1318 판결]

<참조조문> 부정경쟁방지법 제2조, 제4조

<판시사항> 용기 및 표지에 의하여 표상되는 상품의 혼동여부 판단기준

<판결요지> 용기 및 표지에 의하여 표상되는 상품의 혼동여부는 각 용기와 그 표지를 객관적, 전체적, 이격적으로 관찰하여 판단하여야 한다.

23. 부정경쟁방지법 위반

[대법원 1974. 12. 10. 선고 73도1970 판결]

<참조조문> 부정경쟁방지법 제18조, 부정경쟁방지법 제2조, 제8조

<판시사항> 부정경쟁의 목적이 있다고 할 수 없는 사례

<판결요지> 약국은 타처에 지점이나 대리점을 둘 수 없는 지역적인 제한을 받고 있어 수원시에 소재하는 약국이 서울에 소재하는 보령약국이란 상호나 명칭을 사용하였다 하여 서울소재 보령약국의 수원지점 또는 대리점처럼 행세한 것으로 볼 수 없으니 만큼 양자간에 의약품의 판매에 있어 영업상 활동에 혼동을 일으키게 하는 부정경쟁관계가 있다고 단정할 수 없다.

24. 의장권의 유사품제조판매 및 확포중지가처분이의

[대법원 1978. 7. 25. 선고 76다847 판결]

<참조조문> 부정경쟁방지법 제2조 제1호

<판시사항> 상품포장의 도안구성이 유사하여 본조 제1호의 부정경쟁행위에 해당되는 사례

<판결요지> 껌포장지에 비록 한글로 된 문자부분 1열이 있기는 해도 전체적으로 과일의 관념이 강조됨과 아울러 문자부분의 호칭, 외관의 유사성이 곁들여서 껌포장지의 도안 구성 전체의 결합이 주는 외관, 호칭 및 관념과 시각적 심미감

이 유사하여 타회사의 상품과 혼동을 일으킬 우려가 있다면 부정경쟁방지법 2조 1호의 부정경쟁행위에 해당한다.

<참조판례 등> 평석: 의장의 모방과 부정경쟁, 송영식, 사법행정 20권 2호, 63면

25. 상표법 위반(인정된 죄명 : 부정경쟁방지법 위반)

[대법원 1993. 4. 23. 선고 93도371 판결]

<참조조문> 구 부정경쟁방지법(1991. 12. 31. 법률 제4478호로 개정되기 전의 것) 제9조, 상표법 제51조 제1호

<판시사항> 자기의 상호를 보통으로 표시하는 방법으로 사용하더라도 상표권 설정등록후 부정경쟁의 목적으로 사용하는 경우 상표권의 효력이 미치는지 여부(적극)

<판결요지> 상호를 보통으로 표시하는 방법으로 사용하는 경우라 하더라도 상표권의 설정등록이 있은 후 부정경쟁의 목적으로 사용하는 경우에는 상표권의 효력이 미친다.

<참조판례> 대법원 1990. 9. 25 선고 89후2274 판결

26. 상표법 위반

[대법원 1995. 5. 9. 선고 94도3052 판결]

<참조조문> 상표법 제71조 제3항, 부정경쟁방지법 제2조 제1호, 제15조

<판시사항>

(1) 등록무효사유가 있는 등록서비스표의 효력

(2) "현풍할매집"이라는 서비스표 등록이 부정경쟁방지법상의 부정경쟁행위에 해당하지 않는다고 본 사례

<판결요지>

(1) 서비스표가 등록되면 비록 등록무효사유가 있다고 하더라도 심결에 의하여 그 등록이 무효로 선언되어 확정되기까지는 등록서비스표로서의 권리를 그대로 보유한다.

(2) "현풍할매집"이라는 내용의 서비스표를 등록할 당시 이미 타인이 현풍할매집이라는 상호로 식당을 경영하고 있었다 하더라도 그 서비스표 등록권자의 영업장소와 영업기간, 서비스표 등록의 경위와 그 등록출원 당시의 일반 수요자에 의

한 "현풍할매집"의 주지 정도 등을 고려하면, 일반 수요자로 하여금 타인의 상호와 혼동을 일으켜 이익을 얻을 목적으로 형식상으로만 서비스표권을 취득한 자라고 할 수 없어 그 서비스표 등록이 부정경쟁방지법상의 부정경쟁행위에 해당한다고 할 수 없다고 한 사례.

27. 부정경쟁방지법 위반

[대법원 1996. 1. 26. 선고 95도1464 판결]

<참조조문> 부정경쟁방지법 제2조 제1호, 상표법 제51조 제1호

<판시사항>

(1) 부정경쟁방지법 제2호 제1호 소정의 '부정경쟁행위'의 의미와 고의·과실 요부

(2) 상표가 등록되어 있다는 사실을 알면서도 그 등록상표와 유사한 상호를 사용한 경우 비록 피해자의 승낙을 받았다고 하더라도 부정경쟁의 목적이 없었다고 할 수 있는지 여부

<판결요지>

(1) 부정경쟁방지법 제2조 제1호 소정의 행위는 상표권 침해행위와는 달라서 반드시 등록된 상표와 동일 또는 유사한 상호를 사용하는 것을 요하는 것이 아니고, 등록 여부와 관계없이 사실상 국내에 널리 인식된 타인의 성명, 상호, 상표, 상품의 용기, 포장 기타 타인의 상품임을 표시하는 표지와 동일 또는 유사한 것을 사용하거나 이러한 것을 사용한 상품을 판매 등을 하여 타인의 상품과 혼동을 일으키게 하거나 타인의 영업상의 시설 또는 활동과 혼동을 일으키게 하는 행위를 의미하고, 위와 같은 부정경쟁행위의 성립에는 상법상의 상호권의 침해에서와 같은 부정한 목적이나 부정경쟁행위자의 고의·과실은 그 요건이 아니다.

(2) 상표가 등록되어 있다는 사실을 잘 알면서도 그 등록상표와 유사한 상호를 간판에 표시하고 사용한 것이라면 비록 피해회사가 상표를 등록하기 전부터 유사한 상호를 사용하여 온 제3자의 승낙을 받아 이를 사용한 것이라고 하더라도 부정경쟁의 목적이 없었다고 볼수는 없다.

<참조판례>

(1) 대법원 1995. 9. 29. 선고 94다31365, 31372 판결 등.

(2) 대법원 1993. 4. 23. 선고 93도371 판결 등.

28. 영화제작배포상영 등 금지가처분

[서울고법 1991. 9. 5 91라79 결정]

<참조조문> 저작권법 제5조, 제2조, 부정경쟁방지법 제2조, 제4조

<판시사항>

(1) 원저작물(소설)에 대한 2차적 저작물(영화)이 되기 위한 요건

(2) 저작물의 제호 자체가 저작물로서 보호받을 수 있는지 여부

(3) 소설 "애마부인"의 저작자가 영화 "애마부인" 및 그 2, 3, 4편의 제작시 그 제호의 사용을 승낙하였고, 그 후 위 영화들이 흥행에 성공하여 소설과 별도로 영화로서의 주지성을 획득하였다면 영화 "애마부인 5"를 제작 상영하는 행위가 부정경쟁방지법 제2조 제1호 소정의 부정경쟁행위에 해당하지 아니한다고 본 사례

<결정요지>

(1) 원저작물(소설)에 대한 2차적 저작물(영화)이 되기 위하여는 원저작물을 토대로 작성된 저작물이 단순히 사상, 주제, 소재 등이 같거나 유사한 것만으로는 부족하고 두 저작물 사이에 사건의 구성, 전개과정, 등장인물의 교차 등에 공통점이 있어서 새로운 저작물로부터 원저작물의 본질적인 특징 자체를 직접 감득할 수 있어야 한다.

(2) 일반적으로 저작물의 제호 자체는 저작물의 표지에 불과하고 독립된 사상, 감정의 창작적 표현이라고 보기 어려워 저작물로서의 조건을 구비하지 못하고 있으므로 소설의 제호는 저작물로서 보호받을 수 없다.

(3) 소설 "애마부인"이 그 자체로서 주지성 있는 상품표지라 하더라도 그 저작자가 위 소설을 원작으로 하여 영화 "애마부인"을 제작할 것을 승낙하였고 그 후 계속하여 영화 "애마부인"의 2편, 3편, 4편을 제작함에 있어서도 제호의 사용을 묵시적으로 승낙하였거나 아무런 이의도 한 바 없으며 상영된 위 각 영화들이 대부분 흥행에 성공하여 위 소설과 별도로 영화로서의 주지성을 이미 획득하고 두 표지가 병존하여 왔다면, 더 이상 소설 "애마부인"이 먼저 사용되어진 표지로서의 우선권을 내세우기 어렵고 이익형량의 원칙에 따라 새로운 영화를 제작하게 된 쪽에서 구별이 가능한 부가어를 덧붙이는 등 혼동위험을 줄일 수 있는 조치를 취하면 족하며, 또 위 저작자의 승낙과 수인으로 영화 "애마부인"으로서의 표지가 보호가치가 있을 정도의 주지성을 나름대로 획득하고 있는데도 그 저작자가 새삼스럽게 우선권을 내세워 새로이 형성된 영화 "애마부인"의 주지성을 부정하려 하는 것은 신의성실의 원칙으로 보아도 허용되지 아니하므로 영화 "애마부인 5"를 제작 상영하는

행위가 부정경쟁방지법 제2조 제1호 소정의 부정경쟁행위라고 할 수 없다.

29. 부정경쟁행위금지 등

[서울고법 1997. 8. 12 선고 95나36598 판결]

<참조조문>

(1) 부정경쟁방지법 제2조 제1호 (나)목

(2) 공업소유권 보호를 위한 파리협약 제1조, 제2조 제1항, 제10조의2 제1항

<판시사항>

(1) 부정경쟁방지법 제2조 소정의 '타인'의 개념

(2) 주지상품 표지의 소유자가 일시 영업을 중지하고 있는 동안 제3자가 유사한 상품 표지하에 동종 영업을 개시한 행위가 부정경쟁행위에 해당하는지 여부(적극) 및 그 부정행위를 계속하여 주지성을 획득한 경우 법적 보호 여부(소극)

(3) 공업소유권보호를 위한 파리협약 가맹국의 국민인 외국인은 국내에 주소 또는 영업소를 두지 않고 있는 경우에도 부정경쟁행위의 중지를 구할 권리가 있는지 여부(적극)

<판결요지>

(1) 부정경쟁방지법 제2조에서 말하는 '타인'의 개념에는 특정의 표시에 관한 상표 등 사용계약에 의하여 결속한 동 표지의 사용허락자, 사용권자 및 재사용권자의 집단과 같이 동 표지가 갖는 출처식별기능·품질보증기능 및 고객흡입력을 보호·발전시킨다고 하는 공통의 목적하에 결속하고 있는 것으로 평가할 수 있는 집단도 포함된다.

(2) 주지상품 표지의 소유자가 일시 영업을 휴지하고 있는 동안 제3자가 동일 또는 유사한 상품 표지하에서 동종 영업을 개시한 경우에도 부정경쟁행위가 되고 이러한 부정사용을 계속하여 주지성을 획득하였다 하더라도 법으로부터 보호될 수 없음은 변함이 없다.

(3) 공업소유권보호를 위한 파리협약 가맹국의 국민인 외국인은 같은 협약 제1조, 제2조 제1항, 제10조의2 제1항의 규정에 의하여 부정경쟁행위자의 상호등록 당시나 현재에 이르기까지 국내에 주소 또는 영업소를 두지 않고 있었다 하더라도 한국민과 동일하게 취급받게 되어 부정경쟁행위의 중지를 구할 권리가 있다.

30. 부정경쟁방지법 위반

[서울형사지법 1987. 12. 29. 선고 86고단5989 판결]

<참조조문>

형사소송법 제327조 제1호, 부정경쟁방지법 제2조, 제9조, 제11조

독점규제 및 공정거래에 관한 법률 제15조, 제56조, 제60조

<판시사항> 부정경쟁방지법의 허위광고죄와 독점규제 및 공정거래에 관한 법률상의 허위광고죄와의 관계(법률경합) 및 경제기획원장관의 고발없이 제기된 부정경쟁방지법 위반죄의 공소의 효력

<판결요지> 부정경쟁방지법이나 독점규제 및 공정거래에 관한 법률은 모두 상품의 허위광고를 금하고 이의 처벌규정을 두고 있으나 부정경쟁방지법 제9조에 의하여 이에 관하여는 독점규제 및 공정거래에 관한 법률만이 우선 적용된다고 보아야 하고 또한 독점규제 및 공정거래에 관한 법률 위반죄는 경제기획원장관의 고발이 있어야 논할 수 있으므로 허위광고행위에 대하여 이러한 고발 없이 기소된 부정경쟁방지법 위반죄의 공소는 절차가 법률에 위반되어 무효라 할 것이므로 형사소송법 제327조 제1호에 의하여 공소기각하여야 한다.

31. 손해배상

[서울민사지법 1991. 1. 23. 선고 90가합31607 판결]

<참조조문> 부정경쟁방지법 제2조

<판시사항> 캐릭터(Character) 침해행위가 부정경쟁방지법상의 부정경쟁행위에 해당되는지 여부

<판결요지> 캐릭터란 상품의 선전광고력과 고객흡인력을 강화하기 위하여 상품에 대하여 사용되는 서적물이나 그 제호 및 명칭, 가공적 또는 실존적인 인물이나 동물, 단체 등의 명칭, 그 밖에 이들을 표현하는 문자, 도형 또는 형상으로서 이른바 상품화권의 대상이 되는 것을 말하는 것이나, 이러한 캐릭터 자체가 상표로서의 의미까지를 획득하는 것은 예외적이라 할 것이므로 캐릭터는 원칙적으로 저작권법의 법리에 의하여 보호될 수 있을 뿐, 그 침해행위가 있다 하여 특정상품이나 영업의 경쟁관계를 전제로 하여 그 주체간의 혼동야기행위 등을 규율하려는 부정경쟁방지법상의 부정경쟁행위에 해당된다고 볼 수는 없고, 다만 캐릭터가 본래의 저작물적인 성격을 가지면서도 상품 또는 영업을 표시하는 것으로 평가될 수 있는 경우에는 예외라 할 것이나, 월트 디즈니가 창작한 "미키 마우스," "도널드

덕” 등의 캐릭터들과 같은 저명 캐릭터가 신발, 의류, 과자, 문구 등 여러 종류의 상품에 동시에 사용되고 있는 경우에는 어느 특정상품의 표시라고 인식되기는 더욱 어렵다고 할 것이다(항소).

32. 부정경쟁금지

[대법원 1988. 4. 12. 선고 87다카90 판결]

<참조조문> 부정경쟁방지법 제4조 제1항

<판시사항>

(1) 부정경쟁방지법 제4조 제1항 소정의 중지청구권의 범위

(2) 부정경쟁방지법 제4조 제1항 소정의 '중지'의 범위 및 그 판단기준

<판결요지>

(1) 부정경쟁방지법 제4조 제1항의 중지청구권에는 당해 부정경쟁행위 그 자체의 정지 이외에도 그의 예방적 조치를 청구할 수 있는 권능 및 부정경쟁행위로 인한 조성물의 제거, 폐기청구권이 포함되어 있다.

(2) 부정경쟁방지법 제4조 제1항 가운데의 “중지”의 범위는 당해 부정경쟁행위의 정지, 예방, 배제를 함에 필요하고도 충분한 한도 내에서 그쳐야 하는 것이고 특히 그것을 결정함에 있어서 고려해야 할 여러 가지 사정 가운데에서 “중지”에 의하여 의무자가 입게 되는 불이익까지도 아울러 충분하게 고려하여야 한다.

33. 부정경쟁행위중지가처분

[대법원 1997. 2. 5. 96마364 결정]

<참조조문> 부정경쟁방지법 제2조 제1호

<판시사항> 부정경쟁방지법상의 부정경쟁행위에 대한 금지청구권자의 범위

<결정요지> 부정경쟁방지법 제2조 제1호 (가)목 및 (나)목 소정의 국내에 널리 인식된 상품표지 또는 영업표지에 관한 부정경쟁행위로 인하여 자신의 영업상의 이익이 침해되거나 침해될 우려가 있어 같은 법 제4조 제1항에 의하여 그 행위의 금지 또는 예방을 청구할 수 있는 자에는 그러한 표지의 소유자뿐만 아니라 그 사용권자 등 그 표지의 사용에 관하여 고유하고 정당한 이익을 가지고 있는 자도 포함된다.

34. 손해배상

[서울고법 1992. 1. 14. 선고 91나11461 판결]

<참조조문> 부정경쟁방지법 제2조, 제4조

<판시사항> 부정경쟁방지법 제4조 소정의 행위중지청구권의 일종으로서 법인등기부상 상호에 대한 말소청구권이 인정되는지 여부(적극)

<판결요지> 법인등기부상의 상호는 영업주체의 공시적 기능이 있는 점, 법인등기부상의 상호가 말소됨으로써 (유사)상호사용금지의 실효성이 확보될 수 있는 점 및 그 말소집행이 용이한 점 등에 비추어 부정경쟁방지법 제4조 소정의 행위중지청구권의 일종으로서 상호말소청구권을 인정함이 상당하다.

## 〔일본 판례〕

1. 周知性의 정도에 관한 판결례

[東京地裁 1965. 8. 31 판결]

상품의 형태 그 자체가 상품의 출소표시로서 주지성을 갖기에 이르렀다고 하기 위해서는 단순히 그 형태가 일정기간 사용되었다고 하는 것만으로는 부족하며, 나아가 그 형태가 동종의 상품중에서 배타적·독점적으로 사용되어 그 형태가 갖는 특징이 거래자 또는 수요자에게 인식되어 있어야 한다고 판시하고 있다.

2. 周知性의 인식의 주체에 관한 판결례

(1) [札幌地裁 1984. 3. 28 판결, 大阪地裁 1976. 4. 30 판결, 東京地裁 1965. 2. 2 판결, 神戸地裁 1961. 7. 24 판결]

주지성의 인식의 주체는 '거래자 또는 수요자'라고 판시하였다.

(2) [名古屋地裁 1976. 4. 27 판결, 東京地裁 1973. 3. 9 판결, 東京地裁 1964. 12. 26 판결]

주지성의 인식의 주체를 "수요자에게 인식되어 있는 것과 도매상, 소매업자에게 인식되어 있는 것은 동일하다"고 판시하였다.

(3) [東京地裁 1988. 3. 23 판결]

취직정보 관련 사업에 있어서의 영업표시의 문제로 되었던 리쿠르트사건에서는 전국 대도시의 각 학교, 기업, 학생, 노동자들을 중심으로 하여 그들 사이에 주지되어 있으면 족하다고 판시하고 있다.

(4) [札幌地裁 1984. 3. 28 판결]

퍼스컴의 판매에 있어서는 퍼스컴을 취급하는 메이커, 판매자 및 관심있는 수요자들이 인식의 주체가 된다고 판시하고 있다.

(5) [名古屋地裁 1976. 4. 27 판결]

모노필라멘트 제조장치 등의 플라스틱 성형기계의 제조판매에 있어서 동 거래에 관여하는 거래자 및 플라스틱 가공업자 등이 인식의 주체가 된다고 판시하고 있다.

(6) [東京地裁 1962. 6. 30 판결]

젊은 여성을 위한 의류에 관한 영업에 있어서는 젊은 여성들이 주지성의 인식의 주체라고 판시하고 있다.

(7) [東京地裁 1987. 3. 20 판결]

부인모에 대하여는 부인복 및 이와 밀접한 관계가 있는 부인복식업계의 거래자 및 수요자를 주지성의 인식의 주체로 판시하고 있다.

3. 周知性의 取得時期에 관한 판결례

(1) 주지성의 취득시기를 상대방 상품의 발매시 또는 영업개시시에 한한다는 판결례[大阪地裁 1984. 4. 26 판결]

원고 제품의 표장은 늦어도 피고들이 제품의 제조판매를 개시하기 직전인 1981년 12월에는 수요자 사이에서 주지되었다고 판시하였다.

(2) 주지성의 취득시기에 관하여 상대방 표지사용 시점설의 입장을 취하고 있는 판결례[大阪高裁 1963. 8. 27 판결]

상대방의 표시가 사용된 시점에서 신청인측의 표시가 주지성을 취득하고 있다고 인정하였다.

(3) 현상호를 사용하기 전에 주지되어 있었다고는 인정되지 않는다고 한 판결례[東京高裁 1988. 3. 29 판결]

동 판결에서는 "항소인의 표시는 피항소인이 현상호를 사용하기 전에 주지되어 있었다고는 인정되지 않는다"라고 판시하였다.

(4) 주지성의 취득시기에 관하여 상대방 제품의 발매시점과 사실심의 구두변론 종결시점의 양자를 언급한 판결례[東京地裁 1978. 5. 31 판결, 大阪地裁 1993. 2. 25 판결, 東京地裁 1988. 4. 27 판결]

동판결에서는 "원고의 표시는 피고가 동표시를 사용하기 시작한 1954년 당시에는 물론 본건 구두변론 종결시에 있어서도 널리 알려져 있었다고 할 수 없다"고 판시하였다.

(5) 구두변론 종결시점설의 입장을 취하고 있는 판결례[최고재판소 1988. 7. 19 판결]

"자기의 상품표시가 부정경쟁방지법에서 말하는 주지상품표시에 해당한다고 주장하는 甲이 이와 유사한 표시를 사용하는 乙에 대하여 그 중지 등을 청구하기 위하여는 甲의 상품표시는 부정경쟁행위로 보여지는 乙의 행위가 甲의 청구와의 관계에서 문제되는 시점, 즉 중지청구에 있어서는 현재(사실심의 구두변론 종결시), 손해배상청구에 있어서는 乙이 손해배상청구의 대상으로 되어 있는 유사상품표시를 사용한 각 시점에 있어서 주지성을 갖고 있어야 한다. 생각컨데 법률규정 자체에는 주지성을 구비해야 하는 시기를 한정하고 있지 않지만 주지의 상품표시를 보호하기에 족한 사실상태가 형성되어 있는 이상 그 시점에서 수지된 상품표시와 유사한 상품표시를 사용하여 상품주체에 대한 혼동을 생기게 하는 행위를 방지하는 것이 주지상품표시의 주체에 대한 부정경쟁행위를 금지하고 공정한 경업질서를 유지하려는 동법의 취지에 부합하는 것이고, 이렇게 유사한 상품표시를 사용하고 있던 자는 계속하여 당해 표시를 사용할 수 있으므로 충분히 보호된다. 그리고 손해배상청구에 있어서는 행위자의 고의 또는 과실을 요건으로 하고 있어 부당한 결과로는 되지 않기 때문이다"라고 판시하였다.

(6) [札幌地裁 1984. 3. 28 판결]

동 판결에서는 원고의 본건 영업표시는 적어도 본건 구두변론 종결시인 1984년 1월에는 일본 국내에서도 퍼스컴을 취급하는 판매업자 및 수요자 사이에서 주지되었다고 인정함이 상당하다고 판시하였다.

4. 周知性의 地域的 範圍에 관한 판결례

(1) 어느 한 지방 또는 그 인접지역을 지역적 범위로 하여 주지성을 판단하고 있는 판결례[최고재판소 1959. 5. 20 판결, 최고재판소 1960. 4. 6 판결, 東京地裁 1962. 6. 30 판결, 東京地裁1962. 11. 28 판결, 大阪高裁 1963. 8. 27 판결, 東京高裁 1964. 5. 27 판결, 大阪地裁 1964. 6. 3 판결, 京都地裁 1965. 12. 27 판결, 前橋地裁 1966. 3. 8 판결, 東京地裁 1967. 9. 27 판결, 최고재판소 1969. 11. 13 판결, 東京地裁 1972. 11. 27 판결, 東京地裁 1976. 3. 31 판결, 大阪地裁 1976. 4. 30 판결, 札幌地裁 1976. 12. 8 판결, 大阪地裁 1978. 6. 20 판결]

주지라는 것은 국내전반에 걸쳐 널리 알려져 있어야 한다는 취지가 아니라 어느 한 지방에서 널리 알려져 있으면 족하다고 일반적으로 판시하고 있다.

(2) 전국적인 주지를 인정한 판결례[紳戶地裁 1961. 7. 24 판결, 東京地裁 1961. 11. 15 판결, 大阪地裁 1962. 9. 17 판결, 東京地裁 1964. 12. 26 판결, 大阪高裁 1966. 4. 5 판결, 東京地裁 1966. 8. 30 판결, 大阪地裁 1971. 2. 26 판결, 東京地裁 1974. 1. 30 판결, 東京地裁 1976. 7. 21 판결, 東京地裁 1976. 12. 24 판결, 大阪地裁 1977. 3. 4 판결, 大阪地裁 1978. 7. 18 판결, 東京高裁 1978. 10. 25 판결, 東京地裁 1978. 10. 30 판결, 大阪高裁 1979. 8. 29 판결, 大阪地裁 1980. 3. 18 판결]

전국적으로 생각되는 판매활동이나 선전광고 활동이 존재한다고 하는 등의 이유에서 전국적으로 주지되어 있다고 인정하였다.

(3) 전 지역에서는 주지성을 인정받지 못했으나 다른 새로운 지역에서 인정받게 되면 주지성으로 보호를 받을 수 있다는 판결례[札幌地裁 1976. 12. 8 판결]

당해 상품이 이전에 어느 한 지방에서 판매되었으나 주지성을 갖지 못한 경우도 새로이 다른 지방에서 판매되어 주지성을 갖게 되면 그 단계에서 부정경쟁방지법에 의한 보호를 받을 수 있다고 판시하고 있다.

5. 국내주지와 외국주지와 관련한 판결례

(1) 국제적 저명표시에 대하여 국내에서의 주지성을 인정한 판결례

① [橫濱地裁 1985. 3. 22 판결]

샤넬가방의 형태상 특징에 대하여 일본 국내에서의 주지성을 인정하였다.

② [東京地裁 1978. 1. 30 판결]

'CELINE'이라는 명칭 및 그 마차모양 마크에 대하여 주지성을 인정하였다.

③ [東京地裁 1983. 12. 23 판결]

프랑스 루이뷔통社의 LV마크와 꽃의 무늬에 대하여 주지성을 인정하였다.

④ [大阪地裁 1985. 5. 29 판결]

Christion Dior社의 약칭인 'Dior'를 조합하여 만든 무늬를 연속적으로 배치시킨 표시에 대하여 주지성을 인정하였다.

(2) 국제적 표시에 대하여 주지성을 인정하지 아니한 판결례[東京地裁 1978. 5. 31 판결]

같은 샤넬가방에 대하여 그 입수가 곤란하고, 판매수량이 적으며, 유사품이 많은 점 등을 들어 이를 인정하지 않았다.

(3) 국내에서 상당히 강하게 인식되어 있지 않으면 국내주지표시로서 보호할 필요가 없다고 한 판결례[大阪地裁 1984. 6. 28 판결]

A상사가 B라는 상표를 국외에서 사용하고 있는 사실이 국내에 상당히 강하게 인식되어 있지 않으면 수출의 경우를 제외하고는 국내주지표시로서 보호할 필요가 없다고 할 것이다.

6. 주지성의 획득에 관한 판결례

(1) [大阪高裁 1968. 12. 13 판결, 前橋地裁 1966. 8. 30 판결]

매스컴을 통한 선전에 의하여 판매량이 증대된 사실과 매스컴의 선전력을 같이 고려하여 표지의 주지성을 인정하였다.

(2) [대심원 1928. 3. 10 판결]

주지상태는 사용에 의해서만 생기는 것이 아니며, 간행물에 의한 광고로, 혹은 세인의 소문으로 인하여 생기는 등 그 사유는 다양하므로 상품에 사용된 사실이 없다고 주지성을 인정할 수 없는 것은 아니다.

(3) 획득시의 선의·악의의 문제와 관련한 판결례

① 악의표시가 객관적 사실로 존재하는 경우 주지표시로 보아야 한다는 판결례[東京地裁 1959. 6. 29 판결]

표지를 주지시키기 위하여 당초에 타인의 표시를 도용한 경우인가 아닌가를 불문하고 일정한 표시의 사용을 통하여 특정 상품의 출처가 표지화되는 이익상태가 시회적 시실로서 객관적으로 존재하는 경우에는 주지표시로 보아야 한다고 판시하고 있다(이 판례는 악의에 의하여 주지상태를 형성한 경우라도 좋다고 해석하는 입장에서 나온 것으로 보인다).

② 악의의 표시의 사용이 주지성을 취득하는 데 당연히 장해사유가 되지 않는다고 본 판결례[東京地裁 1987. 3. 20 판결]

"주지성을 취득하기 전에 특정 상품표지의 사용이 제3자의 상표권을 침해하는 것이었다는 사정은, 그 상표에 대하여 주지성을 취득하거나 부정경쟁방지법에 의한 보호를 받는 데 있어서 당연히 장해사유로는 되지 않는다고 해석함이 상당하다. 이는 일본의 부정경쟁방지법 제6조가 동법의 적용제외 예로서 상표법에 의한 권리의 행사만을 들고 있을 뿐, 제3자의 상표권과의 저촉 등을 기록하고 있지 않는 점에 비추어 보아도 명백하다"고 판시하였다.

③ 불사용에 의해 주지성이 소실된 시점에서 동일표시의 사용을 개시한 자에게

주지성 획득을 인정한 판결례[東京地裁 1987. 6. 29 판결]

주지성을 취득한 표시의 사용자가 장기간에 걸쳐 휴업하여 표시에 대한 원래의 신용이 소실되어 버린 시점에서, 동일한 표시의 사용을 개시한 자의 주지성 취득을 인정하고 있다.

④ 주지표시가 존재한 시점에서 동일표시의 사용을 개시한 자의 주지성 취득을 인정한 판결례[福岡高裁 1986. 11. 27 판결]

정당한 주지표시 소유자의 명시 또는 묵시의 승락이 있었다고 하여, 그 표시가 존재하는 시점에서 동일표시의 사용을 개시한 자의 주지성 취득을 인정하고 있다.

⑤ 주지표시 영업주체의 휴업과 관련한 판결례[東京地裁 1966. 8. 23 판결]

후발 영업자가 개업할 당시에, 주지표시 소유자의 구체적인 영업활동이 이루어지지 않았고, 또 영업시설도, 주지표시를 붙인 상품도 존재하지 않았다고 하더라도, 유사표시의 사용에 영업상의 시설, 활동 또는 상품에 대하여 혼동을 생기게 할 가능성은 존재한다고 판시.

7. 주지성의 인정에 관한 판결례

(1) 주지성의 법률요건에 관한 판결례

① [東京地裁 1958. 9. 19 판결]

일반적으로 그 상품의 출처를 적극적으로 표시하는 정도로 알려져 있는 것을 요하며, 특정의 소수에게 알려져 있는 정도로는 여기서 말하는 널리 인식된 표시라고는 할 수 없다. 또한 그 알려져 있는 정도로 거래의 사정, 상품의 종류 및 성질 등에 따라 각 표시에 대하여 구체적으로 판단하는 것이 상당하다.

② [대심원 1929. 11. 30 판결, 대심원 1924. 11. 10 판결]

주지성은 사실인정의 문제이지 법률문제가 아니다. 따라서 주지되어 있다라는 취지의 증명서가 있다고 해서 이를 인정하지 않으면 안되는 것도 아니며, 표시를 1년 간 간판 등에 표기하였다고 해서 주지를 추정하지 않으면 안되는 것도 아니다.

③ [대심원 1928. 3. 10 판결, 대심원 1924. 11. 10 판결]

주지로 되는 사유에는 여러 가지가 있으므로 반드시 상당기간에 상당수량의 상품에 표시를 사용해야만 하는 것은 아니며, 상품에 사용하는 이외에도 광고에 의하여 또는 세상의 소문에 의하여도 주지로 되는 경우가 있다.

④ [대심원 1927. 4. 5 판결, 대심원 1941. 11. 7 판결]

주지표시라고 하기 위하여는 타인에게 특정인의 상품 및 영업을 표시하는 것으로 알려져 있어야 한다. 다만 그 특정인이 누구인가에 대하여는 명확하게 알려져 있을 것을 요하지 않는다. 예를 들면 '야마하'가 일본악기社의 상표라는 것까지는 알려져 있지 않아도 좋다.

(2) 주지성의 인정자료에 관한 판결례

1) 표시자체의 내용에 관한 판결례

① [浦和地裁 1983. 1. 26 판결]

미니 자동차인 '제로 Q'에 대하여 실물과 비교해 볼때 차체의 길이가 차폭 및 차고에 비하여 짧고 그 결과 앞바퀴와 뒷바퀴가 접근하여 차체의 중간부분이 전혀 없는 것 같이 디자인되어 있는 점에 형태의 특수성 및 독자성을 인정하였다.

② [大阪地裁 1985. 5. 29 판결]

Christian Dior社의 약칭인 'Dior'를 조합한 무늬를 연속적으로 배치시켜서 만든 표시에 대하여 주지성을 인정하였다.

③ [大阪地裁 1987. 5. 27 판결]

거대한 바닷게 모양으로 되어 있는 표시에 대하여 그 생각이 아주 기발하여 사람들의 눈을 끌기에 충분할 정도로 강렬하며 직접적인 표현이라고 하면서 동 모양을 사용한 입체표장에 대하여 주지성을 인정하였다.

2) 영업의 내용, 규모, 거래의 형태와 관련한 판결례

① [札幌地裁 1983. 1. 31 판결, 東京高裁 1972. 11. 21 판결]

영업의 성질상 어느 정도 넓은 범위에 걸쳐 영업활동이 가능한 것임에도 불구하고 영업이 소규모이고 광고가 빈약한 경우, 상품의 판매방식에 의하여 고객층이 고정되어 있는 경우 등은 주지성의 인정에 있어서 마이너스로 작용한다.

② [大阪地裁 1971. 6. 28 판결]

원고 적수화학공업주식회사는 그 계열사가 국내에 24개사나 되며, 이들 회사들이 모두 그 상호에 '적수'라는 글자를 사용하여 영업활동을 하고 있어서, '적수'라는 표시는 원고 및 그 계열회사만이 사용하는 영업표시로서 국내의 거래자 및 수요자 사이에 널리 인식되어 있다고 인정할 수 있다.

③ [大阪高裁 1972. 2. 29 판결]

농기계를 제조·판매하는 회사인 원고 'YANMAR DIESEL' 주식회사로부터 허락을 받아 그 약칭 'YANMAR'를 상호에 사용하고 있는 특약점, 판매점 등이 전국

에 걸쳐 162개사나 있으므로, 원고의 위 상호는 일응 주지되어 있다고 할 수 있다.

④ [東京地裁 1972. 11. 27 판결]

라면판매회사인 원고는 타인으로부터 가맹계약형식으로 자금을 받는 대신, 그들에게 '삿포로라면'의 제조기술을 지도해 주고 그들이 제조한 라면의 품질 및 가격을 직접 관리하는 소위 franchise system을 도입하여, 1967년 9월경에 최초로 계약을 체결한 이후 2년 사이에 그 가맹자의 수가 150명이고, 원고가 하루에 이들에게 공급하는 밀가루는 약 6만 인분에 달하며, 그 매상고는 한달에 2,500만 엔 전후인 사실을 들어 주지성을 인정하였다.

⑤ [東京地裁 1973. 3. 9 판결]

원고회사가 제조한 안경테는 1969년 2월경에 국내업자에 의하여 독점수입되어 소매점에 직판되었는데, 그 수입수량이 1969년에 약 68,000본, 1970년에 약 10만 본, 1971년에 6개월 간 약 12만 본이나 되는 바, 이러한 수출판매수량과 그 형태의 특수성 및 선전활동을 감안해 볼 때 주지성이 인정된다고 하였다.

⑥ [東京地裁 1973. 4. 23 판결]

원고가 판매하는 과자의 지역적 범위가 동경 주변 일대에 미치며, 그 연간매상액이 2억 3,000만 엔에 달하는 사실을 들어 주지되었다고 하였다.

⑦ [札幌地裁 1974. 1. 31 판결]

원고의 'FOPE'라는 상표를 부착한 여성용 피복의 판매액이 전국에서 1967년 8월부터 1년 간은 5,900만 엔, 그 후 1년 간에 2억 4,000만 엔, 그 후 1년 간은 8억 4,800만 엔으로 증가한 사실을 들어 주지성을 인정하였다.

⑧ [大阪地裁 1974. 9. 10 판결]

수예 및 재봉용구를 제조판매하는 원고회사에 대하여, 동 회사는 대정 14년에 개업한 소외회사를 전신으로 하는 회사로, 1970년 8월에는 그 자본금이 1억 1,000엔, 1973년 4월에는 1억 5,000엔에 이르는 국내 최대의 수예, 재봉용구의 제조판매업자이며, 1969년경부터 'Clover'라는 상표를 사용해 온 점 등을 들어 늦어도 1970년경에는 위 상표는 전국에 널리 주지되어 있다고 하였다.

⑨ [東京地裁 1976. 3. 31 판결]

원고가 소외인이 1927년에 요코하마에 설립한 회사를 1957년경에 양수하여 같은 상호로 요리음식점을 경영하면서, 영업규모를 확대하여 1964년경까지 추가로 약 10개의 점포를 개설하여 요코하마에 소재하는 상당수의 관청, 회사, 학교, 사무소 등에 도시락을 판매해 온 점에 비추어, 원고의 상호에 대하여 요코하마를 중심으로 한 지역에 있어서의 주지성을 인정하였다.

⑩ [東京高裁 1978. 10. 25 판결]

원고 일본 맥도날드 주식회사에 대하여 햄버거를 중심으로 한 맥도날드 식품의 매상액이 1971년에 약 6억 엔, 1972년에 약 16억 엔, 그 후 1975년에 약 100억 엔, 1976년에 약 150억 엔, 1977년에 약 225억 엔 등으로 비약적으로 증가한 사실과 선전광고활동을 들어 주지성을 인정하였다.

⑪ [大阪高裁 1979. 8. 29 판결]

일본 고래의 민족음악을 발전시키기 위하여 설립된 비영리법인인 원고 재단은 1965년에 설립되어, 강습회, 연주회 등을 통하여 사업활동을 활발히 전개한 결과, 전국 각지에서 流人들을 중심으로 하여 지부가 결성되고, 1977년경에는 그 산하에 있는 流人이 약 6,300명에 달한 점을 들어, 그 명칭이 같은 음악계 및 이에 접하는 사회 각층에 널리 알려져 있다고 판시하였다.

⑫ [大阪地裁 1984. 6. 28 판결]

원고는 1931년에 설립된 직물제조수출회사로, 1977년의 직물판매수량이 약 60만 개, 매상고가 약 51억 엔, 동 53년의 판매량이 약 52만 개, 매상고가 약 46억 엔이라는 사실에 비추어, 원고의 표장은 적어도 1978년경에는 국내의 화학섬유 거래자 사이에 널리 알려져 있다고 인정하였다.

3) 표시의 사용기간 및 사용방법과 관련한 판결례

① [東京地裁 1982. 10. 18 판결, 東京高裁 1978. 10. 25 판결]

동 판결에서는, 회전식입체조합완구인 'Rubik Cube'가 1980년 7월 25일경에 일본에서 처음 발매되어, 동년 9월말경까지는 'Rubik Cube'의 본체 및 용기의 형태가 완구업계뿐만 아니라 일반소비자 사이에 널리 인식되었다고 인정하고 있다. 그리고 맥도날드 사건에서는 물론 동 상표가 이미 미국 등지에서 저명한 것이며, 일본에서도 1967년경부터 업계잡지 등을 통하여 선전을 하였던 사정이 있었지만, 일본 국내에서 회사가 설립된지 2개월 20일만에 주지성을 취득하였다고 인정하였다.

② [東京地裁 1982. 9. 27 판결]

Space Invader 사건에서 텔레비전 수상기에 나타나는 영상과 게임의 진행에 따라 그 영상이 변화하는 태양에 대하여, 7개월 정도의 기간으로 주지성을 인정하고 있다.

③ [前橋地裁 1966. 3. 8 판결]

나가사키당면 사건에서 주지성을 획득하기 위하여는 적어도 수 년의 사용기간이 필요하다는 피고의 주장을 배척하고, 약 8개월의 사용기간으로 주지성을 인정하였다.

4) 선전광고와 관련한 판결례[福井地裁 1985. 1. 25 판결]

'PORSCHE'라는 자동차의 상표에 대하여 선전광고비용으로 연간 약 1억 6,000엔이 소요되었다는 사실을 적시하고 있다.

8. 주지성을 인정하지 아니한 판결례

(1) [東京地裁 1978. 9. 19 판결]

화장실에서 사용하는 용기에 대한 상품명인 'Toilet Granzer'라는 명칭은 원래 종류표시의 보통명사이고 원고의 제품을 표시하는 고유명사가 아닌 점, 제조판매량이 비교적 적은 점, 실제로 동 제품의 거래자 및 수요자가 그리 많지 않다는 점을 이유로 원고상표의 주지성을 부인하였다.

(2) [大阪高裁 1963. 2. 28 판결]

피항소인의 영업규모가 협소한 점, 선전광고 등이 빈약한 점, 주요상품이 특별히 고급, 고가이어서 보급성이 없는 점 등을 이유로 하여, 일부의 고객층을 제외하고는, 일반 대중에 대한 상호 및 상품의 보급은 보통의 경우에 비하여 저조하다고 판시하였다.

(3) [東京地裁 1968. 5. 8 판결]

똑같은 표장을 제3자도 사용하고 있는 점, 원고의 영업규모, 매상고, 선전광고와 실정 등을 들어 주지성을 부인하였다.

(4) [大阪地裁 1970. 12. 21 판정]

신청인은 공예품 및 귀금속의 가공·판매를 업으로 하는 자로서, 일본만국박람회를 기념하기 위하여 금화를 제조하여 백화점판매 또는 직판방식으로 판매를 개시하였으나, 그 후 6개월이 지나 피신청인들이 제조한 유사제품이 수 개의 백화점에서 똑같은 명칭을 붙여 동종의 포장으로 판매되었던 사실, 이들도 신청인과 똑같은 직판방식으로 자기들의 제품에 대하여 널리 광고 선전하였던 사실, 이 제품이 신청인의 독자적인 아이디어에서 나온 것이 아니라 종래부터 존재했던 아이디어라는 점, 신청인의 제품이 피신청인들의 제품에 비하여 특별현저한 특징을 갖고 있지도 않고 특별히 미술적인 우수성도 없는 점 등에 비추어 볼 때, 신청인의 상표가 널리 인식되어 있다고 할 수 없다고 판시하였다.

(5) [東京高裁 1972. 11. 21 판결]

영업개시시기가 늦은 점, 영업규모가 반드시 크다고는 할 수 없는 점, 상품의 판매방법도 외판사원에 의하여 특정고객에게만 판매하는 점, 광고선전의 비용이나 그 수단방법에 있어서도 당해 표지를 주지시키기에 족할 정도라고는 하기 어려운 점 등을 이유로 하였다.

(6) [東京地裁 1976. 4. 28 판결]

원고가 일본 전국에 방영되어 폭발적인 인기를 끌었던 TV영화에 등장하는 주인공인 '가면라이다' 및 '가면라이다 V3'의 모습을 본따서 만든 인형에 대하여, 당시에 상품화의 허락을 얻어 위 제품을 제조판매하고 있던 업자가 원고 이외에도 수 명이 있었던 점, 그리고 인형 이외에도 허락을 얻어 상품화된 것이 150여 종이 되는 점에 비추어 볼 때, 위 인형의 형태가 특별히 원고의 상품임을 나타내는 표지로 널리 인식되어 있다고 볼 수 없다고 판시하였다.

(7) [東京地裁 1978. 5. 31 판결]

원고 제품인 샤넬가방에 대하여, 그 입수가 곤란하며, 판매수량이 적고 고액인 점, 유사품이 많이 퍼져 있는 점 등을 이유로 주지성을 부인하였다.

(8) [札幌高裁 1981. 1. 31 결정]

신청인들이 본건 용기를 사용하여 상품판매를 개시한 것은 1979년 7월부터로 그 기간이 그렇게 길지 않다고 하여 주지성을 부인하였다.

9. 주지성의 승계와 관련한 판결례

(1) 주지표지의 승계와 관련한 판결례

1) 주지성이 승계되는 경우의 판결례[大阪地裁 1970. 3. 18 판결, 東京地裁 1965. 2. 2 판결]

상속에 의하여 개인 기업이 승계된 경우, 개인 기업이 법인으로 된 경우, 유한회사가 주식회사로 조직이 변경된 경우 주지성도 승계된다.

2) 주지성이 승계되지 않는 경우의 판결례

① [大阪地裁 1978. 6. 20 판결]

영업활동 자체의 이전을 수반하지 않고 단순히 표지만을 이전하는 것으로 주지성은 승계되지 않는다고 할 것이다.

② [大阪地裁 1979. 3. 28 판결]

사실상 영업이 계속되었어도, 주지표지를 갖고 있는 회사가 도산한 틈을 타서 일부채권자가 그 영업을 침탈하여 주지표지를 사실상 갖게 된 경우와 같이 그 승계가 법률상 보호받을 수 있는 태양에 의하지 아니한 경우에는 주지표지의 승계가 인정되지 않는다.

(2) 영업양도를 수반한 경우의 판결례

① [札幌高裁 1981. 1. 31 결정]

주지성은 주지표지를 양수한 중지청구권자 자신의 표지로서 주지되어 있을 것이 필요하다고 판시하였다.

② [大阪地裁 1979. 9. 12 판결, 東京地裁 1987. 3. 20 판결, 大阪地裁 1989. 9. 13 판결]

양도인 하에서 그 표지가 주지되어 있었으면 양수인 하에서도 그 표지가 주지라고 인정하기 쉽다는 입장에서 판시하고 있다.

③ [大阪地裁 1978. 6. 20 판결]

"일반적으로 영업표지가 자신이 스스로 창조한 것이 아니라 타인으로부터 영업과 함께 양도받은 경우에는 당해 표지의 주지성의 존부를 검토하는 때에, 경우에 따라서는 前主, 즉 영업표지양도인이 당해 표지를 사용하고 있었던 당시의 사용상황도 함께 고려할 수 있다고 해석하는 것이 상당하다"고 판시하고 있다.

10. 손해배상산정관련 판결례

(1) 상표권자 등 권리자의 손해액을 상표권의 사용료 상당액이라고 판단한 판결례.

① 판매가격의 2.5%[東京地裁 1972. 9. 8]

② 판매가격의 2%[東京地裁 1976. 1. 28]

③ 판매가격의 3%[東京地裁 1978. 3. 27]

(2) (판매가격－구입가격)×판매개수[大阪地裁 1981. 1. 30]

(3) 피고측의 특별한 이유로 통상 이상의 수익을 얻은 사정이 없는 한 부정경업자가 얻은 이익을 피해자의 손해액이라고 보는 것은 당연하다.[東京地裁 1952. 9. 30]

(4) (원고가 피모방품 하나에서 얻은 이익)×(피고가 판 모방품개수)[大阪地裁 1976. 4. 30]

(5) 의제자백에 의해 피고 매상고의 10%로 봄[東京地裁 1978. 1. 30]

(6) 제조자의 손해 : (도매가격－제조원가)×판매수량, 도매상의 손해 : (소매가격－구매가격－일반관리비)×판매수량[東京地裁 1973. 3. 9]

(7) 피고의 1인에 대해서는 피고 매상고의 15%라고 인정하면서, 다른 피고에 대해서는 피고의 매상고를 인정하면서도 원고가 피고의 순이익을 입증하지 못했다는 이유로 손해배상청구를 부정[東京地裁 1978. 10. 30]

(8) 상표권의 사용료가 매상고의 3~5%인 것은 동 법원에 현저한 사실이므로 상품자체의 형상, 색채, 기능의 모방에 대해서는 1%가 상당하다[大阪地裁 1981. 3. 27]

* 피고의 이득액=원고의 손해액을 부정

(9) 원고인 주지상표주가 스스로 라이센시이며, 이 표지를 타인에게 일정 사용료를 받고 서브라이센시(재허락)하는 것이 주된 업무인 이상 원고가 입은 손해액은 원고가 본건 표지의 사용을 타인에게 허락한 경우에 얻을 수 있는 사용료 상당액이다. [大阪地裁 1980. 7. 15]

이 사건에서 재사용허락료는 "당재판소에 현저한 이런 종류의 업계의 실정 기타 제반사정을 통합하면 … 매상고의 5%를 하회하는 것은 아니다"고 판시한 후 '피고의 이득액=원고의 손해액'을 부정하였다. 그 이유는 피고의 이익 중에는 표시사용에 의한 이익만이 아니고 다른 여러 가지 가치가 환원되어 생긴 이익도 포함되어 있기 때문이다.

11. 특허법, 상표법 등의 손해액 추정규정을 부정경쟁방지법에 적용한 판결례

[東京地裁 1973. 3. 9]

타인의 부정경쟁에 의해 입은 손해의 산정에 대해서는 침해자의 부정경쟁행위에 의해 얻은 이익을 기준으로 하는 것도 그렇게 하는 것이 특히 배리인 것 같은 특단의 사정이 인정되지 않는 한 채택가능한 방법이다. 그 경우 침해자의 이익이 침해행위와 무관한 것, 기타 특단의 사정에 대한 반증은 침해자가 하여야 한다.

# 營業秘密 관련 判決例

## Ⅰ. 營業秘密 定義와 관련한 判決例

> 제2조(정의) 이 법에서 사용하는 용어의 뜻은 다음과 같다.
> 2. "영업비밀"이란 공공연히 알려져 있지 아니하고 독립된 경제적 가치를 가지는 것으로서, 상당한 노력에 의하여 비밀로 유지된 생산방법, 판매방법, 그 밖에 영업활동에 유용한 기술상 또는 경영상의 정보를 말한다.

### 〔우리 나라 판례〕

1. 공지의 기술정보는 무형재산권에 해당된다고 볼 수 없다는 판결례

[대구고법 1987. 1. 3 선고, 86나88 판결]

DJ화성공업주식회사(이하 "정리회사"라고 한다)에 근무한 회사원이 퇴직시 가지고 나온 입도계산기는 각종 분말의 입도계산 단위를 환산하는 표인데, 이는 세계 각국의 서로 다른 입도계산 단위를 대비 비교하여 일목요연하게 정리한 것으로서 대학의 화학교과서나 잡지 등에도 많이 수록되어 있었다. 대부분의 다른 화학제품 생산회사에서도 이를 비치하여 실무자들로 하여금 참고하도록 하고 있으며, 피고 주식회사 금양에서도 이미 위 입도계산기 또는 입도대조표가 비치되어 있었던 사실, 폴리에스터 발포기술자료 사본 및 PVC 고배율 발포제 분석자료사본은 각 1958년 및 1950년도 미국 특허공보의 사본으로서 그 특허권은 벌써 소멸되었고, 그 내용은 이미 전 세계에 공개된 공지의 기술이다. 또한 국내에서도 특허청, 한국산업연구원 등에 수수료를 납부하고 요청하면 그 사본을 구할 수 있는 자료들일 뿐만 아니라 피고 주식회사 금양은 피고 김인선이 입사하기 전부터 위 정리회사가 생산하는 것과 비슷한 품질의 발포제를 제조판매하여 왔던 것이 사실이다.

위 인정사실에 의하면 피고가 절취해 온 위 특허자료사본에 기재된 발포제기술이 위 정리회사의 무형재산권에 해당된다고 볼 수 없을 뿐만 아니라 위 정리회사만이 가지고 있는 기술정보를 절취해 간 것이라고도 볼 수 없으니 이를 전제로 한 원고의 이 사건 청구는 더 이상 판단할 필요도 없이 이유 없다 할 것이다.

### 2. 제품 판매금지 등 가처분에 관한 결정례

[서울지방법원 북부지원 1992. 7. 7 선고, 92카3372 결정]

1986년 11월 7일 피신청인은 신청인과 체결한 고용계약에서 피신청인 회사를 사직할 경우에는 당시 피신청인이 보관관리하고 있던 신청인 회사의 각종 기밀정보를 반환하고 그 후 2년이 되는 날까지는 신청인 회사와 경업관계에 있는 영업활동에 종사할 수 없는 한편, 신청인 회사와 경쟁회사의 제품을 취급할 수 없도록 하는 내용의 경업금지의무를 부담하게 되었다.

그러나 피신청인은 1991년 9월 15일 신청인 회사를 사직하기도 전인 1991년 8월 31일 KH산업사를 설립한 이래 신청인 회사의 제품인 오일정제기 등과 경쟁이 되는 업종인 각종 산업용 필터(각종 산업용 시설, 장비, 기계 기구 등에 부착되어 사용되는 각종 산업용 필터를 보호하는 기능을 함) 제품의 판매활동을 함으로써 신청인 회사와의 사이에 체결된 고용계약을 위반하여 신청인 회사의 영업활동이 크게 위축되고 있다는 신청인 회사의 제품판매 등 금지가처분 신청에 대해 법원은 이를 이유 있다고 인정하였다. 그러하여 피신청인은 1992년 9월 15일까지는 에너박社가 제조한 진공오일 정제기(모델명 : E859A)와 같은 제품의 수입, 판매, 전매, 중개 및 알선 행위와 동제품의 판매 등과 관련한 광고선전행위를 하여서는 안된다는 결정을 내렸다.

### 3. 회사의 기밀사항 등이 기재된 개인용 노트를 퇴직시 반환하지 않고 가지고 나온 행위가 업무상 횡령죄가 되지 않는다는 판결례

[대법원 제1부 판결, 94도763 판결]

회사의 영업상의 주요사항과 업무내용 관련사항 등이 기밀사항이라 하더라도 회사가 지급한 소모품적 성격의 노트에 기재하였고 퇴직시 이를 회사에 반환하지 아니하고 가지고 나왔다 해도 이는 개인용 노트에 불과하기 때문이다. 설령 회사가 지급한 노트를 직무용으로만 사용하여야 한다고 해도 이 사건 노트 자체의 가치는 극히 경미한 것이어서 업무상 횡령죄를 구성하지 아니한다고 판단한 것은 부가적인 것이므로 원심의 이 부분 판단이 정당한 것인지의 여부는 이 사건 결과에 영향이 없다.

### 4. 유성잉크의 생산금지 및 영업비밀이 기재된 노트의 폐기 등에 관한 판결례

[서울지방법원 남부지원 1995. 2. 22 선고, 94가합3033 판결]

1994년 3월 A사는 1993년 4월 연구실장 B씨가 일신상의 이유로 퇴직한뒤 C사에 전직하면서 회사규칙을 무시하고 '유성잉크 제조법'등을 몰래 기재해 놓은 개인 비밀노트를 가져가 이를 C사에 제공하여 제품을 생산하자 C사를 상대로 영업비밀 침해금지청구를 관할 법원에 냈고 법원은 이 사건판결에서 원고의 청구를 인용하였다.

법원의 판결요지를 보면, 'A사에서 14년 간 근무하던 연구실장 B씨가 C사로 스카우트되면서 A사 제품의 잉크제조방법 수십 가지 등 A사의 영업비밀을 기재해 놓은 노트를 함께 가지고 간 뒤 유성잉크를 개발하는 데 사용한 사실이 인정된다'며 "따라서 C사는 앞으로 유성잉크의 생산 등 A사의 영업비밀을 사용하거나 공개하는 것을 금지하고, B씨가 가지고 있는 노트 역시 폐기하여야 한다"고 밝혔다.

따라서 C사는 현재 생산 중인 유성잉크를 원료로 제조하고 있는 형광펜 생산을 더 이상 못하게 되었다.

5. 회사의 영업비밀을 알고 있는 사람이 경쟁사로 전직했을 경우 그 영업비밀과 관련된 업무에 종사할 수 없다는 판결례

[서울지방법원 1995. 3. 27. 94카합12987 결정]

서울지방법원 민사50부는 1995년 3월 28일 A그룹 계열사로 아크릴絲 원료인 AN모노머(산업용 기초화학물)를 생산하고 있는 B사가 이 회사 前 기술부장 C와 그를 스카우트 한 D사를 상대로 한 전업금지 및 영업비밀침해행위 금지 가처분 신청을 관할법원에 냈고, 법원은 이 사건 판결에서 "D사는 C로 하여금 AN모노머의 제조, 판매 및 보조업무를 하게 해서는 안된다"고 결정하였다.

재판부는 이 결정문에서 "신청인은 피신청인이 AN모노머의 제조업에 신규로 참여하기 전까지 국내에서 유일하게 이 제품을 생산하고 있었으며, 단체협약과 취업규칙을 통해 직원들로부터 '영업비밀 준수 서약서'를 받은 만큼 신청인이 보유중인 비밀은 현재의 비밀로서 보호되어야 한다. 따라서 C가 D사의 AN모노머 제조, 판매업에 종사하는 것을 금지시키지 않고서는 신청인의 영업비밀이 보호될 수 없다는 점을 고려할 때 C가 맡을 수 있는 업무를 제한하는 것이 헌법상에 명시된 직업선택의 자유를 침해하는 것은 아니다"라고 밝혔다.

B사는 1972년부터 국내에서 유일하게 AN모노머를 제조해 왔는데 D사가 1994년 10월 美國의 몬산토사의 제조기술을 도입해 AN모노머 제조사업에 참여하겠다고 발표한 뒤 C가 D사로 옮겨가자 가처분 신청을 냈다.

6. C산업과 영업과장 K간의 분쟁사건

[서울고법 1995. 9. 13 선고, 94나36386 판결]

컨테이너용시건장치를 제조·판매하는 C산업은 1992년 3월 당시 영업과장이었던 K와 경쟁회사 또는 경쟁적인 업무에 취업하지 아니하고, 회사에 재직할 당시 습득한 영업 및 기술 노하우와 회사기밀사항을 누설하지 아니하며, 이와 같은 약정을 위반 을 때 손해를 배상한다는 것 등의 내용의 경업금지 등에 관한 약정을 체결하였다.

그 후 K는 원고회사를 퇴직한 후 1993년 8월 같은 컨테이너용시건장치를 판매하고 있던 경쟁회사에 영업부장으로 입사하였고, 원고는 약정에 위반하여 경쟁회사에 취업하였을 뿐만 아니라 원고회사의 영업비밀인 컨테이너 시건장치의 구매처, 가격, 구조, 제품특성 등을 경쟁회사에 누설하였다며 관할 법원에 손해배상을 청구하였다.

1994년 9월 서울민사지법이 원고패소 판결을 내리자 항소하였고, 1995년 9월 서울고법도 항소를 기각하였다.

기각요지는 다음과 같다.

경업피지의무를 부담시키는 약정이 경업피지의 기간, 장소적 범위, 직종 등에 관하여 상당한 제한이 없는 경우 근로자의 직업선택의 자유에 대해 과도하게 제한하는 약정으로 무효이며, 근로자가 근로계약이 존속하는 동안 직장에서 습득한 일반적 기식, 경험, 기술 등은 영업비밀과는 달리 근로자 개인의 인격적 재산이다. 그러므로 원고청구는 이유 없으므로 기각한다.

7. 영업비밀침해금지 가처분결정을 인가한 사례

[서울지방법원 남부지원 1993. 12. 31 선고, 93카합1656 결정]

신청인 L씨가 J스크린이라는 상호로, 1990년 1월부터 3년 여 동안에 걸쳐 '합성수지 레이스 제조용 마그네슘 금형 및 동 금형을 이용한 레이스 제조방법'을 개발하였다.

피신청인 C씨는 신청인이 운영하는 J스크린에 1990년 1월부터 1992년 12월 31일까지 만 3년간 신청인의 마그네슘 금형제작 기술의 개발을 돕던 중 1993년 1월초 회사를 그만둔 후 지난 1993년 4월부터 신청인이 독자 개발한 합성수지 레이스 제조용 마그네슘 금형을 제작하여 피신청인 U씨 외 2인에게 납품하여 오고 있고 피신청인 U씨 외 2인은 이를 납품받아 합성수지 레이스를 제조·판매함으로써 신청인의 영업비밀을 침해하였다고 주장, 관할법원에 영업비밀침해금지 가처분신청을 하였다.

신청인은 이 사건에서 피신청인 C씨가 “고용관계상 당연히 준수하여야 할 영업비밀을 피신청인 U씨 외 2인에게 제공하였고, 피신청인 U씨 외 2인은 피신청인 C씨와 신청인과의 관계를 알면서도 피신청인 C씨로부터 동 영업비밀을 제공받아 합성수지 레이스를 다량으로 제조하여 1993년 4월경부터 전국 일원의 시장에 다량 덤핑살포하였다. 따라서 이와 같은 피신청인 C씨의 행위는 부정경쟁방지법 제2조 제3호 라목에 해당하고, 피신청인 U씨 외 2인의 행위는 같은 호 마목에 해당하는 각 영업비밀 침해행위로서 不正競爭防止法 제10조의 규정에 의한 법원의 금지명령을 신청하였다.

법원은 이 신청사건에서 피신청인들은 신청인의 영업비밀인 레이스 제조용 금형 및 레이스 제조방법을 사용하거나 그 제조방법을 사용하여 제조된 합성수지 레이스를 생산·판매·배포 또는 수출하여서는 아니된다. 피신청인의 공장·상점·창고 등의 장소에 설치된 위 레이스 제조용 금형 및 위 금형이 부착된 기계 및 위 제조방법을 사용하여 제조된 상품·선전물·포장 등에 대한 피신청인들의 점유를 풀고 이를 신청인이 위임하는 당원, 서울민사지방법원, 수원지방법원 성남지원 소속 집달관에게 각 그 보관을 명한다는 결정을 내렸다.

위 가처분 결정에 대하여 피신청인들이 가처분 이의를 제기하자 서울지방법원 남부지원은 그 판결(94 카합 75 가처분 이의, 1994. 10. 12 선고)에서 1990년 1월경 신청인이 L씨가 피신청인 C씨의 제안에 따라, 피신청인들과 함께 합성수지 레이스 기계개발을 시도하였으나 피신청인들의 기술적 제안에 따른 기계제작 작업은 모두 실패하였고 그 후 신청인이 독자적으로 개발에 착수하여 수차례의 실험과 2000만 원 이상의 비용 지출 후에 국내 최초로 개발 완성하였으며, 신청인은 이를 특허출원하기로 결정하고 신청인회사 직원들에게는 특허가 나올 때까지는 마그네슘금형 제작방법이 외부로 유출되지 않도록 교육시켜 왔고 피신청인에게는 매월 50만원을 줄테니 비밀을 지켜달라고 하면서 1992년 12월까지 피신청인의 통장에 입금해 주는 등 영업비밀 유지 노력을 하였으나, 피신청인은 1993년 1월경 월급이 적다는 이유로 신청인 회사를 그만두었다.

그러던 중 1993년 5월경까지 신청인의 레이스제품을 공급받아 판매하던(Y상사) 피신청인 U씨가 1993년 3월 5일경 피신청인 C씨로부터 마그네슘금형의 제작방법을 입수한 후 마그네슘금형을 제작하여 합성수지 레이스 제품을 싼값으로 대량

생산하기 시작하였고, 피신청인 L씨도 그무렵 피신청인 C씨 및 신청인의 공장에 근무하다가 1992년 12월말경 퇴직한 신청 외 K씨로부터 제작방법을 입수하여 마그네슘금형에 대한 정교한 레이스 제품을 생산·판매함으로써 피신청인들은 신청인의 영업비밀을 침해하였다는 사실을 인정하였다.

위 인정사실에 의하면 신청인이 개발한 원통형 마그네슘금형 제작기술은 부정경쟁방지법 제2조 제2호에서 규정된 비공지성, 비밀유지성, 경제성이라는 3가지 요건을 갖춘 영업비밀에 해당된다고 할 것이고 피신청인 C씨와 위 K씨의 영업비밀 제공행위는 위 법률 제2조 제3호 라목의 규정에 해당하며 그들로부터 영업비밀을 사들인 피신청인 U씨 등의 행위는 같은 호 마목에 해당한다고 판단하고, 그렇다면 피신청인들의 행위는 신청인의 영업비밀을 침해하는 것으로서 신청인은 그 금지를 청구할 권리가 있다고 할 것이므로 이 사건 가처분의 피보전권리가 존재하고 앞서 인정한 사실관계에 비추어 그 보전의 필요성도 있다고 인정되므로 이 사건 가처분 결정을 그대로 유지함이 상당하여 이를 인가한다고 판결했다.

이에 대한 항소심인 서울고등법원 판결(94 나 37303 가처분 이의, 1995. 5. 25 선고) 및 대법원 판결(95 다 3038 가처분 이의, 1995. 11. 7 선고)은 모두 원심판결을 정당하다고 하며 가처분 결정을 인가하였다.

8. 영업비밀침해금지 등

[대법원 1996. 12. 23. 선고 96다16605 판결]

<참조조문>

(1) 부정경쟁방지법 제2조 제2호, 제3호

(2) 부정경쟁방지법 부칙(1991. 12. 31) 제2조

(3) 부정경쟁방지법 제10조 제1항, 제2항, 제3항

<판시사항>

(1) 필기구 제조업체의 잉크제조 관련 기술정보가 부정경쟁방지법 소정의 영업비밀에 해당한다고 한 사례

(2) 부정경쟁방지법 제2조 제3호 (가)목 소정의 '부정한 수단'의 내용

(3) 부정경쟁방지법 제2조 제3호 (라)목 소정의 '계약관계 등에 의하여 영업비밀을 비밀로서 유지할 의무'의 내용

(4) 필기구 제조업체의 직원으로서 영업비밀에 해당하는 기술정보를 습득한 자가 타 회사에 스카우트되어 그 회사에서 기술정보를 공개하고 이를 사용하여 제

품을 만든 행위가 부정경쟁방지법 제2조 제3호 (라)목 소정의 영업비밀 침해행위에 해당한다고 본 사례

(5) 위 (4)항의 타 회사의 행위가 부정경쟁방지법 제2조 제3호 (가)목 소정의 영업비밀 침해행위에 해당한다고 본 사례

(6) 부정경쟁방지법 시행 전에 영업비밀을 취득한 자가 같은 법 시행 후에 그 영업비밀을 공개하는 경우, 부정경쟁방지법의 적용 여부

(7) 영업비밀 침해행위에 대한 금지청구권의 인정 취지 및 금지기간의 인정 기준

(8) 영업비밀을 취득한 자가 그 영업비밀을 자신의 노트에 기재한 행위 자체는 영업비밀 침해행위에 해당하지 아니하나, 그 노트에 기재된 영업비밀을 이용하여 영업비밀 침해행위를 하고 있다면 그 노트는 폐기를 명할 수 있는 '침해행위를 조성한 물건'에 해당한다고 본 사례

(9) 영업비밀의 '침해행위를 조성한 물건'에 대한 폐기를 명하기 위한 심리 방법

<판결요지>

(1) 필기구 제조업체에 있어서 잉크제조의 원료가 되는 10여 가지의 화학약품의 종류, 제품 및 색깔에 따른 약품들의 조성비율과 조성방법에 관한 기술정보는 가장 중요한 경영요소 중의 하나로서, 그 기술정보가 짧게는 2년, 길게는 32년의 시간과 많은 인적, 물적 시설을 투입하여 연구·개발한 것이고, 생산 제품 중의 90% 이상의 제품에 사용하는 것으로서 실질적으로 그 기술정보 보유업체의 영업의 핵심적 요소로서 독립한 경제적 가치가 있으며, 그 내용이 일반적으로 알려져 있지 아니함은 물론 당해 업체의 직원들조차 자신이 연구하거나 관리한 것이 아니면 그 내용을 알기 곤란한 상태에 있어 비밀성이 있고, 당해 업체는 공장 내에 별도의 연구소를 설치하여 관계자 이외에는 그 곳에 출입할 수 없도록 하는 한편 모든 직원들에게는 그 비밀을 유지할 의무를 부과하고, 연구소장을 총책임자로 정하여 그 기술정보를 엄격하게 관리하는 등으로 비밀관리를 하여 왔다면, 그 기술정보는 부정경쟁방지법 소정의 영업비밀에 해당하고, 당해 업체가 외국의 잉크제품을 분석하여 이를 토대로 이 사건 기술정보를 보유하게 되었다거나, 역설계가 허용되고 역설계에 의하여 이 사건 기술정보의 획득이 가능하다고 하더라도 그러한 사정만으로는 그 기술정보가 영업비밀이 되는 데 지장이 없다고 한 사례.

(2) 부정경쟁방지법 제2조 제3호 (가)목 전단에서 말하는 '부정한 수단'이라 함

은 절취·기망·협박 등 형법상의 범죄를 구성하는 행위뿐만 아니라 비밀유지의무의 위반 또는 그 위반의 유인 등 건전한 거래질서의 유지 내지 공정한 경쟁의 이념에 비추어 위에 열거된 행위에 준하는 선량한 풍속 기타 사회질서에 반하는 일체의 행위나 수단을 말한다.

(3) 부정경쟁방지법 제2조 제3호 (라)목에서 말하는 '계약관계 등에 의하여 영업비밀을 비밀로서 유지할 의무'라 함은 계약관계 존속 중은 물론 종료 후라도 또한 반드시 명시적으로 계약에 의하여 비밀유지의무를 부담하기로 약정한 경우뿐만 아니라 인적 신뢰관계의 특성 등에 비추어 신의칙상 또는 묵시적으로 그러한 의무를 부담하기로 약정하였다고 보아야 할 경우를 포함한다.

(4) 필기구 제조업체의 연구실장으로서 영업비밀에 해당하는 기술정보를 습득한 자가 계약관계 및 신의성실의 원칙상 퇴사 후에도 상당 기간 동안 비밀유지의무를 부담함에도 불구하고 타 회사로부터 고액의 급여와 상위의 직위를 받는 등의 이익을 취하는 한편 타 회사로 하여금 잉크를 제조함에 있어서 그 기술정보를 이용하여 시간적·경제적인 면에서 이익을 얻게 하기 위하여 타 회사로 전직하여 타 회사에서 그 기술정보를 공개하고 이를 사용하여 잉크를 생산하거나 생산하려고 한 경우, 그러한 행위는 공정한 경쟁의 이념에 비추어 선량한 풍속 기타 사회질서에 반하는 부정한 이익을 얻을 목적에서 행하여진 것으로서 부정경쟁방지법 제2조 제3호 (라)목 소정의 영업비밀 유지의무 위반행위에 해당한다고 본 사례.

(5) 위 (4)항에서 그 연구실장을 스카우트한 회사의 행위가 부정경쟁방지법 제2조 제3호 (가)목 소정의 영업비밀 부정취득행위에 해당한다고 본 사례.

(6) 부정경쟁방지법 시행 이전에 취득한 영업비밀을 같은 법 시행 후에 독자적으로 사용하는 행위는 같은 법 부칙 제2조 후단에 의하여 허용되나, 나아가 그 영업비밀을 공개하는 행위는 허용되지 아니한다.

(7) 영업비밀 침해행위를 금지시키는 것은 침해행위자가 그러한 침해행위에 의하여 공정한 경쟁자보다 '유리한 출발(headstart)' 내지 '시간절약(lead time)'이라는 우월한 위치에서 부당하게 이익을 취하지 못하도록 하고, 영업비밀 보유자로 하여금 그러한 침해가 없었더라면 원래 있었을 위치로 되돌아갈 수 있게 하는 데에 그 목적이 있다 할 것이므로, 영업비밀 침해행위의 금지는 이러한 목적을 달성함에 필요한 시간적 범위 내에서 기술의 급속한 발달상황 및 변론에 나타난 침해행위자의 인적·물적 시설 등을 고려하여 침해행위자나 다른 공정한 경쟁자가 독자적인 개발이나 역설계와 같은 합법적인 방법에 의하여 그 영업비밀을 취득하는 데 필요한

시간에 상당한 기간 동안으로 제한하여야 하고, 영구적인 금지는 제재적인 성격을 가지게 될 뿐만 아니라 자유로운 경쟁을 조장하고 종업원들이 그들의 지식과 능력을 발휘할 수 있게 하려는 공공의 이익과 상치되어 허용될 수 없다.

(8) 영업비밀 보유자에게 고용되어 영업비밀을 취득한 자가 그 영업비밀을 자신의 노트에 기재한 행위 자체는 영업비밀의 침해행위에 해당하지 아니하나, 타 회사에 스카우트되어 그 노트에 기재된 영업비밀을 이용하여 영업비밀 침해행위를 하고 있다면 그 노트는 부정경쟁방지법 제10조 제2항 소정의 '침해행위를 조성한 물건'에 해당한다는 이유로, 영업비밀 침해행위가 계속될 염려가 있다면 그 노트에 대한 폐기를 명할 수 있다고 한 사례.

(9) 영업비밀의 '침해행위를 조성한 물건'에 대한 폐기는 그 현존 여부를 밝힌 다음 그 소유자나 처분권한이 있는 자에게 명하여야 한다.

<참조판례 등> 평석: 부정경쟁방지법상의 영업비밀의 사용금지 기간, 김기섭, 판례연구 제11집, 서울지방변호사회(1998), 27면.

9. 특정경제범죄가중처벌 등에 관한 법률 위반(배임, 인정된 죄명 : 업무상 배임) · 절도 · 부정경쟁방지법 위반

[대법원 1999. 3. 12. 선고 98도4704 판결]

<참조조문>

(1) 형법 제355조 제2항, 제356조

(2) 구 부정경쟁방지법(현행 부정경쟁방지 및 영업비밀 보호에 관한 법률) 제2조 제2호

<판시사항>

(1) 영업비밀을 취득함으로써 얻는 이익액

(2) 구 부정경쟁방지법 제2조 제2호 소정의 '영업비밀'의 의미

(3) 배임죄에 있어서 '그 임무에 위배하는 행위'의 의미 및 기업의 영업비밀을 유출하지 않을 것을 서약한 직원이 대가를 얻기 위하여 경쟁업체에 영업비밀을 유출한 행위가 업무상배임죄에 해당하는지 여부(적극)

<판결요지>

(1) 영업비밀을 취득함으로써 얻는 이익은 그 영업비밀이 가지는 재산가치 상당이고, 그 재산가치는 그 영업비밀을 가지고 경쟁사 등 다른 업체에서 제품을 만들 경우, 그 영업비밀로 인하여 기술개발에 소요되는 비용이 감소되는 경우의 그

감소분 상당과 나아가 그 영업비밀을 이용하여 제품생산에까지 발전시킬 경우 제품판매이익 중 그 영업비밀이 제공되지 않았을 경우의 차액 상당으로서 그러한 가치를 감안하여 시장경제원리에 의하여 형성될 시장교환가격이다.

(2) 영업비밀이라 함은 일반적으로 알려져 있지 아니하고 독립된 경제적 가치를 가지며, 상당한 노력에 의하여 비밀로 유지·관리된 생산방법, 판매방법 기타 영업활동에 유용한 기술상 또는 경영상의 정보를 말하고, 영업비밀의 보유자인 회사가 직원들에게 비밀유지의 의무를 부과하는 등 기술정보를 엄격하게 관리하는 이상, 역설계가 가능하고 그에 의하여 기술정보의 획득이 가능하더라도, 그러한 사정만으로 그 기술정보를 영업비밀로 보는 데에 지장이 있다고 볼 수 없다.

(3) 배임죄는 타인의 사무를 처리하는 자가 그 임무에 위배하는 행위로써 재산상 이익을 취득하거나 제3자로 하여금 이를 취득하게 하여 본인에게 손해를 가함으로써 성립하는바, 이 경우 그 임무에 위배하는 행위라 함은 사무의 내용, 성질 등 구체적 상황에 비추어 법률의 규정, 계약의 내용 혹은 신의칙상 당연히 할 것으로 기대되는 행위를 하지 않거나 당연히 하지 않아야 할 것으로 기대되는 행위를 함으로써 본인과 사이의 신임관계를 저버리는 일체의 행위를 포함하는 것이므로, 기업의 영업비밀을 사외로 유출하지 않을 것을 서약한 회사의 직원이 경제적인 대가를 얻기 위하여 경쟁업체에 영업비밀을 유출하는 행위는 피해자와의 신임관계를 저버리는 행위로서 업무상배임죄를 구성한다.

<참조판례 등>

(1) 대법원 1996. 11. 26. 선고 96다31574 판결
1996. 12. 23. 선고 96다16605 판결

(2) 대법원 1987. 4. 28. 선고 83도1568 판결
1988. 4. 25. 선고 87도2339 판결
1990. 6. 8. 선고 89도1417 판결
1998. 2. 10. 선고 96도2287 판결

10. 손해배상

[서울지법 1997. 2. 14. 선고 96가합7170 판결]

<참조조문>

(1) 부정경쟁방지법 제2조 제2호

(2) 저작권법 제93조

<판시사항>

(1) 국내에서는 사용된 바 없으나 국외에서 이미 공개되거나 사용된 아이디어가 부정경쟁방지법상의 영업비밀에 해당하는지 여부(소극)

(2) 회사가 제3자가 제안한 광고 문구를 승낙 없이 사용한 데 대한 손해배상책임을 인정한 사례

<판결요지>

(1) 음료나 맥주의 용기에 내용물의 온도를 확인할 수 있는 열감지테이프나 열감지잉크 등의 온도감응수단을 부착하는 아이디어는 국내에서 사용된 바는 없다 할지라도 국외에서 이미 공개나 사용됨으로써 그 아이디어의 경제적 가치를 얻을 수 있는 자에게 알려져 있는 상태에 있었으므로, 온도테이프를 부착한 맥주 용기에 관한 아이디어는 부정경쟁방지법에서의 영업비밀이라고 볼 수 없다.

(2) 맥주회사가 온도감응잉크로 인쇄된 상표를 부착한 맥주를 생산하여 이를 광고함에 있어 그 사용한 문구가 피해자가 이전에 제출하여 회사가 현재도 소지하고 있는 제안서에 기재된 광고 문구와 동일하거나 유사하다면 비록 그 광고를 제3자가 제작한 것이라고 하더라도 맥주회사가 위 제안서를 보여주는 등으로 위 광고 문구 작성에 피해자의 제안이 참작되었다고 봄이 상당하다고 하여 피해자의 승낙 없이 그 광고 문구를 사용한 맥주회사의 손해배상책임을 인정한 사례.

11. 기술생산독점권 사용 및 모조품판매금지 가처분

[대법원 1998. 6. 9. 선고 98다1928 판결]

<참조조문> 부정경쟁방지법 제2조 제3호, 제10조, 부칙(1991. 12. 31.) 제2항, 부정경쟁방지법 시행령 부칙(1992. 12. 14) 제2항

<판시사항>

(1) 부정경쟁방지법 제2조 제3호 소정의 영업비밀의 '취득' 및 '사용'의 의미

(2) 1991. 12. 31일자 개정 부정경쟁방지법 시행 전에 영업비밀을 취득하였다는 사유로 같은 법 제10조에 기한 금지가처분신청을 기각한 사례

<판결요지>

(1) 영업비밀의 '취득'은 문서, 도면, 사진, 녹음테이프, 필름, 전산정보처리조직에 의하여 처리할 수 있는 형태로 작성된 파일 등 유체물의 점유를 취득하는 형태로 이루어질 수도 있고, 유체물의 점유를 취득함이 없이 영업비밀 자체를 직접 인식하고 기억하는 형태로 이루어질 수도 있고, 또한 영업비밀을 알고 있는 사람을

고용하는 형태로 이루어질 수도 있는바, 어느 경우에나 사회통념상 영업비밀을 자신의 것으로 만들어 이를 사용할 수 있는 상태가 되었다면 영업비밀을 취득하였다고 보아야 하므로, 회사가 다른 업체의 영업비밀에 해당하는 기술정보를 습득한 자를 스카우트 하였다면 특별한 사정이 없는 한 그 회사는 그 영업비밀을 취득하였다고 보아야 하고, 한편 영업비밀의 '사용'은 영업비밀 본래의 사용 목적에 따라 이를 상품의 생산·판매 등의 영업활동에 이용하거나 연구·개발사업 등에 활용하는 등으로 기업활동에 직접 또는 간접적으로 사용하는 행위로서 구체적으로 특정이 가능한 행위를 가리킨다고 할 수 있다.

(2) 신청인 회사의 대표이사로 재직하던 자가 부정경쟁방지법(1991. 12. 31. 법률 제4478호로 개정된 것) 시행일인 1992. 12. 15. 전에 피신청인 회사를 설립하여 대표이사에 취임하고, 피신청인 회사의 사업으로 신청인 회사가 제조·판매하는 스핀 팩 필터를 제조·판매할 목적으로, 신청인 회사에 재직하면서 그에 관한 자료에 접근할 수 있었거나 핵심기술을 알고 있었던 직원들을 신청인 회사에서 퇴직시키고 피신청인 회사에 입사하게 한 후 대표이사 자신 또는 위 직원들이 가지고 있던 자료 및 기술을 기초로 제조설비를 갖춘 경우, 피신청인 회사는 늦어도 그 무렵 위 영업비밀을 취득하였다는 이유로, 같은 법 부칙(1991. 12. 31.) 제2항에 따라 같은 법 제10조에 기한 금지가처분신청을 기각한 사례.

<참조판례 등> 대법원 1996. 11. 26. 선고 96다31574 판결, 1996. 12. 23. 선고 96다16605 판결.

### 12. 영업비밀침해금지 등

[서울지법 1995. 2. 22. 선고 94가합3033 판결]

<참조조문> 부정경쟁방지법 제2조 제2호, 제3호 (가)목, (라)목, 제10조

<판시사항>

(1) 부정경쟁방지법 제2조 제3호 (가)목, (라)목 소정의 영업비밀 침해행위를 인정한 사례

(2) 영업비밀 침해에 따른 사용 및 공개 금지의 기간

(3) 판결에서의 영업비밀 특정에 관한 사례

<판결요지>

(1) 잉크 등 제조방법이 공연히 알려져 있지 않고 그 개발을 위하여 오랜 시간과 비용·노력이 들었을 뿐만 아니라 독립된 경제적 가치가 있고 상당한 노력에

의해 비밀로 유지하고 있는데, 회사에 재직 중 그 제조방법을 공책에 기재해 두었다가 고액의 급여와 상위 직위를 받는 조건으로 경쟁 관계에 있는 다른 회사에 입사하여 단기간에 유사한 잉크 등을 개발하게 한 사안에 대하여 부정경쟁방지법 제2조 제3호 (가)목, (라)목 소정의 영업비밀 침해행위를 인정한 사례.

(2) 영업비밀 침해행위를 금지시키는 것은 침해행위자가 그 침해행위로 공정한 경쟁자보다 우월한 위치에서 부당하게 이익을 취하지 못하게 함으로써 영업비밀 보유자로 하여금 원래 있었을 위치로 복구시켜 주는 데 그 목적이 있으므로, 사용 및 공개의 금지는 다른 공정한 경쟁자가 영업비밀 침해행위가 없었더라면 독자적 개발이나 역설계(逆設計) 등 합법적 방법으로 그 제조방법을 취득하는 데 걸렸을 상당한 기간 동안으로 제한하여야 한다.

(3) 주로 원료가 10여 가지 안팎의 화공약품의 종류, 제품 및 색깔에 따른 약품들의 조성 비율과 방법이 숫자와 알파벳 등의 문자로 정밀하게 표현되어 구성되어 있는 잉크 등 제조방법을, 판결에서 특정함에 있어 부정경쟁방지법이 추구하는 영업비밀 보호의 취지를 살리기 위해 '언제부터 언제까지 회사 재직 중 지득하면서 어떤 공책 1권에 기재해 두었던 어떤 제품의 제조 방법에 관한 기술정보' 정도로 하고 더 나아가 그 공책의 실제 기재 내용과 똑같이 구체적으로 적시하는 것을 피한 사례

<참조판례> 대법원 1992. 5. 12. 선고 92다4345 판결

13. 손해배상

[대법원 1996. 11. 26. 선고 96다31574 판결]

<참조조문>

(1) 부정경쟁방지법 제11조, 부칙(1991. 12. 31.) 제2항, 민법 제750조

(2) 민법 제393조, 제750조, 제760조

<판시사항>

(1) 1991. 12. 31일자 개정 부정경쟁방지법 시행 전에 취득한 영업비밀을 동법 시행 후에 사용하는 행위가 동법에 저촉되는지 여부(소극) 및 그 행위가 위법행위인 것으로 인정되기 위한 요건

(2) 영업비밀 침해행위에 의하여 재산권이 침해된 경우의 위자료 인정 요건

<판결요지>

(1) 부정경쟁방지법(1991. 12. 31. 법률 제4478호로 개정된 것. 1992. 12. 15. 시

행) 부칙 제2항에 의하면 개정 부정경쟁방지법 시행 전에 영업비밀을 취득한 자가 같은 법 시행 후에 이를 사용하는 경우에는 같은 법에 저촉되지 않는 것이 명백하고, 이와 같이 부정경쟁방지법에 저촉되지 아니하는 행위가 신의칙상 영업비밀유지의무 위반이라는 등의 이유로 위법행위가 되기 위하여는 그것이 위법한 행위라고 볼 만한 특별한 사정이 있어야 한다.

(2) 일반적으로 타인의 불법행위 등에 의하여 재산권이 침해된 경우에는 그 재산적 손해의 배상에 의하여 정신적 고통도 회복된다고 보아야 할 것이므로, 영업비밀 침해행위로 인하여 영업매출액이 감소한 결과 입게 된 정신적 고통을 위자할 의무가 있다고 하기 위하여는 재산적 손해의 배상에 의하여 회복할 수 없는 정신적 손해가 발생하였다는 특별한 사정이 있고 영업비밀 침해자가 그러한 사정을 알았거나 알 수 있었어야 한다.

<참조판례> 대법원 1989. 8. 8. 선고 88다카27249 판결, 1992. 5. 26. 선고 91다38334 판결, 1994. 12. 13. 선고 93다59779 판결 등.

14. 약정금

[대법원 1997. 6. 13. 선고 97다8229 판결]

<참조조문> 민법 제105조, 헌법 제15조

<판시사항> 퇴직사원의 영업비밀 침해행위에 대하여 회사와의 사이에 침해행위 중지 및 위반시의 손해배상 약정금을 정한 합의가 이루어진 경우, 그 합의서의 해석상 퇴직사원에 대한 경업금지 의무를 인정한 것이 직업선택의 자유를 보장한 헌법규정에 위반되지 않는다고 본 사례

<판결요지> 회사가 다이아몬드공구의 제조공정에 있어서 일반적 지식 또는 기능이라고 할 수 없는 특수한 기술상의 비밀정보를 가지고 있고 이러한 비밀정보는 일종의 객관화된 지적재산이므로, 퇴직사원의 영업비밀 침해행위에 대하여 회사와의 사이에 침해행위 중지 및 위반시 손해배상 약정금을 정한 합의가 이루어진 경우, 그 합의서의 내용을 회사의 영업비밀을 지득하는 입장에 있었던 사원들에게 퇴직 후 비밀유지의무 내지 경업금지 의무를 인정하는 것으로 해석하는 것이 직업선택의 자유에 관한 헌법규정에 반하지 않는다고 한 사례.

15. 전업금지 및 영업비밀침해행위 금지가처분

[서울지법 1995. 3. 27. 94카합12987 결정]

<참조조문>

(1) 부정경쟁방지법 제2조 제2호, 제3호, 부정경쟁방지법 제10조

(2) 부정경쟁방지법 제10조 제2항, 헌법 제15조, 헌법 제37조 제2항

<판시사항>

(1) 영업비밀 침해를 금지함과 아울러 동종업체의 동종업무 및 그 보조업무에 종사하거나 종사하게 하는 것을 금지한 사례

(2) 동종업체의 동종업무 종사 금지와 헌법상 직업선택의 자유

<결정요지>

(1) 해외로부터 도입 개량한 제조기술 등의 정보를 영업비밀로 인정하여, 기술부장으로 근무하다가 별다른 사유 없이 동종제품 생산에 신규 참여한 경쟁 회사의 이사로 전직한 경우에 그 영업비밀 침해를 금지함과 아울러 이를 위하여 필요한 조치로서 동종제품 제조·판매 및 그 보조업무에 종사하거나 종사하게 하는 것을 금지한 사례.

(2) 영업비밀을 가지고 있는 자로 하여금 동종업체에 전직하는 것 자체를 금지시키는 것은 영업비밀 침해행위에 대한 금지 또는 예방 청구권의 범위를 넘는 것으로서 영업비밀을 보호하기 위한 적절한 조치라고 볼 수 없을 뿐만 아니라 영업비밀을 가지고 있는 자의 인격을 과도하게 침해하는 결과로 되어 헌법상 직업선택의 자유에 대한 본질적인 침해가 될 것이나, 부정경쟁방지법상의 영업비밀에 관한 규정의 취지 및 내용, 영업비밀을 보호할 필요성이 있는 상태에 있고 영업비밀을 보호하기 위하여 많은 노력을 기울인 점, 영업비밀을 가지고 있는 자가 동종업체에서 동종제품 제조 등 업무에 종사하는 것을 금지하지 않고서는 영업비밀을 보호할 수 없는 점 등에 비추어 보면, 영업비밀을 보호하기 위하여 영업비밀을 가지고 있는 자를 경쟁 동종업체의 동종제품 제조·판매 및 그 보조업무에 종사하지 못하게 하는 것이 헌법상 직업선택의 자유를 본질적으로 침해하는 것이라고 볼 수 없다.

16. 전업금지 및 영업비밀침해 금지가처분

[서울지법 1997. 6. 17. 97카합758 결정]

<참조조문> 민법 제103조, 제105조

<판시사항>

(1) 사용자와 피용자 사이에 체결되는 전직금지약정의 효력(한정 유효)

(2) 사용자와 피용자 사이의 전직금지약정을 유효하다고 본 사례

<결정요지>

(1) 사용자와 피용자 사이에 체결되는 전직금지약정은 일종의 경업금지약정으로서, 그 체결된 배경이나 그 내용 및 기간에 합리성이 인정되는 경우에는 헌법상 보장된 직업선택의 자유를 침해하지 않는 것으로서 공서양속 위반으로 볼 수 없다.

(2) 경업금지약정의 목적이 피용자로 하여금 퇴사 후 그가 취직 중 알게 된 판매방법 등에 관한 정보 및 고객명단 등을 이용하여 동종의 영업분야에서 일하거나 다른 경쟁 판매회사 등에 취업함으로써 결국 그가 소속했던 회사에 손해를 끼치는 행위를 막기 위한 것이라는 점, 금지기간이 1년으로서 그 피용자에게 과도한 제약이 되지 아니하는 점을 고려하여, 그 약정을 유효하다고 한 사례.

<참조판례> 대법원 1997. 6. 13. 선고 97다8229 판결

17. 기술생산독점권 사용 및 모조품판매금지 가처분

[대법원 1996. 2. 13. 95마594 결정]

<참조조문> 부정경쟁방지법 제10조 제1항, 제14조, 민법 제166조 제2항

<판시사항> 부정경쟁방지법 제10조 제1항 소정의 영업비밀 침해행위의 금지 및 예방청구권의 소멸시효 기산점

<결정요지> 민법 제166조 제2항의 규정에 의하면 부작위를 목적으로 하는 채권의 소멸시효는 위반행위를 한 때로부터 진행한다는 점 및 부정경쟁방지법 제14조의 규정 내용 등에 비추어 보면, 부정경쟁방지법 제10조 제1항이 정한 영업비밀 침해행위의 금지 또는 예방을 청구할 수 있는 권리의 경우, 그 소멸시효가 진행하기 위하여는 일단 침해행위가 개시되어야 하고, 나아가 영업비밀 보유자가 그 침해 행위에 의하여 자기의 영업상의 이익이 침해되거나 또는 침해될 우려가 있는 사실 및 침해행위자를 알아야 한다.

18. 가처분이의

[대법원 1998. 2. 13. 선고 97다24528 판결]

<참조조문> 부정경쟁방지법 제10조, 제14조

<판시사항>

(1) 영업비밀 침해행위를 금지시키는 것은 침해행위자가 침해행위에 의하여 공정한 경쟁자보다 유리한 출발 내지 시간절약이라는 우월한 위치에서 부당하게 이익을 취하지 못하도록 하고, 영업비밀 보유자로 하여금 그러한 침해가 없었더라면 원래 있었을 위치로 되돌아갈 수 있게 하는 데에 그 목적이 있으므로, 영업비밀 침해행위의 금지는 공정하고 자유로운 경쟁의 보장 및 인적 신뢰관계의 보호 등의 목적을 달성함에 필요한 시간적 범위 내로 제한되어야 하고, 그 범위를 정함에 있어서는 영업비밀인 기술정보의 내용과 난이도, 영업비밀 보유자의 기술정보 취득에 소요된 기간과 비용, 영업비밀의 유지에 기울인 노력과 방법, 침해자들이나 다른 공정한 경쟁자가 독자적인 개발이나 역설계와 같은 합법적인 방법에 의하여 그 기술정보를 취득하는 데 필요한 시간, 침해자가 종업원(퇴직한 경우 포함)인 경우에는 사용자와의 관계에서 그에 종속하여 근무하였던 기간, 담당업무나 직책, 영업비밀에의 접근 정도, 영업비밀보호에 관한 내규나 약정, 종업원이었던 자의 생계활동 및 직업선택의 자유와 영업활동의 자유, 지적재산권의 일종으로서 존속기간이 정해져 있는 특허권 등의 보호기간과의 비교, 기타 변론에 나타난 당사자의 인적·물적 시설 등을 고려하여 합리적으로 결정하여야 한다.

(2) 영업비밀이 보호되는 시간적 범위는 당사자 사이에 영업비밀이 비밀로서 존속하는 기간이므로 그 기간의 경과로 영업비밀은 당연히 소멸하여 더 이상 비밀이 아닌 것으로 된다고 보아야 하는바, 그 기간은 퇴직 후 부정한 목적의 영업비밀 침해행위가 없는 평온·공연한 기간만을 가리킨다거나, 그 기산점은 퇴직 후의 새로운 약정이 있는 때 또는 영업비밀 침해행위가 마지막으로 이루어진 때라거나, 나아가 영업비밀 침해금지 기간 중에 영업비밀을 침해하는 행위를 한 경우에는 침해기간만큼 금지기간이 연장되어야 한다고는 볼 수 없다.

<참조판례 등> 대법원 1996. 12. 23. 선고 96다16605 판결

19. 영업비밀의 요건 중 하나인 "비공지성"에 관한 판결례

(1) 비공지성의 정의에 관한 판결례

[대법원 2004. 9. 23. 선고 2002도60610 판결]

<참조조문> 부정경쟁방지 및 영업비밀보호에 관한 법률 제2조 제2호

<판시사항> 그 정보가 간행물 등의 매체에 실리는 등 불특정다수인에게 알려져 있지 않기 때문에 보유자를 통하지 아니하고는 그 정보를 통상 입수할 수 없는 것은

공공연히 알려져 있지 않는 비공지성의 정보라는 취지의 판시를 하였다.

(2) 비공지성의 성립에 관한 판결례

[대법원 2007. 11. 15. 선고 2007도7484 판결]

<참조조문> 부정경쟁방지 및 영업비밀보호에 관한 법률 제2조 제2호

<판시사항> 온라인 쇼핑몰 운영을 위한 Source File에 관한 사건에서 법원은 다음의 이유로 해당 정보의 비공지성이 인정된다고 판시하였다.

1) 인터넷상 프로그램을 구성하는 소스파일이 어느 정도 공개되어 있다고 하더라도 공개된 소스파일들을 이용목적에 맞게끔 수정・조합하여 회사의 시스템에 맞게 구현하는 것이 기술력의 중요한 부분인 점

2) 피해 회사 웹사이트의 관리자 모드를 구성하는 소스파일들 자체는 인터넷상 전혀 공개되어 있지 아니하고, 이러한 소스파일들이 보관되어 있는 피해회사 서버는 IP주소, 아이디, 비밀번호 등을 입력하여야 접근할 수 있는 점

(3) 비공지성의 성립에 관한 판결례

[대법원 2004. 9. 23. 선고 2002도60610 판결]

<참조조문> 부정경쟁방지 및 영업비밀보호에 관한 법률 제2조 제2호

<사실관계>

- 정보: 이동식 교각에 대한 설계도면 등 생산방법에 관한 기술정보이다.

- 특이사항 : 위 정보가 특허출원되어 공개된 상태이었다.

<판시사항>

- 피해회사가 해당 정보를 비밀로서 관리하고 있다고 하더라도 당해 정보의 내용이 이미 일반적으로 알려져 있을 때에는 영업비밀이라 할 수 없다.

- 피해회사는 공개특허공보에 기재된 내용 이외의 어떠한 정보가 영업비밀로 관리되고 있으며 어떤 면에서 경제성을 갖고 있는지를 구체적으로 특정하여 주장 및 입증하여야 한다.

20. 영업비밀의 요건 중 하나인 "독립경제성"에 관한 판결례

(1) 독립경제성의 의미에 관한 판결례

[대법원 2008. 2. 15. 선고 2005도6223 판결]

<참조조문> 부정경쟁방지 및 영업비밀보호에 관한 법률 제2조 제2호

<판시사항> 그 정보의 보유자가 그 정보의 사용을 통해 경쟁자에 대하여 경쟁상의 이익을 얻을 수 있거나 또는 그 정보의 취득이나 개발을 위해 상당한 비용이나 노

력이 든 경우를 독립된 경제적 가치를 가진 정보라는 취지의 판시를 하였다.

(2) 독립경제성의 성립에 관한 판결례

[대법원 2008. 2. 15. 선고 2005도6223 판결]

＜참조조문＞ 부정경쟁방지 및 영업비밀보호에 관한 법률 제2조 제2호

＜사실관계＞

- 정보: 백색 LED 제조를 위한 부품, 원료의 배합비율 및 제조공정

- 침해행위: 퇴직하면서 위 정보를 가지고 나옴.

＜판시사항＞ 다음의 이유로 해당 정보의 독립경제성이 인정된다고 판시하였다.

- 정보가 바로 영업활동에 이용될 수 있을 정도의 완성된 단계에 이르지 못하였다고 하더라도 독립경제성이 인정될 수 있다.

- 실제 제2자에게 아무런 도움을 준 바 없어도 독립경제성 인정이 가능하다.

- 누구나 시제품만 있으면 실험을 통하여 알아낼 수 있는 정보라고 하더라도 독립경제성 인정이 가능하다(분석에 따른 시간 및 노력을 요하므로).

(3) 독립경제성의 성립에 관한 판결례

[대법원 2008. 7. 10. 선고 2006도8278 판결]

＜참조조문＞ 부정경쟁방지 및 영업비밀보호에 관한 법률 제2조 제2항

＜사실관계＞

- 정보 : 바이어명단, 납품가격, 아웃소싱 구매가격, 물류비 등

가격산정에 관한 제반 자료

- 침해행위 : 피해회사 바이어로 접근하여 더 낮은 가격 제시

＜판시사항＞ 다음의 이유로 해당 정보의 독립경제성이 인정되지 않는다고 판시하였다.

- 바이어명단은 상당 부분 동종업계에 알려져 있을 뿐만 아니라, 관련업체들이 별다른 노력을 하지 않고도 그 명단을 확보할 수 있었다.

- 가격산정에 관한 제반 자료는 생산방식을 달리하는 피고인에게 독립된 경제적 가치가 있다고 볼 수 없다.

(4) 독립경제성의 성립에 관한 판결례

[대법원 2003. 1. 24. 선고 2001도4331 판결]

＜참조조문＞ 부정경쟁방지 및 영업비밀보호에 관한 법률 제2조 제2호

＜사실관계＞

- 정보: 다심관 생산공장의 생산설비, 기계배치 도면, 생산량

- 침해행위: 전직한 후 위 정보 누설.

<판시사항>

- 각 공정의 생산기계는 납품을 받아 공장구조에 맞게 배치하는 것일 뿐이므로 기계배치 도면은 그 경제적 유용성을 인정하기 어렵다.

- 관련업체들 역시 생산량을 여러 매체를 통해 소개하고 있는 사실에 비추어 그 자체가 정보취득을 위한 상당한 노력・비용을 필요로 하는 경제적 유용성을 가진다고 보기 어렵다.

- 작업편의를 위해 생산설비를 일부 개선하였다고 하더라도 그 정보의 취득이나 개발을 위하여 상당한 비용이 든 것으로 보이지 않는다.

21. 영업비밀의 요건 중 "비밀유지성"에 관한 판결례

(1) 비밀유지성의 의미에 관한 판결례

[대법원 2008. 7. 10. 선고 2008도3435 판결]

<참조조문> 부정경쟁방지 및 영업비밀보호에 관한 법률 제2조 제2호

<판시사항> 정보가 비밀이라고 인식될 수 있는 표시를 하거나 고지를 하고, 그 정보에 접근할 수 있는 대상자나 접근방법을 제한하거나, 그 정보에 접근한 자에게 비밀준수의무를 부과하는 등 객관적으로 그 정보가 비밀로 유지・관리되고 있다는 사실이 인식 가능한 상태에 놓여 있어야 한다는 취의의 판결을 하였다.

(2) 비밀유지성의 성립에 관한 판결례

[대법원 2008. 7. 10. 선고 2008도3435 판결]

<참고 조문> 부정경쟁방지 및 영업비밀보호에 관한 법률 제2조 제2호

<사실관계>

- 정보: 컴퓨터 파일

<판시사항> 다음의 이유로 해당 정보의 비밀유지성이 인정되지 않는다고 판시하였다.

- 피고인들이 입사할 때 일반적인 영업비밀준수 서약서를 작성한 사실은 있으나, 업무와 관련하여 작성한 파일에 관해 보관책임자가 지정되어 있거나 별다른 보안장치 또는 보안관리규정이 없었고,

- 업무파일에 관하여 중요도에 따라 분류를 하거나 대외비 또는 기밀자료라는 특별한 표시를 하지도 않았고,

- 직원들이 자유롭게 업무파일을 열람・복사할 수 있었으며,

- 개인컴퓨터에서도 내부 네트워크를 통한 서버 접근이 가능하였다.

(3) 비밀유지성의 성립에 관한 판결례

[대법원 2003. 1. 24. 선고 2001도4331 판결]

<참조조문> 부정경쟁방지 및 영업비밀보호에 관한 법률 제2조 제2호

<사실관계>

- 정보: 다심관 생산공장의 생산설비, 기계배치 도면, 생산량

- 행위: 전직한 후 위 정보 누설.

<판시사항> 공장의 기계배치, 생산량, 부품규격 등 생산공정에 대한 비밀을 유지하도록 하는 계약·각서·취업규칙을 작성하거나, 이에 대한 보안교육을 시키는 등으로 생산공정을 비밀로 유지하기 위한 관리노력을 행한 적이 없는 등의 이유로 위 정보가 영업비밀에 해당하지 않는다고 판시하였다.

(4) 비밀유지성의 성립에 관한 판결례

[서울중앙지방법원 2007. 3. 19. 선고 2007카합3903 판결]

<참조조문> 부정경쟁방지 및 영업비밀보호에 관한 법률 제2조 제2호

<사실관계>

- 정보: 담수 및 발전사업과 관련한 경영상·기술상 자료

<판시사항> 피해회사의 영업비밀에 대한 다음과 같은 관리에 대하여 비밀유지성이 인정된다는 요지의 판시를 하였다.

- 업무와 관련된 문서·파일 등 각종 자료를 영업비밀로 관리하기 위하여 보안규정을 수립하고, 중요도에 따라 '중요비' 또는 '사외비'로 분류

- 업무상 직접 관련이 있는 사람만 문서·자료에 접근하도록 함.

- 비밀취급 문서·자료의 복제·반출·개인보관 등을 금지

- 보안업무 전담하는 보안담당관 및 부서 내 보안책임자 임명

- 보안교육 및 보안점검 수시 실시

- 정보보안시스템(방화벽, 전자결제시스템, 웹키퍼 등) 구축

- 외부인 출입통제를 위한 security gate 설치 및 ID 카드 사용

## 〔미국 판례〕

### 1. 고객명부에 비공지성이 없다고 인정한 판결례

[American Paper and Packaging Products, Inc. v. Kirgan et al(1986) 183 Cal, App, 3d 1318]

종이 및 포장재를 제조하고 있는 원고 American Paper社는 전 종업원이었던 피고 Kirgan 등을 상대로 퇴직 후 3년 동안 고객명부 및 기타 정보를 공개·사용하지 않는다는 계약내용을 위반하였다는 이유로 가처분신청을 법원에 제출하였으나 제1심, 제2심 모두 원고패소 판결을 내렸다.

법원은 다음과 같은 이유로 원고의 고객명부에는 비공지성이 없다고 판시하였다.

(1) 원고의 고객명부는 이미 제3자에게 알려져 있거나 쉽게 알 수 있는 것이다.

(2) 고객명부의 편집방법은 세련된 것도, 어려운 것도, 특별히 시간을 요하는 것도 아니다.

(3) 이 분야는 경쟁적이기 때문에 고객명부에 기재되어 있다고 해서 그 명부에 기재된 고객과 지속적인 거래관계가 있다고는 볼 수 없다.

### 2. 영업비밀관리 요건에 관한 판결례

[Surgidev Co. v. Eye Technology, Inc.(8th Circuit Court of Appeals 1987) 828 F. 2d 452]

원고 Surgidev社는 피고 Eye Technology社 및 Fitzsimmons를 상대로 배내장용 렌즈의 개발 노하우 및 고객정보의 부정사용, 계약위반, 신임의무의 위반, 횡령, 계약관계 및 경제적 이익의 불법침해에 대해 제소하고 침해행위의 금지 및 보상적·징벌적 손해배상을 청구하였다.

법원은 이 사건에서 원고의 청구를 인용하고 비밀관리의 요건에 적합한 근거로서,

(1) 종업원에 대해 영업비밀이란 사실을 통지하고 비밀보호계약을 체결하였으며

(2) 공장 및 제조설비의 중요한 지역에 대한 방문객의 출입을 제한하고 있었고

(3) 중요한 부분이나 제조공정을 중심설비로부터 분리하였고

(4) 비밀서류를 보관하는 시설이 되어 있었으며

(5) 정보의 배부를 필요한 곳에 한하도록 관리하고 있었다.

는 점을 들고 있다.

3. 영업비밀관리 노력에 관한 판결례

[Sheets v. Yamaha Motors Corp.(Fifth Circuit Court of Appeals 1988) 7. USPQ 2d]

원고 Sheets社는 피고 Yamaha社를 상대로 3륜 오토바이에 장착한 공기주입장치에 대한 영업비밀침해를 이유로 미 연방법원에 제소를 하였다. 법원은 이 사건에서 원고가 상당한 비밀보호의 노력을 하지 않았다는 이유로 원고의 청구를 기각하였다.

법원은 판결이유에서 비밀관리의 요건을 다음과 같이 제시하였다.

(1) 비밀보호의 합리적 노력은 종업원에게 영업비밀의 존재를 고지하고 영업비밀에 대한 접근제한, 장치에 대한 접근관리를 포함하고 있다.

(2) 전시회나 잡지에 발표된 내용 또는 기타 부주의에 의한 공개 또는 전시된 정보는 보호를 받을 수 없다.

(3) 비밀보호에 필요한 노력은 주어진 상황 하에서 합리적 수준으로 이루어지면 충분하다.

(4) 법원이 영업비밀을 보호하기 위해 막대한 비용이 지출되는 것을 요구하는 것은 아니다.

4. 영업비밀관리를 소홀히 했다고 한 판결례

[Motorola, Inc. v. Fairchild Camera and Instrument Corp. et al.(Arizona 1973) 177 USPQ 614]

1968년 원고 Motorola社는 피고 Fairchild社를 상대로 전직고위임원 8명이 경쟁사인 피고회사에 전직하면서 영업비밀을 부당하게 제공한 혐의로 즉각 제소하였으나 원고패소 판결을 내렸다.

법원의 패소판결 요지를 살펴보면 다음과 같다.

(1) 종업원들과 비밀유지계약은 체결하였으나 어떤 정보가 비밀로 유지되어야 한다는 것을 명시하지 않았으며

(2) 원고가 주장하는 대부분의 영업비밀이 이미 공개되었거나 특허가 되어 있을 뿐만 아니라 복제공법과 문헌을 통해 쉽게 파악될 수 있는 것이며

(3) 해당제품의 생산라인이 정기적으로 외부 방문객에게 공개되었다.

따라서 원고가 영업비밀의 보호를 위해 합리적인 조치를 취하지 않는 등 비밀유지의무를 소홀히 하였으므로 이러한 종류의 비밀누설은 부당한 침해가 될 수 없다고 판시하였다.

5. 비밀관리가 적절하다고 인정한 판결례

[Tubular Threding, Inc. v. Scandaliato (Louisiana Court of Appeals 1983) 443 So. 2d 712]

원고 Scandaliato社는 원고의 영업비밀을 이용하여 유전용 파이프 시스템을 제조, 납품하고 있는 피고 Tubular Threding社에 대해 자사의 시스템을 제3자를 위해 설계, 제조하고 있다고 의심하여 사용금지신청을 하였다.

제1심은 원고의 신청을 받아들였다. 그러나 제2심은 피고의 시스템을 영업비밀 보호대상으로 인정하였지만 금지신청에 대해서는 인정하지 않고 원심을 파기하였다.

법원은 다음과 같은 사실로 미루어 보아 비밀관리가 적절하다고 인정하였다.

(1) 피고의 플랜트는 일반에게는 공개되지 않았고 울타리가 잘 처진 상태에 놓여 있었으며

(2) 피고의 시스템은 정열용 콘베어 이외에는 금속프레임의 건물 속에 있었고

(3) 시스템 가동을 본 사람도 있었지만 이들은 고객, 잠재적 고객 또는 부품을 다루는 근로자들이다.

6. 영업비밀의 관리를 소홀히 했다고 하여 영업비밀을 인정하지 아니한 판결례

[Gordon Employment, Inc. et al. v. Jewell Steiner et al. (Minnesota 1984) 356 N. W. 2d 738]

원고 Gordon Employment社는 피고의 전지종업원 Jewell과 Steiner를 상대로 임시고용 알선업상에 영업비밀인 임시고용처 및 희망처에 대한 정보의 부정취득 및 영업방해 등을 이유로 손해배상 및 변호사비용 지급을 청구하였다. (중략)

제1심, 제2심 모두 원고의 청구를 기각하였다. 법원의 기각 이유는 다음과 같다. 미네소타주의 영업비밀의 요건 중에는 "보유자가 비밀유지에 합리적인 노력을 하지 않으면 안 된다"는 규정이 있다.

이 규정에 따르면 원고는 정보를 관리한 적이 없다. 즉,

(1) 그 정보는 열쇠가 없는 파일에 보관되어 있었다.

(2) 비밀표시도 되어 있지 않았다.

(3) 문서화된 비밀에 관한 사업방침도 없었다.

(4) 노사간에 비밀에 관한 어떤 협의된 사실도 없었다.

7. 비밀관리에 거액의 자본을 요구하지 않는다는 판결례

[E. I. Du Pont de Numours and Co. Inc. v. Christopher et al. (5th Circuit Court of Appeals 1973) 166 USPQ 422]

원고 Du Pont社는 피고 사진작가 형제가 신원불명자의 의뢰에 의하여 1969년 3월 19일 건설 중인 공장을 항공 촬영한 후 사진을 의뢰자에게 보낸 사건에 대하여 다음과 같은 이유로 손해배상청구와 사진의 유통금지를 법원에 신청하였다.

① 메탄올 제조공정이 영업비밀이기 때문에 엄중하게 관리하고 있지만 건설 중인 공장의 공중에서는 메탄올 공장의 일부를 볼 수 있을 뿐만 아니라 사진촬영도 가능하다.

② 이 분야 전문가는 사진만 보아도 영업비밀인 메탄올 제조공정을 짐작할 수 있다.

이에 대해 피고는 다음과 같이 주장하고 있다.

① 건설 중인 공장촬영이 공공의 공간에서 이루어졌을 뿐만 아니라 정부의 항공규칙도 위반하지 않았으며

② 원고와의 사이에 어떠한 신뢰관계의 위반이나 사기 등의 위법행위를 하지 않았다.

그러나 제1심, 제2심은 모두 피고 패소판결을 내렸다.

법원의 판결요지는 다음과 같다.

(1) 신뢰관계 위반이나 사기 등의 위법행위는 영업비밀보호를 위한 요소이지만 비밀보호가 이들의 경우에만 한정된 것은 아니다.

(2) 경쟁자가 복제공법에 의해 공정을 독자적으로 발견하거나 독자적인 개발에 의해 발견하는 경우에는 영업비밀의 보호대상이 되지 않지만 시간이나 돈을 들여 독자적으로 발견하지 않고 공정의 지식을 획득하는 것은 부정한 것이다.

(3) 비밀보호를 위해 보통의 울타리나 지붕을 만들지 않으면 안되겠지만 예측하기 어렵고 방어 불가능한 스파이를 차단할 것을 요구할 수는 없다.

(4) 따라서 Du Pong社에 대해 미완성의 공장 지붕을 덮을 것을 요구하는 것은 거액의 자본을 요구하는 것이다.

8. 영업비밀의 비공지성, 유용성 및 비밀유지를 인정한 판결례

[Metallurgical Industries, Inc. v. Fourtec Inc. et al. (5th Circuit Court of Appeals 1986) 229 USPQ 945]

피고는 원고가 채용한 아연회수법 및 아연 증류온도의 제어, 회수로의 분할 등의 개량은 전부 공지의 것이기 때문에 영업비밀이 아니라고 주장하였다. 그러나 법원은 아연회수법의 일반적 설명만으로는 Metallurgical에 의한 개량이 힘들다고 보아, 비공지성을 인정하였다. 또한 이 개량을 이용하면, 오리지널 텅스텐 카바이트와 동등한 품질의 카바이트를 낮은 비용으로 회수할 수 있다고 보고 비밀의 유용성도 인정하였다. 한편 비밀관리에 대해서도 접근의 제한, 출입금지의 표시, 회수로 공개시에는 비공개의 동의서 등의 수단이 취해져 있었으므로, 비밀관리를 인정하였다.

영업비밀의 비밀성에 대해, 피고측은 원고가 이미 C社 등에 대해 자신들이 영업비밀을 부정사용하기 전에 이미 공개하였고, 또한 이 과정에서는 신뢰의무관계가 수반되어 있지 않으므로 영업비밀은 법적 보호를 받을 가치가 없다고 주장하였다. 이에 대해 법원은 신뢰의무의 발생에 관한 증거의 부족을 인정하였다. 그러나 신뢰의무 그 자체는 법적 보호를 위한 필수요건은 아니고, 고려사항이라고 지적하였다. 그리고 제한적 공개여부는 많은 사실의 평가위에 판단되어야 하는데, C社 등에 대한 공개는 공공에 대해 이루어진 것이 아니고, 원고의 '경제행위'로 이루어진 것이므로 제한적 공개로 볼 수 있다고 판시하였다. 따라서 영업비밀로서의 비밀성은 상실되지 않았다.

### 9. 비밀관리가 적절하다고 인정한 판결례

[Q-Co Industrial, Inc. v. Hoffman et al. (New York 1985) 228 USPQ 554]

원고 Q-Co Industrial社는 자사를 퇴직하여 비슷한 업무를 하는 Computer Prompting社를 설립하여 판촉활동을 개시한 피고 Hoffman씨를 상대로 프로그램 저작권에 입각하여 원고용지가 화면에 비추어지는 퍼스컴용 프로그램과 유사한 프로그램의 판매를 금지하는 판매금지 가처분신청을 법원에 냈다. 그러나 가처분신청은 기각되었으나 영업비밀보호대상으로는 인정되었다.

법원은 다음과 같은 사실로 보아 비밀관리가 적절하다고 인정하였다.

(1) 원고의 프로그램의 소스 코드(Source Code)는 외부에서 접근할 수 없다.

(2) 원고의 프로그램이 시판은 되고 있으나 구입자가 프로그램을 변경하여 소스 코드에 접근할 수 없도록 보호되고 있다.

(3) 오픈 쇽 코드(Open Shock Code)는 일반적으로 알려져 있지만 그 내용은 전문가조차 이해할 수 없다.

10. 비밀관리의 소홀을 인정한 판결례

[Defiance Button Machine Companyv. C & C Metal Products Corporation (2nd Circuit of Appeals 1985) 225 USPQ 797]

DBMC社의 자산(기계, 사무기기, 컴퓨터, 도구 등)을 C & C社에 30만 달러로 매각하였는데, 이 때 상표, 상호, 고객명부는 매각하지 않았다.

DBMC社의 고객명부를 포함한 고객파일은 매각된 컴퓨터 파일 안에 포함되어 있었고, 텍스트는 컴퓨터가 DBMC社의 사옥에서 운반되기 전, DBMC社의 건물 금고에 보관되어 있었다. C&C社의 사원은 DBMC社의 허락 하에 구입한 자산을 운반하기 위해 DBMC社의 사옥으로 들어가 DBMC社의 전 컴퓨터 오퍼레이터에게 부탁하여 컴퓨터에 저장된 고객 리스트를 프린트할 수 있었다.

이에 DBMC社는 C & C社에 영업행위의 금지 및 손해배상을 청구하였지만, 1983년 2월 22일 지방법원은 구제를 거부하였다. DBMC사는 항소심에서도 패소하였다.

법원은 다음과 같은 이유로 DBMC의 패소를 판결하였다. 고객명부는 보관자가 비밀성을 유지하고 있는 한, 보호될 수 있지만 부주의나 사고에 의해서 일단 공개되면 영업비밀성은 상실되고, 따라서 보호받을 수 없다. DBMC社는 C & C社에 명부를 공개할 의사가 없었으며 또한 열쇠를 채운 건물안에 텍스트를 잘 보관하고 있었다고 주장하지만, C & C사에 매각한 컴퓨터의 메모리 안에 방치해 두어, 이를 통해 쉽게 고객명부를 알 수 있게 해 주었다. 따라서 메모리를 지우지 않은 이상, 그 정보의 소유권은 C & C社로 이전된다. 따라서 C & C社가 부정한 수단, 즉 전사원에게 돈을 주고 컴퓨터로부터 리스트를 인출하였다고 해도, C & C社에는 영업비밀을 사용한 책임은 발생하지 않는다.

11. 비밀관리의 소홀로 인한 보호적격 상실에 관한 판결례

[Secure Services Technology, Inc. v. Time & Space Processing, Inc. (LEXIS 11848, 1989. 9. 29. 버지니아주 동부연방지법)]

원고는 프로트콜 바리에이션의 비밀유지를 위한 합리적인 노력을 하지 않았다. 즉 원고는 정부에 TEMPEST에 관한 모든 권리, 재산, 이익을 매각하면서 TEMPEST에 트레이드 시크리트가 내재되어 있다는 내용의 기재가 일체 없었다. 그러므로 정부는 원고의 TEMPEST에 대한 무제한의 권리를 취득하였다. “원고는 TEMPEST에 포함되어 있는 정보에 원고의 재산적 이익이 존재하는 것을 여하한 방법에 의하여도 나타내지 않았기 때문에 프로트콜 바리에이션에 있어서의 트레이드

시크리트에 관한 보호를 잃어버렸다. 따라서 프로트콜 바리에이션이 법적 보호를 받을 수 있는 트레이드 시크리트일지라도 원고가 정부에 TEMPEST를 매각한 때에 당해 정보를 보호하기 위하여 필요한 최소한의 경고를 게을리함으로써 당해 정보는 트레이드 시크리트의 보호적격을 잃어버리고 말았다."

### 12. 종교상의 敎典을 영업비밀로 인정하지 아니한 판결례

[Religious Technology Center and Church of Scientology v. Wollersheim et al. 796 F. 2d 1076 (1986. 3.5. 제9순회구 연방항소법원)]

법원은 UTSA(캘리포니아법 1985년 제정)에 의한 청구에 대하여 쟁점으로 된 문서(materials)는 종교상의 敎典(religious scripture)이며, 이 주장은 캘리포니아법에서 규정하고 있는 보호가능한 트레이드 시크리트의 요건인 '경제적 가치'에 위배한다.

트레이드 시크리트로서 Restatement 757조 또는 캘리포니아법으로 보호되기에는 현실적으로나 잠재적으로 상업상의 우위성, 적어도 달러로 환산할 수 있는 것이 필요하다.

교회의 신도가 비신도에 대하여 당해 문서를 사용함으로써 얻어지는 종교상의 우위성에 의거한 트레이드 시크리트를 인정할 수는 없다. 전의 Restatement 757조도 트레이드 시크리트를 자기의 사업에 사용되는 정보이며, 당해 정보를 모르는 경쟁자에 대하여 우위성을 획득할 수 있는 것으로 정의하고 있다.

법원은 신문명교회가 원고보다도 실질적으로 낮은 가격으로 서비스를 제공하고 있는 점을 강조하고 있으나 원고는 당해 문서를 비밀로 함으로써 어떠한 경쟁시장에 있어서의 우위성을 가지는 가를 명확하게 하고 있지 않다. 신교회의 부정사용에 의한 원고의 손해는 종교상의 손해이다.

따라서 비밀문서의 가치는 정신적인 것으로 상업상의 것은 아니고 독립의 경제적 가치를 가지지 않는다고 하여 원판결을 파기하고 원고의 청구를 기각하였다.

### 13. 비밀관리가 불충분하다는 판결례

[Jostens, Inc. v. National Computer Systems, Inc. et al. (318 N. W. 21. 691. 1982. 4. 23. 미네소타주 최고법원)]

J社의 종업원 Titus는 회사의 지시로 CAD · CAM시스템을 개발하였다. J社는 동 시스템의 제조를 소외 Adage社에 위탁하였다.

Titus는 J社 퇴직 후 N社에 입사하여 보다 뛰어난 CAD · CAM의 시스템의 개발을 목적으로 J社에 협력을 요청하였으나, J社가 이를 거부하였으므로, Adage社에 그 개발을 위탁하였다. 新시스템 완성 후 N社는 소외 Balfour社에 新시스템을 팔았다. J社는 트레이드 시크리트 침해를 이유로 하여 N社 등에 대하여 손해배상 및 CAD · CAM시스템 사용금지를 청구하였다.

제1심은 J社 시스템은 공지기술의 조합에 지나지 않고, 또 비밀관리도 불충분하다고 하여 트레이드 시크리트성을 부정, J社의 청구를 기각하였고, 제2심도 제1심을 지지하였다.

법원이 J社의 비밀관리가 불충분하다고 한 이유는 아래와 같다. 그리고 Titus는 J社와 퇴직 후의 일반적인 비밀유지계약은 맺고 있다.

① J社는 CAD · CAM 시스템에 관한 테이프, 문서에 비밀표시를 하지 않았다.

② 동 시스템에 종사하는 종업원의 몇 사람에게는 비밀유지계약에 사인을 요구하지 않았다.

③ Titus는 J社의 허가를 얻어 동 시스템에 대하여 학회에 발표를 하였다.

14. 영업비밀의 유지에 관한 판결례

[KFC Corp. v. Marion-Kay Co., 620 F. Supp. 1160, 228 USPQ 545(S. D. Ind, 1985)]

켄터키 프라이드 치킨社는 켄터키의 양념 원료를 2개사에 별도로 맡겨 제조하면서 양사와 영업비밀유지계약을 각각 체결하였을 뿐만 아니라 양사는 서로 타사의 납품성분에 대해서도 알지 못하도록 하였다.

켄터키 프라이드 치킨社와 프랜차이즈社 사이에는 켄터키의 양념만을 사용하는 계약이 체결되어 있었다. 사건의 발단은 쇠고기용의 조미료 메이커인 마리온社가 켄터키 프라이드 치킨사의 사전승낙 없이 프랜차이즈社에게 조미료를 판매함으로써 시작되었다.

켄터키 프라이드 치킨社의 항의에 대해 마리온社는 켄터키 프라이드 치킨社가 '비전의 양념'의 연합에 참가시키지 않는 것은 반트러스트법인 'Sherman Act 제1조'에 저촉된다고 인디애나주 남부연방 지방법원에 제소하였다.

담당 법원은 연합에 참가를 희망하는 자에게 시장을 개방하는 것은 영업비밀의 파기로 되기 때문에 강요할 수 없다고 판시하였다.

15. 아이디어는 공개받은 자에게 가치가 있을 때 권리가 발생한다는 판결례

[Donahue v. Ziv Television Programs, Inc., 151 USPQ 657 (Cal. Court of Appeals

1966)]

원고 도너휴의 연속텔레비전 프로그램의 이야기 시나리오를 사용하여 피고가 Ziv 텔레비전 프로그램을 제작했는데 이것이 원고가 제안한 아이디어를 사용했다 하여 제소하였다.

법원은 아이디어는 계약을 목적물로 해서 반드시 신규일 것을 필요로 하지 않고 그것이 아이디어의 공개를 받은 자에게 가치가 있을 때에 권리가 발생한다고 판시하였다.

### 16. 비밀성을 인정한 판결례

[K-2 Ski Company v. Head Ski Company (506 F. 2d 471. 1974. 10. 29. 제9순회구 연방법원)]

비밀성에 대하여는 완전한 비밀과 상대적인 비밀의 두 가지의 이론이 있으나 우리는 상대적인 비밀을 지지한다. H社는 K社가 비밀관리를 소홀히 하여 그 자재 공급회사의 요청에 따라 워싱턴의 회사에 전시하기 위해 두 개의 스키제품을 제공한 것을 들고 있으나 H社의 사원은 당해 회의에 출석하지 않았으며, 다른 스키제조자도 없었으므로 이는 공개에 해당하지 않는다. 또 K社의 공장견학에 대하여도 경쟁회사의 사람에게 허용되지 않았으며 견학중에 K社의 공정을 보는 것은 불가능하였다. 또 공장의 감시체제가 엄격하지 않았다고 하여도 공장이 먼 곳에 위치하고 있는 이상 비밀성은 잃지 않는다.

### 17. 영업비밀 귀속에 관한 판결례

[SI Handling System, Inc. v. Heisley et al. (Third Circuit Court of Appeals 1985) 225 USPQ 441]

펜실베이니아주 법에는 종업원의 일반적인 지식, 기술 및 경험은 영업비밀이 아니므로, 사용자는 종업원의 일반적인 지식, 기술의 사용, 공개를 금지시킬 수 없다. 펜실베이니아주의 판례는 종업원의 직업선택의 자유를 보다 넓게 규정하고 있다. 종업원은 시장에서 자신의 성과를 파는데 더 큰 가치가 있다. 따라서 법원은 사용자가 경쟁상의 우위를 유지하기 위해 종업원을 부당하게 희생시키지 않도록 주의해야 한다.

개인의 합리적인 전직의 자유를 인정하고, 새로운 직장을 위해 이미 습득한 기능 및 경험을 완전히 사용할 자유를 인정하는 것이 사회전체로 보아 이익이 된다. 합리적인 전직은 경쟁을 촉진하고, 결국 소비자를 이롭게 하는 아이디어의 확산을 가져다 주며, 또한 기능과 정보는 가장 효과적으로 상품 서비스를 산출하는 방법으로 배분될 필요가 있기 때문이다.

한편 법원은 영업비밀의 개념을 해석하기 힘든 경우에는 고용 중에 얻은 정보를 영업비밀과 구별할 만족스러운 방법이나 법이 없으므로, 가능한 한 애매한 단어를 사용하지 말고 영업비밀의 범위를 한정지을 필요가 있다고 하였다.

18. 상업정보를 영업비밀상의 재산권으로 판시한 Ruckelshaus사건에 관한 판결례

[Ruckelshaus v. Monsanto Co. 81 L. ed. 815]

Monsanto의 상업정보가 Restatement 757조에 의한 영업비밀의 정의를 충족시키는 것으로 보아 Missouri走法 하에서 'property'로 간주된다고 판시하였다. 영업비밀의 무체재산적 성질 때문에 재산권으로서의 권리주장범위는 비밀소유자의 비밀이 타인에게 노출된 때로부터 상실하며, 재산권으로서의 영업비밀에 대한 일반적인 인식은 재산권이라는 토지나 유체물뿐만 아니라 그 이상으로 확대되는 데 이는 개인의 '노력과 발명·고안'의 산물을 포함하는 것으로 보아 환경청 측의 'property'로 인식된다고 판시하였다.

19. 보험권유에 관한 아이디어의 판매에 관한 판결례

[Bristol v. Equitable Life Assur. Soc. of United States(N. Y. Court of Appeals 1892) 30 N. E 506,132 N. Y. 264]

보험가입의 권유를 촉진하는 유력한 선전에 대해 좋은 아이디어를 갖고 있던 사람이 그 아이디어를 보험회사에 제시하고 그 대가로 취직하기를 원했다. 그는 그 아이디어와 자신이 입사하고 싶다는 내용의 편지를 한 보험회사에 보냈다. 이를 받아본 보험회사는 그 아이디어는 좋게 생각하였으나 입사는 원치 않아 편지를 돌려보냈다. 그 후 보험회사는 그 아이디어를 사용해 버렸다.

이를 안 그 제안자는 보험회사를 상대로 소송을 제기하였다.

법원은 1심, 2심 모두 원고 제안자의 주장을 다음과 같은 이유를 들어 기각하였다. 원고가 피고에 보낸 편지 중에 이 아이디어는 다른 회사에서 사용되고 있지 않음을 지적하고, 배타적 소유권자임을 주장하고 있지 않았다. 기타 다른 이유로 (1) 아이디어의 제시에 의해 대가를 얻을 목적이 있음을 상대방에게 분명하게 전달해야 한다. (2) 비밀의 보호, 사용대가의 약속이 없는 경우 보호의 대상이 될 수 없다.

### 20. 담배선전에 관한 아이디어의 판매에 관한 판결례

[Di Angels v. Scauzillo Ind. (Court of Appeals 1935) 194 N. E. 206]

피고 Liggett and Meyer Tobacco 회사는 Chesterfield 담배를 제조, 판매하고 있다. 1925년 12월 원고 Meyer는 담배판촉 선전문구에 대해 좋은 아이디어가 있음을 편지에 적어 피고에게 보냈다. 이 아이디어는 두 신사가 서서 대화를 하는 장면에서 "담배 피우시겠습니까?"라고 물을 때, 나머지 한 사람은 "고맙습니다만, 나는 Chesterfield를 피웁니다"라고 대답하는 것이었다. 원고는 이 아이디어를 보내면서 적정한 대가를 청구할 만한 가치가 있다고 생각한다고 적었다.

그 후 피고회사는 1928년 7월, 이 아이디어를 채택한 광고를 미국, 캐나다 등의 잡지에 게재하였다. 이 광고는 골프장에서 한 사람이 Chesterfield 담배를 들고 "나는 Chesterfield만을 피우고 있습니다"라고 말하는 장면을 그린 그림이었다. 원고는 피고에 대해 아이디어의 적정한 대가로 2만 5,000달러를 청구하는 소송을 인디애나주의 법원에 제기하였다.

제1심 법원은 피고에게 9,000달러를 지급하라고 명령하였다. 피고는 항소하였다. 법원은 원고가 피고에게 보낸 아이디어가 상품으로서 가치가 있음을 인정하였다. 피고는 그 광고가 원고로부터 제시된 아이디어를 사용한 것이 아니고, 독자적으로 개발한 것임을 주장하고 있지만, 항소심은 이를 인정하지 않았다. 이 판례는 아이디어의 판매에 관한 유명한 판례이다. 피고가 원고로부터 편지를 받고 곧바로 뜯어보았기 때문에 이러한 문제가 발생하였다. 현재 많은 미국회사는 이러한 결과를 피하기 위해, 아이디어를 심사하고 채택하기 전에, 회사는 어떠한 책임도 없음을 아이디어 제공자에게 승낙받은 후 개봉하고 있다.

### 21. 영업비밀의 관리에 관한 판결례

[Willams v. Armdt, 626F. Supp. 571(D. Mass, 1985) 923]

'Floor Trader's Commodity Method (FTM)'라고 하는 상품시세의 요령을 기술한 메뉴얼에 관한 책이 발간되고 비밀유지나 저작권의 표시 없이 배포되었다. 피고 안트는 이 책을 보고 컴퓨터의 Source Code 프로그램을 만들어 판매하였다. 원고는 피고의 이와 같은 행위에 대하여 제소하였다.

법원은 피고가 프로그램을 위해 개발한 Source Code는 원고의 상품개발전략서와 다른 새로운 표현이 아니며 단지 영어로부터 Source Code로 번역한 것에 지나지 않으므로 저작권 위반이 된다고 판시하였다. 그러나 원고 과실로 비밀성을 상실한 영업비밀의 관리에 대해서는 판결을 내리지 않았다.

22. 영업비밀은 비밀성을 지녀야 하지만 반드시 특허법적 의미의 신규성은 요구하지 않는다는 판결례

[Kewanee Oie Co. v. Bicron Corp.]

U. S. Patent Law에 의한 영업비밀 走法의 배척문제는 그것이 완전하건 부분적 이건간에 정당화 될 수 없다고 판시하였다. 그 판결요지를 살펴보면 다음과 같다.

(1) 영업비밀의 대상은 비밀성을 지녀야 한다. 즉 영업 또는 거래에 있어서 공공연한 혹은 일반적 지식이어서는 안 된다.

(2) 영업비밀은 명시적·내재적인 비공개 또는 불사용의 제한 하에서 비밀을 알게된 타인에 의해 혹은 그 지식이 '부정한 방법'으로 얻어진 경우 그 공개와 무단사용으로부터 보호하는 것이다.

(3) 한편 '공정하고 정당한 수단에 의한', 즉 독자적인 발명, 우연한 공개, reverse engineering 등에 의한 영업비밀의 노출에 대해서는 보호하지 않는다.

(4) 영업비밀이 요구하고 있는 비밀성이란 '적어도 최소한의 신규성'을 의미한 것이고, 특허법적 의미의 신규성을 요구하는 것은 아니다.

23. 특허할 수 없는 발명이 영업비밀로 보호될 수 있다는 판결

[Aronson v. Quick Point Pencil Co.(가장 최초의 대법원 Trade Secret Decision)]

US Patent Law가 주계약법을 깨뜨리는가 하는 문제의 사건으로서 문제의 계약에 따르면 특허출원 중인 keyholder의 royalty를 지불키로 되어 있었는데 후에 그 출원이 포기되었으며 본 keyholder가 비밀리에 Quick Point Pencil Co. 에 공개되었다. 그 계약조건상에는 특허되지 않은 경우 할인된 비율의 royality를 무기한 계속 지불키로 하였다. 결국 특허되지 않았고 Quick Point측은 그 계약이 비특허상품을 모방할 수 있도록 허용하는 미국 특허법에 위배된다고 반박한 사건이다.

법원은 US Patent Law는 주법을 깨뜨리지 않으므로 royalty계약은 유효하다고 판시하였다. "특허할 수 없는 발명을 다루는 계약은 영업비밀법의 기초가 되는 발명을 장려하는 정책과 일맥상통한다. 그리하여 본 royalty 계약의 실행은 유효하다."

24. 영업비밀의 유용성과 관련한 판결례

[Fowle v. Park(최초의 trade secret에 관한 대법원 판례)]

'Balsam of wild cherry'의 약품의 성분에 관한 사건으로 그 특허약품의 판매지역 및 가격을 통제하는 계약 이행에 관한 논란에 대하여

"법의 정책은 유용한 발견을 한 자가 그 결과를 확보할 수 있도록 함으로써 그 발견을 고무시키는 데 있다"고 하여 계약을 이행할 수 있도록 하는 판결을 내렸다.

## 〔독일 판례〕

영업비밀의 범위에 관한 판결례

[Geratewartung(GRUR 1982, 315. 1981. 10. 30. OLG Stuttgart v.)]

시장조사회사인 Y社는 X社의 경쟁자의 위탁에 의해 X社 제품의 복사기 이용자에게 Y社 이름만 기입된 서비스 일기장을 주고 6개월 동안 수리부에 전화한 일시, 전화한 사유, 전화회수, 복사기의 결함 및 수리완료일시 등의 기입을 의뢰하였다. X社는 Y社가 불공정한 방법으로 X社의 고객 서비스 등의 영업비밀을 수집하고 있으므로, 조사의 금지, 의뢰자의 정보 공개 및 손해배상을 청구하였다. 법원은 1심, 2심 모두 X社의 청구를 기각하였다.

법원은 다음과 같은 이유로 본건의 정보가 영업비밀이 아니라고 인정하였다.

(1) 고장빈도는 개별이용사가 쉽게 알 수 있는 것이고, 이용자가 그 기계의 이용경험을 진술하는 것을 방해할 수는 없다.

(2) X社가 자사 기계의 이용자를 조사하고 그 고장빈도에 대하여 종합적 평가를 내리고, 그 평가가 한정된 사람에게만 알려지는 경우는 영업비밀에 해당한다고 볼 수 있지만, 이 사건은 이 경우에 해당하지 않는다.

(3) X社의 서비스에 대한 경험은 이용자 자신의 경험지식으로써, 이용자가 자유롭게 처분할 수 있다.

## Ⅱ. 영업비밀 침해행위와 관련한 판결례

> 제2조(정의) 이 법에서 사용하는 용어의 뜻은 다음과 같다.
> 3. "영업비밀침해행위"란 다음 각목의 어느 하나에 해당하는 행위를 말한다.
> 가. 절취, 기망, 협박, 그 밖의 부정한 수단으로 영업비밀을 취득하는 행위(이하 "부정취득행위"라 한다) 또는 그 취득한 영업비밀을 사용하거나 공개(비밀을 유지하면서 특정인에게 알리는 것을 포함한다. 이하 같다)하는 행위

### 〔우리 나라 판례〕

1. 도시계획 구조변경계획서 절취행위에 대한 절도죄 적용 판결례

[대법원 1981. 3. 24 선고, 80도2902 판결]

피고인이 절취한 '도시계획 구조변경계획서'가 폐지로 소각할 것이라 하더라도 그 내용을 알아볼 수 있고, 그 내용이 경제생활상 가치가 있는 이상 재물에 해당한다 할 것이다.

2. 기술정보자료 취거행위에 대한 절도죄 적용 판결례

[대법원 1986. 9. 23 선고, 86도1205 판결]

피고인이 근무하던 회사를 퇴사하면서 가져간 서류가 이미 공개된 기술내용에 관한 것이고 외국회사에서 선전용으로 무효로 배부해 주는 것이며, 동 회사연구실 직원들이 사본하여 사물처럼 사용하던 것이라도 위 서류들이 회사의 목적업무 중 기술분야에 관한 문서들로서 국내에서 쉽게 구할 수 있는 것도 아니며, 연구실 직원들의 업무수행을 위하여 필요한 경우에만 사용이 허용된 것이라면 위 서류들은 위 회사에 있어서는 소유권의 대상으로 할 수 있는 재물에 해당한다 할 것이다.

3. 敎唆에 의한 직원의 기술자료누설행위에 대한 배임죄 적용 판결례

[광주지법 1984. 3. 21 선고, 83고단2371 판결]

1984년 S타이어주식회사에 근무하다가 H타이어주식회사로 전직하여 동사 신탄진공장 생산기술부 수석연구원으로 있던 피고인 甲이 S타이어의 제조기술부에

근무하는 피고인 乙에게 S타이어에서 미국 유니로열타이어(주)에 기술제공료 약 1,100만 달러를 지불하고 제공받은 타이어 제조기술자료와 S타이어에서 개발비 약 5,000만 원을 들여 자체적으로 개발한 고속버스용 에어스프링 제조에 관한 기술자료와 카카스 라인(타이어 내부 형성선)에 관한 기술자료 등을 H타이어에 제공할 목적으로 빼내어 달라고 부탁하였다. 그리하여 동인이 S타이어 제조기술부 사무실에서 위 자료를 빼내고 또한 피고인 乙은 (주)DW의 직원과도 공모하여 다른 자료를 빼낸 사건에 대해 검사는 절도죄와 택일적으로 업무상 배임죄로 기소하였으나 광주지방법원은 택일적으로 기소된 업무상 배임죄를 인정하였다. 위 판결에서는 배임죄의 손해액을 위 기술제공료 및 기술개발비 상당액이라고 하였다.

4. 공모에 의한 제조설비 사진촬영행위에 대한 주거침입방조죄 적용 판결례

[서울지법 의정부지원 1990. 6. 22 선고, 90고단152 판결]

인조피혁제조업체 K실업이 3년 동안 10억 여 원을 들여 새로 개발한 특수인조피혁 제조장비가 있었는데, K실업과 경쟁관계에 있는 회사의 설비제작업체 상무인 P씨가 K실업에 근무하는 기능공 L씨와 공모하여, L씨가 휴일 숙직근무하는 날 L씨의 형님으로 가장하고 침입하여 동 제조장비를 사진촬영하여 유출한 사건이 발생하였다.

이에 대하여 K실업에서는 P씨와 L씨를 모두 주거침입 및 주거침입방조죄로 고소하였으나, 설비제작업체의 P씨는 증거불충분으로 처벌받지 아니하였고, 기능공 L씨만 주거침입방조죄로 서울지법 의정부지원에서 징역 1년을 선고 받았다. 그러나 L씨는 항소심에서는 징역 1년, 집행유예 2년을 선고받았다.

5. 제3자의 영업비밀의 부정 취득·사용·공개행위에 관한 판결례

[대법원 2009. 3. 16. 선고 2008마1087결정]

<참조조문> 부정경쟁방지 및 영업비밀보호에 관한 법률 제2조 제3호 가목

<사실관계>

- 정보: 산화아연 제조를 위한 산화로에 관한 기술정보

- 피신청인의 행위: 신청인 회사 퇴사자를 퇴사 직후 채용하여 위 기술정보를 이용하여 동일 형태의 산화로를 축조

<판시사항> 피신청인이 퇴사자를 채용한 뒤 그가 알고 있는 산화로에 관한 신청인의 영업비밀을 이용하여 동일 형태의 산화로를 축조하고 이를 이용해 산화아연 제

품을 생산하게 한 것은, 부정한 수단으로 신청인의 영업비밀을 취득하여 사용한 행위에 해당한다.

- 영업비밀 침해행위의 금지는 침해자가 합리적 방법에 의해 그 영업비밀을 취득하는 데 필요한 시간에 상당한 기간으로 제한하여야 한다.

〔미국 판례〕

1. 거래실무상 당연히 발생할 수 있는 정도의 정보를 사용하는 것은 영업비밀 도용으로 볼 수 없다는 판결례

[Plains Cotton Cooperative Association of Lubbock Texas v. Good Pasture Computer Service Inc.(5th Circuit Court of Appeals 1987) 1 USPQ 2d 1635]

원고 Plains Cotton협동조합은 면화시장의 정보를 제공하기 위하여 피고 Cushaman 등 4인을 통해 Telcot라는 시스템을 개발하였다(피고들과 원고간에는 비밀보호계약을 체결하지 않았다).

1979년 원고의 매니저인 Davis가 사직하여 CXS社를 설립하고 위 피고 4인을 고용하여 Telcot의 퍼스컴판의 공동개발을 맡겼다. 그러나 그 후 CXS社가 도산하여 피고 4인은 또 다른 피고 Goodpasture社로 옮겨 GEMS로 칭한 Telcot의 퍼스컴판을 완성하였다. 이 GEMS는 기능사양, 프로그램, 매뉴얼 등에서 Telcot와 매우 유사하다. 차이점이 있다면 Telcot는 메인 컴퓨터용으로 설계하였는데 반해 GEMS는 퍼스컴용으로 설계하였다는 점이다.

1986년 원고는 저작권침해와 영업비밀도용을 이유로 예방금지청구권을 신청하였다. 그러나 원심은 이를 기각하였다. 원고는 곧 항소하였으나 항소심도 원심을 지지하였다.

원고는 피고들이 조직적으로 복사하였음에도 불구하고, 원심판결은 이 사실을 무시하였다고 주장하였다. 그러나 법원은 Telcot와 GEMS의 유사성은 면화시장의 거래실무로부터 당연히 발생할 수 있다고 판결하였다.

2. 타인의 정보를 배경으로 하여 영업비밀을 개발하는 정도로는 영업비밀침해가 되지 않는다는 판결례

[Hurst v. Hughes Tool Company(209 USPQ 284. 1981. 1. 22. 제5순회구 연방항소법원)]

원고는 전화로 몇 번인가 설명한 후 피고회사를 방문하였다. 이 때 피고회사

는 몇 가지 질문은 하였으나 원고의 실험결과와 기록을 받는 것은 거부하였다. 그 후로는 피고로부터 연락이 없었다.

피고는 그 후 원고가 가지고 온 드릴의 날을 실험한 결과, 보론가공이 날의 수명과 효력이 개선되었음이 판명되었으나 더욱 실용화를 위해 실험이 필요하게 되었다. 그 후 거듭된 실험에 의하여 피고회사는 보론가공한 베어링의 표면과 절단구조에 대한 특허를 받았다.

원고는 트레이드 시크리트 침해를 이유로 하여 손해배상을 청구하였으나 청구기각, 항소도 기각되었다. 법원의 판결이유는 다음과 같다.

① 본건에서는 피고에 의한 신뢰관계의 파괴도 부정한 수단에 의한 원고의 정보 취득도 없었다.

② 원고는 그 비밀을 보호하기 위한 노력을 경주한 사실도 없다.

③ 피고는 원고의 아이디어를 '사용'하지 않았다. 피고의 특허는 원고가 종래의 방법으로 보론가공하는 것을 방해하지 않았다. 원고의 방법에는 아무런 가치가 없다라고 주장하였다.

원고의 정보를 활용하였다고 보기는 어렵다. 피고는 원고의 정보나 그 성과가 피고의 특허에 하나의 배경이 되었다는 의미에서는 '사용'되었다. 그러나 원고의 정보는 피고가 자기의 방법을 결정한 때의 유일한 또는 주된 요인은 아니었다. 따라서 피고의 책임은 생기지 않는다.

3 계약위반 유인행위를 불법행위로 인정한 판결례

[Republic Gear Co. v. Borg-Warner Corp.(7th Circuit 1969) 406 F. 2d 57]

Borg-Warner 는 1955년 Republic과 York사이에 15년 간의 계약이 있음을 알고 있었다. Republic은 Borg-Warner에 대해 계약위반을 유인하였다는 이유로 소송을 제기하였다.

제1심 합중국 지방재판소는 원고의 청구를 허용하고, 피고는 손해배상을 지불하라고 결정하였다.

피고는 자신의 행위가 정상적인 경쟁행위이며, "원고와 York간에 체결된 계약을 해칠 특별한 의도가 없었다"고 주장하였다. 이에 대해 법원은 불법행위법 제768조 (2)항에 따라 다른 사람간에 체결된 계약을 파기시킬 특권은 누구에게도 없으며, 위법의도의 여부가 필요조건은 아니며, 중요한 것은 결과를 초래케 할 목적의 존재라고 판결하였다.

4. 패션 디자인에 대한 도용을 인정한 판결례

[Dior v. Milton(N. Y. Sup Ct. 1956) 155 N. Y. S 2d 443]

1956년 크리스티앙 디오르社는 미국의 '스케치 서비스'라는 잡지사를 상대로 자사의 디자인을 도용하였다는 이유로 고소를 제기하였다. 이 사건은 위 잡지의 발행자가 크리스티앙 디오르社의 신작 발표에 초대되지 않았음에도 불구하고 몰래 잠입하여 디자인을 사진촬영하고, 또한 크리스티앙 디오르社의 종업원으로부터 복제물을 받아 제3자에게 판매한 사건이었다. 크리스티앙 디오르社는 오랫동안 투자해 온 명성과 신용이 실추되었다고 주장, 금지와 손해배상을 요구하였다.

잡지발행자측은 전시회에 사람들을 초대한 것은 디자인의 비밀을 포기한 것이라고 주장하였다. 그러나 크리스티앙 디오르社는 중요한 영업비밀인 디자인의 보호에 대해, 전시회에 초대된 자는 허가 없이 전시된 디자인을 외부에 공개하지 않는다는 조건에 동의한 사람만 출입시켰음을 강조하였다.

뉴욕주 제1심 법원은 (1) 라이선스 체결자간의 계약관계의 방해 (2) 전시회에 위장잠입한 사실 (3) 출입에 따르는 준수사항 위반 (4) 종업원에게 위법행위를 시켜 복제물을 입수한 사실 (5) 크리스티앙 디오르社의 명성을 이용한 영업 등을 이유로 크리스티앙 디오르社의 요구를 인정하였다.

5. 복제공법(reverse engineering, 역공정 혹은 역설계공학)에 의해 노출된 노하우에 대해서는 보호하지 않는다는 판결례

[일본 게임기업체인 세가 엔터프라이즈社와 미국의 어콜레이드社간의 소송. 1992. 9. 4 외신을 받아 보도한 전자신문에 게재]

미국 순회 항소법원은 일본 게임기업체인 세가 엔터프라이즈社와 어콜레이드社간의 저작권 소송에서 상대방 제품을 분해해 구조를 분석, 그 기술을 역으로 배우는 '역설계공학'은 정당한 행위라고 최근 판결했다.

미국 항소법원은 어콜레이드社가 세가 엔터프라이즈社의 히트상품인 제네시스를 분해해 복제방지장치를 분석해 만든 세가 호환게임기 판매를 금지한다는 원심을 뒤엎고 호환게임기 판매를 승인, 사실상 '역설계공학'을 법적으로 인정하는 판결을 내렸다.

## 〔독일 판례〕

### 1. 산업스파이에 관한 판결례

[Betriebsspionge(1973.3.16 BGH Urt. V.) GRUR 1973. 484]

자동차부품을 벤츠社에 납품하고 있는 원고 X는 벤츠社에 납품하지 못하고 있는 경쟁사인 피고 Y를 상대로 자동차부품제조방법을 탐지하기 위해 탐정사무소를 통해 노동자로 위장취업시킨 스파이 G의 스파이활동금지, 탐지행위금지, 기술설비에 관한 수집활동의 금지를 법원에 청구하였다.

제1심은 스파이활동의 금지를 인정하였고, 제2심은 탐지행위의 금지를 추가 인정하였으며, 대법원은 이를 모두 지지하였다.

법원의 스파이행위에 대한 판결요지는 다음과 같다.

(1) 목적을 불문하고 경쟁자에 의한 스파이의 잠입은 질서에 반하는 것으로 용인될 수 없다.

(2) 이는 스파이가 구체적인 위임을 받지 않고 무엇이 경쟁자에게 도움이 되는가를 알고 비밀을 탐지하여 제공하는 것에 대해 보수를 지불하는 경우에도 해당된다.

### 2. 직원의 기술자료 등의 절취행위에 대하여 유죄를 인정한 판결례

[Kaltfließpressverfahren (1959. 11. 24. BGH v.) GRUR 1960, 294]

피고 Y는 원고 X社에서 제도기사로 근무하고 있는 동안 금지되어 있음을 알면서도 원고 X가 사용하고 있는 냉류압법에 관한 도면, 문서 및 부품 인형을 훔쳐 복사하였다.

그 후 피고 Y는 X社를 퇴직하고 H社에 입사하였다. 피고 Y는 X社에서 얻은 경험, 지식을 H社에서도 사용하고, 개별사항마다 기억이 불확실한 경우에는 X社로부터의 자료를 참고하였다. 이를 통해 피고 Y는 H社의 경제적 지위향상을 위해 노력하였다.

X社는 피고 Y를 상대로 자료의 계속적인 절도, 비밀누설을 이유로 형사고발하였다.

제1심은 자료의 계속적인 절도만을 유죄로 인정하고 비밀누설에 대해서는 무죄판결을 내렸다. 그러나 제2심은 비밀누설에 대해서도 유죄를 인정하였다. 제2심의 판결요지는 다음과 같다.

(1) 피고 Y가 부정하게 취득한 자료 중에 피고 Y자신이 참여한 것은 별로 없다.

(2) 통상의 직무로부터 알 수 있는 단순한 사실이 아닐 뿐만 아니라 기억에만 의존해서 알 수 있기에는 본건이 너무 복잡한 과정을 포함하고 있다.

(3) 피고 Y는 계획적으로 중요하다고 생각되는 자료를 수집하여 H社의 업무에 종사할 때 자료 확인을 위해 이용하였다.

(4) 설령 피고 Y가 기억만을 이용하였다고 하더라도 피고 Y는 원고 X社에서 근무할 때 계획적이고도 주의를 기울여 고찰한 것만으로 얻은 지식을 이용하였다.

## 〔일본 판례〕

### 1. 타사의 영업비밀에 대한 반출의뢰행위와 반출한 행위에 대하여 절도죄의 공동정범을 인정한 판결례

[東京地裁 1984. 6. 15]

의약품회사에 근무하는 C가 타사개발 항생물질의 제조승인신청에 관한 자료의 반출을 국립예방위생연구소의 기관 D에 의뢰하여 이를 자사에 가져와 복사한 다음 되돌려 준 사례

이 사건에서는 C, D의 절취공모를 인정하여 절도죄의 공동정범을 인정하고 또한 범행시에 이용 후에는 당해 자료를 반환할 의사를 가지고 있었고, 현실적으로 반환하였다 하여도 불법취득의사의 존재에는 영향을 미치는 것이 아니라고 판시하고 있다. 이 경우라면 C, D의 각 행위가 다 함께 이 目에 해당한다.

### 2. 고객명부를 반출케하여 사용한 행위를 부정취득행위로 인정한 판결례

(고루무 무역사건) [大阪高裁 1983. 3. 3]

이사가 재직 중 경쟁회사를 설립하고 원종업원에게 고객명부를 반출케 하여 사용한 사건에 대하여 피고의 부정취득행위로 인정하고 원고의 손해배상청구를 받아들였다.

### 3. 종업원이 회사 기밀문서를 빼낸 행위에 대해 절도죄를 적용한 판결례

(대일본인쇄사건) [東京地裁 1965. 6. 26]

인쇄회사의 종업원 A는 회사가 보관한 大口受注報告 등의 기밀문서를 빼내어 산업스파이인 기획조사업자 B에게 교부한 사건에 대해 법원은 종업원 A에게 절도죄를, 기획조사업자 B에게 장물수수죄를 각각 선고하였다.

4. 위탁판매업을 경영할 의사가 없음에도 있는 것처럼 기망하여 필요한 정보를 입수, 사용하는 행위는 불법행위에 해당된다는 판결례(체스트론사건)

[東京地裁 1988. 7. 1]

원고는 스피론이라는 전자악기를 개발하고 이 중 일부 부품을 악기제조판매회사인 피고에게 발주하였다. 피고는 원고에 스피론의 독점적 판매위탁계약을 신청하고 원고도 합의한 스피론을 5대 인도하였다. 그 후 피고는 특허권의 양도를 요구하던 중 스피론을 반품하고 판매위탁계약의 해제도 통고하여 왔다. 피고는 원고의 개발담당종업원을 스카우트하여 스피론의 모조품 체스트론을 개발하여 제작, 판매하기 시작했다. 원고는 부정경쟁방지법 위반과 더불어 불법행위에 의한 손해배상을 청구하였다. 법원의 판결요지를 보면 다음과 같다.

(1) 피고는 원고와 스피론에 관한 판매위탁 교섭 중에 전자악기 견본(스피론)을 제공받고 스피론의 모조품 체스트론의 개발에 착수하였으며

(2) 판매위탁계약체결의 의사가 없었음에도 원고에게 이를 즉각 통고하지도 않았다.

(3) 원고가 피고와의 계약체결을 기대하고 스피론의 본격적인 판매를 늦추고 있는 점을 악용하여, 원고로부터 제공받은 스피론을 분해하여 모조품 체스트론을 비밀리에 생산하게 되자 원고에게 판매위탁계약 체결의사가 없음을 통보하고 직접 체스트론의 선전, 판매를 대대적으로 개시하였다.

이상과 같은 피고의 행위는 원고를 기망하고 원고의 선전, 판매할 수 있는 기회를 박탈하는 등 원고의 영업상의 이익을 고의로 침해하였으므로 불법행위에 해당한다.

제2조(정의) 이 법에서 사용하는 용어의 뜻은 다음과 같다.
3. "영업비밀침해행위"란 다음 각목의 어느 하나에 해당하는 행위를 말한다
라. 계약관계 등에 따라 영업비밀을 비밀로서 유지하여야 할 의무가 있는 자가 부정한 이익을 얻거나 그 영업비밀의 보유자에게 손해를 입힐 목적으로 그 영업비밀을 사용하거나 공개하는 행위

## 〔우리 나라 판례〕

1. 업무상 배임죄를 인정한 판결례

[대법원 1988. 4. 25 선고, 87도2339 판결]

타인의 사무를 처리하는 자가 그 임무에 위배하는 행위로 재산상 이익을 취

득하거나 제3자로 하여금 이를 취득하게 하여 본인에게 손해를 가함으로써 성립하는 바, 이 경우 그 임무에 위배하는 행위라 함은 사무의 내용, 성질 등 구체적 상황에 비추어 법률의 규정, 계약의 내용 혹은 신의칙상 당연히 할 것으로 기대되는 행위를 하지 않거나 당연히 하지 않아야 할 것으로 기대되는 행위를 함으로써, 본인과의 사이의 신임관계를 저버리는 일체의 행위를 포함하다 할 것이다(당원 1987. 4. 28. 선고, 83 도 1568 판결 참조). 원심판시와 같이 피고인이 피해자 배○○ 경영의 사업체인 H社의 전무로 재직하면서 직원의 통솔, 거래처의 관리, 물품의 발주와 수금 등 영업 전반에 관한 업무를 관장하고 있었다면 피고인은 위 배○○을 위하여 성실히 근무하고 사업비밀을 유지하며 경업을 하여서는 아니될 업무상의 임무가 있다 할 것이고, 따라서 피고인이 그의 독자적인 계산 아래 별도의 업체를 만들어 위 배○○의 업체와 비슷한 상호를 사용하여 같은 거래업체에다 동일한 물건을 납품한 판시소위는 위 배○○과의 신임관계를 저버리는 행위로서 업무상배임죄가 성립된다 할 것이다. 그러므로 같은 취지의 원심판단은 정당하고 거기에 업무상 배임죄의 법리를 오해한 위법이 있다 할 수 없다. 논지는 모두 이유 없다.

※ 임무에 위반하는 행위

[대법원 1987. 4. 28 선고, 83도1568 판결]

배임죄에 있어서 그 임무에 위배하는 행위라 함은 처리하는 사무의 내용, 성질 등 구체적 상황에 비추어 법률의 규정·계약의 내용, 혹은 신의칙상 당연히 할 것으로 기대되는 행위를 하지 않거나 당연히 하지 않아야 할 것으로 기대되는 행위를 함으로써 본인과의 사이의 신임관계를 저버리는 일체의 행위를 포함하는 것이고, 그러한 행위가 법률상 유효한가의 여부는 따져볼 필요가 없다.

2. 퇴사시 보관서류 取去行爲에 대하여 절도죄를 적용한 판결례

[대법원 1986. 9. 23 선고, 86도1205 판결]

사원이 회사를 퇴사하면서 그 회사연구실에 보관되어 있던 회사소유의 입도계산기 1매, 발포제 미국특허본 1부 및 수지성분에 관한 미국특허사본 1부를 가방에 넣어 가지고 나온 취거행위를 절도죄로 처벌하였다.

피고인이 근무하던 회사를 퇴사하면서 가져간 위 서류들이 비록 "이미 공개된 기술내용에 관한 것이고, 외국 회사에서 선전용으로 무료로 배부하여 주는 것이며, 연구실 사원인 피고인이 이를 사본하여 사물처럼 사용하여 온 것이라 하더라도

위 서류들은 위 회사의 목적업무 중 기술분야에 관한 문서들로서 이를 국내에서 손쉽게 구할 수 있는 것도 아니며(그 중 입도계산기는 일반교과서·잡지 등에 수록된 여러 수치들을 일목요연하게 비교 요약하여 놓은 간편한 대조표로서 이를 구하려면 일정한 연구기관에 수수료를 지급하여야 구입할 수 있다), 연구실 사원들이 그 업무수행을 위하여 이를 사용하거나 사본하여 사용하는 것이 허용된 것임을 인정할 수 있는 바이므로, 위 서류들은 위 회사에 있어서는 소유권의 대상으로 할 수 있는 주관적 가치뿐만 아니라 경제적 가치도 있다 할 것이므로 절도죄에 있어서 재물에 해당한다 할 것이다. 또한 피고인이 위 회사를 퇴사하면서 승낙 없이 이를 가지고 간 이상 비록 그것이 문서의 사본에 불과하고 또 인수인계품목에 포함되지 아니하였다 하더라도 그 위법성이 조각된다 할 수 없을 것이다"고 판시하고 있다.

3. 영업비밀 유지의무를 위반하여 사용·공개하는 행위에 관한 판결례

(1) 대법원 1997. 6. 13. 선고 97다8229 판결

<참조조문> 부정경쟁방지 및 영업비밀보호에 관한 법률 제2조 제3호 라목

<판시사항> 원고 회사가 다이아몬드 공구의 제조공정에 있어서 일반적 지식 또는 기능이라고 할 수 없는 특수한 기술상의 비밀정보를 가지고 있고, 이러한 비밀정보는 일종의 객관화된 지적재산이라고 할 것이므로, 이를 보호하기 위하여 원고 회사의 영업비밀을 지득하는 입장에 있었던 피고 등에게 퇴직 후 비밀유지의무 내지 경업금지의무를 인정하였다고 하여 위 합의서의 해석이 직업선택의 자유에 관한 헌법규정에 위배한다고 할 수 없다는 취지의 판결을 하였다.

(2) 서울지방법원 2008. 3. 19. 2007카합3903 결정

<판시사항> 비밀유지의무를 위반한 영업비밀의 사용, 공개행위에 관하여 다음과 같은 요지의 판시를 하였다.

- 경업금지약정의 유효성 판단은 보호할 가치 있는 사용자의 이익, 근로자의 퇴직 전 지위, 경업제한의 기간·지역 및 대상직종, 근로자에 대한 대가의 제공유무, 근로자의 퇴직경위, 공공의 이익 및 기타 사정 등을 종합적으로 고려하여 한다.

- '보호할 가치 있는 사용자의 이익'은 '영업비밀'뿐만 아니라 그 정도에 이르지 아니하였더라도 당해 사용자만이 가지고 있는 지식 또는 정보로서 근로자와 이를 제3자에게 누설하지 않기로 약정한 것이라면 이에 해당된다.

(3) 대법원 2003. 7. 16. 선고 2002마4380 판결

<판시사항> 비밀유지의무를 위반한 영업비밀의 사용·공개행위에 관하여 다음

과 같은 취지의 판시를 하였다.

- 근로자가 전직한 회사에서 영업비밀과 관련된 업무에 종사하는 것을 금하지 않고서는 회사의 영업비밀을 보호할 수 없다고 인정되는 경우, 구체적인 전직금지약정이 없다고 하더라도 영업비밀침해행위 금지 또는 예방 및 이를 위한 조치 중의 한 가지로서 이를 금할 수 있다.

- 상당한 정도의 기술력과 노하우를 가지고 경쟁사로 전직하여 종전의 업무와 동일・유사한 업무에 종사하는 근로자를 상대로 영업비밀침해행위 금지를 구하는 경우, 영업비밀의 성립 및 특정을 판단함에 있어서는, 사용자가 주장하는 영업비밀의 내용, 근무기간, 담당업무, 직책, 영업비밀 접근가능성, 전직 후 담당업무 등 여러 가지 사정을 고려해야 한다.

- 근로자가 회사에서 퇴직한 후 전직금지신청이 있는 경우, 근로자 퇴직시점을 기준으로 전직금지기간을 산정해야 한다.

(4) 서울지방법원 2008. 3. 19. 2007카합3903 결정

<판시사항> 비밀유지의무를 위반한 영업비밀의 사용, 공개행위에 관하여 다음과 같은 이유를 들어 경업금지약정의 유효성을 인정한다는 요지의 판시를 하였다.

- 담수 및 발전사업에 관한 영업비밀 및 그와 관련한 피신청인의 전문성

- 임원의 경우 임기종료 후 고문으로 재직하며 임원에 준하는 대우 받음.

- 나머지 피신청인도 오랜 기간 고용보장을 받고, 한 가지 분야에서 전문성을 키우며 적정한 승진 및 승급 기회를 가질 수 있었던 것도 경업금지 약정에 대한 적절한 대가로 볼 수 있다.

- 급여, 복지, 기타 처우 등에 있어 전직이 불가피하지 않았다.

- 1-3년의 전직금지기간의 합리성

- 해외사업 위주의 사용자 영업활동을 고려할 때 전세계를 전직금지지역으로 정한 것도 합리적이다.

- 경업금지 대상을 동종영업을 하는 업체로 한정한 것도 합리적이다.

(5) 영업비밀 유출에 관한 판결례

[서울중앙지방법원 2005. 9. 22. 선고 2005고단3969 판결]

<참조조문>

- 부정경쟁방지 및 영업비밀보호에 관한 법률 제2조 제2호・제3호 라목, 제18조 제1항・제2항

- 형법 제57조, 제62조, 제48조 제1항 제1호

<판시사항>

1) 피고인 박주형은 2004. 2. 하이닉스를 퇴사하면서 반도체 핵심 기술자료를 가지고 나와 보관하던 중, 2004. 6.말 서울 강남구 양재동 소재 LMNT 서울사무실에서 피고인 김상영으로부터 중국 현지에 독자적인 반도체 제조공장을 설립하는 데 활용하기 위하여 하이닉스의 기술자료를 건네 달라는 부탁을 받고, 자신의 데스크탑 컴퓨터에 저장된 NAND Flash 100, 120나노미터 반도체 세부공정자료, Capa(200/300mm) 현황, 공정별 상세 공정조건, 생산장비 배치도, 장비도면 등의 자료를 CD 4장에 복제한 뒤 피고인 최창식, 우종식을 통하여 피고인 김상영에게 건네주며 2004. 7. 1. 피고인 김상영이 LMNT 중국지사 사무실로 위 CD를 가지고 가게 함으로써, 부정한 이익을 얻거나 하이닉스에 손해를 가할 목적으로 하이닉스에 유용한 영업비밀을 외국에서 사용될 것임을 알고 피고인 김상영에게 누설하고,

2) 피고인 김상영, 홍영준, 우종식, 최창식, 윤진우, 한병율은 공모하여, 2004. 5.부터 같은 해 6.까지 사이에 피고인 김상영은 피고인 우종식, 최창식에게 하이닉스 제조공장의 설계자료 및 제조공정 관련 영업비밀을 빼내어 올 것을 부탁하고, 피고인 우종식, 최창식은 이를 복제하여 가지고 나와 피고인 홍영준, 윤진우, 한병율 등과 함께 그 자료를 중국에서 독자적인 반도체 제조공장을 설립하는 데 활용하기로 결의하고, 피고인 우종식은 2004. 5. 이천시 부발면 아미리 소재 하이닉스 이천공장에서 NAND Flash 90나노미터 반도체 세부 공정자료, 512Mbit DDR DC(Diamond Chip) 반도체 Photo 공정자료, Utility Capa(200/300mm용), 2004년도 DRAM 핵심 생산목표 및 세부 생산계획 자료, System IC 중장기 매출계획 등이 저장된 자신의 데스크탑 컴퓨터 하드디스크를 분리하여 청주시 흥덕구 복대동 성광아파트 102동 404호 소재 집으로 가져간 뒤 이를 CD 8장에 복제하여 피고인 김상영에게 건네주고, 피고인 최창식은 2004. 6. 29. 청주시 흥덕구 향정동 소재 하이닉스 청주공장에서 NAND Flash 120나노미터 반도체 개발현황 및 제반 세부 공정자료, 양산방법 등의 자료를 USB 메모리 카드에 담아 가지고 나와 청주시 가경동 세원아파트 108동 907호 소재 자신의 집에서 CD 2장에 복제하여 피고인 우종식을 통해서 피고인 김상영에게 건네주고, 피고인 김상영은 2004. 7. 1. LMNT 중국지사 사무실로 피고인 박주형, 우종식, 최창식으로부터 위와 같이 받은 CD 14장을 가지고 가 직원들이 활용할 수 있도록 회사 공용의 데스크탑 컴퓨터 하드디스크에 옮겨 저장하고, 피고인 윤진우는 위 유출자료를 종합 관리하고, 피고인 김상영의 지시를 받아 피고인 홍영준의 관리하에 피고인 우종식, 최창식, 윤진우, 한병율 등은 함께 위 유출자료를 토대로 2004. 7.부터 2005. 5.까지 중국지사 사무실에서 해외 투자자금 유치 및 반도체 공

장 설립 등을 목적으로 'Process Overview[Flash Memory Device(120나노미터) Process Architecture]', NAND Flash 90, 120 나노미터 반도체 세부 공정자료, 개발현황 및 양산 방법 등의 자료를 활용하려 하였다.

하이닉스 반도체에서 막대한 연구개발비를 투자하여 완성한 반도체 웨이퍼 생산 공정의 제조설비와 장비 등에 관한 첨단 기술자료를 이용하여 중국에 반도체 공장을 설립하려다 내부자 고발에 의하여 무산된 사안으로서, 산업기밀의 해외유출로 인하여 국내 반도체산업 전반에 엄청난 피해를 끼칠 위험성이 있다는 점에서 죄질이 매우 무겁다는 취의의 판시를 하였다.

(6) 영업비밀 유출에 관한 판결례

[서울중앙지방법원 2006. 2. 8. 선고 2005노3182 판결, 위 (5) 2005. 9. 22. 선고 2005고단3969 판결 항소심]

<참고 조문>

- 부정경쟁방지 및 영업비밀보호에 관한 법률 제2조 제2호·제3호 라목, 제18조 제1항, 제30조(각 징역형 선택)

- 형법 제57조, 제62조, 제48조 제1항 제1호

<판시사항> 원심이 적법하게 채택·조사한 증거, 증인진술에 의하면 피고인들이 유출한 주식회사 하이닉스(다음부터 '피해자 회사'라 한다)의 자료들은 모두 피해자 회사 및 그 소속 근로자들이 높은 품질의 반도체 제품을 만들기 위하여 수천억 원의 예산과 수개월의 반복된 연구와 실험을 통하여 얻어낸 자료들인 사실, 피해자 회사는 당시 산업보안규정을 만들어 시행하였고, 직원들을 상대로 보안교육을 하였으며, 퇴직시 엔지니어들로부터 보안각서를 징구받는 등 상당한 정도의 비밀유지를 위한 노력을 하고 있었던 사실, 위 산업보안규정에서는 영업비밀을 회사내 임직원 중 일정한 자에게만 공개되는 것으로서 외부에 유출될 경우 회사의 경영상 또는 기술상의 손실이 발생할 수 있는 '비밀'과 회사내 모든 임직원을 대상으로 공개 가능하나 외부에 유출될 경우 회사 또는 임직원의 이미지를 손상하거나 회사 내외에 혼란을 초래할 수 있는 '대외비'로 나누어서 영업비밀을 관리하고 있었는바, 이 사건에서 문제된 자료들은 모두 피해자 회사의 '비밀' 또는 '대외비'에 해당하는 자료들인 사실, 이 사건에서 문제된 자료들은 적어도 피고인들이 설립하였던 LMNT가 동종 및 유사 품목을 개발함에 있어 참고할 만한 자료이거나 시행착오를 줄이는 데 기여하는 등 LMNT에게는 상당히 중요한 의미를 지니는 자료들이었던 사실을 인정할 수 있는바, 위 인정사실에 의하면 피고인들이 유출한 자료들은 모두 부정경쟁방지 및 영업비밀보호 등에 관한 법률 소정의 '영업비밀'에 해

당한다고 봄이 상당하다.

피고인 우종식, 최창식이 유출한 자료가 피해자 회사의 소유로서 함부로 회사 밖으로 유출할 수 없는 것임에도 불구하고 위 피고인들이 위 자료들을 회사 밖으로 가져와 CD에 저장하여 피고인 김상영의 지시에 따라 이를 피고인 김상영에게 전달한 이상 피고인들에게 부정경쟁방지 및 영업비밀보호에 관한 법률위반의 고의는 충분히 인정된다고 할 것이고, 이는 위 피고인들이 처음에 자료를 회사 밖으로 가지고 나온 당시에는 이를 피고인 김상영에게 유출하려는 의도가 없었다고 하더라도 마찬가지라 할 것이므로, 위 피고인들의 주장은 이유 없다(피고인 우종식은 출장용 차량을 이용하여 사무실에서 사용하는 업무용 컴퓨터를 집으로 가져오는 비정상적인 방법으로 컴퓨터 하드디스크를 집으로 가지고 나왔고, 수사기관에서 이러한 방법을 사용한 것은 피고인 김상영의 부탁에 따라 자료를 확보하기 위한 것이었다고 진술하기도 하였다).

피고인 김상영은 부정한 이익을 얻거나 기업에 손해를 가할 목적이 없었다는 취지의 주장도 하고 있으나, 앞에서 본 바와 같이 피고인 김상영이 피고인 우종식, 최창식에게 "반도체 공장 설립에 필요할 것이니, 가지고 있는 자료들이 있으면 가지고 오라"고 한 사실이 인정되고, 당시 피해자 회사에서 엔지니어로 근무하고 있던 피고인 우종식, 최창식이 가지고 있는 자료는 결국 피해자 회사의 자료라는 것임은 피고인 김상영으로서도 당연히 인지하고 있었을 것으로 보이며, 이러한 자료를 참고로 하여 피고인 김상영이 피해자 회사에서 생산하고 있는 제품과 유사한 제품을 생산하려고 하였던 이상, 피고인 김상영에게 부정한 이익을 얻을 목적이 있었음은 넉넉히 추인된다는 요지의 판시를 하였다.

## 〔미국 판례〕

### 1. 지역제한이 없는 경업금지계약은 불합리하다고 한 판결례

[American Hot Rod Association Inc. v. Carrier et al.(500 F. 2d 1269. 1974. 7. 17. 제4순회구 연방항소법원)]

원고 American Hot Rod Association(AHRA)社는 개조자동차 레이스의 인정, 공동개최를 행하고 있는 회사로 소외 Auto Racing Franchise Co.(AR社)와의 계약에 의해 AR社의 종업원에 대하여 원고 AHRA社에 대한 경업금지의무를 부과하고 있었다(제3자를 위한 계약인가?). AR社의 종업원인 피고 C가 당해 경업금지의무에 위반하였기 때문에 AHRA社는 계약위반에 의한 손해배상을 청구하였다. 당해 경업금지계약은 AR社와 계약기간 중 및 계약종료 후 5년 간의 경업행위를 금지하고 있었으나 경업의 지역적 제한은 없었다. 원심(노스캐롤라이나 연방중앙지법)은 원고의 청구를 인용하였다. 그러나 항소심은 원심이 인용한 계약위반에 의한 손해배상청구를 기각하였다.

최근 법원은 고용계약에 있어서의 경업금지의무에 관하여 아래 3개의 기준을 채택하고 있다.

(1) 사용자의 입장에서 합법적 사업이익과 사용자보호를 위한 합리적인 제한인지

(2) 종업원의 입장에서 생계유지를 위한 합법적인 노력을 방해한다는 점에서 과도한 억압이 아니라고 하는 의미에서 합리적인 제한인지

(3) 공공복지의 관점에서 합리적인 제한인지

고용계약에 있어서 경업금지의무는 영업양도에 따른 유사계약보다도 더 엄격하게 판단될 수 있을 것이다. 노스캐롤라이나주에서는 고용계약에 있어서의 경업금지의무는 거래상 제한이 있고 또 효력을 갖기 위해서 다음과 같은 계약일 필요가 있다.

① 서면에 의할 것, ② 고용계약 체결시에는 계약의 일부로서 체결될 것, ③ 유효한 대가에 의할 것, ④ 제한이 부과되는 기간, 지역은 합리적이어야 할 것, ⑤ 양당사자에 있어서 공평한 것이어야 할 것, ⑥ 공공의 복지에 위배하지 않을 것.

(4) ④에 대한 노스캐롤라이나주 법원의 판시

본건 계약조항은 지역제한이 없는 점으로 보아 불합리하다고 할 수 있다. 또한 극단의 상황 하에서는 계약종료 후 5년 간의 제약도 유효가 되는 예가 있으나 지역제한이 없는 상황 하에서는 의심의 여지없이 불합리한 것이다.

2. 영업비밀이 아닌 것으로 종업원의 권리를 제한하는 것은 공공질서에 반한다는 판결례

[Dynamics Research Corp. v. The Analytic Science Corp. (Court of Appeals, Massachusetts 1980) 209 USPQ 321]

원고와 피고간에는 고용계약시 비밀유지계약을 체결하였음으로 비밀에 상당하는 것은 보호되지만 영업비밀에 해당되지 않으면서 종업원의 권리를 제한하는 비밀유지계약부분은 공공질서에 위반된다고 판시하였다.

### 3. 비밀유지계약 등 위반에 관한 판결례

[Cybertek Computer Products Inc. v. Whitfield et al. (Supp. Court California 1977) 203 USPQ 1020.]

피고는 1970년 12월 Cybertek社와 Cybertek社의 제품에 관련된 기술방법이 영업비밀이므로 어떠한 경우라도 다른 사람에게 누설하지 않겠다는 비밀보호계약을 체결하고, Auto Issue System의 설계, 개발에 직접 참여하였다가 1971년 3월 31일 퇴직하였다. 이 때 비밀정보를 공개하지 않고 비밀자료는 반환한다는 것을 서면으로 승인하였다.

그 후 피고는 공동피고 Traco社에 대해 자문업무를 맡다가 사원으로서 원고의 Auto Issue System과 같은 기능을 가진 보험 온라인 시스템 Trac 70의 개발을 담당하게 되고 그 시스템은 원고의 것과 직접 경쟁관계에 서게 된다.

원고의 Auto Issue System은 2년 간 50만 달러 이상을 들여 개발된 것이고, 원고회사는 정책으로 종업원과 라이선스 계약자와 비밀보호계약을 체결하였을 뿐 아니라, 시스템 관계의 문서에 비밀표시를 하고, 복사할 때에는 등록번호를 붙여 그 문서에 접근할 수 있는 자를 한정하는 등의 비밀보호조치를 취하였다.

원고는 비밀정보와 영업비밀의 부정행위에 대해 금지 및 손해배상을 청구하였다.

법원은 다음과 같이 판결하였다.

(1) 컴퓨터 소프트웨어는 영업비밀의 논리상 기업의 영업비밀에 해당된다.

(2) 피고는 Cybertek社의 정보가 컴퓨터업계 등에서 이미 잘 알려져 있는 것이라고 주장하고 있다. 그러나 일반적인 개념 자체는 보호받을 수 없지만, 일반적인 개념의 특정 조합을 포함하는 특정 수법은 영업비밀에 해당된다. 일반적인 수법과 기계적 요소는 영업비밀이 아니라 해도, 원고의 제품에 구현된 특성의 기계적 요소나 이들의 상호연관성은 공지의 것이 아니라 많은 연구와 실험에 의해 획득되는 것이므로 영업비밀이 된다.

(3) 피고가 그 제품을 독자적으로 개발하였다고 주장하는 경우, 그 제품이 고용기간 중에 획득된 비밀정보에서 비롯된 것이 아니라는 것을 입증할 수 있어야 한다. 그런데 두 가지 제품은 실질적인 유사성을 인정할 수 있다.

(4) 그 정보가 비밀정보이고, 그 비밀정보를 종업원이 전 사용자에 대한 의무에 반하여 공개한 것임을 알면서도 그 정보를 이용하는 경우, 사용자도 영업비밀의 부정행위에 대해 책임이 있다. 피고 Whitfield씨는 Trac 70의 개발 전에 원고로부터

영업비밀의 침해에 대해 경고를 받은 적이 있고, 피고회사도 피고 Whitfield씨의 이러한 입장을 잘 알고 있었다. 본 소송의 제기도 Trac 70 개발전이었다. 이러한 상황에서 피고회사는 피고 Whitfield씨와 더불어 책임이 있다.

4. 신뢰관계에 의하여 묵시적인 비밀유지의무가 발생한다는 판결례

[Anaconda Company v. Metric Tool and Die Company (Penn D. 1980) F. Supp. 410, 205 USPQ 723]

원고 Anaconda社는 전화 코드 외장의 제조기계설계에 관해 영업비밀을 가지고 있는데, 직무상의 필요에 의해 기계조작, 보수, 개조를 담당하는 종업원에게는 이를 공개하였다.

그런데 피고 Metric社는 Anaconda社의 종업원 Ames와 Van Meter를 스카우트하여, 원고측의 영업비밀을 이용, Anaconda社와 유사한 전화코드의 외장을 제조・판매하였다. Anaconda社는 Metric社에 대해 영업비밀의 부정사용금지 및 손해배상을 청구하였다. 법원은 금지신청은 인정하였으나, 손해배상은 권리행사의 태만을 이유로 기각하였다.

법원은 Ames와 Van Meter의 비밀보호의무는 다음과 같은 사유로 성립되었다고 볼 수 있다고 판시하였다. "종업원은 고용계약을 마칠 때 고용기간 중에 획득한 경험, 지식, 기억, 기술을 가지고 있을 권리는 있지만, 사용자의 영업비밀이나 비밀공정에 대한 지식을 공개할 권리는 없다"(고용자가 개발하여) 이미 존재하는 영업비밀을 종업원 개인을 위해서가 아니라 회사의 이익을 위해 종업원에게 공개하는 경우에는(종업원의 직무수행을 위해 공개하는 경우에는) 명시적인 계약이 없다 하더라도 묵시적인 비밀보호의무가 발생한다. Ames와 Van Meter는 영업비밀인 기계의 개발에 애초부터 관여하지도 않았고, Anaconda社가 Ames와 Van Meter에게 영업비밀을 공개한 것도 명백히 직무수행을 위한 것이므로, 묵시적인 비밀보호의무가 발생하였다.

법원은 Metric社의 부정사용여부에 대해 다음과 같이 판시하였다.

첫째, Ames와 Van Meter의 정보 공개가 Anaconda社의 비밀보호 의무위반이 되는가라는 문제와 관련해서 Metric社의 대표자 H는 그 기계가 영업비밀이란 것, Ames와 Van Meter의 지식이 Anaconda社의 고용으로부터 생겼다는 점, Ames가 Anaconda社의 설계도면을 갖고 있다는 사실을 이미 알고 있었다.

또한 Ames와 Van Meter가 공개한 것이 종업원이 계약종료 후 자유롭게 이용

할 수 있는 일반적 지식 혹은 경험의 범위를 벗어난다는 점, 아울러 Ames와 Van Meter가 전사용자인 Anaconda社의 비밀공정을 공개하는 것이 고용관계의 신뢰관계에 위반된다는 사실을 Hussian은 그의 지위로 미루어 볼 때, 알고 있었거나 알고 있어야 했다.

둘째, 피고 Metric社는 의도적으로 Ames와 Van Meter에게 그 영업비밀의 공개를 요구했다고 인정된다. Metric社는 자신의 노력으로 그 기계를 만들 수 없다는 것을 알고, 주위에서 관련분야의 제조자를 찾지 않고, Anaconda社의 종업원이나 전(前) 종업원을 찾는데 주력하였다. 따라서 만일 Ames와 Van Meter로부터 일반적인 지식만 얻을 수 있었다면, 모집대상지역을 그렇게 좁게 한정할 필요는 없었으므로 Metric社의 행동은 '의도적'이었음이 인정된다.

5. 영업비밀의 창출이 종업원의 과학기술의 성과라면 자신이 사용, 공개하더라도 신뢰관계에 반하지 않는다는 판결례

[Wexler et al. v. Greenberg et al. (Supp. Penn. D. 1960) USPQ 471 160A. 2d 430, 399 Pa 569]

피고 Greenberg는 원고 Wexler가 사장인 Buckingham Wax Company에서 위생설비, 위생유지에 관한 타사 제품의 분석, 신제품의 개발, 재료 발주교섭 등의 업무를 담당하던 중 경쟁사인 공동피고 Brite Products Co. Inc.에 스카우트되어 이 회사에서 동업무에 근무하면서 원고와 같은 상표로 판매하였다. 대법원 판결요지는 다음과 같다.

원고가 보호를 받기 위해서는 이 정보가 영업비밀이고, 전종업원 Greenberg간에 비밀보호계약이나 신뢰관계가 성립되어 있을 것 등, 이 두 가지 모두를 증명할 필요가 있다. 그런데 이 사건의 경우에는 양자간에 특별한 비밀보호계약이 없었으므로, 신뢰관계의 유무가 쟁점이 되는데, (1) 사용자가 종업원에게 기존에 있던 영업비밀을 알려준 것 (2) 고용관계의 성질로부터 비밀보호의무가 인정되는 것 중에서 한 가지가 인정되어야 한다(이 정보는 기존의 것이 아니므로 (1)의 사례는 아니다). (2)의 경우도 부정행위로부터 보호받아야 할 기업의 권리와 자신에게 적합한 직업을 선택할 수 있는 종업원 개인의 권리가 대립하고 있지만 개인의 권리 옹호에 중점을 두는 것이 英美法의 법논리이다. 가령 명시적인 계약으로 비밀보호의무를 부과하고 있는 경우에도, 법원은 계약의 합리성을 사용자의 보호의 필요성과 종업원의 부담정도의 관점에서 신중하게 판단한다.

Greenberg는 Buckingham社 재직 중에 연구와 실험을 하고 제법의 개발과 발명

을 한 적이 전혀 없었다는 사실에 대해서는 논쟁의 여지가 없다. 그리고 본건의 제법은 Greenberg가 경쟁자의 제법을 일상업무 중에서 단순히 변경한 결과에 불과했다. 즉 본건의 제법은 Buckingham社로부터 원조나 연구비를 받지 않은 과학으로서의 그 자신의 기술의 성과이다. 그리고 Buckingham社도 이 기술을 배타적으로 사용하기 위해, Greenberg에게 기대를 보인 증거도 없다. 따라서 Greenberg는 본건 제법을 사용, 공개해도 신뢰관계를 위반하는 것은 아니다. 오히려 본건 제법은 Buckingham社에서 업무에 의해 Greenberg 자신이 획득한 기술, 기능의 일부이고, 사용의 제한을 받지 않을 권한이 있다고 할 수 있다.

6. 영업비밀의 귀속과 비밀유지계약의 효력에 관한 판결례

[Structural Dynamics Research Corp. v. Engineering Mechanics Research Co. et al.(Michigan 1975) 401 F. Supp. 1102]

물질구조의 해석 프로그램 제작에 근무하고 있는 피고 Surana 등 3인은 프로그램의 미완성 상태에서 그만두고 Engineering社를 창립하여 위 프로그램과 실질적으로 같은 프로그램을 원고 S社보다 먼저 개발하고 판매에 들어갔다.

원고는 피고 Surana 등 3인과 Engineering社에 대해 영업비밀 등의 부정취득 및 사용, 부정경쟁, 비밀유지의무계약위반, 피고사의 고객관계의 방해를 이유로 손해배상 및 금지청구를 미시간 연방동부 지방법원에 냈다. 이에 대해 법원은 손해배상청구는 받아들이고 금지청구는 기각하였다.

법원의 판결요지를 보면 다음과 같다. “피고 3인이 부정수단에 의해 영업비밀을 취득했다고는 볼 수 없다. 그들은 물질구조의 해석 프로그램의 개발자들이고, 실제 그 분야의 연구활동을 위해 원고 S사에 의해 고용된 것이다. 그리고 그들이 그 기술을 취득한 방법이 결코 부정한 취득이라고는 볼 수 없다.”

신뢰의무가 발생하는가의 여부는 취득자의 취득태양에 달려 있다. “고용기간 중에 종업원이 영업비밀을 취득한 경우라 하더라도, 영업비밀이 이전에 이미 존재해 있으면서 신뢰관계가 있는 상황 하에서는 종업원이 사용자의 의사에 반하여 영업비밀을 사용, 공개할 수는 없다. 그러나 종업원이 창조, 혁신, 개발에서 주도권을 갖는 가운데 영업비밀이 발생한 경우에는 신뢰관계는 발생하나 적어도 사용자에 필적할 만한 이익을 종업원도 그 영업비밀에 대해서 가지고 있다. 따라서 이러한 지식은 종업원의 기술, 경험의 일부이므로 종업원에게는 어떠한 의무도 없다. 이 경우 종업원은 고용관계 중에 취득한 비밀정보를 사용자의 이익에 반하여 사용, 공

개할 수 없다는 명시적인 계약상의 의무가 없으면, 그 후 고용활동에서 자유롭게 사용, 공개할 수 있다."

사용자가 기존의 영업비밀을 종업원에게 공개하는 경우와 종업원 자신이 영업비밀을 개발하는 경우는 구별되어야 하지만, 후자도 다시 구별이 필요하다. "사용자가 종업원을 특정개발업무에 종사시켜 상당 정도의 자원을 주고 감독하는 경우에는 종업원에게 그 연구성과의 사용 및 공개를 금지하는 신뢰관계가 발생한다. 한편 그 개발이 종업원이 지니고 있는 기술 적용의 성과에 불과하고, 사용자의 정보, 많은 비용, 감독을 통한 어떠한 원조도 없었을 경우에는, 그 종업원은 개발된 영업비밀을 사용, 공개할 수 있는 '무제한의 권한'을 지닌다. 피고는 영업비밀의 개발에 대부분 참여하였지만, 그 목적을 위해 특별히 고용되었다고는 볼 수 없다. 따라서 비밀의 유지가 요구될 수 없다. 피고가 주도권을 가지고, 피고의 감독 하에서 개발한 그 프로그램은 후자의 카테고리에 속한다고 판단된다."

그러나 본건은 피고가 서명한 '종업원 특허, 비밀정보계약'이란 문서에서 종업원이 개발한 비밀정보, 기술, 지식은 Structural Dynamics社에 귀속되고, 부정사용, 공개금지의무를 규정하고 있는 데, 이 계약은 유효하므로 손해배상은 인정된다.

### 7. 종업원의 개인적인 지식, 경험을 이용하여 개발한 영업비밀의 사용은 부정행위로 볼 수 없다는 판결례

[GTI Corporation v. Calhoon et al. (Ohio 1969) 309 F. Supp. 762]

원고 GTI社는 경쟁사인 Sylvania社로부터 Calhoon씨 등 3명을 선발하여 발령하면서 다음과 같은 사항을 포함한 고용계약을 체결하고 금속용접기계를 개량하도록 하는 임무를 부여하였다.

(1) 일반사항

종업원은 당사에서 창작, 취득한 모든 발명, 발견, 개량을 즉시 당사로 알린다. 그리고 고용기간 중은 물론 퇴직 후 5년 간 단독, 공동 또는 기타 방법으로 발견, 개발, 획득한 것으로서 ① 반도체 전자부품, ② 반도체 부품 또는 그것과 유사한 모든 품목의 제조기계, ③ 당사가 사용, 판매, 제조하는 다른 모든 제품의 구성, 제조생산, 판매, 적용, 사용에 직접·간접 도움이 되는 또는 관련이 되는 것.

(2) 비밀유지사항

종업원은 고용기간 중은 물론 퇴직한 이후에도 당사에 의해 알게 된 모든 공정, 발명, 방식의 비밀을 유지한다.

Calhoon 등 3인은 Sylvania社에 필적할 만한 성능의 기계를 완성하는 기계개량 임무를 마치고, 원고 GTI社를 퇴사하고 경쟁사인 Metpar社로 전직하여 위 기계보다 우수한 기계를 제조하였다. 원고 GTI社는 Calhoon씨 등과 Metpar社에 대해 영업비밀의 부정사용, 공개를 이유로 금지 및 손해배상을 청구하였다.

법원은 다음과 같이 판결하였다.

원고는 피고에게 용접기계에 관한 어떠한 비밀정보도 알려준 적이 없다. 오히려 피고는 전 고용기간 중에 취득한 이 분야에서의 노하우를 원고에게 알려 주고 다른 회사와 경쟁할 만한 기계를 개량하는 데 성공하였다. 그리고 피고는 개발에 필요한 지식을 GTI社로부터 가져온 것도 아니다. 나아가 용접기계에 관해 고도의 기술을 지니고 있는 피고는 원고로부터 얻은 지식과 별개로 기계의 개발을 발전시켰다. 피고는 기계발명에 필요한 개인적인 지식, 경험을 이용한 데 불과하다.

8. 신뢰관계 및 예비적 금지에 관한 판결례

[E. I. Du Pont de Nemours Powder Co. et al. v. Masland et al. (244 U. S. 100. 37 s. ct 1917. 5. 21. 연방최고법원)]

원고 Du Pont社는 원종업원인 피고 Masland가 Du Pont社에서 취업 중에 얻은 인공피혁에 관한 Du Pont社 보유의 영업비밀을 부정사용하였다고 하여 사용·공개의 금지청구를 하였다. 피고 Masland는 당해 정보가 업계에서 공지인 것을 증명하기 위하여(공지의 증명책임은 피고 Masland에 있다) 당해 정보를 감정증인에게 공개하도록 신청하였으나 연방지법은 증거조사기간 중에는 변호인을 제외하고는 전문가가 증인에게 당해 정보를 공개하는 것을 금하는 예비적 금지명령을 전문가의 의견을 청취할 필요가 생긴 경우에 그 명령을 해제한다고 하는 조건으로 유보를 명하였다.

항소심(제3순회구 공소법원)에서는 피고의 당해 명령의 해제신청이 각하되어 심리가 속행되었으나 최종적으로 명령은 취소되었다(140 C. C A 229, 224 F 689). 최고법원은 사건이송명령을 내리고 당해 사건에 대하여 예비적 금지명령을 파기하고 지법에 반려하였다.

판결요지는 다음과 같다.

(1) 영업비밀의 법률상의 가치평가에 대하여

항소심은 본건은 재산권과 (소송상) 충분히 방어를 하는 권리의 저촉이 생기고 있다고 하여 만약 영업비밀성을 부정하는 측에 당해 공개신청이 금지되면 그 자가 재판상의 활동을 충분히 행하기 전에 불리한 실체판단이 내려지게 된다고 판단하고 있다. 그러나 상표권이나 영업비밀에서 사용되는 재산권(property)이라는 말은 법이 근본적인 의미로 관계자에 성실할 것을 요구하고 있는 가장 중요한 사실의 결과로서 일어나는 상태를 표현한 부적절한 말이다. 본건 정보가 가치 있는 정보인지 아닌지에 관계 없이 Masland는 자기가 받아들인 특별한 신뢰관계를 통하여 이것을(예를 들어 그것이 어떠한 정보이든지) 알게 된 것이다. 즉 재산권성은 부정되어 버리는지 모르지만 신뢰관계는 부정되지 않는다. 따라서 본건의 출발점은 재산권에 대한 적정한 절차 여부에 있는 것이 아니고 Masland가 Du Pont社와 신뢰관계에 있었는지에 있다.

(2) 본건 정보의 감정증인에 대한 공개를 예비적으로 금지한 점에 대하여,

본건 금지는 증거조사기간 중에 있어서 피고의 변호인을 제외한 감정인이나 증인에의 공개도 포함하여 청구가 있는 프로세스의 공개만을 금지하는 것이다. 금지되는 대상의 범위나 그것이 공지인지 아닌지 등을 이해할 필요가 재판관에게 생긴 경우에는 재판관이 하여야 할 조치를 취하는 것을 방해하지 않는다. 즉 사실심 재판관이 비밀을 타인에게 공개하는 것이 필요하여 또는 필요하게 될 것이라고 판단한 경우에는 누구에 대하여 어떠한 주의 하에 공개할 것인가를 결정하는 것은 사실심 재판관의 재량사항이라 생각할 수 있다.

### 9. 관찰한 정도를 넘어 분해해서 내부구조를 안 것은 계약위반이라고 한 판결례

[K&G Oil Tool Service Co. v. G&G Fishing Tool Service, 158 Tex, 594,314 S. W. 2d 782, 117 USPQ 54, 58 (1958)]

금속성 쓰레기를 거두는 도구인 漁撈具를 분석해서 영업비밀을 입수하지 않는다는 계약을 맺고 K & G社로부터 인도를 받은 피고가 부정하게 이를 복제하여 생산 및 사용을 했다고 제소되었다.

법원은 완성품 또는 파괴되지 않은 제품을 관찰한 정도가 아니라 기구를 분해해서 그 내부의 구조를 안 것은 계약위반이라고 해서 원고의 손해배상청구와 더불어 영구적 금지청구를 인용하였다. 즉 피고는 원고사의 제품과 거의 같은 제품을 영구적으로 제작하거나 사용할 수 없다고 법원이 판시하였다.

### 10. 신뢰의무위반에 관한 판결례

[Schreyer v. Casco Products Corp. 190F, 2d 921(1951)]

전기증기다리미에 관한 라이선스 계약이 불성립되었음에도 불구하고 피고가

원고로부터 사전에 수취한 청사진, 기타 정보의 도움으로 모방품을 제조해서 판매하였다. 이에 대해 법원은 신뢰의무에 위반하는 영업비밀의 침해행위라고 판시했다.

11. 재직 중 회사의 고객을 유인하거나 고객정보를 복사하는 등의 행위는 비밀유지의무의 위반이라고 한 판결례

[Huey T. Littleton Claime Service Inc. et al v. McGuffee(497 So. 2d 790 1986. 11. 5. 루이지애나州 항소법원)]

Littleton社는 보험의 정산·사정을 업으로 하는 회사로 관련고객에 관한 영업비밀를 보유하고 있었다. 그러나 Littleton社의 지점장인 McGuffee는 출장시에 고객 2명에게 자기가 독립하여도 자기와의 관계를 지속해 줄 것을 약속받았다. 또 퇴직 후 Littleton社 사장의 제지를 뿌리치고 파일 60개와 의뢰인 카드 45매를 복사하여(McGuffee는 많은 고객으로부터 당해 정보의 사용과 신사업의 이용에 대해 승낙을 얻었다고 Littleton社에 주장하고 있다) 독자의 사업을 시작하였다.

Littleton社는 McGuffee의 당해 정보의 사용 및 고객과의 거래의 금지를 법원에 청구하였다. 루이지애나주 지방법원은 청구를 일부 인용, 일부 기각하였다.

법원의 판결요지는 다음과 같다.

① McGuffee의 당해 정보의 사용에 대하여는 루이지애나 불공정거래관행법 및 고용계약상의 비밀준수의무(fiduciary duty)에 위반한다고 하여 청구를 인용하였다.

② McGuffee의 고객과의 거래에 대하여는 McGuffee의 부정행위에 의한 피해의 대부분은 이미 발생한 것이고, 리스트의 반환과 장래의 액세스 금지처분은 되어 있기 때문에, 그 위에 또 Littleton社에서 멀어져버린 Littleton社 고객과 McGuffee와의 거래를 금지하는 것까지는 할 수 없다.

州 고등법원은 원심을 지지하여 ①에 대하여 원종업원이 원사용자와 경쟁하는 권리는 정당할 뿐만 아니라 미국의 민주주의 토대로써 루이지애나주법상 인정된다. 그러나 Littleton社의 지점장인 McGuffee가 고용기간 중임에도 불구하고 Littleton社의 고객에게 자기가 독립해도 현재와 같은 관계를 유지해 주겠는가를 타진하는 것은 루이지아나 불공정거래관행법에 위반하며, 당해 수주의뢰 및 고객정보의 복사는 고용계약상의 비밀유지의무위반을 구성한다고 하여 당해정보의 사용을 영구적으로 금지한다고 판시하였다.

12. 공동경영자의 신탁의무위반에 의한 비밀정보의 사용은 영업비밀의 탈취가 된다고 한 판결례

[Allan Dampf P. C. v. Richard Bloom(512 NYS 2d 116, 1987. 2. 17 뉴욕주 연방항소법원]

Allan과 Richard는 공히 치과의로 공동으로 개업·경영하고 있었다.

그러나 Richard는 Allan의 당직 중에 사무소의 접수 프런트 데스크에 보관하고 있던 환자리스트(환자명, 주소, 전화번호, 내원일자, 차회진찰일)를 사진복사한 후 1블록 저쪽에 사무소를 임차하였다(그 후 Richard는 개업, 종업원으로 하여금 환자리스트에 기재되어 있는 차회진찰일자를 보고 환자와 연락을 취해 차회진찰일에는 Richard의 사무실에 오도록 하였다). Allan은 Richard에 대하여 ① 환자리스트의 사용금지 ② 부정경쟁에 의거한 손해배상을 청구하였다. 원심은 원고 Allan의 청구를 다음과 같이 인용하고 Richard는 항소하였으나 기각되었다.

① 치과환자의 컴퓨터화된 리스트의 사용금지

② Richard의 리스트의 사용으로 인하여 잃은 이익의 배상(Richard가 환자를 번의시켜 치료한 것에 따라 생겼다.)

항소심은 판결이유를 다음과 같이 들고 있다.

(1) Richard는 공동경영자 Allan과의 신탁관계에 위배하여 환자리스트의 비밀정보를 부정사용, 독점하여 부정경쟁행위를 하였다.

(2) Richard가 환자리스트를 복사하여 리스트상의 환자를 권유, 관심을 갖게 하는 행위는 보호되어야 할 영업비밀의 탈취가 된다.

13. 신뢰관계에 의하여 영업비밀유지의무가 발생한다는 판결례

[By-Buk Company v. Printed Cellophane Tape Company (2nd Circuit 1958) 329 P. 2d 147)]

원고 By-Buk社와 피고 Black씨 사이에는 명시적인 비밀보호계약은 없었지만 원고는 마스크 등의 제법을 누설해서는 안된다는 취지의 말을 피고에게 누차 한 바 있다. 그럼에도 불구하고 피고는 퇴직후 Printed Cellophane Tape社에 입사하여 마스크 등의 제법을 알려 주어 동사는 원고의 제품의 복사판이라고 할 수 있는 기계를 제조, 판매하였다.

원고는 Printed Cellophane Tape社에 대해 영업비밀침해를 이유로 금지 및 손해배상을 청구하였다. 제1심, 제2심 모두 원고의 청구를 이유있다고 받아 들였다.

법원은 신뢰관계에 대해 다음과 같이 판시하였다.

(1) 종업원은 고용에 의해 취득한 비밀정보를 누설하거나 이용해서는 안 된다는 묵시적인 의무가 있다.

(2) 이러한 정보는 사용자의 재산이고 종업원은 그 신뢰하에 정보를 보유하는 것이므로 신뢰에 반하여 정보를 이용할 수 없다.

(3) 명시적인 비밀보호계약은 구제를 하는 데 반드시 불가결한 것은 아니다. 개별사례의 상황 및 사용자, 종업원 양자간의 관계에서 비밀관계가 묵시적으로 합의되어 있으면 충분하다. 이 사건에서도 이러한 의무가 고용계약 중에 포함되어 있다고 볼 수 있다.

### 14. 영업비밀유지의무는 특허공개가 되더라도 존재한다는 판결례(Shellmar Rule)

[Shellmar Products Co. v. Allen-Qualley Co.]

Shellmar가 미국에서 특허등록된 기술(캔디바 포장제조기술)을 구매하기 위해서 협상을 하던 중 Allen이 비밀리에 Shellmar에게 영업비밀을 공개함으로써 협상이 와해되자 Shellmar가 Allen의 허락 없이 당해 캔디포장지를 제조판매하였다. 원심은 후에 제3자의 특허공개로 동 영업비밀이 이미 공개되었을지라도 피고의 비밀유지의무계약위반을 들어 Shellmar에게 당해 캔디바 포장지를 제조·사용·판매하는 것과 포장제조기계 또는 그 제조방법의 사용을 금지시키는 영구금지를 명하는 판결을 내렸다. 이에 대해 항소심은 원심의 금지명령의 판시이유가 계속 존재하는가에 관한 문제를 형평법상의 문제로 심리를 전개하였다. 그러나 항소심에서도 원심을 지지하여 "제3자의 특허공개로 인한 비밀공개는 피고의 위법행위를 구제할 수 없다"고 판시하였다. 동 판결이 제7순회법정에서 영업비밀의 최초공개는 피고의 불법공개로 인해서 노출된 것으로서 타인의 영업비밀을 불법노출시킨 불법행위자는 영업비밀 보호법규의 회피를 위해 특허공개를 주장할 수 없다고 하였다. 그렇지 않을 경우에는 항소인의 부당이득을 묵인하는 것으로 되기 때문이라고 판시하였다.

※ Shellmar Rule 지지판례

① Shellmar사건 판결은 후에 Syntex Ophtalmics. Inc. v. Novicky 판결에서도 지지됨.

② 뉴욕법원의 A. O. Smith Corp. v. Petroleum Iron Works Co.
특허공개 전에 비밀유지의무를 위반한 자는 특허공개로 영업비밀이 일반에게 노출된 후에도 금지명령판결은 유효하다.

③ Extrin Foods, Inc. v. Leighton; Franke v. Wiltscheck.

Trade Secret 불법사용자에게 손해배상과 영구금지명령 판결을 내림.

④ Adolph Gottsch, Inc. v. Amercan Marking Corp.

피고는 영업비밀유지의무위반에 관한 원고의 소송이유는 특허공개후에는 자동적으로 소멸된다고 항변했으나 패소당함.

## 15. 특허공개 전의 비밀누설에 대한 책임은 특허공개와 함께 종료된다는 판결례 (Conmar Rule)

[Conmar Products Corp. v. Universal Slide Fastener Co. 제2순회 재판소 판결: Shellmar Rule을 명백히 부인한 판결]

피고의 피고용자가 원고회사 재직 중 알게된 원고소유의 영업비밀 7가지를 기계제작시 사용한 사건으로서 원고소유의 7가지의 영업비밀은 후에 특허등록으로 공개된 사건으로서 법원은 특허공개 전의 기밀을 누설한 피고의 불법행위에 대한 책임은 원고의 특허공개와 함께 종료된다고 판시하였다.

그리고 새 고용주인 피고는 그 기밀정보가 원고의 영업비밀이란 사실을 모르고 사용한 선의의 사용이므로 원·피고사이에 특허권 취득일자까지는 피고의 수익이 참작되어져야 한다는 약정 또한 부인된다고 판시하였다.

[註] Shellmar case와의 비교: Shellmar case에서는 결정적인 영업비밀의 공개에 불법행위자가 관여됐지만 Conmar case에서는 결정적인 영업비밀공개가 영업비밀보유자에 의해 행해졌다. 그러므로 Shellmar 사건에 있어서는 불법행위자가 그로 인한 수익을 영원히 배척당했지만 Conmar 사건에서는 피고에 대한 금지명령판결이 부인된 것으로 양사건은 형평의 원칙에 합치되는 판결이다.

※ Conmar Rule 지지 판례

① Picard v. United Aircraft Corp.: Pennington Engineering Co. v. Houde Engineering Co.

Conmar Rule을 인용하여 영업비밀이 공개되었더라도 후에 일반인에게 특허공개로 공개된 기술정보에 대해서는 동 권리를 주장할 수 없다고 판시

② Forest Laboratories Inc. v. Formulations Inc.

영업비밀보유자는 동 기술사상을 특허출원으로 공개시켰으므로 특허에 대한 독점권과 그 뒤에 따르는 비밀의 공개를 소송 이유로 하도록 둘 다 허용하는 것은 부적합하다고 판시.

③ M & T Chemicals, Inc. v. International Business Machines Corp.; Lewis Marx and Co. Inc v. Buddy L Corp.

어느 누군가에 의해서 영업비밀이 공개된 후에는 금지명령이나 손해배상명령이 제한된다는 Conmar Rule을 엄격히 적용함.

④ Scheryer v. Casco Products Corp.: Epstein v. Dennison Manutacfuring Co. (손해배상명령 판정에 관한 공정하고 합리적인 Conmar Rule의 예외판결)

만일 불법행위자의 영업비밀의 도용으로 경쟁자에 대해 있음직한 이익을 얻었을 때 비록 영업비밀이 공개된 후에 얻은 수익일지라도 영업비밀사용으로 자신의 연구와 개발로 이룰 수 있었던 기간보다 더 빨리 결과를 가져온 경우 그 기간에 대한 수익은 원고를 위해 계산되어져야 한다는 형평법상의 판결을 내림.

[註] Uniform Trade Secret Act §2.

(Shellmar Rule과 Conmar Rule의 타협을 모색한 조문)

① 금지명령은 영업비밀이 더 이상 존재하지 않게 될 때 종료되며 영업비밀이 더 이상 존재하지 않게 되더라도 도용으로부터 이끌어낼 수 있는 상업상의 수익을 고려해서 필요한 합당한 추가기간 동안 계속될 수 있다.

② 이것은 정확히 Shellmar Rule(공개 후에도 영구금지명령 존속) 혹은 Conmar rule(공개 후에는 일체의 금지명령을 금함)을 따르기 보다는 두 판결의 중간지점에 이르는 해결점이 될 것이다.

③ 동 조문은 동종업계의 선의의 경쟁자에 대해 영업비밀도용자가 얻은 재산범위까지만 금지명령의 구제기간을 한정하는 법원의 판결추세를 반영한 것이라 하겠다.

### 16. 영업비밀 원보유자와 제3의 사용자간에 비밀유지의무를 부정한 판결례

[Chicago Lock Co. v. Fanberg(9th Circuit Court of Appeals 1982)]

복제공법의 합법성을 인정하는 법원의 판결에서 "영업비밀은 성실한 방법으로 발견하거나, 부주의한 공개, 리버스 엔지니어링에 대해서는 보호받지 못한다. 시카고社의 등록업자에 대한 묵시적인 신뢰관계에 기초해서 비밀보호의무를 인정하면, 공정하고 성실한 방법으로 영업비밀을 발견하는 것을 보호하고자 하는 캘리포니아주 법원의 의견에 위반된다.

또한 등록업자와 열쇠업자간의 신뢰의무는 등록자가 열쇠업자 등의 신뢰관계에 기초해 비밀보호의무의 위반에 대하여 추구할 수 있을 뿐, 시카고社가 열쇠업자나 Fanberg 등에 대해 청구할 수 있는 것은 아니다. 나아가 이 경우 이러한 의무를 인정하면, 영업비밀을 연방법의 특허권으로 인정하여 주법상의 독점권으로 변질시키게 되므로 인정할 수 없다." 이러한 이유로 항소심은 시카고社와 열쇠업자간에 비밀보호의무를 부정하고 원심판결을 파기하였다.

## 〔독일 판례〕

1. 파산관재인으로부터 양수한 영업비밀의 사용이 불법행위에 해당된다고 하여 금지를 인정한 판결례

[Duko-Geheimverfahren(GRUR 1955. 388 1955. 1. 25. BGH Urt. v.)]

D & Co.는 파산하고 원고 X는 타산관재인으로부터 D & Co.의 영업 전부를 샀다. 그 때 파산관재인의 신청에 의해 피고 Y는 자신이 개발한 油脂프레퍼라이트의 제법에 관한 영업비밀을 원고 X에 공개하였다.

그 후 피고 Y는 신회사를 설립, 영업비밀을 이용하여 油脂프레퍼라이트를 제조・판매하였다. 원고 X는 영업비밀의 사용은 불법행위에 해당하며 부정경쟁방지법에 위반한다고 하여 금지를 청구하였다. 제1심, 제2심에서는 원고가 취득한 것은 제법이며, 유일한 제조권은 아니라고 하여 청구는 기각되었다. 최고법원에서는 다음의 이유로 판결을 파기, 환송하였다.

① 파산관재인은 파산자에게 새로운 부담을 의무화시킬 수는 없으나, 영업재산을 파산재단에 귀속시킬 수 있는 권리로 파산자에 대한 구속력을 갖고 양도시킬 수 있다.

② 영업비밀은 배제권을 가지고 파산관재인에 의하여 완전히 양도할 수 있는 성질을 가진 재산적 가치를 가진다.

③ 이와 같은 경우 영업비밀은 그것이 특허의 자격이 있는지 아닌지에 관계없이 영업재산이며 파산재단에 속한다.

④ 이 재산의 취득자는 이전의 피신자의 지위를 획득하여 자기의 영업비밀을 침해하는 제3자는 물론 파산자에 대하여도 영업비밀의 사용을 금지할 수가 있다.

⑤ 영업비밀을 영업재산의 일부로 한 파산자가 파산관재인에 의한 양도 후 다시 그것을 사용할 수 있다고 한다면 영업비밀은 채권자에게는 완전히 무가치한 것이 되어 버린다.

## 〔프랑스 판례〕

무기제조비밀누설에 관한 판결례

국가에 귀속된 전쟁물자에 대한 무기제조비밀을 누설하여 형법 제418조의 규정에 의한 영업비밀처벌규정의 최대형량이 선고된 사례가 2회 있었다.

※ 프랑스의 형사적 규제(형법 제418조의 영업비밀처벌규정 적용)

① 외국인이나 프랑스 거주 외국인에게 제조비밀을 누설하는 경우는 2년~5년의 징역 또는 1,800프랑~120,000프랑의 벌금에 처하고, 아울러 5~10년의 공민권제한도 가능하다(형법 제42조).

② 내국인에게 제조비밀을 누설하면 3개월~2년의 징역 또는 500프랑~15,000프랑의 벌금에 처한다.

[자 료]

Albert Chavanne & J-J. Burst

Droit de la propriete industrielle, 3ieme edition, Dalloz. p.387.

## 〔일본 판례〕

1. 비밀유지의무가 있다고 보지 않은 판결례(순환식 반송장치 사건)

[大阪地裁 1986. 10. 30]

니트제 부인복 제조업자인 원고는 일본에서 처음으로 스웨덴 이톤사제의 봉제 시스템인 오버행거 컨베이어 시스템(이톤 시스템)을 도입하고 또 이를 개량하여 간편하고 값싼 시스템(본건 장치)을 개발하여 피고 등이 이 개량장치의 제작을 수주하였다.

원고는 피고에 대하여 본건 장치의 발주에 있어서 이톤 시스템 및 본건 장치에 관하여 비밀유지에 관한 명시 혹은 묵시의 계약체결 또는 당해 제작물공급계약은 첫째, 비밀유지의무를 내포한다고 하여 그 후 피고 등이 제작·판매한 본건 장치와 기술요소가 유사한 '이글 그잇크레일' 장치의 제조, 판매의 금지와 손해배상 6601만 엔의 지급을 청구하였다.

법원은 본건 장치의 기본적 시스템은 이미 이톤 시스템에 의해 공연히 알려져 있었고, 개량부분 중 신규의 고안이라 보여지는 점은 피고가 생각한 것으로, 특별한 사정도 없이 피고에 대하여 본건 장치 납입 후까지 비밀유지를 요구하는 것은 근거가 없다고 하고 또 비밀유지계약이 명시적·묵시적으로도 체결된 사실이 없을 뿐만 아니라 본건 제작물 공급계약에 대하여도 비밀유지의 약정도 없어 비밀유지의무를 내포한다고는 볼 수 없다고 하여 원고의 청구를 기각하였다.

2. 비밀유지의무 태만에 대해 손해배상을 인정한 판결례(아데나사건)

[東京地裁 1973. 2. 19]

원고 X社는 A社의 8만 2,000명의 주소가 수록된 컴퓨터 테이프를 가지고 있다. 원고는 그 테이프를 문자화하여 종이에 인쇄하는 작업을 Y에게 맡겼으며, Y社는 다시 컴퓨터 파일을 프린트하기 위해 B社에게 일시 맡겼는데, 그 사이에 누군가에 의해 복사되어 다른 제3자에게 매도되었다.

원고 X社는 Y社에 테이프 보관 중에 부정하게 복사된 것은 테이프 보관에 요구되는 관리의무를 태만히 하였다고 주장하고 손해배상을 청구하였다.

법원은 피고가 관리자로서의 의무를 태만히 하였으며, 이로 인해 원고가 입은 손해를 배상하라고 원고승소판결을 내렸다.

3. 업무상의 비밀유지의무 위반을 불법행위로 인정한 판결례(美濃요업사건)

[名古屋地裁 1986. 9. 29]

(1) 원고는 각종 내화연와 등의 제조·판매 및 국·내외에서 각종 요업플랜트 工業窯爐의 설계, 建爐를 업으로 하는 회사로서 특히 요업용連續燒成爐에 대하여는 '엔드레스 키룬'이라고 하는 상품의 설계, 건설을 운영상의 최중요시책으로 추진하여 국내뿐만 아니라, 국외(대만, 스리랑카 등)에 상당수의 납품실적이 있었다.

(2) 피고 Y1은 1960년 이후 원고의 플랜트부에 소속하여 엔드레스 키룬 등의 설계, 건설에 종사하였으며, 1964년부터 1969년까지 수차례 대만에 출장하여 엔드레스 키룬의 건설, 기술지도를 하였다. 원고는 Y1에게 출장시에는 공사용 도면은 공사 종료 후 소각할 것, 상대방에게는 조업참고도만을 제출할 것을 지시하였다. 또 원고는 1970년 이후 '해외파견자 일반수칙'을 교부하여, 업무상의 서류·자료·도면의 보관취급에 주의하고 복사·분실 등에 의해 업무상 기밀이 누설되지 않도록 주의할 것, 출장처에서 계약 이외의 사항을 의뢰받은 경우에는 원고의 승인 없이 인수하여서는 안 되고, 원고의 노하우에 대하여는 원고의 동의 없이 답하여서는 안 된다는 등의 사항을 지시하였다. 또 원고의 취업규칙상 "원고의 승인을 얻지 않고 원고 이외의 업무에 종사하거나 관여하여서는 안된다. 원고에게 불이익이 되는 사항을 누설하여서는 안 된다. 직무를 이용하여 사리를 도모하여서도 안 된다"는 것 등을 정하고 있다.

(3) 피고 Y1은 1969년 2월 대만을 방문하여 대만 회사에 엔드레스 키룬의 건설·기술지도를 하고 있을 때, A가 신회사를 설립하여 신규로 대형 엔드레스 키룬

을 건설하고 싶은 데 도와 주기 바란다며 간곡히 부탁하므로 하는 수 없이 설계 및 기술지도를 하였다. 그 후 A는 자기의 요업사를 설립하여 상기 키룬을 건설한 후 1971년부터 1974년에 걸쳐 대만, 인도네시아에 순차적으로 키룬을 건설하였다.

Y1은 1972년 11월 이후 단기간의 휴가 등을 이용하여 현지에서 지도, 조언하는 외에 A에게 피고 Y2 및 피고 Y2 상회(도자기제품 등의 수출회사)를 소개하여 키룬 건설자재를 발주, 수출시켰다. 그 때 Y1은 Y2 등에서 소개료, 어드바이스료를 받았다.

(4) 그 후 Y1은 자책감과 사건의 노출을 염려하여 1975년 3월 사표를 제출하고 그 후 회사에 출근하지 않았다.

(5) 원고는 Y1에 대하여 상기 (2)의 의무위반행위를 이유로 하여 또 Y1, Y2 등에 대하여 원고의 운영권을 침해하였다며 불법행위에 의한 합계 2550만 엔의 손해배상청구를 하였다.

법원은 상기 사실관계를 인정하였을 뿐만 아니라 "피고 Y1은 늦게나마 1969년 2월 이후 원고에 대하여 엔드레스 키룬 건설을 위해 대만 등의 해외에 출장함에 있어서는 설계도면의 관리에 만전을 기하여 엔드레스 키룬에 관한 원고의 업무상 비밀이 누설되지 않도록 주의를 하여야 할 의무를 지게 되었다"는 것을 인정하여 Y1의 행위는 당해 의무에 위반하는 것인 동시에 "원고의 영업상 이익을 침해한 불법행위에 해당하는 것은 명확하다"라고 판시하였다.

그러나 손해의 인정에 있어서는 엔드레스 키룬의 건설·판매는 일본 국내의 업종이 같은 다른 회사에서도 하고 있으며, 또 대만의 회사에서도 하고 있는 것으로 Y1의 행위가 없었으면 원고가 상기의 각 키룬의 건설업무의 전부 또는 일부를 수주하게 되리라고는 바로 인정하기 어렵고 손해와의 사이에 인과관계를 인정하는 데 족하지 않다고 하여 손해배상청구를 기각하였다. 또 Y2 등에 대하여도 Y2 등은 원고에 대한 위법행위에 가담하였다는 인식은 하지 않았다고 보는 것이 상당하다고 하여 불법행위책임은 인정하지 않았다.

### 4. 경업금지계약의 유효성 및 공지성에 관한 판결례(호세코 쟈판 사건)

[奈良地裁 1970. 10. 23]

각종 冶金副資裁의 제조판매회사의 종업원 2명(1명은 10년 간 연구부에 소속하고 최종직은 공장의 제품품질관리담당, 다른 1명은 7년 간 연구부에 소속 후 제품판매업무에 종사하면서 고객과 접촉)이 재직 중 회사와 비밀누설금지, 퇴사 후 2년 간의 경쟁피지의 특약을 맺어 기밀유지수당을 지급받았으나 퇴직 후 경쟁회사의 이사에 취임하였기 때문에 F社가 특약에 의하여 특약위반행위금지의 가처분을 청구하였다. 이에 대하여 양자는 당해 특약에서 기술적 비밀이라고 한 제조방법은 이미 학회 및 업계에 공지 공용이었다고 주장함과 동시에 당해 경업피지특약은 채무자에게 현저하게 불이익하여 채무자의 생존까지도 위협하는 것으로써 공서양속에 위반하여 무효라고 항변하였다. 법원의 판결요지는 다음과 같다.

(1) 경업금지특약의 유효성에 관한 판시

종업원이 고용 중 습득한 일반적 지식·기능은 종업원의 주관적 재산을 구성하므로 이를 금하는 것은 종업원의 직업선택의 자유를 부당하게 제한하는 것으로써 공서양속에 위반한다고 할 수 있다. 그러나 당해 사용자만이 가진 특수한 지식은 사용자의 일종의 객관적 재산이고, 소위 영업상의 비밀로서 보호되어야 할 법익이며, 일정한 범위 내에서 경업금지특약을 체결하는 것은 충분히 합리성이 있다.

(2) 본건 특약의 유효성 인정

본건 제조방법에는 독자의 기술적 비밀이 존재(회사측이 기밀유지조치를 강구하고 있는 점에서 추인)하여 시판되고 있는 제품의 분석으로 용이하게 제조되는 것은 아니기 때문에 회사는 객관적으로 보호되어야 할 기술상의 비밀을 가지고 있다.

경업의 제한이 합리적 범위를 넘어 채무자 등의 직업선택의 자유 등을 부당하게 구속하여 이들의 생활을 위협하는 경우 그 제한은 공서양속에 반하는 무효임은 말할 필요가 없다. 하지만 이 합리적 범위를 확정함에 있어서는 제한의 기간, 장소적 범위, 제한의 대상이 되는 직종의 범위, 대상의 유무 등에 대하여 채권자의 이익(기업비밀의 보호), 채무자의 불이익(전직, 재취업의 부자유) 및 사회적 이해(독점집중의 우려 그에 따른 일반소비자의 이해)의 3가지 관점에 서서 신중히 검토하여야 한다. 본건 계약은 제한기간은 2년이라는 비교적 단기이고, 제한의 대상직종은 채권자의 영업목적인 금속세소용 부사재의 제조판매와 경업관계에 있는 기업이라는 것으로 채권자의 영업이 화학금속공업의 특수한 분야인 것을 생각하면 제한의 대상은 비교적 좁다. 또한 장소적으로는 무제한이지만, 이는 채권자의 영업비밀이 기술적 비밀인 이상 어쩔 수 없다고 생각되며, 퇴직 후의 제한에 대한 대상은 지급되지 않았으나, 재직 중 기밀유지수당이 채무자 양자에 지급된 것은 이미 판시한 바와 같다. 또한 이들 사정을 종합해 볼 때 본건 계약의 경업의 제한은 합리적인 범위를 일탈하였다고 말하기 어렵다.

5. 경업금지계약의 유효성을 인정한 판결례(일본경보장치사건)

[東京地裁 1967. 12. 25]

원고 일본경보장치주식회사는 각종 경보기재, 報知裝置 등의 제조 및 판매를 업으로 하는 회사이며, 피고는 1964년 11월부터 1965년 6월까지 7개월간 영업부장으로 판매업무에 종사하였으나, 동년 6월 퇴직에 즈음하여 원·피고간에 아래와 같은 계약이 체결되었다.

① 원고는 피고에게 48만 엔을 증여할 것.

② 피고는 이후 원고와 동종의 각종 경보기재, 報知裝置의 판매를 하는 등 원고의 영업이익을 해치는 행위를 하지 않을 것.

③ 피고가 전항에 위반하였을 때는 바로 48만 엔을 반환할 것.

원고는 48만 엔을 지급하였으나 피고는 1965년 10월경에 원고의 거래선을 다니면서 동종의 경보장치의 주문을 받고, 1966년 2월 28일에는 독자적으로 경보기제조회사를 설립하여 경보기 등의 제조판매업을 하였기 때문에 원고는 상기 약정위반으로 하여 48만 엔의 반환을 청구하였다. 피고는 상기 특약은 피고의 직업을 시간적·장소적으로 한정하지 아니하고 제한하는 것으로서 직업의 자유를 현저하게 제한하는 것이므로 공서양속에 반하여 무효라고 항변하였다.

법원 판결요지를 보면 다음과 같다.

"일반적으로 합리적인 사유가 없음에도 특정의 직업을 금하는 계약은 공서양속에 반하나, 그 금지가 대상을 받는 대신에 과해지는 경우에는 그로 인하여 상대방이 궁핍하게 된다든지, 차별대우가 된다든가, 이에 의해 현저한 독점적 경향으로 공정한 거래가 저해되는 결과를 초래한다든지 하는 특별한 사유가 없는 한 공서양속에 반한다고는 생각되지 않는다. 단지 이 경우에도 대상을 보유하여 계속하는 한, 직업의 자유가 제한되어도 할 수 없다고 하는 것으로 그 대상은 이를 수시 반환하여 해당 제한을 면할 수 있다고 해석할 수 있을 것이다. 이에 반하여 일단 대상을 받은 이상, 이를 반환하여도 제한을 면할 수가 없다고 해석하는 것은, 이유 없이 직업선택의 자유를 제한하는 것에 귀착하여 용서할 수 없다고 말할 수 있다"라고 판시하여 본건 특약을 유효로 하였을 뿐만 아니라 피고에 대하여 금 48만 엔의 반환을 명하였다.

6. 재직 중의 영업비밀 공개는 불법행위 책임을 진다는 판결례

[東京地裁 1987. 3. 10]

이 사건은 정밀제조용 로보트 제조업체의 종업원 A가 재직 중에 동종의 영업을

경영하는 기업(아이 · 시 · 에스)의 설립에 참여하여 퇴직시 원래의 기업으로부터 무단으로 반출한 로보트 제조기술에 관한 노하우를 공개하는 등의 일련의 행위가 불법행위책임을 지는 것으로써, 전직하려 하는 기업 아이 · 시 · 에스와 연대하여 1700만 엔의 손해배상책임을 지는 것이 인정된 사례이다.

당해 노하우에 대하여는 원래 기업과 종업원 사이에 5년 간의 기밀유지계약이 있기 때문에 당해 종업원은 채무불이행책임을 지는 것이지만 "기밀유지의무를 지고 있는 신분으로서 원고회사에 재직 중 원고와 동일한 영업을 하기 위하여 설립하는 피고 아이 · 시 · 에스의 중심 멤버로 참여하여 동사의 상근이사에 취임하여 경업행위를 한 일련의 행위는 기업간의 자유경쟁의 범위를 일탈한 것으로 위법성을 띤 것이 명백하므로 피고는 원고에 대하여 불법행위책임을 진다"고 판시하고 있다. 당해 종업원 A가 신회사에서 상근이사에 취임하기 위하여 로보트제조기술에 관한 노하우를 무단 반출하여 경쟁사에 공개한 행위는 이 법 라목의 '부정한 이익을 얻거나 또는 보유자에게 손해를 가할' 목적을 가지고 영업비밀을 공개하는 행위에 해당한다.

7. 계약위반행위를 불법행위로 보고 손해배상책임을 인정한 판결례(리버카운타 사건)
[浦和地裁 1958. 6. 24]

원고 A는 수력으로 배를 이용한 식료품 운반시스템(리버 카운터)의 제조기술 제공계약을 피고 B와 다음과 같이 체결하였다.

첫째, 원고는 피고에게 리버 카운터의 제조기술을 제공하고 그 시설을 시공한다.

둘째, 피고는 그 대가로 100만 엔을 지급한다.

셋째, 피고는 원고의 승인하에 피고의 점포에서만 본건의 제조기술에 기초한 시설을 사용할 수 있다.

원고는 위 계약에 기초하여 제조기술을 제공하고 본건 시공을 완성하였다. 그 후 피고는 점포를 신설하고 원고의 허락 없이 본건 제조기술을 사용하고 제3자에 시설을 시공토록 하였다.

원고는 이로 인하여 손해가 발생하였다는 이유로 채무불이행에 의한 손해배상을 청구하였다.

법원은 피고의 행위가 본건 계약의 시설사용한정조항을 위반하였으므로 손해배상책임을 인정하였다.

8. 계약상의 비밀유지의무를 위반한 행위에 대해 손해배상청구를 인정한 판결례 (I.C.S. 사건)

[東京地裁 1987. 3. 10]

원고 X는 벨기에 법인인 A社로부터 정밀주조용로보트의 기술협정을 체결하였다. 원고 X社와 종업원 Y1은 비밀보호계약서를 작성하고 기술협정계약 종료 후 5년 동안 제3자에게 공개하지 않는다는 서약을 한 바 있다. 그럼에도 Y1은 재직 중 기업 Y2의 설립에 참여하였다. Y1은 원고 X社의 하청기업 Y3로 하여금 Y2와 로보트 판매계약을 체결하도록 하고 Y3로부터 기술을 포함한 도면, 로보트 취급설명서를 교부받았다. 기업 Y2는 종업원 Y1과 원고 X와의 사이에 비밀유지에 관한 계약이 체결되어 있음을 알고 있으면서도 종업원 Y1을 Y2의 이사에 취임시켜 A社와 협정한 기술을 누설토록 권유했으며, Y1을 통해 원고 X社의 하청기업인 Y3와 계약을 체결하여 도면 및 로보트 취급설명서를 가져오게 하였다. Y2는 Y3으로부터 납품된 로보트에 Y1으로부터 알게된 기술에 기초하여 제작한 부품을 이용, 정밀주조용 로보트를 판매하였다.

이에 대해 원고 X는 피고 Y1에 대해 채무불이행책임, 불법행위책임에 기초하여 손해배상을 청구하였다. 법원은 원고 X의 청구를 모두 이유 있다고 인정하여 피고 Y1은 원고 X에게 1700만 엔을 지급하라고 명령하였다.

9. 사원의 고객명부 절취행위에 대하여 절도죄를 인정한 판결례

[東京地裁 1987. 9. 30]

경왕백화점에 근무하는 베테랑 컴퓨터 기술자 E가 약 2년반에 걸쳐 회사의 고객명부가 입력된 자기테이프를 훔쳐내 사외의 리스트판매업자에게 매각하여 총액 2000만 엔을 초과하는 부정한 이익을 얻은 사례.

법원의 판결요지는 원본의 자기테이프의 반출행위에 대해 절도죄의 성립을 인정하였다. 따라서 이 경우는 이 목에 해당한다. 그리고 테이프의 복사 및 편집, 가공한 이용행위는 절도범에 의한 불가벌적 사후행위로 보았다.

10. 경업금지계약의 무효 판결례(원전상점사건)

[廣島高裁 1967. 8. 28]

광도백화점 안에서 부인 복지판매점을 경영하고 있는 원고 X는 피고인 여점원 Y를 고용할 때 퇴직하더라도 이 백화점 내의 다른 부인복지 상점에는 취업하지 않겠다는 취지의 서약을 하도록 하였다.

피고 Y는 원고 X로부터 해고되어 이 백화점 내의 다른 부인복지 상점에 재취업하였다.

원고는 피고가 부인복지판매를 하지 못하도록 가처분신청을 법원에 냈다. 제1심은 원고의 가처분신청을 기각하였고 원고는 항소하였다.

법원의 기각판결 요지를 살펴보면 다음과 같다.

피고 Y는 특별한 지식이나 기능, 경험을 필요로 하지 않는 부인복지판매를 보조하면서 생활하고 있기 때문에 해고되면 쉽게 취직할 수 없는 생활곤란한 가장 약한 입장에 있다.

이러한 약자에 대해 취직의 제한을 약속하는 것은 피용자의 생활권을 위협하고 개인의 자유를 구속할 우려가 충분함으로 고용주의 이익을 보호할 필요성을 인정할 수 없고 미풍양속에도 반하므로 무효라고 보는 것이 타당하다.

제2조(정의) 이 법에서 사용하는 용어의 뜻은 다음과 같다.

3. "영업비밀침해행위"란 다음 각목의 어느 하나에 해당하는 행위를 말한다.

마. 영업비밀이 라목에 따라 공개된 사실 또는 그러한 공개행위가 개입된 사실을 알거나 중대한 과실로 알지 못하고 그 영업비밀을 취득하는 행위 또는 그 취득한 영업비밀을 사용하거나 공개하는 행위

## 〔미국 판례〕

### 1. 종업원 스카우트를 영업비밀 침해행위로 인정한 판결례

[Telex Corp. and Telex Computer Products, Inc. v. IBM Corp. (10th Circuit Court of Appeals 1975) 510 F. 2d 894.]

법원은 Telex社는 IBM社의 제품개발의 열쇠가 되는 종업원에게 2배의 급료를 약속하고 차례차례 스카웃하여 IBM社가 개발에 6년 걸리는 것을 Telex社는 겨우 18개월 걸렸다는 사실을 비롯해서 방대한 상황증거가 있다고 하여 Telex社에 대해 부정취득행위를 인정하고 다음과 같은 조치를 취하였다.

(1) IBM社 문서 및 IBM社 영업비밀이 담긴 Telex社 문서의 IBM社로의 환송, 복사물의 폐기 (2) 2년 간 법원의 허가 없이 IBM社 종업원의 고용 또는 권유금지 (3) IBM社 영업비밀의 사용금지 (4) IBM社 퇴식 후 2년 간 IBM社 직송과 농일 또는 유

사부문의 배치금지 (5) 손해배상금 지불.

## Ⅲ. 영업비밀침해행위에 대한 救濟와 관련한 판결례

〔民事的 救濟와 관련한 판결례〕

| 제10조(영업비밀 침해행위에 대한 금지청구권 등) ① 영업비밀의 보유자는 영업비밀 침해행위를 하거나 하려는 자에 대하여 그 행위에 의하여 영업상의 이익이 침해되거나 침해될 우려가 있는 경우에는 법원에 그 행위의 금지 또는 예방을 청구할 수 있다. |
|---|

### 〔미국 판례〕

1. 침해가능성이 있는 부정행위는 금지시킬 수 있다고 한 판결례
[B. F. Goodrich Co. v. Wohlgemuth (Ohio 1963) 192 N. E. 2d 99]

우주복의 연구, 설계, 조립, 테스트에 필요한 고도의 과학기술 및 첨단기술을 보유하고 있는 Goodrich社에 종사하고 있던 Wohlgemuth씨가 퇴사하고 경쟁사인 Latex에 기술이사로 전직하였다. Goodrich社는 Wohlgemuth에 대해 금지청구를 법원에 냈다.

원심은 Goodrich社의 청구를 기각하였으나 항소심은 원심을 파기하고 Goodrich社의 청구를 받아 들였다.

"Wohlgemuth씨는 경쟁사 Latex社로 전직하고 또한 Goodrich社의 영업비밀 이외의 자신의 지식이나 경험을 공개할 수 있다. 그러나 고용관계 중에 알게 된 Goodrich社의 영업비밀을 공개하는 것은 공익이 요구하는 상업 도덕상 금지의 권한이 있다(Wohlgemuth의 공개는 후자에 해당된다).

Wohlgemuth가 Goodrich社의 영업비밀을 Latex에 공개하였다는 증거는 없지만 Wohlgemuth는 Goodrich社의 영업비밀을 알고 있고, Wohlgemuth가 Latex社에 고용된 상황이나 Wohlgemuth가 Goodrich社의 동료에게 한 말 등으로 미루어 볼 때 Wohlgemuth가 Latex社에 대해 영업비밀을 공개(이 공개는 신뢰의무위반에 해당된다)할 실질적인 우려가 있다고 볼 수 있으므로, 부정행위가 아직 발생하지 않았어도 앞으로 일어날 가능성이 있는 부정행위를 금지시킬 수 있다."

2. 기밀조건을 파괴하여 입수한 기밀을 사용하는 행위에 대하여 금지명령판정을 내린 판결례

[Chicago Board of Frade v. Christie Grain and Stodc Co.]

원고인 거래소가 수집, 보급하는 곡물시가 및 매상고에 관한 정보를 피고가 이용하여 배포하는 행위에 대하여 금지토록 법원에 청구한 사건으로서 원고는 청구이유에서 그러한 시가들은 매우 빨리 무용한 정보가 되는데 원고가 타인에게 그 시세를 전신으로 알려 주는 기밀조건을 피고가 고의로 파괴하지 않고서는 입수불가능하다고 주장하였다.

법원은 피고측이 그 입수과정을 밝히지 않으므로 원고가 주장한 바와 같이 기밀조건을 고의로 파괴하지 않고서는 정보획득 및 사용이 불가능한 것으로 보고 금지명령판정을 내렸다.

3. 영업비밀보유자는 영업비밀 침해로부터 보호될 수 있다는 판결례

[Dr. Miles Medical Co. v. Park & Sons Co.]

비밀약품에 관한 건으로 "모든 도·소매업자의 판매가를 고정시키는 약정을 정당화 하고자 Trade Secret Right를 적용코자 한 사건으로서 법원의 판결요지는, 영업비밀보유자는 기만·배임·계약위반 등에 의한 비밀침해로부터 보호될 수 있다. 그러나 Miles case에서 밝혀졌듯이 거래를 제한하고자 하는 그러한 뻔뻔스러운 행위를 정당화하기 위해 Trade Secret법을 적용할 수는 없다고 판시하였다."

## 〔일본 판례〕

제3자에 대한 금지청구의 각하 판결례

[와우케샤사건. 東京高裁 1966. 9. 5 판결]

독일 A社는 선박의 프로펠러 축수장치에 관한 노하우를 가지고 있으며 B社와의 사이에 그 노하우를 포함한 라이선스계약을 체결하였다. B社는 일본에 합병회사인 C社를 설립(B社의 출자비율 45%)하여 그 노하우를 공여하고 C社 자체가 그 노하우를 사용하여 축수장치를 일본에서 제작·판매하였다. A社는 C社에 대해 노하우를 침해하는 축수장치의 제작·판매를 금지하는 가처분신청을 법원에 냈다. 법원은, "노하우는 재산적 가치가 있는 것이지만 권리(무체재산권인가 채권인가를 묻지 않음)적인 물건으로 제3자에게까지 이를 강제적으로 인정할 수 있는 효력을

법률이 허용하고 있는 것까지는 현재로서는 알 수 없기 때문에 본건 신청을 각하한다"고 판시하였다.

〔刑事的 救濟와 관련한 판결례〕

| 第18조(벌칙) ② 부정한 이익을 얻거나 기업에 손해를 입힐 목적으로 그 기업에 유용한 영업비밀을 취득·사용하거나 제3자에게 누설한 자는 5년 이하의 징역 또는 그 재산상 이득액의 2배 이상 10배 이하에 상당하는 벌금에 처한다. |
|---|

〔우리 나라 판례〕

신서개피의 고의를 인정한 판결례

[대법원 1984. 6. 12 선고, 84도620 판결]

피고인이 대체집행사건의 채무자의 승계인 甲 앞으로 우송된 결정정본을 평소 동명으로 호명되고 있는 자기의 장남 앞으로 온 서신인줄 알고서 개피하였다고 주장하나, 피고인이 당초 건물철거 등의 대체 집행신청을 하면서 채무자의 승계인 甲의 주소로 표기한 장소에서는 피고인의 장남이 이미 10여 년 전에 살다가 타지로 이사하여 버렸고, 위 봉함 우편물이 바로 피고인 신청의 대체집행사건을 처리한 법원의 소송 서류였다는 점, 그 수신인 또한 피고인이 대체집행신청을 한 사건의 상대방 주소와 성명으로 표시되어 발송한 문서라는 점을 고려해 볼때, 피고인은 위 서류가 바로 대체집행사건의 채무자의 승계인 甲에게 송달되는 소송문서라는 사실을 능히 알고 있었다고 봄이 경험칙에 합치된다고 할 것이니, 피고인에게 신서개피의 고의가 있었음을 부정할 수 없다.

[부록 II]

# 부정경쟁방지 및 영업비밀보호에 관한 법률

전문개정 1986.12.31. 법률 제3897호
최종개정 2011. 6.30. 법률 제10810호

## 제1장 총 칙

제1조(목적) 이 법은 국내에 널리 알려진 타인의 상표·상호(商號) 등을 부정하게 사용하는 등의 부정경쟁행위와 타인의 영업비밀을 침해하는 행위를 방지하여 건전한 거래질서를 유지함을 목적으로 한다.

제2조(정의) 이 법에서 사용하는 용어의 뜻은 다음과 같다.

1. "부정경쟁행위"란 다음 각 목의 어느 하나에 해당하는 행위를 말한다.
   가. 국내에 널리 인식된 타인의 성명, 상호, 상표, 상품의 용기·포장, 그 밖에 타인의 상품임을 표시한 표지(標識)와 동일하거나 유사한 것을 사용하거나 이러한 것을 사용한 상품을 판매·반포(頒布) 또는 수입·수출하여 타인의 상품과 혼동하게 하는 행위
   나. 국내에 널리 인식된 타인의 성명, 상호, 표장(標章), 그 밖에 타인의 영업임을 표시하는 표지와 동일하거나 유사한 것을 사용하여 타인의 영업상의 시설 또는 활동과 혼동하게 하는 행위
   다. 가목 또는 나목의 혼동하게 하는 행위 외에 비상업적 사용 등 대통령령으로 정하는 정당한 사유 없이 국내에 널리 인식된 타인의 성명, 상호, 상표, 상품의 용기·포장, 그 밖에 타인의 상품 또는 영업임을 표시한 표지와 동일하거나 유사한 것을 사용하거나 이러한 것을 사용한 상품을 판매·반포 또는 수입·수출하여 타인의 표지의 식별력이나 명성을 손상하는 행위
   라. 상품이나 그 광고에 의하여 또는 공중이 알 수 있는 방법으로 거래상의 서류 또는 통신에 거짓의 원산지의 표지를 하거나 이러한 표지를 한 상품을 판매·반포 또는 수입·수출하여 원산지를 오인(誤認)하게 하는 행위

마. 상품이나 그 광고에 의하여 또는 공중이 알 수 있는 방법으로 거래상의 서류 또는 통신에 그 상품이 생산·제조 또는 가공된 지역 외의 곳에서 생산 또는 가공된 듯이 오인하게 하는 표지를 하거나 이러한 표지를 한 상품을 판매·반포 또는 수입·수출하는 행위

바. 타인의 상품을 사칭(詐稱)하거나 상품 또는 그 광고에 상품의 품질, 내용, 제조방법, 용도 또는 수량을 오인하게 하는 선전 또는 표지를 하거나 이러한 방법이나 표지로써 상품을 판매·반포 또는 수입·수출하는 행위

사. 다음의 어느 하나의 나라에 등록된 상표 또는 이와 유사한 상표에 관한 권리를 가진 자의 대리인이나 대표자 또는 그 행위를 한 날부터 1년 이전에 대리인이나 대표자이었던 자가 정당한 사유 없이 해당 상표를 그 상표의 지정상품과 동일하거나 유사한 상품에 사용하거나 그 상표를 사용한 상품을 판매·반포 또는 수입·수출하는 행위

(1) 「공업소유권의 보호를 위한 파리협약」(이하 "파리협약"이라 한다) 당사국

(2) 세계무역기구 회원국

(3) 「상표법 조약」의 체약국(締約國)

아. 정당한 권원이 없는 자가 다음의 어느 하나의 목적으로 국내에 널리 인식된 타인의 성명, 상호, 상표, 그 밖의 표지와 동일하거나 유사한 도메인이름을 등록·보유·이전 또는 사용하는 행위

(1) 상표 등 표지에 대하여 정당한 권원이 있는 자 또는 제3자에게 판매하거나 대여할 목적

(2) 정당한 권원이 있는 자의 도메인이름의 등록 및 사용을 방해할 목적

(3) 그 밖에 상업적 이익을 얻을 목적

자. 타인이 제작한 상품의 형태(형상·모양·색채·광택 또는 이들을 결합한 것을 말하며, 시제품 또는 상품소개서상의 형태를 포함한다. 이하 같다)를 모방한 상품을 양도·대여 또는 이를 위한 전시를 하거나 수입·수출하는 행위. 다만, 다음의 어느 하나에 해당하는 행위는 제외한다.

(1) 상품의 시제품 제작 등 상품의 형태가 갖추어진 날부터 3년이 지난 상품의 형태를 모방한 상품을 양도·대여 또는 이를 위한 전시를 하거나 수입·수출하는 행위

(2) 타인이 제작한 상품과 동종의 상품(동종의 상품이 없는 경우에는 그 상품과 기능 및 효용이 동일하거나 유사한 상품을 말한다)이 통상적으로 가지는 형태

를 모방한 상품을 양도·대여 또는 이를 위한 전시를 하거나 수입·수출하는 행위

2. “영업비밀”이란 공공연히 알려져 있지 아니하고 독립된 경제적 가치를 가지는 것으로서, 상당한 노력에 의하여 비밀로 유지된 생산방법, 판매방법, 그 밖에 영업활동에 유용한 기술상 또는 경영상의 정보를 말한다.
3. “영업비밀 침해행위”란 다음 각 목의 어느 하나에 해당하는 행위를 말한다.
   가. 절취(竊取), 기망(欺罔), 협박, 그 밖의 부정한 수단으로 영업비밀을 취득하는 행위(이하 “부정취득행위”라 한다) 또는 그 취득한 영업비밀을 사용하거나 공개(비밀을 유지하면서 특정인에게 알리는 것을 포함한다. 이하 같다)하는 행위
   나. 영업비밀에 대하여 부정취득행위가 개입된 사실을 알거나 중대한 과실로 알지 못하고 그 영업비밀을 취득하는 행위 또는 그 취득한 영업비밀을 사용하거나 공개하는 행위
   다. 영업비밀을 취득한 후에 그 영업비밀에 대하여 부정취득행위가 개입된 사실을 알거나 중대한 과실로 알지 못하고 그 영업비밀을 사용하거나 공개하는 행위
   라. 계약관계 등에 따라 영업비밀을 비밀로서 유지하여야 할 의무가 있는 자가 부정한 이익을 얻거나 그 영업비밀의 보유자에게 손해를 입힐 목적으로 그 영업비밀을 사용하거나 공개하는 행위
   마. 영업비밀이 라목에 따라 공개된 사실 또는 그러한 공개행위가 개입된 사실을 알거나 중대한 과실로 알지 못하고 그 영업비밀을 취득하는 행위 또는 그 취득한 영업비밀을 사용하거나 공개하는 행위
   바. 영업비밀을 취득한 후에 그 영업비밀이 라목에 따라 공개된 사실 또는 그러한 공개행위가 개입된 사실을 알거나 중대한 과실로 알지 못하고 그 영업비밀을 사용하거나 공개하는 행위
4. “도메인이름”이란 인터넷상의 숫자로 된 주소에 해당하는 숫자·문자·기호 또는 이들의 결합을 말한다.

제2조의2(부정경쟁방지 및 영업비밀보호 사업) 특허청장은 부정경쟁행위의 방지 및 영업비밀보호를 위하여 연구·교육 및 홍보, 부정경쟁방지를 위한 정보관리시스템 구축 및 운영, 그 밖에 대통령령으로 정하는 사업을 할 수 있다.

## 제2장 부정경쟁행위의 금지 등

제3조(국기·국장 등의 사용 금지) ① 파리협약 당사국, 세계무역기구 회원국 또는 「상표법 조약」 체약국의 국기·국장(國章), 그 밖의 휘장이나 국제기구의 표지와 동일하거나 유사한 것은 상표로 사용할 수 없다. 다만, 해당 국가 또는 국제기구의 허락을 받은 경우에는 그러하지 아니하다.

② 파리협약 당사국, 세계무역기구 회원국 또는 「상표법 조약」 체약국 정부의 감독용 또는 증명용 표지와 동일하거나 유사한 것은 상표로 사용할 수 없다. 다만, 해당 정부의 허락을 받은 경우에는 그러하지 아니하다.

제3조의2(자유무역협정에 따라 보호하는 지리적 표시의 사용금지 등) ① 정당한 권원이 없는 자는 대한민국이 외국과 양자간(兩者間) 또는 다자간(多者間)으로 체결하여 발효된 자유무역협정에 따라 보호하는 지리적 표시(이하 이 조에서 "지리적 표시"라 한다)에 대하여는 제2조 제1호 라목 및 마목의 부정경쟁행위 이외에도 지리적 표시에 나타난 장소를 원산지로 하지 아니하는 상품(지리적 표시를 사용하는 상품과 동일하거나 동일하다고 인식되는 상품으로 한정한다)에 관하여 다음 각 호의 행위를 할 수 없다.

1. 진정한 원산지 표시 이외에 별도로 지리적 표시를 사용하는 행위
2. 지리적 표시를 번역 또는 음역하여 사용하는 행위
3. "종류", "유형", "양식" 또는 "모조품" 등의 표현을 수반하여 지리적 표시를 사용하는 행위

② 정당한 권원이 없는 자는 다음 각 호의 행위를 할 수 없다.

1. 제1항 각 호에 해당하는 방식으로 지리적 표시를 사용한 상품을 양도·인도 또는 이를 위하여 전시하거나 수입·수출하는 행위
2. 제2조 제1호 라목 또는 마목에 해당하는 방식으로 지리적 표시를 사용한 상품을 인도하거나 이를 위하여 전시하는 행위

③ 제1항 각 호에 해당하는 방식으로 상표를 사용하는 자로서 다음 각 호의 요건을 모두 갖춘 자는 제1항에도 불구하고 해당 상표를 그 사용하는 상품에 계속 사용할 수 있다.

1. 국내에서 지리적 표시의 보호개시일 이전부터 해당 상표를 사용하고 있을 것
2. 제1호에 따라 상표를 사용한 결과 해당 지리적 표시의 보호개시일에 국내 수요자간에 그 상표가 특정인의 상품을 표시하는 것이라고 인식되어 있을 것

제4조(부정경쟁행위에 대한 손해배상책임 등) ① 부정경쟁행위나 제3조의2 제1항 또는 제2항을 위반하는 행위로 자신의 영업상의 이익이 침해되거나 침해될 우려가 있는 자는 부정경쟁행위나 제3조의2 제1항 또는 제2항을 위반하는 행위를 하거나 하려는 자에 대하여 법원에 그 행위의 금지 또는 예방을 청구할 수 있다.

② 제1항에 따른 청구를 할 때에는 다음 각 호의 조치를 함께 청구할 수 있다.

1. 부정경쟁행위나 제3조의2 제1항 또는 제2항을 위반하는 행위를 조성한 물건의 폐기
2. 부정경쟁행위나 제3조의2 제1항 또는 제2항을 위반하는 행위에 제공된 설비의 제거
3. 부정경쟁행위나 제3조의2 제1항 또는 제2항을 위반하는 행위의 대상이 된 도메인이름의 등록말소
4. 그 밖에 부정경쟁행위나 제3조의2 제1항 또는 제2항을 위반하는 행위의 금지 또는 예방을 위하여 필요한 조치

제5조(부정경쟁행위 등에 대한 손해배상책임) 고의 또는 과실에 의한 부정경쟁행위나 제3조의2 제1항 또는 제2항을 위반한 행위(제2조 제1호 다목의 경우에는 고의에 의한 부정경쟁행위만을 말한다)로 타인의 영업상 이익을 침해하여 손해를 입힌 자는 그 손해를 배상할 책임을 진다.

제6조(부정경쟁행위 등으로 실추된 신용의 회복) 법원은 고의 또는 과실에 의한 부정경쟁행위나 제3조의2 제1항 또는 제2항을 위반한 행위(제2조 제1호 다목의 경우에는 고의에 의한 부정경쟁행위만을 말한다)로 타인의 영업상의 신용을 실추시킨 자에게는 부정경쟁행위나 제3조의2 제1항 또는 제2항을 위반한 행위로 인하여 자신의 영업상의 이익이 침해된 자의 청구에 의하여 제5조에 따른 손해배상을 갈음하거나 손해배상과 함께 영업상의 신용을 회복하는 데에 필요한 조치를 명할 수 있다.

제7조(부정경쟁행위 등의 조사 등) ① 특허청장, 특별시장・광역시장・도지사・특별자치도지사(이하 "시・도지사"라 한다) 또는 시장・군수・구청장(자치구의 구청장을 말한다. 이하 같다)은 제2조 제1호 가목부터 사목까지의 부정경쟁행위나 제3조, 제3조의2 제1항 또는 제2항을 위반한 행위를 확인하기 위하여 필요하다고 인정하면 관계 공무원에게 영업시설 또는 제조시설에 출입하여 관계 서류나 장부・제품 등을 조사하게 하거나 조사에 필요한 최소분량의 제품을 수거하여 검사하게 할 수 있다.

② 특허청장, 시・도지사 또는 시장・군수・구청장이 제1항에 따른 조사를 할 때에는 「행정조사기본법」 제15조에 따라 그 조사가 중복되지 아니하도록 하여야 한다.

③ 제1항에 따라 조사 등을 하는 공무원은 그 권한을 표시하는 증표를 지니고 이를 관계인에게 내보여야 한다.

제8조(위반행위의 시정권고) 특허청장, 시 · 도지사 또는 시장 · 군수 · 구청장은 제2조 제1호 가목부터 사목까지의 부정경쟁행위나 제3조, 제3조의2 제1항 또는 제2항을 위반한 행위가 있다고 인정되면 그 위반행위를 한 자에게 30일 이내의 기간을 정하여 그 행위를 중지하거나 표지를 제거 또는 폐기할 것 등 그 시정에 필요한 권고를 할 수 있다.

제9조(의견청취) 특허청장, 시 · 도지사 또는 시장 · 군수 · 구청장은 제8조에 따른 시정권고를 하기 위하여 필요하다고 인정하면 대통령령으로 정하는 바에 따라 당사자 · 이해관계인 또는 참고인의 의견을 들어야 한다.

## 제3장 영업비밀의 보호

제10조(영업비밀 침해행위에 대한 금지청구권 등) ① 영업비밀의 보유자는 영업비밀 침해행위를 하거나 하려는 자에 대하여 그 행위에 의하여 영업상의 이익이 침해되거나 침해될 우려가 있는 경우에는 법원에 그 행위의 금지 또는 예방을 청구할 수 있다.

② 영업비밀 보유자가 제1항에 따른 청구를 할 때에는 침해행위를 조성한 물건의 폐기, 침해행위에 제공된 설비의 제거, 그 밖에 침해행위의 금지 또는 예방을 위하여 필요한 조치를 함께 청구할 수 있다.

제11조(영업비밀 침해에 대한 손해배상책임) 고의 또는 과실에 의한 영업비밀 침해행위로 영업비밀 보유자의 영업상 이익을 침해하여 손해를 입힌 자는 그 손해를 배상할 책임을 진다.

제12조(영업비밀 보유자의 신용회복) 법원은 고의 또는 과실에 의한 영업비밀 침해행위로 영업비밀 보유자의 영업상의 신용을 실추시킨 자에게는 영업비밀 보유자의 청구에 의하여 제11조에 따른 손해배상을 갈음하거나 손해배상과 함께 영업상의 신용을 회복하는 데에 필요한 조치를 명할 수 있다.

제13조(선의자에 관한 특례) ① 거래에 의하여 영업비밀을 정당하게 취득한 자가 그 거래에 의하여 허용된 범위에서 그 영업비밀을 사용하거나 공개하는 행위에 대하여는 제10조부터 제12조까지의 규정을 적용하지 아니한다.

② 제1항에서 "영업비밀을 정당하게 취득한 자"란 제2조 제3호 다목 또는 바목에서 영업비밀을 취득할 당시에 그 영업비밀이 부정하게 공개된 사실 또는 영업비밀의 부정취득행위나 부정공개행위가 개입된 사실을 중대한 과실 없이 알지 못하고 그 영업비밀을 취득한 자를 말한다.

제14조(시효) 제10조 제1항에 따라 영업비밀 침해행위의 금지 또는 예방을 청구할 수 있는 권리는 영업비밀 침해행위가 계속되는 경우에 영업비밀 보유자가 그 침해행위에 의하여 영업상의 이익이 침해되거나 침해될 우려가 있다는 사실 및 침해행위자를 안 날부터 3년간 행사하지 아니하면 시효(時效)로 소멸한다. 그 침해행위가 시작된 날부터 10년이 지난 때에도 또한 같다.

## 제4장 보 칙

제14조의2(손해액의 추정 등) ① 부정경쟁행위, 제3조의2 제1항이나 제2항을 위반한 행위 또는 영업비밀 침해행위로 영업상의 이익을 침해당한 자가 제5조 또는 제11조에 따른 손해배상을 청구하는 경우 영업상의 이익을 침해한 자가 부정경쟁행위, 제3조의2 제1항이나 제2항을 위반한 행위 또는 영업비밀 침해행위를 하게 한 물건을 양도하였을 때에는 제1호의 수량에 제2호의 단위수량당 이익액을 곱한 금액을 영업상의 이익을 침해당한 자의 손해액으로 할 수 있다. 이 경우 손해액은 영업상의 이익을 침해당한 자가 생산할 수 있었던 물건의 수량에서 실제 판매한 물건의 수량을 뺀 수량에 단위수량당 이익액을 곱한 금액을 한도로 한다. 다만, 영업상의 이익을 침해당한 자가 부정경쟁행위, 제3조의2 제1항이나 제2항을 위반한 행위 또는 영업비밀 침해행위 외의 사유로 판매할 수 없었던 사정이 있는 경우에는 그 부정경쟁행위, 제3조의2 제1항이나 제2항을 위반한 행위 또는 영업비밀 침해행위 외의 사유로 판매할 수 없었던 수량에 따른 금액을 빼야 한다.

1. 물건의 양도수량
2. 영업상의 이익을 침해당한 자가 그 부정경쟁행위, 제3조의2제1항이나 제2항을 위반한 행위 또는 영업비밀 침해행위가 없었다면 판매할 수 있었던 물건의 단위수량당 이익액

② 부정경쟁행위, 제3조의2 제1항이나 제2항을 위반한 행위 또는 영업비밀 침해행위로 영업상의 이익을 침해당한 자가 제5조 또는 제11조에 따른 손해배상을 청구하는 경우 영업상의 이익을 침해한 자가 그 침해행위에 의하여 이익을 받은 것이 있으면 그 이익액을 영업상의 이익을 침해당한 자의 손해액으로 추정한다.

③ 부정경쟁행위, 제3조의2 제1항이나 제2항을 위반한 행위 또는 영업비밀 침해행위로 영업상의 이익을 침해당한 자는 제5조 또는 제11조에 따른 손해배상을 청구하는 경우 부정경쟁행위 또는 제3조의2 제1항이나 제2항을 위반한 행위의 대상이 된 상품 등에

사용된 상표 등 표지의 사용 또는 영업비밀 침해행위의 대상이 된 영업비밀의 사용에 대하여 통상 받을 수 있는 금액에 상당하는 금액을 자기의 손해액으로 하여 손해배상을 청구할 수 있다.

④ 부정경쟁행위, 제3조의2 제1항이나 제2항을 위반한 행위 또는 영업비밀 침해행위로 인한 손해액이 제3항에 따른 금액을 초과하면 그 초과액에 대하여도 손해배상을 청구할 수 있다. 이 경우 그 영업상의 이익을 침해한 자에게 고의 또는 중대한 과실이 없으면 법원은 손해배상 금액을 산정할 때 이를 고려할 수 있다.

⑤ 법원은 부정경쟁행위, 제3조의2 제1항이나 제2항을 위반한 행위 또는 영업비밀 침해행위에 관한 소송에서 손해가 발생된 것은 인정되나 그 손해액을 입증하기 위하여 필요한 사실을 입증하는 것이 해당 사실의 성질상 극히 곤란한 경우에는 제1항부터 제4항까지의 규정에도 불구하고 변론 전체의 취지와 증거조사의 결과에 기초하여 상당한 손해액을 인정할 수 있다.

제14조의3(자료의 제출) 법원은 부정경쟁행위, 제3조의2 제1항이나 제2항을 위반한 행위 또는 영업비밀 침해행위로 인한 영업상 이익의 침해에 관한 소송에서 당사자의 신청에 의하여 상대방 당사자에 대하여 해당 침해행위로 인한 손해액을 산정하는 데에 필요한 자료의 제출을 명할 수 있다. 다만, 그 자료의 소지자가 자료의 제출을 거절할 정당한 이유가 있는 경우에는 그러하지 아니하다.

제15조(다른 법률과의 관계) ①「특허법」,「실용신안법」,「디자인보호법」,「상표법」,「농산물품질관리법」 또는「수산물품질관리법」에 제2조부터 제6조까지 및 제18조 제3항과 다른 규정이 있으면 그 법에 따른다.

②「독점규제 및 공정거래에 관한 법률」,「표시・광고의 공정화에 관한 법률」 또는「형법」 중 국기・국장에 관한 규정에 제2조 제1호 라목부터 바목까지, 제3조부터 제6조까지 및 제18조 제3항과 다른 규정이 있으면 그 법에 따른다.

제16조 삭제

제17조(업무의 위탁 등) ① 삭제

② 특허청장은 제2조의2에 따른 연구・교육・홍보 및 정보관리시스템의 구축・운영에 관한 업무를 대통령령으로 정하는 산업재산권 보호 또는 부정경쟁방지 업무와 관련된 법인이나 단체(이하 이 조에서 "전문단체"라 한다)에 위탁할 수 있다.

③ 특허청장, 시・도지사 또는 시장・군수・구청장은 제7조나 제8조에 따른 업무를 수행하기 위하여 필요한 경우에 전문단체의 지원을 받을 수 있다.

④ 제3항에 따른 지원업무에 종사하는 자에 관하여는 제7조 제3항을 준용한다.

⑤ 특허청장은 예산의 범위에서 제2항에 따른 위탁업무 및 제3항에 따른 지원업무에 사용되는 비용의 전부 또는 일부를 지원할 수 있다.

제17조의2(벌칙 적용에서의 공무원 의제) 제17조 제3항에 따른 지원업무에 종사하는 자는 「형법」 제127조 및 제129조부터 제132조까지의 규정에 따른 벌칙의 적용에서는 공무원으로 본다.

제18조(벌칙) ① 부정한 이익을 얻거나 기업에 손해를 입힐 목적으로 그 기업에 유용한 영업비밀을 외국에서 사용하거나 외국에서 사용될 것임을 알면서 취득·사용 또는 제3자에게 누설한 자는 10년 이하의 징역 또는 그 재산상 이득액의 2배 이상 10배 이하에 상당하는 벌금에 처한다.

② 부정한 이익을 얻거나 기업에 손해를 입힐 목적으로 그 기업에 유용한 영업비밀을 취득·사용하거나 제3자에게 누설한 자는 5년 이하의 징역 또는 그 재산상 이득액의 2배 이상 10배 이하에 상당하는 벌금에 처한다.

③ 다음 각 호의 어느 하나에 해당하는 자는 3년 이하의 징역 또는 3천만원 이하의 벌금에 처한다.

1. 제2조 제1호(아목 및 자목은 제외한다)에 따른 부정경쟁행위를 한 자
2. 제3조를 위반하여 다음 각 목의 어느 하나에 해당하는 휘장 또는 표지와 동일하거나 유사한 것을 상표로 사용한 자
   가. 파리협약 당사국, 세계무역기구 회원국 또는 「상표법 조약」 체약국의 국기·국장, 그 밖의 휘장
   나. 국제기구의 표지
   다. 파리협약 당사국, 세계무역기구 회원국 또는 「상표법 조약」 체약국 정부의 감독용·증명용 표지

④ 제1항과 제2항의 징역과 벌금은 병과(倂科)할 수 있다.

제18조의2(미수) 제18조 제1항 및 제2항의 미수범은 처벌한다.

제18조의3(예비·음모) ① 제18조 제1항의 죄를 범할 목적으로 예비 또는 음모한 자는 3년 이하의 징역 또는 2천만원 이하의 벌금에 처한다.

② 제18조 제2항의 죄를 범할 목적으로 예비 또는 음모한 자는 2년 이하의 징역 또는 1천만원 이하의 벌금에 처한다.

제19조(양벌규정) 법인의 대표자나 법인 또는 개인의 대리인, 사용인, 그 밖의 종업원이 그 법인 또는 개인의 업무에 관하여 제18조 제1항부터 제3항까지의 어느 하나에 해당하는 위반행위를 하면 그 행위자를 벌하는 외에 그 법인 또는 개인에게도 해당

조문의 벌금형을 과(科)한다. 다만, 법인 또는 개인이 그 위반행위를 방지하기 위하여 해당 업무에 관하여 상당한 주의와 감독을 게을리하지 아니한 경우에는 그러하지 아니하다.

第20조(과태료) ① 제7조 제1항에 따른 관계 공무원의 조사나 수거를 거부・방해 또는 기피한 자에게는 2천만원 이하의 과태료를 부과한다.

② 제1항에 따른 과태료는 대통령령으로 정하는 바에 따라 특허청장, 시・도지사 또는 시장・군수・구청장이 부과・징수한다.

③ 삭제

④ 삭제

⑤ 삭제

## 부 칙 <법률 제10810호, 2011.6.30>

이 법은 공포 후 3개월이 경과한 날부터 시행한다. 다만, 제3조의2 및 제4조부터 제6조까지, 제7조 제1항 중 "제3조의2 제1항 또는 제2항" 부분, 제8조 중 "제3조의2 제1항 또는 제2항" 부분, 제14조의2, 제14조의3, 제15조의 개정규정은 「대한민국과 유럽연합 및 그 회원국 간의 자유무역협정」이 발효하는 날부터 시행한다.

# 찾아보기

ㅋ



ㅌ



ㅍ



ㅎ

**[저자약력]**


**황 의 창**

단국대학교 법과대학 법학과 졸업
연세대학교 대학원 졸업(행정학 석사)
상공부 · 특허청 사무관 · 서기관 · 부이사관
특허청 부정경쟁방지위원회 위원
특허청 영업비밀보호입법위원회 위원
특허청 영업비밀보호제도 연구 · 발전 실무위원회 위원장
특허청 산업재산권심의위원회 위원
특허청 의장제도정책심의위원회 위원
특허청 법무관, 심사관, 심판관
변리사 자격취득
인천국제공항공사 전문위원
국제지식재산연수원 강사(특허제도 · 부정경쟁방지법 · 영업비밀보호법)
연세대학교 법무대학원 강사(부정경쟁방지법 · 영업비밀보호법)
인하대학교/단국대학교 법과대학 겸임교수(특허법, 상표법, 디자인보호법)
국회 입법지원위원
특허법인 천문 대표변리사
(019-284-4582)

저 서

영업비밀, 지적재산권법,
영업비밀 가이드북, 상표법(공저)
특허법정해(상) · (하) (공저)
디자인보호법(공저)

**황 광 연**

서울고등학교 졸업
연세대학교 화학과 졸업
미국 프랭클린 피어스 로스쿨 졸업(2004): JD/MIP
LG Semiconductor Co. Ltd. 지적재산경영센터 근무
서울대 반도체 공정교육과정 수료(1996)
변리사 시험 합격(1998)
특허 라이선스 고급과정 수료(2002)
미국 매사추세츠주 변호사 자격 취득(2004)
미국 뉴욕주 변호사 자격 취득(2005)
특허청 발행『국제특허분쟁지도』편찬위원
한국전자산업진흥회 특허지원센터 전문위원
특허법인 천문 대표변리사
(010-4692-3476)

저 서

미국 특허법(공저)
상표법(공저)
특허법정해(상) · (하) (공저)
디자인보호법(공저)



**6정판 부정경쟁방지 및 영업비밀보호법**

1996년 1월 10일 초 판 발행
2011년 10월 30일 6 정 판 발행

저 자 황의창 · 황광연
발행인 이 방 원
발행처 세창출판사
서울시 서대문구 냉천동 182 냉천빌딩 4층
TEL. 723-8660(代) FAX. 720-4579
e-mail: sc1992@empal.com http://www.sechangpub.co.kr
신고번호 제300-1990-63호

정가 32,000원

ISBN 978-89-8411-344-2 93360